D1676520

Willi Simader
Am Hochufer 2
82362 Weilhelm
Tel. 0881 / 4 00 04

Kronprinz Rupprecht von Bayern

Dieter J. Weiß

Kronprinz Rupprecht von Bayern
(1869–1955)

Eine politische Biografie

Verlag Friedrich Pustet
Regensburg

Bibliografische Information der Deutschen Nationalbibliothek

Die Deutsche Nationalbibliothek verzeichnet diese Publikation
in der Deutschen Nationalbibliografie; detaillierte bibliografische
Angaben sind im Internet über http://dnb.d-nb.de abrufbar.

www.pustet.de

ISBN 978-3-7917-2047-0
© 2007 by Verlag Friedrich Pustet, Regensburg
Gesamtherstellung: Friedrich Pustet, Regensburg
Printed in Germany 2007

Inhalt

Geleitwort 9
Vorwort 11
Einleitung 13
1. Die Forschungslage 13
2. Die autobiografischen Aufzeichnungen Kronprinz Rupprechts 14

Kapitel I
Die Zeit der Monarchie

1. Das Königreich Bayern im Deutschen Bund und Reich 19
   Das souveräne Königreich 19
   Der Bundesstaat des Deutschen Reiches 22
   Die Prinzregentenzeit 24
2. Das Haus Bayern und die europäischen Dynastien 29
3. Kindheit und Jugend 33
   Die Eltern 33
   Persönlichkeitsbild Prinz Rupprechts 38
   Privatunterricht 41
   Gymnasialzeit 43
4. Militärdienst und Studium 45
   Offiziersausbildung 45
   Studium in München und Berlin 49
   Aufnahme in den Georgi-Orden 51
   Kriegsakademie und militärische Karriere 52
5. Familiengründung und Repräsentation 55
   Heiratsprojekte 55
   Verlobung und Heirat mit Herzogin Marie Gabriele in Bayern 57
   Eigene Hofhaltung 59
   Familienleben und Kinder 61
   Repräsentationspflichten 66
6. Kunstförderung und Sammlungstätigkeit 69
7. Die Fernreisen und Reisebeschreibungen 75
8. Bayern am Vorabend des Ersten Weltkrieges 82
   Die Stellung als Kronprinz 82

Reformansätze 86
Politische Vorstellungen Kronprinz Rupprechts 88
Das Verhältnis zu Kaiser Wilhelm II. 93
9. Kronprinz Rupprecht als Oberbefehlshaber 96
Der Aufmarsch der 6. Armee 96
Die Schlacht in Lothringen 106
Der Übergang zum Stellungskrieg in Flandern 109
Die Auseinandersetzungen mit der Obersten Heeresleitung 110
Der Rückzug in die Siegfried-Stellung 118
Die OHL Hindenburg-Ludendorff 120
Der Kronprinz als Feldherr 124
10. Bayerische Kriegsziele und Friedensanstrengungen 126
Die Kriegsziele König Ludwigs III. 127
Die Kriegsziele Kronprinz Rupprechts 129
Die Einschätzung der modernen Kriegführung 135
Der Einsatz für die Eigenstaatlichkeit Bayerns 139
Die Einsicht zum Verständigungsfrieden 143
Der Zusammenbruch 153

KAPITEL II
DIE ZEIT DER REPUBLIK

1. Revolution und Heimkehr 157
Ursachen und Verlauf der Revolution 157
Die Folgen der Revolution für Kronprinz Rupprecht 163
2. Exil und Unsicherheit 169
Radikalisierung der Verhältnisse 169
Die Bamberger Verfassung 172
Die Auslieferungsproblematik 174
3. Familie und Privatleben 178
Neuanfang in Berchtesgaden 178
Verlobung und Heirat mit Prinzessin Antonie von Luxemburg 179
Erbprinz Albrecht 182
Freundeskreis und Reisen Kronprinz Rupprechts 194
4. Politische Neuorientierung 195
Parteien, vaterländische Bewegung und Staatsregierung 195
Die Anhänger der monarchischen Staatsform 200
Tod und Beisetzung König Ludwigs III. 203
Politische Konzepte für eine föderalistische Neuordnung Mitteleuropas 204
Das Krisenjahr 1923 und seine Vorgeschichte 211

5. Die Stellung des Kronprinzen in Staat und Öffentlichkeit 223
   Der Thronprätendent 223
   Wittelsbacher Ausgleichsfonds und Landesstiftung 225
   Hofhaltung 230
   Symbole der Monarchie 233
   Repräsentation 236
   Politisches Programm Kronprinz Rupprechts 239
   Politischer Einfluss 242
6. Der Ausklang der Weimarer Zeit 249
   Das Verhältnis zum Nationalsozialismus 249
   Die politische Entwicklung 1930 bis 1932 254
   Das Königsprojekt 263

Kapitel III
Die Zeit der Diktatur

1. Innere Emigration 273
   Proteste gegen die Gleichschaltung 273
   Ausklingen öffentlicher Präsenz 278
   Bedrohung und Resistenz 281
   Privatleben und Reisen 298
2. Exil und Verfolgung 302
   Verlust der Heimat 302
   Leben in Italien 303
   Zerstörte Heimat 309
   Verfolgung und Befreiung 311
   Sippenhaft 314
3. Einsatz für Bayern und Kriegsende 316
   Verfassungskonzeptionen 316
   Zukunftspläne für Bayern 320
   Florenz und Rom 322

Kapitel IV
Die Zeit des Freistaates

1. Die Nachkriegszeit bis zur Gründung der Bundesrepublik 326
   Besatzung und Neuanfang 326
   CSU – Königspartei – Bayernpartei 328
   Die Bayerische Verfassung 334
   Melancholie und Kritik an den Nachkriegsverhältnissen 337

Haus und „Hofhaltung" 340
Familiäre Sorgen 342
2. Symbol Bayerns 344
Repräsentation und Erbfolge 345
Die monarchistische Bewegung 350
Privatleben und Reisen 352
Tod und Beisetzung 354

Epilog – König ohne Krone 356

Anhang

Anmerkungen 359
Abkürzungsverzeichnis 428
Quellen- und Literaturverzeichnis 429
   1. Archive und Sammlungen 429
   2. Gedruckte Quellen 430
      a) Quelleneditionen 430
      b) Memoiren 431
      c) Schriftenverzeichnis Kronprinz Rupprecht von Bayern 431
   3. Sekundärliteratur 432
Register 437
Stammtafel 460
Bildnachweis 462

Geleitwort Seiner Königlichen Hoheit Herzog Franz von Bayern

Mein Großvater Kronprinz Rupprecht von Bayern hat die gewaltigen Umbrüche des 20. Jahrhunderts in besonderer Intensität erlebt.

Noch als junger Mann zum künftigen Erben der Krone Bayerns erzogen, starb er nach den Erschütterungen von zwei Weltkriegen, nach Revolution und nationalsozialistischer Diktatur im Jahr 1955.

Sein politisches Denken richtete sich stets auf die bayerische Souveränität. Weil er diese am besten in einer Monarchie geschützt glaubte, hielt er zeitlebens an seinen Thronrechten fest. Nur deshalb und nicht aus Sehnsucht nach persönlicher Macht oder dem Glanz einer Königskrone bemühte er sich um die zeitgemäße Erneuerung der Monarchie.

Seine eindeutige Haltung, die zwischen dem Festhalten an den Thronansprüchen und dem Fernhalten eines Staatsstreichs angesiedelt war, kommt sehr klar in der Erklärung zum Ausdruck „eingetreten in die Rechte meines Herrn Vaters", die er beim Tod seines Vaters König Ludwigs III., der keinen Thronverzicht geleistet hatte, veröffentlichen ließ.

Kronprinz Rupprecht sah die Aufgabe eines Königs im Dienst an Volk und Staat. Der König sollte als überparteiliches Staatsoberhaupt die Interessen des Landes vertreten. Diesen Dienst wollte er auch in den veränderten Umständen nach 1918 leisten. Deshalb wäre er auch in der schwierigen Situation von 1933 bereit gewesen, sich seiner Verantwortung zu stellen. Die kompromisslose Ablehnung der verbrecherischen nationalsozialistischen Diktatur brachte für unsere Familie eine schwere und auch leidvolle Zeit mit sich.

Nach 1945 setzte sich Kronprinz Rupprecht nach Kräften für die Souveränität Bayerns in Deutschland und Europa ein. Dabei blieb er zeitlebens davon überzeugt, dass das Königtum im Herzen des Volkes verankert wäre.

Die große Neigung meines Großvaters war die Kunst, der er sich als Sammler, auf Reisen und als interessierter Museumsbesucher näherte, wovon seine Aufzeichnungen eindrucksvoll Zeugnis ablegen. Wie schon sein Urgroßvater König Ludwig I. wollte er durch die Kunst zur Volksbildung beitragen und sorgte sich um die Erweiterung der Sammlungen, die Verbesserung der Ausstattung der bayerischen Museen und um den Denkmalschutz. Nach der Revolution von 1918 sicherte er die öffentliche Zugänglichkeit des weitaus größten Teils des Kunstbesitzes unseres Hauses, u. a. durch die Errichtung der Wittelsbacher Landesstiftung. Zentrale Bestände der Münchner Pinakotheken sowie anderer staatlicher Kunstsammlungen gehören zum unveräußerlichen Wittelsbacher Kunstbesitz, der öffentlich zugänglich ist.

Die vorliegende Monografie zeichnet das Lebensbild Kronprinz Rupprechts vor dem Hintergrund der bayerischen Geschichte des späten 19. und der ersten Hälfte des 20. Jahrhunderts nach. Gestützt auf umfangreiche Quellenstudien ist es dem Verfasser, Prof. Dr. Dieter Weiß, gelungen, über 50 Jahre nach dem Tode meines Großvaters eine umfassende wissenschaftliche Biografie Kronprinz Rupprechts von Bayern zu erarbeiten. Sie beleuchtet seine Persönlichkeit in ihren vielfältigen Aspekten, den Thronprätendenten und Feldherrn, den Kunstkenner und Forschungsreisenden, den Staatsmann und das Familienoberhaupt. Ein wichtiger Zeitabschnitt der bayerischen Geschichte wird damit neu gewichtet.

Obwohl mein Großvater viele Schicksalsschläge im privaten wie im öffentlichen Leben hat erleiden müssen, resignierte er nie und hielt stets fest an der Liebe zu seinem Land Bayern und an der Bereitschaft, ihm zu dienen. Darin mag er uns Vorbild sein.

Nymphenburg, im Januar 2007

Vorwort

Die Berechtigung der Gattung Biografie ist besonders von sozialwissenschaftlicher Seite in Zweifel gezogen worden. Nun könnte es sich der Autor leicht machen, wenn er auf das anhaltende öffentliche Interesse an Lebensbeschreibungen verweist, das – wenn Historiker von Profession dem nicht nachkommen – eben von Sachbuchautoren erfüllt wird. Heinz Gollwitzer formulierte prägnant den Anspruch, der an eine wissenschaftliche Biografie zu stellen ist, und zeigte auf, was sie für unsere historische Erkenntnis zu leisten vermag: „Die Biographie ermöglicht schließlich wie keine andere historische Gattung, Strukturen, Prozesse und Kontingenz zueinander in Beziehung zu setzen. Erst recht gestattet sie, das Gewicht der Banalität und des Niederträchtigen im politischen Leben, das Ausgeliefertsein an Konstellationen deutlich zu machen."[1]

Das Leben eines jeden Individuums darf Interesse beanspruchen. Der Historiker „betrachtet die historische Persönlichkeit als einen Kreuzungspunkt mannigfacher geistiger, politischer und sozialer Handlungen und Geschehnisse",[2] in der sich eine Epoche widerspiegelt und oft in charakteristischen Zügen aufzeigen lässt. Ohne Zweifel gilt dies für Kronprinz Rupprecht von Bayern, der als Thronprätendent und Feldherr zu den herausragenden Persönlichkeiten Bayerns in der Zeit der Monarchie gehörte. Er konnte auch in der Republik nach 1918 für viele Bürger den Rang als Identifikationsfigur des Staates behaupten. In der Zeit der Diktatur ab 1933 wurde er zum legitimen Hauptträger der von Auflösung bedrohten Staatlichkeit Bayerns, obwohl er sich ab 1940 außer Landes aufhalten musste. Nach 1945, in der Zeit des neu konstituierten Freistaates, scharten sich die entschiedenen Föderalisten aus allen politischen Lagern um die ehrwürdige Gestalt des Kronprinzen.

Ein halbes Jahrhundert nach dem Erscheinen der offiziösen Biografie von Kurt Sendtner und dem Tode des Kronprinzen scheint es an der Zeit, das Leben Rupprechts von Bayern und seine Bedeutung für die Geschichte des Landes im 20. Jahrhundert vor dem Hintergrund einer fortgeschrittenen Zeitgeschichtsforschung erneut kritisch zu würdigen. Es ist das Verdienst des Chefs des Königlichen Hauses, Seiner Königlichen Hoheit Herzog Franz von Bayern, dass dazu in umfassender Weise neues Quellenmaterial herangezogen werden konnte. Hier sind an erster Stelle die erstmals der Forschung uneingeschränkt zugänglich gemachten autobiografischen Aufzeichnungen des Kronprinzen zu nennen.

Mein ergebenster Dank gilt weiterhin Seiner Königlichen Hoheit Herzog Franz von Bayern, weil er in großzügiger Weise die Bestände des Geheimen Hausarchivs mit den Nachlässen Kronprinz Rupprechts und seiner Verwandten zugänglich machte. Herzog Franz begleitete den Fortgang dieser Arbeit mit Interesse und Wohlwollen. Ebenfalls danke ich Ihrer Königlichen Hoheit Prinzessin Irmingard von Bayern und Seiner Königlichen Hoheit Prinz Ludwig von Bayern für die Erlaubnis zur Einsichtnahme in den Nachlass Prinz Heinrichs von Bayern. Herzlicher Dank gilt Herrn Andreas von Majewski vom Wittelsbacher Ausgleichsfonds, der mir die Aufzeichnungen des Kronprinzen in der Herzoglichen Verwaltung und die Familienbibliothek des Wittelsbacher Ausgleichsfonds in Schloss Nymphenburg zugänglich machte. In vielen Gesprächen lieferte er wertvolle Hintergrundinformationen.

Für die Anregung zu dieser Biografie und seine kritisch-aufmunternde Anteilnahme am Fortgang des Werkes, für seine wertvollen Einwendungen und Ergänzungen bin ich Herrn Univ.-Prof. Dr. Andreas Kraus zutiefst dankbar verbunden. Ohne ihn wäre diese Arbeit nicht erschienen. Herrn Prof. Dr. Frank-Lothar Kroll danke ich für die kritische Durchsicht des Manuskripts. Besonderer Dank gilt dem Leiter des Geheimen Hausarchivs, Herrn Archivoberrat Dr. Gerhard Immler, für seine kenntnisreiche Beratung und Hinweise auf weitere Quellenbestände. In diesen Dank für Gespräche und für Ergänzungen meiner Quellenbasis seien auch sein Amtsvorgänger, Herr Archivdirektor Dr. Hans Puchta, sowie seine Mitarbeiterin, Frau Sandra Karmann, eingeschlossen. Auch den Damen und Herren in den übrigen besuchten Archiven und Bibliotheken möchte ich meine Dankbarkeit aussprechen, für die stellvertretend Herr Archivdirektor Dr. Achim Fuchs vom Kriegsarchiv und Frau Bibliotheksoberrätin Dr. Sigrid von Moisy, Bayerische Staatsbibliothek München, genannt seien. Für freundlich gewährte Auskünfte und Hinweise danke ich Herrn Hofrat Dr. Robert Rill, Österreichisches Kriegsarchiv Wien, für die Zusendung von Kopien dem Bundesarchiv in Koblenz und dessen Außenstelle in Berlin-Lichterfelde. Wertvolle Hinweise auf weitere Archivbestände stellten Frau Dr. Karina Urbach und Herr Prof. Dr. Wolfram Pyta aus ihren eigenen Forschungen zur Verfügung. Für die gute Zusammenarbeit danke ich außerdem der Lektorin des Pustet-Verlags, Frau Heidi Krinner-Jancsik.

Für das Verständnis der in den Anmerkungen dieser Arbeit verwendeten Abkürzungen von Literaturtiteln ist das Verzeichnis am Ende heranzuziehen. Bei mehr als einmaliger Nennung sind Personen in den Endnoten ohne Vornamen und Titel angeführt, die fehlenden Angaben sind über das Register zu ermitteln. Zum Verständnis der in den Anmerkungen verwendeten Siglen ist ein Abkürzungsverzeichnis beigegeben. Vollständig sind in das Literaturverzeichnis die biografischen Schriften zu Kronprinz Rupprecht und die in mehr als einem Kapitel zitierten oder verwendeten grundlegenden Werke aufgenommen, ansonsten ist das Vollzitat nur bei der ersten Nennung gegeben.

Bayreuth, am Hubertustag (3. November) 2006   Dieter J. Weiß

Einleitung

1. Die Forschungslage

Rupprecht von Bayern hat bereits zu Lebzeiten mehrere Biografien erhalten. Gegen Ende des Ersten Weltkrieges, im Sommer 1918 und noch von ungebrochener Siegeszuversicht getragen, erschien die erste Lebensbeschreibung aus der Feder Dr. Otto Kolshorns im R. Piper Verlag München. Während des Kriegsjahres 1917 hatte der Autor das Material zusammengetragen. Dabei konnte er sich auf die Unterstützung des Kronprinzen, seines Hofmarschalls, Friedrich Graf von Pappenheim, und amtlicher Stellen stützen. Kolshorn kannte die dem Kronprinzen in seinen künstlerischen Interessen verbundenen Persönlichkeiten, besonders Prof. Dr. Otto Lanz, persönlich. So kann dieses Werk aus der Kenntnis der Zeitzeugen hohen Quellenwert beanspruchen. Während der Arbeit Kolshorns an der Biografie kam es allerdings wegen dessen „Taktlosigkeiten" beim Befragen von Zeitzeugen zu einem Zerwürfnis, das beinahe dazu geführt hätte, dass Rupprecht seine Zustimmung zur Veröffentlichung zurückgezogen hätte.[1] Pläne Kolshorns für eine Neuauflage ab 1926 scheiterten an der Ablehnung des Kronprinzen.[2] Ebenfalls gegen Kriegsende veröffentlichte Josef Breg, der Lehrer der Söhne des Kronprinzen, sein Lebensbild.[3]

Nach der Katastrophe des Nationalsozialismus und des Zweiten Weltkrieges erschienen weitere Biografien. Die Bayernpartei gab zum 80. Geburtstag eine knappe Würdigung von Erwein Freiherr von Aretin heraus, der dem Kronprinzen als ehemaliger Leiter des Bayerischen Heimat- und Königsbundes und politischer Berater eng verbunden war.[4] Die Veröffentlichung einer Lebensbeschreibung durch die Fotografin und Schriftstellerin Ilse Schneider-Lengyel unterblieb dagegen, obwohl Kronprinz Rupprecht zunächst seine Tagebücher zur Verfügung gestellt hatte. Nachdem er einen Teil des Manuskriptes gelesen hatte, erhob er aber Einspruch.[5] 1953 legte Joe Heydecker sein Lebensbild vor, für das er sich neben mündlichen Berichten, Zeitungsartikeln und Literatur auf ein ausführliches Gespräch mit dem Kronprinzen stützen konnte.[6] Die umfassendste Biografie kam noch zu Lebzeiten Rupprechts 1954 im Richard Pflaum Verlag München heraus. Der Verfasser dieses voluminösen, über 750 Seiten starken Werkes war Kurt Sendtner, der dabei von Otto Kolshorn unterstützt wurde. Der bleibende Wert dieser Arbeit liegt nicht nur in den zahlreichen Quellenzitaten, meist aus unveröffentlichten Schriften des Kronprinzen, sondern auch in den Erinnerungen der Zeitzeugen aus seiner Umgebung. Für die politischen Fragen konnte sich Sendtner auf Gespräche mit den engsten Mitarbeitern des Kronprinzen, Franz Freiherr von Redwitz, Eugen Fürst zu Oettingen-Wallerstein und Josef Maria Graf von Soden-Fraunhofen, stützen. Dieser Biografie, an deren Entstehen Kronprinz Rupprecht selbst Anteil genommen hatte, kommt offiziöser Charakter zu.

Nach dem Tode des Kronprinzen im Jahr 1955 erschienen zahlreiche Nachrufe. Am eindrucksvollsten sind die Würdigungen seines Lebenswerkes aus der Feder von Walter Goetz,[7] dem Präsidenten der Bayerischen Akademie der Wissenschaften, und die Gedenkrede Max Spindlers,[8] des Vorsitzenden der Kommission für bayerische Landesgeschichte. Auf der Grundlage der vorliegenden Literatur wurde das Wirken Kronprinz Rupprechts in den einschlägigen Handbüchern zur bayerischen Geschichte des 20. Jahrhunderts – an erster Stelle sind das Spindler-Handbuch der bayerischen Geschichte und Wolfgang Zorn zu nennen – angemessen berücksichtigt. Neue Quellenfunde konnte der Verfasser dieser Biografie in einigen Aufsätzen in den letzten Jahren vorstellen.

2. Die autobiografischen Aufzeichnungen Kronprinz Rupprechts

Kronprinz Rupprecht von Bayern führte zeit seines Lebens in unterschiedlicher Intensität Tagebuch. 1952 fasste er seine Aufzeichnungen zusammen, stellte sie unter den Titel „Mein Leben" und formulierte ein Vorwort.[9] Diese Einleitung des Kronprinzen verrät jedenfalls seine Absicht, die autobiografischen Erinnerungen zu einem einheitlichen Ganzen zusammenzufügen. Ob er als Leser nur an Mitglieder seines Hauses oder auch an spätere Generationen dachte, sei dahingestellt: „Ein Chaos der verschiedensten Gedanken wogte in mir, da ich die Feder ergriff. Jahre schon hegte ich den Wunsch, allerlei Erlebtes aufzuzeichnen, es kostete mich aber viel Überwindung, bis ich den Entschluß zur Verwirklichung brachte. – Die Aufgabe, die ich mir stellte, bedingt nämlich, dass ich rücksichtslose Wahrheit berichte, denn mein Buch hat einen Lehrzweck. Es soll einen Beitrag liefern zur Kunde vom Menschen und künftigen Geschlechtern einen Eindruck gewähren in so manche Verhältnisse unserer Zeit."[10] Der Kronprinz hatte seine laufend geführten Aufzeichnungen, die er selbst als Tagebücher bezeichnete, am 17. Juni 1948 beendet.[11] Später verfasste er noch einige thematisch zusammengehörige Texte und Reiseerinnerungen. 1949 ergänzte er seine Kritik an der Haltung Ministerpräsident Dr. Hans Ehards bei der Gründung der Bundesrepublik Deutschland.

Das von der Herzoglichen Verwaltung in Schloss Nymphenburg verwahrte Manuskript von losen, einseitig in Maschinenschrift beschriebenen Blättern ist in 36 Leitz-Mappen abgelegt und umfasst mehrere tausend Seiten. Ein einheitliches Ordnungsprinzip ist nicht durchgehalten, nur die ersten Abschnitte bis zum Jahr 1909 sind fortlaufend foliiert (835 Blätter) und in nur teilweise nummerierten Mappen abgelegt.[12] Ab dem Jahr 1910 ist jeweils ein ein oder mehrere Jahre umfassendes Kapitel in nummerierte Mappen mit den Nummern 5 bis 28 eingeordnet. In der Regel sind sämtliche Aufzeichnungen in zweifacher maschinenschriftlicher Ausfertigung vorhanden. Meist liegt in jeder Mappe ein Inhaltsverzeichnis obenauf. Kronprinz Rupprecht hat beide Schreibmaschinenmanuskripte in unterschiedlicher Intensität handschriftlich korrigiert und ergänzt, sodass Original und Abschrift respektive Durchschlag nicht zu unterscheiden sind. Da die erhaltenen Vorlagen für das im Druck vorliegende Kriegstagebuch Kronprinz Rupprechts handschriftlich sind, ist davon auszugehen, dass auch die Grundlage für „Mein Leben" handschriftliche Aufzeichnungen bildeten. Diese handschriftlichen Vorlagen sind allerdings mit Ausnahme einiger Fragmente weder in seinem Nachlass im Geheimen Hausarchiv noch in Schloss Nymphenburg nachweisbar. Nach den Erinnerungen des Freiherrn Franz von Redwitz aus der Zeit nach 1955 hatte Kronprinz Rupprecht in den dreißiger Jahren einen Offizier beauftragt, seine handschriftlichen Aufzeichnungen in ein maschinenschriftliches Manuskript zu übertragen.[13] Dies wird belegt durch wohl auf den Abschreiber zurückgehende Vermerke bei den Reisebeschreibungen zu den Jahren 1936 und 1937: „Original und Abdruck an S[eine]. M[aiestät]."[14] Ob die zu erwartenden eigenhändigen Aufzeichnungen des Kronprinzen aus der Zwischenkriegszeit in dieser Zeit aus Angst vor Durchsuchungsaktionen vernichtet wurden, kann nur vermutet werden. Auch ist nicht sicher, ob aus diesem Grund zeitweise – wohl bis in die Zeit nach dem Zweiten Weltkrieg – eine Ausfertigung des Manuskripts in Luxemburg verwahrt wurde. An zwei Stellen jedenfalls erwähnt der Kronprinz selbst, dass ein zweites Exemplar zunächst in Luxemburg – damit ist wohl der Hof seiner Schwägerin Großherzogin Charlotte von Luxemburg gemeint – aufbewahrt wurde.[15] Während der Zeit seines italienischen Exils diktierte Rupprecht einen Teil seiner Erinnerungen – von seiner Tochter Prinzessin Irmingard als Memoiren bezeichnet –, die Fräulein Eleonore Hopfen mit der Schreibmaschine aufzeichnete.[16]

Der Charakter der Darstellung von „Mein Leben" wechselt zwischen chronologischen Erinnerungen, thematisch gestalteten Kapiteln und offensichtlichen Tagebucheinträgen. Die Kindheits- und Jugenderinnerungen dürften nach der überzeugenden Anschauung Hans Ralls frühestens ab 1886 entstanden sein.[17] Seine Tagebuchaufzeichnungen vom 4. bis zum 10. November 1918 verbrannte der Kronprinz am letzten dieser Tage in Brüssel, doch ergänzte er sie Ende November in der Heimat nach Auszügen.[18] Für die Zeit unmittelbar nach der Revolution hielt Rupprecht fest, dass seine Aufzeichnungen auf kurz gefassten Notizen aus dem Zeitraum vom November 1918 bis zum 30. Januar 1919 beruhen, die er später um „Erinnerungsbilder" erweiterte.[19] Mehrfach beruft sich der Verfasser auf gleichzeitige Notizen. Eindeutig den Charakter eines Tagebuchs haben die Abschnitte für die Jahre 1930 bis zum Juni 1934 und 1945 bis zum Juni 1948.[20] Ansonsten dominieren Erinnerungen und Reflexionen zum behandelten Geschehen. Breiten Raum beanspruchen die Reiseschilderungen, wie es den kunsthistorischen Interessen des Kronprinzen entspricht. In die hauptsächlich chronologische Darstellung sind einige thematisch bestimmte Abschnitte eingestreut: „Franz von Lenbach und der Münchner Künstlerkreis",[21] „Wunderlichkeiten des Kaisers",[22] „Falschgedeutete Beobachtung an Tieren",[23] „Erlauschtes, Erlebtes, Erdachtes" (eine Anekdotensammlung), „Allerlei vom Essen", „Jagdliche Erlebnisse und Erfahrungen",[24] „Betrachtungen über den Staat"[25] und „Wie ich Kunstsammler wurde"[26]. Ein eigenes 24-seitiges handschriftliches Manuskript, gelegt in eine schwarze Mappe, behandelt „Familiäre Sorgen" aus der Zeit des Zweiten Weltkrieges und der unmittelbaren Nachkriegszeit, die Kronprinz Rupprecht gegen Jahresende 1946 aufzeichnete.[27]

Für den Quellenwert des Manuskripts „Mein Leben" ist die Frage entscheidend, wie zeitnah an den behandelten Ereignissen die Niederschrift entstand. Ohne Kenntnis der Vorlagen ist nicht sicher festzustellen, welche Aufzeichnungen gleichzeitig verfasst und welche – gestützt auf Vorlagen und Erinnerungen – erst später zusammengestellt wurden. Ebenso wenig wird sich feststellen lassen, inwieweit bei dieser Übertragung Veränderungen oder Ergänzungen vorgenommen wurden. Die autobiografischen Aufzeichnungen standen bislang der Forschung nicht zur Verfügung. Der langjährige Leiter des Geheimen Hausarchivs – von 1947 bis 1977 – Prof. Dr. Hans Rall[28] hat wohl 1957 im Auftrag des damaligen Chefs des Königlichen Hauses, Herzog Albrecht von Bayern, ein Gutachten über den Quellenwert und die mögliche wissenschaftliche Auswertung dieses Manuskripts des Kronprinzen verfasst.[29] Darin stellte er die berechtigte Frage, „ob der Autor für bestimmte Partien seines Buches ‚Mein Leben' der Nachwelt nicht doch lieber eine spätere Darstellung anstatt der Tagebuchaufzeichnungen überliefern wollte." Insgesamt bleibt der Charakter dieses Manuskripts disparat, überarbeitete Kapitel aus der Erinnerung des Kronprinzen stehen neben offenbar unmittelbar tagebuchartigen Aufzeichnungen. Damit ist dem Urteil Hans Ralls über ihren Quellenwert zuzustimmen: „Die objektive Zuverlässigkeit der Aufzeichnungen ist sehr verschieden. Da das Schreibmaschinen-Manuskript nicht genau überprüft ist, sind sogar Sätze stehen geblieben, die in sich Widersprüche sind. Der Verfasser scheint selbst bei gleichzeitigen Niederschriften Gehörtes und Gelesenes mit dem, was er selbst beobachtete und erlebte, zusammengeworfen zu haben. Dabei unterliefen Irrtümer."[30] Zu Recht forderte er die strenge methodische Kontrolle durch den übrigen Nachlass und die weitere Überlieferung. Der Quellenwert des Manuskripts wird durch einige Lücken, die durch das

Ausschneiden einzelner Textstellen entstanden sind, beeinträchtigt. Die sorgfältige Durchführung und die Bewahrung von Ausschnitten auch von nur einigen Zeilen Länge lassen darauf schließen, dass diese Zensurmaßnahmen auf einen Archivar zurückgehen.

Einen Sonderfall der Überlieferungsgeschichte bilden die Tagebücher aus der Zeit des Ersten Weltkrieges. Der Kronprinz hatte während des Krieges meist täglich Notizen aufgezeichnet, die er in Stunden der Ruhe in sein Tagebuch übertrug. Er selbst sorgte für ihre Veröffentlichung. Dazu hatte er nach Kriegsende mit seinen Generalen eine lebhafte Korrespondenz geführt, um offene militärhistorische Fragen und Punkte, derer er sich nicht mehr sicher war, zu klären. Besonders intensiv war der Briefwechsel mit seinem zeitweiligen Generalstabschef Konrad Krafft von Dellmensingen über Details von dessen eigener geplanter Darstellung, die er zur Ergänzung seiner Tagebücher heranzog. Rupprecht arbeitete das Tagebuch Kraffts für die Schlacht in Lothringen durch, wie seine handschriftlichen Anmerkungen beweisen.[31]

Endgültig zur Veröffentlichung seiner Kriegstagebücher entschloss sich Rupprecht im Herbst 1928. Im gedruckten Vorwort begründete er die Führung eines Tagebuchs mit seiner schweren Verantwortung als Heerführer wie als Thronfolger; außerdem wollte er den künftigen Geschichtsschreibern Material zur Verfügung stellen. Den relativ späten Zeitpunkt habe er abgewartet, weil er hoffte, dass zunächst von anderer Seite Kritik an den nach seiner Meinung verfehlten Handlungen der militärischen wie politischen Leitung der Mittelmächte geübt würde: „Das Tagebuch ist ein Buch schwerer Sorge."[32] Mit der Herausgabe betraute Rupprecht den habilitierten Militärhistoriker und Dozenten für Heeres- und Kriegsgeschichte, Major a. D. Eugen von Frauenholz.[33] In einem Aufsatz gab dieser Rechenschaft über seine Arbeitsweise als Editor.[34] Als Grundlage dienten ihm 4000 handschriftliche Folioseiten des Manuskripts,[35] dazu kamen Beilagen und Karten, weshalb Frauenholz sich für starke Kürzungen entschied. Gestrichen wurden für die Edition die Reflexionen Rupprechts, soweit sie nicht von militärischem Interesse waren, was bereits eine Reduzierung auf etwa die Hälfte bedeutete. Ebenfalls weggelassen wurden politische Überlegungen, wenn sie wiederholt vorkamen, sowie einlaufende Nachrichten wie Pressenotizen oder Berichte. Alle Änderungen wurden in Absprache und mit Genehmigung des Kronprinzen vorgenommen, sodass die Ausgabe authentischen Charakter behält. Ergänzungen stammten von den Generalstabschefs des Kronprinzen von Krafft und von Kuhl. Auch eigene Fehleinschätzungen und Entscheidungen Rupprechts enthält das Tagebuch. Wie der Vergleich der Druckausgabe mit den Originalen zeigt, wurden die Urteile des Kronprinzen über Kaiser Wilhelm II. und andere Heerführer geglättet. Für Einzelfragen bleibt der Rückgriff auf das handgeschriebene Tagebuch nötig, das im Geheimen Hausarchiv aufbewahrt wird. Deshalb kritisierte der Präsident des Reichsarchivs, Generalmajor Hermann Mertz von Quirnheim, bereits im Vorfeld gegenüber General Krafft die Veröffentlichung, die er nach ihrem Erscheinen für historisch wertlos, weil unvollständig erklärte.[36]

Neben den autobiografischen Aufzeichnungen bildet der im Geheimen Hausarchiv aufbewahrte Nachlass Kronprinz Rupprechts die Grundlage dieser Darstellung. Er ist in über 1250 Nummern eingeteilt und sorgfältig verzeichnet. Besonderen Stellenwert nehmen seine Briefwechsel mit König Ludwig III. sowie mit Prinzessin Marie Gabriele und mit Kronprinzessin Antonie ein. Die Entwürfe mehrerer Denkschriften wie die Berichte seiner vertrauten Mitarbeiter lassen Aufschlüsse über seine politische Einstellung zu. Zur Ergänzung wurden die Nachlässe König Ludwigs III. und weiterer Verwandter herangezogen, die ebenfalls im Geheimen Hausarchiv verwahrt werden. Autobiografische Aufzeichnungen und Briefe von Weggefährten und Mitarbeiten wurden zusätzlich untersucht.

Während die Überlieferungslage für die Zeit der Monarchie und des Ersten Weltkrieges ausgesprochen gut ist, wurden offenbar politisch brisante Niederschriften aus der Zwischenkriegszeit im Jahr 1933 aus berechtigter Sorge vor Überwachung und Verfolgung vernichtet. Insgesamt aber erlaubt das reiche Material einen wichtigen Blick auf zentrale Abschnitte der bayerischen Geschichte in der Umbruchszeit der ersten Hälfte des 20. Jahrhunderts aus dem Blickwinkel einer ihre Zeit prägenden Persönlichkeit, wie es Kronprinz Rupprecht von Bayern war.

Kapitel 1
Die Zeit der Monarchie

1. Das Königreich Bayern im Deutschen Bund und Reich

Das souveräne Königreich

Bayern bildete bis 1870 ein souveränes Königreich. Das Staatsgebiet mit der Rheinpfalz umfasste 75 864 Quadratkilometer, das Land zählte 4 863 450 Einwohner.[1] 1866 hatte Bayern als Mitglied des Deutschen Bundes an der Seite des Kaiserreichs Österreich im Krieg gegen das Königreich Preußen gestanden.[2] Machtpolitik hatte bei Königgrätz, Kissingen und Helmstadt über das Recht gesiegt. Neben einer hohen Kriegsentschädigung und geringen Gebietsabtretungen musste Bayern einen geheimen Bündnisvertrag mit Preußen abschließen, der dessen König im Kriegsfall den Oberbefehl über die bayerische Armee sicherte. Bereits seit 1834 war Bayern Mitglied im Deutschen Zollverein, der Österreich nicht aufgenommen hatte. Die wirtschaftlichen Bindungen an den norddeutschen Raum waren durch die Friedensbedingungen verstärkt worden. Der Versuch des Aufbaus eines „Dritten Deutschland",[3] wie ihn König Maximilian II. und sein Außenminister Ludwig von der Pfordten versucht hatten, war an den preußischen Waffenerfolgen wie an der Eigendynamik der wirtschaftlichen Entwicklung gescheitert. Innerhalb Bayerns erstrebten besonders liberale Kreise im Bürgertum einen engeren Anschluss an Preußen. Die Möglichkeiten einer eigenständigen Politik waren seit 1866 weitgehend vertan, im folgenden Jahr musste Bayern sich im Zollbund de facto dem Norddeutschen Bund unter der Führung Bismarcks anschließen.

Das Königreich Bayern war ein Verfassungsstaat. Bereits 1808 hatte es erstmals eine Konstitution erhalten, die den Schutz der bürgerlichen Grundrechte garantierte.[4] 100 Jahre Bestand hatte dann die oktroyierte Verfassung von 1818, welche die konstitutionelle Monarchie als Staatsform festschrieb.[5] Dem König und der ihm verantwortlichen Regierung standen eine Ständeversammlung aus zwei Häusern gegenüber, die Kammer der Reichsräte und die aus Wahlen hervorgegangene Abgeordnetenkammer. Ihr wichtigstes Recht bildete die Steuerbewilligung. Seit 1848 waren die Minister auch den Kammern verantwortlich, dazu erhielten diese das Recht zur Gesetzesinitiative. Die zweite Kammer hatte in diesem Jahr ihren ständischen Charakter verloren und wurde zu einer repräsentativen Volksvertretung, die aus öffentlichen Wahlen hervorging. Auch wenn der Rücktritt König Ludwigs I. am 20. März 1848 weniger durch das Volk erzwungen als durch das Scheitern des Monarchen, gemäß seinen Vorstellungen autokratisch regieren zu können, ausgelöst wurde, markiert er doch einen Schritt der zunehmenden Entfremdung zwischen der Dynastie und der Bevölkerung.

König Maximilian II. begann seine Herrschaft mit einer Reihe von begeistert aufgenommenen Reformmaßnahmen. Der Landtag erhielt endlich das Gesetzesinitiativrecht, mit Einschränkungen nur bei verfassungsändernden Gesetzen. Verfügungen des Königs bedurften künftig der Gegenzeichnung durch den zuständigen Minister, der damit die Verantwortung übernahm. Völlig beseitigt wurden die Reste der Grundherrschaft. Auch die Grundlinien für eine Reform der Rechtspflege wurden festgelegt und die Trennung von Justiz und Verwaltung in Angriff genommen. In der bewegten Zeit nach den Märzereignissen 1848 entstanden die Anfänge politischer Gruppierungen und Parteien. Die liberale und demokratische Richtung wurde durch die Märzvereine vertreten. Die katholischen Pius-Vereine und die Zusammenschlüsse bayerischer Patrioten und Bauern entwickelten sich erst allmählich zu politischen Interessenvertretungen.[6] Maximilian II. kam zunächst liberalen Vorstellungen, auch bei der Kirchen- und Wissenschaftspolitik, weit entgegen. Trotzdem gewann er nicht die Anhängerschaft der Liberalen im Landtag und entfremdete sich den Klerus und die katholische Bevölkerung in Altbayern. Als der König ab 1850 versuchte, die Verfassungsreformgesetze rückgängig zu machen, brachte er die liberale Landtagsmehrheit zusätzlich gegen sich auf. Erst die Regierungsumbildung von 1859 und die Berufung liberaler Minister entspannten sein Verhältnis zur Abgeordnetenkammer.

Als der erst achtzehnjährige Ludwig II. nach dem frühen Tode seines Vaters am 10. März 1864 den Thron besteigen musste, befand sich Bayern in einer außen- wie innenpolitisch schwierigen Phase. Der junge König betraute zum Jahresende 1864 den großdeutsch-konservativ eingestellten Ludwig von der Pfordten erneut mit dem Außenministerium und der Leitung des Ministerrats, musste ihn aber nach der Niederlage von 1866 zum Jahresende durch den nationalliberal-kleindeutschen Fürsten Chlodwig zu Hohenlohe-Schillingsfürst ersetzen, der später Kanzler des Deutschen Reiches werden sollte. In dem Maße, in dem sich der Widerstand gegen die propreußische Politik Hohenlohes in den beiden Landtagskammern versteifte, schloss dieser sich umso enger an den preußischen Gesandten in München, Georg von Werthern, an. 1867 wurde der Deutsche Zollverein erneuert, wodurch die Dominanz Preußens und des Norddeutschen Bundes im deutschen Staatengefüge unterstrichen wurde.

Bei den Wahlen zum Zollparlament 1868 formierte sich die bayerischpatriotische und katholische Opposition. Neben der Unterstützung durch Vertreter des Adels, der hohen Beamten und der Geistlichkeit war für die Wahlerfolge der neuen Gruppierung entscheidend, dass die adeligen Grundbesitzer und besonders der Pfarrklerus die Brücke zur Bauernschaft schlugen und diese politisch organisierten. Die Ängste vor ökonomischen und sozialen Neuentwicklungen verknüpften sich mit konfessionellen und politischen Motiven besonders bei den Bauern und Kleinbürgern Altbayerns. Bei den beiden Wahlen im Mai und November 1869 errang die erst im Vorjahr entstandene konservativ-katholische Bayerische Patriotenpartei die Mehrheit in der Abgeordnetenkammer.[7] Zu heftigen Auseinandersetzungen zwischen ihr und der liberalen Regierung kam es etwa in der Frage der geistlichen Schulaufsicht, welche diese zurückdrängen wollte.

Das Verhältnis zwischen der Krone, der Regierung und den Liberalen auf der einen und den Vertretern der ultramontan-kirchlichen, bayerisch-patriotischen Richtung auf der anderen Seite wurde durch die Auseinandersetzungen im Vorfeld des Ersten Vatikanischen Konzils und seiner geplanten Dogmatisierung der päpstlichen Unfehlbarkeit schwer belastet.[8] Die Angst vor dem Verlust seiner staatskirchlichen Rechte trieb Ludwig II. in die Abhängigkeit von den liberalen Kräften, deren Politik auf allen anderen Feldern seinen Vorstellungen konträr lief. Am Vorabend des Krieges von 1870 entwickelte sich der liberale Kultusminister Johann von Lutz zum starken Mann in der Regierung, der den Kulturkampf auslösen sollte.[9]

Die französische Kriegserklärung an Preußen bedeutete nach den Bedingungen des Vertrages von 1866 den Bündnisfall für Bayern, obwohl dies im Landtag heftig umkämpft war. Überraschend schnell ordnete aber König Ludwig II. am 16. Juli 1870 die Mobilmachung an, wobei die bayerische Armee dem preußischen Oberbefehl unterstellt werden musste. Die bayerischen Truppen hatten maßgeblichen Anteil an den Siegen der verbündeten Heere über die französische Armee bei Weißenburg, Wörth und Sedan. Trotz des ausgeprägten monarchischen Selbstgefühls Ludwigs II. gelang es dem Leiter der preußischen Politik, Otto von Bismarck, ihn zur Abfassung des „Kaiserbriefs", des Angebots der Kaiserkrone an König Wilhelm I. von Preußen, zu veranlassen.[10] Die Proklamation des Deutschen Kaiserreiches am 18. Januar 1871 im Spiegelsaal zu Versailles erlebten die anwesenden Wittelsbacher-Prinzen, darunter der Bruder Otto und der Onkel Luitpold König Ludwigs II., mit großer Wehmut. Tief schmerzte sie der Verlust der Souveränität des Königs von Bayern. Auch in der bayerischen Abgeordnetenkammer war der Beitritt Bayerns in das kleindeutsche Reich heftig umstritten, doch fand sich bei der entscheidenden Abstimmung vom 21. Februar 1871 eine knappe Zweidrittelmehrheit.[11] Von der öffentlichen Meinung in den Städten, dem liberal geprägten Bürgertum und den heimkehrenden Truppen wurde das neue Reich begrüßt.

Der Bundesstaat des Deutschen Reiches

Das Königreich Bayern war seit 1871 als Bundesstaat Mitglied des Deutschen Reiches, als dessen Oberhaupt der König von Preußen mit dem erblichen Titel eines Deutschen Kaisers fungierte.[12] Bayern musste mit der Entschlussfreiheit in der Außen- und Militärpolitik auf seine wesentlichen Souveränitätsrechte verzichten. Dafür erhielt es mit dem stellvertretenden Vorsitz im Bundesrat, einem ständigen Sitz im Ausschuss für das Landheer und dem Vorsitz im Ausschuss für Auswärtige Angelegenheiten gewisse Mitwirkungsrechte garantiert. Die Gliedstaaten des Reiches behielten das aktive und passive Gesandtschaftsrecht, dem faktisch nur repräsentative Bedeutung zukam. Immerhin unterhielt Bayern eigene diplomatische Vertretungen beim Heiligen Stuhl und in Bern, Paris, St. Petersburg, Rom und Wien. England, Frankreich, Italien, Österreich und Russland hatten Botschafter in München akkreditiert, als Doyen des Diplomatischen Korps fungierte der Apostolische Nuntius, gleichzeitig der einzige Vertreter der Kurie im Reich. Auch innerhalb Deutschlands fand ein Gesandtenaustausch zwischen Bayern und Baden, Preußen, Sachsen sowie Württemberg statt. Von 1880 bis 1918 vertrat Hugo Graf von Lerchenfeld Bayern in Berlin, wo er sich einer besonderen Vertrauensstellung erfreuen konnte.[13]

Die Erhebung der direkten Steuern blieb den Bundesstaaten auch nach 1871 vorbehalten. Neben Zugeständnissen bei der Bier- und Branntweinsteuer und im Bereich des Heimat- und Niederlassungsrechtes konnte Bayern die Verkehrshoheit behaupten, der in der Zeit des stürmischen Ausbaus der Eisenbahnverbindungen hohe Bedeutung zukam. Ebenso bildete die Posthoheit ein bayerisches Reservatrecht, welches die Ausgabe eigener Briefmarken symbolisierte. Die praktische Bedeutung der Reservatrechte war vom Durchsetzungswillen der bayerischen Regierungen gegenüber dem Reich abhängig. Allerdings war dieser wegen der Frontstellung der liberalen Kabinette zur katholisch-konservativen Landtagsmehrheit nur schwach ausgeprägt. Im Bereich der Innenpolitik blieb die bayerische Souveränität dagegen nahezu ungebrochen, das Königreich behielt das Recht auf seine eigene Verfassung und die Kultur- und Polizeihoheit. Eine Reichsverwaltung oder Reichsbeamte gab es innerhalb Bayerns nicht. Die maßgebliche Interpretation der bayerischen Verfassung stammte von Max von Seydel, der auch Prinz Rupprecht in die Staatswissenschaft einführen sollte. Die Legitimität der Herrschaft beruhte für ihn auf dem eigenen Recht des Monarchen, also nur noch einem säkularisierten Gottesgnadentum.[14]

Das wichtigste und nur Bayern gewährte Reservatrecht bildete die Militärhoheit in Friedenszeiten. Das Königreich besaß einen eigenen Generalstab,[15] eine Generalstabsschule[16] und eigene Spezialtruppen. Der Landtag konnte souverän über den Militärhaushalt verfügen. Die bayerischen Truppen wurden auf ihren König vereidigt. Zur Beaufsichtigung der Armee durch den Oberbefehlshaber der übrigen Reichstruppen wurde allerdings die IV. Armeeinspektion eingerichtet, die zunächst unter der Leitung Kronprinz Friedrich Wilhelms von Preußen stand. Zu dieser Inspektion gehörten die drei bayerischen Armeekorps, das III. Armeekorps in Berlin und das IV. in Magdeburg. Diese Konstruktion war von Preußen getroffen worden, um die eigenständige bayerische Armee enger mit den Reichstruppen zu verklammern. Erst 1892 wurde mit General Prinz Leopold von Bayern, dem zweitgeborenen Sohn Prinzregent Luitpolds, ein Bayer in dieses Amt berufen.

König Ludwig II. zog sich nach dem Verlust seiner Souveränität immer stärker aus der Öffentlichkeit zurück.[17] Weder er noch seine Nachfolger schöpften die Bayern verbliebenen Möglichkeiten für eine eigenständige Politik aus. Die gewährten Reservatrechte konnten die meisten Angehörigen des Königlichen Hauses nur unzulänglich über den Verlust der Souveränität hinwegtrösten. Das staatskonservativ-liberale Kabinett, zunächst unter dem Freiherrn von Lutz, dagegen orientierte sich schon wegen seiner Frontstellung zur katholisch-föderalistischen Landtagsmehrheit meist am Berliner Vorbild. Das Deutsche Reich wurde vom Königreich Preußen dominiert, das 64,4% seiner Fläche und 60,3% seiner Bevölkerung umfasste. Durch den preußischen Gesandten in München übte die Reichsregierung starken Einfluss aus.[18] Bayern entwickelte sich beim weitgehenden Ausfall der monarchischen Gewalt unter Ludwig II. zum Verwaltungs- und Beamtenstaat. Die politisch führenden Kreise verschrieben sich auch in München dem nationalen Machtgedanken. Die Integration Bayerns in das Deutsche Reich wuchs in den folgenden Jahrzehnten durch die Gesetzmäßigkeiten der Wirtschaft. Trotz der voranschreitenden Industrialisierung fand die Mehrheit der Bevölkerung weiterhin ihren Lebensunterhalt in der Landwirtschaft.

Währenddessen flüchtete sich Ludwig II. zunehmend in die romantische Traumwelt seiner abgelegenen Schlösser, die Führung der Amtsgeschäfte ließ er schleifen, die königliche Kabinettskasse war durch seine Bauleidenschaft hoch verschuldet. Das Ministerium Lutz hatte den Rückzug des Königs von den Regierungsgeschäften zunächst nicht ungern gesehen, weil es bei einem schwachen Monarchen seine Politik gegen die konservative Mehrheit in der zweiten Kammer leichter durchsetzen konnte. Der König wurde erst in dem Moment zu einem Unsicherheitsfaktor für das Kabinett, als er sich zur Behebung seiner Schulden an den Landtag zu wenden drohte. Die Landtagsmehrheit hätte seine Wünsche wohl erfüllt, aber einen Richtungswechsel der Politik erzwungen. Dieser Ausweg aus der Finanzkrise hätte die Berufung einer Regierung der Patriotenpartei zur Folge gehabt. Im Juni 1886 drängte das Kabinett Lutz auf eine psychiatrische Untersuchung Ludwigs II., um die Behandlung der Finanzfrage im Landtag zu verhindern. Auf Grund einer Ferndiagnose erklärte der führende

Münchner Psychiater, Prof. Bernhard von Gudden, dass Ludwig II. wegen Paranoia regierungsunfähig sei, ohne dass er oder einer der anderen Gutachter den König untersucht hätten.

Der nächste Agnat des Königlichen Hauses, der Bruder Ludwigs II., Prinz Otto, konnte die Regentschaft nicht antreten, weil er selbst seit einem Jahrzehnt völlig geistig umnachtet war. So lief die Entwicklung auf den Onkel des Königs, den bereits 65-jährigen Prinzen Luitpold, zu. Der dritte Sohn König Ludwigs I. war ohne persönlichen Ehrgeiz, doch von hohem Pflichtbewusstsein erfüllt. Deshalb entzog er sich der schweren und undankbaren Aufgabe nicht und erklärte sich am 10. Juni 1886 bereit, die Regentschaft anzutreten.[19] Luitpolds ältester Sohn Prinz Ludwig war im Vorfeld nicht über die Einsetzung der Regentschaft für König Ludwig II. informiert worden, was ihn schwer verstimmte.[20]

Am Pfingstsonntag, dem 13. Juni 1886, fand König Ludwig II. im Starnberger See den Tod. Prinz Rupprecht von Bayern, der Enkel Prinz Luitpolds, erfuhr in der Nacht vom 13. auf den 14. Juni im nahen Leutstetten vom Tode des Königs, der ihn schwer erschütterte. Er selbst hatte Ludwig II. nur zweimal bei Weihnachtsbescherungen der königlichen Familie und einmal beim Fest des Georgi-Ritterordens gesehen. Er charakterisierte den König als majestätische, aber von Krankheit gezeichnete Erscheinung, an dessen Geisteszustand er zweifelte. Bei der Beisetzung Ludwigs am 19. Juni dieses Jahres schritt Rupprecht im Trauerkondukt mit. Dies war der erste öffentliche Auftritt des jungen Prinzen. Nun schien festzustehen, dass er einmal der Erbe der Krone Bayerns werden würde. Die Legendenbildung um den unerklärlichen Todesfall in den Fluten des Sees dauert bis heute an.[21] Allgemein anerkannt ist wohl nur, dass Prinz Luitpold nichts ferner als die Absicht zum Thronraub lag.

Die Prinzregentenzeit

Prinz Luitpold hat sich zeitlebens mit dem Titel eines Prinzregenten zufrieden gegeben und die Annahme der Königskrone verweigert.[22] Dabei war klar zu erkennen, dass der legitime König Otto regierungsunfähig bleiben würde. Nach dem Geist der einschlägigen Verfassungsbestimmungen war eine Regentschaft nicht auf Dauer gedacht, sondern nur für den Fall einer zeitweiligen Verhinderung des Monarchen.[23] Für diese Zeit waren Verfassungsänderungen und der Erlass von Gesetzen mit einem solchen Charakter ausgeschlossen, Beamtenernennungen hatten – davon ist man bald abgerückt – nur provisorische Gültigkeit. Um aber jeden Anschein persönlichen Ehrgeizes zu vermeiden, ließ Prinzregent Luitpold erklären, dass er am bestehenden Zustand nichts ändern wolle. Erst 1904 wurde die Frage einer Beendigung der Regentschaft und der Annahme des Königstitels durch Luitpold erneut diskutiert, doch wünschte er auch diesmal keine Änderung. Faktisch freilich übte er alle königlichen Rechte aus und wurde ebenso von den anderen Höfen als Monarch anerkannt.

Auch nachdem Prinzregent Luitpold, der persönlich den politischen Vorstellungen der Bayerischen Patrioten nahestand, die Regentschaft übernommen hatte, blieben Politiker dieser katholischen Partei wie die hochkonservativen Hofkreise vom politischen Einfluss weitgehend ausgeschlossen. Die Regierung Lutz konnte sich bis 1890 halten. Dabei wurde sie vom Prinzregenten gegen die Angriffe der katholischen Landtagsmehrheit gedeckt. Wie schon Ludwig II. bestand auch Prinzregent Luitpold auf den staatskirchlichen Rechten der Krone. Unkontrollierbaren Einfluss übte seine Geheimkanzlei aus, die General Ignaz Freiherr Freyschlag von Freyenstein (von 1886 bis 1891), Friedrich Freiherr von Zoller (von 1892 bis 1900) und Peter Freiherr von Wiedenmann (von 1901 bis 1912) leiteten.[24] Von 1890 bis 1903 führte Friedrich Krafft Freiherr von Crailsheim den Vorsitz im Ministerrat, der letzte maßgebliche Vertreter des Beamtenliberalismus in dieser Stellung.[25] Die meisten Mitglieder seines Kabinetts stammten aus Franken. Trotz der persönlich streng katholischen Haltung Luitpolds dauerten die Nachwehen des Kulturkampfes an. Erst allmählich sollte es dem Prinzregenten gelingen, die katholische Landtagsmehrheit mit der Regierung auszusöhnen und das Ansehen der Monarchie wieder stärker im Volk zu verankern.

Der Anfang der Regentschaft war für Prinz Luitpold und seine Angehörigen hart, weil sie durch das Odium des Todes König Ludwigs II. überschattet blieb. Am meisten belastete Luitpold und seine engere Familie die Tatsache, dass ein Prinzregent nicht die Einkünfte der königlichen Zivilliste erhielt, die nominell für König Otto verwaltet wurden. Der Großteil des Besitzes der Wittelsbacher war mit der Verfassung von 1818 in den Besitz des Staates übergegangen, der dafür die Kosten für den Unterhalt des Hofes und die Apanagen der volljährigen Prinzen in Höhe von später 4,2 Millionen Mark im Jahr übernahm.[26] Drei Millionen bildeten fixe Kosten, darunter der Aufwand für die königlichen Schlösser und Theater. Daneben existierten mehrere Fideikommisse, von denen das Ludovicianum in Händen der Luitpoldinischen Linie lag. Dieser Fideikommiss war aus der Hinterlassenschaft König Ludwigs I. für die Luitpoldinische Linie eingerichtet worden.[27] Prinzregent Luitpold blieb auf seine Apanage als Prinz in Höhe von 171 000 Mark beschränkt, die nur um einen Aversalbeitrag von 100 000 Mark als Regent und eine Jahresrente von 342 000 Mark aufgestockt wurde. Davon musste er auch seinen ältesten Sohn Prinz Ludwig und dessen Familie unterstützen. Trotzdem ließ er annähernd die Hälfte seiner Einkünfte an Bedürftige auszahlen.[28] Hätte Luitpold den Königstitel angenommen, wären ihm selbst nicht nur ungleich höhere Einnahmen zugestanden, sondern Prinz Ludwig hätte als Kronprinz 400 000 Mark jährlich bezogen.

Das politische Leben in Bayern wurde durch zwei politische Richtungen dominiert. Der politische Katholizismus und die Vertreter der Eigenstaatlichkeit vereinigten sich in der Bayerischen Patriotenpartei.[29] Sie bildete weniger eine fest organisierte Partei als den Zusammenschluss Gleichgesinnter im Landtag. Sie wurde getragen vom Ansehen und vom Einfluss der Honoratioren und des Klerus auf dem Lande, wo die überwiegende Mehrheit der bayerischen Bevölkerung noch lebte. Die neue Partei war im Strom der christlich-demokratischen Bewegung entstanden, die im Parlament das geeignete Kampfmittel für die Verteidigung kirchlich-katholischer Interessen gegenüber Staatskirchentum und Liberalismus erblickte. Sie vertrat ein konservatives Gesellschafts- und Wirtschaftsprinzip mit Betonung der agrarischen Interessen. Dabei gab es verschiedene Flügel in der Patriotenpartei, die von einer altkonservativen, am Vormärz orientierten bis zu einer stärker demokratisch und ultramontan geprägten Richtung reichten. Bruchlinien bildeten dabei weniger das Verhältnis zum Monarchen als die nationale Frage und der Grad des Ultramontanismus. Trotz der partiellen Zustimmung zur Reichsgründung von 1871 blieben die Patrioten die entschiedenen Vorkämpfer des Föderalismus.

1887 schlossen sich die Bayerischen Patrioten der Zentrumspartei als Vertretung des politischen Katholizismus im Reich an, in Bayern nannten sie sich Bayerische Zentrumspartei.[30] Starken Einfluss übte weiterhin der Klerus aus, auch der katholische Adel unterstützte die Partei. Zu den Hauptzielen gehörte die Verteidigung der Eigenstaatlichkeit Bayerns, die Durchsetzung einer kirchlichen Kulturpolitik und der Einsatz für eine agrarisch bestimmte Gesellschaftsordnung. Der von den Nationalliberalen betriebenen Wirtschaftspolitik einer Förderung der Großindustrie, dem von Preußen ausstrahlenden Militarismus wie den Forderungen der Sozialdemokratie stand das Zentrum gleichermaßen ablehnend gegenüber. Freilich gab es innerhalb der Partei unterschiedliche Flügel, einerseits eine vom hohen Klerus und Adel gestützte, eher reichsfreundliche und konservative, andrerseits eine vom niederen Klerus und der Bauernschaft getragene Richtung, die sozialpolitische Forderungen erhob und einen eher partikularistischen Kurs verfolgte. Ein ständiges Problem bildete bis 1912 die Oppositionshaltung gegenüber den staatskonservativ-liberalen Regierungen, die vom Vertrauen des Königs oder Regenten getragen wurden, dem das Zentrum ja selbst als streng monarchische Partei in Treue ergeben war.

Der katholisch-konservativen Landtagsmehrheit standen als zweite große Kraft die Liberalen unterschiedlicher Couleur gegenüber, die auf das Reich und Berlin ausgerichtet waren und bei den bayerischen Beamtenkabinetten Rückhalt fanden. Die Beziehungen zwischen Regierung und Landtag wurden durch den Kulturkampf schwer überschattet. Er führte zum verstärkten Zusammenrücken der katholischen Wähler, die der Patriotenpartei bei den Landtagswahlen von

1875 und 1881 die absolute Mehrheit sicherten. Insgesamt verloren die Liberalen, obwohl sie von der Regierung etwa bei der Wahlkreiseinteilung bevorzugt wurden, beständig an Stimmen. Wirtschaftliche und soziale Veränderungen führten zur Bildung neuer Parteien. Als weitere politische Kraft bildete sich die Sozialdemokratische Partei. Nach der faktischen Aufhebung des Sozialistengesetzes 1890 gewannen sie bei den Landtagswahlen 1893 mit einem Stimmenanteil von 16,3 % erstmals fünf Landtagsmandate. Der Parteivorsitzende Georg von Vollmar aus einer bayerischen Offiziersfamilie trat für eine reformerische Umgestaltung statt eines revolutionären Umsturzes ein. Sein Kurs ermöglichte das zeitweilige taktische Zusammengehen mit dem Zentrum in der Wahlrechtsfrage. Bäuerliche Zentrumswähler besonders in Niederbayern, die unter den Folgen der von dieser Partei mitgetragenen Reichswirtschaftspolitik litten, gingen zum 1893 gegründeten partikularistischen und teils antiklerikalen Bayerischen Bauernbund über.

Unter der Herrschaft Kaiser Wilhelms II. verschärfte sich nach dem Ausscheiden Bismarcks aus der Reichspolitik im Jahr 1890 der zentralistische Kurs der Reichsleitung, oppositionelle Kräfte in Bayern wurden als „Partikularismus" im Sinne von Separatismus und „Ultramontanismus" gebrandmarkt.[31] Die Berichte der preußischen Gesandten bieten teilweise bittere Beispiele für die wilhelminische Überheblichkeit gegenüber Bayern. Die bayerischen Regierungen hatten dem wenig entgegenzusetzen. Außenminister von Crailsheim musste nach heftigen Auseinandersetzungen mit der katholisch-konservativen Landtagsmehrheit über den Kultusetat und der Gefährdung der Haushaltsberatungen im Herbst 1903 zurücktreten. Sein Nachfolger, der bisherige Kultusminister Klemens Freiherr von Podewils-Dürniz, musste seine Politik gegenüber dem Zentrum öffnen.

Das wohl politisch wichtigste Ereignis der Prinzregentenära bildete die Wahlreform von 1906. Seit 1899 waren verschiedentlich Wahlbündnisse zwischen Zentrum und SPD zustandegekommen, um der von der Regierung zugunsten der Liberalen genutzten Wahlkreisgeometrie zu begegnen.[32] Nach dem Sieg von Zentrum und SPD bei den Landtagswahlen 1905 stand der Weg für eine Wahlreform offen, die Stimmkreise wurden neu eingeteilt. Am 9. April 1906 wurde in Bayern nach dem Vorbild des Reichstags für alle Männer das allgemeine, gleiche, geheime und direkte Wahlrecht eingeführt,[33] während in Preußen bis 1918 noch das Dreiklassenwahlrecht galt. Prinz Ludwig hatte sich in der Reichsrätekammer für das Reformgesetz ausgesprochen. Die Direktwahl der Abgeordneten sicherte die Erfolge des Zentrums bei den kommenden Landtagswahlen. SPD, Liberale und Bauernbund schlossen sich darauf zusammen, um eine weitere Wahlrechtsreform und vor allem eine Neueinteilung der Wahlkreise durchzusetzen. Diese Frontstellung beherrschte die bayerische Politik noch länger, zumal im Zentrum nun konservative Kräfte verstärkt an Einfluss gewannen.

Bei den Landtagswahlen von 1912 entfielen auf das Zentrum mit nur 40,9% der Stimmen 87 von 183 Mandaten, die Liberalen erhielten mit 21,4% 30 und die SPD mit 19,5% ebenfalls 30 Mandate, acht Abgeordnete stellten der Bauernbund, sieben die evangelischen Konservativen.

Wie kein anderer bayerischer Monarch hat Prinzregent Luitpold seiner Epoche einen Namen aufgeprägt, den der Prinzregentenzeit.[34] Zweifellos bildete der Ausfall eines regierungsfähigen Königs aber eine schwere Belastung für das monarchische Prinzip. Prinzregent Luitpold hielt sich streng an den Rahmen der Verfassung und gelangte im Laufe seiner Regentschaft zu echter Volkstümlichkeit. Der Begriff der Prinzregentenzeit ist mit der Vorstellung einer kulturellen Hochblüte in München und Bayern in den Jahren vor dem Weltkrieg verbunden.[35] Auf allen Gebieten der bildenden Kunst, der Musik, des Theaters, der Dichtung, der Wissenschaften und Technik waren Glanzleistungen zu verzeichnen. Neben den Malerfürsten Friedrich August von Kaulbach, Franz von Lenbach und Franz von Stuck wirkten auch Wilhelm Leibl, die Künstler der Sezession und des Blauen Reiters. Der Prinzregent beließ den Künsten ihre Freiheit und förderte so nachhaltig ihre Entwicklung. Die Zeitschriften „Simplizissimus", „Hochland" und „Jugend" erschienen in München. Die Erweiterungen der Städte hatten eine bedeutende Bautätigkeit zur Folge, als Beispiele seien das Bayerische Nationalmuseum, das Prinzregententheater und das Deutsche Museum in München genannt. Während dieser kulturellen Blütezeit empfing Prinz Rupprecht die prägenden Eindrücke seiner Jugend.

Bei aller Verklärung dieser Zeit, wozu ihr Charakter als Vorkriegszeit beigetragen haben mag, soll nicht vergessen werden, dass es sich um eine „Epoche des Übergangs, des Strukturwandels, der Umschichtung auf allen Gebieten des menschlichen Lebens"[36] handelte. Die bayerische Bevölkerung vermehrte sich von 1871 bis 1910 um zwei Millionen auf 6 887 291 Einwohner.[37] Hoch war die Auswandererquote nach Amerika, wo sich die Menschen ein besseres Auskommen erhofften. Auch die Zuwanderung in die industriellen Ballungsräume nahm stark zu. Insgesamt vollzog sich in der Einwohnerschaft Bayerns in der Prinzregentenzeit durch die Industrialisierung und den Zuzug in die Städte, durch Liberalisierung und Nationalisierung, durch die Konkurrenz von Königs- und Kaiserkult ein tiefgreifender Mentalitätenwandel.[38]

2. Das Haus Bayern und die europäischen Dynastien

Die Wittelsbacher verkörpern die geschichtliche Identität des Staates Bayern, sie dienten über Jahrhunderte allen sozialen Gruppen, Ständen und Klassen des Landes als Integrationspunkt.[39] Während ihrer langen ununterbrochenen Herrschaft ermöglichten sie die eigenständige und charakteristische Entwicklung Bayerns, sie prägten entscheidend und unverwechselbar Land und Volk. Die Wittelsbacher setzten die Traditionen des ins 6. Jahrhundert zurückreichenden Stammesherzogtums fort, dessen Namen sie beibehielten, schufen das hochmittelalterliche Reichsfürstentum und wurden im 19. Jahrhundert Herrscher eines souveränen Königreiches.

Als erstes Mitglied der Dynastie ist der Vogt des Hochstifts Freising, Graf Otto von Scheyern, von der Mitte des 11. Jahrhunderts bis 1078 nachweisbar.[40] Der bereits von Bischof Otto von Freising postulierte genealogische Zusammenhang mit den Luitpoldingern, der bayerischen Herzogsfamilie des 10. Jahrhunderts, darf als wahrscheinlich gelten. Mit der Umwandlung der Stammburg Scheyern in ein Hauskloster benannte sich das Geschlecht, das seit spätestens 1120 die Pfalzgrafen in Bayern stellte, nach der Burg Wittelsbach bei Aichach. Gestützt auf die Nähe zum staufischen Herrscherhaus vollzog sich der weitere Aufstieg, der 1180 in der Belehnung Ottos von Wittelsbach mit dem Herzogtum Bayern durch Kaiser Friedrich I. Barbarossa kulminierte. Durch Heirat konnten die Wittelsbacher 1214 die Pfalzgrafschaft bei Rhein und damit die angesehenste weltliche Kurstimme erwerben. Sie drängten die konkurrierenden Gewalten im Herzogtum zurück und intensivierten die Landesherrschaft durch moderne Verwaltung und Rechtspflege. Die 1255 einsetzenden Erbteilungen in bis zu vier Linien schwächten den politischen Einfluss des Hauses im Spätmittelalter. Die bayerische Linie der Wittelsbacher stellte mit Ludwig dem Bayern von 1328 bis 1347 einen römisch-deutschen Kaiser. Mit der Pfälzer Linie wurde 1329 im Hausvertrag von Pavia das wechselseitige Erbrecht und die Alternation der Kurstimme festgelegt, die aber seit der Goldenen Bulle von 1356 der Pfalz reserviert blieb.

Seit der Primogeniturordnung Herzog Albrechts IV. von 1506 blieben Ober- und Niederbayern ungeteilt. München wurde durch die Herzöge und seit 1623 Kurfürsten zur Residenz von europäischem Rang ausgebaut. Entscheidend für das Profil Bayerns in der Neuzeit war die Entscheidung der Herzöge für das Festhalten am katholischen Glauben. Die katholische Reform und die engen politischen Verbindungen mit Rom und Madrid bedingten romanischen Einfluss im Bereich der Kultur. Das Verhältnis zum Haus Österreich war trotz des gemeinsamen katholischen Glaubens durchaus ambivalent. Phasen engster politischer Zusammenarbeit und familiärer Kontakte wurden mehrfach durch kriegerische

Zusammenstöße unterbrochen, welche das wittelsbachische Bemühen um die Durchsetzung von Erbansprüchen auf österreichische Länder wie das habsburgische Expansionsstreben ausgelöst hatten.

Mit dem Aussterben der bayerischen ludowizianischen Linie 1777 wurden in Ausführung alter Hausverträge Bayern und Pfalz unter Kurfürst Karl Theodor von Pfalz-Neuburg-Sulzbach vereinigt. Da dieser ohne legitime Erben starb, trat Pfalzgraf Max Joseph von Pfalz-Zweibrücken, nachgeborener Sohn eines kleinen Reichsfürsten, seine Nachfolge an. Unter Max I. Joseph wurde Bayern 1806 zum Königreich erhoben. Die ersten drei Könige von Bayern brachen mit der Tradition der Münchner Linie, Gemahlinnen aus katholischen Dynastien, bevorzugt den Häusern Österreich und Lothringen, zu wählen. Sie alle heirateten evangelische Prinzessinnen: Max Joseph 1785 Auguste Wilhelmine Maria von Hessen-Darmstadt und 1797 Karoline Friederike von Baden, Ludwig I. 1810 Therese von Sachsen-Hildburghausen und Maximilian II. 1842 Marie von Preußen. Erst diese Ehe reichte in die oberste Ebene der europäischen Königsdynastien, die übrigen Königinnen entstammten deutschen Fürstenhäusern. Die dynastischen Verbindungen mit Preußen waren noch enger, weil König Friedrich Wilhelm IV. von Preußen mit Elisabeth von Bayern verheiratet war, einer Tochter König Max' I. Joseph. Ihre Zwillingsschwester Amalie war mit König Johann I. von Sachsen verehelicht. Zwei weitere Töchter König Max' I. Joseph heirateten in das Erzhaus Österreich ein, Charlotte ehelichte Kaiser Franz I. und Sophie Erzherzog Franz Karl, deren Sohn Franz Joseph Kaiser von Österreich werden sollte. Über die Kinder König Max' I. Joseph bestanden verwandtschaftliche Kontakte zu vielen europäischen Dynastien.

Neben der Linie Pfalz-Zweibrücken blühte noch die von Pfalzgraf Wilhelm von Birkenfeld-Gelnhausen 1799 begründete Linie der Herzöge in Bayern. In der Generation der Kinder des dritten Chefs der herzoglichen Linie, des populären Herzogs Maximilian, der mit der Tochter Prinzessin Ludovika des ersten bayerischen Königs verheiratet war, entstandenen Verbindungen zum Erzhaus Österreich – Herzogin Elisabeth heiratete Kaiser Franz Joseph I. –, zum portugiesischen Königshaus der Bragança und zum bourbonischen Königshaus beider Sizilien.[41] Der älteste Sohn Herzog Karl Theodor in Bayern war in zweiter Ehe mit Prinzessin Marie José aus dem portugiesischen Königshaus der Bragança vermählt, deren Schwestern waren mit Männern aus den führenden katholischen Dynastien Europas verheiratet. Dazu gehörten Prinz Alfons Carl von Bourbon, der Chef und Thronprätendent der carlistischen Linie des Hauses Bourbon in Spanien, Erzherzog Karl Ludwig von Österreich, der Vater des Erzherzog-Thronfolgers Franz Ferdinand, Großherzog Wilhelm von Luxemburg und Herzog Robert von Bourbon-Parma, der Vater der späteren Kaiserin Zita von Österreich.[42]

Mit der Berufung seines zweitgeborenen Sohnes Otto 1832 zum König

2. Das Haus Bayern und die europäischen Dynastien

von Griechenland konnte Ludwig I. die internationale Bedeutung der Wittelsbacher stärken. Seine dritt- und viertgeborenen Söhne, Luitpold und Adalbert, bildeten zwei eigenständige Linien des Hauses aus. Die Eheschließung Prinz Adalberts mit Infantin Amalie von Spanien führte zu familiären Banden mit den spanischen Bourbonen, die in den folgenden Generationen noch vertieft wurden.[43]

Der drittgeborene Sohn König Ludwigs I., Luitpold, der nachmalige Prinzregent, knüpfte mit seiner Eheschließung an die alte Tradition der Münchner Linie enger Verbindungen mit dem Erzhause Österreich an. Er heiratete 1844 Erzherzogin Auguste Ferdinande, eine Tochter Großherzog Leopolds II. von Österreich-Toscana. Zwei Söhne Luitpolds schlossen ebenfalls Ehen mit Erzherzoginnen: Prinz Ludwig mit Erzherzogin Marie Therese von Österreich-Este und Prinz Leopold mit Erzherzogin Gisela, eine Tochter Kaiser Franz Josephs I.[44] Die zweitgeborene Tochter aus dieser Verbindung, Prinzessin Auguste, heiratete Erzherzog Joseph von Österreich, der ältere Sohn Prinz Georg Erzherzogin Isabella. Nach der Annullierung der Ehe ließ er sich zum Priester weihen und wurde Domherr von St. Peter in Rom. Sein Bruder Konrad heiratete Prinzessin Bona von Savoyen-Genua aus einer Nebenlinie des italienischen Königshauses. Der drittgeborene Sohn des Prinzregenten, Prinz Arnulf, heiratete Prinzessin Therese von Liechtenstein.

Die Gemahlin des späteren Königs Ludwig III. und Mutter Prinz Rupprechts, Erzherzogin Marie Therese, war die Tochter des Erzherzogs Ferdinand Karl Viktor d'Este, des Prinzen von Modena, und der Erzherzogin Elisabeth aus der ungarischen Linie des Erzhauses. 1803 war das italienische Haus Este im Mannesstamm mit Herkules III. Rainald ausgestorben, über die Ehe Erzherzog Ferdinand Karls mit der Erbtochter Maria Beatrix von Este-Modena lebte das Geschlecht fort. Die Urenkelin aus dieser Verbindung, Erzherzogin Marie Therese, wurde nach dem Tode mehrerer Verwandter zur Erbin des Hauses Este. Aus der zweiten Ehe ihrer Mutter, der Erzherzogin Elisabeth, mit Erzherzog Karl Ferdinand von Österreich stammte Maria Christina, die als Frau König Alfons XII. Königin und nach dessen Tod von 1885 bis 1902 Regentin von Spanien wurde. Damit bestanden enge verwandtschaftliche Beziehungen auch zum spanischen Königshaus. Unter den Vorfahren Prinz Rupprechts finden sich in der Generation seiner Urgroßeltern allein drei Angehörige des Erzhauses Österreich, aber nur ein Wittelsbacher. Die Eheschließungen mit streng katholisch erzogenen Prinzessinnen verdeutlichen die politische Orientierung der Luitpoldinischen Linie an Österreich und eine andauernde Offenheit für großdeutsche Vorstellungen.

Erst gegen Ende des 19. Jahrhunderts förderten genealogische Forschungen zutage, dass Marie Therese von Österreich-Este über die Häuser Orléans, Savoyen und Este von Henriette Anne d'Angleterre, der Tochter König Karls I.

von England und Schottland, abstammte.⁴⁵ Dadurch wurde sie zur legitimistischen Erbin des Hauses Stuart, das im Mannesstamm mit Kardinal Heinrich Stuart, Bischof von Frascati, 1807 erloschen war. Durch die sogenannte Glorreiche Revolution 1688/89 war die Herrschaft über England und Schottland an den protestantischen König Wilhelm von Oranien und ab 1714 an das Haus Hannover übergegangen. Die Stuart-Anhänger erkannten dies nicht an, doch waren letzte Chancen auf eine Stuart-Restauration mit der Niederlage von Culloden 1746 gescheitert. Jakobitische Kreise Großbritanniens verehrten in Marie Therese von Bayern trotzdem die legitime Königin von England und Schottland. Diesen Anspruch vererbte sie an ihren ältesten Sohn Rupprecht. Da sich aber bereits der letzte männliche Angehörige des Hauses Stuart, Kardinal Heinrich Stuart – seinem legitimistischen Anspruch nach König Heinrich IX. von England und Schottland – mit König George III. von Großbritannien durch die Annahme einer Rente weitgehend ausgesöhnt hatte, kam dem keine praktische Bedeutung mehr zu.

Prinz Rupprecht selbst betrachtete die Stuart-Erbfolge nur als historische Reminiszenz ohne praktische Bedeutung. Stuart-Legitimisten gründeten im späten 19. Jahrhundert die „league of the white rose". Einer ihrer Anführer war Beamter des Britischen Museums. Erzherzogin Marie Therese wie ihr Sohn Rupprecht erhielten Huldigungstelegramme, einige „Heißsporne" – so Rupprecht – veranstalteten eine Demonstration vor dem Denkmal des Märtyrer-Königs Karl I. in London. Rupprecht beantwortete aus Höflichkeit einige ihrer Adressen, ohne die ganze Angelegenheit allzu ernst zu nehmen. Prinz Ludwig dagegen maß diesem Komplex mehr Gewicht zu. So hatte er der Reise Rupprechts zum 60-jährigen Thronjubiläum Königin Viktorias von England 1897 nur gegen die Zusicherung zugestimmt, dass sein Sohn dort auf keine Ansprüche auf die Stuart-Erbfolge verzichten würde. In London wurde der bayerische Prinz von einer Jakobiten-Delegation, der nach seinem Eindruck nicht die besten Stände angehörten, mit einem riesigen Bouquet weißer Rosen empfangen, doch wies er deren Huldigung zurück. Spätere Zeitungsmeldungen, dass er Ansprüche gegenüber der englischen Krone angemeldet habe, entbehren jeder Grundlage.⁴⁶ Freilich konnte Rupprecht nach dem Zweiten Weltkrieg von der Treue von Stuart-Legitimisten unter amerikanischen Offizieren profitieren.⁴⁷

Prinz Rupprecht war durch seine Herkunft wie seine Eheschließungen eng in die Welt der europäischen katholischen Dynastien, der Wittelsbacher, Habsburger, Stuarts, Bragança und Luxemburger, eingebunden, doch sollte dies weder für seine politischen Überzeugungen noch für sein Handeln große Konsequenzen zeigen. Der weite Heiratskreis markiert deutlich die Bedeutung der Wittelsbacher als eine der führenden europäischen Dynastien auch nach dem Verlust der vollen Souveränität des Königreichs Bayern.

3. Kindheit und Jugend

Die Eltern

Rupprecht Maria Luitpold Ferdinand von Bayern wurde am 18. Mai 1869 in München geboren. Der Erzbischof von München und Freising, Gregor von Scherr, erteilte dem Sohn des Prinzenpaares Ludwig und Marie Therese am 20. Mai in der Hauskapelle des Leuchtenberg-Palais die Taufe. Der damals schon menschenscheue König Ludwig II. nahm an der Feier teil und übernahm die Patenschaft. Mit der Namenswahl Rupprecht knüpften die Eltern an die Pfälzer Tradition der Wittelsbacher an, trugen doch drei Kurfürsten der Pfalz diesen Namen, Rupprecht III. war 1400 zum römisch-deutschen König gewählt worden. Mit dem zweiten Namen Maria wurde die im Hause Bayern mit der Taufe von Ferdinand Maria 1636 begründete und in der Linie Prinz Luitpold aufgegriffene Tradition der besonderen Verehrung der Gottesmutter fortgeführt, die Namen Luitpold und Ferdinand gehen auf die Großväter zurück.

Seit 1864 war der junge Ludwig II. König von Bayern, nächster Thronerbe war sein Bruder Otto. Die Thronanwartschaft Prinz Ludwigs und seines Sohnes Rupprecht schien damit bei dessen Geburt im Jahr 1869 eine rein theoretische Möglichkeit. Prinz Ludwig von Bayern, Sohn Prinz Luitpolds und Enkel des im Jahr vor Rupprechts Geburt verstorbenen König Ludwigs I., führte das Leben eines nachgeborenen Wittelsbacher-Prinzen. Er war Offizier und hatte an der Ludwig-Maximilians-Universität in München verschiedene Fachgebiete studiert.[48] Die Wissenschaften interessierten ihn wesentlich stärker als seine Militärlaufbahn. Mit 22 Jahren heiratete er am 20. Februar 1868 in Wien Erzherzogin Marie Therese von Österreich-Este. Prinz Ludwig unterrichtete dann seine Schwiegermutter Erzherzogin Elisabeth in regelmäßigen Briefen über die familiäre Entwicklung.[49]

Prinz Ludwig konzentrierte sich auf zivile Belange, zumal er seit dem Gefecht von Helmstadt 1866 an den Folgen eines preußischen Steckschusses in seinem Bein litt, auch wenn er nominell bis zum Generalfeldmarschall avancierte. 1868 übernahm er die Ehrenpräsidentschaft des bayerischen landwirtschaftlichen Vereins. Auf dem Gebiet der Landwirtschaft und auf dem ihrer Interessenvertretung, durch Einflussnahme auf die Politik wie durch die Unterstützung des Genossenschaftswesens, konnte Prinz Ludwig deutliche Erfolge aufweisen. Musische Interessen hatte er kaum. Sein Sohn Rupprecht hielt in seinen Aufzeichnungen fest, dass er weder Konzerte noch Theater besuchte, aber alle Einladungen zu Festen oder Vorträgen annahm.[50] Prinz Ludwig habe keine Bücher oder Zeitungen gelesen, sondern nur Zeitschriften bevorzugt zu den Komplexen Binnenwasserschifffahrt und Pferdezucht.

Prinz Luitpold und sein Sohn Ludwig galten als Vertreter der katholisch, konservativ und großdeutsch geprägten Richtung, doch vermied Luitpold selbst bis 1886 jeden Versuch einer politischen Einflussnahme.[51] Prinz Ludwig dagegen exponierte sich soweit, dass er sich mit Genehmigung des Königs bei den Reichstagswahlen 1871 als Kandidat aufstellen ließ, allerdings ohne der Bayerischen Patriotenpartei beizutreten.[52] Er galt als die Seele der konservativen Hofpartei, welche die Kammer der Reichsräte dominierte, aber wegen der zunehmend demokratischen Tendenzen in der Patriotenpartei und später dem Zentrum zu diesem auf Distanz ging.[53] Allerdings hatten die Prinzen, wenn sie eine vom König und seiner Regierung abweichende Meinung besaßen, keine Chance, diese im Reichsrat zu vertreten oder gar durchzusetzen. Mehrfach erteilte König Ludwig II. seinem Onkel Luitpold und dessen Söhnen Hofverbot, wenn er seine königlichen Prärogativen bedroht glaubte.[54] Seit 1873, als Ludwig II. die Prinzessin Ludwig, Marie Therese, zur Großmeisterin des Theresien-Ordens und damit zur Ersten Dame des Hofes – unter Wahrung des Ehrenvorrangs seiner Mutter Königin Marie – gemacht hatte, zeichnete sich immer deutlicher sein Verzicht auf eigene Heiratspläne ab. Da sich zudem die Geisteskrankheit seines Bruders Otto immer mehr manifestierte, war die mögliche Erbfolge Prinz Luitpolds und seiner Linie in den Bereich des Wahrscheinlichen gerückt.

Prinz Ludwig war ein entschiedener Vertreter des Föderalismus, wobei er sich auf den Boden der geltenden Reichsverfassung stellte. Sein Unmut über den zunehmenden Unitarismus in der wilhelminischen Ära brach bei den Krönungsfeierlichkeiten für Zar Nikolaus II. im Juni 1896 durch, an denen er als Angehöriger der deutschen Delegation teilnahm. Bei einem Bankett der deutschen Kolonie in Moskau protestierte er scharf dagegen, die deutschen Bundesfürsten als Vasallen des Kaisers zu bezeichnen.[55] Prinz Rupprecht erachtete die Ausführungen seines Vaters für in der Sache richtig, doch in der Form zu scharf vorgetragen. Für einen deutlichen politischen Fehler hielt er dann die überzogene Entschuldigung, die Prinz Ludwig noch aus Moskau in einem Telegramm an den Kaiser sandte. Schließlich musste Prinz Ludwig, beraten von der reichsfreundlichen bayerischen Regierung Crailsheim, an Bord der kaiserlichen Yacht „Hohenzollern" in Kiel erscheinen, wo ihn Wilhelm II. wie einen Schuljungen abkanzelte.[56]

Die finanziellen Möglichkeiten des Prinzen Ludwig waren stark eingeschränkt. Er war für den Unterhalt seiner vielköpfigen Familie auf eine Apanage von 150000 Mark und das Erbe seiner Frau angewiesen. Dabei verpflichtete ihn seine Stellung zu hohen Repräsentationskosten. Als Münchner Wohnsitz der Familie Prinz Ludwig diente zunächst das zweite Stockwerk im Leuchtenberg-Palais am Odeonsplatz, einem klassizistischen Bau Leo von Klenzes.[57] Prinz Luitpold hatte das Palais 1854 erworben. Nach dem Tode seiner Gattin, Auguste von Österreich-Toscana, im Jahr 1864 lebte er hier zusammen mit seiner Schwester Adelgunde, der verwitweten Herzogin von Modena, und mit seiner Tochter Prinzessin Therese in einem gemeinsamen Haushalt in den Repräsentationsräumen des ersten Stockwerks. Im Jahr 1886, nach dem Tode König Ludwigs II., zog die Familie Prinz Ludwig in das Wittelsbacher Palais um, ein Bauwerk des Historismus im Stile der englischen Gotik, das Johann Friedrich von Gärtner für Kronprinz Maximilian von Bayern entworfen hatte.[58] Der Umzug war notwendig geworden, weil im Leuchtenberg-Palais Renovierungsarbeiten vorgenommen wurden.[59]

1875 konnte Prinz Ludwig das Gut Leutstetten im Würmtal südlich des Starnbergersees erwerben. Hier baute er ein wirtschaftlich erfolgreiches Mustergut auf, dessen Hauptstütze die Milchwirtschaft war.[60] Außerdem betrieb er dort eine Pferdezucht. Für die Sommermonate diente neben Leutstetten die einfache Villa Amsee bei Lindau, die Prinz Luitpold 1848 für seine mildere Temperaturen gewöhnte Gattin erworben hatte, als Aufenthaltsort der Familie.[61] Hier konnten die Kinder viel Zeit im Freien verbringen und etwas den Erziehungszwängen entfliehen.

Das Familienleben des Prinzen Ludwig wurde von christlichen Grundsätzen bestimmt, jede Extravaganz oder Eskapaden waren ihm fremd. Dabei war er ein Patriarch, der die unbedingte Autorität im Hause forderte. Seine Ehefrau Marie Therese ordnete sich ihm und seinen Launen bereitwillig unter. Nach 50 Ehejahren musste das Königspaar seine Goldene Hochzeit in der Not des letzten Kriegsjahres, am 20. Februar 1918, begehen. Zu dieser Feier kamen auch Kaiser Karl von Österreich und Kaiser Wilhelm II. nach München.[62] Aus diesem Anlass spendeten König Ludwig III. und seine Ehefrau fast zehn Millionen Mark für soziale Zwecke.[63]

Die in großen Verhältnissen aufgewachsene Erzherzogin und spätere Königin Marie Therese war persönlich anspruchslos.[64] Ihr Leben war von ihrem tiefen katholischen Glauben geprägt. Durch die Adoption des nachmaligen österreichisch-ungarischen Erzherzog-Thronfolgers Franz Ferdinand durch den letzten Herzog von Modena wurde sie allerdings weitgehend enterbt, sonst wäre das reiche Estensische Familienvermögen ihr zugefallen. Für sie blieben als Erbteil nur die umfangreichen Güter Eiwanowitz bei Brünn in Mähren und Sárvár im Osten von Steinamanger in Ungarn. Besonders in Sárvár hielt sie sich oft auf. Marie Therese hatte selbst eine strenge Erziehung erfahren. Ihre Erzieherin übergab sie dem Bräutigam Prinz Ludwig mit den Worten: „Der Prinz wird mit ihr zufrieden sein, denn ich habe ihr den Willen gebrochen."[65]

Neben ihrer bald umfangreichen Familie widmete sich Marie Therese besonders der Botanik. Sie verfasste Artikel für die „Zeitschrift der bayerischen botanischen Gesellschaft" und das „Gartenmagazin" und fertigte sogar die Abbildungen selbst an.⁶⁶ Ihren gärtnerischen Neigungen frönte sie, indem sie einen Blumengarten beim Wittelsbacher Palais in München sowie ein Alpinum in Leutstetten anlegte. Auch bei ihren Klettertouren in den Alpen beschäftigte sie sich mit der Pflanzenwelt. Ihr Sohn Rupprecht brachte ihr von seinen Reisen Pflanzen mit. Blumen bildeten ein bevorzugtes Motiv ihrer Malertätigkeit.⁶⁷ Außerdem interessierte sie sich für Zoologie und unterhielt einen Geflügelhof. Auch hatte sie eine Vorliebe für Hausmusik, für Klavierspiel und Gesang. Marie Therese übernahm bereits lange vor ihrer Thronbesteigung manche Aufgaben einer Königin. Seit 1889 stand sie dem Bayerischen Roten Kreuz vor.⁶⁸ Die 1899 gegründete Maria Theresia-Realschule in der Münchner Au wurde nach ihr benannt.

Der erstgeborene Sohn Prinz Rupprecht war der Älteste einer großen Geschwisterschar, der Prinzessinnen und Prinzen Adelgunde, Maria, Karl, Franz, Mathilde, Wolfgang, Hildegard, Notburga, Wiltrud, Helmtrudis, Dietlinde und Gundelinde. Die 13 Kinder standen im Mittelpunkt des Lebens der Prinzessin Ludwig. Die Erinnerung an seine Mutter gehörte in der Rückschau Rupprechts zu den wenigen positiven Elementen seiner Kindheit und Jugend. Marie Therese war ihrem Sohn in inniger Liebe zugetan, der sie als lebhaft, heiter und witzig, als die Natürlichkeit und Einfachheit selbst schildert.⁶⁹ Mit ihm unterhielt sie zeitlebens einen regen Briefwechsel, durch den sie unter anderem auf seine Entwicklung Einfluss zu nehmen versuchte.⁷⁰

Marie Therese war eine tieffromme Frau, die sich um die religiöse Erziehung ihrer Kinder selbst kümmerte.⁷¹ Die Prinzessin las ihnen nach dem gemeinsamen Messbesuch das jeweilige Evangelium vor und assistierte bei der Vorbereitung auf die erste Beichte und Kommunion. Sie hielt mit den Kindern das Morgen- und Abendgebet und besuchte Frauenklöster mit ihnen. Während der Ferienaufenthalte vermittelte die passionierte Bergsteigerin bei ausgedehnten Wanderungen den Kindern ihre Liebe zur Natur und besonders zu Blumen. In Hofkreisen sagte man ihr allerdings nach, dass sie nur für die kleinen Kinder eine gute Mutter wäre, aber mit den älteren Schwierigkeiten hätte. Mit dem Einsetzen der Pubertät trübte sich zeitweise das Verhältnis zu ihren Söhnen, sobald diese ihren eigenen Willen zeigten, neigte sie zu Überreaktionen.⁷² Die Hofdame Marie Freiin von Redwitz machte freilich andere Erfahrungen und führte als Beleg an, dass Marie Therese die Heiratspläne ihres Sohnes Rupprecht verständnisvoll gegenüber Prinz Ludwig unterstützt habe.⁷³ Überhaupt bemühte sich die Prinzessin Ludwig, den Jähzorn ihres Mannes im Umgang mit den Kindern und besonders mit Rupprecht auszugleichen.

Prinz Ludwig war ein strenger Familienvater. Seine Erziehungsgrundsätze entsprachen denen seiner Eltern, die weitgehend die Mutter Erzherzogin Auguste geprägt hatte. Prinzessin Therese, die Schwester Prinz Ludwigs, hat dazu notiert:

„Den in ihren Kindern allenfalls aufkeimenden Gedanken, sie seien durch ihre soziale Stellung etwas Besseres als minder Hochgestellte, trat sie [Auguste] bei jeder Gelegenheit mit aller Entschiedenheit entgegen; sie sollten inne werden, daß sie nur durch sich, durch ihre Charaktereigenschaften, durch das, was sie leisten würden, berechtigt seien, sich besser als andere zu dünken, und daß gerade dadurch, daß sie sozial höher standen, ihre Verantwortung und ihre Pflichten statt sich zu mindern, nur gesteigert wurden und man nur um so mehr das Recht hatte, große Anforderungen an sie zu stellen."[74] Nach den Erinnerungen Rupprechts ließ Prinz Ludwig sich im Umgang mit seinen Kindern von Launen beherrschen und neigte bei Widerstand zu strengen Strafen.

Rupprecht fürchtete früh den Jähzorn des Vaters, der ihn auch persönlich züchtigte.[75] Gegenüber Karl Alexander von Müller äußerte der Kronprinz Jahrzehnte später, dass er sich nur ungern an seine Jugendzeit erinnere.[76] Der strenge Wille des Vaters dominierte in der Familie. Es waren wohl auch die Fülle und Dichte des Erziehungsprogramms, die Rupprecht als Schüler zu dem Stoßseufzer veranlassten: „Wie kann man denn nach einem Thron streben! Wenn man für einen Thron bestimmt ist, so ist das doch eher ein Unglück als ein Glück!"[77] Noch im hohen Alter hat er seine Erziehung selbst als „außerordentlich hart" empfunden, er sei „knapp und streng gehalten" worden, auch habe man versucht, seine geistige Bewegungsfreiheit einzuengen.[78]

Die Beziehung zwischen Prinz Ludwig und seinem ältesten Sohn blieb zeitlebens problematisch. Die Ursache lag in der von Rupprecht schon während seiner frühen Jugend als hart und oft ungerecht empfundenen Behandlung. Er charakterisierte seinen Vater später recht negativ: „Leider hatte mein Vater kein glückliches Temperament. Er war höchst empfindlich und reizbar, fühlte sich nur allzuleicht zurückgesetzt oder benachteiligt und vergaß niemals wirkliche oder vermeintliche Kränkungen."[79] Im Zusammenhang mit den Eheplänen Prinz Rupprechts kam es zu heftigen Szenen, die selbst Erzherzogin Marie Therese dazu brachten, über den unglücklichen Charakter ihres Mannes zu klagen.[80] Und als Rupprecht eine eigene Familie gegründet hatte, nahm das Konfliktpotenzial eher noch zu: Im vertrauten Briefwechsel mit seiner Frau verlieh er seinem Vater halb spöttisch, halb kritisch gemeinte Beinamen in Anlehnung an karolingische Herrscher, „Ludwig der Dicke" oder „der Fromme".[81] Dabei warf er ihm Zorn und Neid vor.[82]

Das Verhältnis Rupprechts zu seinem Vater blieb auch während des Weltkrieges von starken Spannungen geprägt. Nach einer Unterredung mit seinem Sohn im Herbst 1916 verfiel Ludwig III. in eine Gemütsdepression und verbrachte schlaflose Nächte, weil er fürchtete, Rupprecht wolle sich in seine finanziellen Angelegenheiten einmischen.[83] Der Hofmarschall Rupprechts, Graf Friedrich Pappenheim, erklärte dazu, „daß diese Unterredung eine Folge langjähriger und wohlbegründeter stillschweigender Erbitterung gewesen ist, deren letzter Ansatz die Berchtesgadener und Münchner Wohnungsfrage, in welchen Seine Majestät so wenig Entgegenkommen gezeigt haben, gewesen ist." Kronprinz Rupprecht, der sich um die Finanzierung einer eigenständigen Hofhaltung in München bemüht hatte, musste sich schließlich bei seinem Vater entschuldigen.[84] Ludwig III. verhehlte seinen Unmut in der Wohnungsfrage nicht: „sie hat mich nicht nur als Vater sondern besonders auch als König sehr bedrückt und es ist nicht zuletzt in Deinem eigenen Interesse und in dem Deiner Nachfolger gelegen, wenn ich darauf bedacht bin, die Rechte und die Stellung des Königs als Familienhaupt zu wahren."[85] Der Kabinettschef des Königs, Otto Ritter von Dandl, und Pappenheim beurteilten das Verhalten des Königs in diesem Punkt als „nahezu pathologisch".[86] Die Reaktionen Ludwigs III. waren dabei starken Schwankungen unterworfen. So nahm er die Nachricht von der geplanten Neuvermählung Rupprechts 1918 zunächst mit Freude auf, die aber am nächsten Tag wegen der „Eigenmächtigkeit" in eine mit nervösen Herzstörungen verbundene Niedergeschlagenheit umschlug, die mit einer Ohnmacht endete.[87]

Sicher litt auch Prinz Ludwig unter seinem „Kronprinzenschicksal", das ihm bis zu seinem 68. Lebensjahr eine wirklich selbstständige Stellung verwehrte. Als König konnte er dann seine Haltung nicht mehr ändern, zumal er sich eng an die Vorgaben seiner Regierung wie des Kaisers und der Reichsleitung hielt. Umso stärker war er darauf bedacht, seine monarchische Stellung in seiner engeren Familie zu behaupten. Vater-Sohn Konflikte bildeten unter den wittelsbachischen Monarchen des 19. Jahrhunderts keine Seltenheit.

Persönlichkeitsbild Prinz Rupprechts

Das Wesen von Prinz Rupprecht war durch Selbstbeherrschung und Zurückhaltung geprägt.[88] Dies gilt gerade für seine religiöse Überzeugung. Von den Eltern wurden er und seine Geschwister streng nach katholischen Grundsätzen erzogen. Rupprecht entwickelte sich jedoch zu einem Rationalisten und übertrug seine Anschauungen auch in seinen Glauben. Dabei befolgte er die äußeren Vorschriften der Kirche. Vor der Aufnahme in den Georgiorden wie vor seiner Hochzeit legte er die Beichte ab. Gegenüber seiner tieffrommen Frau Marie Gabriele führte er aber aus: „Was weiter die Wertschätzung der Religion betrifft, so bin ich entschieden der Ansicht, dass mindestens der Gebildete auch ohne solche auskommen kann und dabei ein vortrefflicher Charakter sein. Diese Ansicht hatte auch Friedrich der Grosse, der wohl einer der bedeutendsten Geister aller Zeiten war, und dessen Werke der Kaiser genauer zu studieren gut thäte, was jedenfalls vorteilhafter wäre, als als Friedrich der Grosse sich zu maskieren."[89] Rupprecht traf sich wohl zeitweilig in seiner Weltanschauung mit den von der Antike und

3. Kindheit und Jugend

Renaissance geprägten philosophischen Überzeugungen seines Freundes Adolf von Hildebrand.

Rupprechts Glaube wurde eher durch persönliche Erlebnisse und eine als bigott empfundene Erziehung als durch eine grundsätzliche Ablehnung der kirchlichen Lehre gefährdet. Zu seinem Adjutanten Graf Montgelas, den er zum katholischen Glauben bekehren wollte, äußerte er auf einer gemeinsamen Fahrt, Gott würde einem Menschen verzeihen, der sein Leben lang kein Unrecht begangen habe, auch wenn er die Lehren der Kirche nicht glaube.[90] Montgelas' Entgegnung, mit dieser Anschauung habe Rupprecht selbst die Lehre der Kirche verlassen, erschütterte diesen tief.

Auch wegen der Spannungen mit seinem Vater war das Verhältnis Rupprechts zur Kirche in seinen Studienjahren eher distanziert. Zum großen Entsetzen seiner Mutter bekannte er auf deren Insistieren seine freigeistigen Ansichten.[91] Besonders in der Zeit seiner bevorstehenden Eheschließung war sie über seine zeitweilige Gleichgültigkeit in Glaubenssachen beunruhigt. Als Rupprecht ihren drängenden Fragen nach seiner Glaubensüberzeugung nicht länger ausweichen konnte, musste er ihr Schmerz bereiten. Nachdem er ihr seine Ansichten offenbart hatte, war sie darüber entsetzt, weil sie für sein Seelenheil wie für Bayern unter seiner Herrschaft fürchtete.[92]

Auf Wunsch seiner künftigen Schwiegermutter beichtete Prinz Rupprecht vor seiner Heirat im Juli 1900 dem Kapuzinerpater Coelestin Schwaighofer von Deggendorf. Dieser nahm als Beichtvater eine Vertrauensstellung bei Prinz Ludwig ein, während des Krieges sollte er als Geheimdiplomat Papst Benedikts XV. sowie Kaiser Karls von Österreich für Friedensbemühungen fungieren.[93] Rupprecht bekannte ihm, dass man ihm durch seine Erziehung in seiner Jugend die Religion „verekelt" habe. Eine solche Äußerung wie angeblich mangelnder Kirchenbesuch wurde später von Geistlichen in der Bayerischen Volkspartei politisch gegen ihn ausgenützt.[94] Über diesen vermeintlichen Bruch des Beichtgeheimnisses war Rupprecht schwer erschüttert, doch hatte er seine Überzeugungen auch gegenüber anderen Gesprächspartnern offenbart. Hier lag wohl auch einer der Gründe für seine distanzierte Haltung zum bayerischen Zentrum und zur späteren Bayerischen Volkspartei.

Als Familienvater erfüllte Rupprecht vorbildlich die äußeren ‚Pflichten', welche die Kirche auferlegt. Er besuchte mit seiner Familie den Sonntagsgottesdienst und nahm an der Fronleichnamsprozession teil. Enge Kontakte unterhielt er zum Münchner Benediktinerkloster St. Bonifaz, dessen Äbte Bonifaz Wöhrmüller und Hugo Lang er zu seinen Beichtvätern wählte. Abt Hugo Lang wies noch in der Leichenpredigt auf die Schwierigkeiten in der Jugend Rupprechts hin, die er aber später überwunden habe: „Sein unromantisch kritisches Denken wiesen Kronprinz Rupprecht einen schweren Weg. Die religiöse Bildung des

Knaben war in allzu eifervollen, harten Händen gelegen. ... Nach dem Kriege aber, mitten im Volk lebend, hielt er bald in gewohntem Verständnis für alle Pflicht seinen Sonntag gleich jedem rechten katholischen Bayern und seine Ostern, wie nur die Ernsthaftesten unter ihnen."[95]

Rupprecht nahm seine Aufgaben in der bayerischen Armee ernst und widmete sich ihnen mit Hingabe, wodurch er sich von anderen Fürsten im Militärdienst abhob. Als Voraussetzung ernsthafter Arbeitsleistungen von Mitgliedern fürstlicher Häuser vermutete er eine harte Jugend. In seinen Aufzeichnungen charakterisierte er sich ein Stück weit selbst: „Richtig arbeiten gelernt haben nur wenige Fürsten, weil ihnen der Zwang zur Arbeit fehlt und fast nur solche haben sich hervorgetan, die eine harte Jugend hinter sich hatten. Von Vorurteilen sich loszulösen und unangenehme Wahrheiten ertragen zu können, ist ein Zeichen von Charakterfestigkeit."[96]

Rupprecht litt unter seinem Kronprinzenschicksal, das es ihm verwehrte, seine politischen Vorstellungen umzusetzen. Das lange Leben des Großvaters und die ständigen Konflikte mit dem Vater behinderten ihn in der Entfaltung seiner Anlagen, sodass er zeitweilig in depressive Stimmungen verfiel. Hinter widrigen Vorkommnissen in seiner Militärlaufbahn vermutete er Intrigen seines Vaters. In Allerseelenstimmung vertraute er 1907 seiner Gemahlin Marie Gabriele an: „Ständig gehemmt und gebremst, durch üble Erfahrungen enttäuscht und durch fortgesetzte Nörgeleien zermürbt, bin ich nicht mehr der Alte. Wohl habe ich in den 20 Jahren vieles gesehen, geleistet aber nur wenig, denn man liess mich nichts leisten ausser im militärischen Berufe und auch da gab es Hemmnisse."[97]

Rupprecht musste von früher Jugend an die Erfahrung machen, dass es sehr schwer war, seine eigenen Anschauungen durchzusetzen, auch wenn sie sich später als richtig erwiesen. Selbst in Familienangelegenheiten wie der Namenswahl für seinen ältesten Sohn Luitpold hatte er sich Vater und Großvater zu fügen. Rupprecht erkannte viele Entwicklungen, ob im Verlauf des Ersten Weltkrieges, im Hinblick auf den drohenden Verlust der bayerischen Souveränität oder die Gefahr der heraufziehenden Revolution, frühzeitig. Er erhob zwar warnend seine Stimme, hatte aber nie die Chance, seine richtigen Erkenntnisse umzusetzen. Oft räsonierte er in seinen Aufzeichnungen, dass seine Warnungen nicht beachtet worden waren. Dies alles mag mit dazu beigetragen haben, dass er wenig entschlussfreudig war und auch, als er selbst zum Chef des Königlichen Hauses geworden war, eine gewisse Entscheidungsscheu zeigte.

Privatunterricht

Erzherzogin Elisabeth hatte ihrer Tochter Marie Therese eine Hebamme für die Geburt Rupprechts im Leuchtenberg-Palais vermittelt.[98] Die früheste Erziehung des Buben lag in den Händen der Kinderfrau Amalie Ott, die dieses Amt dann auch bei seinen jüngeren Geschwistern ausübte. Rupprecht selbst charakterisierte in seinen Erinnerungen seine Ausbildung durch Kinderfrauen, denen er bald über den Kopf wuchs, als unzureichend, zumal sie nicht frei von abergläubischen Vorstellungen waren.[99] Positiven Einfluss auf die Entwicklung des jungen Rupprecht übte dagegen seine Tante, Prinzessin Therese, die Gelehrte, Forscherin und Schriftstellerin, aus.[100]

Die Eltern sahen die Kinder regelmäßig nur bei den Mahlzeiten. Allerdings behielt Rupprecht die gemeinsamen Mittagessen der Familie, bei denen in zwanzig Minuten fünf Gänge bewältigt werden mussten, als besonders unangenehm in Erinnerung.[101] Die Kinder wurden gezwungen, selbst die fetteste Kost aufzuessen. Rupprecht wurde teilweise förmlich gestopft. Seine späteren Nerven- und Magenleiden führte er auf diese Praktiken zurück.

Den ersten Elementarunterricht erteilte Rupprecht und seinen ältesten Schwestern ein Münchner Volksschullehrer. Noch vor Vollendung des siebten Lebensjahres erhielt der kleine Prinz am 1. Februar 1876 einen eigenen Erzieher. Dieser bekleidete offiziell die Stellung eines Adjutanten von Prinz Ludwig, sodass seine Bezahlung den Privathaushalt nicht belastete. Die Wahl des Vaters war auf den Premier-Leutnant Ralph Freiherr von Kreußer gefallen, der als Sohn eines Privatgelehrten und einer Engländerin über einen weiteren Horizont als ein durchschnittlicher Offizier verfügte. Zu seiner Disziplinargewalt gehörte die Erteilung von Körperstrafen wie der Entzug von Speisen. Kreußer musste laufend schriftlich über seine Erziehungserfolge berichten. Bereits im August 1876 fühlte er sich aber durch seine Aufgabe überfordert: „und nun finde ich den Prinzen im Zustande vollster Auflehnung gegen mich, so oft ich etwas ihm Unangenehmes anordne."[102] Rupprecht bewahrte ihm kein gutes Andenken, da er ihn oft mit geradezu barbarischer Strenge züchtigte.[103] Auch litt er darunter, dass Kreußer ihn zeitweilig für verrückt erklärte. Bisweilen spielte er als Kind mit dem Gedanken, von zu Hause zu fliehen, doch hielt ihn die realistische Einschätzung seiner finanziellen Möglichkeiten letztlich davon ab.

Später erhielt Freiherr Kreußer mit Leutnant Georg Ferchl vom 3. Infanterie-Regiment in Augsburg eine Hilfskraft, die besser mit dem Prinzen umgehen konnte. Der gebürtige Ruhpoldinger begeisterte ihn nicht nur für Geschichte, sondern konnte ihn auch durch Zitherspiel und Gesang unterhalten. Allerdings glaubte sogar Ferchl zeitweise, der Prinz sei wegen seines Eigensinns besessen, doch lehnte Prinzregent Luitpold diese absurde Unterstellung ab.

Mit neun Jahren hatte Rupprecht in Privatunterricht den Inhalt von vier Volksschulklassen gelernt und wurde nun in den des humanistischen Gymnasiums eingeführt. Zusätzlich lehrte man ihn Französisch, die im adeligen Bildungskanon unerlässliche Sprache. Innerhalb von vier Jahren sollte er den erweiterten Stoff von fünf Gymnasialklassen bewältigen. Mehrere Professoren teilten sich in den Unterricht.[104] Religionslehre gab zunächst der spätere Stadtpfarrer von St. Ludwig, Jakob Rathmayer, der den Prinzen auch zu religiösen Zeremonien in Münchner Kirchen begleitete, dann ab 1880 der Hofprediger von St. Kajetan, Dr. Joseph von Kögel. Rupprecht wurde am 8. Juni 1884 in der Hauskapelle des Leuchtenberg-Palais gefirmt.[105]

Aus dem Briefwechsel der Großmutter Erzherzogin Elisabeth mit seinen Erziehern und Lehrern erfahren wir Genaueres von Rupprechts Neigungen und seinem Tagesablauf.[106] Schon im ersten Gymnasialjahr 1878 interessierten ihn besonders Latein und Geografie wegen ihres Zusammenhangs mit der Geschichte. Der Unterricht begann mit der ersten Stunde jeweils um 8 Uhr, gefolgt von einer Stunde Gymnastik und zwei weiteren Unterrichtsstunden. Für den Turnunterricht, der stark militärisch ausgerichtet war und von Unteroffizieren erteilt wurde, hatte man dem Buben eine eigene Exerzieruniform verpasst. Auch hier wurden die Leistungen mit Gewalt erzwungen.[107] Trotzdem entwickelte Rupprecht später eine große Vorliebe für das Turnen und behielt lebenslang eine gute körperliche Leistungsfähigkeit. Schwimmunterricht erhielt er in der Militärschwimmschule. Von 12 bis 3 Uhr nachmittags gab es eine Pause für das „Frühstück", Erholung und Spaziergang, von 3 bis 5 Uhr war wieder Lernzeit. Mit dem zwölften Lebensjahr durfte Rupprecht außerdem Reitunterricht nehmen. Auf regelmäßigen Spaziergängen lernte der junge Prinz die kulturellen Schätze der Residenzstadt kennen, für die er sich früh interessierte. Leutnant Ferchl führte ihn in die reichhaltige Privatsammlung des Kunstmalers Rudolf Michael Kuppelmayr ein, der zugleich Vorsitzender des Münchner Altertumsvereins war.[108]

Während die Familie Prinz Ludwig vom Mai bis in den Herbst in Lindau oder Leutstetten weilte, musste Rupprecht wegen des Gymnasialunterrichts in München zurückbleiben. In der Rückschau urteilte er sehr hart, dass er in dieser Zeit wenigstens vor dem Zorn seines Vaters sicher gewesen sei.[109] Allenfalls am Wochenende und in den Sommerferien konnte er seine Eltern besuchen. Nahe am Bahnhof Mühltal bei Leutstetten liegen Hügelgräber, von denen eines unter Leitung des Anthropologen Prof. Dr. Johannes Ranke geöffnet wurde.[110] Mit großem Interesse nahm der Prinz daran teil und verfolgte auch später noch die Untersuchungen. Mit den Sommeraufenthalten verknüpften sich für Rupprecht aber nicht nur angenehme Erinnerungen. Im von den Kindern bewohnten Nebengebäude der Lindauer Villa Amsee war das Dach schadhaft und die Luftfeuchtigkeit so hoch, dass teilweise die Schuhe vor der Schlafkammertür Schimmel ansetzten.

Zum Abschluss des gymnasialen Privatunterrichts durfte Rupprecht 1882 mit seiner Mutter auf der Reise zur Großmutter die Kaiserstadt Wien besuchen.[111]

Gymnasialzeit

Im September 1882 trat Prinz Rupprecht in die Klasse 6A des Maximilians-Gymnasiums in der Ludwigsstraße ein, dem damals jüngsten Gymnasium in München. Der Besuch einer öffentlichen Schule war ein Novum im Königlichen Haus und blieb bis 1918 auch ein einmaliger Akt, was die Außergewöhnlichkeit dieses Schrittes noch unterstreicht. Außer der Aufgeschlossenheit des Vaters für moderne Entwicklungen könnte auch das Beispiel der Hohenzollern als Vorbild gewirkt haben. Der spätere Kaiser Wilhelm II. verbrachte sein letztes Schuljahr auf dem Gymnasium in Kassel.[112] Rupprecht selbst begründete die Entscheidung später mit Sparsamkeit.[113] Da Prinz Rupprecht nach dem geltenden Hausgesetz die Majorennität mit Vollendung des 18. Lebensjahres erreichen würde, wurde von vornherein das Jahr 1886 für seine Abiturprüfung festgelegt.[114] Zunächst hatten ihn Rektor Linsmayer und zwei Gymnasiallehrer einer Prüfung unterzogen, „ganz befähigt zum Eintritt in die 1. Gymnasialklasse" erklärt, aber keine Stellungnahme abgegeben, ob der Prinz sich in die Klasse würde integrieren können.[115] Jedenfalls sollte der Stundenplan so geregelt werden, dass die Nachmittagsstunden für Privatunterricht reserviert blieben.

Nicht nur Rupprecht musste sich an eine neue Umgebung gewöhnen, für die Lehrer und Mitschüler bildete die Anwesenheit eines Prinzen eine noch größere Herausforderung. Zur Unterstützung Rupprechts wurde Carl Friedrich Fürst von Wrede gebeten, seinen Sohn Oskar in die gleiche Klasse zu geben. Ansonsten war der Klassenverband sozial gemischt, neben den Söhnen von höheren Beamten, Offizieren und Gutsbesitzern umfasste er auch die eines Schmieds, eines Museumsaufsehers, eines Gerichtsboten, eines Hausdieners und eines Arbeiters.[116] Allerdings hatte man dafür gesorgt, dass in die Klasse keine Schüler mosaischen Bekenntnisses und nur zwei Protestanten aufgenommen wurden, nach zwei Jahren fiel freilich diese Trennung.[117]

Die Möglichkeit, soziale Beziehungen zu knüpfen, war für Rupprecht allerdings dadurch stark eingeschränkt, dass er von seinem Erzieher zur Schule gebracht und abgeholt wurde. Später erinnerte sich ein Mitschüler in einer kleinen Skizze an die gemeinsame Schulzeit. Er zeichnete ein Genrebild von Rupprecht, der gesiezt wurde, und seinem Erzieher: „Unvergeßlich bleibt mir der erste Eindruck des Prinzen: Ein feingliedriges Bübchen mit auffallend hübschem Gesicht, ein leicht spitzbübisches Lächeln um den Mund, rasch in seinen Bewegungen und in seiner Sprache, in seinem ganzen Gebaren etwas schüchtern und unfrei; stets dunkel angezogen, so steht er noch heute lebhaft vor mir. Uns allen blieb das nun für Jahre typische Bild in Erinnerung: Der Prinz auf dem Schulweg, links von ihm sein Erzieher, der lange Baron Kreusser, vollbärtig und immer strenger aussehend als er wohl wirklich war; hinter den beiden ein Lakai, der die Schulbücher trug."[118] Dabei war der Prinz ein guter Kamerad: „Bei allem mittun, schlagfertig und ehrlich in Wort und Tat sein, nie einen Kameraden ‚verschuften', fleißig einsagen, abschreiben und spicken lasse, wo es not tut, das sind ungefähr die Tugenden eines braven Mitschülers, und hierin war der Prinz nach jeder Richtung erstklassig." Über eigenes Taschengeld verfügte er nicht: „Der Prinz hatte denselben Hunger wie wir, aber nie einen Pfennig Geld in der Tasche, und immer wieder bat er uns, ihm die Brezeln derweil auszulegen, er werde sie uns später schon zurückerstatten. Und allen war es ja eine reine Freude, dem Prinzen diesen kleinen Dienst zu leisten, besonders nachdem uns der Bäcker bei Abnahme von soundso viel Stück eine oder zwei Freibrezeln gab. Diese erhielt dann der Prinz."

Während des ersten Schulhalbjahres konnte Rupprecht die „Schwierigkeiten, die ihm aus dem auf seine lebhafte Natur zerstreuend wirkenden ungewohnten Zusammenarbeiten mit einer ganzen Schulklasse anfangs erwuchsen", überwinden und sich „im Deutschen in der Geschichte und in der richtigen Auffassung der Lektüre" mit seinen Mitschülern messen, in Mathematik, im Griechischen und Lateinischen waren seine Kenntnisse weniger befriedigend, in der zweiten Hälfte des Schuljahres besserten sie sich.[119] In der nächsten Klasse verschlechterten sich seine Leistungen, was seiner mangelnden Konzentration zugeschrieben wurde: „Die Aufmerksamkeit, welche Seine Königliche Hoheit dem öffentlichen Unterrichte schenkten, war nicht zu allen Zeiten ganz gleichmässig."[120] In den folgenden beiden Schuljahren stabilisierten sich seine Lernerfolge. Rupprecht litt mehrfach unter schweren Krankheiten, in der dritten Gymnasialklasse fiel er wegen Lungenentzündung zwei Monate aus, sodass er in den Ferien Nachhilfeunterricht nehmen musste.[121]

Der Religionsunterricht wurde Rupprecht auf Wunsch des Vaters weiterhin separat durch Prof. von Kögel erteilt. In Französisch, wo er seinen Mitschülern weit voraus war, und im Turnen wurde er ebenfalls gesondert unterwiesen. Während der Gymnasialzeit erhielt er gemeinsam mit seinen älteren Schwestern durch einen Ballettmeister der Hofoper Tanzunterricht. Außerdem lernte er gemäß der Haustradition ein Handwerk; mit seinen Brüdern ging er bei Drechslermeister Joseph Endres in die Lehre. Das Gesellenstück, ein Spinnrad, schenkte er seiner Mutter.

1886 absolvierte Rupprecht die Abiturprüfung, die schriftlich und mündlich in allen Schulfächern abgenommen wurde. Er setzte dabei durch, dass er keine Sonderbehandlung erhielt, sondern gemeinsam mit den Mitschülern dem mündlichen Examen unterzogen wurde. Ungewöhnlicherweise führte allerdings ein Ministerialrat den Vorsitz.[122] Das Thema des deutschen Aufsatzes lautete: „Des Helden Name ist in Erz und Marmorstein so wohl nicht aufbewahrt als in des Dichters Lied." Ludwig Thoma, der im gleichen Jahr sein Abitur in Landshut ablegte, erinnerte sich später, dass damals das Gerücht umging, mit Rücksicht auf einen Prinzen sei die Prüfung etwas leichter als üblich ausgefallen: „Im August bestand ich die Schlußprüfung, die von den Kennern für leichter als gewöhnlich erklärt wurde. Ich möchte nicht entscheiden, ob das stimmt; jedenfalls war man mit der Begründung bei der Hand. In München hatte ein Prinz das Absolutorium zu bestehen und dem hätte man es nicht zu schwer machen wollen."[123] Das Abiturzeugnis fiel im Schnitt eine Notenstufe besser aus als die früheren Noten Rupprechts.[124] Das Gymnasium bescheinigte ihm die Fähigkeit zum Übertritt an die Universität und gutes Verhalten: „Während seines Aufenthalts an der Studienanstalt war Sein Fleiß, wenn auch nicht allen Gegenständen gleichmässig zugewandt, doch im ganzen ausreichend. Sein Verhalten in der Schule war durchaus bescheiden und tadellos." Rupprecht behielt seine Schulzeit zeitlebens in guter Erinnerung, vielleicht auch weil sie ihm ein Stück persönlicher Freiheit während seiner strengen Erziehung verschafft hatte. Später nahm er an den großen Jubiläumsfeiern seines Max-Gymnasiums stets persönlich teil. Im Jahr 1911 wurde dann das neue Rupprecht-Gymnasium in München-Neuhausen nach ihm benannt.

Bis zum Erreichen der Volljährigkeit blieb der Abiturient der Obhut seines Erziehers anvertraut. Als Prinz Rupprecht das Abiturzeugnis erhielt, war er durch den Tod König Ludwigs II. zum Anwärter auf den bayerischen Thron geworden.

4. Militärdienst und Studium

Offiziersausbildung

Das eigenständige Heer unter dem König als Oberbefehlshaber in Friedenszeiten gehörte zu den Reservatrechten Bayerns.[125] Zwar fand bereits seit 1866 ein Assimilierungsprozess der bayerischen an die preußische Armee statt, doch konnte sie bis zum Ausbruch der Ersten Weltkrieges ihre Sonderstellung bewahren. Ein weiterer Unterschied zu Preußen war, dass in Bayern mit geringen Ausnahmen das Abitur als Voraussetzung für die Offizierslaufbahn gefordert war, was ein höheres Bildungsniveau zur Folge hatte.[126] Allerdings verfügte das stärker geschlossene preußische Offizierskorps über ein höheres gesellschaftliches Ansehen. Der Anteil des Adels betrug in Bayern während der Heeresreform ab 1868 25%, um bis zum Kriegsausbruch unter den aktiven Offizieren auf etwa 15% zu sinken. Freilich gab es Unterschiede bei den einzelnen Regimentern. Als ausgesprochene Adelsregimenter galten das Infanterie-Leib-Regiment und das 1. Schwere Reiter-Regiment in München sowie das 1. Ulanen-Regiment in Bamberg. Auch in einigen Chevaulegers- und dem 1. Feld-Artillerie-Regiment dominierte der Adel. Jedes Regiment verstand sich als einen „durch geschichtliche Tradition, Gemeinsamkeit der Interessen, Korpsgeist und gleiche Uniform geeinten Körper".[127] Das Sonderbewusstsein der Regimenter wurde dadurch unterstützt, dass nur beim Offizierkorps eines Regiments der Eintritt als Offiziersaspirant möglich war. Der jeweilige Regimentskommandeur hatte in Abstimmung mit seinen Offizieren über die Aufnahme zu entscheiden. Der überproportional hohe Adelsanteil unter den höheren Offizieren während des Weltkrieges ist zum Teil auf Nobilitierungen zurückzuführen.

König Ludwig II. ernannte gemäß der Haustradition Prinz Rupprecht zu seinem siebzehnten Geburtstag am 18. Mai 1886 zum Seconde-Leutnant. Zunächst bereitete ihm dies wegen der einengenden Uniform freilich keine rechte Freude.[128] Auch nach dem Abitur wurde Rupprecht nicht in die Freiheit entlassen, sondern die strenge Erziehung lief weiter. In Begleitung des Freiherrn Kreußer reiste er im Sommer 1886 über das Rheinland nach Hamburg und Helgoland, das damals noch unter britischer Herrschaft stand. Auf der Rückreise besuchte er Berlin, wo er eine große Truppenparade vor Kaiser Wilhelm I. sah.

Am 8. August 1886 begann Prinz Rupprecht seinen aktiven militärischen Dienst als Seconde-Leutnant im Infanterie-Leib-Regiment in München.[129] Wie wenig er als Wittelsbacher mit einer bevorzugten Sonderbehandlung rechnen durfte belegt, dass er zunächst einen Verweis wegen des Abstechers nach Helgoland erhielt. Trotz der Erlaubnis des Prinzregenten hätte er als Offizier dazu auch noch die für jede Auslandsreise vorgeschriebene Genehmigung des Kriegsministeriums einholen müssen. Rupprecht durchlief seine militärische Grundausbildung unter anderem im Münchner Glaspalast, der auch als Exerzierhalle verwendet wurde.[130] Neben Reiten, Schießen, Turnen, Bajonett-, Säbel- und Florettfechten erteilten ihm Lehrer der Kriegsschule ersten Unterricht in theoretischen Fächern. Im Herbst 1886 wurde er bereits selbst zur Rekrutenausbildung herangezogen.

Am 18. Mai 1887 feierte Prinz Rupprecht seinen 18. Geburtstag, der nach dem Hausgesetz die Erklärung der Volljährigkeit bedeutete. Der Prinzregent überreichte ihm dazu Stern und Kette des Königlichen Hausritterordens vom Hl. Hubertus.[131] Dieser 1444 von Herzog Gerhard von Jülich-Berg gestiftete und verschiedentlich erneuerte Orden bildete nach einer Verordnung vom 18. Mai 1808 den höchsten des Königreiches, dessen Devise lautet: „In Treu Vast". Da-

4. Militärdienst und Studium

rauf legte Rupprecht den für die Prinzen des Königlichen Hauses vorgeschriebenen Eid auf die Verfassung ab. Einige Tage später führte er zum ersten Mal als Offizier seinen Zug von der Hofgartenkaserne zur Wache in der Residenz.[132] Zu diesem Anlass wurde der vom Oberförster in der Jachenau, Maximilian Lizius, komponierte Prinz-Rupprecht-Marsch gespielt.[133]

Gemäß der bayerischen Verfassung von 1818 wurde Rupprecht jetzt Mitglied der Kammer der Reichsräte, in die er in öffentlicher Sitzung am 16. September 1887 eingeführt wurde.[134] Im Rang folgte er hier künftig seinem Vater, neben dem ihm sein Platz angewiesen wurde. Er erschien zu den Sitzungen, soweit Prinz Ludwig ihn dazu aufforderte. Zwar lernte er dabei viel über die innenpolitische Entwicklung, doch erschienen ihm die Verhandlungen oft als „recht öd und langweilig".[135] Als er einmal mit der Mehrheit des Hauses gegen die Meinung seines Vaters stimmte, nahm ihm dieser diese Selbstständigkeit sehr übel. Rupprecht übte deshalb auch grundsätzliche Kritik an der Zugehörigkeit aller Prinzen zum Reichsrat: „Man kann von ihnen billigerweise nicht verlangen, dass sie zu allen Regierungsvorlagen Ja und Amen sagen, stimmen sie aber bei wesentlichen Fragen mit ‚Nein', schädigen sie das Ansehen der Krone."

Mit der Großjährigkeit erlosch der Auftrag des Erziehers von Kreußer. Rupprecht erhielt mit dem Seconde-Leutnant Maximilian Graf von Montgelas seinen ersten eigenen Adjutanten, der nach seinen Instruktionen weiterhin erzieherische Funktionen bei dem jungen Wittelsbacher ausüben sollte. Der Enkel des großen Staatsmannes war um neun Jahre älter als der Prinz. Rupprecht bewohnte während seiner Militär- und Studienzeit nur zwei Zimmer im Leuchtenberg-Palais, von denen er den Wohn- und Arbeitsraum mit seinem Adjutanten teilen musste. Er ließ das im Erdgeschoss angrenzende Turmzimmer aus dem Möbeldepot der Residenz ausstatten.[136] Dies musste rückgängig gemacht werden, weil es seinen Vater empörte, dass dies ohne seine Einwilligung geschehen war.

Leutnant Prinz Rupprecht war in die Dienstgeschäfte seines Regiments eingebunden, empfand aber die Stunden im Offizierskasino als Stück persönlicher Freiheit. Er beteiligte sich an den Trinkspielen, um sich vom Elternhaus zu lösen. In dieser Zeit musste er wie seine Kameraden mit dem knappen Leutnantsgehalt auskommen.[137] Die 90 Mark zusätzlicher Unterstützung kostete der Unterhalt eines Leibjägers. Am Monatsende musste er sich oft mit „Regensburgern" (Wurstsorte) und Schwarzbrot begnügen. In späteren Gesprächen erinnerte er sich, dass er nach seiner strengen Erziehung die gewonnene relative Freiheit in vollen Zügen genossen und nach allen Seiten über die Stränge geschlagen habe.[138] Gefallen fand er auch am ungebundenen Manöverleben.

In diese Zeit fielen die ersten Übernahmen von repräsentativen Aufgaben durch Rupprecht. In der Saison 1887/88 nahm er am gesellschaftlichen Leben in München teil, wobei er zunehmend an Sicherheit des Auftretens gewann. Die

Bälle erschienen ihm allerdings als reine Heiratsmärkte. Im Sommer des Jahres 1887 wurde er in Baden-Baden dem greisen Kaiser Wilhelm I. vorgestellt. Dieser erklärte dabei, für Rupprecht als künftigen militärischen Befehlshaber sei der Dienst bei der Infanterie ausreichend. Im März 1888 war Rupprecht dann mit Großvater und Vater bei der Beisetzung des Kaisers in Berlin anwesend.

Im Frühsommer 1888 musste Rupprecht den Prinzregenten bei der Eröffnung der Internationalen Ausstellung in Barcelona vertreten.[139] Dabei wurde er von den Grafen Lerchenfeld und Montgelas begleitet, die Reiseroute verlief über Paris. Im Anschluss an den offiziellen Teil in Barcelona fuhr Rupprecht nach Malaga, um Andalusien zu besichtigen. In Granada erlebte er am Abend des Fronleichnamstages einen Stierkampf zu Ehren des Allerheiligsten Altarsakramentes. In Sevilla erreichte ihn dann ein Telegramm, das ihm die sofortige Rückkehr nach Bayern und die Versetzung zur Feldartillerie befahl. Da gleichzeitig Montgelas seiner Stelle als Adjutant enthoben wurde, interpretierte Rupprecht dies als Strafversetzung, für die er keinen Anlass erkennen konnte. In der Öffentlichkeit brachte man die offenkundige Bestrafung mit einem unerlaubten Abstecher des Prinzen nach Paris in Zusammenhang, das man sich zu jener Zeit gemeinhin als Sünden-Babel vorstellte.[140]

Prinzregent Luitpold konnte seinem Enkel nach der Heimkehr keinen wirklichen Grund für die Versetzung nennen, sondern wich einer eindeutigen Stellungnahme aus.[141] Rupprecht selbst blieb deshalb überzeugt, dass es sich um eine Intrige handelte, als deren Anstifter er seinen Vater verdächtigte. An seiner neuen Dienststelle vermutete man eine Bestrafung wegen sittlicher Verfehlungen, doch war sich Rupprecht keiner Schuld bewusst. Er fühlte sich wegen dieser als ungerecht empfundenen Behandlung schwer getroffen. So flüchtete er sich in den Alkohol und genoss auch sonst das Leben in vollen Zügen, um das kennenzulernen, was man ihm seiner Vermutung nach vorwarf. Seine Affairen hielt er streng geheim. Er wurde durch die vermeintliche Demütigung so sehr aus der Bahn geworfen, dass er sich zeitweilig mit Selbstmordgedanken trug, nur langsam konnte er sich aus diesen Verstrickungen befreien.[142] In seiner Verzweiflung verfasste er „poetische Ergüsse", von deren Qualität er freilich selbst nicht recht überzeugt war. Das ohnehin schwierige Verhältnis zu seinem Vater wurde dadurch noch stärker belastet.

Nach Ablauf von zwei Jahren hatte Prinz Rupprecht seine Dienstzeit bei der Infanterie unfreiwillig beenden müssen. Am 9. Juni 1888 wurde er in das 3. Feld-Artillerie-Regiment Königin Mutter versetzt,[143] wo er Dienst in der reitenden Batterie leistete. Als Adjutant wurde ihm der 15 Jahre ältere Hauptmann Luitpold Freiherr von Horn zugeteilt. Stationiert war er nun in der Münchner Max II-Kaserne,[144] doch erinnerte er sich später besonders an die Aufenthalte im Lager Lechfeld zwischen Augsburg und Landsberg. Da der Dienst häufig schon um 10 Uhr am Vormittag beendet war, hatten die Offiziere viel Zeit zum Ausreiten, aber auch für ausführliche Frühschoppen und weitere Trinkgelage. Einmal leerte Rupprecht einen ganzen Humpen voll Sekt, was sich bald mit Magenproblemen rächte.

Rupprecht war der Dienst bei der Feldartillerie von Anfang an verleidet und er wollte nun rasch sein Studium aufnehmen, doch musste er auf Wunsch des Vaters ein volles Jahr bei seinem neuen Regiment verbringen. Natürlich bescheinigte ihm der Regimentskommandeur Oberst Eugen von Malaisé ein „gutes Auffassungs- und Beurteilungsvermögen" und liebenswürdigen Umgang mit den Kameraden.[145] Wenig anwendbar auf Rupprechts späteres Leben ist die Charakteristik: „Als Reiter sehr kühn, aber etwas unüberlegt."

In beiden Regimentern war der Offizier Prinz Rupprecht auch bei den Mannschaften beliebt, wie die von ihnen überlieferte Aussage belegt: „Wenn nur der Rupprecht so lang bleibt, wie ich da bin."[146] Die Beurteilungen seiner Vorgesetzten fallen, bei der Stellung des Prinzen nicht verwunderlich, durchaus positiv aus. Nicht selbstverständlich aber ist, dass immer wieder seine Liebenswürdigkeit im Umgang mit Kameraden gelobt wird.[147]

Studium in München und Berlin

Bereits im Oktober 1888 interessierte Rupprecht sich für den Besuch einer Universität, für den er das kommende Wintersemester plante, wobei er nebenbei noch seinen Militärdienst ableisten wollte. Gerne wäre er dann im April 1889 gemeinsam mit den sächsischen Prinzen nach Straßburg gegangen, wie er seinem Vater vorschlug.[148] Erst im Anschluss an die dreijährige Militärzeit aber durfte er sich zum Wintersemester 1889/90 an der Ludwig-Maximilians-Universität in München immatrikulieren. Neben der militärischen Laufbahn sollte er sich Grundkenntnisse in den Wissenschaften, besonders der Rechtsgrundlagen des Staates, der Nationalökonomie und des Finanzwesens, aneignen. Auch waren Vorlesungen in Philosophie, Geschichte und Kulturgeschichte sowie den Naturwissenschaften vorgesehen. Die Fülle der unterschiedlichen Anforderungen und Fachgebiete, die ein Universalgenie vorausgesetzt hätte, konnte nur durch konzentrierte Einzelausbildung bewältigt werden. Das erste Semester war der Einführung in die Wissenschaften vorbehalten. Professor Georg von Hertling, der nachmalige bayerische Außenminister und deutsche Reichskanzler, las über Geschichte der Philosophie, der konservative Kulturhistoriker Wilhelm Heinrich von Riehl über Theorie der bürgerlichen Gesellschaft und soziale Themen, der Anthropologe Johannes Ranke über sein Fach. Gleichzeitig hörte der Prinz an der Technischen Universität die Vorlesungen von Wilhelm von Miller über „Allgemeine Experimentalchemie" und von Leonhard Sohncke über Experimentalphysik. Später bekannte Rupprecht freilich selbst, dass er dafür nicht genügend Voraussetzungen mitgebracht habe.[149] Sicher war dieses Studium auch als Anerkennung der Leistungen der Technischen Hochschule gedacht, die um die Gleichstellung mit den Universitäten rang. Die Wittelsbacher würdigten so die Bedeutung der modernen Technik.

Im Frühjahr 1890 erhielt Rupprecht mit dem Generalstäbler Major Maximilian Zerreiß einen neuen Adjutanten, der für das zweite Semester einen Hochschulwechsel anregte. Die Wahl fiel auf Berlin, wo der Prinz Jura hören sollte.[150] Zur Vorbereitung hielt ihm Regierungsassessor Carl Johann Krazeisen Vorlesungen über römisches Recht und seine Institutionen. Die Wohnungsfrage in der Reichshauptstadt wurde durch eine unerwartete Einladung Kaiser Wilhelms II. gelöst. Prinz Rupprecht zog in den vom Berliner Schloss getrennten Apothekenbau, doch musste er sich als Gast des Kaisers stärker am Hofleben und den Militärparaden beteiligen, als es seinen Studien gut tat. Häufiger Gast war er in den Casinos der Berliner Regimenter. Dabei beeindruckte ihn die in Berlin entfaltete Pracht, die opulenter war als die aus München vertrauten Formen des Hoflebens.

Rupprecht besuchte zunächst die Vorlesungen recht eifrig. Er hörte Staatsverwaltungsrecht bei Rudolf von Gneist, der schon Wilhelm II. in das Verfassungswesen eingeführt hatte, Staatsrecht bei Ludwig Aegidi, Völkerrecht bei Otto Dambach, Nationalökonomie bei Adolf Wagner und Geschichte des 19. Jahrhunderts bei Hans Delbrück. Doch bald erkannte er, dass er es mit Gelehrten zu tun hatte, deren Ansichten damals schon überlebt waren.[151] Es handelte sich um ältere Herren, die meist der nationalliberalen Richtung anhingen. Zur Hundertjahrfeier der Friedrich-Wilhelms-Universität Berlin verlieh ihm die juristische Fakultät 1910 dann den Ehrendoktor.[152] Rupprecht kommentierte diese Ehrung fatalistisch: „Je nun, man trägt, was man nicht ändern kann."[153]

In seiner freien Zeit besichtigte der Prinz eifrig die Berliner Kunstsammlungen, weniger Gefallen fand er an der Bevölkerung und der überall vorherrschenden Konzentration auf den Gelderwerb.[154] Beim Abschied aus Berlin verlieh ihm Wilhelm II. den Schwarzen Adler-Orden.[155] Im Anschluss nahm Rupprecht an den Kaisermanövern in Schleswig und Schlesien teil. Zur Erholung ging er dann im Sommer 1890 der Jagd im Pfrontener Revier seines Vaters nach.

Die beiden folgenden Semester verbrachte Rupprecht wieder in München. Neben den öffentlichen Vorlesungen erhielt er private Vorträge, die teilweise den Seminaren entsprachen und seine aktive Mitarbeit forderten. Der angesehene Staatsrechtslehrer Max von Seydel unterwies ihn in seinem Fach, Karl Wasserrab lehrte ihn Nationalökonomie und Finanzwissenschaft, Hermann von Sicherer Staatskirchenrecht. Regierungsrat Heinrich von Thelemann führte ihn in das

Straf-, Strafprozess- und Zivilprozessrecht, Krazeisen in Verwaltungsrecht und -praxis, Hermann von Pfaff in die allgemeine Finanzverwaltung und das Steuerwesen, Anton von Ulsamer in das Finanz- und Budgetrecht ein. Unter diesen Lehrern finden sich spätere Minister wie Justizminister Thelemann (von 1912 bis 1918) und Finanzminister Pfaff (von 1904 bis 1912). Krazeisen charakterisierte seinen Schüler in einem Tagebucheintrag: „Von dem ‚überkünftigen' König Bayerns nehm ich einen angenehmen Eindruck mit; gutes Herz und offener Kopf, das sind zwei gute Dinge."[156] Angesichts der Kürze der vorgesehenen Zeit zog Prinz Rupprecht ein Maximum an Erkenntnissen aus seinem Studium, wie die spätere Entwicklung bewies. Er blieb der Münchner Universität sein ganzes Leben eng verbunden und war etwa häufiger Gast bei akademischen Feiern. Nach der Haustradition strenger Überparteilichkeit durfte der Prinz keiner studentischen Korporation beitreten. Verschiedentlich nahm er aber an Kneipen – traditionelle studentische, nach festen Regeln (Komment) ablaufenden Feiern – teil, meist beim Corps Franconia, wo sein Adjutant Zerreiß Mitglied war.[157]

Aufnahme in den Georgi-Orden

1889 wurde Prinz Rupprecht auch in den zweiten wittelsbachischen Hausorden aufgenommen. Papst Benedikt XIII. hatte den Ritterorden vom Hl. Georg 1728 bestätigt und ihm auf Bitten Kurfürst Karl Albrechts alle Privilegien des Deutschen Ordens verliehen.[158] Die Stiftung erfolgte am 28. März 1729, die Ritter mussten sich in ihrem Gelöbnis zur Verteidigung der Unbefleckten Empfängnis Mariens verpflichten. Prinzen des Königlichen Hauses werden im Rang von Großprioren aufgenommen. König Ludwig II. hatte die Statuten erneuert und die caritative Aufgabenstellung betont.[159] Prinzregent Luitpold wollte seinen Enkel beim 210. Ordensfest zum Jahrestag seines eigenen 50-jährigen Empfangs des Ritterschlags in den Orden aufschwören.[160] Rupprecht, dessen Konflikt mit dem Elternhaus sich durch seine Lebensführung verschärft hatte, wollte davon aber nichts wissen, da ihm das „schwülstige Zeremoniell" missfiel und ihm die „pomphafte Ordenstracht" als „unzeitgemäße Maskerade" erschien.[161] Natürlich musste er sich aber dem Wunsch des Regenten fügen. Auch Prinz Rupprecht hatte den Statuten entsprechend die Belege für den adeligen Stand seiner Ahnen über vier Generationen zu erbringen, für die Anfertigung des Stammbaums und die Gestaltung der Wappen fiel umfangreicher Schriftverkehr an.[162]

Am Festtag, dem 8. Dezember 1889, fand sich Prinz Rupprecht vor 10.00 Uhr in der Antichambre des Königsbaus der Residenz im silbern gestickten Streitkleid mit Degen, Stiefeln mit Sporen und dem dreistulpigen Federhut ein.[163] Beim Ordenskapitel erfolgte zunächst die Aufschwörung Rupprechts und der übrigen Kandidaten. Beim anschließenden Kirchenzug zur Hofkapelle reihte er sich vor den Großprioren ein. In der Kirche legten die Kandidaten, nunmehr mit Helm und Harnisch ausgerüstet, die Gelübde auf das mit einem Evangelienbuch belegte große Ordensschild ab. Auf den Stufen des Throns von Prinzregent Luitpold fand dann ein lateinisches Wechselgespräch statt, bevor dieser Rupprecht den Ritterschlag erteilte: *In Nomine Sanctissimae Trinitatis † Immaculatae Conceptae Virginis † et Sancti Equitis et Martyris Georgii firmetur manus tua et exaltetur dextera tua. Iustitia et judicium praeparatio sit sedis tuae* (Ps 88, 14–15). (Im Namen der Allerheiligsten Dreifaltigkeit †, der Unbefleckt Empfangenen Jungfrau † und des Heiligen Ritters und Märtyrers Georg werde Deine Hand gestärkt und Deine Rechte hoch erhoben. Gerechtigkeit und Gericht sind deines Thrones Stütze.) Darauf erhielt Rupprecht das Ritterschwert, den Ritterschild und die Rittersporen. Auch den übrigen Kandidaten erteilte der Regent den Ritterschlag, doch mit einfacherem Zeremoniell. Während des Fortgangs der heiligen Messe wurden eine Reihe weiterer Insignien und Ausrüstungsgegenstände überreicht, welche die Kandidaten wie die Ordensschilde und Schwerter wieder opfern mussten. Rupprecht, nunmehr mit der Würde eines Großpriors der Oberpfalz ausgestattet, erhielt die Ordenskette mit dem Kreuz und den Großprioren-Mantel, den ein Schleppenträger tragen musste. Der kirchliche Akt endete mit dem Te deum.

Erst in der Rückschau aus dem Kriegsjahr 1942 wusste Rupprecht die Ordensfeste zu würdigen, wobei die wehmütige Erinnerung manches verklärt haben wird: „Die Galatafeln an den Höfen des Kontinents bieten oder boten durch den silbernen Tafelschmuck, die prächtigen Uniformen und Toiletten, die silber- oder goldbordierten Livreen der Dienerschaft ein schönes Bild, geradezu pompös aber waren die Ordensbankette, von denen das des Georgs-Ordens zu München, zu denen das Publikum Zutritt hatte, alle anderen an gediegener Pracht übertraf, da Meisterwerke des Kunstgewerbes die Tische zierten, die Toaste unter Fanfaren-Musik ausgebracht wurden und das ganze Drum und Dran sehr stilvoll war."[164]

Kriegsakademie und militärische Karriere

Seit dem Sommersemester 1891 hörte Prinz Rupprecht Vorlesungen an der 1867 gegründeten bayerischen Kriegsakademie,[165] der Hohen Schule der Generalstabskandidaten, über Taktik und Kriegsgeschichte. Normalerweise mussten Generalstabsanwärter in Bayern eine dreijährige intensive Ausbildung durchlaufen, die von strengen Prüfungen geprägt war. Die Teilnehmer waren deshalb vom Truppendienst freigestellt. Der bayerische Generalstab sollte neben dem preußischen „Großen Generalstab" zumindest gleichrangig bestehen können. Im Rahmen des 23. Lehrgangs hatte Rupprecht neben seinen Universitätsstudien die Taktikvorlesungen im ersten Kurs der Kriegsakademie besucht, im zweiten Halbjahr hörte er dazu Kriegsgeschichte.[166] Natürlich musste er auch schriftliche Aufgaben bearbeiten. Parallel zum Studium lief seine militärische Ausbildung fort. Im August 1891 hatte er seinen aktiven Dienst im 3. Feld-Artillerie-Regiment wieder aufgenommen. Im Herbst 1891 wurde er zum 1. Schweren Reiter-Regiment versetzt und zum Premier-Leutnant befördert.

Beim 24. Lehrgang 1893 und 1894 nahm Rupprecht am zweiten und dritten Kursus des Generalstabslehrgangs teil. Das Ziel der Ausbildung war dabei, ihn die Schule des Generalstabes durchlaufen zu lassen, sodass er später dessen Aufgaben aus eigener Anschauung beurteilen konnte, nicht aber, aus ihm einen Generalstabschef oder Oberquartiermeister zu machen.[167] Auch hier galten wie für seine ganze Ausbildung die Prinzipien Auswahl und Beschränkung. Einen Schwerpunkt des Unterrichts bildete die Kriegsgeschichte. Der Prinz musste sich die Feldzüge von der Antike bis zu Napoleon erarbeiten und baute sich dazu eine entsprechende Bibliothek auf.

Für vier Jahre gehörte er dem 1. Schweren Reiter-Regiment an, dessen Kommandeur der sieben Jahre ältere Prinz Alfons von Bayern aus der Adalbertinischen Linie war. Zu seinem 24. Geburtstag 1893 wurde Rupprecht zum Rittmeister befördert und ihm die Führung der 2. Eskadron anvertraut. Für begeisterte Reiter beinhaltete der anstrengende Dienst bei der Kavallerie durchaus auch ein Stück Lebensfreude. Für andere „Transportformen" interessierte sich der Prinz allerdings ebenso: 1895 unternahm er gemeinsam mit dem Kommandeur der Luftschiffer-Abteilung eine Fahrt im freien Ballon, die sie vom Münchner Oberwiesenfeld bis hinter Landshut führte.[168]

Im Oktober 1895 wurde Prinz Rupprecht zurück zur Infanterie versetzt, bei der er die Stelle eines Hauptmanns und Kompaniechefs im Leibregiment erhielt. Im Juni 1896 wurde er zum Major und Kommandeur des 1. Bataillons befördert. Drei Jahre wirkte er in dieser Stellung. In dieser Zeit rezipierte er das Werk „Taktische und strategische Grundsätze der Gegenwart". Der Autor, General Sigismund W. von Schlichting, bezog gegen die Betonung des Drills in der militärischen Ausbildung Stellung und plädierte für ein stärkeres Gewicht der Gefechtsübung. Rupprecht schloss sich seiner Forderung an und setzte sie nach seinen Möglichkeiten in die Praxis um. Als persönlichen Adjutanten suchte er sich nach dem endgültigen Zerwürfnis mit Zerreiß im Januar 1896 den aus einer ursprünglich Augsburger Patriziatsfamilie stammenden Rittmeister Otto von Stetten aus.[169] Am 1. November 1899 ernannte Prinzregent Luitpold seinen Enkel zum Oberst und Kommandeur des 2. Infanterie-Regiments „Kronprinz" und stellte ihn à la suite des Leibregiments. Die Berufung zum Offizier à la suite bedeutete lediglich eine repräsentative Ehre, die das Recht zum Tragen der Regimentsuniform und bestimmter Abzeichen verlieh.[170] Rupprechts neuer Adjutant wurde Friedrich Graf von Pappenheim.

Prinz Rupprecht durchlief rasch die militärische Laufbahn. Die Karrieren der Prinzen führten grundsätzlich schneller und direkter zu kommandierenden Posten als bei den übrigen Offizieren, doch mussten auch sie alle Chargen absolvieren. Selbstverständlich war dies nur deshalb möglich, weil man im Kriegsministerium bereitwillig die Wünsche des Königlichen Hauses erfüllte. Im August 1900 trug der Adjutant Rupprechts dessen Anliegen vor, dass er doch, nachdem er den künftigen Wohnort Bamberg und die dortige Residenz besichtigt hatte, sofort eine Brigade und nicht nur ein Regiment übernehmen wolle.[171] Tatsächlich wurde der erst 31-jährige Prinz am 7. Oktober 1900 zum Generalmajor ernannt und nach Bamberg versetzt; gleichzeitig wurde er à la suite des Infanterie-Leib-Regiments gestellt. Drei Jahre wirkte Prinz Rupprecht nun hier als Kommandeur der 7. Infanteriebrigade und gewann weitere wertvolle Erfahrungen für den Truppendienst in verantwortlicher Stellung.

Nach der Rückkehr von seiner großen Asienreise vom Dezember 1902 bis zum August 1903 übernahm Prinz Rupprecht als Generalleutnant zunächst vertretungsweise das Kommando über die erste Division in München und führte sie ins Manöver. Am 25. Januar 1904 wurde er endgültig zum Divisonskommandeur ernannt. Nach dem Abschied seines Onkels, des Prinzen Arnulf, aus dem aktiven Dienst erhielt er die Stelle eines Kommandierenden Generals des I. Bayerischen Armeekorps. Am 19. April 1906 wurde Prinz Rupprecht zum General der Infanterie befördert. Wie schon bei einigen früheren Beförderungen bedauerte Rupprecht in seinem Tagebuch, dass seine Militärlaufbahn zu schnell verliefe.[172] Sein erster Generalstabschef wurde sein ehemaliger Adjutant Oberstleutnant von Stetten.

In seiner neuen Funktion als Korpskommandant wurde Prinz Rupprecht mit allen Angelegenheiten der Bayerischen Armee vertraut. In dem knappen Jahrzehnt bis zum Kriegsausbruch erhielt er in verantwortlicher Stellung eine gründliche Vorbildung für seine späteren Aufgaben als Feldherr. Einen erheblichen Teil seiner Dienstzeit beanspruchten Truppenbesichtigungen und Manöver. In dieser Zeit fanden eine fortschreitende Modernisierung der Armee, besonders bei der Artillerie, und der Aufbau einer Luftwaffe statt. Um keine Zeit ungenützt verstreichen zu lassen, setzte er militärische Vorträge häufig zwischen 6 und 7 Uhr früh an.[173] Rupprecht pflegte einen offenen Führungsstil und wollte stets die Meinung seiner Stabsoffiziere hören, führte aber auch selbst eine deutliche Sprache, ohne seine Untergebenen zu verletzen.

Im Februar 1913 ernannte Prinzregent Ludwig seinen Sohn zum Generalobersten der Infanterie, um dessen Anwartschaft auf die Position des Armeeinspekteurs zu dokumentieren.[174] Rupprecht erklärte gegenüber dem Kriegsminister Otto von Kreß, er würde von seinen militärischen Ämtern zurücktreten, wenn man ihn bei der fälligen Beförderung überginge.[175] Im März 1913 wurde er tatsächlich zum Generalinspekteur der IV. Armeeinspektion berufen. Sein Onkel Prinz Leopold hatte für ihn auf diese Stelle verzichtet.[176] Die Armeeinspektion bildete keine Kommandostelle in der militärischen Hierarchie, doch war der Generalinspekteur der designierte Befehlshaber für den Fall einer Mobilmachung. Rupprecht unterstanden nun drei bayerische und das III. preußische Armeekorps. So bestimmten die Notwendigkeiten der Heeresführung und große Manöver seinen Aufgabenbereich. Die Tätigkeit erforderte wieder zahlreiche Reisen bis nach Schlesien und Elsass-Lothringen. Außerdem verlieh ihm der Prinzregent für die Gelegenheiten, wo er nicht in Ausübung der Befugnisse als Generalinspekteur tätig war, die Eigenschaft als direkter Vorgesetzter aller bayerischen Truppen.[177] Rupprecht konnte die vom Kriegsministerium gewünschte Aufteilung der Bayerischen Armee unter mehrere Armeeinspektionen des Reiches verhindern.[178] Das kleinmütige Ministerium wollte nämlich eine einheitliche bayerische Armeeführung vermeiden, weil es befürchtete, dass im Falle einer möglichen Kriegsniederlage das Verhältnis Bayerns zum Reich durch eventuelle preußische Vorwürfe belastet werden könnte.

5. Familiengründung und Repräsentation

Heiratsprojekte

Die Eheverbindungen der Angehörigen von Dynastenhäusern unterliegen vielfachen Bedingungen. Zunächst muss der Ehepartner einem ebenbürtigen Haus entstammen. Außerdem sollten einer Verbindung keine konfessionellen Hindernisse im Weg stehen. Allerdings hatten die drei ersten bayerischen Könige evangelische Frauen geheiratet. Meist wurden die Ehen nicht von den Beteiligten selbst angebahnt. Bald nach der Hochzeit seiner Cousine Auguste, einer Tochter Prinz Leopolds von Bayern, mit Erzherzog Joseph von Österreich wurde auch Rupprecht von älteren Verwandten im Jahr 1893 nahegelegt, ans Heiraten zu denken. Doch hatte er damals noch keine Lust, sondern erachtete mit Plato das 30. Lebensjahr als das richtige Alter, zumal er sich anders gebunden fühlte.[179] Er entwickelte liberale Vorstellungen in der Frage der Ebenbürtigkeit von Ehen, die nur noch von der Zustimmung des Familienoberhauptes abhängig sein sollten. Gleichzeitig wollte er die Titelführung nachgeborener Kinder abschaffen: „Mit anderen Worten die fürstlichen und erst recht die adeligen Geschlechter sollten die englischen Adelseinrichtungen zum Muster sich nehmen."

Wie aus Andeutungen in Briefen an seinen Vater hervorgeht, hatte Rupprecht bis 1898 schon einige Eheverbindungen erwogen, wollte aber strikte Diskretion wahren. Zunächst fand die hessische Prinzessin Alice Gefallen in den Augen des Prinzregenten Luitpold für seinen Enkel, doch wusste Rupprecht, dass Wilhelm II. sie mit dem Zarewitsch verheiraten wollte. Tatsächlich heiratete Alice Zar Nikolaus II. von Russland. Auch die Wittelsbacher interessierten sich für eine mögliche russische Partie. Bei einer Frühstückstafel in Stuttgart kam der junge bayerische Prinz neben der Tochter einer russischen Großfürstin zu sitzen, nach deren Vermögensverhältnissen sich Prinz Ludwig in, wie Rupprecht fand, peinlicher Weise erkundigte.

Im Jahr 1896 traf Rupprechts Großmutter Erzherzogin Elisabeth ihren Schwager König Leopold II. von Belgien, mit dessen Tochter Clementine sie ihren Enkel verheiraten wollte.[180] Rupprecht teilte darauf seiner Großmama mit, dass er nicht vor seinem 30. Lebensjahr heiraten wolle, um den Altersabstand zu einem Sohn und Thronfolger möglichst groß zu gestalten und diesem lange Untätigkeit zu ersparen. In der Folge erhielt Rupprecht dennoch verschiedene Einladungen nach Belgien und musste sein ganzes diplomatisches Geschick aufbieten, um diesen zu entgehen, ohne den König zu brüskieren. Tatsächlich lancierte der belgische Hof Gerüchte über eine Verlobung in die Presse. Auch Prinz Ludwig bedrängte seinen Sohn, um ihn zur Heirat mit Prinzessin Clementine zu bewegen, wohl weil sie als sehr reich galt. Ludwig überhäufte seinen Sohn mit Vorwürfen und Drohungen und holte sogar mit der Hand zum Schlag aus. Einen Aufschub ermöglichte die Orientreise Rupprechts im Herbst 1896.

Rupprecht selbst brachte, sollte schon eine Geldheirat nötig sein, die Verbindung mit einer russischen Prinzessin ins Spiel, was er zunächst als Ausflucht dachte. 1897 traf er tatsächlich die Großfürstin Wladimir, Maria Paulowna von Mecklenburg-Schwerin, mit ihrer Tochter Helena Wladimirowna in Venedig, in die er sich zeitweilig verliebte.[181] Im folgenden Jahr verbrachte er Ostern auf Einladung der Großfürstin in Nizza, doch gewann schließlich Prinz Nikolaus von Griechenland die Hand der Prinzessin. Rupprecht hätte sie wohl auch nur geheiratet, um den drückenden Verhältnissen in seinem Elternhaus zu entkommen. Bei einer Begegnung zum Jahresanfang 1934 erinnerte Prinzessin Helena sich gern an die damalige Romanze.[182]

Vor seiner Indienreise ab dem Oktober 1898 interessierte der bayerische Prinz sich für eine norddeutsche Prinzessin, was auch dem Kaiser zu Ohren kam, der ihn darauf zur Kieler Woche einlud.[183] Allerdings bewarben sich bereits zwei andere Herren um die Dame. Für ein geplantes Treffen in Hamburg ließ sich Rupprecht offiziell Jagdurlaub erteilen.[184] Er informierte nur Vater und Großvater von seinen eventuellen Absichten, aber aus einer Heirat wurde nichts. Nach seiner erfolglosen Rückkehr schlug ihm der Prinzregent eine Verbindung mit Erzherzogin Elisabeth, der Tochter des österreichischen Kronprinzen Rudolf, oder einer der Töchter des Herzogs von Cumberland vor. Diesen Titel führte Ernst

August, der älteste Sohn König Georgs V. von Hannover. Da eine Ehe mit der Habsburgerin an der engen Verwandtschaft scheiterte, reiste Rupprecht zum Exilsitz des Herzogs nach Gmunden in Oberösterreich, doch verhinderten konfessionelle Vorbehalte der evangelischen Welfen letztlich eine Verbindung mit dem Wittelsbacher.

Verlobung und Heirat mit Herzogin Marie Gabriele in Bayern

Nach seiner Rückkehr von der Indienreise besuchte Prinz Rupprecht im Sommer 1899 die Familie Herzog Karl Theodor in Bayern in Possenhofen am Starnberger See. Der Herzog erfreute sich besonders durch seine Tätigkeit als Augenarzt großer Beliebtheit, weil er sich auch Minderbemittelten widmete.[185] Bei weiteren Besuchen auf den Schlössern des Herzogs in Tegernsee und Kreuth wie im herzoglichen Palais in München verliebte sich Prinz Rupprecht in die zwanzigjährige jüngste Tochter des Herzogspaares Marie Gabriele,[186] die er früher nur einmal gesehen hatte. Sie war zusammen mit ihrer älteren Schwester Elisabeth Valerie bei den Salesianerinnen in Kloster Zangberg in der Nähe von Mühldorf am Inn erzogen worden. Die Kontakte zwischen Prinz Rupprecht und Marie Gabriele beschreibt die Hofdame der Herzogstöchter, Marie Freiin von Redwitz, anschaulich in ihren Memoiren.[187] Wie in einem Roman trat noch ein weiterer Bewerber, Prinz Johannes zu Hohenlohe-Bartenstein, um die Hand der jungen Herzogin auf.[188] Auch der preußische Kronprinz Wilhelm hatte sich noch als Zögling des Plöner Kadettenkorps bei einem Besuch Tegernsees in die hübsche Prinzessin verliebt.[189] Nachdem Rupprecht Marie Gabriele bei einer Tanzstunde seiner Schwestern und einem Ball näher kennengelernt hatte, entschloss er sich, ohne sie darüber zu informieren, zum Handeln. Am 23. Februar 1900 bat er ihre Eltern im herzoglichen Stadtpalais in München um die Hand Marie Gabrieles, doch erhielt er noch keine positive Antwort. Während die künftige Braut sofort zustimmen wollte, drängte ihre Mutter auf einen Aufschub. Marie Gabrieles Tante Maria Antonia Herzogin von Parma, die Mutter der späteren österreichischen Kaiserin Zita, nahm ihre Nichte zunächst auf eine Italienreise nach Verona mit. Nach einigen Tagen erschien dort auch Prinz Rupprecht unter dem Pseudonym „von Rhön". Mit einer anderen Tante der Prinzessin reisten sie dann nach Florenz, wo die Braut Rupprecht am 6. März ihr Jawort gab. Seinen Freunden gegenüber bekannte er, dass ihn die Verlobung glücklich mache und seiner Neigung entspräche.[190] Der nüchterne Prinz ließ sich sogar zu Gedichten hinreißen, eine Gewohnheit, die er später noch zum Jahreswechsel und zu besonderen Anlässen ausübte.

Nach seiner Rückkehr nach München erhielt Rupprecht zwar sofort die erbetene Einwilligung der Brauteltern, nicht aber die seines Vaters und Großvaters. Im Vordergrund standen dabei wohl finanzielle Bedenken, weil eine Heirat die Einrichtung einer neuen Haus- und Hofhaltung erforderte. Auch hatten sie eine lukrativere Partie ins Auge gefasst. Der Prinzregent äußerte, er hätte eine russische Prinzessin bevorzugt, um außenpolitischen Rückhalt am Zarenhof zu gewinnen.[191] Rupprecht erklärte nun kategorisch, dass eine andere Ehe für ihn nicht in Frage käme. Weibliche Verwandte brachten den Prinzregenten schließlich dazu, seine Zustimmung zu geben. Prinz Ludwig aber zeigte sich über das Vorgehen seines Sohnes erzürnt, weil er sich übergangen fühlte.

Herzog Karl Theodor war durch den Verkauf des „Herzogsparks" in München-Bogenhausen in der Lage, seiner Tochter eine Rente von 60 000 Mark zuzusichern, bis Rupprecht selbst über entsprechende Einkünfte verfügen würde.[192] 40 000 Mark sollten davon der Haushaltsführung dienen, 20 000 Mark waren als Nadelgeld für die Prinzessin bestimmt.

Am 15. April 1900 informierten Prinz und Prinzessin Ludwig offiziell die Brauteltern über die Zustimmung des Prinzregenten. Besonders die Großmutter Erzherzogin Elisabeth zeigte sich glücklich über die bevorstehende Hochzeit: „Mir war schon recht bange, daß er gar nicht mehr heirathen würde, weil er so lange zögerte? Und am meisten freut es mich, daß sein Herz gesprochen hat."[193] Bei einem Besuch Rupprechts in Wien, um Kaiser Franz Joseph für die Verleihung des Ordens vom Goldenen Vlies zu danken, spürte er dort noch die Enttäuschung, dass die Eheschließung mit der Tochter Kronprinz Rudolfs nicht zustande gekommen war.[194]

Im Jahr 1900 fanden gleich drei fürstliche Hochzeiten statt. Am 20. April erfolgte zunächst die offizielle Verlobungsfeier des Prinzen Rupprecht mit Marie Gabriele. Beim anschließenden Besuch des Brautpaares und der Brauteltern bei der Tante Marie Sophie, der Königin von Neapel, in Paris lernte Elisabeth,[195] die Schwester Marie Gabrieles, den belgischen Thronerben Prinz Albert kennen, den sie dann am 2. Oktober ehelichte. Am 1. Mai heiratete die Schwester Rupprechts, Mathilde, Prinz Ludwig von Sachsen-Coburg und Gotha aus der katholischen Linie dieses Hauses. Am 10. Juli wurde schließlich die Hochzeit Rupprechts mit Marie Gabriele in der Münchner Residenz gefeiert, obwohl der Prinzregent die Ausrichtung zunächst Herzog Karl Theodor hatte aufbürden wollen.[196] Erst auf Drängen seiner Umgebung hatte er sich entschlossen, am Vortag der Hochzeit eine Galatafel zu geben. Der Staatsminister des Königlichen Hauses, Friedrich Krafft von Crailsheim, vollzog persönlich die standesamtliche Trauung im Thronsaal der Residenz. Er würdigte sie als „Frucht eines gereiften Geistes und einer tiefen Herzensneigung".[197] Die Braut war in einer weißen Atlastoilette mit reicher Silberstickerei und Spitzenincrustationen erschienen. Der anschließende Hochzeitszug führte über die Schwarze Treppe zur Allerheiligenhofkirche, wo der Münchner Erzbischof Franz Joseph von Stein die kirchliche Eheschließung vornahm.[198] Das kanonische Ehehindernis einer Verwandtschaft im 3. beziehungsweise 4. Grad war auf Antrag des Prinzregenten durch den Papst aufgehoben worden.[199] Das Hochzeitsgeschenk Rupprechts, ein Brillanten-Diadem in Form eines Blumengewindes, hatte ihm die Großtante, Herzogin Adelgunde von Modena, überlassen. Aus ihrem Brautkleid ließ Marie Gabriele später ein Messgewand für die Klosterkirche Zangberg fertigen.[200]

Die Hochzeitsreise führte das junge Paar über Stuttgart in die Schweiz. Erst später gestand Marie Gabriele ihrem Gemahl, dass der Aufenthalt in der Schweiz sie geängstigt habe, weil dort knapp zwei Jahre zuvor ihre Tante, Kaiserin Elisabeth von Österreich, ermordet worden war.[201] Durch die Ehe kam Rupprecht in engeren Kontakt zur herzoglichen Familie, die weniger durch zeremonielle Zwänge gehemmt war. Auch standen ihm nun die umfangreichen Jagdreviere um Tegernsee und Kreuth zur Verfügung. Die erste Einladung „auf Gams" erhielt er von seinem Schwiegervater Herzog Karl Theodor.[202] Freundschaft verband Rupprecht mit den anderen Schwiegersöhnen des Herzogspaares, Herzog Wilhelm von Urach, Hans Veit Graf von Toerring-Jettenbach[203] und Prinz Albert von Belgien. Auch zu weiteren europäischen Dynastien wie den Braganças verdichteten sich die verwandtschaftlichen Beziehungen. In der privaten Korrespondenz wie im Familienkreis wurde Prinzessin Marie Gabriele meist als „Magujel" angesprochen.

Eigene Hofhaltung

Das junge Paar musste seinen ersten Hausstand in Bamberg einrichten.[204] Damit knüpften sie an die Tradition an, in den vormals eigenständigen fränkischen Territorien die Präsenz des Königshauses zu demonstrieren. Zuletzt hatten der 1863 vertriebene König Otto von Griechenland und seine Witwe Amalie Marie bis zu ihrem Tode (1867/75) die Neue Residenz am Domberg bewohnt.[205] Rupprecht selbst wäre zwar lieber nach Würzburg, wo die Renovierungskosten in der Residenz aber zu teuer gekommen wären, oder nach Nürnberg, wo die Wohnverhältnisse auf der Burg als unzulänglich galten, gezogen.[206] Das Prinzenpaar hielt am 23. Oktober 1900 in der Bischofsstadt durch Triumphbögen und Menschenspalier einen feierlichen Einzug.[207] Die Bamberger Behörden und Bevölkerung bereiteten dem jungen Paar einen begeisterten Empfang, wobei die Hoffnung auf den Glanz und auch die Wirtschaftskraft einer Hofhaltung mitgespielt haben mag. Rupprecht selbst beklagte sich aber bald über die kleinstädtischen Verhältnisse. Er konzentrierte sich auf den Umgang mit einigen reichsritterschaftlichen Familien. Öfter hielt er sich bei Abendgesellschaften in Schloss Eyrichshof der Freiherren von Rotenhan oder bei Jagden um Schloss Greifenstein der Grafen Schenk von Stauffenberg auf.[208]

Die Leitung der Bamberger Hofhaltung übernahm Friedrich Graf zu Pappenheim, der gleichzeitig als persönlicher Adjutant des Prinzen fungierte. Die Wohnräume, die wenig modernen Komfort aufwiesen, wurden im zweiten Stock der Neuen Residenz eingerichtet.[209] Hier wurde eine eigene Hauskapelle geweiht.[210] Graf Pappenheim vertrat während der Auslandsreisen Rupprechts auch dessen private Interessen und berichtete ihm in relativ dichter Brieffolge über die aktuellen Ereignisse.[211] Er besorgte 1901 Karten für die Bayreuther Festspiele – „Götterdämmerung" und „Parsifal" – und kümmerte sich um die Einzelheiten der Haushaltsführung. Außerdem war er für die Vermögensverwaltung zuständig. 1911 wurde er zum Hofmarschall ernannt.[212] Seine Stelle als Adjutant übernahm Hauptmann Ludwig Freiherr von Malsen.

Eine ergiebige Quelle für das Privatleben Prinz Rupprechts bilden die Briefe seines Freundes Otto von Stetten, mit dem er in lockerem Ton eine umfangreiche Korrespondenz führte.[213] Dessen Kommentar zur seinerzeit bevorstehenden Eheschließung klang noch recht distanziert, werde doch der Prinz sich nach den Unannehmlichkeiten des Brautstandes mit „gewohnter Philosophie aus den neuen Verhältnissen die ohne Zweifel vorhandenen Vorteile herausfinden".[214] Wenn er dann in seinen Briefen das Einsiedlerleben des Prinzenpaares und die Langweile in Bamberg beklagte, so tat er dies sicher nicht ohne entsprechende Hinweise Rupprechts. Den Besuch der Bayreuther Festspiele durch Rupprecht konnte sich Stetten nur mit der in Bamberg herrschenden Langweile erklären.[215] Rupprecht empfand die Atmosphäre in der Villa Wahnfried, in der damals Cosima Wagner das Regiment führte, wegen des dort herrschenden „geschraubten Tons" als unerträglich, während der Parsifal-Aufführung schlief er – wegen der Hitze oder der Dunkelheit – sogar ein.[216] Jedes Jahr um die Osterzeit reisten Rupprecht und Marie Gabriele nach Italien. Den Großteil des Sommers verbrachten sie meist in der königlichen Villa in Berchtesgaden.

Prinz Rupprecht war bald bestrebt, von Bamberg weg versetzt zu werden. Graf Pappenheim berichtete ihm während der Asienreise des Prinzenpaares 1903 nach Tokio, dass er auf den Kriegsminister eingewirkt habe, Prinz Rupprecht bei seiner anstehenden Beförderung zum Divisionär von Bamberg abzuberufen.[217] Die damit verbundene Versetzung nach München, das Pappenheim gegen Würzburg durchgesetzt hatte,[218] warf erneut die Wohnungsfrage auf.[219] Zunächst bezog die junge Familie Zimmer in Schloss Nymphenburg, wo die Verwandten der Adalbertinischen Linie wohnten.[220] Schließlich überließ der Prinzregent der Familie Rupprecht einen Trakt des Leuchtenberg-Palais, für die Benutzung der ansonsten funktionslosen Repräsentationssäle musste allerdings jeweils die Genehmigung eingeholt werden. Hier konnte Rupprecht die von den Reisen mitgebrachten indischen, chinesischen und japanischen Altertümer aufstellen. Allerdings waren die seit Längerem unbenutzten Räume von Modergeruch erfüllt, die

Badezimmer lagen weit ab.[221] Rupprecht stattete seine eigenen Zimmer mit italienischen Renaissance-Möbeln aus.

Im Verlauf des Krieges wollte Rupprecht aus dem Leuchtenberg-Palais ausziehen, weil dieses nach dem Tod des Prinzregenten Luitpold zum Privatbesitz seines Vaters geworden war. Im Zusammenhang mit seinem Wunsch nach der Einrichtung einer eigenen Wohnung brach der durch den Krieg unterdrückte latente Vater-Sohn-Konflikt wieder auf. Zum Jahresbeginn 1916 schlug Hofmarschall Pappenheim dem Kronprinzen die Münchner Residenz als neue Wohnung vor, was dieser sofort billigte.[222] Dies war aber abhängig von der Entscheidung des Königs, ob er selbst in die Residenz ziehen oder weiter im Wittelsbacher Palais wohnen bleiben wollte. Schließlich wurden Rupprecht und seinem Sohn die auf Herzog Maximilian I. zurückgehenden Steinzimmer in der Residenz zugewiesen. Pappenheim berichtete ihm detailliert über die Umbaumaßnahmen, die dieser aus dem Felde steuerte. Im April 1918 waren die Räume soweit hergerichtet, dass Erbprinz Albrecht einziehen konnte.[223] Der Kronprinz selbst aber konnte seine neuen Appartements wegen der Revolutionsereignisse nicht mehr nutzen.

Familienleben und Kinder

Prinz Rupprecht war Marie Gabriele in aufrichtiger Liebe zugetan.[224] Gerüchte, die aus Bamberg durch Bayern drangen und die den Prinzen als unliebenswürdigen Ehemann schilderten, verstummten bald wieder.[225] Mehrfach beklagte Prinzessin Marie Gabriele gegenüber ihrem Schwiegervater die Abwesenheit Rupprechts, wenn er im Manöver war, weil es dann immer recht langweilig sei.[226] Sie litt unter der häufigen Trennung von ihrem Gemahl, die zunächst durch dessen Dienstpflichten, dann durch Kuraufenthalte wegen ihrer Krankheit bedingt war. Die junge Frau, aufgewachsen unter einer großen Geschwisterschar, fühlte sich in Bamberg einsam, wo sie wenig gesellschaftlichen Umgang fand. Viel Zeit verbrachte sie deshalb bei ihren Eltern in Oberbayern.

Das Verhältnis Marie Gabrieles zu ihrem Mann war mitunter gewissen Belastungen ausgesetzt, wozu ihr intellektuelles Unterlegenheitsgefühl beigetragen haben mag. Rupprecht warf seiner Frau vor, dass sie verschwenderisch mit Geld umging. Nach seiner Meinung hatte sie beim Fürsten Albert von Monaco, einem engen Freund ihres Vaters, und bei ihrem Cousin Albert Maria Fürst von Thurn und Taxis einen zu aufwendigen Stil der Haushaltsführung kennengelernt, wie er selbst ihn nicht finanzieren könne.[227] Über den Fürsten Thurn und Taxis war Rupprecht noch verstimmt, weil vor seiner eigenen Hochzeit das Angebot im Raum gestanden hatte, seine finanziellen Schwierigkeiten durch Verleihung des Titels Hoheit an den Fürsten zu beheben.

Im Verlauf der Jahre wuchs jedoch das Vertrauen zwischen den Eheleuten. Marie Gabriele offenbarte nun ihrem Mann, dass sie zum Zeitpunkt ihrer Verlobung daran gedacht hatte, Barmherzige Schwester zu werden, um sich ganz der Krankenpflege zu widmen.[228] Rupprecht seinerseits bekannte seine früheren Selbstmordgedanken, doch habe in ihm die Neugier gesiegt: „spielen wir doch lieber die Komödie zu Ende, als sie jäh zu unterbrechen".

Die Beziehungen Marie Gabrieles zu ihrem Schwiegervater Prinz Ludwig waren nach Ausweis ihrer Briefe viel freundlicher als die Rupprechts,[229] die durch viele Empfindlichkeiten getrübt wurden. Ein solcher innerfamiliärer Konflikt brach etwa über die Namengebung für den ältesten Sohn des Prinzenpaares aus, der am 8. Mai 1901 in Bamberg geboren wurde.[230] Während Marie Gabriele auf Vorschlag ihrer Mutter den Namen Max Joseph als gemeinsamen Ahnherren der königlichen wie der herzoglichen Linie der Wittelsbacher wünschte, bestand Prinz Ludwig auf der Übernahme des Patenamtes und dem Namen Ludwig. Prinzessin Marie Therese musste ihrem Sohn schreiben, wenn das Kind nicht den Hauptnamen Ludwig erhielte, würde Prinz Ludwig der Taufe fernbleiben, was Rupprecht als Erpressungsversuch betrachtete. Angesichts dieser Umstände erklärte sich der andere Großvater, Herzog Karl Theodor, bereit, von der ihm angetragenen Patenschaft zurückzutreten. Schließlich musste Rupprecht seinem Vater versichern, dass er ihm nach dessen Regierungsantritt keine Opposition bereiten würde, und ihn bitten, die Patenstelle für Max Joseph zu übernehmen. Während Prinz Ludwig inzwischen mit der Namenfolge Max Joseph Ludwig einverstanden gewesen wäre, erfuhren die Eltern, dass nun Prinzregent Luitpold selbst das Patenamt übernehmen wollte. Er bestand auf Luitpold als erstem Namen, wohl um weitere Konflikte zwischen seinem Sohn und seinem Enkel zu vermeiden. Als aber Prinz Ludwig in Bamberg eintraf, überwältigte ihn am Bahnhof der Jähzorn und er überschüttete Rupprecht mit Vorwürfen. Die Namensverbindung Max Joseph lehnte er jetzt wegen der Klosteraufhebungen des ersten bayerischen Königs entschieden ab. Schließlich wurde der Sohn des Kronprinzenpaares in der Residenz durch Erzbischof Joseph von Schork auf die Namen Luitpold Maximilian Ludwig Karl getauft. Die Stadt Bamberg stiftete zur Erinnerung ein jährlich abzuhaltendes Kinderfest.[231] Die Mutter, die noch im Wochenbett lag, erfuhr erst nach der Taufe, dass ihr Erstgeborener den Namen Luitpold erhalten hatte, worüber sie sehr betroffen war.

Im elterlichen Heim in Kreuth wurde Marie Gabriele am 21. September 1902 von einer Tochter entbunden, die Irmingard getauft wurde. Allerdings starb die kleine Prinzessin bereits am 21. April des folgenden Jahres an Diphtherie. Der zweite Sohn Albrecht kam am 3. Mai 1905 in München zur Welt, die junge Mutter genas diesmal rasch von den Folgen des Wochenbettes. Er wurde nach seinem Taufpaten und Onkel Prinz Albert von Belgien benannt.[232]

5. Familiengründung und Repräsentation

Wohl geprägt von den unglücklichen Erfahrungen seiner eigenen Kindheit und Jugendzeit stellte Prinz Rupprecht zunächst kein Erziehungsprogramm für seine Söhne Luitpold und Albrecht auf. Dabei besprach er sich über Erziehungsfragen durchaus mit führenden Pädagogen wie Oberstudienrat Dr. Georg Kerschensteiner und Prof. Dr. Aloys Fischer. Der Münchner Volksschullehrer Josef Breg beließ bei seinem Elementarunterricht den Buben alle nötigen Freiheiten. Eine besondere Rolle kam auch der liebevollen Mutter zu. In den Ferien verbrachte Prinz Rupprecht viel Zeit mit den Kindern und spielte eifrig mit ihnen.

Auf der 1903 gemeinsam mit Rupprecht unternommenen Ostasienreise zog sich Prinzessin Marie Gabriele schwere Erkrankungen zu. Auf Java unternahm sie ohne ausreichende Schutzkleidung eine Wanderung durch den Urwald, wobei sie von Blutegeln befallen wurde. Hoher Blutverlust, Hitze und Fieber waren die Folge.[233] In China litt sie an Mittelohr- und Blasenkatarrh. In Japan wurde ihr geschwächter Körper noch durch eine Blinddarmentzündung belastet. Auf der Rückreise über die Vereinigten Staaten von Amerika übernahm in New York der deutsche Arzt Dr. Kiliani ihre Betreuung, der sie auch auf der Fahrt nach Europa begleitete. Nach der Heimkehr im August unterzog sie sich sofort der notwendigen Blinddarmoperation, doch verzögerte sich der Heilungsprozess durch eine Venenentzündung und eine Thrombose. Die Ehe des Prinzenpaares blieb von den Folgen dieser Krankheit überschattet. Zeitweilig erholte Marie Gabriele sich in der Königsvilla in Berchtesgaden, wo sie von Reiseandenken umgeben war.[234] Nur kurzfristige Genesung konnte sie bei zahlreichen Kuraufenthalten in Italien oder bei ihrer Schwester, der belgischen Königin Elisabeth, in Ostende finden. Meist wurde sie dabei von Graf Pappenheim begleitet.[235] Auch Prinz Rupprecht litt an den Folgen der Chinareise. Wegen seines angegriffenen Magens musste er sich 1904, freilich nur widerwillig, einer Kur in Karlsbad unterziehen.[236]

Eine weitere Schwangerschaft bedrohte das Leben Marie Gabrieles schwer; am 6. Dezember 1906, einen Monat vor dem eigentlichen Geburtstermin, wurde deshalb die Entbindung eingeleitet. Das Kind, ein Mädchen, kam tot zur Welt. In den folgenden Wochen schwebte Marie Gabriele nach starkem Blutverlust in Lebensgefahr. Erst im April des nächsten Jahres konnte sie sich vom Krankenlager erheben. Aus dieser Zeit stammt die schwere Nierenerkrankung der Prinzessin, der Krankheitsherd wurde nicht rechtzeitig erkannt.[237] Ihr Gesundheitszustand verschlimmerte sich zusehends, auch wenn sie dies nicht nach außen zeigte.[238] Während eine Badekur in Ostende und ein Ausflug nach London den Zustand nicht verbesserten, brachte die Frühjahrsreise 1908 nach Italien endlich eine gewisse Linderung.[239] Das Magenleiden Prinz Rupprechts verschlimmerte sich dagegen 1908 so sehr, dass er daran dachte, den Militärdienst zu quittieren.[240] Weil sich die Möglichkeit kriegerischer Verwicklungen abzeichnete, ließ er aber davon ab.[241]

Am 30. Mai 1909 gebar Marie Gabriele ihr fünftes Kind Rudolf, das die Familie als „Fliederbaby" bezeichnete. Ihr Gesundheitszustand blieb weiter äußerst labil. Im Herbst 1909 verstarb ihr Vater Herzog Karl Theodor in Kreuth. Der Verlust des Gatten und der fast gleichzeitige Tod ihrer eigenen Mutter lösten zu diesem Zeitpunkt bei Herzogin Marie José ein Gemütsleiden aus, das sich auch auf ihre ohnehin geschwächte Tochter Marie Gabriele übertrug. 1910 unterzog sich Prinzessin Marie Gabriele einer anstrengenden Eisenkur in Lévico bei Trient. Bei einem anschließenden Aufenthalt am Meer kamen Rupprecht und die Kinder nach Forte dei Marmi an der toskanischen Küste zu Besuch, wo ihnen Adolf von Hildebrand seine Villa zur Verfügung gestellt hatte. Der jüngste Sohn des Prinzenpaares Rudolf war an Zucker erkrankt, was beim damaligen Stand der Medizin unheilbar war. Am 26. Juni 1912 starb der kleine Rudolf, wodurch ihm längere Leiden erspart blieben. Die Mutter konnte nicht mehr weinen, brach nach zwei Tagen aber völlig zusammen. Wenig später schrieb sie an ihre Schwiegermutter Prinzessin Marie Therese und stellte dabei ihrem Mann das beste Zeugnis aus: „In all meine trauernde Sehnsucht nach dem geliebten Kinde mischt sich eine Freude. Er hat es so gut. Und wie ein goldener Faden geht ein großes Glücksgefühl durch die Erinnerung der letzten Tage und noch immer weiter: Rupprechts selbstlose Liebe und Güte für mich. Wie er war, könnte ich in Worten nie beschreiben – ich kann es ihm nur durchs ganze Leben danken und zu erwidern trachten, so gut ich es eben kann."[242] Aus einem blauen Kleidchen des Verstorbenen ließ sie einen Ziboriumsmantel für die Zangberger Klosterkirche, aus dem Batisttuch, das Rudolf beim Sterben unter dem Kopf hatte, ein Corporale anfertigen.[243] Sie fand etwas Trost bei dem Gedanken, dass diese Gegenstände dem Gottesdienst dienen würden.

Die Aufregungen und die Trauer führten bei Marie Gabriele wieder zu einem Fieberanfall. Im Sommer 1912 übersiedelte die Familie Rupprechts deshalb nach Berchtesgaden, wo der Prinzessin ihre Schwestern, Gräfin Toerring und Königin Elisabeth, beistanden. Einen weiteren schweren Schicksalsschlag bedeutete der Tod ihres jüngsten Bruders Herzog Franz Joseph am 23. September. Anfang Oktober brachte Rupprecht seine Frau nach Neapel, um ihr im Süden Linderung für ihre neuerlich ausgebrochene Krankheit zu verschaffen. Am 19. Oktober ließ er sie in Sorrent zurück, um in Bayern seinen Dienstpflichten nachzugehen. Gegen alle Hoffnungen verschlimmerte sich aber die gesundheitliche Verfassung der Prinzessin dramatisch. Am 24. Oktober trafen in München Telegramme mit der Nachricht von der Verschlechterung des Zustandes Marie Gabrieles und nur Stunden später von ihrem Tode ein. Nach der Abreise ihres Mannes war sie von Atemnot befallen worden und musste das Bett hüten. Darauf trat eine Urämie (Harnvergiftung nach Nierenversagen) ein und Prinzessin Marie Gabriele von Bayern verstarb.[244] Rupprecht fuhr sofort nach Sorrent, um den Leichnam in die Heimat zurückzuholen.

Der geschlossene Sarg wurde zwei Tage in der Münchner Theatinerhofkirche aufgebahrt, unzählige Menschen nahmen Abschied von der Verstorbenen. Papst Pius X. erteilte dem neu ernannten Stiftspropst von St. Kajetan schon vor dem Eintreffen der päpstlichen Bestätigungsbullen zur Vornahme der Exequien die Erlaubnis zum Tragen der Mitra. Am 31. Oktober wurde Marie Gabriele in der Gruft beigesetzt, wo bereits die Särge ihrer vorausgegangenen Kinder ruhten. Gegenüber Marie von Redwitz kommentierte Rupprecht den Tod seiner geliebten Frau: „Ein trauriger Schluss einer glücklichen, freilich durch fortgesetzte Krankheit getrübten Ehe."[245] Nach den Trauerzeremonien zog Rupprecht sich auf eine Berghütte im Berchtesgadener Land zurück.

Prinz Rupprecht musste nun seinen Söhnen Luitpold und Albrecht die Mutter ersetzen. Das weibliche Element bei der Erziehung übernahm die letzte Hofdame Marie Gabrieles, Gräfin Alfonsine Horn. Während der Trauerzeit für die Prinzessin verschlechterte sich der gesundheitliche Zustand des Prinzregenten Luitpold, der im 92. Lebensjahr stand. Im Frühjahr 1912 hatte er bereits seine Angehörigen verwechselt, sodass die Minister die Einsetzung einer neuen Regentschaft erwogen hatten.[246] Die Ärzte erklärten, dass er nur noch wenige Monate zu leben haben werde. Am 12. Dezember 1912 verstarb Luitpold von Bayern. Nun hatte Rupprecht als Thronfolger verstärkt repräsentative Aufgaben zu erfüllen.

Nach Ausbruch des Ersten Weltkrieges, als Kronprinz Rupprecht bereits ins Feld gezogen war, erreichte ihn eine weitere tragische Nachricht. Sein ältester Sohn Erbprinz Luitpold war am 27. August 1914 durch die in Oberbayern epidemisch auftretende Paliamychtis (Kinderlähmung) hinweggerafft worden, mit der er sich wohl in Nymphenburg angesteckt hatte.[247] Gleichzeitig starb nämlich der Sohn eines Kutschers, mit dem der Prinz gespielt hatte. Die ärztliche Kunst war dieser heimtückischen Krankheit noch nicht gewachsen. Rupprecht hatte neben der Gattin nun sein viertes Kind, den Stammhalter, verloren. Persönliche Empfindungen wusste er vor der Öffentlichkeit zu verstecken, seinem Vater telegrafierte er: „die pflicht heischt handeln und nicht trauern."[248] Dem neunjährigen Albrecht versuchte er, Mut zuzusprechen.[249] In seinem Kriegstagebuch hielt er fest: „Mein Trost ist jetzt die Arbeit."[250] Etwas weiter öffnete er sich gegenüber Adolf von Hildebrand, als er ihm für seine Teilnahme dankte: „Ich bin nur froh, dass dies meine Frau nicht mehr erleben musste – mehr kann ich nicht sagen."[251]

Rupprecht war von seiner Familie nur noch ein Sohn, Erbprinz Albrecht, geblieben. Um dessen Erziehung konnte er sich die nächsten Jahre nur aus der Ferne kümmern. Über seine Entwicklung informierte ihn in ausführlichen und regelmäßigen Briefen Graf Pappenheim. An der Front traf der Kronprinz die notwendigen Entscheidungen über die Auswahl der Erzieher wie die Aufenthaltsorte und Ferien des Erbprinzen. Gräfin Alfonsine Horn vertrat weiterhin das weibliche Element in der Erziehung. Auch die Großmutter Albrechts, die Herzogin Karl Theodor, kümmerte sich um ihren Enkel, doch kam es wegen verschiedener Vorstellungen zu Konflikten mit den eigentlichen Erziehern. Persönlicher Kontakt des Vaters mit seinem Sohn war nur während der Besuche Albrechts in den Ferien im Armeehauptquartier und der in der gesamten Kriegszeit insgesamt fünfwöchigen Heimaturlaube Rupprechts möglich. Erst im November 1916 nahm Kronprinz Rupprecht seinen ersten einwöchigen Urlaub, den er in München verbrachte.[252] Vom 6. bis zum 20. Dezember 1917 weilte er zu seinem zweiten Heimaturlaub in München.[253] Im Februar und im August 1918 kam er aus familiären Gründen erneut nach Bayern. Zum 1. Juli 1916 wurde Oberleutnant Franz Freiherr von Redwitz zum neuen Adjutanten des Kronprinzen ernannt, der die Stelle als Albrechts Erzieher übernahm.[254] Der Erbprinz erhielt in Gemeinschaft mit einigen ausgewählten Kameraden privaten Gymnasialunterricht. Kronprinz Rupprecht belasteten die Erinnerungen an seine persönlichen schweren Verluste auch während der Kriegszeit. Ab dem Sommer 1918 klagte er immer häufiger über nervliche Anspannung, die durch die Kriegsnot noch verschärft wurde. So träumte er mehrfach vom Tod seiner Frau und Söhne.[255]

Repräsentationspflichten

Während seiner militärischen Karriere vermehrten sich die Repräsentationspflichten Prinz Rupprechts, der so allmählich in die Welt der europäischen Monarchen eingeführt wurde. Im Sommer 1897 nahm er an den Feierlichkeiten zum 60-jährigen Thronjubiläum von Königin Viktoria von England teil. Dabei erhielt er einen nachhaltigen Eindruck von der Traditionsverbundenheit wie der Modernität des britischen Imperiums. Im gleichen Jahr vertrat er seinen Großvater beim 25-jährigen Regierungsjubiläum König Oskars II. von Schweden. Auch innerhalb Bayerns wuchsen Rupprechts Aufgaben. An Stelle des Prinzregenten besuchte er 1897 das zweite Akademische Turnfest in Kulmbach und bekannte sich in seiner Ansprache selbst als begeisterten Turner. Persönlich beteiligte er sich dabei am Geräteturnen. 1905 übernahm er die Schirmherrschaft über den „Turnverein München von 1860".

Ohne praktische Bedeutung waren zahlreiche militärische Ehrungen, die Rupprecht zuteil wurden. Der Prinzregent ernannte ihn zum Inhaber des 20. bayerischen Infanterie-Regiments in Lindau-Kempten, stellte ihn à la suite des 2. Infanterie-Regiments Kronprinz und des 1. Feld-Artillerie-Regiments.[256] Kaiser Wilhelm II. stellte Rupprecht 1896 à la suite des preußischen Leib-Kürassier-Regiments „Großer Kurfürst", nachdem dieser auf seine Einladung an den Kaisermanövern in Schlesien teilgenommen hatte. Bei einem Besuch in Kiel wurde Rupprecht 1900 à la suite des 2. Seebataillons in Wilhelmshaven gestellt. In diesem Jahr verlieh ihm der Kaiser, dem er zu einer Parade in Hannover einen Besuch abgestattet hatte, den von ihm selbst entworfenen Hofjagdanzug, wie Rupprecht eher amüsiert Marie Gabriele berichtete.[257] Auch von anderen Souveränen wurde er ausgezeichnet. 1902 besuchte Rupprecht Kaiser Franz Joseph von Österreich, der ihn zum Oberst-Inhaber des Infanterie-Regiments Nr. 43 ernannt hatte.[258] Auch die Könige von Sachsen und Württemberg schlossen sich an, Rupprecht wurde zum à la suite-Offizier des württembergischen 2. Feld-Artillerie-Regiments und des sächsischen 3. Infanterie-Regiments bestellt.

Entsprechend den höfischen Gepflogenheiten erhielt Rupprecht eine Fülle von Haus-, Verdienst- und Militärorden. Den ersten Rang nahm dabei der Orden vom Goldenen Vlies ein, in den ihn 1900 Kaiser Franz Joseph aufnahm.[259] Württembergische, badische und preußische Orden waren vorausgegangen, weitere österreichische, kaiserlich chinesische – der Orden vom doppelten Drachen –, kaiserlich japanische – der Chrysanthemen Orden – und das Großkreuz des Großbritannischen Viktoria-Ordens sollten unter einer Fülle weiterer Auszeichnungen folgen.[260]

Regelmäßig lud Kaiser Wilhelm II. Rupprecht zu Veranstaltungen und Manövern der Flotte. Im Sommer 1900 ehrte er ihn, indem er ihm die Taufe des Linienschiffs „Wittelsbach" in Wilhelmshaven übertrug. Rupprecht unterzog sich der Aufgabe in zeitgemäßer Diktion und mit militärischer Knappheit: „den Feinden zum Trutz, dem Reiche zum Schutz und trage stets mit Ehren den Namen, den ich dir gebe, den Namen: ‚Wittelsbach'!"[261] Außerdem musste der Prinz in der Regel Bayern beim Neujahrsempfang des Kaisers in Berlin vertreten, der ihn dabei 1909 sogar umarmte und küsste.[262] Zu den Repräsentationsaufgaben, denen sich Rupprecht mit wenig Begeisterung unterzog, gehörte das Protektorat über den bayerischen Landesverband des Deutschen Flottenvereins. 1909 übernahm er den Vorsitz im bayerischen Landesverein des Deutschen Schulschiffsvereins.[263]

Bei der Italien- und Griechenlandreise im Sommer des Jahres 1901, einem Geschenk des Prinzregenten, wurden Rupprecht und Marie Gabriele in Rom von Papst Leo XIII. empfangen. Als beeindruckend empfand der bayerische Prinz das Zeremoniell: „Wenn man den Vatikan betritt, umweht einen die Luft einer anderen Welt. Offizianten in rosa Mänteln und Lakaien in altertümlicher Purpurlivree warteten am Eingange, Camerlenghi in altspanischer Tracht und Monsignori geleiteten uns die Prachttreppe hinan."[264] Das Antlitz des Heiligen Vaters empfand Rupprecht als mumienhaft, doch wurde Leo XIII. in der auf mit Italienisch durchsetztem Französisch geführten Unterhaltung zunehmend lebhafter. Der Papst zeigte sich über die religiösen Verhältnisse in Bayern gut orientiert und rühmte das Wirken der Benediktiner. Den zeremoniellen Gegenbesuch stattete Staatssekretär Mariano Kardinal Rampolla am folgenden Tag ab. Das Prinzenpaar wohnte in den Gemächern des bayerischen Gesandten beim Quirinal, Baron Heinrich Tucher, im Palazzo Borghese. Dies war der erste Besuch Rupprechts in Rom, der nur möglich geworden war, weil sich das italienische Königspaar zum damaligen Zeitpunkt nicht in der Stadt aufhielt. Vor der Aussöhnung des Hl. Stuhls mit dem Königreich Italien in den Lateranverträgen (1929) war eine gleichzeitige Audienz beim Kirchenoberhaupt, der seit der Besetzung Roms 1870 durch italienische Truppen als „Gefangener im Vatikan" galt, und dem König von Italien für Katholiken nicht möglich. Rupprecht und Marie Gabriele hatten König Viktor Emanuel III. und Königin Elena zuvor auf dem Landschloss Racconigi bei Turin besucht. Aus Angst vor Attentaten musste das Königspaar nach dem Eindruck Rupprechts ein Leben wie in einem goldenen Käfig führen.

Immer öfter nahm Prinz Rupprecht neben seinem Vater dem greisen Prinzregenten Repräsentationsaufgaben ab, besonders sofern es sich um Auslandsreisen handelte. Im Herbst 1908 erwiderte er einen Münchenbesuch des spanischen Regentenpaares, König Alfons XIII. und Königin Viktoria Eugenia. Zum spanischen Königshaus bestanden enge verwandtschaftliche Bindungen, die Königinmutter war eine Halbschwester von Prinzessin Marie Therese von Bayern. Um aus eigener Anschauung das Land kennenzulernen, bereiste Rupprecht zuvor mehrere Wochen inkognito Spanien. Insbesondere Andalusien und die Reste der maurischen Kultur in Granada, Cordoba und Sevilla begeisterten ihn.

1909 folgten offizielle Reisen nach Wien und Stuttgart. In Brüssel nahm Prinz Rupprecht an der Beisetzung König Leopolds II. teil, dessen Nachfolger als König der Belgier sein Schwager Albert wurde. Im Mai 1910 traf Rupprecht die europäischen Monarchen bei den Trauerfeierlichkeiten für König Eduard VII. von England in London. Im Sommer 1911 nahm er dort an den Krönungsfeierlichkeiten für König Georg V. teil, obwohl Prinz Ludwig versucht hatte, die Entsendung Rupprechts zu hintertreiben, um dessen Thronansprüche als Stuart-Erbe nicht zu gefährden.[265] Aufschlussreich für die Haltung des Prinzen, dem jeder Nationalismus fremd war, ist die Würdigung der Krönungsfeier in einem Brief an Adolf von Hildebrand: „Wieder und immer wieder bewunderte ich das englische Volk und seine unvergleichliche Selbstzucht. Die Feste waren ungemein großartig, aber auch höchst ermüdend. Es ist zu merkwürdig, wie England auf der einen Seite so modern, auf der anderen so überaus conservativ ist. Ich hätte gewünscht, Sie hätten die Krönung in der Westminster Abbey mitansehen können, so malerisch war das Bild, eine wahre Farbensymphonie."[266] Im Oktober 1911 vertrat Rupprecht Bayern bei der Hochzeit des Erzherzogs Carl Franz Joseph, des künftigen österreichischen Kaisers und ungarischen Königs, mit Prinzessin Zita von Bourbon-Parma in Schloss Schwarzau in Niederösterreich.[267]

6. Kunstförderung und Sammlungstätigkeit

Die Liebe zur Kunst und das Verständnis für sie durchziehen als eine Konstante das Leben Rupprechts von Bayern.[268] Dabei standen ihm nicht mehr die Möglichkeiten zur Verfügung wie dem ihm in seiner Kunstliebe wohl am engsten verwandten König Ludwig I. Er musste sich mit weit bescheideneren finanziellen Mitteln begnügen, konnte keine mächtigen Bauwerke errichten oder Sammlungen von Weltruf anlegen. In der liberalen Grundeinstellung gegenüber der Kunst war er seinem Großvater, dem Prinzregenten, ähnlich. Nach der Auffassung Rupprechts verkehrte dieser zwar häufig mit Malern und erwarb auch viele Gemälde, doch habe es ihm am eigentlichen Kunstverständnis gefehlt.[269] Die Interessen des Vaters, Prinz Ludwigs, lagen dagegen auf anderen Gebieten, die Förderung von Kunstverständnis hatte nicht zum Erziehungsprogramm für seine Kinder gehört. Auch in Rupprechts Universitätsstudien war das junge Fach der Kunstgeschichte nicht aufgenommen worden. Bereits als Kind aber hatte er bei den Spaziergängen die Münchner Kunstschätze kennengelernt. In das Bayerische Nationalmuseum führte Direktor Jakob Heinrich Hefner von Alteneck den interessierten Prinzen ein. Dazu kamen zahlreiche Besuche in Künstlerateliers.

Prinz Rupprecht beteiligte sich wie schon sein Großvater am intellektuellen wie am gesellschaftlichen Leben verschiedener Kunstvereinigungen. Seit 1889 war er aktives Mitglied des 1864 gegründeten Münchner Altertumsvereins, dessen Protektorat er 1913 übernahm.[270] Er nahm hier an den Fachsitzungen teil und besuchte auch die geselligen Abende. Rupprecht war außerdem Ehrenvorsitzender der am 13. Mai 1906 von Geheimrat Friedrich Dörnhöffer gegründeten Kunstwissenschaftlichen Gesellschaft in München. Sie setzte sich die Erforschung der Kunst aller Völker und Zeiten und die Versöhnung von Künstlern und Wissenschaft zum Ziel.[271] Der Prinz besuchte eifrig die Sitzungen, bei denen Kunstobjekte vorgestellt wurden. 1908 legte er Fotos von angeblichen Tizian-Gemälden in der Residenz vor.[272] Bei einer weiteren Sitzung referierte er über ein chinesisches Tempelgefäß des 15. Jahrhunderts aus Goldbronze und über eine Emailschale, die er bei seiner Ostasienreise erworben hatte.

Rupprecht war auch häufiger Gast bei den Abenden der 1873 gegründeten Münchner Künstlergesellschaft Allotria.[273] Der Malerfürst Franz von Lenbach, den Rupprecht schon als Knabe in seinem Atelier besucht hatte, führte ihn 1892 bei der Allotria und auf der Kegelbahn ein.[274] Mehrfach porträtierte er Prinz Rupprecht[275], etwa in einer Ölskizze als jungen Offizier, und auch die Familie Prinz Ludwig.[276] Lenbach kam öfter nach Leutstetten, um Skizzen und Einzelporträts zu verfertigen. Rupprecht hielt seine Gemälde für wichtige Zeitdokumente, weil der Maler sich auch bemühte, das Seelische in den Gesichtern zum Ausdruck zu bringen.[277] Der Prinz charakterisierte später den älteren Freund:

„Um über den ihm anhaftenden Mangel an Weltgewandtheit hinwegzutäuschen, trug Lenbach die Maske der Urwüchsigkeit zur Schau und um seine Weichherzigkeit zu verschleiern jene der Derbheit."[278] Der Erzgießer Ferdinand von Miller, der Bildhauer Adolf von Hildebrand, die Maler und Kunstprofessoren Adolf Hengeler, Ludwig von Herterich und Toni Stadler gehörten ebenfalls zu Rupprechts Freundeskreis. Bei der Allotria wurde auch Tarock gespielt und Fasching gefeiert. Bei den Kegelabenden im Haus der Brüder Gabriel und Emanuel von Seidl war Rupprecht ebenfalls oft Gast. Um die Jahrhundertwende waren sie die führenden Architekten der Residenzstadt. Gabriel von Seidls 60. Geburtstag wurde 1908 in Anwesenheit des Prinzen in Form einer naturgetreu nachgespielten Hebebaumfeier begangen.[279]

Prägend für Rupprechts Kunstverständnis wurde die tiefe Freundschaft, die ihn mit Adolf von Hildebrand verband. Hildebrand war 1847 in Marburg als Sohn des Nationalökonomen Prof. Bruno Hildebrand geboren worden.[280] Entscheidend wurde für ihn die Begegnung mit Rom und der dortigen deutschen Künstlerkolonie, zu der damals Hans von Marées gehörte.[281] Unter seiner Leitung bildete Hildebrand sich hier weitgehend autodidaktisch zum Bildhauer. Er ließ sich 1872 im ehemaligen Kloster San Francesco di Paola vor der Porta Romana in Florenz nieder. Sein erster Auftrag für München war der 1895 vollendete Wittelsbacher Brunnen. Fortan lebte Hildebrand abwechselnd in München, wo er sich eine Villa in Bogenhausen erbaute, und in Florenz. Besonders engagierte sich Rupprecht für die Errichtung und Vollendung des Hubertusbrunnens in der kleinen französischen Parkanlage vor dem Bayerischen Nationalmuseum in der Prinzregentenstraße, über der sich ein von Hildebrand geschaffenes Reiterdenkmal des Prinzregenten erhob.[282] Den Hirsch, der Hildebrand als Modell für die Brunnenfigur diente, hatte Rupprecht im Perlacher Forst erlegt.[283] Der Prinz war bemüht, die Finanzierung der Brunnenanlage zu sichern; dieses Problem durchzieht den Briefwechsel mit Hildebrand von 1909 bis 1919.[284] Schließlich stiftete Rupprecht das Geld für drei der vier Nischenfiguren – der junge und der alte Jäger, die junge Jägerin Diana und die alte Waldfrau – in den Ecken des Brunnentempels über dem Hubertushirsch selbst.[285] 1937 wurde die Brunnenanlage abgetragen und 1954 am Ostende der Auffahrtsallee zum Nymphenburger Schloss wieder errichtet.

Der Prinz und der Bildhauer hielten sowohl persönlich als auch durch einen intensiven Briefwechsel engen Kontakt.[286] Hildebrand förderte die Entwicklung von Rupprechts Kunstverständnis auf den Italienreisen. So lud er ihn zu einem Besuch nach Rom ein: „Ungenirtheit und Freiheit garantire ich und wenn Kgl. Hoheit sich nicht genirt fühlen, so thun wir es sicher auch nicht und freuen uns aufrichtig. Im geschlossenen Auto steht die Stadt auch zur Verfügung und ein großer Hut schützt das Incognito. Die Fahrten in unserem Auto stehn nach allen Himmelsrichtungen uns offen, sodaß wir das freieste Leben führen können."[287] Hildebrand brachte Rupprecht dazu, die Kunstwerke zunächst ohne Zuhilfenahme von Literatur zu betrachten und erst dann deren Ergebnisse heranzuziehen. Auch warnte er ihn, sich durch das Fotografieren vom eigentlichen Natur- und Kunstgenuss abbringen zu lassen.[288] Rupprecht hielt Hildebrand für den besten Bildhauer Deutschlands, ja Europas.

Hildebrand schuf das Grabdenkmal für Rupprechts Schwiegervater Herzog Karl Theodor in der Tegernseer Klosterkirche.[289] Zu Lebzeiten Prinzessin Marie Gabrieles, die er sehr geschätzt hatte, fertigte er ein Marmorrelief von ihr.[290] Nach ihrem Tod modellierte er für ihre Mutter eine Stuckbüste.[291] Weihnachten 1913 überraschte Hildebrand den Kronprinzen mit einem Tonrelief Marie Gabrieles mit einem Kind in den Armen, das die Züge des verstorbenen Prinzen Rudolf zeigt.[292] Aufbau und Motiv erinnern an ein Madonnenbildnis. Schon früher hatte der Künstler ein Bronzerelief des Prinzen Rupprecht verfertigt, von dem auch kleinere Plaketten existieren.[293] Vor Kriegsbeginn begann Hildebrand eine im Dezember 1914 vollendete Bronzebüste Rupprechts,[294] von der ein Exemplar seinen Platz in Schloss Nymphenburg gefunden hat.

Rupprecht unterhielt enge Beziehungen zu anderen Sammlern wie zu den Direktoren der staatlichen Kunstsammlungen. An erster Stelle sind hier Hugo von Tschudi, der 1909 mit seiner Unterstützung aus Berlin nach München als Generaldirektor der Staatsgemäldesammlungen berufen wurde,[295] und dessen Nachfolger Friedrich Dörnhöffer zu nennen. Tschudi gründete einen Verein, um die nötigen Finanzmittel für Kunstankäufe der Pinakothek zu beschaffen, Rupprecht regte dazu die Ausstellung von in Privatbesitz befindlichen Kunstwerken an.[296] Aus Mitteln der Tschudi-Spende konnten dann besonders moderne Werke französischer Impressionisten erworben werden.[297] Gemeinsame Überlegungen zur Erweiterung der Alten und Neuen Pinakothek verliefen wegen Ausbruchs des Ersten Weltkrieges im Sande.[298] Rupprechts Bemühungen, die Fresken des Hans von Marées im Zoologischen Institut von Anton Dohrn in Neapel[299] dort abzunehmen und für die Pinakothek nach München zu holen, scheiterten allerdings.[300] Dieses Thema beherrschte länger den Briefwechsel mit Adolf von Hildebrand, der Entwürfe für die Fresken geliefert hatte[301] und der ebenfalls stark interessiert war, das Werk seines Lehrers für Deutschland zu gewinnen. Allerdings gab es auch in Berlin Bemühungen um die Fresken, die schließlich an Ort und Stelle in Neapel blieben.

Prinz Rupprecht engagierte sich für den Plan, ein Bayerisches Armeemuseum auf dem Gelände der aufgelassenen Hofgartenkaserne in München einzurichten.[302] Dazu regte er an, die vorhandenen Bestände mit der Waffensammlung des Bayerischen Nationalmuseums zu vereinigen. Zu einem heftigen Konflikt führte die Standortfrage, weil Finanzminister Emil von Riedel an der vorgesehenen Stelle das Katasteramt erbauen wollte. Da Rupprecht dem Minister mit einer Rede in der ersten Kammer drohte, erwirkte dieser bei Prinz Ludwig ein Sprechverbot für ihn. Darauf übergab der Prinz sein Material an den Reichsrat Baron Karl Theodor zu Guttenberg,[303] der die Ministerialvorlage zu Fall brachte. Mit der architektonischen Gestaltung des Armeemuseums, mit dem der Kriegsminister einen Baurat beauftragt hatte, war Rupprecht allerdings nicht zufrieden: „leider ein ebenso unpraktischer wie hässlicher Bau". Als Waffenkenner interessierte er sich für die Aufstellung und Erweiterung der Sammlungen, die er mit Leihgaben und Geschenken aus eigenen Beständen ergänzte.

Prinz Rupprecht ergriff in München die Initiative zur Verlebendigung und Bereicherung der staatlichen Kunstsammlungen.[304] Vor dem politischen Forum, das ihm zur Verfügung stand, der Kammer der Reichsräte, entwickelte er sein Programm der Kunstförderung. Mehrfach ergriff er am 14. August 1906 in der Debatte über den Etat des Kultusministeriums das Wort.[305] Er plädierte für eine Erhöhung des Ankaufsetats und für Stellenvermehrungen bei der Bayerischen Staatsbibliothek, auch die Staatsbibliothek in Bamberg unterstützte er. Er beklagte die Stagnation der bayerischen Galerien und Sammlungen. Als Ursache machte er das Fehlen einer zentralen Leitung aus, weshalb er für die Einrichtung eines verantwortlichen Generaldirektors plädierte. Für die Kunsthistoriker forderte er nicht nur Bücherwissen, sondern zahlreiche Reisen, um Erfahrung zu gewinnen und das Auge zu schulen. Als Grundsatz für die Erwerbung von Kunstwerken postulierte er: *non multa, sed multum*. Das Bayerische Nationalmuseum sollte sich nach seiner Meinung bei Ankäufen keineswegs auf Werke „bayerischer Provenienz" beschränken, weil auch ausländische Werke als Vorbild dienen könnten. Lebhaft bedauerte er, dass München noch über kein Kunstgewerbemuseum verfügte. Auch die Forderung nach einem Museum für neuere und moderne Kunst erhob er. Außerdem entwickelte er Pläne für den Ausbau der Glyptothek und die Erweiterung der Alten Pinakothek. Er regte die Dezentralisierung der staatlichen Museen und die Einrichtung von Galerien in Würzburg und der Pfalz an. Prinz Rupprecht entwickelte seine Kunstvorstellungen vor dem Hintergrund einer drohenden Überrundung Münchens als Kunststadt durch die Reichshauptstadt Berlin: „Ich meine, wir müßten, einen so großen Vorsprung wir noch teilweise haben, uns doch etwas in acht nehmen und das alte Sprichwort im Auge behalten: Wer rastet, der rostet!"

Der Prinz bedachte die bayerischen Museen mit zahlreichen Stiftungen aus seinem Besitz.[306] Dazu zählten das Pfälzer Historische Museum in Speyer ebenso wie das Münchner Museum für Völkerkunde,[307] dem er 1913 eine Sammlung orientalischer Waffen vermittelte, und das Armeemuseum. Außerdem gab er mannigfache Anregungen für Erwerbungen. Durch seine Initiative konnten die Zeichnungen der Schmuckstücke der herzoglichen Schatzkammer von Hans

Mielich aus dem Nachlass Hefner von Altenecks für das Bayerische Nationalmuseum angekauft werden. Rupprecht hatte den Reichsrat Theodor Freiherr von Cramer-Klett[308] und andere Kunstfreunde gewonnen, die nötigen Finanzmittel zur Verfügung zu stellen. Daraus erwuchs dann der „Bayerische Verein der Kunstfreunde" oder Museumsverein.[309] Ähnliche Interessen verfolgte der 1909 gegründete „Stiftungsfonds für Kunst, Wissenschaft und Heimatpflege", dessen Ehrenvorsitz Rupprecht übernahm. Im Mai 1918 wurde in München die Bayerische Archäologische Forschungsgesellschaft gegründet, deren Statuten den Kronprinzen als Vorsitzenden des Gesamtvorstandes vorsahen, seinen Hofmarschall Pappenheim als Stellvertreter.[310]

Rupprecht setzte sich frühzeitig für die Denkmalpflege ein. 1908 wurde der Abriss der Augustinerkirche in der Neuhauser Straße in München erwogen. Der Prinz wies daraufhin in der ersten Kammer auf die hervorragende künstlerische Silhouettenwirkung der Kirche für das Stadtbild hin. Er wollte das Alte aber nicht um seiner selbst willen verteidigen: „Ich bin durchaus kein Anhänger davon, daß man alte Bauten stehen lassen soll, nur weil sie alt sind, und sie mit dem Schlagwort der Ehrwürdigkeit des Alters in Schutz nimmt, wenn sie nicht schön sind und keine besonderen historischen Interessen daran sich knüpfen. Ich wüßte sogar eine Menge von Bauten anzuführen, die recht alt sind und um die es nicht schad wäre, wenn sie fallen würden."[311] Zur Rettung einzelner wertvoller Bauwerke und auf die Gestaltung des Stadtbildes durch Neubauten und Denkmäler konnte Rupprecht nur indirekt, durch Gespräche mit den Verantwortlichen oder die Mobilisierung von Sponsoren, Einfluss nehmen. So bemühte er sich 1910 um die Rettung des Preysing-Palais in München vor einem Umbau für kommerzielle Nutzung, indem er einen Ankauf für Clubzwecke vermittelte.[312]

Prinz Rupprecht war auch ein Kenner und Förderer der zeitgenössischen Kunst. So besuchte er die Kunstausstellungen in der Secession und im Glaspalast in München, die lebenden Künstlern gewidmet waren. Wenn er sich auch öffentlich mit Werturteilen zurückhielt, so äußerte er seine Kritik im positiven wie negativen Sinne umso deutlicher im vertrauten Kreis, etwa gegenüber Adolf von Hildebrand. Dabei urteilte er stets eigenständig. 1908 fand die erste Kunstausstellung im dafür erschlossenen Gelände über der Theresienwiese statt, für die der Prinz der Initiator gewesen war. Außerdem war er Protektor des in diesem Jahr auf dem Ausstellungsgelände eröffneten Künstlertheaters. Zur Eröffnung wurde eine Faust-Inszenierung gegeben, die in München den modernen Darstellungsstil einführte. In den folgenden Sommern inszenierte hier Max Reinhardt. Die zweite Ausstellung auf der Theresienhöhe im Sommer 1909 war ostasiatischer Kunst gewidmet, die Anregung dazu war von dem Kunstmaler Oskar Graf ausgegangen. Prinz Rupprecht stellte Exponate aus seinen eigenen Beständen zur Verfügung, andere Wittelsbacher und Sammler folgten auf seine Anregung. Weitere Kunstwerke erbat er bei Kaiser Franz Joseph in Wien. Die dritte Ausstellung 1910 war islamischer Kunst vorbehalten. Ausgelöst hatte sie der Fund von altpersischen Teppichen aus der Mitgift einer polnischen Prinzessin in der Münchner Residenz durch Prinz Rupprecht. Er bemühte sich wieder persönlich um das Zustandekommen einer möglichst repräsentativen Zusammenstellung, Werke aus dem Besitz des österreichischen Kaisers und des türkischen Sultans konnten zusätzlich ausgeliehen werden.[313]

Rupprecht regte die Beschäftigung des Kunsthistorikers Dr. Oskar Münsterberg mit den bayerisch-asiatischen Beziehungen an, die sich in den zahlreichen ostasiatischen Kunstwerken in den königlichen Schlössern niedergeschlagen hatten.[314] Daraus erwuchsen Münsterbergs mehrbändige Werke zur chinesischen und japanischen Kunstgeschichte.[315] Zu deren Ausstattung überließ ihm der Prinz Fotografien von seinen Reisen.

Rupprecht war selbst ein leidenschaftlicher Kunstsammler, wobei ihm nur begrenzte finanzielle Mittel zur Verfügung standen.[316] Auf seinen zahlreichen Reisen besichtigte er Kunstdenkmäler und Museen. Auch brachte er Erinnerungsstücke für seine Privatsammlung und die Ausstattung seiner Wohnung mit, für die er unter anderem wertvolle italienische Renaissancemöbel erwarb. Immer wieder besuchte er Galerien und Antiquitätenhändler, in Italien oft gemeinsam mit Otto Lanz. Rupprechts langjährige tiefe Freundschaft mit ihm war bedingt durch die gemeinsame Liebe zur Kunst und ihre Sammelleidenschaft. 1908 hatte Prinz Rupprecht in Florenz Prof. Dr. Otto Lanz kennengelernt, mit dem er bis zu dessen Tode 1935 enge Verbindung hielt. Der aus der Schweiz stammende Chirurg und Kunstsammler leitete in Amsterdam seine eigene Klinik. Zahlreiche Briefe, die in einem herzlich-freundschaftlichen Ton gehalten sind, haben sich erhalten.[317] In den Jahren bis zum Ersten Weltkrieg trafen sich die beiden jährlich meist in Florenz und durchwanderten die Toscana und Umbrien, um so intensiver das Land und seine Kunstschätze studieren zu können. Die Osterreise 1914 etwa führte sie von Rom über Florenz, Cremona und Pavia nach Mailand. Noch für den 5. August 1914 hatte der Kronprinz den Professor zu einer gemeinsamen Autotour eingeladen, welche aber der Kriegsausbruch verhinderte. Ihr kritischer Blick entlarvte im Kunsthandel manche Fälschung. So bemerkten sie etwa, dass der Direktor der Berliner Nationalgalerie Wilhelm von Bode falsche Expertisen – sogar für vermeintliche Raffael-Gemälde – ausstellte, um als Gegengabe für sein Museum Kunstwerke gratis zu erhalten.[318] Auch in Amsterdam besuchte Rupprecht mehrfach seinen Freund und dessen Familie. Während des Weltkrieges verbrachte Prof. Lanz seine Ferien im freiwilligen Einsatz im deutschen und österreichischen Sanitätsdienst.[319] Mit Hilfe von Spenden richtete er ein eigenes Lazarett ein. In seinen Briefen informierte er Rupprecht über die Möglichkeit zu Kunstkäufen und die wichtigsten Kunstauktionen. In seiner knappen

Freizeit studierte dieser die Kataloge, verschiedentlich machte Lanz für ihn Erwerbungen.

Auch während des Weltkrieges beschäftigte sich also der Kronprinz mit Fragen der Kunst.[320] Mit seinen Freunden führte er den Briefwechsel fort. Adolf von Hildebrand, der eine Kronprinz-Rupprecht-Plakette entwarf, ließ sich durch die Welle nationaler Begeisterung anstecken.[321] Auf sein Drängen nahm die Gestaltung von Denkmälern für die gefallenen Soldaten auf den Schlachtfeldern wie in der Heimat breiten Raum in der Korrespondenz ein. Monströse und pathetische Denkmale wie den Plan des Bildhauers Fritz Behn für ein großes Nationaldenkmal am Königssee in Form eines aus der Felswand herausgemeißelten Löwen lehnte Rupprecht nachdrücklich ab. Von seinem jeweiligen Standquartier aus interessierte der Kronprinz sich für die Kunstwerke der Umgebung. So wies er das Giovanni da San Giovanni (Mannozzi) zugeschriebene Fresko „La burla del piovano Arlotto" in den Uffizien in Florenz dem Bildhauer François Duquesnoy zu, nachdem er eine Zeichnung von diesem in Douai entdeckt hatte.[322] 1918 fand er in einem Museum eine Tonplastik mit einem Porträt von Savanarola, die er als Jugendwerk Michelangelos einschätzte.

Rupprechts Umgang mit der Kunst war geprägt durch den Satz, den er 1910 der Ausstellung islamischer Kunst als Leitwort gegeben hatte: „Der Geist der großen, ernsten Kunst soll rein durch sich selbst wirken."[323] Sein Kunstverständnis, das sich durch eine scharfe Beobachtungsgabe und große Kennerschaft auszeichnete, war besonders durch Adolf von Hildebrand geschult worden. Die Ungunst der politischen Entwicklungen hat Prinz Rupprecht aber ein größeres Wirken für die Kunstentwicklung in Bayern verwehrt.

7. Die Fernreisen und Reisebeschreibungen

Im Sommer 1889 konnte Prinz Rupprecht seine erste Italienreise unternehmen, in ein Land, dem er zeitlebens besonders wegen seiner Kunstschätze in engster Weise verbunden blieb. Sendtner würdigte diese erste Fahrt: „Wo immer er hinkam, nahm er Natur und Kultur mit aller Intensität und Begeisterungsfähigkeit eines bildungsfreudigen jungen Menschen auf und mit der geradezu unermüdlichen Gründlichkeit eines Jüngers der Kunst."[324] Seitdem fuhr er nahezu jährlich einmal über die Alpen in den Süden.

Neben den Italienfahrten plante Rupprecht bald weitere Fernreisen. Jede der Exkursionen bereitete er sorgfältig vor, wozu er sich eine Bibliothek aus kunst- und kulturgeschichtlichen wie länderkundlichen Werken aufbaute. So verfügte er bereits vor Antritt der Reise über gründliche Kenntnisse der historischen und künstlerischen Entwicklung wie der politischen, wirtschaftlichen und sozialen Situation der besuchten Länder. Für die praktische Seite stützte er sich auf die roten Bände der Baedecker-Reihe.[325] Unterwegs führte er ein umfassendes Tagebuch. Auch nach der Heimkehr setzte er sich mit seinen Eindrücken und Beobachtungen auseinander und versuchte, sie in die bereits existierenden Länderbeschreibungen einzuordnen. Er brachte eine reiche Ausbeute an fotografischen Aufnahmen, aber auch an meist günstig erworbenen Kunstgegenständen und Dingen von völkerkundlichem Interesse mit.

Ruprechts Reisen gewannen so den Charakter wissenschaftlicher Exkursionen, zumal er seine Aufzeichnungen und eine Auswahl der Fotografien veröffentlichte.[326] Die Beschreibungen verraten seine umfassenden Interessen, die Kunst und Kunstgeschichte, Literatur, Ethnographie, Rechtsprechung, Militärwesen und Volkswirtschaft sowie die sozialen Verhältnisse der besuchten Länder umspannten. Dabei stützte er sich auf seine eigene Anschauung. Er beobachtete die Menschen, beschrieb ihren Körperbau, ihre Haltung und ihre Trachten. Auch mit den Sprachen und den Religionen setzte er sich kenntnisreich auseinander. Ruprecht hatte überdies auch einen Blick für die landschaftlichen Schönheiten und geografischen Besonderheiten der besuchten Länder. Insbesondere faszinierte ihn der asiatische Kontinent. Die Trilogie seiner veröffentlichten Reiseberichte ist dabei von dem Konzept geprägt, dass Asien in drei große Kulturkreise geschieden sei: „den islamitischen, indischen und ostasiatischen."[327] Jedem dieser drei Kulturkreise hat Prinz Ruprecht einen Band gewidmet.

Die erste größere Reise 1894 war dem islamitischen Kulturkreis vorbehalten, der von der Balkanhalbinsel über Kleinasien nach dem nördlichen Afrika reicht. Die Reiseroute führte Ruprecht über Triest, Dalmatien, Bosnien, Montenegro, Albanien nach Athen und schließlich nach Konstantinopel.[328] Der Besuch von Schloss Miramar bei Triest bot ihm den Anlass zu einer Reflexion über den habsburgischen Kaiser Maximilian von Mexiko: „Miramar, das Schloß des unglücklichen Kaisers von Mexiko, zeugt in seiner Innenausstattung für dessen romantische, durchaus unreale Gedankenrichtung. Nur ein Romantiker konnte auf das mexikanische Abenteuer sich einlassen und einen Thron in einem fernen Weltteile erstreben, in einem Lande, mit dem er durch keinerlei Beziehungen verbunden war." Ruprecht würdigte dann die Verdienste der österreichischen Militärverwaltung in Bosnien-Herzegowina. Erstmals besuchte er im Anschluss Griechenland. Er wäre nicht der Urenkel Ludwigs I. gewesen, wenn ihn nicht die Akropolis über Athen als „Offenbarung erhabenster Schönheit" fasziniert und Erinnerungen an König Otto von Griechenland heraufbeschworen hätte.

In Konstantinopel, der Hauptstadt des Osmanischen Reiches, musterte er, begleitet von Adjutanten des Sultans, mit geschultem Blick die Verteidigungsanlagen und würdigte kritisch den Zustand der Armee.[329] Er sah die Möglichkeit

7. Die Fernreisen und Reisebeschreibungen 77

eines russischen Vormarsches durch Anatolien längs der Küste des Schwarzen Meeres wie eines Überfalls durch eine Flotte auf den zu schwach befestigten Bosporus. Auch die deutschen Wirtschaftsinteressen, besonders im Hinblick auf Waffenexporte, gerieten in sein Blickfeld. Nachdem ein Empfang beim Sultan zunächst wegen Krankheit abgesagt worden war, wurde er wenigstens Zeuge einer Ausfahrt Abd ul Hamids mit seinem Harem, den Rupprecht recht humorvoll schilderte. Er zeigte aber auch Verständnis für das bis zur Skurrilität scheue Verhalten des Sultans, der in beständiger, wohl nicht unbegründeter Angst vor Attentaten wie ein Gefangener innerhalb seiner Schlossmauern lebte. Der künftige bayerische Thronfolger wurde dann doch noch zu einem Essen beim Sultan geladen. Er durfte das Top-Kapusi-Serail und das Schatzhaus besichtigen. Zwischen ihm und dem osmanischen Herrscher entwickelte sich bis zur Abschiedsaudienz sogar ein gewisses Vertrauensverhältnis. Beispielsweise konnte Rupprecht durch den Hinweis auf Erkenntnisse des Hygienikers Prof. Max von Pettenkofer dem Sultan etwas von seiner Angst vor der Ansteckung mit der Cholera nehmen. Die Heimfahrt des Prinzen erfolgte auf dem Schienenweg mit dem Orientexpress durch Bulgarien und Serbien.

Als nächste Fernreise plante Rupprecht eine Fahrt in den Vorderen Orient, die er 1896 durchführte.[330] Gründlich bereitete er sich auf seine Ziele vor und stellte ein genaues Programm zusammen. Vom Prinzregenten konnte er einen finanziellen Zuschuss erhalten. Die Reise erfolgte inkognito, schon um den sonst erforderlichen finanziellen Aufwand für Repräsentation zu mindern. Rupprecht wurde nur von seinem Adjutanten Otto von Stetten begleitet. Ab Triest reiste auf dem gleichen Schiff der römisch-katholische Patriarchatsvikar von Konstantinopel, Msgr. Augustinus Bonetti, mit, dem als apostolischem Delegierten alle mit Rom unierten orientalischen Kirchen unterstellt waren.[331] Im Vorjahr hatte er im Auftrag des Papstes mit dem orthodoxen Patriarchen von Konstantinopel über eine Kirchenunion verhandelt, doch auf griechischer Seite kein Interesse gefunden.

Die eigentliche Expedition verlief dann von Beirut über den Libanon nach Damaskus und in großem Bogen durch das Ostjordanland nach Jerusalem. Den größten Teil der Strecke bewältigten Rupprecht und Stetten in einer Karawane zu Pferd. Zelte, Feldbetten, eine Küche und Speisen mussten eigens mitgeführt werden. Otto von Stetten erlitt auf Grund der Strapazen einen schweren Fieberanfall. In Damaskus konnte die kleine Reisegesellschaft in einem Hotel absteigen, doch wurde sie dort bestohlen und betrogen, außerdem störte sie der Schmutz in der Stadt. Die Lage in Damaskus war so unsicher, dass die Reisenden abends nicht durch die Straßen gehen wollten. Die Omaijaden-Moschee erlebte Rupprecht im Zustande einer umfassenden Restaurierung, an deren Erfolg er jedoch zweifelte. Die Juden, die bis vor Kurzem unter österreichischem Schutze gestanden waren, bildeten nach seiner Auffassung den intelligentesten und regsamsten Teil der städtischen Bevölkerung.

Mit der Eisenbahn fuhren Rupprecht und sein Begleiter dann bis zur Endstation Mzerîb, von wo aus es wieder mit einer Karawane weiterging, verschiedentlich durch Beduinen bedroht. Ausführlich widmete sich Rupprecht der Untersuchung der Ruinen der griechisch-römischen Stadt Gerasa, deren Verfall mit der arabischen Eroberung 634 eingesetzt hatte.[332] Er widmete Gerasa später eine eigene wissenschaftliche Darstellung. In der Ebene des Jordantales herrschte eine unerträgliche Hitze von über 60°, sodass der Wein sauer und ein frisch geschlachteter Hammel sofort faul wurde. Aus Durst trank Rupprecht vom Jordanwasser; an den Folgen hatte er noch acht Tage zu leiden.

Am 24. Oktober kam er mit Stetten in Jerusalem an, wo sie zuerst die Grabeskirche besuchten. Freilich fand Prinz Rupprecht „ihre bauliche Ausgestaltung" nicht der „Erhabenheit der mit ihr verknüpften Erinnerungen" entsprechend. Er hielt sich besonders mit der Schilderung der teils mit Gewalt ausgefochtenen Streitigkeiten der orientalischen Schismatiker auf.[333] Tief beeindruckte ihn dagegen der Tempelbezirk mit der El-Aqsa-Moschee. Im Anschluss fuhren sie nach Kairo, wo Prinz Rupprecht dem Vizekönig Abbas Hilmi eine Visite abstattete. Diesmal besuchte Rupprecht nur Unterägypten.[334] Die Eintragungen in sein Tagebuch bildeten die Grundlagen für seinen Reisebericht in der Zeitschrift des Münchner Altertumsvereins[335] wie für die spätere Buchausgabe.

Für 1898/99 plante Rupprecht eine Reise nach Indien, die zunächst auf sechs Monate berechnet war. Wegen einer dort herrschenden Pestepidemie erhielt er die Reiseerlaubnis des Prinzregenten nur mit Ausschluss von Bombay und der indischen Westküste. Die Route sollte durch Vorder- und Hinterindien verlaufen und bis an die Grenzen von Afghanistan führen. Am 4. Oktober 1898 schiffte er sich zusammen mit dem erprobten Gefährten Rittmeister von Stetten in Genua ein. Die erste indische Station nach einem Zwischenaufenthalt in Colombo auf Ceylon war Kalkutta, wo die nötigen Vorbereitungen getroffen wurden. Die englische Kolonialverwaltung gewährte jede mögliche Unterstützung, doch wollte Rupprecht das Land nicht mit „englischen" Augen sehen. Immer bemühte er sich um die Kenntnis und das Verständnis der Geisteswelt und der Religionen der besuchten Länder aus eigener Anschauung. Mit scharfem Blick beobachtete er die Engländer und ihre Verwaltung in Indien, welche er zwar im Allgemeinen lobte, aber deren Schattenseiten er ebenso registrierte.[336] So stellte er fest, dass die Engländer auch in ihren Kolonien streng an ihren heimischen Lebensgewohnheiten und Konventionen festhielten. Er rügte zwar den englischen Chauvinismus, lobte aber die Redlichkeit der Beamten. Von der indischen Bevölkerung gewann er einen negativen Eindruck, er kennzeichnete ihren Charakter als indolent und energielos, sodass die englische Herrschaft nicht in

7. Die Fernreisen und Reisebeschreibungen

Gefahr geraten würde. Die indischen Fürsten seien durch den Gegensatz zwischen Hindus und Muslimen uneins und überdies durch eher oberflächliche Interessen bestimmt, sodass sie nur eine Rolle als reiche Privatleute spielen konnten und wollten.

Rupprecht setzte sich mit den indischen Stämmen und Religionen auseinander.[337] In Benares übte er herbe Kritik an den Büßern, den ekelerregenden Verbrennungsplätzen der Leichname, dem vorherrschenden unendlichem Schmutz und der Bettlerplage. Dieses Gemisch stieß ihn so ab, dass er ein äußerst hartes Urteil fällte: „Nach allem, was ich am heutigen Tage geschaut, begriff ich die Verachtung, mit der die Mohammedaner auf die Hindús herabblicken und den heiligen Ingrimm, mit dem sie einst deren Tempel zerstörten. Die Hindú-Religion ist schon seit Jahrhunderten entartet und zu einem niederen Götzendienst geworden."[338] Positiver beurteilte er die Radschputen, die er für lebhafter, energischer und offener als die übrigen Hindus erklärte.

Nachdem ein geplanter Abstecher nach Nepal, der Rupprecht in das Herz des Himalaya hätte führen sollen, an der englischen Bürokratie gescheitert war, fuhr er mit der Eisenbahn von Kalkutta nach Kaschmir. In Dschaipur wurde er im Palast des abwesenden Maharadschas empfangen, dessen Ausstattung und Tiergärten ihn beeindruckten.[339] Die indischen Gastgeber hielten zu seinen Ehren Jagden ab, bei denen sogar Geparden zum Einsatz kamen. Bei einer Tigerjagd wurden 1200 Treiber aufgeboten, Rupprecht erlegte das Raubtier mit seinem zweiten Schuss vom Rücken eines Elefanten aus. Allerdings empfand er diese Art der Jagd als wenig waidmännisch, zumal die Vielzahl der Teilnehmer durch zahllose Schüsse die Trophäe arg beeinträchtigte. In Dschodpur, der Hauptstadt von Marwar, bewunderte er in der Schatzkammer lose Edelsteine von Millionenwerten.

Die Hauptstadt des Mogulreiches Delhi bot Rupprecht Anlass zu Reflexionen über die islamische Architektur, deren wesentliche Strukturen er in chronologischer Abfolge der Entwicklung behandelt und mit zentralen Beispielen aus eigener Anschauung vorstellt.[340] Natürlich bewunderte er das Tadsch-Mahal als „Juwel der indo-islamischen Kultur". Kennzeichnend für seinen rationalistischen Geist ist, dass er sich Vorführungen der berühmten indischen Gaukler und Zauberer ansah, aber deren Tricks durchschaute.[341] Die bayerischen Reisenden besichtigten Amritsar und Peschawar. Im Zusammenhang mit der Behandlung der englisch-afghanischen Beziehungen würdigte Rupprecht die Wirtschaft als Movens politischer Entscheidungen und stellte strategische Überlegungen über die Vorteile eines eigenständigen Afghanistans als Pfufferstaat gegenüber Russland für die englische Stellung in Indien an. Als Berufsoffizier interessierte er sich besonders für die anglo-indische Armee, deren Zusammensetzung und taktische Vorgehensweise.[342] Rupprecht und Stetten gelangten bis zum Khaiberpass und hielten sich anschließend länger in Kaschmir auf.[343] Auf Einladung des Maharadschas von Srinagar, der ihnen mehrere Hausboote zur Verfügung stellte, unternahmen sie eine mehrtägige Fahrt auf dem Dschehlám. Die Reise führte dann noch nach Birma oder Britisch-Hinterindien.[344] Auch mit dessen Geschichte und wirtschaftlichen Verhältnissen sowie mit seinen Bevölkerungsgruppen setzte Rupprecht sich kenntnisreich auseinander. In Birma erkrankte Otto von Stetten so schwer, dass Rupprecht ihn auf seinen eigenen Wunsch zur Pflege im Haus des deutschen Consuls in der Hauptstadt Rangún zurücklassen musste.[345]

Der Prinz setzte die Reise durch Südindien, beginnend in Madras, mit Ernst Graf von Kinsky fort. Mit dem österreichischen Weltenbummler verband ihn eine längere Freundschaft.[346] Sie schifften sich dann in Tutikorin an der Südspitze Indiens ein, um mit einem Frachter nach Ceylon zu fahren. Die Rückreise erfolgte über Aden und Kairo, wo Rupprecht wieder mit seinem Reisegefährten von Stetten zusammentraf. Diesmal besichtigten sie Oberägypten. Nach seiner Heimkehr hielt der Prinz am 2. Mai 1900 im Festsaal der Akademie der Wissenschaften vor der Geographischen Gesellschaft einen Lichtbildervortrag, an dem außer dem Prinzregenten der ganze Hof teilnahm.[347]

Die nächste Weltreise im Dezember 1902 unternahm der mittlerweile verheiratete Rupprecht mit seiner Frau Marie Gabriele. Trotz ihrer gesundheitlichen Probleme faszinierte die Prinzessin der Gedanke einer Chinareise, die sie allein mit ihrem Mann unternehmen wollte. Die Teilnahme einer Dame erforderte aber eine kostspieligere Art des Reisens und die Mitnahme von Personal. Prinz Georg, ein Sohn des Prinzen Leopold, und Professor Heinrich Mayer, der Forstkunde in Japan gelehrt hatte und sprachkundig war, schlossen sich der Reisegesellschaft an. Die Kinder wurden den Eltern Marie Gabrieles in Kreuth anvertraut.

Die Reiseroute führte durch das Mittelmeer und den Suezkanal. Die erste Zwischenstation bildete Aden im Jemen. Besonders begeistert war Marie Gabriele von Ceylon und den Farbwundern der Natur – „ein Sommernachtstraum". Auf Java[348] beobachtete Rupprecht die niederländische Kolonialverwaltung, die er mit der britischen in Indien verglich. Als Hauptunterschied konstatierte er, dass die Holländer den wirtschaftlichen Gewinn aus der Plantagenwirtschaft für Tee, Kaffee und Zuckerrohr und nicht so sehr aus dem Handel zögen.[349] Durch ihr systematisches Verfahren übertrafen die holländischen die englischen Pflanzer. Ebenso anschaulich wie komisch schildert er Empfänge bei den einheimischen Sultanen, die von der holländischen Kolonialregierung apanagiert wurden. So waren Rupprecht und Marie Gabriele in den Palast („Kraton") des Sultans von Dschokdschokarta geladen, die Konversation musste mit Hilfe von Dolmetschern geführt werden.[350] Den Gästen wurden Gegenstände aus der Schatz- und Waffenkammer gezeigt, Erfrischungen wurden von Familienangehörigen des Sultans in devoter Haltung gereicht. Den Höhepunkt bildete das Gamelangspiel,

7. Die Fernreisen und Reisebeschreibungen

eine von Musik begleitete Pantomime prächtig kostümierter Tänzerinnen. Der Sultan von Surakarta, der den klangvollen Titel Schusuhunan führt, empfing die bayerischen Gäste im Smoking, überladen mit teils selbst kreierten Ordensauszeichnungen und mit Diamanten in Millionenwerten.[351] Seine Hoheit – der „Nagel der Welt", wie ein anderer Titel lautete – führte die Konversation mit einigen holländischen und deutschen Brocken persönlich.

Die folgenden Reisestationen Singapur, Hongkong, Kanton und Makao hinterließen bei Rupprecht einen wenig günstigen Eindruck. Besonders beeindruckte das Paar dagegen wieder die Fahrt auf dem Jangtsekiang nach Nanking. Auch der deutschen Niederlassung Tsingtau statteten sie einen Besuch ab. Hier interessierte Rupprecht die Erinnerung an die Kämpfe von 1900, aber auch die Ursachen für das „Aufeinanderprallen zweier Kulturzustände". Das damals aktuelle Schlagwort von der „gelben Gefahr" lehnte er ab.[352] Es sei in Amerika entstanden, um die Zuwanderung billiger ostasiatischer Arbeitskräfte als unliebsame Konkurrenz für die amerikanischen Arbeiter zu brandmarken. Für Europa schloss Rupprecht eine „gelbe Gefahr" aus, womit er indirekt Kritik an Kaiser Wilhelm II. übte.

Ein Höhepunkt der Reise wurde der Aufenthalt in Peking, das als Standquartier für Exkursionen in die Umgebung diente. Rupprecht erwarb sich hier gründliche Kenntnisse über chinesische Kunst. Die bayerischen Gäste wurden von der Kaiserin-Regentin Tszè-hsi und von Kaiser Kuang-hsü empfangen. Interessant ist die Wertung der Audienz bei der Regentin einer der ältesten Monarchien der Welt: „Das in seinem Innern herrschende Zeremoniell, die entfaltete Pracht, die Anordnung der Höfe und Gebäude, ja selbst der leuchtende Glanz der Ziegel weckt wohl in jedem Besucher die Vorstellung längst entschwundener Zeiten. Unwillkürlich träumt man sich versetzt an den Hof eines babylonischen Herrschers."[353] Die Besichtigung der Chinesischen Mauer schloss den Aufenthalt im Reich der Mitte ab.

Im April 1903 setzte die kleine Reisegesellschaft die Expedition nach Japan fort, wo das Paar die Nachricht vom Tod der Tochter Irmingard erhielt. Die gesundheitlich sowieso schon angeschlagene Prinzessin Marie Gabriele musste nach diesem Schicksalsschlag den größten Teil des Japan-Aufenthaltes im Liegen verbringen. Prinz Rupprecht, geführt von Prof. Mayer, besichtigte industrielle und landwirtschaftliche Betriebe. Auch die nach deutschem Muster eingerichtete Armee fand sein Interesse. Rupprecht unternahm später einen Vergleich zwischen China und Japan, der die Modernisierungstendenzen in dem Inselstaat betont: „In China ein Mangel an Gemeinsinn und ein grenzenloser Schlendrian, in Japan eine glühende Vaterlandsliebe und eine tadellose Ordnung. China ein Spielball fremder Mächte, Japan unabhängig und kraftvoll. China ein Fossil, Japan voll pulsierenden Lebens."[354] Am 19. Mai wurden die Prinzen Rupprecht und Georg in Audienz vom japanischen Kaiserpaar empfangen.[355] Auf die Begrüßung im Phoenix-Saal folgte das Mittagsmahl im „Saal der leuchtenden Reisernte", an dem japanische Prinzen, Minister und Höflinge sowie Vertreter der Deutschen Botschaft teilnahmen. Anfang Juli fuhren die bayerischen Reisenden über den Pazifik nach Amerika, die ursprünglich geplante längere Rückreise mit der Transsibirischen Eisenbahn musste unterbleiben. Der zerrüttete Gesundheitszustand der Prinzessin machte die Beschleunigung der Rückreise nach New York und Europa notwendig. Im August 1903 traf das Prinzenpaar wieder in München ein. In den folgenden Jahren beschränkten sich die Reisen Rupprechts auf Europa.

Zum Jahresbeginn 1911 fuhren Rupprecht und Marie Gabriele nach Ägypten. Der Aufenthalt war der Prinzessin zur Erholung verschrieben worden. Ihre an Typhus erkrankte Schwester, Königin Elisabeth von Belgien, begleitete sie. Das Prinzenpaar besichtigte nach dem Aufenthalt in Alexandria und Kairo Luxor und Assuan. Rupprecht berichtete Adolf von Hildebrand in einem Brief über seine Reiseeindrücke, wobei Landschaft und Tempel auf ihn einen etwas eintönigen Eindruck machten, nur die Frische der Farben bewunderte er.[356] Zur Feier des 90. Geburtstages des Prinzregenten kehrte er Anfang März nach München zurück, während Marie Gabriele bis in den April in Ägypten blieb.

Die Bayerische Akademie der Wissenschaften wählte Rupprecht im Frühjahr 1911 zu ihrem Ehrenmitglied.[357] Damit würdigte sie nicht nur den Gönner der Wissenschaften, sondern auch den Verfasser der Reisebeschreibungen von wissenschaftlichem Gewicht. Seine Reiseerinnerungen aus Ostasien waren in erster Auflage 1906 erschienen, seine Beschreibung der Ruinen von Gerasa lag seit 1898 im Druck vor. Der Ausbruch des Ersten Weltkrieges verhinderte dann weitere Fernreisen. In der anschließenden erzwungenen Mußezeit überarbeitete er seine Reiseerinnerungen auf der Grundlage seiner Tagebücher und ließ sie veröffentlichen. Die förmliche Leidenschaft für ausgedehnte Fernreisen teilte Rupprecht mit zahlreichen Standesgenossen aus dem europäischen Hochadel. Was ihn jedoch über diese hinaushebt, ist der wissenschaftliche Charakter, den seine Expeditionen annahmen.[358]

8. Bayern am Vorabend des Ersten Weltkrieges

Die Stellung als Kronprinz

Mit dem Tode des Prinzregenten Luitpold am 12. Dezember 1912 war eine Epoche zu Ende gegangen. Zu seiner Beerdigung versammelten sich die europäischen Monarchen oder ihre persönlichen Vertreter in München. Noch einmal wurde das prächtige Trauerzeremoniell entfaltet, der Trauerkondukt mit dem von acht Pferden gezogenen Leichenwagen spannte sich in weitem Bogen von der Allerheiligenhofkirche zur Theatinerkirche.[359] Entsprechend der Tradition fürstlicher Begräbnisse wurde das Leibpferd des Prinzregenten hinter der Kutsche geführt.

Das beherrschende politische Problem in Bayern stellte nach dem Tode Prinzregent Luitpolds am 12. Dezember 1912 die Beendigung der Regentschaft dar.[360] Die Herrschaft des kranken Königs Otto in Schloss Fürstenried bildete eine reine Fiktion.[361] Der älteste Sohn Luitpolds, Prinz Ludwig, trat die Verweserschaft über Bayern aber zunächst ebenfalls als Prinzregent an. Er zählte zu diesem Zeitpunkt bereits 68 Lebensjahre und war, trotz seiner politischen Interessen, zur Artikulierung seiner Vorstellungen bislang weitgehend auf seine regelmäßigen Auftritte in der Kammer der Reichsräte angewiesen gewesen. Von den politischen Entscheidungen hatte ihn der verstorbene Regent weitgehend ferngehalten. Erneut stellte sich nun die Königsfrage, die tragischen Ereignisse von 1886 lagen über ein Vierteljahrhundert zurück. Prinzregent Luitpold hatte zweimal die Annahme des Königstitels abgelehnt. Der dauernde Zustand einer Regentschaft aber war dem monarchischen Gedanken äußerst abträglich. Auch ein praktischer Gesichtspunkt für die Ausrufung Ludwigs zum König kam dazu. Ein Prinzregent hatte nicht die freie Verfügung über die Zivilliste, die nur die Kosten für die Ausübung dieser Funktion übernahm. Prinz Ludwig aber war Vater einer vielköpfigen Familie und wollte auch weiterhin sein Privatleben abseits der Öffentlichkeit führen. Freilich dürfte ihn gerade diese Neigung einen gehörigen Teil an Popularität gekostet haben, wie gerade das Beispiel Ludwigs II. zeigt, der bei aller Exzentrizität auch wegen seines der Öffentlichkeit entrückten monarchischen Lebensstils über seinen Tod hinaus soviel Verehrung fand wie kaum ein anderer bayerischer Monarch.

Prinz Rupprecht seinerseits hielt den Zeitpunkt nach dem Tode des Prinzregenten für gekommen, die Regentschaft zu beenden und seinen Vater Ludwig zum König zu proklamieren.[362] Nach seiner Auffassung sollte der Ausnahmezustand einer Regentschaft nicht zum Dauerzustand werden. Er intervenierte bei Ministerpräsident von Hertling, um die sofortige Thronbesteigung seines Vaters zu erreichen. Die Regierung Hertling ließ tatsächlich wegen der Königsfrage Sondierungen vornehmen. Justizminister Heinrich von Thelemann vertrat die Auffassung, dass dazu eine verfassungsrechtliche Klärung und damit die Mitwirkung des Landtages notwendig seien. In der zweiten Kammer reagierten die Abgeordneten des Zentrums zunächst sehr reserviert und erklärten, sie wollten niemals den dem König Otto geleisteten Eid brechen. In der Fraktionssitzung am 20. Dezember 1912 lehnte die Mehrheit der Zentrumsfraktion die Beendigung der Regentschaft durch eine Verfassungsänderung ab.[363] Hertling war darüber so ungehalten, dass er seiner Partei mit dem Zorn der Prinzen Ruprecht und Franz drohte.[364] Ruprecht wären bei der Annahme des Königstitels durch seinen Vater die Funktion des Kronprinzen und die damit verbundenen deutlich erhöhten Einkünfte zugefallen.

Auch wenn sich Prinz Ludwig nach dem Tode seines Vaters zunächst auf die Position eines Prinzregenten beschränken musste, wurden eine Reihe von Funktionen neu vergeben. Da Prinzregent Ludwig als Großmeister-Stellvertreter des Georgi-Ritterordens nachrückte, wurde die Position des Großpriors von Oberbayern frei, die Prinz Ruprecht übernahm.[365] Außerdem fiel an ihn der Sitz seines Vaters im Finanzausschuss der ersten Kammer, er erhielt nun Vorträge eines Beamten des Finanzministeriums. Auch das Ehrenpräsidium des landwirtschaftlichen Vereins musste er für seinen Vater übernehmen.

Nach weiteren Bemühungen Ministerpräsident Hertlings kam es im November 1913 doch zu einer Änderung der Thronfolgeordnung, weil das Zentrum mittlerweile seine ablehnende Haltung aufgegeben hatte. Kommissionen beider Kammern des Landtages hatten sich bei einem Besuch in Schloss Fürstenried selbst vom tragischen Geschick König Ottos überzeugt. Darauf beschlossen sie eine Verfassungsänderung, die bei dauernder Regierungsunfähigkeit des legitimen Königs eine Beendigung der Regentschaft nach zehn Jahren vorsah. Die Mehrheit der Abgeordnetenkammer stimmte am 30. Oktober dieser Verfassungsergänzung zu, die Sozialdemokraten verweigerten wegen grundsätzlicher Ablehnung der Regierungspolitik ihr Einverständnis. Die Sitzung der Kammer der Reichsräte fand am 4. November statt, 70 von 89 verfassungsmäßigen Mitgliedern waren anwesend. Das Fernbleiben mancher erblicher Reichsräte mag ein Ausdruck des Protests gewesen sein,[366] so erklärte Prinz Adalbert von Bayern etwa, dass er sich mit diesem Schritt nicht einverstanden erklären könne, aber auch nicht dagegen stimmen wolle.[367] Auch sein Bruder Prinz Ferdinand Maria und die Herzöge in Bayern Ludwig Wilhelm und Siegfried waren der Abstimmung ferngeblieben. Die Abwesenheit des Prinzen Ruprecht aber, der stets für eine Beendigung der Regentschaft eingetreten war, sollte seine Neutralität in dieser ihn ja ganz persönlich betreffenden Frage demonstrieren.

Der Thronwechsel erfolgte ohne Zustimmung des Landtags, der nur über die Gründe für die Regierungsunfähigkeit des Königs zu befinden hatte.[368] Mit dieser Rechtskonstruktion sollte vermieden werden, dass der Landtag über die Person des Monarchen entscheiden konnte. Nach der Annahme der Verfassungsergänzung erklärte Prinzregent Ludwig am 5. November 1913 den Thron für erledigt.[369] Am gleichen Tag ließ der nunmehrige König Ludwig III. dem bayerischen Volk seine Thronbesteigung mitteilen. Die Beendigung des Dauerprovisoriums fand zunächst im ganzen Land Verständnis.

Die Landeshuldigung am 12. November vor dem neuen Königspaar bildete ein Bekenntnis zur Monarchie und zum Haus Bayern, das besonders von der katholischen Geistlichkeit unterstützt wurde.[370] Auch die Sozialdemokratie schloss sich hier nicht aus. Der spätere Revolutionär Kurt Eisner aber war ein strikter Gegner der Beendigung der Regentschaft, er kommentierte die Annahme des Königstitels durch Ludwig III. wie die strengsten Legitimisten: „Soeben hat Prinz Ludwig der Monarchie das Grab gegraben. Von heute an hat der Treueid keine Bedeutung mehr."[371]

Durch die Thronbesteigung Ludwigs III. wurde Prinz Rupprecht zum Kronprinzen von Bayern. Sein ältester Sohn Luitpold erhielt nun den Titel Erbprinz. Als Kronprinz wurde Rupprecht Mitglied des Staatsrates, der als Beratungsorgan bei der Gesetzgebung und der Aufstellung des Budgets fungierte.[372] Er war aus dem in der Verfassung von 1808 festgeschriebenen Geheimen Rat erwachsen.[373] Ihm gehörten der König, der Kronprinz, alle Minister und einige höhere Beamte an. Bei der feierlichen Einführung Rupprechts am 2. März 1914 wies Ludwig III. auf die große Bedeutung dieser Institution hin, die alle Gesetzesentwürfe vor der Behandlung im Landtag zu beraten hatte.[374] Rupprecht schwor Treue dem König, Gehorsam dem Gesetz und Beobachtung der Verfassung. In der kurzen Zeit bis zum Kriegsausbruch konnte er im Staatsrat allerdings keine Wirksamkeit mehr entfalten.

Während der Zeit der Regentschaft hatte der tatsächliche Regent nur eine Apanage von 442 857 Mark erhalten.[375] Der neue König konnte ab dem 4. November frei über die Zivilliste verfügen, die zwei Wochen später um 1,2 Millionen Mark erhöht wurde.[376] Für Rupprecht bedeutete die Annahme des Königstitels durch seinen Vater eine Verzehnfachung seiner jährlichen Einnahmen von 60 000 auf 627 286 Mark.[377] Die Apanage eines Kronprinzen betrug 394 286 Mark,[378] 233 000 Mark weitere Einnahmen erhielt er nun aus der Hausstiftung Ludovicianum. Nun entspannte sich die finanzielle Lage Rupprechts. Das Erbe seines Großvaters war durch die Kosten für die Pflege Marie Gabrieles aufgezehrt worden, zur Deckung ihrer Schulden hatte er einen Kredit aufnehmen müssen. Erst mit den erhöhten Bezügen erwuchs nun für Rupprecht ein Geldvermögen. Sein Hofmarschall Pappenheim kümmerte sich während des Krieges um dessen Verwaltung und bemühte sich, die Belastungen durch die Kriegssteuer in Grenzen zu halten.[379] Eine von ihm als lukrativ empfohlene Kapitalanlage bei einer deutschen Waffen- und Munitionsfabrik in Berlin lehnte Rupprecht entschieden ab, um nicht als Kriegsgewinnler zu erscheinen.[380] Ab dem Oktober 1916 versuchte er, den in Bayern lebenden amerikanischen Kunstsammler und Wissenschaftsmäzen James Loeb als Treuhänder für bayerische Besitztümer und Finanzangelegenheiten im Ausland zu gewinnen.[381] Im Verlauf des Krieges unterstützte Rupprecht die Angehörigen seiner Regimenter, Invaliden und Hinterbliebenen durch verschiedene Stiftungen.[382]

Das Königspaar behielt auch nach der Thronbesteigung seinen Wohnsitz im Wittelsbacher Palais, in der Residenz fanden nur zeremonielle Akte statt. Eine ausschlaggebende Rolle hatte dabei der Garten gespielt. Rupprecht und seine Söhne bewohnten weiterhin das stark renovierungsbedürftige Leuchtenberg-Palais. Der Kronprinz unterhielt eine eigene Hofhaltung,[383] für die er selbst aufkommen musste, weil der König die Übernahme von Etablierungskosten durch die Zivilliste abgelehnt hatte. Den bisher üblichen Sommeraufenthalt in den königlichen Schlössern in Nymphenburg und Berchtesgaden untersagte ihm sein Vater allerdings ohne Begründung.[384] Das Verhältnis zwischen Ludwig III. und seinem Sohn wurde also auch durch die Thronbesteigung nicht verbessert.

Reformansätze

Die Zeit von der Regierungsumbildung 1912 bis zur Novemberrevolution 1918 stellt eine politische Einheit dar, die durch die Regentschaft und Herrschaft Ludwigs III. geprägt war. In diesen Jahren gab es bereits Entwicklungslinien, die in einer Revolution münden konnten und die sich als geschichtsmächtig erweisen sollten.[385] Dabei dürfen aber die Chancen für die Umwandlung der bayerischen Monarchie von einer konstitutionell bestimmten zu einer stärker parlamentarisch geprägten Regierungsform nicht übersehen werden. Liberale, Sozialdemokraten und Bauernbund erhoben früh Forderungen nach Verfassungsänderungen, besonders hinsichtlich der Einführung des Verhältniswahlrechts und einer Reform der Kammer der Reichsräte in Richtung einer veränderten Zusammensetzung.[386] Das herrschende Mehrheitswahlrecht begünstigte vor allem auf dem Land das Zentrum, alle Minderheitenstimmen in den Wahlkreisen gingen verloren.

Die Ära der die bayerische Politik seit 1866 dominierenden liberalen Beamtenkabinette war bereits zum Jahresanfang 1912 nach den von der Landtagsmehrheit erzwungenen Wahlen zu Ende gegangen.[387] Am Wahlsonntag, dem 5. Februar, trat mit dem Kabinett Podewils-Dürniz erstmals ein bayerisches Kabinett korporativ zurück. Nach dem Sieg des Bayerischen Zentrums berief Prinzregent Luitpold auf Ratschlag seines Sohnes Prinz Ludwig am 9. Februar den Vorsitzenden der Zentrumsfraktion im Reichstag, Georg Freiherrn von Hertling,[388] zum „Staatsminister des Königlichen Hauses und des Äußeren", wie der offizielle Titel des Ministerpräsidenten lautete. Dies markierte gleichzeitig den Sieg des konservativen Flügels bei den parteiinternen Auseinandersetzungen des Zentrums.[389] Die Wahl der Umgebung des Prinzregenten war auf ihn gefallen, weil er als Gegner der Linken und einer Parlamentarisierung galt. Auch wenn Hertling selbst betonte, dass seine Regierung nicht den Übergang zum parlamentarisch-demokratischen System bedeutete, so war sie doch ein ganz entscheidender Schritt auf diesem Weg. Erstmals fielen nun die Zentrumsmehrheit in der Abgeordnetenkammer und die Regierung zusammen, konnte sich ein Kabinett – noch immer überwiegend ein Beamtenministerium – auf das Vertrauen des Parlaments stützen.[390] Die innenpolitische Lage blieb durch die Auseinandersetzungen zwischen Regierung und Zentrum einerseits und den Sozialdemokraten wie teilweise auch den Liberalen andrerseits gespannt. Die Monarchie geriet durch Erörterungen über die Beendigung der Regentschaft in die Diskussion, wurde aber als Staatsform nicht in Frage gestellt.

Ludwig III. hielt sich geradezu ängstlich an die Bestimmungen der bayerischen Verfassung und vermied jede Kompetenzüberschreitung gegenüber seiner Regierung und dem Landtag. Ihm ist nur der Vorwurf zu machen, dass er die dem Monarchen zustehenden Rechte unzulänglich ausnutzte. Immerhin erreichte Ludwig III. „in Anerkennung der patriotischen Haltung der gesamten Arbeiterschaft seit Ausbruch des Krieges" im Herbst 1915 die Außerkraftsetzung des Eisenbahnerreverses, doch blieb ein allgemeines Verbot der Teilnahme an Vereinigungen, die Streiks herbeiführen wollten, in Kraft.[391] Dem Zentrum konnte die Zustimmung zur Zulassung von Sozialdemokraten zu hauptberuflichen Gemeindeämtern abgerungen werden; der Innenminister erklärte am 11. November 1915, dass weder SPD noch Freie Gewerkschaften zu den verbotenen staatsgefährdenden Vereinigungen rechneten.[392]

Der König hatte bereits im Dezember 1913 Ministerpräsident Hertling angewiesen, dass die Regierung in der Frage der Reform der Kammer der Reichsräte die Initiative ergreifen solle.[393] Erst im August 1917 kam es dann im Kabinett zu neuen Beratungen in dieser Frage. Ludwig III. wollte die vorgeschlagene Erweiterung um Vertreter von Städten und Berufsständen und das Problem ihrer Benennung weiter überdenken, verlangte aber das Ernennungsrecht aus den Vorschlägen der Berufskörperschaften für die Krone. Gleichzeitig plädierte er für eine stärkere Vertretung der kleineren Städte und der Arbeiterschaft.[394] Die sozialdemokratische Landtagsfraktion dagegen forderte mit dem „Antrag Auer-Süßheim" vom 28. September 1917 einen Maximalkatalog: Parlamentarisierung, Beseitigung der ersten Kammer, Verhältnis- und Frauenwahlrecht, Abschaffung des Adels, Aufhebung der königlichen Privilegien, Trennung von Staat und Kirche.[395] Die Linksliberalen schlossen sich den Forderungen nach einer Wahlrechts- und Reichsratsreform an. Hatten fast alle anderen Parteien diesen weitgehenden Antrag und damit den raschen Übergang von einer konstitutionellen zu einer parlamentarischen Monarchie abgelehnt, so wurden einige Punkte doch weiter behandelt.

Erst am 30. Oktober 1918 war die Regierung bereit, die Rechte der Reichsrätekammer bei der Gesetzgebung zu beschneiden. Auch das Verhältniswahlrecht für die Abgeordnetenkammer und das Recht beider Kammern bei der Regierungsbildung mitzuwirken, sollten nun zugestanden werden.[396] Am 2. November

1918 erfolgte dann das Abkommen zwischen Regierung und Landtag mit den Schwerpunkten: Einführung des Verhältnis- und Frauenwahlrechts, Erweiterung der Reichsratskammer in berufsständischem Sinne und Verzicht auf die Ernennung von erblichen Reichsräten, Beschränkung der Rechte der Reichsratskammer, Ausdehnung des Verhältniswahlrechts auf die Landrats-, Distriktsrats- und Gemeindewahlen, Überprüfung der Standes- und Geburtsvorrechte und Verantwortlichkeit der Minister und Bundesratsgesandten gegenüber der zweiten Kammer.[397] Der König stimmte der Parlamentarisierung durch Erlass vom 2. November zu und forderte Ministerpräsident Dandl zur Umbildung des Ministeriums in diesem Sinne auf.[398] Vertreter der drei großen Fraktionen einschließlich der Sozialdemokraten sollten als Minister berufen werden, doch war dies dann alles zu spät. Trotz vielfach richtiger Erkenntnisse bei Mitgliedern des Königlichen Hauses wurden die Verfassungsreformen erst unter dem Druck des Krieges und zu spät für eine stabilisierende Wirkung für die monarchische Staatsform durchgeführt.

Politische Vorstellungen Kronprinz Rupprechts

Während der Epoche des Kaiserreichs bestand für Prinz und Kronprinz Rupprecht keine Veranlassung, die Staatsform und die Verfassung des Königreichs zu problematisieren.[399] Er war in bestehenden Traditionen aufgewachsen, die er für seine Person übernahm. Erst im Verlauf des Ersten Weltkrieges ergab sich für ihn die Notwendigkeit, über die Verfassungslage in Bayern zu reflektieren und Reformmöglichkeiten zu durchdenken. Den Angelpunkt seiner politischen Überlegungen bildete die Souveränität Bayerns, eingebunden in das aus den einzelnen deutschen Staaten konstituierte Deutsche Kaiserreich von 1871. Durch seine Erfahrungen mit preußischen Militärs verfestigte sich seine föderalistische Position. Gleichzeitig kritisierte er den von Preußen ausstrahlenden Unitarismus, von dem er fürchtete, dass er das Deutsche Reich zu einer Art Groß-Preußen umgestalten könnte.

Trotzdem wurde Prinz Rupprecht von den Hohenzollern auch in Aufgaben für das Reich eingebunden. So war er Protektor über den bayerischen Landesverband des Deutschen Flottenvereins. Der Flottenverein, der auf Privatinitiative 1898 zur Förderung der deutschen Marine gegründet worden war, bildete eine der treibenden Kräfte für die imperialistische Ausrichtung der Politik des Deutschen Kaiserreichs.[400] Im Januar 1902 bat Prinz Heinrich von Preußen, der Bruder Kaiser Wilhelms II., in seiner Eigenschaft als Protektor des Deutschen Flottenvereins Rupprecht, zusätzlich den Vorsitz über den gesamten Verband zu übernehmen, nachdem Wilhelm Fürst von Wied von dieser Funktion zurückgetreten war.[401] Auch Kaiser Wilhelm II. unterstützte diesen Wunsch. Der überraschte Rupprecht versuchte zunächst Zeit zu gewinnen und argumentierte mit seiner Arbeitsüberlastung. Nachdem der bayerische Gesandte in Berlin vertraulich vor vereinsinternen Streitigkeiten gewarnt hatte, lehnte der Prinz das angebotene Amt ab, weil er doch nichts bewirken und auf eine Art Ehrenpräsidentschaft beschränkt sein würde.

Der bayerische Landesverband des Flottenvereins wurde ab 1900 von Reichsrat Ludwig Freiherrn von Würtzburg geleitet.[402] Er widersetzte sich gemeinsam mit Prinz Rupprecht der zunehmend stärker werdenden Ausrichtung des Vereins für eine nationalistische und imperialistische Politik. Bereits 1905 drohte Rupprecht mit seinem Rücktritt wegen der aggressiven Haltung der Vorstandschaft, wobei Wilhelm II. seine Position unterstützte.[403] Die Politisierung des Flottenvereins brach besonders im Reichstagswahlkampf 1907 auf.[404] Die Mitglieder des Vorstandes, Otto Fürst zu Salm-Horstmar und Generalmajor a. D. August Keim, forderten die Reichsregierung zum Staatsstreich auf, falls der Reichstag die Flottenvorlage verweigere. Sie richteten gehässige Angriffe auf den Reichstagsabgeordneten Matthias Erzberger und das Zentrum. Deshalb drohte Prinz Rupprecht mit seinem Rücktritt als Protektor des bayerischen Landesverbandes, falls die Vertreter dieser Linie nicht aus dem Vorstand ausschieden.[405] Mit Würtzburg legte er schließlich zum Jahresende 1907 sein Amt als Protektor nieder,[406] in Bayern erfolgten Massenaustritte katholischer Mitglieder. Nach seiner Erinnerung wurde Rupprecht deshalb damals von dem nationalliberalen Abgeordneten Gustav Stresemann, der vehement für die Flottenvermehrung eintrat, scharf angegriffen.[407] Bereits im folgenden Jahr 1908 wurden Wünsche an den Prinzen herangetragen, diese Funktion erneut zu übernehmen.[408] 1910 bat dann Friedrich Carl Fürst zu Castell-Castell, der neue bayerische Landesvorsitzende, Rupprecht wieder um die Übernahme des Protektorats, weil sich der bayerische Landesverband ohne ihn verwaist fühle.[409] Prinz Rupprecht antwortete dem Fürsten, dass er wegen der andauernden Gefahr politischer Agitation durch den Verein kein Amt übernehmen wolle, zumal dieser mit der Annahme des Flottengesetzes seine Aufgabe erfüllt habe.[410] Wenn sich kein anderer Prinz finden würde, käme er aber zur Begrüßung des Prinzen Heinrich von Preußen zur Versammlung des Flottenvereins nach Nürnberg.

Die Distanz Prinz Rupprechts zu den politischen Parteien bildete neben seiner Überzeugung von der grundsätzlich überparteilichen Funktion eines Monarchen den Grund, warum er eine Parlamentarisierung der Regierungsweise ablehnte. Er erkannte, dass die Entlassung des Ministeriums Podewils und die Berufung Hertlings zum Außenminister 1912 den faktischen Übergang zum parlamentarischen System in Bayern bedeuteten. Er hielt dieses aber „für unsere jetzigen Verhältnisse unbrauchbar" und seine Einführung für „zum mindesten sehr verfrüht".[411] Noch viel schärfer lehnte er eine Parlamentarisierung auf Reichsebene ab, weil diese einen Sieg des Unitarismus bedeuten würde. Jede Stärkung des Reichstages musste die Position der Bundesstaaten, ihrer Souveräne, Regierungen und Landtage, schwächen.

Anders als sein Vater stand Prinz Rupprecht tatsächlich über den politischen Parteien. Dabei war er bereits vor dem Ersten Weltkrieg ein entschiedener Gegner einer von Parteien getragenen Demokratie, denen er die Vertretung eigener Interessen vorwarf. So formulierte er 1912: „Die Erbärmlichkeit unseres Parteiwesens erheischt eine gründliche Abhilfe. Als 1. Schritt würde ich die Einführung eines Proportionalwahlrechtes erachten, dem dann eine Zusammensetzung der Volksvertretung auf berufsständischer Grundlage folgen müsste."[412] Deshalb lehnte er auch eine Parlamentarisierung ab, weil ihm eine grundsätzlich andere Art der Vertretung beziehungsweise Repräsentation des Volkswillens vorschwebte. Seine Auffassung von der stärkeren politischen Rolle der Stände berührt sich mit den von der katholischen Soziallehre entwickelten Vorstellungen eines Ständestaates, der von den konservativen Denkern der Zwischenkriegszeit wie Othmar Spann aufgenommen und weiterentwickelt wurde.[413]

Die herrschende politische Kraft in der zweiten Kammer des Landtags bildete das Bayerische Zentrum. Prinz Rupprecht legte gegenüber dieser von Ludwig III. favorisierten katholischen Partei, die ihm zu stark klerikal dominiert war, eine gewisse Zurückhaltung an den Tag. Diese Abneigung hatte wohl persönliche Gründe, zu denen die politische Einstellung seines Vaters beigetragen haben wird. Rupprechts kritische Haltung wurde durch Angriffe politischer Prälaten auf sein Privatleben verfestigt, die ihn ehelicher Untreue beschuldigten. Er vermutete den Zentrums-Landtags- und Reichstagsabgeordneten Dr. Franz Xaver Schädler,[414] Domdechanten von Bamberg, als Urheber der belastenden Gerüchte über sein Eheleben.[415] Auch verdächtigten ihn manche übereifrige Geistliche, „denen er nicht als genügend orthodox galt", freigeistiger Anschauungen.

Rupprecht kritisierte aber auch die „in starrem Doktrinarismus"[416] befangenen Liberalen. Eine für seinen Stand ungewöhnliche Offenheit zeigte er gegenüber der im Kaiserreich länger verbotenen Sozialdemokratie. Im Gespräch mit Reichskanzler Theobald von Bethmann Hollweg plädierte er 1910 für ihre allmähliche Einbindung in die Verantwortung: „Die Sozialisten in Bausch und Bogen als Vaterlandsfeinde zu verdammen, sei verkehrt, ebenso verkehrt ihre Nichtzulassung zu öffentlichen Ämtern. Je mehr man sie zu verantwortungsvoller Tätigkeit heranziehe, desto weniger könnten sie auf einem lediglich verneinenden Standpunkt verharren."[417]

Nach dem Tode der Prinzessin Marie Gabriele am 24. Oktober 1912 kam es zum Versuch einer Annäherung von Sozialdemokraten an Prinz Rupprecht. Da ihr Ableben für die Öffentlichkeit überraschend gekommen war, entstanden Gerüchte über die Todesursache. Dazu trug die unglückliche Übersetzung des medizinischen Fachausdrucks „Urämie" (Harnvergiftung) mit „Selbstvergiftung" bei.[418] Verschiedene Verleumdungen auch Prinz Rupprechts wurden in diesem Zusammenhang laut. Dieser erhielt sogar einen anonymen Brief, der ihn wegen ehelicher Untreue der Schuld am Tod seiner darüber gekränkten Frau bezichtigte. In der sozialdemokratischen Münchener Post erschienen Artikel zur Verteidigung des Prinzen. Diese legten gleichzeitig seine prekäre finanzielle Situation offen, hatte Marie Gabriele, die sehr großzügig mit Geld umgegangen war, ihm doch Schulden in Höhe von 60 000 Mark hinterlassen.[419] Dabei wurde der Verdacht angedeutet, dass das Zentrum bei der Beendigung der Regentschaft so zurückhaltend agiere, um den ungeliebten Prinzen Rupprecht zu treffen und seine deutlich höhere Apanagierung als Kronprinz zu hintertreiben. Rupprecht lehnte dann aber ein angebotenes Treffen mit dem wahrscheinlichen Verfasser dieser Artikel, dem SPD-Landtagsabgeordneten Adolf Müller, ab.[420]

Der Chefredakteur der Münchener Post Müller, der während des Krieges ein umfangreiches deutsches Nachrichtennetz aufbauen sollte, verfügte über beste Informationsquellen, wie seine Aufdeckung der Fuchsmühler Ereignisse bewiesen hatte.[421] Von ihm dürfte die Idee gestammt haben, für die Sozialdemokratie bei Rupprecht Rückhalt gegen das Zentrum zu suchen. Allerdings wollte der Prinz den offenen Bruch mit dem Zentrum und damit seinem Vater und der bayerischen Regierung vermeiden. Prinz Rupprecht ging mit seiner latenten Sympathie für die Sozialdemokratie nicht so weit wie sein Schwager Graf Toerring, der 1912 im Reichsrat für die Einführung des parlamentarischen Systems und eine stärkere Integration der Sozialdemokratie in das gesellschaftspolitische Leben plädierte.[422]

Erst im Laufe des Weltkrieges reflektierte Kronprinz Rupprecht über Verfassungs- und Legitimitätsprobleme. Er blieb zeitlebens davon überzeugt, dass die Erbmonarchie die beste Staatsform darstelle. Die Bedeutung des Gottesgnadentums als Legitimitätsgrundlage relativierte er allerdings: „Der Begriff des ‚Gottesgnadentums' war ursprünglich als Zulassung zum Herrscherberufe durch die Gnade Gottes gedacht. In seiner späteren Umdeutung einer Vorherbestimmung zum Herrscherberufe wirkte er sich jedoch verhängnisvoll aus, da er den Berufenen zur Selbstüberschätzung und dem sich daraus ergebenden Gefühle der Unfehlbarkeit verleitet."[423] Seine Überlegungen für eine andere Legitimitätsgrundlage liefen in Richtung eines Sozialkönigtums, wie sie zeitgenössisch – etwa von dem Historiker Friedrich Meinecke – diskutiert wurden.[424] Im privaten Gespräch mit dem einflussreichen Journalisten Victor Naumann umriss der Kronprinz die Stellung der Monarchen: „Wir haben nur Berechtigung, wenn wir das Volk für uns haben, wenn wir sozial empfinden und sozial handeln."[425]

Auch die innenpolitische Entwicklung beschäftigte den bayerischen Kronprinzen während des Krieges. Für Bayern war Rupprecht zu Reformen und zu einem Schritt in Richtung einer weiteren Demokratisierung bereit. Er befürwortete die Einführung des Pluralwahlrechtes und die Gewährung von je zwei Stimmen an alle Feldzugteilnehmer.[426] Im Hinblick auf die Kammer der Reichsräte sprach er sich für die Aufnahme von Handwerkern und Arbeitern aus, die von ihren Körperschaften präsentiert werden sollten.[427] Gleichzeitig trat er für die Reduzierung der Prinzen unter den erblichen Reichsräten ein. Er regte an, die Regierung solle von sich aus Reformen erlassen, „um nicht eines Tages extrem demokratischen Strömungen zu grosse Zugeständnisse machen zu müssen." Ministerpräsident Dandl ließ auf seine Anregung einen entsprechenden Reformentwurf ausarbeiten.[428]

Nur aus der Ferne konnte Rupprecht während des Krieges die innenpolitische Entwicklung in Bayern beobachten. 1915 warnte er seinen Vater: „Viel zu denken geben mit auch die diktatorischen Verfügungen der stellvertretenden Generalkommandos in der Heimat, die von Berlin ihre Instruktionen erhalten und eigentlich die ganze Regierungsgewalt an sich genommen haben."[429] Auch in diesem Bereich erfüllten ihn der von Berlin ausgehende zunehmende Zentralismus und die staatliche Zwangswirtschaft mit berechtigter Angst: „Aus Besorgnis vor den sich steigernden Forderungen der Sozialisten treiben wir im Reiche immer mehr dem Staatssozialismus entgegen. … Die geschaffenen Zentralen, so fürchte ich, werden künftige Trustbildungen begünstigen, unseren kulturell so bedeutsamen Mittelstand aber in größte Bedrängnis versetzen."[430] Bereits 1916 musste er wahrnehmen, dass sich die gereizte Stimmung gegenüber Preußen auch gegen seinen Vater zu wenden drohte. Zudem konstatierte er die Klagen über die stiefmütterliche Behandlung der bayerischen Industrie und des Handels durch die Berliner Ankaufs- und Rohstoffzentralen.[431] Mit besonderer Sorge erfüllte ihn in diesem Zusammenhang das Verhalten des Reichstages, der die Steuern dem Reich vorbehalten wolle. „Ich hoffe, das gesunde Gefühl unseres bayerischen Volkes wird sich gegen alle unitaristisch-nivellierenden Bestrebungen zur Wehr setzen, um so mehr, als bei Ausschaltung des Bundesrates die wirtschaftlichen Interessen Bayerns gegen jene des durch eine größere Stimmenzahl im Reichstag vertretenen Nordens noch weniger geschützt werden können als bisher."[432] Die Einführung einer parlamentarischen Regierungsform auf Reichsebene lehnte Kronprinz Rupprecht wegen der damit verbundenen zentralistischen Tendenzen entschieden ab.[433]

In seiner Denkschrift für Graf Hertling vom Juli 1917, in der er auf die Notwendigkeit eines raschen Friedensschlusses hinwies, berührte Kronprinz Rupprecht auch innenpolitische Probleme.[434] Wie eine grundsätzliche Kapitalismuskritik liest sich seine Verurteilung des politischen Einflusses der Schwerindustrie und der daraus resultierenden drohenden radikalen Änderung der bestehenden Gesellschaftsverhältnisse: „Die Kreise der Schwer-Industrie sind jetzt in

Deutschland die Ausschlag gebenden. Die letzten 20 Jahre schon stand die ganze auswärtige Politik des Reiches im Dienste eines Krupp und der übrigen Grossindustriellen, nicht Deutschlands Wohl war massgebend, sondern der Profit, den jene Konsortien machten oder zu machen hofften. – siehe Marokko! Der Kaiser war infolge früherer Geldschwierigkeiten von den Industriemagnaten abhängig geworden und alles tanzte nach dem goldenen Kalbe. Wie ein fressendes Gift hatte der Mammonismus von Berlin aus sich verbreitet und eine entsetzliche Verflachung des ganzen Denkens bewirkt. Man sprach nur vom Geschäft und Vergnügen (in Berlin wenigstens). In rücksichtslosester Weise die Kriegsnot ausnützend, haben die Berliner Geschäftsleute es verstanden, durch die Schaffung all der verschiedenen in Berlin errichteten Centralstellen das ganze norddeutsche Wirtschaftsleben unter ihre Kontrolle und Gewalt zu bringen und die Folge wird sein, dass nach dem Kriege der jetzt schon in kümmerlicher Not befindliche Mittelstand verschwinden und eine Vertrustung eintreten wird schlimmer als in Amerika."[435] Hinter Rupprechts Kritik steht ein traditionelles Gesellschaftsbild mit einer Betonung der Eigenverantwortlichkeit des Mittelstandes auch im Bereich der Wirtschaft und im Agrarwesen.

Rupprecht schloss seine Ausführungen mit drei konkreten Vorschlägen zu Stärkung der bayerischen Wirtschaft. Er regte an, Handels-Attachés bei den bayerischen Gesandtschaften, zumindest in Berlin, zu installieren, dem bedrohten Mittelstand durch die Einrichtung von Darlehenskassen zu helfen und den Bauernstand nach dem Krieg durch die Einführung hoher Steuern auf Landerwerb zum Zwecke der Gründung größerer Güter abzusichern. Im Zentrum des politischen Denkens von Kronprinz Rupprecht, ob im Bereich der Beziehungen zum Reich, dem Armeewesen oder der Wirtschaft, stand stets die bayerische Souveränität.

Das Verhältnis zu Kaiser Wilhelm II.

Prinz Rupprecht konnte sich frühzeitig eine zutreffende Einschätzung des Charakters von Wilhelm II. bilden. Er kannte den Kaiser gut, seit er seine Berliner Studienzeit als dessen persönlicher Gast verbracht hatte. Regelmäßig lud ihn der Kaiser zu Hofveranstaltungen, Jagden, Manövern und Flottenveranstaltungen. Rupprecht schildert Wilhelm II. als eine männliche Erscheinung von mittlerer Größe und fahler Gesichtsfarbe.[436] Er war nach seiner Beobachtung aufmerksam und liebenswürdig, doch fehlte es ihm an Taktgefühl und er war oft recht burschikos, auch neigte er zu verletzendem Spott. Den Geburtsfehler seines schwächer entwickelten linken Armes habe er gut kaschiert, dafür war die rechte Hand umso kräftiger, sodass Damen beim Händedruck einen Aufschrei kaum unterdrücken konnten. Rupprecht hielt den Kaiser allerdings für eine Art Schauspieler, der sich in äußeren Formen gefiel: „Prunkentfaltung ist ihm nicht bloss Mittel zum Zweck, es ist ihm Bedürfnis. Im Bestreben durch die Art seines Auftretens zu imponieren, schauspielert er in Worten, Gebärden und Minen."[437] Seine Kritik am Auftreten des Kaisers tat er natürlich nur in einem engen Kreis kund. So berichtete er seiner Braut Marie Gabriele von Bord der Hohenzollern aus von den pathetischen Reden des Kaisers, der stets seinen eigenen Willen betonte.[438]

Betrachtete sich schon der Kaiser „als Werkzeug einer höheren Macht", wie Rupprecht kritisch anmerkte, so empfand er Kaiserin Auguste Viktoria, eine geborene Prinzessin von Holstein-Augustenburg, als bigott: „Die Kaiserin ist eine pflichttreue Frau und gute Mutter, überaus prüde und ohne Sinn für Humor. Orthodox protestantisch bis in die Knochen schenkt sie Schauermärchen über jesuitische Machenschaften völligen Glauben und erzählte mir solche von der Verabreichung vergifteter Hostien".[439] Ihre Bemühungen, Rupprecht mit einer der jüngeren Schwestern des Kaisers zu verheiraten, scheiterten.

Dabei verhielt sich Wilhelm II. gegenüber Rupprecht äußerst liebenswürdig, der sich dies damit erklärte, dass der Kaiser in ihm einen Vertreter der Opposition gegen die am Münchner Hofe herrschende ultramontane und bayerisch-partikularistische Partei vermutete.[440] Prinz Rupprecht selbst war aber ein überzeugter Anhänger des Föderalismus und einer weitgehenden bayerischen Souveränität. Von dieser Position aus übte er Kritik an der unitarischen Einstellung Wilhelms II., wie er sie 1901 in einem Brief an seine Ehefrau äußerte: „Es wird von preussischer Seite mit viel System wie Geschick gearbeitet und wenn ich auch gut deutsch gesinnt bin, so bin ich doch nichts weniger wie Unitarier und das ist der Kaiser, der alles in seine Hände nehmen möchte und die übrigen Fürsten nur als Dekorationsmöbel betrachtet, die gelegentlich den Glanz seines Hofes vermehren sollen. – Gegen mich ist er ja immer sehr freundlich und auch ich mag ihn persönlich recht gerne, er ist eine kräftige Erscheinung, ein Mann – keine Frage. In der Richtung aber, dass er die übrigen deutschen Fürsten fort und fort in ihren durchaus begründeten und dem Bestande des Reiches völlig ungefährlichen Rechten zu kürzen sucht, kann ich seiner Politik durchaus nicht zustimmen, ich halte diese für kurzsichtig, geeignet die besten Freunde zu verbittern und den Bundesgenossen jede Schaffensfreude zu lähmen."[441]

Im Verlaufe des Krieges verdichtete sich die Kritik Rupprechts an der Persönlichkeit Wilhelms II., der ja nun als Oberster Kriegsherr eine stärkere Verantwortung als in Friedenszeiten hatte. Er beurteilte die militärischen Fähigkeiten des Kaisers bereits 1914 als völlig unzulänglich: „d(er) in seinen Äusserungen über die Lage einen krassen Dilettantismus z(ur) Schau trug u(nd) sich über die Ereignisse sehr mangelhaft unterrichtet erwies. Seine ganze militärische Tätigkeit beschränkt sich darauf, dass er sich täglich einmal durch einen

Gen(eral)Stabs.Off(izier) d(er) O.H.L. einen halbstündigen Vortrag über die Lage halten lässt. Er wollte ursprünglich in Berlin bleiben u(nd). war nur mit Mühe z(u) bewegen, sich v(on) dort ins gr(oße) H(aupt) Qu(artier) z(u) begeben, v(on) wo er nun bald hierhin, bald dorthin im Auto fährt. ... Betrüblich ist, dass ihm jeder Ernst d(er) Auffassung fremd ist, wie aus seinen Gesprächen deutlich hervorgeht."[442]

Als der Kaiser am 10. August 1916 gemeinsam mit General Erich von Falkenhayn Kronprinz Rupprecht besuchte, hielt dieser in seinem Tagebuch fest, dass Wilhelm II. „in seine Erzählung eine Reihe anekdotischer Züge [wob], wie das so seine Art ist. Er betrachtet den Krieg in dilettantischer Weise, technische Details interessieren ihn am meisten."[443] Rupprecht fasste seine Eindrücke zusammen: „kurz er ist durchaus nicht im Bilde über die tatsächlichen Verhältnisse." Die Auftritte Wilhelms II. vor den bayerischen Truppen beurteilte er als äußerst peinlich: „Zu einer bayerischen Abteilung – er beurteilte die Bayern nach Ganghofers Bauern-Romanen – sagte er in einer dem Ernst der Stunde gewiss nicht entsprechenden Weise: „Verhaut mir nur so recht die Engländer. Ihr Bayern rauft ja so gerne!" Der Eindruck war ein trauriger."[444]

Am Geburtstag Wilhelms II. zum Jahresanfang 1917 notierte Rupprecht sich seine drückenden Gedanken und bedauerte das Fehlen der „richtigen Männer an der richtigen Stelle".[445] Nun ging er auch zu offener Kritik an der Politik des Kaisers über. Deutlich geißelte er in der Denkschrift für Graf Hertling 1917 die Abhängigkeit Wilhelms II. von der Schwerindustrie.[446] Besonders auffällig ist an dieser Stelle die direkte Missbilligung des Kaisers, der „durch seine vielen Missgriffe und seine Untätigkeit" um alles Ansehen gekommen sei. Diese Kritik ging so weit, dass Rupprecht indirekt sogar die Möglichkeit einer Revolution andeutete: „dass sogar monarchisch gesinnte u(nd) ernsthaft denkende Leute bezweifeln, ob die Dynastie Hohenzollern den Krieg überdauern wird. Die einzelnen Bundesstaaten müssen alles daransetzen, in die innere Katastrophe Preussens nicht verwickelt zu werden, die mir noch lange nicht abgeschlossen erscheint, und dürfen es nie und nimmer zugeben, dass sie durch eine Umgestaltung der Reichsverfassung im Sinne eines Parlamentarismus ihrer wichtigsten Rechte und ihres Einflusses auf die Aufgaben des Reiches beraubt werden." Erstmals dachte Kronprinz Rupprecht im Juli 1917 über einen Rücktritt Kaiser Wilhelms II. nach: „Könnte d(er) Kaiser dazu bewogen werden abzudanken, nachdem er den Karren so gründlich verfahren, wäre dies im Interesse des monarchischen Ansehens nur z(u) begrüssen."[447]

Bei einer persönlich Begegnung einige Wochen später, am 20. August, störte Rupprecht, dass der Kaiser „von unseren Feinden wieder in sehr scharfen Worten sprach".[448] Auch warf er Wilhelm II. die Verfolgung ausschließlich preußisch-dynastischer Interessen vor: „Er [der Kaiser] ist eben völlig in einer veralteten Anschauungsweise befangen. Nicht eine deutschnationale Politik wird vom Reiche betrieben, sondern vielmehr unter dem überwiegenden Einflusse Preussens eine rein preussisch dynastische Politik, die wie im vorliegenden Falle nicht davor zurückscheut, den Anschluss v(on) Millionen v(on) Deutschen an das Reich z(u) verhindern, nur weil rein preussische Interessen hiedurch geschädigt werden könnten."[449] Rupprecht war gegen Kriegsende vom bevorstehenden Zusammenbruch der Donaumonarchie überzeugt und hoffte auf den Zusammenschluss mit den Deutschösterreichern, der von konservativen Kreisen Preußens abgelehnt wurde, um die Katholiken im Reich nicht zu stärken. Die zunehmende Kritik Kronprinz Rupprechts an Kaiser Wilhelm II. mündete seit dem Sommer 1918 im Bemühen, gemeinsam mit Prinz Max von Baden auf seine Abdankung hinzuwirken.

9. Kronprinz Rupprecht als Oberbefehlshaber

Der Aufmarsch der 6. Armee

Am 28. Juni 1914 ermordeten serbische Nationalisten das österreichisch-ungarische Thronfolgerpaar, am 1. August brach der Erste Weltkrieg aus. Die Schuldfrage und der Verlauf des Krieges ist in zahlreichen Veröffentlichungen dargestellt und diskutiert worden.[450] Uns interessieren hier nur der Mensch und Feldherr Rupprecht von Bayern und seine Rolle in dem großen Ringen. Als ranghöchster Offizier der bayerischen Armee hat er über seinen Tagesablauf, sein Wirken als Feldherr und seine politischen Überlegungen während des Krieges sorgfältig handschriftlich Tagebuch geführt.[451] Sobald er einen Band abgeschlossen hatte, sandte er ihn seinem Hofmarschall Graf Pappenheim nach München.[452] Im Zusammenhang mit Rupprechts Korrespondenz sind außerdem einzelne Entwürfe für die Tagebuchaufzeichnungen, Auszüge eingegangener Briefe und Vorlagen für die Antworten erhalten.

Die bayerischen Truppen waren im Frieden in drei Armeekorps mit Sitz in München, Würzburg und Nürnberg sowie einige kleinere Spezialeinheiten eingeteilt.[453] Seit der Mobilmachung unterstanden sie gemäß dem Bündnisvertrag vom 23. November 1870 dem Oberbefehl des Deutschen Kaisers, die immobilen Ersatztruppen in der Heimat blieben unter der Militärhoheit und dem Oberbefehl des Königs von Bayern. Als 6. Armee bildeten die bayerischen Armeekorps zu Kriegsbeginn noch eine geschlossene Einheit. Am 3. August trat in München das Armeeoberkommando (AOK) 6 zusammen, Oberbefehlshaber wurde der bisherige Generalinspekteur, Generaloberst der Infanterie Kronprinz Rupprecht. Er konnte die Zuordnung des preußischen Generalleutnants Schmidt von Knobels-

*Jugendbildnis des Prinzen Rupprecht von Bayern,
Ölgemälde von Franz von Lenbach (1836–1904), um 1881.*

Die Familie Prinz Ludwig und Prinzessin Marie Therese von Bayern, links Prinz Rupprecht in Uniform, um 1887.

Prinz Rupprecht als Offizier im 3. Feld-Artillerie-Regiment zu Pferd, Lager Lechfeld, 1889.

Prinz Rupprecht und Prinzessin Marie Gabriele, um 1900.

*Vier Generationen des Königshauses: Prinz Rupprecht, Erbprinz Luitpold,
Prinzregent Luitpold, Prinz Ludwig, um 1910.*

Prinzessin Marie Gabriele mit den Prinzen (v. l.) Luitpold, Rudolf und Albrecht um 1911.

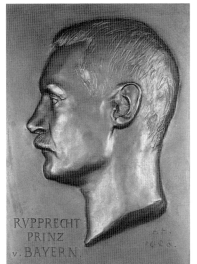

Bronzerelief Prinz Rupprechts von Adolf von Hildebrand (1847–1921), 1908.

Bronzebüste Kronprinz Rupprechts von Adolf von Hildebrand, 1913.

Nach der Schlacht von Lothringen im August 1914: Postkarte mit Kronprinz Rupprecht und König Ludwig III., 1914.

Unten: Kronprinz Rupprecht von Bayern-Gedenkmedaille auf die Schlacht zwischen Metz und Vogesen (Lothringen-Schlacht im August 1914), 1915.

*Kaiser Wilhelm II. besucht das Armeeoberkommando 6,
Begrüßung durch Kronprinz Rupprecht, wohl 1915.*

*Kronprinz Rupprecht mit dem Stab des Armeeoberkommandos 6,
rechts von ihm sein Generalstabschef General Hermann von Kuhl, 1916.*

Erbprinz Albrecht besucht seinen Vater Kronprinz Rupprecht in Lille, Juli 1915.

Kronprinz Rupprecht (mit Marschallstab) im Trauerzug für König Ludwig III. und Königin Marie Therese, München 5. November 1921.

dorf als Generalstabschef verhindern und die Position mit dem Bayern Generalmajor Konrad Krafft von Dellmensingen besetzen, den er seit der gemeinsamen Zeit an der Kriegsakademie kannte.[454]

Die 6. Armee umfasste die drei aktiven bayerischen Korps, das bayerische Reservekorps und das XXI. preußische Korps mit Sitz in Saarbrücken sowie die 5. bayerische gemischte Landwehr-Brigade.[455] Das bayerische Heer zog 1914 mit 417500 Mann ins Feld, am Ende des Krieges im November 1918 betrug die Truppenstärke des Feldheeres 550000 Soldaten.[456] 198779 Männer waren gefallen.[457] Hinter diesen Zahlen stecken Individuen, deren Einzelschicksale sich der Darstellung entziehen. Erschütternd, wenn auch verständlich, ist ihre Reduzierung auf die Erwähnung von „Menschenmaterial" in den Planungen der Kriegsstäbe wie der umfangreichen Memoirenliteratur der Heerführer nach dem Krieg.

Die Grundlage der deutschen Strategie zu Beginn des Ersten Weltkrieges bildete der Schlieffen-Plan, der für den Fall eines Zweifrontenkrieges die Umgehung der starken Festungsanlagen an der französischen Ostgrenze durch den Einmarsch der deutschen Hauptkräfte über Belgien vorsah, um eine rasche Kriegsentscheidung zu erzwingen. Beim Gelingen dieses Planes wäre das französische Heer eingekreist worden und die Entscheidung wäre im Westen gefallen, bevor man stärkere deutsche Truppen an die russische Front verlegt hätte. Allerdings musste dies den Bruch der Neutralität Belgiens bedeuten, was der deutsche Generalstab in seinen ohne Beteiligung von Politikern aufgestellten Planungen nicht genügend berücksichtigt hatte. Tatsächlich sollte der deutsche Gewaltstreich gegen Belgien die formale Begründung für den Kriegseintritt Großbritanniens an der Seite Frankreichs liefern.

Oberster Kriegsherr war der Deutsche Kaiser Wilhelm II., die tatsächliche Leitung der Kriegshandlungen lag in den Händen der Obersten Heeresleitung (OHL), der als Chef des Generalstabes zunächst Generaloberst Helmuth von Moltke vorstand. Bereits an Neujahr 1914 hatte dieser Kronprinz Rupprecht bei einer Unterredung in Berlin von den deutschen Planungen informiert, im Falle eines Krieges mit Frankreich die belgische Neutralität zu brechen.[458] Rupprecht hätte seinen Schwager König Albert von Belgien darüber informieren sollen, um dessen Zustimmung zu erreichen. Er lehnte dieses Ansinnen aber ab, zumal er das Vorgehen ohne Einbeziehung des Reichskanzlers für naiv hielt.

Kronprinz Rupprecht erfuhr erst zu Kriegsbeginn den genauen Aufmarschplan und die Aufgabenstellung der 6. Armee.[459] Er empfand die ersten Augusttage persönlich als sehr unangenehm, nicht nur wegen seines auf reine Defensive beschränkten Auftrages, sondern wegen der Stimmung des allgemeinen Abschiednehmens und seiner Nervenanspannung, die sich in Schlaflosigkeit äußerte.[460] Am Abend des 7. August 1914 verließ er mit dem Zug

München. Das AOK 6 wurde am 8. August an die Front verlegt, erstes planmäßiges Hauptquartier war St. Avold, wo Rupprecht am 9. August eintraf.

Die 6. Armee in Lothringen zwischen Metz und Saarburg und die 7. Armee im Elsass bildeten den linken Flügel der deutschen Westfront. Kronprinz Rupprecht fungierte als alleiniger Oberbefehlshaber, weil am 10. August auch die 7. Armee dem AOK 6 unterstellt wurde. Eine seiner Aufgaben bildete die Verteidigung der Reichslande Elsass-Lothringen und auch der bayerischen Pfalz. Seine Truppen sollten sowohl einen möglichst großen Teil der französischen Armee binden, um die Umfassungsstrategie durch Belgien zu ermöglichen, als auch den wahrscheinlichen französischen Hauptangriff durch Lothringen auf den Oberrhein auffangen.[461] Die 6. Armee sollte vor dem erwarteten französischen Angriff ausweichen, um den Gegner in den „Sack" zwischen den zu befestigenden Linien längs der Nied und Saar zu locken, dessen Abschnürung den Nachbararmeen zugedacht war. Auf diese Weise sollte die feindliche Armee in einer Umfassungsschlacht vernichtend geschlagen werden. Ab dem 15. August nahm Rupprecht seine Truppen gegen die Saarlinie zurück, worauf die Franzosen nur sehr behutsam folgten. Wären die Gegner stärker nachgerückt, plante er eine Fortsetzung des Rückzugs, wenn nicht, wollte er selbst zum Angriff übergehen.[462] Diese defensive Haltung Rupprechts verschlechterte die Stimmung bei der Truppe.

Die Schlacht in Lothringen

Da sich die Lage in den ersten Wochen nach Kriegsbeginn nicht plangemäß entwickelt hatte, entschloss sich Kronprinz Rupprecht doch zu einem Angriff, um die deutsche Strategie zu retten und die Hauptarmee auf dem rechten Flügel in Belgien und Nordfrankreich zu entlasten.[463] Er befürchtete, dass französische Truppen von seiner Front abgezogen und dem deutschen Hauptangriff in Nordfrankreich entgegengestellt würden. Rupprecht hatte dazu zwar keinen Befehl von der OHL, doch deckte diese sein Vorgehen. Das AOK 6 plante einen Vorstoß bis zur Meurthe-Linie oberhalb Lunéville, ein weiterreichender Angriff gegen die französischen Befestigungen sollte vermieden werden. Rupprecht erließ am Abend des 19. August den Angriffsbefehl an seine Truppen – vier Armeekorps der 6. und zwei Armeekorps der 7. Armee: „Höhere Rücksichten haben mich gezwungen, Euch entgegen Euerem Kampfesmut eine entsagungsvolle Zeit des Harrens und Zurückweichens vor dem Feinde aufzuerlegen. Diese Zeit ist um. Nun gilt es! Wir müssen siegen und wir werden siegen. Vorwärts!"[464]

Der Plan lief darauf hinaus, die auf der Linie Nancy–Vogesen in den Nordosten vorrückenden Franzosen zu schlagen und nach Möglichkeit deren Westflügel zu umfassen.[465] In der Schlacht von Lothringen, die der Kronprinz als Saarschlacht bezeichnete, erfochten die bayerischen Truppen, die weitgehend geschlossen zum Einsatz gekommen waren, am 20. August den Sieg.[466] Die französischen Soldaten wurden auf die Linie Nancy–Lunéville zurückgeworfen. Zur Ausnützung des Erfolgs ließ Rupprecht die feindliche Armee verfolgen.[467] Am Abend des 21. August bezog er sein neues Hauptquartier in Dieuze, die französischen Truppen waren aus den Reichslanden Elsass-Lothringen geworfen worden.

Erst später setzte bei deutschen Militärschriftstellern Kritik an diesem Angriff ein. Sie hätten sich ein weiteres Zurückgehen der 6. Armee gewünscht, um die gegnerischen Truppen großräumig einzukreisen und in einer „Cannae"-Schlacht vernichtend zu schlagen. Generalfeldmarschall Paul von Hindenburg – der zum fraglichen Zeitpunkt aber an der Ostfront war – kritisierte in seinen 1920 erschienenen Memoiren das „Festrennen des überstark gemachten linken Heeresflügels durch falsche Selbsttätigkeit der unteren Führung".[468] Der Kronprinz beschwerte sich sofort bei Hindenburg über die irreführende Darstellung der „falsche[n] Selbsttätigkeit" bei der 6. Armee.[469] Hindenburg sagte darauf die Streichung dieser Aussage bei Neuauflagen seines Buches zu.[470] Rupprechts nachmaliger langjähriger Stabschef, der preußische General Hermann von Kuhl, wies die Kritik Hindenburgs nach dem Krieg ebenfalls entschieden zurück:[471] Dieser Angriff des linken Flügels habe vielmehr die Lage geklärt und seine Funktion, die Flanke der großen Operation im Norden zu sichern, erfüllt. Ein weiteres Zurückweichen der 6. Armee, um die französischen Truppen dann einzukreisen, wäre zu riskant gewesen, weil keineswegs sicher war, ob die Franzosen in diese Falle getappt wären. Ähnlich argumentiert das vom Bayerischen Kriegsarchiv herausgegebene umfangreiche Werk zur Schlacht in Lothringen.[472] Hier betont der Autor, dass Kronprinz Rupprecht alle ihm gestellten Aufgaben in herausragender Weise erfüllt habe, nämlich die linke Flanke des deutschen Heeres zu decken und starke französische Armeeverbände zu binden. Außerdem habe die letzte Verantwortung für alle militärischen Maßnahmen letztlich bei der OHL gelegen, welche die Aufnahme der Schlacht auch hätte verhindern können.

Verschiedentlich wurden noch später Vorwürfe gegen Einzelheiten der Kriegführung durch Kronprinz Rupprecht laut. Die Autoren des ersten Bandes des amtlichen, vom Reichsarchiv bearbeiteten Weltkriegswerks gestanden der 6. Armee zwar einen Sieg über die Franzosen in der Schlacht vom 20. bis 22. August 1914 zu, bemängelten aber doch, dass sie die Umklammerung und Vernichtung des Gegners nicht erreicht habe.[473] General Krafft von Dellmensingen veröffentlichte eine Entgegnung darauf, die solche Vorwürfe unter Bezugnahme auf die unklaren Befehle der OHL entschieden zurückwies.[474] Die in eine ähnliche Richtung zielende Äußerung des Schweizer Obersten Eugen Bircher im Jahr 1927, die vom bayerischen Kronprinzen befehligte 6. Armee sei zeitweilig „aus dynastischen Gründen" ausgefallen und habe nach der Lothringen-Schlacht den Abzugsbefehl der OHL missachtet,[475] löste hektische Briefwechsel zwischen Rupprecht und seinen damaligen Mitarbeitern aus. In seiner Anfrage an Generaloberst Ludwig von Falkenhausen, ob diese Vorwürfe auf ihn zurückgingen, stritt der Kronprinz energisch ab, dass dynastische Erwägungen je seine militärischen Entscheidungen beeinflusst hätten.[476] Erst Jahre später stellte sich heraus, dass diese falschen Anschuldigungen von dem bereits 1934 verstorbenen preußischen Kriegsminister, Generaloberst Karl von Einem, rührten.[477]

Der bayerische Kronprinz wurde zunächst aber einheitlich als Sieger und als bedeutender Feldherr gefeiert. Bereits am 22. August sandte ihm Kaiser Wilhelm II. mit den Worten „Ich danke Gott mit Dir für den herrlichen Sieg" das Eiserne Kreuz Erster und Zweiter Klasse.[478] König Ludwig III. zeichnete Rupprecht durch die höchste bayerische Kriegsdekoration aus, den Militär-Max-Joseph-Orden. Und er verlieh ihm das Großkreuz, das einst der nachmalige König Ludwig I. 1807 wegen seiner Verdienste in der Schlacht von Poplanoy am Narew erhalten hatte.[479] Eine Fülle weiterer Auszeichnungen folgten während des Krieges.[480] Am Jahrestag der Lothringer Schlacht 1915 verlieh Wilhelm II. Rupprecht den preußischen Orden *pour le mérite*.[481]

Nach dem Sieg vom 20. August 1914 wollte Rupprecht dem sich zurückziehenden französischen Heer nur bis zur Meurthe-Linie nachsetzen, um ein Anrennen gegen die feindlichen Befestigungsanlagen zu vermeiden.[482] Die OHL aber drängte nun – nach seiner Ansicht „in nahezu beleidigender Weise" – zu weiterem Vormarsch und zum Angriff auf das Festungsdreieck Toul–Nancy–Epinal.[483] Weder entsprach dieses Vorgehen dem ursprünglichen Schlieffen-Plan noch reichten die Truppen der 6. und 7. Armee dafür aus.[484] Der Kronprinz befolgte den Befehl wider besseres Wissen. Tatsächlich konnten dann weder die Moselübergänge genommen noch die französische Vogesenfront von Westen her aufgerollt werden.[485] Auch General von Kuhl beurteilte den Befehl der OHL zum Durchbruch der französischen Linien zwischen Toul und Epinal später als verhängnisvoll.[486] Am 5. September gingen die Franzosen zum Gegenangriff über, doch erschöpften sich auch ihre Kräfte bald. Erst am 8. September verfügte Generaloberst von Moltke nach schweren Verlusten den Abbruch der Offensive, die sich vor den stark befestigten französischen Stellungen festgefahren hatte. Kronprinz Rupprecht ließ am 9. September den Angriff auf die Position de Nancy abbrechen und konnte im Anschluss einen geordneten Rückzug der 6. und 7. Armee in Lothringen durchführen.[487] Die neue Frontlinie verlief nun in etwa entlang der Reichsgrenze und war auf Verteidigung beschränkt. Bereits zu diesem frühen Zeitpunkt musste Rupprecht bayerische Truppen – das I. Armeekorps – an andere Heereseinheiten abgeben.[488]

Der Übergang zum Stellungskrieg in Flandern

Nach großen Anfangserfolgen der deutschen Hauptarmee auf dem rechten Flügel, die Belgien durchstoßen und eine breite Angriffsfront auf der Höhe von Paris in Nordfrankreich aufgebaut hatte, gelang es der französischen Armee ihre Stellung zu stabilisieren. Am 4. September gingen die Franzosen zum Gegenangriff über, die deutsche 1. Armee musste hinter die Marne zurückweichen, auch die 2. Armee musste den Rückzug antreten.[489] Die deutschen Truppen konnten ihre Stellung erst an der Aisne stabilisieren. Die Strategie des Schlieffen-Plans war damit gescheitert, die Westfront war weitgehend festgefahren, der zermürbende Stellungskrieg setzte ein. Dies stellte das folgenschwerste Ereignis der ersten Kriegsjahre dar. Lediglich in dem etwa 100 km breiten Abschnitt zwischen Noyon und der Kanalküste bei Abbeville schien nun noch ein Durchkommen der deutschen Truppen hinter die französischen Linien möglich.

Zur Verstärkung des rechten Armeeflügels wurde die 6. Armee unter Kronprinz Rupprecht an diese Front verlegt, hier musste für den weiteren Kriegsverlauf die Entscheidung über Bewegungs- oder Stellungskrieg fallen. Ab dem 18. September zog das AOK 6 deshalb von Metz nach Namur im Südosten von Brüssel um.[490]

Bis zur vollständigen Verlegung der 6. Armee nach Nordfrankreich hatte sich die militärische Lage so entwickelt, dass der neue Generalstabschef Erich von Falkenhayn nun die Aufteilung der bayerischen Truppen auf andere Einheiten forderte, während Kronprinz Rupprecht seine Armee zuerst im Raum südöstlich von Lille zur gemeinsamen Verwendung sammeln wollte. Die OHL erzwang dann den sofortigen Einsatz der jeweils aus Lothringen eintreffenden Einheiten im Kampfgeschehen. Nach der Eroberung von Lille durch bayerische Truppen wurde das AOK 6 am 14. Oktober nach Douai verlegt.[491] Nach schweren und verlustreichen Kämpfen in Flandern scheiterte der deutsche Umgehungsversuch aber auch hier, ebenso der Plan der alliierten Armeen zum Gegenangriff.

Das letzte Stadium des Bewegungskrieges bildete die Ypernschlacht im November 1914, während der erneut bayerische Truppen aus der 6. Armee herausgenommen wurden.[492] Die Hauptlast der Offensive trug die 4. Armee, die rasch aus Freiwilligen, darunter besonders vielen Studenten, gebildet worden war. Der letztlich gescheiterte Angriff der Studentenregimenter auf Langemarck wurde in der Weimarer Zeit zum Mythos für heldisches Sterben. Bayerische Freiwillige der 6. Reserve-Division, meist ebenfalls Studenten, fielen in der blutigen Schlacht vor Wytschaete, dem „bayerischen Langemarck".[493] Die 6. Armee wurde dann nach der Auffassung Rupprechts durch einen teilweisen Rückzugsbefehl der OHL und die Zerreißung der Korpsverbände um ihren Erfolg gebracht, was ihn tief verstimmte. Das Resultat bildete der Stellungskrieg auch an diesem Frontabschnitt.

Rupprecht markierte den endgültigen Übergang zum Stellungskrieg, den er am 12. November ansetzte, durch ein eigenes Kapitel in seinem Kriegstagebuch.[494] Diese Phase wurde durch Munitionsmangel und den Abtransport von Truppen an die Ostfront eingeleitet. Die OHL gestand damit das Festfahren des Angriffs im Westen und das endgültige Scheitern ihrer ursprünglichen Strategie ein. Über einen längeren Zeitraum befand sich Rupprechts Hauptquartier nun in Lille. Bereits damals befahl die OHL die Neueinteilung der Armeen und die Einrichtung von Heeresgruppen, doch blieb dies zunächst auf dem Papier. Dem bayerischen Kronprinzen sollte dabei der Oberbefehl über die 4., 6. und 2. Armee übertragen werden.[495] Die Truppen wurden im beständigen Gefecht und Schützengrabenkrieg verbraucht. Immer größer wurden im Laufe des Krieges die Verluste an Menschen, immer schwieriger ihre Ersetzung durch Reserven und Rekruten, immer spürbarer der Mangel an Munition und Kriegsgerät. Häufig wurden Einheiten an aktuelle Brennpunkte des Geschehens verschoben, sei es an der Westfront selbst, sei es an der Ostfront oder ab Mai 1915 an der neu aufbrechenden Italienfront. Durchbruchsversuche von beiden Seiten nahmen den Charakter gewaltiger Materialschlachten an, die unendliche Todesopfer kosteten, aber keine militärischen Erfolge brachten. Im September und Oktober 1915 lösten britische Angriffe im Artois neue Kämpfe aus.[496] Ihre Abwehr brachte Kronprinz Rupprecht den Ehrentitel eines „Siegers von Arras und La Bassée" ein.[497]

Die Auseinandersetzungen mit der Obersten Heeresleitung

Drei Oberste Heeresleitungen (OHL) entschieden während des Krieges über die Strategie der deutschen Truppen. Die Generalstabschefs drängten Kaiser Wilhelm II. als Obersten Kriegsherren sowie seine Militärkabinette immer stärker in den Hintergrund. Zunächst stand General Helmut von Moltke, der Neffe des Siegers des Krieges von 1870/71, an der Spitze des deutschen Generalstabes. Früh ist in Rupprechts Tagebuch von Fehleinschätzungen der OHL unter Moltke und von ihrem „unberechtigten Optimismus" die Rede.[498] Im Zusammenhang mit dem Befehl zur Abgabe von sechs Mörser-Zügen, welcher die Einstellung des laufenden Angriffs des Nordflügels auf Nancy zur Folge gehabt hätte, konstatierte Rupprecht im August 1914 erstmals, die OHL habe die Nerven verloren. General Moltke machte auf ihn den Eindruck eines kranken, gebrochenen Mannes.[499] Beim Befehl zum Rückzug vor Nancy bemerkte Rupprecht erneut, dass die OHL die Nerven verloren habe und auf eine Fehlinformation hereingefallen sei.[500]

Das Festfahren der Westfront und das Misslingen des Schlieffen-Plans bereits am 4. September 1914 hatte am 14. September die Berufung des bisherigen preußischen Kriegsministers, Generalleutnant Erich von Falkenhayn, anstelle des beurlaubten Moltke zum Chef des Generalstabes zur Folge.[501] Das Verhältnis des bayerischen Kronprinzen zur OHL veränderte sich jedoch nach dem Wechsel an ihrer Spitze kaum. Bereits im Oktober 1914 notierte Rupprecht, dass verschiedene gute Gelegenheiten für ein Vorantreiben einer Offensive verpasst worden seien. Falkenhayn pfuschte nach seiner Auffassung den Armeeoberkommandos ins Handwerk, ohne selbst über ausreichende Kenntnisse des Kampfgeschehens zu verfügen. Ein Rückzugsbefehl der OHL, die damit einen erfolgreichen Angriff abbrach, löste erstmals am 27. Oktober 1914 Resignationsabsichten bei Rupprecht aus: „Falls auch noch die 13. Div(ision) aus der Front der Armee herausgezogen wird, wovon jetzt die Rede geht, bin ich entschlossen, zum Kaiser nach Mézières zu fahren, um seine Entscheidung herbeizuführen. Entweder führe ich die Armee, oder ich trete zurück. So geht es nicht weiter."[502] Scharf kritisierte der Kronprinz die ihm zaudernd und planlos erscheinende militärische Führung Falkenhayns, den er ohnehin für eine Fehlbesetzung hielt.[503] Dessen detaillierte und doch widersprüchliche Befehle behinderten nach seiner Auffassung die Armeeoberkommandos, welche die ihnen von der OHL zugewiesenen Aufgaben in eigener Verantwortung erfüllen sollten. Kronprinz Rupprecht wünschte deshalb schon zum damaligen Zeitpunkt, im Oktober 1914, den Rücktritt Falkenhayns.[504] Er warf Falkenhayn im Zusammenhang mit der Ypernschlacht vor, dass mit dem Vorgehen gegen Ypern und Poperinghe kostbare Zeit verloren gegangen sei, während er durch eine Offensive nördlich von Bailleul in Richtung auf Cassel die Hauptmasse der Engländer vom Meer abdrängen wollte.[505] Außerdem erhob er gegen ihn den Vorwurf, er habe dann die 6. Armee bei der erfolgversprechenden Überflügelung britischer Truppen während der Ypernschlacht anhalten lassen.[506] Auch andere Heerführer der Westfront teilten die scharfe Kritik an Falkenhayn.[507] Mehrfach fühlte sich Rupprecht durch dessen Maßnahmen um den erhofften Erfolg gebracht.

Die Bedenken über die Strategie der OHL verließen Rupprecht während des weiteren Kriegsverlaufs nicht mehr. Dabei entwickelte er stets Alternativen für das militärische Vorgehen und eigenständige Angriffspläne.[508] Im April 1915 unterstützte der bayerische Kronprinz eine Initiative des Großherzogs von Oldenburg, der König Ludwig III. aufgefordert hatte, beim Kaiser auf die Entlassung Falkenhayns, dieses „Schönredners und Jongleurs", hinzuwirken.[509] Dies blieb freilich erfolglos. Kronprinz Rupprecht erboste es zunehmend, dass er strategische Fehler bei der Führung des Heeres unter General Falkenhayn konstatieren musste, während seine Alternativvorschläge weitgehend unberücksichtigt blieben.

Gleichzeitig wurde die eigenständige Stellung der bayerischen Armee weiter geschwächt. Seit dem Frühjahr 1915 waren die bayerischen Bataillone über nahezu alle Schlachtfelder der Ost- und Westfront verteilt, eine eigenständige bayerische Armee existierte faktisch nicht mehr. Der Kronprinz drängte vergeblich auf die Zusammenführung der bayerischen Truppen. Während der Frühjahrskämpfe von Arras, welche der erste große englisch-französische Durchbruchsversuch im Mai 1915 ausgelöst hatte,[510] wurde ihm durch die OHL nahezu die Hälfte der 6. Armee entzogen und dem preußischen General Ewald von Lochow unterstellt.[511] Natürlich wertete Rupprecht dies als Ausdruck mangelnden Vertrauens und als bewusste Zurücksetzung, auch wenn diese Maßnahme einen Monat später rückgängig gemacht wurde.[512] Besonders fühlte er sich durch das Telegramm Falkenhayns vom 12. Mai angegriffen, mit dem der Befehl über die Angriffstruppe zur Wiedereinnahme des Geländes südwestlich von Souchez einem mit den Verhältnissen vertrauten General übertragen wurde, der „den selben Glauben und ein Interesse am Erfolg habe" wie der Kommandierende General des 7. Armeekorps.[513] Rupprecht wertete dies als Vorwurf gegen die 6. Armee und als persönliche Verletzung: „Ich weiß nicht, ob ich durch meine bisherige Armeeführung eine derartige, meiner Würde zuwiderlaufende Behandlung verdient habe und kann nicht verhehlen, daß ich darüber aufs tiefste empört bin."[514] Auf seine Bitte um Zuweisung weiterer Reservetruppen in der äußerst angespannten Kriegslage sandte Falkenhayn ein ablehnendes Telegramm.[515] Der Befehl Falkenhayns in diesem Zusammenhang an den Kronprinzen, die Ansicht des ihm unterstellten Generals von Lochow zu hören, erbitterte Rupprecht besonders.[516]

Die Missachtung seiner Befehlsgewalt durch Falkenhayn wie andere Ungeschicklichkeiten der OHL führten zu einer Beschwerdeschrift Kronprinz Rupprechts an den Kaiser.[517] Ursprünglich hatte Rupprecht dies mit der Bitte um die Enthebung von seinem Kommando verbunden, doch strich er diesen Satz im Konzept und ersetzte ihn durch den Wunsch, künftig derartige Reibungen zu vermeiden. Wilhelm II. kommentierte in seiner ausführlichen, vom Chef seines Militärkabinetts General Moriz von Lynker entworfenen Antwort die einzelnen fünf Beschwerdepunkte, nachdem er eine Stellungnahme von Falkenhayn angefordert hatte.[518] Den Verweis auf das Erfolgsinteresse des Generals des 7. Armeekorps erklärte er für eine Verwechslung mit dem des 14. Armeekorps, der besonders betroffen gewesen wäre, weil seine Stellung durch den Verlust der Loretto-Höhe äußerst bedroht gewesen sei. Für die Entsendung von Nachrichtenoffizieren durch die OHL unter Umgehung der zuständigen Armeeoberkommandos machte Wilhelm II. die Notwendigkeiten der modernen Kriegführung verantwortlich, doch sollten die Armeeoberkommandos künftig wenigstens informiert werden. Den Vergleich Falkenhayns im Telegramm vom 14. Mai der Lage der 3. Armee in der Champagne mit der Situation der 6. Armee erkannte der Kaiser tatsächlich als beleidigend für Kronprinz Rupprecht an, weil die 6. Armee alles zur Haltung ihrer Stellung gegenüber einem übermächtigen Gegner getan habe. Auch Rupprechts Beschwerde über den Befehl zur Anhörung General Lochows vor Einsatz der Reserven hielt der Kaiser für berechtigt. Wilhelm II. wollte Falkenhayn auf die Einhaltung des Dienstwegs verweisen und versicherte dem bayerischen Kronprinzen, dass er in eventuell notwendigen Eilmaßnahmen der OHL „keinen Mangel an Vertrauen ... erblicken" solle. Falkenhayn musste dann lediglich sein Bedauern über sein Vorgehen ausdrücken. Freilich ist seine Entschuldigung gegenüber dem Kronprinzen sehr allgemein gehalten, ohne auf die einzelnen Vorwürfe einzugehen.[519] Selbst das offiziöse Werk des Reichsarchivs kritisiert Falkenhayn, dessen Vorgehen die Armeeführer an der Kampffront in ihrer Ehre habe verletzen können.[520] Rupprecht machte Falkenhayn weiterhin persönlich für die Niederlage bei Arras verantwortlich, weil er entgegen seinen eindringlichen Vorstellungen Truppen aus gefährdeten Stellungen abgezogen hatte.[521]

Der Einfluss der OHL unter Falkenhayn verstärkte sich nach der Auffassung des Kronprinzen laufend, während die Dispositionsfreiheit der Armeeoberkommandos zurückging. Nach der Absendung seiner Beschwerdeschrift an den Kaiser musste Rupprecht einen neuen Beweis der Missachtung durch die OHL erhalten, den er als die eigentliche Antwort interpretierte:[522] Am 19. Mai erfuhr er von der Abberufung seines bewährten und vertrauten Generalstabschefs Konrad Krafft von Dellmensingen. Dieser wurde zum Führer des in Tirol aufzustellenden Alpenkorps ernannt, das die neue österreichische Front in Tirol gegen Italien unterstützen sollte. Dieser Vorgang bildete für den bayerischen Kronprinzen ein weiteres Indiz für seine Geringschätzung durch Kreise des preußischen Generalstabes, die Spannungen blieben bestehen. Gegenüber dem bayerischen Außenminister Graf Hertling ließ Rupprecht aber erklären, mit der Stellungnahme des Kaisers und dem Entschuldigungsschreiben Falkenhayns könne er seinen Posten als Oberbefehlshaber beibehalten.[523] König Ludwig III. zeigte zwar Verständnis für die Verstimmung Rupprechts über die OHL, versuchte aber seinen Sohn zu beschwichtigen: „Beklagen aber würde ich es im höchsten Maße, wenn es zum Bruch zwischen Dir u(nd) dem Kaiser käme. Freude darüber hätten nur unsere zahlreichen Feinde ...".[524]

Die Nachfolge Kraffts von Dellmensingen trat zunächst der preußische Oberst Gustav Graf von Lambsdorff an. War schon wegen seiner Ernennung durch die OHL das Verhältnis zu Kronprinz Rupprecht getrübt, so warf dieser ihm später Illoyalität vor. Er argwöhnte, dass Lambsdorff ihn im Auftrag Falkenhayns auf eine rein repräsentative Rolle beschränken solle.[525] Schließlich konnte Rupprecht über das kaiserliche Militärkabinett die Abkommandierung Graf Lambsdorffs an die Ostfront durchsetzen.[526] An seine Stelle rückte der preußische General Hermann von Kuhl als Stabschef der 6. Armee, mit dem Rupprecht dann vertrauensvoll zusammenarbeitete.[527]

Am Weihnachtstag 1915 reflektierte der Kronprinz die aktuelle Kriegslage und plädierte erneut für ein Ende des Stellungskrieges und den Versuch, bis in den Sommer des nächsten Jahres eine Entscheidung an der Westfront durch „den Einsatz aller verfügbaren Kräfte an einem Punkte" zu erzwingen.[528] Generalstabschef Falkenhayn setzte dagegen die Fortsetzung des Zermürbungskrieges durch.[529] In diesen Tagen zeichnete sich der bevorstehende Angriff auf Verdun ab, das den am stärksten befestigten Punkt der französischen Westfront bildete.[530] Die ungeheuren Verluste verstärkten dann auch bei Reichskanzler von Bethmann Hollweg die Zweifel an den militärischen Fähigkeiten Falkenhayns; Gerhard Ritter urteilte später, dass dem Angriffsplan Falkenhayns auf Verdun eine Überschätzung der eigenen und die Verkennung der gegnerischen Kräfte zugrunde gelegen habe.[531] Herbe Kritik übte Rupprecht an der ungenügenden Vorbereitung des Hauptangriffs, der durch irreführende Informationen der OHL zu hohen und unnötigen Verlusten geführt habe.[532] Dem ganzen Unternehmen stand er von Anfang an äußerst skeptisch gegenüber.[533] Er selbst wollte zwar auch einen Durchbruch erzwingen, aber an einer weniger stark befestigten Stelle, mit konzentrierter Kraft und unter Einsatz aller Reserven.[534] Seine Einschätzung der strategischen Lage teilte er auch Ludwig III. mit, wohl in der vergeblichen Hoffnung, dass dieser den Kaiser zu einer Änderung veranlassen würde: „Unser Angriff auf Verdun dürfte im Falle des Gelingens kaum mehr als einen moralischen Erfolg erzielen, da bei der Zeitdauer, die er beansprucht, der Gegner dort so viele Kräfte versammeln kann, daß ein Durchbruch durch die feindlichen Stellungen nicht mehr möglich sein wird. Dies aber muß für uns das erstrebenswerte Ziel sein: der Übergang vom Stellungskrieg zum Bewegungskrieg."[535] Rupprecht dagegen wollte den Durchbruch mit stärkeren Kräften – zwölf Armeekorps – südlich von Arras und der Somme erzwingen.[536]

Der deutsche Angriff auf Verdun hatte am 21. Februar 1916 eingesetzt.[537] Die Aufgabe der 6. Armee war es, im Vorfeld zur Täuschung des Gegners einen Scheinangriff durchzuführen. Bereits am 20. März hielt Rupprecht das Unternehmen vor Verdun für „so gut wie mißglückt".[538] Zu dieser Zeit zeichnete sich der Kriegseintritt der Vereinigten Staaten von Amerika drohend ab, den er hellsichtig als höchst fatal einschätzte.[539] Die Kämpfe vor Verdun kosteten – auch durch den Einsatz von Giftgas – unendlich viele Menschenleben, ohne eine Entscheidung erzwingen zu können. Am 15. Juni besuchten der Kaiser und General Falkenhayn Rupprechts Hauptquartier, dessen Einwände allerdings missachtet wurden.[540] Falkenhayn setzte weiter auf seine Zermürbungstaktik gegenüber den französischen Truppen vor Verdun. Bei einem Frontbesuch im Juni informierte Ludwig III. seinen Sohn, dass nun auch im Großen Hauptquartier Unzufriedenheit über Falkenhayn herrsche.[541]

Als gegen Ende Juni 1916 der Angriff der Alliierten die „Sommeschlacht" eröffnete,[542] konstatierte Kronprinz Rupprecht, dass die Initiative jetzt völlig an die Gegner übergegangen sei.[543] Die Kriegführung auf beiden Seiten widerstrebte seinen strategischen Vorstellungen. Sie erschien ihm als stupid, weil sie sich – ohne eine Änderung der Taktik – auf ein Auswechseln der im Kampf verbrauchten Divisionen und ihren Ersatz durch Reservetruppen zum Angriff oder zur Verteidigung beschränkte.[544] Rupprecht war zu Recht überzeugt, dass sich die Engländer nicht weit von ihrer sicheren Operationsbasis am Meer entfernen und die 2. Armee angreifen würden. Zu Beginn der Sommeschlacht hatte Rupprecht deshalb der benachbarten 2. Armee die Reserven seiner 6. Armee angeboten, um der erwarteten Offensive standhalten zu können.[545] Die OHL hatte dies jedoch untersagt, weil sie den Angriff im Bereich der 6. Armee vermutete. Erneut war aber die Strategie der OHL unter General Falkenhayn gescheitert. Dieser machte dann allerdings den Chef des Stabes der 2. Armee für die eingetretene Niederlage verantwortlich und enthob ihn seiner Stelle.[546]

Im Juli des Jahres 1916 unternahm der Kronprinz über den bayerischen Gesandten in Berlin, Graf Lerchenfeld, einen ersten Vorstoß beim Reichskanzler, Falkenhayn als Chef des Großen Generalstabes absetzen zu lassen.[547] Er informierte Lerchenfeld bei einem Frontbesuch von der verbreiteten Missstimmung über den Generalstabschef im Heer. Im Anschluss an ihr Gespräch vom 2. Juli sandte er ihm zwei Briefe mit ausführlicheren Informationen nach.[548] Sowohl der Oberbefehlshaber der 2. Armee, General Fritz von Below, wie er selbst hätten zu Beginn der Sommeschlacht mit einem Angriff auf die 2. Armee gerechnet, doch habe Falkenhayn die Heeresreserven hinter der 6. Armee konzentriert, weshalb der Gegner einen Einbruch in die Front der 2. Armee erreicht hatte. Ein Schreiben war für Reichskanzler von Bethmann Hollweg bestimmt, um die Opposition in der OHL gegen Falkenhayn zu unterstützen. Graf Lerchenfeld informierte den Reichskanzler über die Auffassung des Kronprinzen von der dringenden Notwendigkeit der Abberufung Falkenhayns.[549] Bethmann Hollweg regte aber nur an, dass sich die Heerführer wie Kronprinz Rupprecht mit ihren Beschwerden direkt an den Kaiser wenden sollten. Lerchenfeld informierte auch den Generalgouverneur von Belgien, Generaloberst Moritz von Bissing, über die Auffassungen des Kronprinzen.[550] Rupprecht setzte dann bei einem Gespräch Bissing selbst ausführlich seine Vorwürfe gegen Falkenhayn auseinander: der verhängnisvolle Eingriff Falkenhayns vor der Schlacht von Ypern, sein Verschulden der Niederlage von Arras 1915, die unsinnige Offensive vor Verdun und die aktuelle Niederlage der 2. Armee.[551]

Auch Generalgouverneur Bissing teilte dann bei einer Unterredung mit Reichskanzler von Bethmann Hollweg in Berlin die Vorbehalte Kronprinz Rupprechts gegenüber der OHL Falkenhayn mit.[552] Doch wollte sich der Reichskanzler, obwohl er den Vorwürfen Rupprechts Glauben schenkte,[553] zu diesem Zeitpunkt nicht in die Rivalitäten der Generäle einschalten.[554] Er fürchtete, dass seine Einmischung in militärische Fragen vom Kaiser sehr ungünstig aufgenommen werden würde. Er wollte zunächst die Übernahme des einheitlichen Oberbefehls durch Generalfeldmarschall Paul von Hindenburg an der Ostfront abwarten. Kronprinz Rupprecht sollte nach seiner Meinung noch nicht tätig werden, der Reichskanzler wollte sich später mit ihm in Verbindung setzen. Rupprecht teilte darauf Bissing mit, er werde nun keine weiteren Schritte in dieser Angelegenheit unternehmen und sich nur im äußersten Fall an den Kaiser wenden.[555] Ein Wechsel in der OHL schien ihm aber weiter dringend geboten, Hindenburg oder Ludendorff sollten nach seiner Auffassung an ihre Spitze berufen werden, zumal nach seiner damaligen Auffassung der Kaiser dadurch außerordentlich an Volkstümlichkeit gewinnen würde.

Das Oberkommando Ost unter Generalfeldmarschall Paul von Hindenburg arbeitete ebenfalls auf den Sturz des Generalstabschefs hin. Zunächst konnte Falkenhayns Stellung beim Kaiser aber nicht erschüttert werden. Rupprecht musste bei einem Gespräch vielmehr feststellen, dass Wilhelm II. vom Chef des Generalstabes über die militärische Lage nicht offen informiert wurde.[556] Sein Verhältnis zu Falkenhayn hatte sich mittlerweile so verschlechtert, dass er ihn geradezu glühend hasste.[557] Die Sorge und Anspannung führten bei Rupprecht zu gesundheitlichen Problemen, zu Schlaflosigkeit, Abspannung und Überreizung.[558] Auch Ludendorffs Abneigung gegen Falkenhayn, dessen Sturz er heftig betrieb, war mittlerweile förmlich in Hass umgeschlagen.[559]

Ludwig III. bestimmte bei seinem Feldbesuch in dieser krisenhaften Zeit im Juni 1916 Rupprecht zum Inhaber des 1. Feld-Artillerie-Regiments, das den Namen Prinz-Regent Luitpold führte.[560] Damit missachtete der König jedoch die Bitte seines Sohnes, der sich das 23. Infanterie-Regiment gewünscht hatte, dem er stärker persönlich verbunden war.[561] Wenig später ernannte König Ludwig III. am 23. Juli 1916, dem 50. Jahrestag seiner eigenen Verwundung bei Helmstadt, seinen Sohn zum bayerischen Generalfeldmarschall.[562] Bereits im Februar hatte Graf Hertling mit dem Kabinettschef Otto von Dandl und Generalleutnant Wilhelm Walther von Walderstötten, dem Generaladjutanten des Königs, konferiert und diese Ernennung für den nächstmöglichen Zeitpunkt angeregt.[563] Während die Ehrung im Hauptquartier begrüßt wurde, zeigte der Betroffene selbst keine rechte Freude.[564] Der Kaiser schloss sich mit der Ernennung zum preußischen Generalfeldmarschall an.[565]

Im August 1916 rang sich der Kronprinz endlich doch dazu durch, selbst die Initiative zu ergreifen und beim Kaiser auf offiziellem Weg die Ablösung Falkenhayns zu betreiben. Die verantwortlichen Politiker einschließlich des Reichskanzlers und die Militärs – an erster Stelle Ludendorff und Hindenburg –, die ebenfalls auf Falkenhayns Sturz hinarbeiteten, wollten nicht den ersten Schritt bei Wilhelm II. unternehmen.[566] Rupprecht verfasste einen Brief an den Chef des kaiserlichen Militärkabinetts, General Moriz von Lynker, in dem er die Fehlentscheidungen Falkenhayns zusammenstellte und erklärte, dass dieser nicht mehr das Vertrauen der Armee besäße.[567] Gleichzeitig bat Kronprinz Rupprecht aus Gesundheitsrücksichten um einmonatigen Urlaub, da sein Herz und seine Magennerven stark angegriffen seien. General Lynker erkannte in seiner Antwort die Berechtigung der Kritik gegen Falkenhayn an, erklärte ihn aber im Moment als für den Kaiser unentbehrlich, auch weil seine Entlassung das Vertrauen der österreichischen Bundesgenossen erschüttern würde.[568]

General von Lynker benützte den Brief des Kronprinzen dann aber doch, um bei Kaiser Wilhelm II. am 28. August 1916, unter Verweis auf den Vertrauensverlust Falkenhayns bei der Armee, dessen Entlassung durchzusetzen.[569] Neben der Initiative Rupprechts hatte die für ihn unerwartete Kriegserklärung Rumäniens die Stellung Falkenhayns beim Kaiser erschüttert. Wilhelm II. erkannte die Vorgehensweise Rupprechts später als korrekt an.[570] Zunächst bat er den bayerischen Kronprinzen, aus dienstlichen Gründen auf den erbetenen Urlaub zu verzichten.[571] Der Kaiser ernannte am 29. August 1916 Generalfeldmarschall Paul von Hindenburg zum Chef des Generalstabes des Feldheeres.[572] Als Organisator wurde ihm General Erich Ludendorff als Erster Generalquartiermeister an die Seite gestellt. Von Hindenburg, dem populären Sieger von Tannenberg, erhoffte sich die deutsche Führung neuen Schwung an der Westfront. Sein Nachfolger im Osten wurde der Bruder Ludwigs III., Generalfeldmarschall Prinz Leopold von Bayern.

Die neue Führung der OHL wurde allenthalben mit Enthusiasmus begrüßt, Rupprecht notierte „Endlich!"[573]. Auch er brachte ihr Vertrauen entgegen: „Der Wechsel in der O.H.L. macht sich sehr angenehm fühlbar. Was von ihr angeordnet wird, ist zweckmäßig, und sie ist bestrebt, nach besten Kräften den an sie gestellten Anforderungen zu entsprechen."[574] Zu ihren ersten Maßnahmen gehörte die Einstellung der Angriffe auf Verdun.

Die folgende Aufstellung der Heeresgruppe Kronprinz Rupprecht war Teil einer größeren Umstrukturierung des Oberkommandos. Kaiser Wilhelm II. ernannte im August 1916 Generalfeldmarschall Kronprinz Rupprecht von Bayern zum Oberbefehlshaber einer aus der 6., 1. und 2. Armee neu gebildeten Heeresgruppe, die dessen Namen erhielt. Am 28. August übernahm Rupprecht den Oberbefehl, während Rumänien Österreich-Ungarn und Italien Deutschland den Krieg erklärten.[575] Zum Bereich der Heeresgruppe Kronprinz von Bayern gehörte die Somme-Front, worüber Rupprecht nicht glücklich war: „eine äußerst undankbare Aufgabe, nachdem dort der Karren durch Falkenhayn gründlichst verfahren war."[576] Entsprechend stand Rupprecht der Beförderung sehr skeptisch gegenüber: „Lieber als an der Spitze einer Heeresgruppe zu stehen, hätte ich eine bayerische Armee unter mir. Als Führer der Heeresgruppe hat man in der Defensive eine sehr undankbare Aufgabe und verhältnismäßig wenig Einwirkung auf den Gang der Dinge."[577]

Am 8. September trafen sich die Führer der neuen OHL, Generalfeldmarschall von Hindenburg und General Ludendorff, im nach Cambrai verlegten Hauptquartier Rupprechts mit den Oberbefehlshabern der Heeresgruppen und Armeen der Westfront und ihren Generalstabschefs.[578] Hindenburg überreichte dem Kronprinzen dabei im Auftrag des Kaisers den preußischen Marschallsstab. Er legte die Gesamtlage dar, die wegen der dünnen Stellung der Truppen eine Offensive verböte. Die Südostfront musste durch den Kriegseintritt Rumäniens beträchtlich erweitert werden. Der deutsche Kronprinz Wilhelm von Preußen teilte dabei die Ansicht Rupprechts von der Notwendigkeit eines raschen Friedensschlusses angesichts der hohen Verluste. Der bayerische Kronprinz plädierte für die rechtzeitige Bereitstellung der Reserven für die kämpfenden Truppen und die Aufstellung eines detaillierten Planes für ihre Ablösung.

Die verlustreiche Sommeschlacht dauerte bis in den Spätherbst des Jahres 1916, erst Anfang Dezember kam die alliierte Offensive zum Erliegen.[579] In ihrem Verlauf mehrten sich die „trüben Gedanken" bei Kronprinz Rupprecht.[580] Sorgfältig ließ er durch seinen Stabschef von Kuhl gegenüber der OHL die bisher aufgetretenen Fehler und Versäumnisse auflisten. Dazu gehörten die mangelnde Truppenstärke der 2. Armee bei dem alliierten Angriff, der Rupprecht durch die Bereitstellung von Reserven hatte begegnen wollen, und die Überanstrengung der abgekämpften Divisionen.[581] Erschütternd ist seine Schilderung der Lage der Soldaten im Kampfeinsatz: „Die Leute können auch vielfach in den vorderen Linien wegen des Leichengeruchs nicht essen; schlafen können sie auch nicht." Zur Verbesserung der Situation regte er die Verengung der Gefechtsfront durch Einschieben weiterer Divisionen, den überlegteren Einsatz von Artillerie, den Ausbau von Flieger-Jagdstaffeln und die Erweiterung der Entscheidungsfreiheit der Armeeoberkommandos an. Bei seinen Auseinandersetzungen mit den Obersten Heeresleitungen Moltke und Falkenhayn beschränkte sich Kronprinz Rupprecht nie auf reine Kritik und die Auflistung von Fehlern, sondern entwickelte immer strategische Initiativen, die jeweils der aktuellen Kriegslage angepasst waren.

Der Rückzug in die Siegfried-Stellung

Bereits im Spätherbst 1916 hatte Rupprecht für die Verkürzung der deutschen Front unter Aufgabe von Terrain plädiert. Schließlich stimmte die OHL dem Plan eines teilweisen Rückzuges in die sogenannte Siegfried-Stellung entlang der Linie Arras–St. Quentin–Soissons zu, die hinter der Kampffront als Auffangstellung in größerer Ruhe aufgebaut werden konnte. Freilich wollte der Kronprinz die deutsche Armee nicht auf die Defensive beschränken, sondern erstrebte durch Konzentration aller Kräfte Rückhalt für neue Offensiven.[582] Trotzdem zweifelte er zum Jahresende 1916 an der Möglichkeit eines militärischen Sieges: „An eine völlige militärische Entscheidung in diesem Kriege vermag ich nicht mehr zu glauben. ... Seine Folge wird die völlige Erschöpfung und der hierdurch bewirkte Niedergang Europas und das Aufblühen Amerikas sein."

Der Rückzug in die Siegfried-Stellung wurde am 4. Februar 1917 befohlen und bis in den März ausgeführt.[583] Im Räumungsgebiet mussten auf Anordnung der OHL alle Einrichtungen zerstört werden, die für gegnerische Zwecke militärisch hätten nutzbar sein können. 140000 Einwohner wurden ins sichere Hinterland deportiert. Ruprecht war um ihr Schicksal bekümmert und sorgte sich außerdem um den Schutz der kunsthistorisch wertvollen Bauten. Er missbilligte die Zerstörungen scharf: „Am liebsten hätte ich meinen Abschied genommen, es wurde mir aber bedeutet, daß dies nichts nutzen und mir aus politischen Gründen auch nicht genehmigt würde, da der Vorgang im Ausland als ein Zerwürfnis zwischen Bayern und dem Reiche gedeutet würde. So mußte ich mich denn darauf beschränken, meine Unterschrift zu den Ausführungsbestimmungen zu verweigern."[584] Immerhin erreichte er, dass das Niederreißen von Häusern und die Demolierung der Infrastruktur auf das im militärischen Interesse unerlässliche Mindestmaß in einem Raum von 10 bis 15 km vor den neuen Stellungen beschränkt wurden.[585]

Sowohl Wilhelm II. als auch Ludendorff sprachen gegenüber dem Reichskanzler das Hauptverdienst an der erfolgreich durchgeführten Rückzugsoperation Kronprinz Rupprecht zu.[586] Die Frontverkürzung schuf dann aber weniger die Möglichkeit zu neuen Offensiven, als dass sie die Verteidigungsmaßnahmen erleichterte. Als Antwort erfolgten neue Angriffe der Alliierten auf die in die Defensive gedrängten deutschen Truppen. Sie setzten am 9. April bei Arras ein, wo die Heeresgruppe Kronprinz von Bayern stand.[587] Bis zum Anfang Mai gelang es, den zunächst erfolgreichen Vorstoß durch überlegene Infanterie aufzuhalten.

Die nächste Flandernschlacht begann für die Heeresgruppe Kronprinz von Bayern am 31. Juli 1917 und dauerte bis in den November dieses Jahres.[588] Immer wieder erneuerte englische Durchbruchsversuche kosteten hohe Verluste an Menschenleben, ohne eine Entscheidung herbeiführen zu können. Die Aufgaben eines Feldherrn beschränkten sich weitgehend auf die Sorge für den Austausch der kämpfenden Truppen und die Bereitstellung von Waffen und Munition, große strategische Konzepte konnten nicht verwirklicht werden. Rupprecht kommentierte dies: „Ich habe den Stellungskrieg gründlich satt!"[589] Der englische Vorstoß vom 20. November vor Cambrai brachte dann die erste große Tankschlacht des Krieges. Das deutsche Heer war auf diese neue Waffe zunächst unzulänglich vorbereitet. Während seines Heimaturlaubs im Dezember 1917 vertrat General Sixt von Arnim den Kronprinzen.[590]

Die OHL Hindenburg–Ludendorff

Hatte Kronprinz Rupprecht die Berufung Hindenburgs und Ludendorffs an die Spitze der OHL zunächst begrüßt, so übte er doch bald Kritik daran, dass sie sich zunehmend in die Politik einmischten. Bei seiner ersten Begegnung mit den beiden in ihrer neuen Funktion am 8. September 1916 war Rupprecht aber noch von einer gewissen Bewunderung erfüllt. Er zeichnete ein Charakterbild Hindenburgs, das freilich wenig auf einen militärischen Oberbefehlshaber schließen lässt: „Hindenburg ist eine stattliche Erscheinung. Auffallend ist seine breite Stirne. Seine blauen Augen haben einen offenen sympathischen Ausdruck. Sein Wesen ist gelassen u(nd) bestimmt. Er liebt die Jagd u(nd) ist einem harmlosen Witze gegenüber sehr zugänglich."[591] Hindenburg war ihm viel sympathischer als Ludendorff, doch überließ der Generalfeldmarschall diesem nach Rupprechts Auffassung allzu sehr die Zügel.[592] Erst gegen Kriegsende kritisierte Rupprecht, dass Hindenburg ähnlich wie der nunmehrige Reichskanzler Hertling vom Leichtsinn des Alters getroffen sei.[593] In der Rückschau seiner autobiografischen Aufzeichnungen charakterisierte er Hindenburg als einen ausgesprochenen Phlegmatiker, der lediglich eine repräsentative Rolle gespielt habe.[594] Er verdanke seine Berühmtheit wie auch Ludendorff vor allem dem großartigen Waffenerfolg bei Tannenberg.

Auch von General Ludendorff empfing Rupprecht zunächst einen durchaus positiven Eindruck: „Ludendorff hat einen feingeschnittenen klugen Kopf. Seine Gesichtsfarbe ist sehr blass u(nd) ich hatte den Eindruck, dass es wünschenswert sei, wenn er sich mehr schonen könnte. Was er sagte, war Alles zutreffend."[595] Später musste Rupprecht aber feststellen, dass sich Ludendorff in Fragen der Innen- und Außenpolitik einmischte, statt sich auf seine militärischen Aufgaben zu beschränken.[596] Er warf ihm außerdem bald seine Neigung vor, in alle Details hineinzuregieren.[597] Auch das wohl etwas derbe Auftreten Ludendorffs unterzog er später der Kritik: „Ludendorff ist doch ein rechter Hitzkopf u(nd) Rüpel."[598]

Die OHL und besonders Ludendorff griffen im Laufe des Jahres 1917 mehr und mehr in das politische Geschehen ein. Sie versuchten auch, auf die Besetzung des Kanzleramtes Einfluss auszuüben. Im Sommer 1917 intensivierte Ludendorff aus vielen Gründen seine Bemühungen zum Sturz des Reichskanzlers von Bethmann Hollweg, der schließlich am 13. Juli seinen Rücktritt erklärte. Er wünschte sich Fürst Bernhard Bülow als Nachfolger. Rupprecht kommentierte die Ereignisse gegenüber seinem Vater: „Eben sprach ich den Kriegsminister von

Hellingrat: es ist wahrhaft unglaublich, wie es in Berlin zugeht. Der Kanzler ist wohl unhaltbar, Ludendorff muss aber unbedingt auf sein militärisches Fach beschränkt werden und darf sich nicht in alle Fragen der inneren und äusseren Politik mengen."[599] Gleichzeitig kritisierte Rupprecht, dass die OHL sich zur Durchsetzung ihrer Entscheidungen ausschließlich auf die Autorität beziehungsweise den Mythos Hindenburg stütze. Während der Kaiser immer mehr in den Hintergrund rückte, trat Hindenburg noch stärker in den Vordergrund oder wurde dorthin geschoben: „Sehr schade, dass wenn es in d(er) letzten Zeit etwas in Deutschl(and) durchzusetzen galt, immer d(er) Name Hindenburg dazu herhalten mußte. ‚Hindenburg befiehlt u(nd) ihr habt z(u) gehorchen.' schrieb Gen(eral) Gröner, d(er) Vorstand des Reichs-Kriegsamtes in einem Aufrufe. Vor dem Namen Hindenburg ist jener des Kaisers völlig verblasst, wie aber wenn nach dem so eifrig betriebenen Kulte m(it) Hindenburg, dessen Namen als Lockmittel plötzlich versagen sollte, vielleicht infolge eines zu langen ergebnislosen Hinausziehens des Krieges od(er) eines Missgriffes auf innenpolitischen Gebiete?"[600] Rupprecht verband dies mit grundsätzlicher Kritik an Ludendorff, der nun die Führung der Außen- wie der Innenpolitik an sich gerissen habe: „Ein so guter Soldat Ludendorff ist, ist er doch keineswegs ein Politiker ja er denkt nicht einmal in allen militärischen Dingen streng logisch, ... Es steht z(u) hoffen, recht glaube ich es freilich nicht, dass Ludendorff nach dem Satze des Kriegsphilosophen Klausewitz, dass d(er) Krieg die Fortsetzung d(er) Politik m(it) anderen Mitteln, nicht die Mittel über den Zweck stellen u(nd) sich d(er) Politik des neuen Kanzlers [Dr. Michaelis] unterordnen wird. Die Führung d(er) Auswärtigen Politik ist nicht Sache des Heerführers, wenn dieser nicht zugleich d(er) Herrscher od(er) verantwortliche Staatsmann."[601]

General Ludendorff erstrebte als Kriegsziel eine Machterweiterung für Preußen, wobei er sowohl an Elsass-Lothringen wie an Kurland und andere Gebiete im Osten dachte.[602] Als Rupprecht von diesen Plänen hörte, Preußen im Oberelsass wie im Baltikum zu vergrößern, fasste er sein Urteil gegenüber dem bayerischen Ministerpräsidenten Dandl pointiert zusammen: „die preußische Devise ‚Suum cuique' verdiene in ‚Alles für mich' verdeutscht zu werden."[603] Zu diesem Zeitpunkt verschärfte sich Rupprechts Kritik an Ludendorff, weil die von ihm erstrebten größeren Gebietsgewinne seinen Wunsch eines maßvollen Friedens im Osten ja behindern mussten.[604]

Zum Jahreswechsel 1917/18 ließ sich auch Kronprinz Rupprecht zeitweilig wieder etwas vom Optimismus der OHL anstecken, den er mit dem operativen Geschick der deutschen Truppen und den bis zum Frühjahr aufgebauten Reserven und der Artillerie begründete.[605] Trotzdem blieb er von Zweifeln erfüllt: „Erringen wir aber nicht in diesem Frühjahr den entscheidenden Sieg, ist der Krieg für uns unweigerlich verloren."[606] Zum Jahresanfang 1918 wollte die deutsche Kriegführung mit der „Großen Schlacht in Frankreich" die Initiative an der Westfront zurückgewinnen, bevor nennenswerte amerikanische Verbände in das Geschehen eingreifen könnten. Rupprecht stand der von Hindenburg und Ludendorff vertretenen positiven Lageeinschätzung nun doch wieder skeptisch gegenüber und plädierte auch gegenüber dem Kaiser für eine umfassende Friedensinitiative.[607] Er konnte Wilhelm II. bei einer persönlichen Begegnung in München seine Bedenken über die Durchführung der geplanten Offensive an der Westfront nur kurz darlegen.[608] Der Kronprinz war der Überzeugung, dass allenfalls die erste feindliche Stellung sowie ein Teil der Batterien und damit ein partieller Erfolg zu erringen wäre, während der Zustand des Pferdematerials und der Mangel an Ersatzmannschaften weiter besorgniserregend blieben. Der Kaiser erklärte zu diesen Einwänden nur, dass er auch nicht mit dem Gelingen eines großen operativen Durchbruchs rechne, sondern dass der Gegner nur an verschiedenen Stellen geschädigt werden solle. Für dieses bescheidene Ziel, das ja nicht kriegsentscheidend sein konnte, sollte nach der zutreffenden Befürchtung Rupprechts also der letzte deutsche Trumpf ausgespielt werden, doch konnte er seine Sicht der Dinge Wilhelm II. nicht weiter auseinandersetzen.

Der Operationsplan der OHL sah den Angriff an drei Punkten – auf Amiens, um Lille und in Flandern – vor, die alle im Bereich der Heeresgruppe Kronprinz von Bayern lagen, welche damit die Hauptverantwortung und die Hauptlast zu tragen hatte. Zur Durchführung der Offensive teilte die OHL den Oberbefehl, der besonders prestigeträchtige Abschnitt wurde Kronprinz Wilhelm von Preußen zugeschlagen.[609] Der Grund dieser Maßnahme war wohl, dass sich Ludendorff die Leitung der Operation selbst vorbehalten wollte, weil er den preußischen Kronprinzen leichter als den bayerischen lenken konnte.[610] Rupprecht von Bayern erklärte darauf seine Bereitschaft, die gesamte Angriffsfront dem Deutschen Kronprinzen abzutreten, um diesem die Ehre am erhofften Sieg, von dem er freilich wenig überzeugt war, zu überlassen.[611] Allerdings lehnte die OHL dieses Angebot ab.

Der letzte große deutsche Angriff des Ersten Weltkrieges, die „Michael-Schlacht", setzte in den Morgenstunden des 21. März 1918 in der Picardie zwischen Arras und St. Quentin gegen die Briten ein.[612] Sie brachte zunächst einen – Rupprecht überraschenden – Erfolg des deutschen Heeres: „Nun ist auch die dritte englische Stellung durch die 2. Armee durchbrochen. Der Sieg ist unser! Wer hätte vor 24 Stunden einen derartigen Erfolg sich erhofft!"[613] Doch die Euphorie währte nur kurze Zeit. Am 27. März änderte die OHL den Operationsplan und ließ den Angriff in Richtung Doullens nur mit ungenügenden Kräften vortragen und damit zum Halten bringen.[614] Rupprecht hielt dies für den kritischen Wendepunkt der Schlacht; er rief konsterniert aus: „Nun haben wir den Krieg verloren!"[615] Seine Unzufriedenheit über diese Abweichung und den Stillstand der Offensive verstärkte seine Kritik an der OHL, weil sie die Reserven falsch eingeteilt habe.[616] Er warf Ludendorff vor, dass er kein operatives Ziel habe, sondern nur aus der Augenblickslage heraus Entscheidungen fälle.

Am 9. April begann der 2. Akt des Großangriffs, die „Georgs-Schlacht", im Abschnitt Ypern–Lens.[617] Diese Offensive konnte nicht mehr mit gleichem Schwung vorgetragen werden wie die erste Welle. Der Angriff brachte zwar einen Geländegewinn für die 6. Armee auf dem alten Terrain der Flandernschlacht, aber keinen Durchbruch. Die Heeresgruppe Kronprinz Rupprecht musste binnen eines Monats einen Gesamtverlust von 250 000 Mann hinnehmen. Die Angriffspläne trugen ursprünglich die Namen der bayerischen Hausritterorden Michael und Georg. Nach dem Bekanntwerden dieser Decknamen in der feindlichen Presse wurden die Fortsetzungsangriffe Neu-Michael in Wilhelm, Neu-Georg in Hagen umbenannt.[618]

Nachdem die deutschen Durchbruchsversuche unter ungeheuren Menschenopfern gescheitert waren, breitete sich in der Heimat immer stärker bittere Enttäuschung aus. Die Überlegenheit der Alliierten machte sich auf dem westlichen Kriegsschauplatz vermehrt bemerkbar. Rupprechts Quartier in Tournai selbst wurde am 2. Juli das Ziel eines Fliegerangriffs.[619] Am 18. Juli besuchte ihn General Ludendorff, um die Einzelheiten für den dritten großen Angriff, die Operation Hagen, festzulegen.[620] Dabei überraschte sie die Nachricht vom alliierten Gegenangriff im Frontabschnitt westlich und südwestlich von Soissons, bei dem erstmals amerikanische Divisionen eingesetzt wurden. Der geplante Angriff der Heeresgruppe Rupprecht in Flandern musste daraufhin abgebrochen werden. Rupprecht erklärte diesen Übergang zur Defensive für einen der entscheidenden Wendepunkte des Krieges.[621] Als Beleg für die durch die prekäre Kriegslage ausgelöste Nervosität in der deutschen Öffentlichkeit wertete er das bis Berlin und München verbreitete Gerücht, er habe Generalfeldmarschall von Hindenburg im Duell erschossen und sei nun in einem Schloss in Belgien interniert.[622] Als Begründung für diese angebliche Auseinandersetzung wurden die hohen Verluste der bayerischen Truppen angeführt.[623]

Am 8. August 1918 brachen die Truppen der Entente in die deutsche Front an der Somme ein.[624] Ludendorff wertete dies später als den schwarzen Tag in der Geschichte des Heeres, weil die Zerschlagung von sechs oder sieben deutschen Divisionen die Kriegsmüdigkeit der deutschen Soldaten offenbart und eine Fortsetzung des Krieges nun nur noch ein Hazardspiel bedeutet habe.[625] Im folgenden September hielt die deutsche Front dem Ansturm des immer übermächtiger werdenden Gegners noch stand, nur in Flandern musste sie zurückgenommen werden. Weit schwieriger gestaltete sich die Lage im Südosten, wo Österreich-Ungarn am Ende seiner militärischen Kraft stand. Das Kriegsende wird unten in einem eigenen Abschnitt dargestellt (siehe S. 153–156).

Der Kronprinz als Feldherr

War Kronprinz Rupprecht ein bedeutender Feldherr oder diente er nur, ähnlich dem Deutschen Kaiser, als Staffage für seinen militärischen Stab? Schon bis 1914 war das Leben Rupprechts wesentlich durch den Militärdienst geprägt gewesen. Bei der Wahl des Offiziersberufs hatte man ihn nicht gefragt, es war dies einer der wenigen für einen bayerischen Prinzen seiner Zeit möglichen Aufgabenbereiche. Ob er nun eine innere Neigung zum Militärdienst spürte oder nicht, er hat sich dieser Aufgabe jedenfalls mit allem Pflichtgefühl und mit beachtlichem Erfolg unterzogen. Im Truppendienst hatte er sich eine Kenntnis aller Waffengattungen, auf der Kriegsakademie solide strategische Kenntnisse erworben. Dem Blutbad des Weltkrieges konnte er keine Freude abgewinnen und versuchte, sinnloses Blutvergießen zu vermeiden.

Kronprinz Rupprecht wollte sich nicht auf eine repräsentative Rolle als fürstlicher Oberbefehlshaber beschränken, sondern war stets vollständig über die aktuelle Entwicklung informiert und traf, nach Besprechungen, selbst die erforderlichen Entscheidungen. Er war sich dabei der Problematik fürstlicher Oberbefehlshaber durchaus bewusst, doch hielt er ihre größere Entscheidungsfreudigkeit auf Grund ihres jüngeren Alters und der geringeren Notwendigkeit, persönliche Rücksichten nehmen zu müssen, für vorteilhaft.[626] So war der Angriffsbefehl zur Eröffnung der Schlacht in Lothringen am 20. August 1914 seine persönliche Entscheidung, die er bei der OHL durchgesetzt hatte. Der Sieg brachte ihm seinen ersten Ruhm als Feldherr.

Rupprecht hielt sich nicht nur in seinem jeweiligen Hauptquartier hinter der Front auf, sondern besuchte immer wieder unter Lebensgefahr seine Soldaten in der Feuerlinie. Sein Arbeitstag war durch das Studium der eingehenden Meldungen seiner Truppen und der Anordnungen der OHL sowie durch Besprechungen mit seinem Stab geprägt.[627] Persönlich besichtigte er die Schlachtfelder, um sich ein umfassendes Bild zu verschaffen. Einzelheiten über seinen privaten Alltag sind dem Briefwechsel mit Hofmarschall Graf Pappenheim zu entnehmen.[628] Kritische Töne, die auf das Privatleben des Kronprinzen abzielten, hat nur General Nikolaus Ritter von Endres seinem Tagebuch anvertraut, der aber die Beliebtheit Rupprechts bei den Soldaten zugestehen musste.[629]

Schriftsteller und Journalisten besuchten den bayerischen Kronprinzen während des Krieges, um authentisch von der Front zu berichten und Interviews mit ihm zu führen. Ludwig Ganghofer veröffentlichte die Beobachtungen seines Frontbesuchs vom März 1915 in den Münchner Neuesten Nachrichten mit einer Charakteristik des Kronprinzen: „Sieben Kriegsmonate, die Fülle des Geschehens und der militärischen Verantwortung, wie auch persönliches Erleben und Überwinden haben diesen charakteristischen Fürstenkopf noch schärfer gemeißelt, noch herber geformt."[630] Auch dem Vertreter amerikanischer Zeitungen Karl Wiegand gewährte Rupprecht ein Interview, der zu einer ähnlichen Wertung gelangte: „Der Kronprinz von Bayern erweckt den Eindruck eines Mannes von schneller Entschlossenheit und unermüdlicher Energie. Seine klaren, ernsten Augen blicken durchdringend, wie die eines Gemsenjägers. … Er ist eine angenehme Persönlichkeit von ruhigem, einfachem Auftreten. Er ist kein Scheinkommandant, er ist ein Befehlshaber, daran wird niemand zweifeln." Wiegand betonte, „daß nur wenige Generale existieren, die so oft knapp dem Tode entronnen sind, wie Kronprinz Rupprecht, aber er wünscht stets, sich durch eigene Anschauung zu überzeugen, oft an den exponiertesten Stellen."

Die von Ludendorff als kränkender Vorwurf gedachte Wertung, dass Kronprinz Rupprecht „keine soldatische Neigung hatte",[631] zielt ins Leere. Trotzdem stellte Ludendorff seinen militärischen Fähigkeiten, die den Anforderungen eines Oberbefehlshaber entsprochen hätten, ein positives Zeugnis aus. Rupprechts Stabschef über die lange Dauer von drei Jahren, der preußische General Hermann von Kuhl, betonte seine sicheren Kenntnisse über die jeweilige Lage seiner Armee, die Ruhe und Souveränität seiner Entscheidungen, die Fähigkeit zum Ausgleich und nicht zuletzt seine militärischen Erfolge.[632] Der spätere Generaloberst Franz Halder, zeitweise Chef des Generalstabes der Wehrmacht während des Zweiten Weltkrieges, hatte als junger Offizier im Stab des Kronprinzen gedient.[633] Stets habe dieser seine strategischen und operativen Auffassungen gegenüber der OHL und Kaiser Wilhelm vertreten, auch wenn er damit nur selten durchdringen konnte, er habe „das Ganze stets vor seinen Teilen mit durchdringender Klarheit gesehen".[634] Entscheidend sei Kronprinz Rupprechts lauterer, unbestechlicher und mutiger Charakter gewesen.

Kronprinz Rupprecht war auf die Aufgaben eines Feldherrn gut vorbereitet. Mit großem Pflichtgefühl sammelte er alle für seine Entscheidungen notwendigen Informationen und war so stets über die aktuellen Kriegsentwicklungen informiert. Zwar war er auch als Oberkommandierender einer Armee und einer Heeresgruppe an die Befehle der Obersten Heeresleitung gebunden, doch entwickelte er im Rahmen der ihm übertragenen Aufgaben auch eigenständige strategische Konzepte. Stets behielt er die Gesamtentwicklungen an allen Fronten im Blickpunkt. Seitdem sich der deutsche Angriff an der Westfront zu einem Stellungskrieg festgefahren hatte, beschäftigte sich Kronprinz Rupprecht mit dem militärtheoretischen Problem der Möglichkeit eines Durchbruchs durch eine geschlossene Kampffront.[635] Er plädierte für die Bereitstellung starker Kräfte für ein solches Vorhaben und einen Angriff auf breiter Front, um die Wirkung des feindlichen Flankenfeuers zu mindern. Sein Stabschef Konrad Krafft von Dellmensingen sollte dieser Frage später eine eigene Darstellung widmen.[636] Der Blick Kronprinz Rupprechts war aber nicht nur auf die militärische Seite der

Kriegsentwicklung beschränkt. Er bezog auch die politische Gesamtsituation in seine Überlegungen ein. Sobald er die Unmöglichkeit eines siegreichen Kriegsausganges für das Deutsche Reich erkannt hatte, konzentrierte er sich auf die Unterstützung von Friedensbemühungen.

10. Bayerische Kriegsziele und Friedensanstrengungen

Bayern war 1914 noch immer ein souveränes Königreich mit verfassungsmäßigen Mitwirkungsmöglichkeiten in der Außenpolitik des Deutschen Reiches. Es verfügte mit dem Vorsitz im Bundesratsausschuss für die Auswärtigen Angelegenheiten und eigenen Gesandtschaften über Ansatzpunkte dazu, doch konnte es auf die Entscheidungen des Kaisers, der Reichsregierung und der im Verlauf des Krieges immer mächtiger werdenden OHL keinen Einfluss nehmen. Entsprechend blieb der Auswärtige Ausschuss des Bundesrates weitgehend ohne praktische Bedeutung. Immerhin tagte er wegen der Bemühungen Bayerns und Württembergs seit 1908 einmal jährlich, während des Weltkrieges wurde er sogar fünfzehnmal einberufen.[637] Weitere Möglichkeiten zur Einflussnahme bildeten die Kontakte des Königs zum Kaiser wie die Beziehungen der Außenminister Hertling und Dandl sowie ihres Berliner Gesandten, Graf Lerchenfeld, zur Reichsregierung.

König Ludwig III. erklärte am 1. August 1914 den Kriegszustand für Bayern, denn auch dieses Vorrecht gehörte zu den Reservatrechten.[638] Die Kriegserklärung erfolgte nicht aus dem Geiste eines lauten Nationalismus: „Niemand soll je sagen dürfen, Bayerns König habe auch nur einen Augenblick gezaudert, die Treue zum Reich durch die Tat zu beweisen. Ernsten Zeiten gehen wir entgegen."[639] Die ostentativ zur Schau gestellte Reichstreue sollte die Übereinstimmung der Dynastie mit der öffentlichen Meinung demonstrieren und der Gefahr einer stärkeren Zentralisierung der Reiches nach dem Friedensschluss zuvorkommen, indem sich der König selbst an die Spitze der Bewegung setzte.[640] Angesichts der jubelnden Massen vor dem Wittelsbacher Palais erklärte Ludwig III., dass diese gar keine Ahnung hätten, was für eine schreckliche Sache ein Krieg sei.[641] Er schätzte die Kriegsbegeisterung nüchtern und treffsicher als Hysterie ein, die auch in ihr Gegenteil umschlagen könne.[642]

Bayern verzichtete in den entscheidenden Wochen im Juli und August 1914 auf die Einberufung des Auswärtigen Ausschusses wie auf jede andere eigenständige außenpolitische Aktivität.[643] Für einen Friedensschluss, der Gegenstände der Reichsgesetzgebung berührte, war aber die Zustimmung des Bundesrates erforderlich.[644] Deshalb fühlten sich die Bundesstaaten legitimiert, ihre

Wünsche dafür rechtzeitig gegenüber der Reichsleitung zu artikulieren, um nicht durch vollendete Tatsachen überrumpelt zu werden.[645] Vor diesem Hintergrund ist die Diskussion von Kriegszielen im Königshaus wie in der Politik in Bayern zu würdigen.

Die Kriegsziele König Ludwigs III.

Ludwig III. formulierte unmittelbar nach Kriegsausbruch die Forderungen, die er nach dem erhofften Sieg durchsetzen wollte. Seine Hauptsorge war dabei, dass die föderalistische Reichsverfassung nach einem Sieg durch die als unvermeidbar geglaubte preußische Machterweiterung noch weiter ausgehöhlt würde. Verschiedene Modelle für die europäische Nachkriegsordnung wurden diskutiert. Das Denken im Königshaus blieb von der Souveränität Bayerns und dem Wunsch, an die Traditionen des 1806 untergegangenen Reiches anzuknüpfen, geprägt. Erstmals artikulierte Ludwig III. seine Kriegsziele am 15. August 1914 spontan in der Antrittsaudienz für den preußischen Botschafter Wilhelm Freiherrn von Schoen. Er forderte die Aufteilung der Reichslande Elsass-Lothringen und „daß Belgien verschwinden und die Rheinmündung deutsch werden müsse."[646] Zur Begründung führte er an, dass bei einer Vergrößerung Preußens auch Bayern „etwa bekommen" müsse. Außenminister Hertling formulierte daraus diplomatischer die Maxime der bayerischen Politik während des Krieges, „daß eine einseitige Vergrößerung Preußens notwendigerweise eine Verschiebung im Verhältnis der Bundesstaaten herbeiführen müsse, die das bundesstaatliche Gefüge des Reiches beeinträchtigen müßte, wenn nicht auch andere Staaten, darunter wir, gleicherfalls etwas zugeteilt bekämen."[647]

Am 26. August erhob der von seinem Außenminister begleitete König im Großen Hauptquartier in Koblenz, beflügelt durch die Kampferfolge der bayerischen Truppen in Lothringen, die Forderung auf das Elsass.[648] Bayern konnte sich dabei auf die teilweise pfälzische Vergangenheit dieses Gebiets und auf ähnliche volkspsychologische, konfessionelle und wirtschaftliche Verhältnisse in der Rheinpfalz und im angrenzenden Elsass berufen, die einer Integration eher förderlich gewesen wären als die preußische Verwaltung.[649] Deshalb konzentrierten sich die Vorstellungen Ludwigs III. zunächst auf die Aufteilung der Reichslande Elsass und Lothringen. Verschiedene Modelle mit Gebietsteilen für Bayern, Württemberg und Baden wurden diskutiert. Die anderen süddeutschen Mittelstaaten wünschten aus Misstrauen gegenüber Bayern aber keine territorialen Veränderungen. Auch die Aufteilung der Reichslande zwischen Bayern und Preußen wurde frühzeitig erwogen. Für Bayern erhoffte der König, dass es „nach den vielen Opfern, die es gebracht, u(nd) nach dem Lobe, das seine Truppen mit Recht erwarben, eine ganz wesentliche Vergrößerung erhalte."[650]

Ludwig III. stellte gegenüber seinem Sohn noch weitreichendere Annexionsforderungen auf,[651] wobei er die Verteilung der im Osten an das Reich angrenzenden russischen Gebiete Preußen überlassen wollte. Er war nicht so sehr vom alldeutschen Nationalismus angesteckt, als dass er in vermeintlich historischen Dimensionen befangen blieb. Er hatte den Verlust der für Bayern erhofften Landbrücke in die Rheinpfalz nach dem Wiener Kongress 1815 nicht verwunden, auch schmerzte ihn, dass Bayern 1866 einen Gebietsverlust, aber 1870 keine Kompensation empfangen hatte. Als Ausgleich wünschte er, „dass Bayern eine wesentliche Gebietsvergrösserung erhält, nämlich Gebiete aus den bisherigen Reichslanden, aus Belgien und aus dem von Frankreich abzutretenden Territorium, je mehr je lieber – gewiss nicht zum Schaden des Deutschen Reiches sondern zu seinem Nutzen."[652] Bei den Ansprüchen gegenüber Belgien berief Ludwig III. sich auf die alte wittelsbachische Herrschaft von Rappoltsweiler bis Bergen op Zoom.[653] Die deutsche Westgrenze nach dem als sicher geglaubten Sieg sollte bei Cap Gris–Nez an der Kanalküste beginnen und längs der Wasserscheide verlaufen, das ganze Flussgebiet von Schelde, Maas und Rhein erfassen und bei Belfort die Schweizer Grenze erreichen: „Die vorgeschlagene Grenze ist die natürliche Grenze zwischen Deutschland und Frankreich. Sollte es aus strategischen Gründen zur besseren Landesverteidigung angezeigt sein, sie noch weiter nach Westen vorzuschieben, wie dies für den Süden bei Belfort vorgeschlagen ist, so ist hiegegen nichts einzuwenden. Belgien muss in das Deutsche Reich einverleibt werden. Es ist ein ungemein reiches Land, hat Kohlenschätze bester und ausgiebigster Art, eine hochentwickelte Industrie und ist sehr fruchtbar. … Belgien muss als selbständiger Staat zu bestehen aufhören."[654] Bayern benötige Kohlegebiete und Anschluss an den Hafen Antwerpen, über den der Großteil des süddeutschen Seehandels abgewickelt wurde. Ludwig III. forderte beim Festmahl des Bayerischen Kanalvereins zu Fürth am 6. Juni 1915 erstmals öffentlich für das Reich „einen direkten Ausgang vom Rhein zum Meer".[655] Empfindlich störte er damit die Politik des Reichskanzlers von Bethmann Hollweg, weil dadurch das Verhältnis zu den neutralen Staaten, besonders zu den Niederlanden, belastet wurde.

Der König kannte das Kriegsgeschehen nur von gelegentlichen Frontbesuchen und vertraute den Verlautbarungen der OHL. Die realistische Einschätzung der Kriegslage in den Briefen seines Sohnes schob er beiseite. Bereits im März 1915 meinte er, dieser würde zu schwarz sehen.[656] Die bayerische Regierung fürchtete die „pessimistischen" Briefe des Kronprinzen, weil diese Ludwig III. immer wieder beunruhigten.[657] Getrogen durch die anhaltende offizielle Siegeszuversicht und nicht frei von Altersstarrsinn, hielt Ludwig III. während des Krieges an seinen Annexionsabsichten fest. Mit nahezu identischen Formulierungen kreisen seine Briefe an Rupprecht immer wieder um diese Vorstellungen. Der Friede sollte eine Kompensation für die menschlichen und materiellen Opfer des Krieges darstellen. Der bayerischen Regierung gelang es, diese Anschauungen des Königs weitgehend vor der Öffentlichkeit verborgen zu halten, lediglich für die Aufteilung der Reichslande Elsass-Lothringen setzte sie sich in Berlin ein. Der König stand mit seinen Annexionswünschen keineswegs allein im Reich wie in Bayern.[658] Die Träger annexionistischer Bestrebungen innerhalb Bayerns konzentrierten sich auf das protestantische Großbürgertum, waren in den neubayerischen Gebieten und in München mit seiner für Oberbayern atypischen Sozialstruktur ungleich stärker vertreten als im übrigen Altbayern.[659]

Der Abschluss des Friedens von Brest-Litowsk mit Sowjetrussland vom 3. März 1918 und die Erfolge der deutschen Frühjahrsoffensive lösten im Reich eine neue Siegeseuphorie aus. Wilhelm II. forderte jetzt offen die Vereinigung des gesamten Baltikums mit der Krone Preußen sowie Lothringen, wofür er nun das Elsass Bayern zugestand.[660] Darauf entwarf Reichskanzler Graf Hertling einen Plan, der das Oberelsass für Baden, das Unterelsass für Bayern und Lothringen für Preußen vorsah. Kurland, Livland und Estland sollten ebenfalls an Preußen, Litauen an Sachsen fallen. Der Kaiser erwähnte diesen Entwurf am 29. März gegenüber Rupprecht, noch bevor die bayerische Regierung davon offiziell verständigt worden war.[661] Am 16. April einigten sich Wilhelm II. und Hertling in Spa über die elsässisch-baltisch-litauische Kombination.[662] Ludwig III. war mit dieser Lösung nicht einverstanden, er hielt sie für Bayern für „nicht genügend".[663] Doch wurden in der Folgezeit trotz der sich ständig verschlechternden Kriegslage auch noch weitere Projekte diskutiert.

Die Kriegsziele Kronprinz Rupprechts

Mit zunehmender Kriegsdauer wurden die Vorstellungen Kronprinz Rupprechts durch die realistische Sicht der politischen und militärischen Lage geprägt, die Ludwig III. allerdings für Pessimismus hielt.[664] Rupprecht bemühte sich, seinem Vater keine direkten Ratschläge zu erteilen, und informierte ihn nur über den Stand der Entwicklungen. Als Offizier musste er sich von der Politik fernhalten, als Thronfolger war er verfassungsmäßig auf die Mitarbeit im Staatsrat und im Reichsrat beschränkt, an deren Sitzungen er während des Krieges nicht teilnehmen konnte. Immerhin maß wenigstens die bayerische Regierung seinem politischen Urteil so viel Gewicht bei, dass sie in sein Hauptquartier einen eigenen Vertreter entsandte, Legationsrat Leopold Krafft von Dellmensingen.[665] Er vermittelte den Kontakt zwischen dem Kronprinzen und den Außenministern Hertling und Dandl. Auf die Kritik eines Landtagsabgeordneten an der Abordnung Kraffts konnte Rupprecht erwidern, dass Krafft als Ordonnanzoffizier seinem Stab zugeteilt sei.[666]

Kapitel I. Die Zeit der Monarchie

Leopold Krafft fühlte sich stärker den Ansichten der bayerischen Regierung als denen des Kronprinzen verpflichtet und versuchte, diesen in ihrem Sinne zu beeinflussen. Weder teilte er die Sorge Rupprechts um die Schwächung der bayerischen Eigenstaatlichkeit im Laufe des Krieges noch seine realistische Einschätzung der sich beständig verringernden Siegeschancen der Mittelmächte. Das bayerische Kriegsministerium hatte mit Karl Freiherrn von Nagel einen Militärbevollmächtigten im Großen Hauptquartier, der auch den Kronprinzen besuchte und dessen Kritik an der OHL nach München meldete.[667] Rupprecht bezog nicht nur aus diesen offiziellen Kanälen Informationen über die politische Entwicklung, sondern auch durch Besuche und Berichte von Abgeordneten und Journalisten aus der Heimat. Außerdem hatte sein Hofmarschall für ihn zu Beginn des Krieges die „Basler Nachrichten" abonniert, weil die deutschen Zeitungen der Zensur unterlagen.[668]

Zu Beginn des Krieges war Kronprinz Rupprecht noch von einem Erfolg der deutschen Waffen überzeugt. Im September 1914 regte er an, vorsorglich ein „Verzeichnis aller Kunstgegenstände an[zu]fertigen, die die Franzosen aus München entführten und die sich teils im Musée d'Artillerie, teils im Louvre zu Paris, in der Bibliotheque Nationale und in Provinzialmuseen z. B. Lyon befinden".[669] Dies zeigt sowohl, wie sehr er in historischen Dimensionen dachte, als auch sein hohes Interesse an der Kunst selbst unter den Belastungen des Krieges. Rupprecht teilte zunächst weitgehend die Kriegsziele seines Vaters. Zur Stärkung des Föderalismus hielt er eine Erweiterung Bayerns für dringend geboten. Für Bayern wäre er zufrieden gewesen, „das untere Elsass mit Strassburg nebst einem an die Pfalz grenzenden Teile Lothringens zu erhalten, eines Teiles des Saarbeckens, dem wegen seines Kohlenreichtums besondere Bedeutung zukommt."[670] Zur Finanzierung der Straßburger Universität schlug er vor, die Universität Erlangen zu schließen oder in eine nach Nürnberg zu verlegende Handelshochschule umzuwandeln.[671]

Rupprecht forderte aber nicht nur das Elsass für Bayern, sondern erhob für das Reich ebenfalls Annexionsansprüche gegenüber Belgien. Dies ist um so erstaunlicher, als ihn mit seinem Schwager, König Albert, bis zum Kriegsausbruch eine herzliche Freundschaft verbunden hatte. Die Beziehungen zum belgischen Königspaar waren über das offizielle Maß gesellschaftlicher Verpflichtungen unter Herrscherhäusern hinausgegangen.[672] Bereits zu Beginn des 20. Jahrhunderts aber hatte die Nationalidee die dynastischen Beziehungen überwuchert. Selbst die engen Verbindungen Wilhelms II. zum englischen Königs- und russischen Kaiserhaus hatten ja den Kriegsausbruch nicht verhindern können.

Um den Föderalismus zu stärken, hätte Kronprinz Rupprecht den freiwilligen Anschluss der um belgische Gebiete erweiterten Niederlande an das Reich begrüßt.[673] Er entwarf bereits Modelle für die dann fällige Änderung der Bundesratsstimmen, um die bayerische und holländische Position gegenüber Preußen und den von ihm abhängigen Kleinstaaten zu stärken. Dabei war er überzeugt, dass auch die niederländische Bevölkerung dem zustimmen würde, wenn nur die angestammte Dynastie erhalten bliebe. Zeitweilig träumte er davon, dass ein bayerischer Prinz die Großherzogin von Luxemburg heiraten und damit das Land in ein Verhältnis zu Bayern wie Baden zu Preußen bringen könnte.[674] Rupprecht regte die Teilung Belgiens entlang der Sprachgrenze zwischen Frankreich sowie den Niederlanden und Luxemburg an, falls diese sich dem Reich anschlössen.[675]

Noch im Frühjahr 1915 hing Rupprecht der Vorstellung eines für das Deutsche Reich vorteilhaften Friedensschlusses an, der umfangreiche Gebietserweiterungen mit sich bringen sollte. Er teilte damals die Sorge der bayerischen Regierung, Reichskanzler von Bethmann Hollweg könnte sich vorschnell in Friedensverhandlungen einlassen.[676] Im April erhielt er eine Denkschrift des deutschen Generalgouverneurs in Belgien, Moritz von Bissing.[677] Dieser forderte ohne politische oder moralische Rücksichten die Annexion Belgiens mit dem Recht des Siegers. Darauf fasste der Kronprinz seine eigenen weitreichenden Annexionsforderungen ebenfalls in einem Memorandum zusammen, das er dem bayerischen Außenminister Graf Hertling sandte.[678] Aus Sorge vor einer starken reichsfeindlichen Opposition in Reichs- und Bundestag lehnte Rupprecht die Eingliederung Belgiens als eigenständiger Bundesstaat in das Deutsche Reich und den Gedanken ab, den Thron wieder König Albert zu überlassen. Den Hof seines Schwagers hielt er für von französischem Geist durchtränkt, welcher der „natürliche Mittelpunkt" aller deutschfeindlichen Bestrebungen werden würde. Zur Rechtfertigung der Absetzung eines Königs, die den antimonarchischen Geist fördern könnte, konstruierte Rupprecht eine Unterscheidung der Monarchien nach ihrem Legitimitätsgrad: „Ausserdem ist aber das belgische Königshaus kein angestammtes, aus dem Lande hervorgegangenes Herrscherhaus. Die coburgische Familie, deren Fühlen u(nd) Denken stets international und auf den jeweiligen Gewinn gerichtet war, ist durch die Gnade Englands und durch eine Revolution, also auf einem Wege, der dem monarchischen Gedanken widerspricht, auf den belgischen Thron gelangt." Wie für Elsass-Lothringen schlug er die Aufteilung Belgiens vor. Er teilte nicht die Besorgnis, dass das Reich durch die Eingliederung nichtdeutscher Bevölkerung geschwächt würde und forderte, dass die annektierten Gebiete „untrennbare Bestandteile des Reiches werden sollten".

Rupprechts Entwurf war von der Überzeugung geprägt, dass Frankreich, England und Belgien auch nach einem Friedensschluss Feinde des Deutschen Reiches bleiben würden. Deshalb forderte er eine militärisch vorteilhafte Grenzziehung und die empfindliche Schwächung der gegnerischen Machtstellung.

Dies sollte gleichzeitig als Ersatz für finanzielle Kriegsentschädigungen dienen, die Frankreich ohnehin nicht ausreichend würde aufbringen können. Wie Ludwig III. wünschte, sollte die Westgrenze des Deutschen Reiches so weit vorgeschoben werden, dass Luxemburg, Nordfrankreich, Belgien und die Niederlande dem Reich einverleibt werden würden. Dadurch wären die Kanalküste und die nordostfranzösischen Grenzfestungen an Deutschland gefallen, Englands Macht auf dem Festland wäre entscheidend geschwächt worden. Zwar fasste Rupprecht Räume zusammen, die eine wirtschaftliche Einheit bildeten, doch geschah dies unter Anknüpfung an den alten Umfang des Heiligen Römischen Reiches. Letztlich erstrebte er die Revision der Westfälischen Friedensschlüsse. Holland sollte durch den Gewinn belgischer und französischer Gebiete zum freiwilligen Anschluss an das Reich gebracht werden: „Durch seine Einverleibung würde zugleich der ganze germanische Volksteil in Nordwest-Europa, der lange dem alten Reiche angehört hat, zurückgewonnen." Dabei sollten die flämischen Gebiete Belgiens und Nordfrankreichs an die Niederlande, die übrigen nordostfranzösischen Gebietsteile, Wallonien und das bisher holländische Gebiet um Maastricht an Preußen, der südöstliche Teil der belgischen Provinz Luxemburg an das Großherzogtum Luxemburg fallen. Rupprecht ging davon aus, dass die Niederlande und Luxemburg sich unter diesen Bedingungen freiwillig dem Reich anschließen würden. Beide sollten im Bundesrat und im Reichstag entsprechend vertreten sein. Die Niederlande hätten eine ähnliche Sonderstellung innerhalb des Reiches erhalten wie sie Bayern bisher einnahm.

Direkte bayerische Kriegsziele formulierte Rupprecht in seiner Denkschrift nicht, doch erhoffte er als Gegenleistung sicher den Anfall des Elsass. Dieses Projekt war weniger Ausfluss nationalistischen Größenwahns als ein Versuch, die Hegemonie Preußens in der Nachkriegsordnung zu begrenzen. Rupprecht betrachtete das Reich nicht als Bundesstaat, sondern als Staatenbund. Ein um das an die Rheinpfalz grenzende Elsass erweitertes Königreich Bayern und das um belgische und französische Gebiete vergrößerte Königreich der Niederlande hätten ein wesentliches Gegengewicht zu Preußen innerhalb des Deutschen Reiches dargestellt. Der Trialismus Preußen–Bayern–Holland hätte eine völlig neue Konstellation für die Reichs- wie die Europapolitik bedeutet.[679]

Graf Hertling nahm erst auf mehrfache Aufforderung des Legationsrates Krafft zur Denkschrift des Kronprinzen Stellung.[680] Er billigte die Absicht, Frankreich zu schwächen und den englischen und französischen Einfluss in Belgien auszuschalten, doch erwog er neben den Alternativen Reichsland oder Einverleibung in einen deutschen Bundesstaat die dritte Möglichkeit, Belgien in ein „loseres Abhängigkeitsverhältnis" zum Reich zu stellen. An den freiwilligen Beitritt der Niederlande zum Reich vermochte er nicht zu glauben, auch die Angliederung dicht besiedelter französischer Gebiete lehnte er ab. Hertling hatte sich bereits zur Erkenntnis durchgerungen, dass wegen der veränderten Kriegslage Gebietserweiterungen nach allen Seiten nicht mehr möglich seien und Deutschland die Koalition seiner Gegner aufbrechen müsse. Er dachte an bescheidene Gebietserweiterungen im Osten und an einen Sonderfrieden mit Russland. Rupprecht hielt im Sommer 1915, wie Krafft berichtete, aber noch an seiner Auffassung fest, dass Frankreich auch wirtschaftlich geschwächt und Belgien geteilt werden sollte.[681] Er meinte ferner, wenn man einen Teil Belgiens als Fürstentum einem sächsischen Prinzen überlassen würde, wäre der Widerstand Sachsens gegen die Zuteilung des Elsass an Bayern wohl aufgehoben.

Reichskanzler von Bethmann Hollweg verhielt sich gegenüber den von der bayerischen Regierung vorgebrachten Annexionswünschen äußert reserviert, er wollte von dem zu restituierenden Königreich Belgien allenfalls das strategisch wichtige Lüttich abtrennen.[682] Hoffnungen auf einen Sonderfrieden mit dem Zaren hatte er bereits aufgegeben. Um seine Vorstellungen gegen den Reichskanzler durchzusetzen, ließ Kronprinz Rupprecht seine Denkschrift am 29. Juli 1915 unmittelbar Kaiser Wilhelm II. überreichen.[683] Mittlerweile hielt Rupprecht die Illusion vom freiwilligen Anschluss Hollands für unrealistisch, die ursprünglich den Niederlanden zugedachten nordfranzösischen und belgischen Gebiete wollte er nun unter einem deutschen Fürsten zu einem eigenständigen Bundesstaat machen. Der Kaiser missbilligte aber das Projekt und betonte den Zusammenhang zwischen Kriegszielen und militärischer Lage.[684]

Um den preußischen Widerstand gegen eine Ausweitung Bayerns zu brechen, legte Rupprecht seinem Vater im Juli 1915 einen neuen Plan vor.[685] Weil die konservative Partei in Preußen aus konfessionellen Gründen die Angliederung des Elsass ablehne, um den Katholikenanteil in Preußen nicht zu erhöhen, solle der König das ganze Elsass für Bayern fordern. Den Hauptwiderstand gegen diesen Plan fürchtete der Kronprinz vom Großherzogtum Baden, das damit von Bayern eingekreist worden wäre. Das Fortbestehen der Reichslande Elsass-Lothringen wäre dem monarchischen Gedanken abträglich. Diese Überlegungen waren noch von Vorstellungen des beginnenden 19. Jahrhunderts geprägt. Rupprecht entwarf eine Fülle unterschiedlicher Projekte für mehrere denkbare Eventualitäten. Ein belgischer Bundesstaat oder eine Hochzeit mit der Großherzogin von Luxemburg wurde den Wettinern zugedacht, Württemberg sollte Hohenzollern-Sigmaringen erhalten, Luxemburg sollte erweitert werden. Ein Friede, der das Volk vermeintlich für seine Opfer an Gut und Blut entschädigte, würde das Ansehen der Monarchie steigern: „Wenn die Macht Preußens bei dem zu erhoffenden glücklichen Ausgang des Krieges durch den Zuwachs der Ostseeprovinzen – diese allein so groß wie Bayern und Württemberg zusammen – sowie von polnischen und belgischen Gebietsteilen eine gewaltige Stärkung erführe, würde Bayern als der nächstgrößte Bundesstaat zu völliger Bedeutungslosigkeit herabgedrückt, sofern ihm nicht Kompensationen zu Teil würden. Wenn aber die Bundesfürsten infolge der Verminderung ihres Einflusses auch an Achtung bei ihren Untertanen verlören, so käme dies nicht dem Kaiser zugute, dessen Beziehungen zu den übrigen Teilen des Reiches doch wesentlich losere seien als zu den preußischen Provinzen, sondern bewirke im Gegenteil eine Schwächung des monarchischen Gedankens überhaupt, die in ihren Folgen dem Kaiser sehr unerwünscht sein müßte."[686]

Noch im August 1915 hing Rupprecht der Idee des Siegfriedens an. Am schärfsten formulierte er dies gegenüber seinem Vater, den er zu einer Intervention beim Kaiser gegen die ihm zu kompromissbereite Haltung des Reichskanzlers Bethmann Hollweg zu beeinflussen suchte: „Mir erscheint es geboten das alte deutsche Reich in veränderter Form aber in seinen alten Gränzen wiederherzustellen u(nd) ich bin überzeugt, dass wir umsomehr Landerwerbungen bedürfen, als wir eine Kriegskostenentschädigung kaum erhalten werden. Frankreich unser gefährlichster Feind muss endgiltig aus der Reihe der Grossmächte gestrichen werden. Es ist wahrlich zu viel Blut geflossen, als dass man sich mit bescheidenen Ansprüchen zufrieden geben könnte. Heer wie Volk würden dies nimmer verstehen!"[687]

Als die bayerischen Absichten auf das Reichsland Elsass in einem Artikel der Frankfurter Zeitung vom 10. November 1915 öffentlich attackiert wurden,[688] empörte sich Kronprinz Rupprecht über die Passage, dass nach dem Krieg die relative Bedeutung der Einzelstaaten hinter der des Reiches zurücktreten werde. Er wertete den Artikel als Ausdruck von in Preußen verbreiteten Anschauungen. Zwar räumte der Verfasser ein, dass die Elsässer gefühlsmäßig und aus konfessionellen Gründen mehr zu Bayern als zu Preußen tendierten. Trotzdem forderte er die Einverleibung der gesamten Reichslande nach Preußen, weil nur dieses das Deutschtum dort entschieden stärken und die Ausbildung eines preußisch-bayerischen Dualismus im Reich unterdrücken könne. Da diese Auffassung Rupprechts grundsätzliche Sorge um den Erhalt des bundesstaatlichen Charakter des Reiches berührte, interpretierte er die hinter dem Artikel stehende Gesinnung als „das Ende des bundesstaatlichen Reiches und dessen Umwandlung in einen zentralistisch verwalteten Einheitsstaat".[689] Diese pointierte Interpretation eines Zeitungsartikels macht deutlich, dass auch hinter den heute teilweise absurd anmutenden Annexionsplänen Rupprechts immer die Sorge um die föderalistische Ausgestaltung der Reichsverfassung stand. Mit der Einsicht zur Notwendigkeit eines Verständigungsfriedens verabschiedete sich Kronprinz Rupprecht ab dem Herbst 1915 von seinen Annexionsplänen.

Die Einschätzung der modernen Kriegführung

Rupprecht bemühte sich, die Zivilbevölkerung nicht unter den Folgen des Krieges leiden zu lassen. So kritisierte er das Niederbrennen von Dörfern und Plünderungsaktionen durch deutsche Truppen. Er versuchte, derartige Vorkommnisse durch Befehle zu verhindern, weil sie nachrückende deutsche Truppen behinderten, aber auch aus humanitären Gründen.[690] „Außerdem trifft diese Strafe in gleicher Weise Schuldige wie Unschuldige und macht die betroffene Bevölkerung heimat- und arbeitslos, was durchaus nicht in unserem Interesse. Das Niederbrennen der Häuser wirkte zudem verrohend und verleitet die hiermit beauftragten Mannschaften nur allzu leicht zu Plünderungen." Bevor seine aus dem Elsass abgezogenen Truppen im September 1914 erneut französischen Boden betreten sollten, erließ Kronprinz Rupprecht einen Tagesbefehl über das Verhalten gegenüber der feindlichen Zivilbevölkerung.[691] Er mahnte zur Vorsicht vor Überfällen hinter der Frontlinie, gebot rücksichtsvollen Umgang mit den Einwohnern und untersagte streng Plünderungen.

Als Hauptgegner betrachtete Kronprinz Rupprecht stets die Engländer, er blieb von der Überzeugung geprägt, dass England den Weltkrieg hätte verhindern können.[692] Als Ende Oktober 1914 erstmals englische Truppen der 6. Armee gegenüberstanden, ließ er sich in einem Tagesbefehl zu seinem härtesten Ausspruch hinreißen: „Darum, wenn es jetzt gegen diesen Feind geht, übt Vergeltung wider feindliche Hinterlist für so viele schwere Opfer! Zeigt ihnen, daß die Deutschen nicht so leicht aus der Weltgeschichte zu streichen sind, zeigt ihnen das durch deutsche Hiebe von ganz besonderer Art!"[693] Die alliierte Propaganda nutzte diese markige Äußerung weidlich als Beleg für die brutale deutsche Kriegführung aus, später wurde Rupprecht deshalb als „Oberhunne"[694] denunziert. Dabei bemühte er sich um einen menschlichen Umgang mit den Kriegsgefangenen. So ordnete er entgegen des Befehls der OHL im kalten Winter 1916/17 an, die Gefangenen während der außerordentlichen Kälteperiode nicht unter freiem Himmel in offenen Drahtgehegen unterzubringen.[695]

Immer wieder beschäftigte sich Kronprinz Rupprecht mit einer auch in der deutschen Öffentlichkeit viel diskutierten Frage, dem Problem des U-Boot-Krieges, durch den besonders die englischen Nachschublinien unterbunden werden sollten. Lange blieb der Kronprinz aus Rücksicht auf die Haltung der neutralen Staaten Gegner eines uneingeschränkten U-Boot-Krieges,[696] obwohl er darauf keinen direkten Einfluß nehmen konnte. Im Februar 1915 eröffnete die deutsche Marine den U-Boot-Handelskrieg.[697] Als Rupprecht damals erfuhr, dass die englische Admiralität ihre Handelsflotte angewiesen habe, unter neutraler Flagge zu fahren,[698] plädierte er für den Kampfeinsatz von U-Booten: „Diese offenkundige Mißachtung des Völkerrechts berechtigt uns meines Erachtens zur

Verhängung der Blockade über die britischen Küsten und zur Torpedierung aller in ihren Gewässern sich bewegenden Fahrzeuge. Die Unterseeboote sind zweifellos die geeignetste Waffe zur Unterbindung des britischen Handels. Der jetzige Krieg wird immer mehr zu einem wirtschaftlichen, und seine Folgen wird, gleich wie der Ausgang sein mag, jeder der daran beteiligten Staaten noch Jahrzehnte verspüren."[699] Im Frühjahr 1915 befürwortete er im Sinne der Effektivität die Führung des Unterseeboot-Krieges auch ohne allzu große Rücksichten,[700] doch handelte es sich damals noch nicht um einen uneingeschränkten U-Boot-Krieg.

Zum Jahresanfang 1916 drohte die englische Regierung, die Lebensmittelzufuhr in die besetzten Gebiete Belgiens zu unterbinden, was dort einen unerträglichen Notstand für die Bevölkerung ausgelöst hätte.[701] Rupprecht glaubte dem Gerücht, dass deshalb von der OHL erwogen würde, nahezu die gesamte belgische Bevölkerung über die Kampflinien oder die holländische und die schweizerische Grenze zu treiben. Die Vorbereitungen sollten bis zum 12. Februar abgeschlossen sein, an die elf Millionen Menschen wären von dieser in der Geschichte damals noch beispiellosen Vertreibungsaktion betroffen gewesen. Der Kronprinz hielt ein Gelingen für ausgeschlossen und ein Blutvergießen für unvermeidlich. Er ging davon aus, dass ein solches barbarisches Vorgehen den Beginn eines Vernichtungskrieges bis zur letzten Konsequenz bedeutet hätte. Er vermutete, dass dieses Vorhaben von der OHL unter Falkenhayn eigenmächtig ausgedacht worden wäre, der er offenbar einen solchen brutalen Akt zutraute. Allerdings ging er davon aus, dass weder der Kaiser noch der Kanzler darüber informiert seien. Rupprecht war darüber jedenfalls so erregt, dass er sich erneut mit Rücktrittsabsichten als Armeekommandant trug.[702] Sein Verbindungsmann zur bayerischen Regierung, Leopold Krafft von Dellmensingen, riet davon dringend ab, damit dies nicht vom Ausland als erster Schritt einer Lösung Bayerns vom Reich gewertet würde. Graf Lerchenfeld berichtete dann aber aus Berlin, der Reichskanzler sei von dieser Vertreibungsaktion nicht informiert und es handle sich wohl nur um Gerede.[703]

Ebenfalls im Januar und Februar 1916 wurden im Deutschen Reich erneut Forderungen nach der uneingeschränkten Führung des U-Boot-Krieges erhoben, mit dessen Hilfe man glaubte, England in sechs Monaten zum Frieden zwingen zu können.[704] Rupprecht informierte Außenminister Hertling damals über die von ihm geteilte Anschauung Admiral Ludwig von Schröders, dass diese Einschätzung aus militärischen Gründen nicht realistisch sei.[705] Am 8. Februar versandte das Auswärtige Amt eine Ankündigung des verschärften U-Boot-Krieges. Der Kronprinz kommentierte die amerikanische Drohung vom April 1916 zur Aufkündigung der diplomatischen Beziehungen für den Fall einer Fortdauer des U-Boot-Krieges: „Ein Krieg mit Amerika ist sonach wohl unvermeidlich. Die

Lehre aus der Sache ist: ‚Man soll nie etwas unternehmen, was man nicht durchführen kann.'"[706] Später schrieb er: „Ich habe Mitte März den Standpunkt vertreten, daß der Schaden eines Bruches mit Amerika den Vorteil bei weitem überwiegen würde, den wir bei Führung des rücksichtslosen U-Boot-Krieges zu erwarten haben würden."[707] Er fürchtete mit Recht die Folgen, wenn sich Deutschland auch noch die letzte neutrale Großmacht zum Feinde machen und dadurch die eigene wirtschaftliche Situation erheblich verschärfen würde.

Im Frühjahr 1916 versuchte die OHL unter General Falkenhayn, England durch einen erneuten Angriff auf Verdun und durch den unbeschränkten U-Boot-Krieg niederzuringen, um einen raschen Friedensschluss zu erzwingen.[708] Die Gegenposition vertrat Reichskanzler von Bethmann Hollweg, den der bayerische König und seine Regierung sowie der Auswärtige Ausschuss des Bundestages nach anfänglichem Zögern unterstützten.[709] Am 5. August 1916 empfing Ludwig III. aber eine Delegation des „Volksausschusses für die rasche Niederwerfung Englands" unter der Leitung der Münchner Universitätsprofessoren Geheimrat Max von Gruber und Hofrat Emil Kraepelin. Sie drängten ihn, über den Auswärtigen Bundesratsausschuss für eine kompromisslose Kriegführung und weitreichende Annexionsforderungen zu agieren.[710] Die Regierung Hertling versuchte aber, der von alldeutschen Kreisen um Großadmiral Alfred von Tirpitz gesteuerten „Kanzlersturzbewegung" entgegenzutreten, als deren Zentrum sich bald München herauskristallisierte.[711] Bei den Wittelsbachern fanden diese Gruppen aber keine Unterstützung.

Die Kämpfe vor Verdun wurden unter Einsatz der modernen Massenvernichtungswaffen wie Giftgas geführt. Kronprinz Rupprecht verurteilte dieses Vorgehen, ohne es freilich verhindern zu können. Ethische und taktische Motive flossen dabei zusammen: „Als Dr. Haber mit General von Falkenhayn vor der ersten Anwendung bei mir weilte, verhehlte ich nicht, daß mir das neue Kampfmittel des Gases nicht nur unsympathisch erschiene, sondern auch verfehlt, denn es sei sicher anzunehmen, daß, wenn es sich als wirksam erweise, der Feind zum gleichen Mittel greifen würde und bei der vorherrschenden westöstlichen Windrichtung zehnmal öfter gegen uns Gas abblasen könnte, als wir gegen ihn."[712] Am 29. April 1916 starben tatsächlich Hunderte bayerischer Soldaten, weil der Wind das von ihnen abgelassene Gas zurückgetrieben hatte.[713] Allerdings konnte Rupprecht sich dem Gaseinsatz nicht grundsätzlich verschließen.

Als die Kriegslage für das Deutsche Reich immer verzweifelter wurde, kam Rupprecht im Herbst 1916 zur Überzeugung, dass jetzt keine Rücksicht mehr auf die neutralen Staaten zu nehmen sei, weil die Nachschubzufuhr zu ihnen durch die alliierte Blockade ohnehin abgeschnitten wäre.[714] Die Hungerblockade der deutschen Küsten durch englische Schiffe[715] führte ihn dann zur Forderung, mit gleichen Mitteln zu antworten. Zu Jahresbeginn 1917, nachdem ein deutsches Friedensangebot abgelehnt worden war, wurde der Streit über den unbeschränkten U-Boot-Krieg öffentlich ausgetragen.[716] Er musste den Kriegseintritt der USA bedeuten, deren militärische Schlagkraft Rupprecht nicht so eklatant unterschätzte wie die OHL.[717] Auch hatte er eine nur geringe Meinung von der Wirkungskraft des uneingeschränkten U-Boot-Krieges, womit er Recht behalten sollte. Allerdings schwankte Kronprinz Rupprecht in seinem Urteil, wirklichen Einfluss auf die Entwicklung konnte er aber ohnehin nicht nehmen. Im Januar 1917 beschlossen OHL und Kronrat den uneingeschränkten U-Boot-Krieg.[718] Im Februar dieses Jahres versprach sich nun auch Rupprecht „von einer ungehemmten Führung des U-Bootskrieges" einen durchschlagenden Erfolg und damit ein baldiges Kriegsende.[719] Darauf erfolgte aber am 6. April der Kriegseintritt der USA, zu dem der U-Boot-Krieg das auslösende Moment, nicht jedoch die Ursache gebildet hatte.[720] Gegenüber Hertling betonte Rupprecht aber dann im Sommer erneut seine Zweifel an der Effektivität der U-Boot-Waffe.[721]

Immer stärker wurde im Verlauf des Weltkrieges auch die Zivilbevölkerung nicht nur Opfer von Kämpfen, sondern ganz gezielt in die militärischen Auseinandersetzungen einbezogen. Die Ausweitung des Krieges auf die Zivilbevölkerung durch Bombardements aus der Luft verurteilte Rupprecht scharf. So intervenierte er gegen die deutschen Luftangriffe auf englische Städte. Der Vertreter des Auswärtigen Amtes beim Kaiser, Karl Georg von Treutler, konnte ihm im Januar 1915 mitteilen, dass wegen seiner Bedenken weitere Luftangriffe auf London verboten würden.[722] Trotzdem wurden die Bombenabwürfe später wieder fortgesetzt. Im folgenden Jahr sprach Rupprecht sich erneut gegen das Bombardement feindlicher Städte aus, weil es keinen Nutzen brächte und den Gegner nur zu Repressalien herausforderte.[723] Den Abwurf von Fliegerbomben über Bar-le-Duc im Juni 1916 und den Gegenschlag über Karlsruhe kommentierte er: „Wohin steuern wir und was erreichen wir mit solch sinnlosem Vorgehen? Repressalien ohne Ende werden die Folge sein."[724] Sein Protest wurde aber von General Falkenhayn zurückgewiesen.[725] Die Bombenabwürfe aus Zeppelinen über London verurteilte Rupprecht außerdem als militärisch unnütz, zumal sie die Engländer nur unnötig erbitterten.[726] Im Jahr 1917 nahm seine Kritik noch zu: „Der Kaiser liess mir durch seinen Leibjäger ! telephonisch die Mitteilung machen, dass ein deutsches Fliegergeschwader das Herz ! d(er) Stadt London m(it) 4000 Kilo Sprengstoffen beworfen habe. – Es ist unerhört in welchen Selbsttäuschungen d(er) Kaiser befangen ist, als wenn m(it) diesem unsinnigen Bombenwerfen auf eine offene Stadt u(nd) das ist doch London, wenn es auch in unseren Heeresberichten immer eine Festung genannt wird, etwas anderes erreicht würde als eine masslose Erbitterung. Und ist diese nicht durchaus berechtigt?"[727] Sarkastisch notierte er, dass „dieses barbarische u(nd) militärisch so nutzlose Bombenwerfen auf offene Städte" erst sein Ende erreichen werde, wenn auch einmal Potsdam heimgesucht werden würde. Der geplante Einsatz von Brandbomben gegen feindliche Städte veranlasste ihn zu dem Ausruf: „Zu welchen Barbareien führt nicht dieser entsetzlichste aller Kriege!"[728] Deshalb protestierte er im Juli 1918 beim Reichskanzler gegen den Abwurf von Brandbomben über Paris.[729]

Die technische Seite der modernen Kriegführung interessierte Kronprinz Rupprecht weniger. Er konstatierte zwar den Einsatz der neuen Tanks durch die Engländer und schätzte auch ihre demoralisierende Wirkung auf die deutschen Soldaten richtig ein,[730] aber für die Konzeption einer besonderen Verteidigung oder die Konstruktion eigener Panzer setzte er sich nicht ein. Den Möglichkeiten der modernen Technik in Richtung einer Ausweitung der Kampfwirkung von Waffen etwa durch Brandbomben und Giftgas stand er ablehnend gegenüber. Rupprecht vertrat eine traditionelle Auffassung von der Kriegführung, welche durch die modernen Massenvernichtungswaffen nicht mehr der Realität entsprach. So stellte er resignierend fest, dass in diesem Krieg sich Ritterlichkeit nur noch bei der Fliegerwaffe erhalten habe, bei der sich Offiziere im Einzelkampf begegneten.[731]

Der Einsatz für die Eigenstaatlichkeit Bayerns

Kronprinz Rupprecht behielt bei seinen Vorstellungen weit ausgreifender Kriegsziele wie dann bei der Einsicht zur Notwendigkeit eines Verständigungsfriedens stets die bayerischen Interessen im Blick. Auf verschiedenen Ebenen versuchte er, dem drohenden Verlust bayerischer Souveränitätsrechte während des Krieges entgegenzuwirken. Einen Faktor bildete das Bemühen um die territoriale Erweiterung Bayerns, um dadurch eine Stärkung der föderalistischen Struktur des Reiches zu erreichen. Den entscheidenden Punkt, den er nicht müde wurde zu betonen, bildete der Erhalt eines eigenständigen bayerischen Heeres. Zwar war der Kaiser in Kriegszeiten verfassungsgemäß ihr Oberbefehlshaber, doch bestand die königliche bayerische Armee fort.

Preußisch-bayerische Empfindlichkeiten überschatteten früh die Kriegführung. Immer weiter wurden im Laufe des Krieges die bayerischen Truppen dem Oberbefehl Kronprinz Rupprechts entzogen, worüber er häufig Klage führte. Bereits im Oktober 1914 musste er notieren: „Ich bedaure, daß ich jetzt nur mehr so wenig bayerische Truppen unter meinem Befehl habe, während ich zu Beginn des Feldzuges fast sämtliche bayerische Truppen unter meinem Befehl vereinigt hatte."[732] Mit Kriegsminister Otto Freiherr Kreß von Kressenstein führte er einen Briefwechsel in dieser Angelegenheit, der sich aber als machtlos erklärte.[733] Auch der bayerische Militärbevollmächtigte Karl von Nagel bekannte, dass er die Forderungen Kronprinz Rupprechts bei der OHL nicht durchsetzen könne.⁷³⁴ Rupprecht seinerseits bemühte sich, durch sein Verhalten keine preußischen Offiziere unter seinen Untergebenen zu verletzen. Als er einmal plante, ein scharfes Mahnschreiben an die ihm unterstellten Korpsführer zu richten, unbedingt zu melden, wenn sie die befohlenen Marsch- und Angriffsziele nicht erreichten, verzichtete er aus Rücksicht auf die bayerisch-preußischen Beziehungen darauf: „Um als bayerischer Oberbefehlshaber keine Empfindlichkeiten seitens preußischer Führer hervorzurufen, ließ ich jedoch das Schreiben nicht abgehen."⁷³⁵ Resignation war auch dem Kronprinzen nicht fremd.

Selbst bei der Annahme von Ehrungen durch den Deutschen Kaiser war Rupprecht besorgt, dies könnte einen preußischen Führungsanspruch implizieren. Wilhelm II. ernannte den bayerischen König Ludwig III. am 26. Juni 1915 zum preußischen Generalfeldmarschall.⁷³⁶ Der bayerische Kronprinz befürchtete in dieser Höflichkeitsgeste unter Monarchen die Gefahr, dass der Kaiser als einseitig auszeichnender Teil die Bundesfürsten in die Position von Vasallen herabdrücken könnte.⁷³⁷ Deshalb regte er an, sich zu revanchieren. Ludwig III. überreichte daraufhin Wilhelm II. am 22. September bei einer Begegnung auf der Nürnberger Kaiserburg den bayerischen Marschallsstab.⁷³⁸

Der skeptische Kommentar zu seiner eigenen Ernennung zum preußischen Generalfeldmarschall zeigt, wie empfindlich Rupprecht auch auf Ehrungen reagierte, wenn er dahinter einen preußischen Superioritätsanspruch vermutete: „Heute wurde ich gleichzeitig m(it) dem Prinzen Leopold v(on) B(ayern) u(nd) dem Herzog Albrecht v(on) Württemberg z(um) pr(eußischen) Gen(eral) Feldmarschall ernannt. Ich finde, dass diese Ehrung einen etwas eigentümlichen Beigeschmack hat, indem sie z(um) Ausdruck bringt, dass ein pr(eußischer) Gen(eral) Feldmarschall mehr sei, wie, sagen wir, ein bayerischer."⁷³⁹ Selbst der Schwiegersohn des Kaisers, Herzog Ernst August von Braunschweig, vermutete, „daß Verdienst und Können Rupprechts, wie auch die Leistungen seiner Armee, nicht gebührend gewürdigt würden, eben weil sie Bayern waren."⁷⁴⁰

Generell betonte Kronprinz Rupprecht die verfassungsmäßig verbrieften Rechte Bayerns im Reich, musste aber immer wieder feststellen, dass sie missachtet wurden. Als ihm nach seiner Beschwerde über General Falkenhayn sein bewährter Stabschef entzogen worden war, räsonierte er bei Ludwig III.: „Nun ist die bayerische Armee allerdings völlig zerrissen: man hätte eben schon im Frieden, worauf ich ja drang, eine bayerische Armee mit eigener Inspektion schaffen und das kaiserliche Inspektionsrecht der Person des Kaisers zuschieben sollen, wie dies auch ursprünglich im Jahre 1871 gedacht war."⁷⁴¹ Im Mai 1915 musste Rupprecht erfahren, dass im Großen Hauptquartier die Errichtung einer Militärkonvention zwischen Preußen und Bayern geplant wurde, die dem Kaiser das Ernennungsrecht für die bayerischen Offiziere übertragen sollte. Dazu stellte er sarkastisch fest: „Auf Grund wiederholter Vorkommnisse konnte ich mich des

Eindruckes nicht erwehren, daß nach der Meinung mancher Herren Bayern nur mehr die Aufgabe oder richtiger Verpflichtung zukommen sollte, möglichst viele Ordensauszeichnungen an sie und ihre Freunde zu verleihen."[742] Im Juli 1915 mahnte er seinen Vater: „Darüber, dass die Ernennung der Offiziere und das Stellenbesetzungsrecht innerhalb der bayerischen Armee ausschliessliche Rechte des Königs von Bayern sind, kann wohl kein Zweifel bestehen. Jede Einmischung des Grossen Generalstabes muss wegen der Konsequenzen ferngehalten werden."[743]

Während der Kämpfe vor Verdun 1916 ließ Rupprecht der Gedanke an die „Wiedererrichtung einer bayerischen Armee-Inspektion" nicht los, „die im Kriegsfalle der Stamm eines eigenen bayrischen Armee-Oberkommandos" wäre, zumal die bayerischen Truppen im Kriegseinsatz ihre hohe Qualität unter Beweis gestellt hatten.[744] Allerdings ließ sich dies nicht realisieren. Im Mai 1916 musste er das I. bayerische Armeekorps für den Einsatz bei Verdun abtreten. Er vermutete dahinter die Absicht der OHL, die bayerische Armee weiter aufzuteilen und damit ihre Eigenständigkeit aufzuheben: „Ich kann mich des Argwohns nicht erwehren, daß andere als sachliche Gründe bei der Anordnung der O.H.L. mitspielten. Es standen eben wiederum dreieinhalb bayerische Armeekorps unter meinem Befehl, und das war manchen Herren nicht genehm. Warum, habe ich nie ergründen können, aber ich entsinne mich sehr wohl, daß, als im Vorjahre gelegentlich ein bayerisches Korps neben das andere gesetzt werden sollte, mein damaliger Stabschef, Graf Lambsdorff, hiergegen mit dem Worte zu remonstrieren suchte: ‚Das geht nicht, das gäbe ja eine bayerische Front!'"[745]

Nach den Beobachtungen des bayerischen Militärbevollmächtigten von Nagel im Großen Hauptquartier wurde das Nachrücken bayerischer Generalstabsoffiziere in höhere Stellen behindert, um auf Bayern Druck zur Herbeiführung einer Militärkonvention auszuüben.[746] Ein Offizier der Personalabteilung der OHL forderte im Juni 1916 das Recht der Ernennung der bayerischen Generäle und Generalstabsoffiziere für Preußen. Rupprecht fasste dies als ernsten Vorwurf gegen die Bayern auf, die zwar für schwere Angriffe eingesetzt würden, „sonst aber werden wir Bayern etwa so behandelt, wie die alten Römer ihre Hilfsvölker behandelten. Suum cuique d(er) pr(eußische) Wahlspruch sollte übersetzt werden: Alles für mich. Die Überhebung u(nd) Herrschsucht d(er) ‚echt pr(eußischen) Leute' wirkt anwidernd."[747] Rupprecht warnte König Ludwig III. bei einem Frontbesuch vor einer Änderung der Militärkonvention zwischen Bayern und Preußen von 1871, auf die preußische Kreise in der OHL hinarbeiten. Insbesondere wollte er verhindern, dass die im Krieg übliche Praxis der Ernennung auch der bayerischen Offiziere durch den Kaiser in der anschließenden Friedenszeit beibehalten würde. Immer wieder kritisierte der Kronprinz den „preußischen Militarismus", wenn auch dessen Einfluss auf die Politik in Friedenszeiten im Ausland überschätzt worden sei.[748]

Kronprinz Rupprecht dachte im Verlauf des Weltkrieges über eine Stärkung des gefährdeten Föderalismus und der Stellung der Bundesfürsten nach. Im Zusammenhang seiner Auseinandersetzung mit General Falkenhayn wünschte er den Einsatz der deutschen Bundesfürsten, die in erster Linie dazu berufen seien, „dem Kaiser die ungeschminkte Wahrheit zu sagen."[749] Einen weiteren Ansatzpunkt zur Stärkung der bayerischen Souveränität bildete das Drängen Rupprechts, die Tätigkeit des Auswärtigen Ausschusses des Bundesrates zu intensivieren. So forderte er beim Frontbesuch Ludwigs III. im Januar 1916 gegenüber dessen Kabinettchef Dandl, dass die Regierung auf der Behandlung wichtiger außenpolitischer Angelegenheiten im Bundesrat bestehen müsse.[750] Allerdings schätzte er die Wirksamkeit des Bundesrates nüchtern ein, weil er bisher völlig versagt habe.[751] Gleichzeitig fürchtete er die Ausdehnung der Kompetenzen des Reichstages, die durch die Schwäche der Reichsregierung erleichtert werde. Beunruhigt durch die Tagung des Auswärtigen Ausschusses des Reichstages schrieb er im Oktober 1916 dem König: „ich glaube, dass sie der Anfang ist, dass der Reichstag Alles in seine Hand nimmt und befürchte, dass der Bundesrat immer mehr durch den Reichstag in den Hintergrund gedrängt wird und wir einem völligen Unitarismus auf demokratischer Grundlage zutreiben."[752] Auch den Kaiser beurteilte er als Risikofaktor. Selbst bei einem siegreichen Kriegsausgang sorgte er sich um die Unabhängigkeit Bayerns: „Bei meiner Kenntnis des preußischen Charakters und der Schwäche der damals leitenden Männer in Bayern hatte ich schon zu Anbeginn des Krieges befürchtet, daß auch bei einem günstigen Ausgange desselben Bayerns Stellung im Reiche alles andere als gebessert würde."[753]

Im Sommer 1917 warnte Rupprecht in seinem Memorandum über die Kriegslage Graf Hertling nachdrücklich vor den Gefahren des Zentralismus.[754] Er forderte die Stärkung des süddeutschen Einflusses im Reich: „Das Deutschtum darf nicht in ein Preussentum aufgehen, das dem süddeutschen Charakter nicht zusagt." Er schlug vor, den bayerischen Landtag einzuberufen, um „unter ausdrücklicher Kundgebung seiner deutschen Gesinnung gegen eine Umänderung der Reichsverfassung im Sinne einer auf parlamentarischer Grundlage zu erfolgenden Centralisierung sich auszusprechen." Auch diese Initiative des bayerischen Kronprinzen verlief im Sande.

Der Kronprinz wollte Bayern nicht vom Reich lösen und empfand national. Allerdings befriedigte ihn die kleindeutsche Lösung des Bismarck-Reiches nicht. Stärker als an einer Erweiterung Bayerns im Westen war er an einer Ausdehnung nach Osten und Süden interessiert, wobei er sich in den Bahnen traditioneller wittelsbachischer Politik, wie sie etwa Kurfürst Karl Albrecht vertreten hatte, bewegte. In seiner Erregung über die österreichische Kriegführung und Politik plante er die Aufteilung der Donaumonarchie, deren Zusammenbruch er schon ab dem Januar 1915 vorhersagte.⁷⁵⁵ Für Bayern dachte er dabei an den Gewinn der Steiermark, Ober- und Niederösterreichs, Tirols und des Salzkammerguts. Kurz vor Ende des Krieges erstrebte er die Vereinigung aller deutschösterreichischen Länder mit Bayern.⁷⁵⁶ Dadurch wollte er das katholisch-süddeutsche Element gegenüber dem vorherrschenden Einfluss Preußens im Reich stärken, dessen Regierung aus dem gleichen Grund diese Entwicklung ablehnte.⁷⁵⁷

Die Einsicht zum Verständigungsfrieden

Obwohl Kronprinz Rupprecht noch im August 1915 mit durchaus markigen Tönen für einen Siegfrieden eingetreten war, rückte er zum gleichen Zeitpunkt, nach einem Kriegsjahr, bereits allmählich von der allgemeinen Siegeszuversicht ab.⁷⁵⁸ In seinen Tagebuchaufzeichnungen werden resignative Untertöne hörbar: „Wir feierten heute den Jahrestag der Lothringer Schlacht. Wie glänzend hatte nicht der Krieg begonnen, und welche Hoffnungen hatten wir nicht vor einem Jahr gehegt, wie anders war alles gekommen!"⁷⁵⁹ Erste Überlegungen zur Friedensproblematik hatte bei ihm im Januar 1915 eine angebliche Wiener Äußerung ausgelöst, dass Österreich-Ungarn den Krieg nur bis in den März würde durchhalten können und deshalb einen Separatfrieden mit Russland abschließen könnte. Für diesen Fall wollte Rupprecht der Donaumonarchie zuvorkommen und „von unserer Seite eine Verständigung mit Rußland herbeiführen, da unser Streit mit Rußland hauptsächlich in unserem Eintreten für die österreichische Politik seine Veranlassung hatte."⁷⁶⁰ Im Juni räumte der Kronprinz einem Sonderfrieden mit Russland Priorität vor der dem Kanzler zugeschriebenen Absicht eines baldigen Friedens mit England ein.⁷⁶¹

Kronprinz Rupprecht erkannte schließlich – und zwar bereits im Herbst 1915 –, dass der Krieg für Deutschland nicht zu gewinnen war und nicht fortgesetzt werden durfte. Er besaß die Klugheit, sich nach einem guten Kriegsjahr allmählich vom Anhänger eines Siegfriedens zu dem des Verständigungsfriedens zu wandeln. Der Druck des Krieges hatte den Kronprinzen vom Offizier und Feldherren zum Staatsmann reifen lassen, er dachte über die militärischen Tagesaktualitäten hinaus. Allerdings hatte er nur geringe Möglichkeiten, seine Einsichten umzusetzen. Zum einen war er, auch als Oberbefehlshaber einer Heeresgruppe, in vorgegebene Befehlsstrukturen eingebunden, zum anderen war er der Erbe und nicht der Träger der Krone Bayerns. Er konnte keine politischen Entscheidungen durchsetzen, sondern nur Anregungen und Vorschläge unterbreiten. Dass sie weitgehend wirkungslos blieben, war nicht sein Verschulden.

Im Oktober 1915 wies Rupprecht General von Falkenhayn auf die Notwendigkeit eines baldigen Friedensschlusses nach dem Ende des Balkanunternehmens im nächsten Frühjahr hin, weil es unmöglich sei, aus dem Stellungskrieg herauszukommen.[762] Dies erfordere die Herausgabe der besetzten Gebiete in Frankreich und Belgien, ohne eine ins Gewicht fallende Kriegsentschädigung zu erhalten: „Ein Friede könnte dann freilich nur unter Bedingungen zustande kommen, die bei uns viele Hoffnungen enttäuschen würden. ... Unsere ungeheuren Opfer an Gut und Blut hätten uns dann nur den einen freilich wichtigsten Erfolg gebracht, daß wir gegen den Ansturm einer ganzen Welt unser Dasein verteidigt hätten. Wir müßten uns mit diesem Ergebnisse bescheiden, weil wir nicht berechtigt sind, anzunehmen, daß das einfache Festhalten unserer Stellungen, das in jeder Hinsicht weitere schwere Opfer erfordern wird, unsere Lage irgendwie verbessern kann."

Am 13. Oktober 1915 hatte der Kronprinz eine längere Aussprache mit Reichskanzler von Bethmann Hollweg.[763] Dieser erstrebte mittlerweile von Belgien nur noch wirtschaftliche Abmachungen, von Frankreich die Abtretung des Gebietes von Briey mit seinen Erzlagern. Im Hinblick auf die Reichslande würde nach seiner Auffassung möglicherweise nach Kriegsende alles beim Alten bleiben. Der Kanzler bezweifelte nun auch die Möglichkeit einer Kriegsentscheidung mit den Waffen. Rupprecht äußerte darauf: „Mir kommt es so vor, als wäre ich in einem Boote, das steuerlos in einem reißenden Strom zwischen Klippen hindurchtreibt." Er war getroffen von der ihm erst jetzt aufgegangenen Hilflosigkeit der deutschen Politik. Seitdem bemühte er sich verstärkt, geeignete Friedensmöglichkeiten durchzudenken und bei den verantwortlichen Stellen zum Frieden zu drängen. Er stand in Bayern aber allein.

Außenminister Graf Hertling besuchte im Herbst 1915 auf Wunsch des deutschen Generalgouverneurs Belgien.[764] Selbst er kehrte nun als Anhänger der Annexion Belgiens als Reichsland und des Erzbeckens von Briey zurück. Der Gesinnungswandel Rupprechts beeinflusste ihn offenbar nicht. Private Sonderfriedensverhandlungen Graf Hans Toerrings, des Schwagers des bayerischen Kronprinzen und des belgischen Königs, vom November 1915 bis ins Frühjahr 1916 mit König Albert, die auf eine Initiative Hertlings zurückgingen, verliefen im Sande.[765] Toerring verfolgte das Projekt, den Südteil des Elsass an Frankreich abzutreten, um den erhofften Frieden zu stabilisieren.[766] Allerdings ist nicht nachweisbar, ob Rupprecht in die Bemühungen seines Schwagers einbezogen war.

Militärische, föderalistische und innenpolitische Argumente ließen bei Rupprecht schließlich seit dem Frühjahr 1916 immer stärker die Überzeugung wachsen, dass ein Friedensschluss dringend geboten sei. Um dieses Ziel zu erreichen, konnte er aber nur versuchen, auf König Ludwig III. einzuwirken, bei dem er allerdings wenig Gehör fand. Bayern besaß ohnehin nicht die Möglichkeit, Kaiser und Reich zu einem Friedensschluss zu veranlassen. Auch gegenüber Generalfeldmarschall Paul von Hindenburg wies Rupprecht frühzeitig auf diese

Notwendigkeit hin: „Wenn es so weitergeht mit den Verlusten, müßten wir Frieden schließen, bevor wir völlig erschöpft sind."[767]

Ende Mai 1916 eröffnete Reichskanzler von Bethmann Hollweg der Regierung in München seine Vorstellungen für die Zeit nach einem siegreichen Kriegsende. Preußen wollte sich Kurland angliedern, Polen sollte unter deutscher Oberhoheit ein Königreich mit Erzherzog Karl Stephan, einem Halbbruder der bayerischen Königin, als König werden, Belgien sollte als selbstständiger Staat mit deutschem Einfluss auf die Militär-, Bahn- und Zollpolitik erhalten werden. Der bayerische Kronprinz kritisierte diese Anschauungen scharf, weil die angestrebten Änderungen im Osten einem wirklichen Frieden im Wege stünden.[768] Gemeinsam mit seinem Bruder Franz ließ er im bayerischen Außenministerium erklären, dass ihnen die im Reichstag veröffentlichten Kriegsziele des Reichskanzlers gegenüber Russland zu weit gingen.[769] Deutschland sei wirtschaftlich auf Russland angewiesen, auch lehnten sie Annexionen in den Ostseeprovinzen und Polen ab, weil diese dem Reich nur Schwierigkeiten bereiten würden. Das Ziel der deutschen Politik müsse vielmehr die Verständigung mit Russland bilden, zumal ein militärischer Erfolg gegenüber Frankreich, der den Stellungskrieg beendete, nicht mehr zu erreichen sein werde. Deshalb müsse möglichst bald ein Friedensschluss erfolgen. Rupprecht informierte die bayerischen Regierungsstellen über seine Bedenken im Hinblick auf den Kriegsausgang. Positiv beurteilte er nun, dass der Reichskanzler sich für die Einführung des allgemeinen Wahlrechts zum Preußischen Landtag gegen den Widerstand der Konservativen einsetzte.[770]

Im Juni 1916 teilte Kronprinz Rupprecht dem bayerischen Außenministerium mit, dass er die Hoffnung auf durchschlagende Erfolge und einen Durchbruch an der Westfront aufgegeben habe.[771] Die Anerkennung der völligen Unabhängigkeit Belgiens hielt er nunmehr für eine notwendige Friedensbedingung. Da der Reichskanzler Bayern nur das Unterelsass zugestehen wollte, überlegte Rupprecht, ob für diesen Fall nicht die Umwandlung der Reichslande in einen autonomen Bundesstaat vorzuziehen wäre. Er schrieb seinem Vater: „Dass wir in Anbetracht unserer wirtschaftlichen Verhältnisse unsere Kriegsziele ganz wesentlich herabschrauben müssen, steht ausser Zweifel. Noch vor einem Jahre dachte ich anders, aber wir müssen uns leider der Notwendigkeit fügen und auf manch schöne Träume verzichten."[772] In seinem Tagebuch hielt er fest: „Ich selbst fürchte ja, daß der Krieg für uns bestenfalls wie das berühmte Hornberger Schießen ausgehen dürfte."[773]

Die drohende Proklamation eines Königreiches Polen, die einen Sonderfrieden mit Russland zumindest stark belastet, wenn nicht unmöglich gemacht hätte, und die andauernden verlustreichen Kämpfe vor Verdun bewogen den Deutschen Kronprinzen im Spätsommer 1916 zu einer Friedensinitiative.[774] Wilhelm von Preußen wandte sich an Kronprinz Rupprecht, damit der bayerische König den Kaiser in seinem Sinne beeinflussen sollte. Die beiden Kronprinzen der größten Bundesstaaten stimmten demnach in der Einsicht der Notwendigkeit eines baldigen Friedensschlusses überein. Auch beim ersten Treffen der neuen OHL Hindenburg–Ludendorff mit den Befehlshabern der Heeresgruppen und Armeen der Westfront am 8. September traten beide für ihre Auffassung ein.[775] Rupprecht versuchte, seinen Vater mit einer drastischen Schilderung der militärischen Lage und dem Hinweis auf den Misserfolg des U-Boot-Krieges und die deutschen Verluste von 300 000 Mann von Juli bis Oktober wachzurütteln: „Das Zahlenverhältnis verschiebt sich demnach stetig zu unseren Ungunsten und das ist es, was mich so beunruhigt: ich fürchte nicht einen plötzlichen Zusammenbruch, sondern ein allmähliches Verbluten, das uns wenn es länger so fortgeht, schliesslich auf Gnade oder Ungnade unseren Gegnern ausliefern muss."[776] Wenn es nicht gelänge, Frieden mit Russland zu schließen, „sieht die Zukunft sehr trübe aus, denn ich glaube nicht, dass wir über den nächsten Sommer mit unseren Mitteln werden durchhalten können." In dieser Situation forderte Kronprinz Wilhelm den bayerischen Thronfolger nochmals auf, direkt oder durch seinen Vater beim Kaiser auf einen Sonderfrieden mit Russland hinzuwirken, dem man ganz Polen und Ostgalizien überlassen solle.[777] Rupprecht mahnte darauf seinen Vater: „Ich wiederhole die untertänigste Bitte, Du mögest mit dem Kaiser, der durchaus Anregungen, vor allem in Frageform, nicht unzugänglich, in dem auch vom Kronprinzen Wilhelm gewünschten Sinne über eine Verständigung mit Rußland unter Rückerstattung Polens reden. Wir verlieren sonst wahrscheinlich den Krieg."[778]

Die richtige Einschätzung der beiden Kronprinzen konnte den politischen Missgriff aber nicht verhindern. Am 5. November 1916 wurde das Königreich Polen ausgerufen, nur hatte man sich noch nicht auf einen Thronprätendenten geeinigt. Rupprecht hielt dies für einen schweren Fehler.[779] Ludwig III. dagegen besuchte im Oktober Warschau, wo er als katholischer Monarch von der polnischen Geistlichkeit herzlich empfangen wurde. Als Gegenleistung für seine Unterstützung gegenüber Preußen bot sie ihm die Thronerhebung eines wittelsbachischen Prinzen an.[780] Dem König war dieses Projekt zumindest nicht unsympathisch, auch wenn ihn Rupprecht davor warnte. Eventuell dachte er daran, den Thron für seinen Bruder Leopold, den Schwiegersohn des österreichischen Kaisers, zu gewinnen, der am 5. August 1915 Warschau erobert hatte.[781]

Bereits im Juli 1916 hatte Graf Hertling, der seit dem Scheitern der Verdun-Offensive nicht mehr an einen siegreichen Kriegsausgang glaubte, über Graf Lerchenfeld dem Reichskanzler ein öffentliches Friedensangebot vorgeschlagen.[782] Seine Anregungen flossen in die Überlegungen der Regierung Bethmann Hollweg ein.[783] Untätig blieb auch der Kaiser nicht. Wilhelm II. ließ am 12. Dezember 1916 England, Frankreich, Russland und Italien ein Friedensangebot unterbreiten, das aber zurückgewiesen wurde.[784] An der Ablehnung dieser Staaten scheiterte auch die folgende, von dem amerikanischen Präsidenten Woodrow Wilson unternommene Friedensinitiative. Kronprinz Rupprecht schlug darauf vor, die feindlichen Staaten durch eine neue Offensive zur Friedensbereitschaft zu zwingen. Er unterstützte zwar das deutsche Friedensangebot, doch kritisierte er, dass man sich nicht zuvor geheim über die Erfolgsaussichten informiert habe, weil so das deutsche Ansehen beeinträchtigt zu werden drohte.[785] Scharf missbilligte er, dass die Bundesstaaten vorher nicht verständigt worden waren.

Die drohende Lebensmittelnot in der Heimat überzeugte Rupprecht zusätzlich von der Notwendigkeit einer raschen Herbeiführung des Friedens.[786] Der preußisch-deutsche Zentralismus in der Wirtschaftspolitik löste in Bayern partikularistische und antipreußische Ressentiments aus.[787] Der bayerische Kronprinz erkannte die Bedeutung der stets prekärer werdenden Ernährungslage für die Stimmung in der Heimat. Besonders in den Großstädten führte der Hunger des Kriegswinters 1916/17 zu nachhaltiger Missstimmung.[788] Rupprecht schätzte die Lage als sehr bedrohlich ein: „ich glaube vielmehr, dass die Nahrungsfrage seine Entscheidung [des Krieges] herbeiführen wird und dass eine allgemeine europäische Hungersnot bevorsteht."[789] Wie konkret auch ihm persönlich diese Not vor Augen trat, mag verdeutlichen, dass sein Hofmarschall ihn um die Mitnahme von Schinken, Würsten, Öl und Reis oder um die Sendung von „Gries, Zucker, Café u(nd) Toilettenseife, auch Zwieback und Würfelzucker, ebenso Rotwein" von der Front nach München bat, weil dergleichen in der Heimat kaum mehr zu bekommen sei.[790]

Trotz seiner Einsicht in die Notwendigkeit eines baldigen Friedensschlusses blieb Rupprecht nicht frei von Illusionen. Immer wieder hoffte er, dieser oder jener deutsche Sieg oder die durch Hunger zermürbte Stimmung im Lande eines der Kriegsgegner würde die Friedensbereitschaft der dortigen Regierung steigern. Er durchdachte die unterschiedlichsten Kombinationen. Beim Frontbesuch des Reichskanzlers von Bethmann Hollweg am 1. Juni 1917 zeichnete Rupprecht ihm zwar ein schonungsloses Bild der militärischen Lage, doch fehlten überzeugende politische Konzepte, um zu einem Frieden zu gelangen.[791]

Gefährliche Ansätze zu einer völligen Verkehrung der Autoritätsverhältnisse im Reich beeinträchtigten aber auch diese gut gemeinten Bemühungen. Die Oberste Heeresleitung unter Ludendorff erstrebte zunehmend stärkeren Einfluss auf die Politik, wodurch Rupprechts Friedensbemühungen unterlaufen wurden. Nur Kronprinz Wilhelm attestierte er vernünftige außenpolitische Anschauungen, die mit denen des Zentrums übereinstimmten.[792] Rupprecht schloss sich dem Wunsch des Deutschen Kronprinzen an, dass Ludwig III. den Kaiser gegen die

Allmacht der OHL beeinflussen und nach Berlin fahren solle: „Ganz Deutschland blickt jetzt erwartungsvoll auf Bayerns Eingreifen. Es steht viel auf dem Spiel, um nicht zu sagen Alles." Sein Angebot, zur Besprechung der politischen Lage nach München zu kommen, verhallte freilich ungehört. Zu diesem Zeitpunkt stellte er gedanklich erstmals die Zukunft der Hohenzollerndynastie nach dem Kriege in Frage und forderte konkrete Friedensschritte nach dem Zusammenbruch der russischen Offensive.[793] Dazu sollten die deutschen Friedensbedingungen entweder dem König von Spanien oder dem Papst mitgeteilt werden. Der bayerische Kronprinz stimmte den Überlegungen des Zentrumsabgeordneten Erzberger zur Friedensfrage zu, doch wollte er eine öffentliche Diskussion vermeiden, um die Siegeszuversicht der Gegner nicht anzustacheln.[794]

Auch im Reichstag wurde mittlerweile die Einsicht von der Notwendigkeit eines baldigen Friedensschlusses vertreten.[795] Wenige Tage nach dem Sturz Bethmann Hollwegs erließ die Mehrheit aus Zentrum, Fortschrittlicher Volkspartei und Sozialdemokraten am 19. Juli 1917 eine Friedensresolution, in der ein Verständigungsfriede unter Verzicht auf Eroberungen als Ziel des Reichstages ausgesprochen wurde. Der bayerische Kronprinz war mit ihrem Inhalt einverstanden, hielt aber den Zeitpunkt für verfehlt.[796] Diese Erklärung hätte nach seiner Auffassung erst nach einem deutschen Teilsieg erfolgen sollen, um den Krieg nicht durch ein vermeintliches Zeichen der Schwäche zu verlängern.

Immer stärker schaltete Rupprecht sich jetzt in die politischen Abläufe ein. Er litt freilich darunter, für seine realistische Einschätzung der Kriegssituation so wenig Resonanz bei seinem Vater zu finden, gegenüber der Reichsleitung hatte er ohnehin keine Einwirkungsmöglichkeiten. Deshalb fasste er seine politischen Vorstellungen zur aktuellen Kriegslage, zur Notwendigkeit eines raschen Friedensschlusses und zur Wahrung der Souveränität Bayerns angesichts immer stärkerer unitarischer Tendenzen in einem umfangreichen Memorandum vom 19. Juli 1917 für den Vorsitzenden im bayerischen Ministerrat, Graf Hertling, zusammen.[797] Dringend forderte er, wie auch bisher schon, einen raschen Friedensschluss mit Russland unter Verzicht auf Annexionen, wie sie der OHL noch vorschwebten. Scharf kritisierte er die deutschen Bombenangriffe auf London. In der bevorstehenden Kampfpause nach der feindlichen Sommeroffensive sollten über die Könige von Spanien oder Schweden den Gegnern auf dem westlichen Kriegsschauplatz die deutschen Kriegsziele mitgeteilt werden, „die sich auf die Erreichung des status quo ante bellum unter Verzicht auf doch nicht einzutreibende Entschädigung beschränken müssen. An der Forderung der Rückgabe der Kolonien darf die Erreichung des Friedens nicht scheitern. Oesterreich muss unter Umständen dazu bewogen werden, kleine Gebietsabtretungen an Italien zu machen."

Graf Hertling aber verstand die Dringlichkeit der Darlegungen Rupprechts nicht. Wahrscheinlich hielt er sie für den Ausfluss des üblichen Pessimismus des Kronprinzen, vor dem ihn Legationsrat Krafft oft genug gewarnt hatte. Aus den Briefen Kraffts spricht, bei aller offiziellen Unterwürfigkeit, der Hochmut des Beamten, der eigentlich alles besser weiß als sein fürstlicher Herr, den man nur richtig lenken müsse. Auch Hertling war nicht frei von dieser Eitelkeit, denn wenn er auch dem Kronprinzen in seiner ausführlichen Antwort für seine Darlegungen dankte, so schob er doch die unangenehmen Wahrheiten weg.[798] Immerhin wollte er sich bei der Reichsregierung dafür einsetzen, „eine Verlängerung des Krieges über den Winter in das nächste Frühjahr und den nächsten Sommer hinein zu vermeiden." Er sah ein, dass für den Abschluss eines Verständigungsfriedens der Verzicht auf die Annexion Belgiens nötig sein werde. Als konkrete Maßnahme sagte er zu, den dargelegten Standpunkt bei der Ende August stattfindenden Tagung des Auswärtigen Ausschusses zu vertreten. Reichskanzler Michaelis habe ihm die Bewahrung der Reichsverfassung und des bundesstaatlichen Charakters garantiert.

Auch der neue Reichskanzler, der bisherige Unterstaatssekretär im preußischen Finanzministerium, Dr. Georg Michaelis – Rupprecht hätte lieber Graf Toerring oder Graf Hertling in dieser Position gesehen –, führte den bisherigen Kurs der Reichsleitung im Grundsätzlichen weiter. Bei einer persönlichen Begegnung kritisierte der Kronprinz ihm gegenüber die politische Betätigung Ludendorffs. Im Übrigen verfolgte Michaelis, dessen Sachlichkeit Rupprecht lobte, die gleichen Kriegsziele wie der österreichische Außenminister, Graf Ottokar Czernin, und arbeitete auf den *status quo ante bellum* hin.[799]

Graf Czernin besuchte im August 1917 das Hauptquartier Rupprechts, um auch ihm seinen Plan vorzustellen, Deutschland durch eine Kompensation in Polen für den Verzicht auf Lothringen zu gewinnen.[800] Er plädierte für einen möglichst raschen Beginn von Friedensverhandlungen noch im Herbst. Der Kronprinz wollte sie erst nach dem Ende der Kämpfe in Flandern aufnehmen, weil die Engländer dann wohl nachgiebiger sein würden. Jedenfalls sollte der Friede vor Mai des kommenden Jahres abgeschlossen werden. Als Folge eines ungünstigen Friedensschlusses fürchtete Rupprecht allerdings, dass „bei der dann zu erwartenden Missstimmung in der Heimat und bei den heimkehrenden Truppen die Gefahr der Revolution noch grösser wäre, als wenn der Krieg noch einige Monate fortgesetzt wird." Polen, erweitert um das österreichische Galizien und Teile des preußischen Posens, sollte ein eigenständiges Königreich unter einem wittelsbachischen oder württembergischen Prinzen werden. Das deutsche Reich sollte nach Czernin auf Teile des französischsprachigen Lothringen, etwa um Metz, verzichten. Rupprecht lehnte dies rundweg ab und brachte Erzherzog Karl Stephan und andere Kandidaten für Polen ins Spiel, zum Verzicht auf wesentliche Teile Lothringens war er aber nicht bereit.

Kronprinz Rupprecht unterstützte bei einem neuerlichen Gespräch mit Reichskanzler Michaelis am 31. August Überlegungen zu einem Verständigungsfrieden und kritisierte die politischen Aktivitäten des Generals Ludendorff.[801] Dabei wurde auch die Möglichkeit einer Erhebung Elsass-Lothringens zu einem eigenständigen Bundesstaat erörtert, auf Vorschlag Erzbergers unter einem Großherzog Franz von Bayern, Rupprechts jüngerem Bruder.[802] Michaelis blieb jedoch nicht lange im Amt. Nachdem Graf Hertling im Sommer 1917 noch unter Hinweis auf sein hohes Alter – er war damals bereits 74 – die Berufung abgelehnt hatte, ernannte Wilhelm II. ihn am 1. November doch zum Reichskanzler und preußischen Ministerpräsidenten.[803] Hindenburg und Ludendorff hatten ihm versichert, sich nicht mehr in die Politik einzumischen. Die Hoffnungen allerdings, dass er die bayerischen Friedensziele nun mit Nachdruck verfolgen würde, trogen. Seine Nachfolge als bayerischer Außenminister und Vorsitzender im Ministerrat übernahm der Kabinettschef des Königs, Otto von Dandl, der bisher ebenfalls die Zeichen der Zeit geflissentlich ignoriert hatte. Neuer Kabinettschef des Königs wurde Ministerialrat Heinrich Graf von Spreti.

Bei der Feier der Goldenen Hochzeit seiner Eltern im Februar 1918 offenbarte Rupprecht dem Deutschen Kaiser unverblümt seine Ansicht über die Kriegslage, was zu einer gewissen Verstimmung führte.[804] Der bayerische Außenminister Otto von Dandl war „fast erschreckt wegen der Offenheit des Kronprinzen".[805] Rupprecht wünschte damals, „es käme gar nicht mehr zu einer Offensive, und stattdessen zu einem für uns annehmbaren Frieden!"[806] Mit seinem Schwager Graf Toerring war er sich über die dringende Notwendigkeit zum Friedensschluss einig.[807]

Der Friede von Brest-Litowsk mit Sowjetrussland vom 10. März 1918, an dessen Abschluss der frühere Außenminister Graf Podewils-Dürniz als bayerischer Vertreter mitgewirkt hatte, und zeitweilige militärische Erfolge der Frühjahrsoffensive in der Picardie lösten indessen wieder hemmungslose Annexionsforderungen bei Wilhelm II. und der OHL aus, die freilich bald verstummten. Rupprecht musste nun eine Verschlechterung der Stimmung unter den deutschen Truppen konstatieren, die ein Ende des Krieges unter allen Umständen herbeisehnten.[808] Auch Ludwig III., der im Mai 1918 die bayerischen Soldaten an der Westfront besuchte, ließ sich diesmal von den Warnungen seines Sohnes beeindrucken. Der Kronprinz notierte in seinem Tagebuch: „Im Gegensatz zu früher sieht mein Vater nun ein, daß Anlaß zu ernsten Besorgnissen besteht und daß Ludendorffs Kriegsziele nicht fest umschrieben sind."[809] Reaktionen der bayerischen Politik gegen Ludendorff oder auch nur die Weitergabe von Rupprechts Vorschlag, mit den Westmächten über einen Frieden auf der Basis des *status quo ante* zu verhandeln, wurden durch die Erkenntnisse des Königs aber nicht ausgelöst.[810] Die den Wittelsbachern von Ludendorff angebotene Personalunion mit

Belgien, um Bayern für eine Erweiterung Preußens zu gewinnen, lehnte der Kronprinz als unpraktikabel scharf ab.[811]

Angesichts der sich rapid verschlechternden militärischen Lage und der Ergebnislosigkeit seiner bisherigen Mahnungen richtete Kronprinz Rupprecht am 1. Juni 1918 erneut einen dringenden Friedensappell an Reichskanzler Hertling.[812] Zwar sei die militärische Lage im Moment nicht so ungünstig, doch herrsche bedenklicher Mangel an Ersatzmannschaften und Pferden. Er lehnte erneut die Vorstellung eines „Siegfriedens" deutlich ab: „Ich habe diese meine Ansicht schon vor der Märzoffensive Seiner Majestät dem Kaiser ziemlich unverblümt vorgetragen, und ich will sie nun auch Eurer Exzellenz nicht vorenthalten, denn es ist meines Erachtens der Zeitpunkt gekommen zur Anbahnung von Friedensverhandlungen. Jetzt haben wir noch Trümpfe in der Hand – nämlich die Drohung mit in Bälde sich verwirklichenden neuen Angriffen –, später, wenn diese Angriffe erfolgt sind, nicht mehr. – ... Ich selbst vertrat einst den Gedanken der Angliederung Belgiens an das deutsche Reich in irgend einer Form; jetzt aber bin ich, abgesehen von anderen Gründen, schon deshalb davon abgekommen, weil ich der Überzeugung bin, dass der einzige Weg, der uns zum Frieden führen kann, der ist, dass wir erklären, die Selbständigkeit Belgiens unangetastet erhalten zu wollen. ...; auch selbst ein Friede, der uns im Westen keinerlei Gewinn brächte, wäre ein siegreicher Friede." Hertling sollte von diesen Informationen dem Kaiser gegenüber Gebrauch machen. Der Reichskanzler beantwortete das Schreiben aber nur mit dem Hinweis auf pazifistische Strömungen in England und Frankreich und der Versicherung, dass auch er die Annexion Belgiens ablehne.[813] Konkrete Wege zum Frieden oder auch nur die Versicherung, den Kaiser in der gewünschten Richtung zu informieren, erwähnte er nicht.

Sechs Wochen nach dem dringenden Schreiben des Kronprinzen an Reichskanzler Hertling fand in Brüssel eine Aussprache zwischen den beiden statt, bei der Rupprecht darauf hinwies, „dass bei einem längeren Hinausziehen des Kriegs wir zwar nichts z(u) gewinnen, wohl aber Alles z(u) verlieren hätten".[814] Er drängte erneut auf die völlige Wiederherstellung Belgiens, um die Versöhnung mit England zu erreichen, und jetzt auch auf die Abtretung der französischsprachigen Teile Lothringens zur Befriedigung Frankreichs. Der Reichskanzler versicherte zwar angesichts der dramatisch verschlechterten militärischen Situation, er werde sich bemühen, bis zum Herbst zu einem Friedensabschluss zu kommen, doch war er sich noch nicht über den Weg zu Friedensverhandlungen im Klaren. Bitter empfand Rupprecht, dass man seine realistische Lageeinschätzung in München einfach nicht gelten ließ, weil die OHL weder die Regierungen der Bundesstaaten noch die Parlamentarier zutreffend informierte.[815]

Weil seine Anstrengungen, über König Ludwig III., Reichskanzler Graf

Hertling und die bayerische Regierung Einfluss auf die Friedenspolitik zu gewinnen, ergebnislos verlaufen waren, suchte Kronprinz Rupprecht die Zusammenarbeit mit Prinz Max von Baden, mit dem ihn ein Vertrauensverhältnis verband. Am 24. Juni 1918 hatte der Staatssekretär des Auswärtigen Richard von Kühlmann im Reichstag eine Rede zur Friedensproblematik gehalten, ohne einen substanziellen Fortschritt anzudeuten. Rupprecht schätzte diese wie die Ansprache des nationalliberalen Reichstagsabgeordneten Dr. Gustav Stresemann im Reichstag als wenig förderlich für einen Friedensschluss ein.[816] Dringend forderte er Max von Baden auf, nicht von seinem Vorhaben abzulassen, womit wohl nur die geplante Kanzlerschaft gemeint sein kann: „Ich erachte Dein Wirken für außerordentlich wichtig und aussichtsreich und wüßte niemand anderen, der der Dir sich bietenden Aufgabe so gewachsen wäre wie Du. Man muß gelegentlich seine Nerven besiegen, sie werden nur besser hiervon, und mit der Arbeit und den ersten Erfolgen wächst auch das Selbstvertrauen und die Freude an der Arbeit." Wenig später dankte der Kronprinz Max von Baden für eine Denkschrift,[817] die er für „famos" erklärte, doch träfen leider die Voraussetzungen nicht mehr zu, unter denen sie geschrieben worden war.[818] Mittlerweile habe sich die militärische Lage rapide verschlechtert. Um zu einem Friedensabschluss zu kommen, verlangte Rupprecht erneut die Bereitschaft zur völligen Wiederherstellung Belgiens und zur Abtretung von Teilen des französischen Sprachgebietes in Lothringen.

Am 25. Juli übermittelte der bayerische Kronprinz seinem Vater noch einmal einen schonungslos offenen Lagebericht, der mit der Informationspolitik der OHL scharf ins Gericht ging: „In der heimischen Presse der letzten Tage werden die Kämpfe bei Reims und Soissons als große deutsche Erfolge im Angriff und in der Abwehr geschildert und außerdem wird angedeutet, daß die Kämpfe nur ein Vorspiel seien und der Hauptschlag noch bevorstehe. Ich finde diese Täuschung der öffentlichen Meinung unverantwortlich. ... Wir müssen eine Beendigung des Krieges durch Verhandlungen mit allem Nachdruck erstreben und uns darüber klar sein, dass ein Frieden nur unter Opfern zu erreichen ist."[819] Ähnlich äußerte er sich gegenüber Max von Baden, wobei er andeutete, dass die Katastrophe noch vor dem Winter ausbrechen könnte.[820] Er plädierte für den Rücktritt Hertlings, der zu einem völlig gefügigen Werkzeug Ludendorffs geworden sei, zumal die militärische Lage einen raschen Friedensschluss noch dringender mache: „Daß Hertlings Abgang ein Glück wäre und zwar ein möglichst baldiger, dies ist auch die Ansicht unseres Ministers von Dandl; Hertling ist eben einmal zu alt und fast willenlos geworden. Denselben Eindruck von Hertling gewann auch Kaiser Karl, wie er mir unlängst sagte. ... Dandl teilt meine Meinung, daß Du für den Posten des Kanzlers die geeignetste Persönlichkeit, und ich konnte im gleichen Sinne auch auf andere Leute einwirken."[821] Durch Prinz Max und Dandl ließ der Kronprinz sich aber davon abbringen, Wilhelm II. in einem Telegramm zur Entlassung Hertlings aufzufordern.[822] Er hätte dafür plädiert, „einen neuen Kanzler zu berufen, der des allgemeinen Vertrauens sicher sein könne, sofern er eine selbständige und modern empfindende Persönlichkeit" sei. Die harte Antwort Präsident Wilsons auf ein österreichisches Friedensangebot kommentierte Rupprecht mit der realistischen Einsicht der Niederlage, die auf Forderung der Gegner mit der Einsetzung einer parlamentarischen Regierung in Deutschland enden werde.[823]

Im August 1918 reiste Kronprinz Rupprecht, der an den Folgen einer Grippe und an Schlaflosigkeit litt, zu einem kurzen Heimaturlaub nach München.[824] Er nützte den Aufenthalt zu politischen Gesprächen, um auf die Notwendigkeit eines raschen Friedensschlusses hinzuweisen. Am 15. August 1918 beschloss nun auch der bayerische Ministerrat auf Vorschlag des Kriegsministers Philipp von Hellingrath, die Reichsregierung zum raschen Abschluss eines Verständigungsfriedens aufzurufen; nicht nur, weil sich die militärische Situation rapide verschlechtere, sondern auch, weil sonst eine Initiative durch den Reichstag und damit eine fortschreitende Parlamentarisierung des Reiches drohte.[825] Entsprechend versuchte auch der Auswärtige Bundesratsausschuss, auf einen schnellen Friedensschluss hinzuwirken, doch entzog sich Reichskanzler Hertling dem Drängen. Kronprinz Rupprecht traf sich am 28. August zu politischen Gesprächen mit Ministerpräsident Dandl und mit Kaiser Karl von Österreich. Sie unterstützten das Vorhaben der bayerischen Regierung, den Auswärtigen Bundesratsausschuss zur Intensivierung der Friedensbemühungen einzuberufen.[826] Weil sie Reichskanzler Graf Hertling mittlerweile für ein Werkzeug der OHL hielten, plädierten sie für die Berufung des liberalen badischen Thronfolgers Prinz Max zum Reichskanzler. Am 2. September traf Rupprecht wieder in seinem mittlerweile nach Mons verlegten Hauptquartier ein.

Der Zusammenbruch

Ende September 1918 brach die bulgarische Front zusammen, am 4. Oktober trat der Sachsen-Coburger Zar Ferdinand von Bulgarien zugunsten seines Sohnes Boris zurück. Die Fundamente für die versuchte Friedenspolitik der Prinzen Max von Baden und Rupprecht von Bayern waren damit brüchig geworden. Schon Mitte September 1918 hatte der bayerische Kronprinz den Vertrauensverlust von Regierung und OHL beim Volk wie beim Heer konstatiert.[827] Verzweifelt schrieb er seinem Vater König Ludwig III.: „Bei den innenpolitischen Umwälzungen, die nicht ausbleiben können, hoffe ich für Bayern, dass es sich zu halten vermag und nicht als selbständiges Staatsgebilde verschwindet, aufgesogen als eine Provinz eines parlamentarisch regierten deutschen Staatswesens. Es ist der entscheidendste Moment in der bayerischen Geschichte seit dem Jahre 1866. – Wenn ich nur zu Hause sein könnte! Tief betrübt Dein stets dankbarer Sohn Rupprecht".[828] Für den Fall einer Ablehnung der Friedensbedingungen Wilsons durch die Reichsregierung sagte er den Ausbruch der Revolution im Innern voraus.[829] Wenig später beschäftigte er sich mit Überlegungen für den Rücktritt des Kaisers und verschiedenen Modellen, die Kaiserwürde von der preußischen Krone zu trennen oder einen Regentschaftsrat der deutschen Könige einzusetzen: „Ich fürchte aber, es wird nur beraten und nicht gehandelt, indes die Gefahr der Revolution immer drohender emporwächst." Mit dieser Einschätzung sollte er recht behalten. Auch für Bayern erfüllte ihn nunmehr die Angst vor einer Umwälzung.

Am 29. September forderte die OHL unter Hindenburg und Ludendorff völlig überraschend von der Reichsregierung den Abschluss eines sofortigen Waffenstillstands.[830] Rupprecht konstatierte am 30. September „die entscheidende Niederlage".[831] Diese plötzliche Waffenstillstandsforderung Ludendorffs führte zur Demission Graf Hertlings als Reichskanzler, weil er zur dafür nötigen „Linksorientierung" der Reichsregierung nicht bereit war. Am 2. Oktober ernannte Kaiser Wilhelm II. Prinz Max von Baden zum Reichskanzler. Dieser übernahm die undankbare Aufgabe, um Deutschland und den monarchischen Gedanken zu bewahren: „Denn wer Deutschland rettete – das hatte ich schon lange erkannt –, hatte die Zukunft in Händen. Drum habe ich mich endlich selbst zum Opfer gebracht als einziger deutscher Fürst, der das noch zu tun vermochte, da Rupprecht von Bayern, der einzige andere, der die Gefahr hell erkannte, militärisch gebunden war."[832] Am gleichen Tag trug Rupprecht in sein Tagebuch ein: „Daß eine Katastrophe über kurz oder lang eintreten wird, wenn wir uns den Bedingungen der Gegner nicht fügen, darüber sollte man sich klar sein."[833] Bereits am folgenden Tag richtete die Reichsregierung an Präsident Wilson die Bitte um einen Waffenstillstand zu Lande, zu Wasser und in der Luft.[834] Dieses Ersuchen stellte die Öffentlichkeit auf den Boden der militärischen Realität, die durch die Informationspolitik der OHL bislang verschleiert worden war. Kronprinz Rupprecht beschwor Prinz Max, unter allen Umständen Frieden zu schließen, und warnte gleichzeitig vor sinnlosen Militäraktionen wie einer „levée en masse".[835] Der Deutsche Kronprinz besuchte Rupprecht am 5. Oktober in dieser schwierigen Lage zu einem Gedankenaustausch.[836] Wilhelm von Preußen klagte dabei, dass seinem Vater die wichtigsten Informationen vorenthalten worden seien; in der Beurteilung der militärischen Lage und der Freude über die Berufung des Prinzen Max stimmten die Kronprinzen überein. Rupprechts Gedanken drehten sich immer ausschließlicher um die Notwendigkeit eines sofortigen Friedensschlusses. Am 14. Oktober schrieb er in bewegenden Worten an seinen Vater: „Wir müssen jetzt jede Friedensbedingung annehmen, die der Gegner uns diktiert und jeder längere Widerstand ist unverantwortlich, da nutzloses Morden.

10. Bayerische Kriegsziele und Friedensanstrengungen 155

... Armes Bayern, das so zu büssen hat für Preussens Fehler! Jeder Tag kann die Katastrophe bringen!"[837]

Am 18. Oktober informierte Kronprinz Rupprecht Reichskanzler Prinz Max von Baden in einer schonungslosen Bestandsaufnahme über die verzweifelte Lage der Armee.[838] Die Truppen waren übermüdet und stark zusammengeschmolzen, sodass ihre Widerstandskraft geschwächt war und sich viele dem Gegner ergaben. Ebenso fehlte es an Geschützen und Transportmaterial. Eine „levée en masse" erklärte er neuerlich für sinnlos. Angesichts des Fehlens eigener Reserven und des Aufmarsches der Amerikaner hielt er ein Durchhalten der deutschen Armee über den Dezember hinaus für ausgeschlossen: „Ich möchte betonen, daß schon jetzt unsere Lage eine überaus gefährliche ist und es nach Umständen über Nacht zu einer Katastrophe kommen kann." Ludendorff warf er vor, dass er den Ernst der Lage verkannt habe. Er schloss mit einem verzweifelten Friedensappell: „Unter allen Umständen müssen wir zum Frieden gelangen, ehe der Gegner sich den Weg nach Deutschland erzwingt, denn dann wehe uns!"

Die dritte Note Wilsons vom 23. Oktober ging am folgenden Tag in Berlin ein, mit der dieser an einen Waffenstillstand die Bedingung knüpfte, „eine Wiederaufnahme der Feindseligkeiten seitens Deutschlands" müsse unmöglich sein.[839] Wenn seine Regierung mit „den militärischen Beherrschern und monarchischen Autokraten Deutschlands" zu verhandeln hätte, müsste er „nicht Friedensverhandlungen, sondern Übergabe" fordern.[840] Der amerikanische Präsident lehnte Gespräche mit Kaiser Wilhelm II. ab, was die Frage seiner Abdankung in die Diskussion rückte. Hindenburg erklärte in einem eigenmächtigen Telegramm an alle Armeeführer diese Bedingungen für unannehmbar. Rupprecht stellte dazu gegenüber dem König fest, dass – angesichts der Unmöglichkeit, den Krieg fortzuführen – Hindenburg „durch diese Eigenmächtigkeit Wilson recht[gebe], wenn dieser von einer Militärdiktatur in Deutschland spricht. – Es ist nun unbedingt nötig, Hindenburg und Ludendorff zu entfernen."[841] Er drängte Ludwig III. zum Handeln: „Ich beschwöre Dich für die Reichsleitung im Gegensatz zur Obersten Heeresleitung nachdrücklichst einzutreten, da jedes Weiterkämpfen unverantwortliches Blutvergiessen."

An dieser Stelle können nur das Verhalten und die Reflexionen Rupprechts in jenen kritischen Tagen erörtert werden. In der ausweglosen Situation blieb er nicht frei von Illusionen, vielleicht menschlich verständlich, um sich angesichts des drohenden Zusammenbruchs auch mit erfreulichen Gedankenspielen zu befassen. Für den sich abzeichnenden Zerfall der Donaumonarchie dachte er an eine Erweiterung Bayerns in den Grenzen des alten Stammesherzogtums: „Von den Deutsch-Oesterreichern erstreben viele, besonders die Tyroler, den einzig natürlichen Anschluss an Bayern, das hiemit in seinem ursprünglichen Umfange wieder erstehen würde. Möge diese Bewegung im deutschoesterreichischem Volke sich weiter ausbreiten, bei unserem Volke Gegenliebe und Förderung finden und möge es Dir [Ludwig III.] vergönnt sein, das einstige Bayern-Herzogtum aufs neue zu begründen."[842]

Der Kronprinz war fern von den Entscheidungszentren in seinem Hauptquartier in Brüssel festgehalten, wo er die Ereignisse in seinem Tagebuch festhielt. Am 31. Oktober notierte er: „Die Stellung des Kaisers scheint mir indes eine unhaltbare geworden zu sein."[843] Zum gleichen Zeitpunkt legte Ministerpräsident Dandl dem bayerischen König nicht einmal die Anfrage des Reichskanzlers vor, wie er sich zur Abdankung des Kaisers stellen würde, um in Preußen keine Empfindlichkeiten auszulösen.[844] Auf eine telefonische Anfrage des Großherzogs von Mecklenburg-Schwerin erklärte Ludwig III., er würde gegen die Abdankung Wilhelms II. keinen Widerspruch erheben.[845] Zu einer Initiative beim Kaiser in dieser Richtung waren aber weder der bayerische König noch seine Regierung bereit. Kronprinz Rupprecht mahnte seinen Vater dringend, Wilhelm II. aufzusuchen und die Initiative zum Rücktritt des Kaisers zu ergreifen: „Die Lage ist überaus ernst: Nur ein schneller Friede, gleichviel, ob er uns in seinen Bedingungen hart erscheinen mag, kann Rettung bringen."[846] Rupprecht hielt es für geboten, dass die deutschen Fürsten sich gemeinsam an den Kaiser wenden sollten, um ihm die Abdankung nahezulegen, weil sonst kein Waffenstillstand zu erhalten sei.[847] Es wirkt tragisch, dass Kronprinz Rupprecht den Ablauf der Dinge klar sah, ohne selbst eingreifen zu können: „Nach meiner Ansicht können wir an einer großen inneren Krisis nur dann vorbeikommen, wenn der Waffenstillstand baldigst zustandekommt. Die Weigerung des Kaisers abzudanken, muß sonst zum Rücktritt des Kanzlers und den schwersten Reibungen führen. Es wäre Zeit, daß die deutschen Fürsten sich gemeinschaftlich an den Kaiser wenden, um, sowie es den Anschein gewinnt, daß ein Waffenstillstand anders nicht zu erreichen ist, ihm die Abdankung nahezulegen."[848]

Die Anspannung dieser Tage führte zu einer Rupprechts Kräfte lähmenden Erkrankung, Kopfschmerzen und Schlaflosigkeit. Am 4. November besuchte Wilhelm II. die 4. Armee und wies erregt die Möglichkeit eines Amtsverzichts zurück.[849] Bei dieser Gelegenheit bat Rupprecht, um Bayern vor dem Vordringen der Italiener über den Brenner schützen zu können, um die Übertragung des Oberbefehls an der Alpenfront in Tirol. Der Kaiser lehnte dies mit der Begründung ab, dass dieser schon geregelt sei. Am Ende des Ersten Weltkrieges war Kronprinz Rupprecht von der Notwendigkeit eines Thronverzichts des Deutschen Kaisers überzeugt. Da der endliche Abschluss eines Waffenstillstands und damit das Kriegsende erst nach der Revolution im Reich und den Bundesstaaten erfolgten, werden sie im Zusammenhang mit diesen Ereignissen im folgenden Kapitel behandelt.

Kapitel II
Die Zeit der Republik

1. Revolution und Heimkehr

Ursachen und Verlauf der Revolution

Zeitgenossen wie Historiker ergingen sich in Betrachtungen, warum ausgerechnet in Bayern die Revolution am frühesten von allen deutschen Bundesstaaten ausgebrochen sei, wo eine besonders beliebte und seit über sieben Jahrhunderten im Lande fest verwurzelte Dynastie regierte. Benno Hubensteiner hat die Ereignisse der Nacht vom 7. auf den 8. November als Theatercoup bezeichnet, ausgelöst von landfremden Elementen.[1] Sicher beschreibt dies das unmittelbare Geschehen, liefert aber keine Erklärung für die eigentliche Frage, warum die Mehrheit der Bevölkerung diese oktroyierte Revolution so widerstandslos hinnahm. Eine eingehende Untersuchung der auf die Revolution zulaufenden Entwicklungslinien hat Karl Ludwig Ay erarbeitet.[2] Es war ein ganzes Bündel von Ereignissen und Stimmungen, das zu einer Lockerung des monarchischen Gedankens in den Kriegsjahren geführt hatte: die im Verlaufe des Krieges zunehmend prekärer werdende Ernährungslage, die sich steigernde Wut der Bevölkerung gegen die Berliner Zentralisierungsmaßnahmen auf dem Ernährungs- und Energiesektor und der dadurch ausgelöste antipreußische Affekt, der sich gegen die eigene Regierung wendete, die Friedenssehnsucht und schließlich die mangelnde Popularität König Ludwigs III.

Bereits seit der Jahreswende 1914/15 bildeten Ernährungsfragen das Hauptthema der innenpolitischen Auseinandersetzung.[3] Die Kriegszwangswirtschaft setzte 1915 mit der Beschlagnahme aller Getreidevorräte ein, soweit sie nicht den Bauern als Selbstversorgermenge zugestanden wurden. Während des Krieges wurde die Zwangswirtschaft auf nahezu alle Bereiche des täglichen Lebens ausgedehnt. Die meisten Kriegsgesellschaften, welche diese durchführten, hatten ihren Sitz in Berlin. Der Hass auf Preußen, in dem die Kriegstreiber vermutet wurden, gehört zu den Ursachen der Revolution.[4] Während des Krieges wuchs die Abneigung gegen die Person Ludwigs III., dem Nachgiebigkeit gegenüber Berlin vorgeworfen wurde.[5] In den letzten Kriegsjahren wurde gegen ihn wegen der Annahme des Königstitels 1913 die Anschuldigung des Thronraubes erhoben. Kronprinz Rupprecht hielt für die Hauptursache der Unbeliebtheit seines Vaters, „dass er erst den Eid als Regent geleistet und nachher die Königswürde angenommen hatte, dies allerdings unter Zustimmung des Landtags, wodurch er zum König von Landtags Gnaden geworden."[6] Erste Streiks mit politischen Forderungen fanden in Bayern Ende Januar 1918 in Nürnberg, München, Fürth und Schweinfurt statt, an denen sich Zehntausende Arbeiter beteiligten.[7] Obwohl diese Stimmungslage der bayerischen Regierung bekannt sein musste, ließ sie sich durch die Ereignisse des November 1918 überraschen. Hier kann nur untersucht werden, wie der Thronfolger die drohende Gefahr im Vorfeld einschätzte und persönlich erlebte.

Der Kronprinz wurde sich im Verlaufe des Krieges der Möglichkeit revolutionärer Unruhen im Reich wie in Bayern zunehmend bewusst. Bereits im Oktober 1916 erfuhr er, dass in „ganz Bayern ... große Unzufriedenheit" herrschte.[8] Auch in Zentrumskreisen wurde damals Außenminister Graf Hertling vorgeworfen, dass er Bayerns Interessen in Berlin ungenügend vertreten habe. Im Sommer 1917 informierte der Zentrums-Landtagsabgeordnete Heinrich Osel Rupprecht über die wachsende Missstimmung in der Bevölkerung gegen die Zentralisierungsmaßnahmen Berlins und die Nachgiebigkeit der bayerischen Regierung, die starke antimonarchische Strömungen unter dem Motto auslösten: „Wir Bayern sind an Preußen verkauft!"[9]

Kronprinz Rupprecht lieferte in seinem Memorandum von 1917 für Graf Hertling eine hellsichtige Analyse der Ursachen der dann ein Jahr später ausgebrochenen Revolution: „Gerade für Bayern, wo noch der Mittelstand ziemlich zahlreich ist, wird die Sache katastrophal. Die Angehörigen dieses Standes, die früher in ihrer überwiegenden Mehrheit gut monarchisch gesinnt waren, sind jetzt zum Teil antimonarchischer wie die Socialdemokraten, da sie der Regierung die Schuld an ihrem Unglück beimessen. Dies ist nicht blos in den grossen Städten der Fall wie in München, sondern leider auch in kleinen Orten. Man wirft der Regierung vor, dass sie sich von Berlin alles gefallen liess und die Meinung gewinnt immer mehr Anhänger, dass, nachdem doch alles von Berlin aus geleitet werde, unsere Regierung weiter nichts sei als ein überflüssiger und kostspieliger Ballast. In den übrigen Bundesstaaten ist übrigens die antimonarchische Stimmung noch schlimmer. Durch seine vielen Missgriffe und seine Untätigkeit ist der Kaiser um alles Ansehen gekommen und die Verstimmung geht soweit, dass manche ernsthaft denkende Leute bezweifeln, ob die Dynastie Hohenzollern den Krieg überdauern wird."[10] In seinem Tagebuch erwähnte er im Juli 1917, dass in München bereits davon gesprochen werde, eine Revolution zu machen, und in Cham Unterschriften zur Abdankung des Königs gesammelt würden.[11] Er selbst wünschte bereits zu diesem Zeitpunkt den Thronverzicht Kaiser Wil-

1. Revolution und Heimkehr

helms II. Erst in den letzten Kriegswochen allerdings forderte er seinen Vater zu einer Initiative in dieser Richtung auf.

In München schätzte die Regierung die Gefahr einer Revolution geringer ein als der Kronprinz im fernen Brüssel. Erst am 2. November 1918 erging nach langwierigen Verhandlungen das königliche Handschreiben, mit dem Ministerpräsident Dandl beauftragt wurde, die Regierung auf parlamentarischer Basis umzubilden.[12] Das Verfahren wurde verfassungskonform korrekt eingeleitet, doch verging darüber zu viel Zeit. Mittlerweile waren andere politische Kräfte dazu übergegangen, die Entwicklung in Richtung einer Revolution voranzutreiben. Im Zuge der durch den Rücktritt des kranken SPD-Landesvorsitzenden Georg von Vollmar von seinen Land- und Reichstagsmandaten am 29. August 1918 erforderlichen Nachwahlen wurde der USPD-Kandidat Kurt Eisner aus der Haft entlassen. Die Unabhängigen Sozialdemokraten hatten sich im Frühjahr 1917 von der Sozialdemokratie, die fortan als Mehrheitssozialdemokraten (MSPD) bezeichnet wurden, abgespalten, um radikalere Positionen zu vertreten. Ihre Schwerpunkte lagen in Nürnberg, den industrialisierten Regionen Oberfrankens, Augsburg und München. Der gebürtige Berliner Kurt Eisner nutzte die neu gewonnene Freiheit zur Agitation für einen Umsturz, bei einer Wahlkundgebung forderte er eine deutsche Republik unter Einschluss Deutsch-Österreichs sowie die Rückkehr zu den Idealen der Revolution von 1848. Sein Gegenkandidat Erhard Auer, der im Oktober zum neuen Landesvorsitzenden der MSPD gewählt worden war, griff zwar auch den preußischen Militarismus und die Hohenzollern scharf an, setzte aber auf einen evolutionären Reformprozess. Eisner gelang die Befreiung von Gesinnungsgenossen aus dem Zuchthaus Stadelheim, öffentlich trat er für eine soziale Republik ein. Entscheidend wurde seine Zusammenarbeit mit dem blinden radikalen Bauernbundführer Ludwig Gandorfer. Am 5. November solidarisierte sich Eisner mit den meuternden Matrosen der Hochseeflotte und prophezeite den Sturz der Regierung in München und den Friedensschluss binnen zweier Tage.

Für den Nachmittag des 7. November, dem ersten Jahrestag von Lenins Oktoberrevolution, berief die MSPD eine Kundgebung auf der Münchner Theresienwiese ein zum Protest gegen den Kaiser und für einen sofortigen Friedensschluss.[13] Sie einigte sich mit den Freien Gewerkschaften und der USPD, diese Massendemonstration gemeinsam zu veranstalten. Die Münchner Polizei wurde noch vor einem geplanten großen Schlag der USPD gewarnt, doch versicherte Erhard Auer, dass alles in geordneten Bahnen verlaufen werde. König Ludwig III. selbst nahm davon Abstand, die geplante Kundgebung verbieten zu lassen; er hoffte wohl sogar eher auf eine Stärkung der bayerischen Position im Reich durch Friedensforderungen. Am Nachmittag unternahm er seinen gewohnten Spaziergang im Englischen Garten. Die zuständigen Minister erklärten die Situation für unbedenklich. Innenminister Brettreich ließ den Beginn der Waffenstillstandsverhandlungen veröffentlichen. Die Ministerliste der neuen Regierung Dandl mit zwei Ministern von der Mehrheitssozialdemokratie wurde publiziert, um den erfolgreichen Verlauf des Reformprozesses zu unterstreichen.

Als Ergebnis der Kundgebung auf der Theresienwiese sollte eine von Auer entworfene Resolution mit der Forderung nach der Abdankung des Deutschen Kaisers sowie dem Verzicht seines Kronprinzen und nach einem Unterlassen einer letzten nationalen Verteidigung proklamiert werden; dazu kamen soziale Verlangen. Zum Abschluss war ein Demonstrationszug mit Musik quer durch die Stadt zum Friedensengel auf der Isarhöhe geplant. Die MSPD-Redner plädierten dann vor 40 000 bis 60 000 geschätzten Zuhörern auf der Theresienwiese für einen gewaltlosen Übergang zu einem Volksstaat. Nach Annahme der vorbereiteten Resolution marschierte das Gros der Teilnehmer geordnet zum Friedensengel auf dem östlichen Isarufer, um sich dort nach einer weiteren Ansprache des Reichs- und Landtagsabgeordneten Franz Schmitt von der MSPD aufzulösen.

Als Erste waren am Nachmittag die USPD-Redner mit Eisner und Gandorfer mit ihrem Anhang auf der Theresienwiese erschienen, welche die Plätze in Richtung Kasernenviertel besetzten. Sie sammelten hauptsächlich Soldaten mit roten Fahnen um sich; nach Abschluss der Kundgebung marschierte ein Zug von höchstens 2000 Mann unter ihrer Leitung in die Gegenrichtung des Hauptzuges, zu den Kasernen. Polizei und Stadtkommandant sahen sich außerstande, sie aufzuhalten, glaubten wohl auch nur an einen der üblichen Krawalle. Der anwachsende Zug, dem sich vermehrt Frauen anschlossen, rückte über die Hackerbrücke in Richtung Marsfeldkaserne vor. Ein Teil der Soldaten wechselte zu den Demonstranten über, andere packten ihre Sachen und gingen heim. Der Marsch verlief weiter in Richtung Innenstadt zur Türkenkaserne, wo die Soldaten ebenso wenig wie in den übrigen Kasernen Gebrauch von der Schusswaffe gegen ihre Kameraden machten. Die Revolutionäre erhielten freien Zugang zu Waffen- und Munitionsdepots, erste Soldatenräte wurden gewählt. Einige Demonstranten erschienen gegen Abend vor der Residenz mit Schrifttafeln und Rufen „Nieder mit dem König! Millibauer raus".[14]

Gegen 20 Uhr hatten die Revolutionäre die Kasernen, den Hauptbahnhof, das Telegrafenamt und die Regierungsbauten besetzt. Eisner sorgte noch am Abend für die Bildung eines Arbeiter- und Soldatenrates im Mathäserbräu. Außerdem wurden das Generalkommando, das Kriegsministerium und die Stadtkommandantur eingenommen, alles ohne Widerstand. Im gegen 22.00 Uhr schließlich noch besetzten Landtag ließ sich Ludwig Gandorfer zum Vorsitzenden eines Bauernrates bestimmen. Zum Abschluss wurden die Redaktionen der Münchner bürgerlichen Presse okkupiert. In dieser Nacht erklärte Erhard Auer dem Innenminister, er und seine Partei würden eine gewaltsame Niederschlagung der Revolte tolerieren, nur müsse sie sofort erfolgen, sonst würde sich die Mehrheitssozialdemokratie auf den Boden der gegebenen Tatsachen stellen und versuchen, zur Stabilisierung der Lage beizutragen. Um Mitternacht rief dann aber Kurt Eisner bei der ersten Sitzung des Arbeiter- und Soldatenrates im Sitzungssaal der zweiten Kammer des Landtages die Republik aus und erklärte die Dynastie Wittelsbach für abgesetzt.

Nicht die Massendemonstration auf der Theresienwiese, wohl aber der Marsch Kurt Eisners und seiner Gefolgsleute durch München mit der anschließenden Ausrufung der Republik, kamen für Ludwig III. und seine Regierung völlig überraschend. Gegen 19.00 Uhr hatte sich die Residenzwache aufgelöst, kein Offizier trat an ihre Stelle. Kriegsminister von Hellingrath verhängte nun das Standrecht über München und Umgebung. Allerdings musste er im Ministerrat eingestehen, dass er ohne verlässliches Militär in München sei. Darauf hoffte die Regierung auf das Heranholen entfernterer, zuverlässiger Truppenteile. Ludwig III. erwog nun verschiedene Möglichkeiten, sich etwa in den Schutz treuer Regimenter zu begeben, doch konnte er sich zu keinem Entschluss durchringen. Auf den Rat des Ministerpräsidenten von Dandl und des Innenministers von Brettreich brach das Königspaar mit seinen Angehörigen in den Abendstunden des 7. Novembers nach Schloss Wildenwart im Chiemgau auf, um dort abzuwarten, bis die Ruhe in München wieder hergestellt wäre.[15] Nichts war für eine nächtliche Fahrt vorbereitet, Mietwagen mussten erst beschafft werden, schließlich wurden das Königspaar, drei seiner Töchter, Erbprinz Albrecht und wenige Begleiter in drei Wagen ab 22.30 nach Wildenwart gebracht.[16] Eine Autopanne mitten in der Nacht machte die Situation noch unangenehmer. Erst vom 8. November an kann man die Weiterreise des Königspaares, verunsichert durch Nachrichten und Gerüchte aus München über heranziehende Revolutionäre und Soldatenräte, nach Berchtesgaden als Flucht bezeichnen.[17] Zunächst bezog das Königspaar hier das abgelegene Jagdhaus am Hintersee.

Die bayerische Regierung unter Otto von Dandl und der Kriegsminister mit den Kommandierenden Generälen in Bayern überließen Kurt Eisner und seinen Gefolgsleuten ohne Widerstand das Feld. Die ohne jede Legitimation ausgerufene Republik konnte Bestand haben, weil sich die Beamtenschaft loyal gegenüber dem Staat Bayern unabhängig von der Staatsspitze erwies.[18] Auch der Regierungspräsident von Oberbayern, Reichs- und Staatsrat Gustav Ritter von Kahr, blieb im Amt. Nach dem Vorbild Münchens bildeten sich in den anderen bayerischen Städten Arbeiter- und Soldatenräte, mit denen die bisherigen Träger der Staatsgewalt zusammenarbeiteten.[19] Versuche zu bewaffnetem Widerstand gab es nirgends. Dies gilt auch für die fränkischen Städte, für Nürnberg, Würzburg, Schweinfurt, Erlangen und Bayreuth. Die Revolution hatte staatspolitischmilitärische Gründe, war gegen eine Verlängerung des Krieges gerichtet und entbehrte weitgehend sozial- und wirtschaftspolitischer Ursachen. Die Regierung Eisner erließ sofort einen Aufruf an die bayerischen Unternehmer, dass die Volkswirtschaft unerschüttert bleiben solle. Auch die Besitzverhältnisse von Adel, Kirche und Bürgertum blieben unangetastet.

Ministerpräsident Kurt Eisner versuchte, von König Ludwig III. einen Thronverzicht zu erhalten, wozu er sich der alten Regierung bediente. Am 10. November reisten der abgesetzte Vorsitzende im Ministerrat von Dandl und Staatsrat General Maximilian von Speidel für das Kriegsministerium nach Wildenwart, um den König zur Lösung des Beamten- und Offizierseides zu bewegen.[20] Da sie ihn dort nicht mehr antrafen, folgten sie ihm dann nach Schloss Anif bei Salzburg, einem Besitz des bayerischen Reichsrats Ernst Graf Moy de Sons. Ludwig III. war ins benachbarte Österreich ausgewichen, um ohne äußeren Druck mit der Regierungsdelegation verhandeln zu können. Der König sanktionierte die Entwicklung des fortbestehenden und funktionierenden bayerischen Staates, indem er zwar nicht auf den Thron verzichtete, aber mit der Anifer Erklärung vom 13. November 1918 den Treueid auflöste: „Zeit meines Lebens habe ich mit dem Volke und für das Volk gearbeitet. Die Sorge für das Wohl meines geliebten Bayern war stets mein höchstes Streben. Nachdem ich infolge der Ereignisse der letzten Tage nicht mehr in der Lage bin, die Regierung weiterzuführen, stelle ich allen Beamten, Offizieren und Soldaten die Weiterarbeit unter den gegebenen Verhältnissen frei und entbinde sie des mir geleisteten Treueides".[21] Die Regierung Eisner gab sich mit dieser Erklärung zufrieden und wertete sie als Thronverzicht.

Verschiedentlich ist die Frage aufgeworfen worden, was geschehen wäre, wenn Kronprinz Rupprecht zu diesem Zeitpunkt mit einsatzfähigen Truppen in der Nähe Münchens gestanden wäre. Vielleicht hätte er die Ausrufung der Republik verhindern oder zumindest wirkungslos machen können, indem er die Anerkennung des selbst ernannten Ministerpräsidenten Eisner durch die Verwaltung verhindert hätte. Allerdings ist sehr fraglich, ob sich Truppen zu einem militärischen Einsatz gegen zur Republik übergegangene Soldaten bereitgefunden hätten.

Am 9. November hatte Philipp Scheidemann vom Balkon des Reichstages auch in Berlin die Republik ausgerufen. Am 28. November leistete der nach Holland geflohene Kaiser und König Wilhelm II. in Amerongen „Verzicht auf die Rechte an der Krone Preußens und die damit verbundenen Rechte an der deutschen Kaiserkrone",[22] Kronprinz Wilhelm schloss sich am 1. Dezember im niederländischen Wieringen an.[23] Die weit überwiegende Anzahl der übrigen deutschen Bundesfürsten verzichtete, anders als der König von Bayern, im November 1918 ebenfalls förmlich auf ihre Thronrechte.[24] Die Bewahrung der

Monarchie in Bayern über den 9. November 1918 hinaus hätte also die Frage nach der Einbindung eines Königreiches Bayern in eine deutsche Republik aufgeworfen, wie sie später etwa von Erwein von Aretin diskutiert wurde.[25] Aufgabe des Historikers ist es aber nicht, nach rückwärts gewandte Prophetien abzugeben.

Die Folgen der Revolution für Kronprinz Rupprecht

Kronprinz Rupprecht war im November 1918 noch Oberkommandierender der nach ihm benannten Heeresgruppe und hielt sich in seinem Hauptquartier in Brüssel auf. Dort erfuhr er in einem kurzen, unterbrochenen Telefongespräch am 8. November gegen 9 Uhr vormittags, „daß gestern in München eine Revolution ausgebrochen sei und die Republik ausgerufen wurde. Gerade in München, wo dies am wenigsten zu erwarten stand!"[26] Am folgenden Tag bildete sich auch in Brüssel ein Soldatenrat, mit dem die Kommandeure gemäß Befehl Hindenburgs kooperieren sollten.[27] Rupprecht kommentierte dies: „Welcher Kleinmut! Ich will den Erlaß ins Kaminfeuer werfen, da zeigt mir mein Stabschef, daß seine Zurückhaltung nichts hilft, da er allen Divisionen unmittelbar von der OHL zugestellt wurde. Immer das alte Spiel! Die Ausschaltung der Oberkommandos. Das Einschreiten gegen die meuternden Marinetruppen muß nun auch unterbleiben!"[28] Den Ausbruch der Revolution wertete er als vernichtend für die laufenden Waffenstillstandsverhandlungen mit den Ententemächten: „Es widerstrebt mir, die so niedrigen Bedingungen im einzelnen anzuführen, die nie so schmachvoll und so vernichtend ausgefallen wären, wüßten unsere Gegner nicht, daß in ganz Deutschland die Revolution zum Ausbruch gelangt ist – eine Revolution im Augenblick der Verhandlungen mit dem Feind! Man greift sich an den Kopf, ob solcher Verblendung. Wie erst werden nach einem derartigen Zusammenbruch die Friedensbedingungen sich gestalten!" Da er die Zusammenarbeit mit dem Soldatenrat ablehnte, plante er nach Anfertigung aller Rückmarschanordnungen für seine Heeresgruppe und der Unterzeichnung des Waffenstillstandes das Kommando an General Sixt von Arnim zu übergeben.

Am 11. November unterzeichnete die deutsche Delegation mit Genehmigung des Vorsitzenden des Rates der Volksbeauftragten, Friedrich Ebert, den Waffenstillstand in Compiègne, woraufhin Generalfeldmarschall Rupprecht von Bayern sein Oberkommando niederlegte.[29] Hauptmann Franz Halder war bei diesem Akt anwesend und erhielt auf seine Frage, was beim Weggang des Kronprinzen aus der Armee werden solle, von ihm die Antwort: „Ihr müßt bleiben und verhindern, daß der Feind hereinkommt, der schon vor der Tür steht."[30] Zunächst informierte Rupprecht seine Truppen über seinen Protest gegen die Revolution. Er legte die Entscheidung über die künftige Staatsform in die Hand der bayerischen Bürger, die in diesem Punkt nie um ihre Meinung gefragt wurden. Wegen seiner staatsrechtlichen Bedeutung sei dieser Text, dessen Grundlinien das spätere politische Handeln des Kronprinzen bestimmten, im Wortlaut zitiert:

„Seine Majestät der König von Bayern ist an der freien Erklärung seines Willens behindert. In meiner Eigenschaft als Kronprinz lege ich Verwahrung ein gegen die politische Umwälzung, die ohne Mitwirkung der gesetzgebenden Gewalten und der Gesamtheit der bayerischen Staatsbürger in Heer und Heimat von einer Minderheit ins Werk gesetzt wurde. Das bayerische Volk und das seit Hunderten von Jahren mit ihm verbundene Fürstenhaus haben das Recht zu verlangen, daß über die Staatsform durch eine verfassunggebende Nationalversammlung entschieden wird, die aus freien und allgemeinen Wahlen hervorgeht. Dass den heimkehrenden Soldaten die Möglichkeit eröffnet wird, ihre Stimme abzugeben, ist eine selbstverständliche Forderung. Die bayerischen Soldaten werden dann im Einvernehmen mit den bayerischen Staatsbürgern in der Heimat zu entscheiden haben, wie sie sich zur Frage weiterer Zusammenarbeit mit ihrem Fürstenhause stellen wollen. H(aupt)Qu(artier), den 10. 11. 1918 Rupprecht Kronprinz von Bayern."[31]

Gegenüber der bayerischen Revolutionsregierung reagierte der Kronprinz ebenfalls mit einer Erklärung, in welcher der Satz über die Verhinderung des Königs und der Ausdruck seines Protestes allerdings fehlen. Dafür ist eine Anfrage an die bayerische Regierung aufgenommen: „Zu der politischen Umwälzung in Bayern hat die Gesamtheit der bayerischen Völker von Heimat und Heer noch nicht Stellung nehmen können. Das bayrische Volk und das seit hunderten von Jahren mit ihm verbundene Fürstenhaus haben das Recht zu verlangen, daß über die Staatsform durch eine verfassunggebende Nationalversammlung entschieden wird, die aus freien und allgemeinen Wahlen hervorgeht, daß den heimkehrenden Soldaten die Möglichkeit eröffnet wird, ihre Stimmen abzugeben, ist eine selbstverständliche Forderung. Dann werden die bayrischen Staatsbürger in der Heimat zusammen mit den zurückgekehrten Soldaten zu entscheiden haben, wie sie sich zur Frage weiterer Zusammenarbeit mit ihrem Fürstenhause stellen wollen. Ich richte deshalb an die derzeitige bayrische Regierung die Frage, ob sie gewillt ist, nach diesen Grundsätzen zu verfahren und wie allen anderen Soldaten so auch den im Feld stehenden Mitgliedern des Hauses Wittelsbach ungehinderte Rückkehr und freie Meinungsäußerung zu gewährleisten. Rupprecht Kronprinz von Bayern".[32]

Nach der Unterzeichnung des Waffenstillstands konnte sich der Generalfeldmarschall Rupprecht von Bayern nicht länger in Brüssel, nach der Niederlegung des Oberkommandos wollte er sich nicht weiter beim Heer aufhalten. Der direkte Weg in die Heimat war ihm durch die revolutionären Unruhen verschlossen.[33] Deshalb wählte er den Umweg über die neutralen Niederlande, wohin sich auch Kaiser Wilhelm II. am 10. November geflüchtet hatte. Um eine Internierung

1. Revolution und Heimkehr

zu vermeiden, musste die Fahrt in die Niederlande inkognito erfolgen. Der Stab des Kronprinzen nahm deshalb mit dem spanischen Gesandten in Brüssel, Rodrígo Ramírez de Saavedra y Vinent Marqués de Villalobar, Verbindung auf. Dieser hatte sich bereit erklärt, Papiere auf den alten Inkognitonamen Landsberg und einen weiteren Deckpass für den persönlichen Adjutanten, Toni Freiherrn von Hirschberg, auszufertigen, weil Rupprecht ein Vetter des Königs Alfons XIII. von Spanien war. Außerdem stellte er seinen Wagen für die Fahrt zur Verfügung. Auch Zivilkleidung musste noch beschafft werden. Beim Gesandten hinterlegte Rupprecht eine Erklärung, dass er nicht fliehe, sondern sich auf kürzestem Wege nach München begeben wolle.[34] Gegenüber dem Flügeladjutanten Wilhelms II., Sigurd von Ilsemann, begründete er die Abreise nach Holland später mit der Absicht, die Revolution in München zu bekämpfen: „Ich ging bei der Revolution auch nach Holland, weil ich von dort nach München wollte, um mit dem Alpenkorps und einer Ersatz-Division die Ordnung wiederherzustellen, kam aber zu spät."[35] Der Weg über die Niederlande wurde in der sozialistischen Presse wie in preußischen Kreisen später verschiedentlich als Flucht bezeichnet.[36]

Am 12. November konnten ein Auto mit bayerischen Reserveoffizieren als Vorauskommando und der Gesandtschaftswagen mit Rupprecht und Hirschberg ungehindert die belgisch-niederländische Grenze passieren. Vom Grenzbahnhof Roosendaal fuhren Rupprecht und sein Adjutant mit dem Frühzug nach Amsterdam.[37] Hier fanden sie Aufnahme beim Freund des Kronprinzen, Prof. Dr. Otto Lanz. Dieser hatte seinerseits bereits Vorkehrungen getroffen, um Rupprecht mit einer mit Unterstützung des niederländischen Prinzgemahls, Prinz Heinrich von Mecklenburg-Schwerin, organisierten Ambulanz aus Brüssel herauszuholen.[38] Auch der Biograf Rupprechts, Dr. Otto Kolshorn, hatte sich im Amsterdamer Hause Lanz eingefunden. Er wurde noch in der Nacht nach München gesandt, um einen zuverlässigen Überblick über die aktuelle Lage zu gewinnen. Unterwegs lancierte er die Nachricht, der Kronprinz sei in der Schweiz eingetroffen, um die Aufhebung des Inkognitos hinauszuschieben.

Mittlerweile hatte der bayerische Ministerrat in seiner Sitzung vom 15. November über das Telegramm des Kronprinzen diskutiert und beschlossen, dass ihm der Aufenthalt in Bayern unter den gleichen Bedingungen wie seinem Vater freistehe.[39] Seine Anregung wegen baldiger Einberufung einer Nationalversammlung werde aufgenommen, auch stehe den Soldaten das gleiche Wahlrecht wie den übrigen Staatsbürgern zu. Der Minister für militärische Angelegenheiten Albert Roßhaupter schlug vor, die Forderung nach einem Thronverzicht über das Ministerium des Äußeren auch an Kronprinz Rupprecht zu richten. Dies wurde im Kabinett zur Kenntnis genommen, aber genauso wenig weiter verfolgt wie die spätere Forderung des Arbeiter- und Soldatenrates nach einer Verzichtleistung des Kronprinzen auf seine Thronansprüche.[40] Wegen Rupprechts Reise über die holländische Grenze wurde zeitweilig im Ministerrat die Möglichkeit eines Verfahrens wegen Fahnenflucht erwogen.[41] Sozialistische und kommunistische Blätter hetzten damals gegen ihn und warfen ihm Desertion und ein angeblich ausschweifendes Privatleben während des Krieges vor.[42]

Dr. Otto Kolshorn erfuhr bei seinen Gesprächen in München mit den Mitgliedern der vormaligen königlichen Regierung und Graf Toerring, dass momentan an keine Änderung der politischen Umstände zu denken sei.[43] Toerring forderte seinen Schwager zur sofortigen Heimkehr auf, um die politischen Verhältnisse in Bayern zu stabilisieren.[44] Durch einen Antrag im Ministerrat hatte er erreicht, dass dem Kronprinzen freier Aufenthalt in Bayern ohne Gewähr eines besonderen Schutzes eingeräumt wurde, wobei er ihm gleichzeitig von der Anwesenheit in München abriet.[45] Darauf wandte Kolshorn sich an den sozialdemokratischen Minister Roßhaupter, der die Rückkehr des Kronprinzen offiziell nur unterstützen wollte, wenn dieser zuvor eine Verzichterklärung ausgestellt hätte. Immerhin erhielt Kolshorn von ihm einen Ausweis, der ihn ermächtigte, Kartoffeln für Bayern aus Holland zu besorgen und dazu die Hilfe des Soldatenrates des Großen Hauptquartiers zu erbitten. Auf der Rückfahrt gelang es Kolshorn mit der Unterstützung des Soldatenrates, zwei Kraftwagen an der holländischen Grenze bereitzuhalten, welche die Heimreise Kronprinz Rupprechts ermöglichen sollten.

Zurück in Amsterdam bemühte sich Dr. Kolshorn am 22. November in der deutschen Gesandtschaft unter Vorlage des Kartoffelausweises, Pässe für seine angeblichen Mitarbeiter Alfred Landsberg und Martin Konrad zu bekommen. Tatsächlich erhielt er die Möglichkeit, sich zwei Blankopässe zu verschaffen. Da der Kronprinz mittlerweile im Amsterdamer Ryksmuseum erkannt worden war, wurde seine Ausreise aus Holland noch dringlicher. Auf einer Rangierlokomotive konnte er unerkannt die niederländisch-deutsche Grenze passieren. Seine Begleiter trafen Rupprecht im deutschen Grenzort hinter Arnheim wieder. Von hier konnten sie die Reise in den von Kolshorn organisierten Autos fortsetzen. Die Gruppe verbrachte die erste Nacht beim Bruder eines Militärarztes auf einem Gutshof zu Rhelde bei Stadtlohn. Die abenteuerliche Weiterfahrt verlief über Kassel, wo sich mittlerweile das Große Hauptquartier unter Hindenburg und das Hauptquartier der Heeresgruppe Kronprinz von Bayern befanden. Hier konnte Rupprecht Kontakt mit seinen langjährigen militärischen Mitarbeitern aufnehmen. Mit Datum vom 2. März 1919 erhielt der Kronprinz dann im folgenden Jahr seine offizielle Entlassung aus der Stellung als Oberbefehlshaber einer Heeresgruppe und den Dank des Kriegsministers der Republik für seine Dienste als Heerführer.[46]

Die auf die Zwischenstation in Kassel folgende Nacht verbrachte die Reisegruppe um Kronprinz Rupprecht bereits auf fränkischem Boden, im Schloss

1. Revolution und Heimkehr

Walkershofen des Reichsrates Ludwig Freiherrn von Würtzburg bei Uffenheim. Am nächsten Abend, dem 28. November, gelangte Rupprecht unter Umgehung Münchens in Schloss Hohenberg bei Seeshaupt in der Nähe des Starnberger Sees an, wo ihm Willibald Freiherr von Beck-Peccoz, der Schwager Hirschbergs, für die folgenden Wochen Zuflucht gewährte.[47] Erst hier erfuhr er Einzelheiten über die Revolutionsvorgänge in München. Zu seinem Vater Ludwig III., der am 18. November aus Anif nach Wildenwart zurückgekehrt war, konnte Rupprecht zunächst keinen Kontakt herstellen. Der Kronprinz bekam nun erstmals die seit den letzten Kriegsjahren in Bayern herrschende Lebensmittelknappheit zu spüren, zur Ergänzung des Speiseplans mussten Bucheckern dienen.[48]

Kronprinz Rupprecht hatte sich nach seiner Heimkehr in gänzlich veränderte Umstände zu fügen. Der erste erhaltene Brief an seinen Vater, wohl noch aus Hohenberg, datiert vom 9. Dezember 1918: „Welche Ereignisse seit meinem letzten Briefe! – Mich überrascht nur der Moment ihres Ausbruchs, dass sie kommen würden besorgte ich schon seit langem. – In meinen Briefen hatte ich mir wiederholt erlaubt zum Ausdruck zu bringen, dass der Bogen überspannt würde – er ist nun gebrochen. Gottlob hat Mama sich den Aufregungen gegenüber widerstandsfähiger erwiesen, als man eigentlich hoffen durfte. – Ich hoffe, dass es die Umstände mir in nicht allzuferner Zeit gestatten werden nach Wildenwart zu kommen, um Dir über meine letzten Erlebnisse und meine neuesten Eindrücke berichten zu können, ich kann aber schon jetzt nicht verschweigen, dass diese leider durchaus nicht erfreulich. Mit den besten Wünschen Dein stets dankbarer Sohn Rupprecht."[49] Scharf kritisierte er neben den politischen Veränderungen die finanziellen Verschiebungen durch Krieg und Revolution: „Das ist der Kernpunkt der ganzen jetzigen Änderungen – schöne Worte und eine gewaltige Schieberei. Die Geprellten sind schliesslich die Socialisten aus Überzeugung, wenn nicht Alles trügt. Statt Kriegsgewinnlern nun Revolutionsgewinnler, die bald recht konservative Republikaner unter einem ihnen genehmen Präsidenten sein werden!"[50]

Erstmals sah Rupprecht seine Eltern bei einem Besuch in Wildenwart am 23. Dezember 1918 wieder.[51] Krieg und Revolution hatten freilich sein Verhältnis zum Vater nicht gebessert. Ludwig III. lebte nun in der Angst, sein Sohn könnte ihm seine Thronrechte rauben, und forderte ausdrücklich Respekt und Gehorsam wie bisher: „Meine Mutter, die seine Denkweise kannte, aber auch wusste, dass viele Leute auf mich ihre Hoffnung setzten, nahm mir das Wort ab, nichts auf eigene Faust zu unternehmen und überhaupt Alles zu vermeiden, was mein Vater als eine Zurücksetzung empfinden könne." Nicht ohne Grund beklagte Ludwig III. sich auch über das Versagen seiner Minister. Jedenfalls war Rupprecht überzeugt, dass an eine Wiedererrichtung der Monarchie zu Lebzeiten seines Vaters nicht zu denken sei, weil dieser zu wenig Rückhalt bei der Bevölkerung finden würde. Weihnachten 1918 konnte Kronprinz Rupprecht dann gemeinsam mit Erbprinz Albrecht in Wildbad Kreuth bei der Familie seiner Schwiegermutter, der Herzogin Karl Theodor, verbringen, wo er die nächsten Wochen wohnte. Seine Rückkehr nach Bayern wurde auch vom Kabinett Eisner zur Kenntnis genommen, das ihn zeitweilig beobachten ließ.[52]

Die Ausbildung Prinz Rupprechts war darauf abgestimmt gewesen, den künftigen König Bayerns zu erziehen, seine berufliche Laufbahn hatte sich innerhalb der bayerischen Armee vollzogen. Beide Tätigkeitsbereiche waren ihm nun verschlossen, weder gab es ein Königreich Bayern noch eine bayerische Armee. Er hatte zwar an mehreren Universitäten studiert und wegen seiner wissenschaftlichen Interessen einen Ehrendoktor erhalten, einen eigentlichen Zivilberuf aber hatte er nicht. Aus der rastlosen Tätigkeit des Oberbefehlshabers einer Heeresgruppe stürzte er in ein schwarzes Loch, er war keine öffentliche Person mehr, konnte das Geschehen nicht mehr beeinflussen und musste in den Hintergrund treten.

Von Wildbad Kreuth aus richtete Kronprinz Rupprecht einen Brief an seinen Freund Adolf von Hildebrand, in dem er sich mehr mit den militärischen Fragen der Vergangenheit als den drängenden Problemen der Gegenwart auseinandersetzte.[53] Hildebrand wies ihn auf den Weg der Kunstbetrachtung, um seine Zeit sinnvoll zu gestalten. Darauf begann Rupprecht, seine Überlegungen zur Kunst niederzuschreiben. Im Februar 1919 schickte er Hildebrand die ersten Bögen, Ausführungen über die Einwirkung des Klimas auf die Entwicklung der Kunst, Betrachtungen über das Sehen an sich und das künstlerische Sehen sollten sich anschließen.[54] Hildebrand nahm ihn als kunsthistorischen Schriftsteller durchaus ernst, wie seine kritische Stellungnahme belegt. Später ließ Rupprecht den Essay „als gänzlich verhauenen Torso" liegen, doch hatte ihn in schwerster Zeit die Beschäftigung mit zeitlosen Fragen der Kunst Ablenkung geboten. Als der Kronprinz damals erfuhr, dass die Franzosen in kleinlichem Nationalismus Hildebrands Brunnen „Vater Rhein" in Straßburg abbrachen, regte er an, diesen für Bayern zu erwerben.[55] Der „Vater Rhein" fand später seinen Platz auf der Isarinsel bei der Ludwigsbrücke gegenüber dem Deutschen Museum in München.

Die finanzielle Lage König Ludwigs III. und seiner Familie war nach der Revolution höchst unsicher, sie konnten über kein geregeltes Einkommen mehr verfügen. Über die Weiterführung der Zivilliste für den Monat Dezember wurde mehrfach im Ministerrat verhandelt, doch die Auszahlung an den König abgelehnt.[56] Die Verwaltung der Zivilliste hatte das Finanzministerium übernommen.[57] König Ludwig III. waren neben Leutstetten nur der Privatbesitz seiner Frau, Schloss Wildenwart als Erbe Erzherzog Franz V. von Österreich-Modena, sowie die Güter Eiwanowitz in Mähren und Sárvár in Ungarn geblieben. Auf den nachdrücklichen Wunsch Ludwigs III. hatte die Königin Marie Therese schließlich ihn und nicht, wie ursprünglich geplant, ihre Söhne Rupprecht und Franz als Erben ihrer Güter Eiwanowitz und Sárvár eingesetzt.[58] Marie Therese von Bayern, die seit Längerem an einer inoperablen Geschwulst im Bauch – nach ihrer eigenen Meinung Darmkrebs – litt, erlag am 3. Februar 1919 dieser Krankheit.[59] Sie wurde zunächst provisorisch in der Schlosskapelle Wildenwart beigesetzt. Die Trauerrede hielt der Erzbischof von München und Freising, Michael von Faulhaber.[60] Rupprecht, der noch am 31. Januar seine Mutter besucht hatte, konnte an der Beisetzung am 6. Februar nicht teilnehmen, weil starker Neuschnee den Weg von Tegernsee nach Holzkirchen zur Bahn unpassierbar gemacht hatte.[61]

Zunächst besaß der Kronprinz keinen Wohnsitz mehr, er verfügte weder über Besitz noch über Einkommen. Durch die Revolution hatte er die noch gar nicht bezogene Wohnung in den Steinzimmern der Münchner Residenz verloren. In dieser schier hoffnungslosen Situation musste er sich eine eigenständige Existenz aufbauen. Im Januar 1919 trug er sich zeitweilig mit dem Gedanken, ein Haus in München zu erwerben. Graf Friedrich Pappenheim, der weiterhin als Hofmarschall fungierte, machte einige Vorschläge, darunter das Gebäude der päpstlichen Nuntiatur in der Brienner Straße, doch waren keine Mittel vorhanden, zur Finanzierung hätte Rupprecht eine Hypothek aufnehmen müssen.[62] So musste Rupprecht als Gast bei seiner Schwiegermutter in Wildbad Kreuth bleiben. Die Güter der herzoglichen Linie waren nicht durch die Folgen der Revolution betroffen. Auf einem Wagen hatte ein Teil des Privatbesitzes des Kronprinzen aus der Münchner Residenz ins herzogliche Schloss nach Possenhofen gerettet werden können. Später wurden Rupprechts Einrichtungsgegenstände aus der Residenz in das herzogliche Palais in München gebracht. Dabei konnten auch seine Tagebücher gerettet werden, während das Tafelsilber auf der von den Kommunisten besetzten Münchner Polizeidirektion abhanden gekommen war.[63]

2. Exil und Unsicherheit

Radikalisierung der Verhältnisse

In München versuchte die Revolutionsregierung unter Kurt Eisner, welche der willkürlich aus Arbeiter-, Soldaten- und Bauern-Räten sowie Landtagsabgeordneten der Friedensresolutionsparteien zusammengesetzte Nationalrat gewählt hatte, die wirtschaftliche Not und die Kriegsfolgen zu lindern.[64] Die Ministerialbeamten führten ihren Dienst fort, um der drohenden Anarchie zu begegnen. Die Truppen wurden durch den neuen Militärminister zu Zucht und Unterordnung angehalten. Ministerpräsident Eisner beabsichtigte die föderalistische Neugestaltung des Deutschen Reiches unter Einbeziehung Deutsch-Österreichs.[65] Sein persönlicher Ehrgeiz richtete sich auf die Gestaltung einer eigenständigen bayerischen, idealistisch-sozialistisch gestimmten Reichs- und Außenpolitik. Die politischen Alternativen der Innenpolitik bildeten Räteherrschaft oder parlamentarische Demokratie, für welche die MSPD unter Erhard Auer eintrat. Eisner wollte dagegen den Zusammentritt einer aus freien Wahlen hervorgegangenen verfassunggebenden Nationalversammlung zunächst verhindern, um seine Vorstellung einer Rätedemokratie umsetzen zu können. Erst nach heftigen Debatten und Rücktrittsdrohungen im Ministerrat musste Eisner am 2. Dezember die Zusage zur raschen Einberufung einer gewählten Nationalversammlung geben. Anfang Januar 1919 verkündigte die Regierung ein vorläufiges Staatsgrundgesetz für den Volksstaat Bayern, mit dem die Vorrechte des Adels und die Reichsrätekammer abgeschafft wurden.

Bei den am 12. Januar 1919 durchgeführten Landtagswahlen waren Frauen erstmals stimmberechtigt. Die USPD Eisners erlitt eine vernichtende Niederlage. Stärkste Kraft wurde die neu gegründete, aus dem Zentrum hervorgegangene Bayerische Volkspartei (BVP) (35%) vor der MSPD (33%). Die liberale Deutsche Demokratische Partei (DDP) erzielte 14%, der Bauernbund 9%, die nationalliberale Mittelpartei knapp 6% und die USPD 2,5%. Die Parteien der Revolutionsregierung – MSPD, USPD und Bauernbund – erreichten zusammen nur 45%. Die radikalen Gruppierungen der Linken waren kleine Minderheiten, der Ministerpräsident hatte keine parlamentarische Mehrheit. Allerdings verzögerte Eisner den Zusammentritt des Landtages. Unterdessen vermehrten sich Gewalttätigkeiten nicht nur in München, bei Unruhen im ganzen Land kamen Menschen zu Tode. Die Vertreter der radikalen Linken wollten den künftigen Landtag durch einen Landesrätekongress entmachten. Schließlich ließ Eisner doch für den 21. Februar die Verfassunggebende Versammlung einberufen, um sein Vorläufiges Staatsgrundgesetz beraten zu lassen. Auch wollte er bei der Sitzung den Rücktritt seines Kabinetts anbieten. Auf dem Weg zur Landtagseröffnung in der Promenadenstraße, der heutigen Pacellistraße, erschoss der junge Leutnant im Leibregiment Anton Graf von Arco auf Valley Kurt Eisner. Die Folge waren zunächst weitere Gewalttaten und später die Ausrufung der Räterepublik.

Die Zeit der persönlichen Gefährdungen für die Wittelsbacher war mit dem unmittelbaren Revolutionsgeschehen vom 7./8. November noch nicht vorüber. Die nach der Erschießung Eisners am 21. Februar ausgebrochenen Unruhen bedrohten auch das Königshaus. Die Angst vor Verfolgung trieb Ludwig III. am 23. Februar aus Wildenwart ins Exil nach Tirol und weiter nach Liechtenstein und in die Schweiz.[66] Wieder waren es Ungeschicklichkeiten seiner Umgebung wie Planungsfehler und Autopannen, die dem greisen König große Strapazen abnötigten. Erst im April 1920 kehrte er nach Wildenwart zurück. Auch Kronprinz Rupprecht verließ Bayern, nachdem am Tegernsee verdächtige Gestalten aufgetaucht waren.[67] Er war gewarnt worden, dass ein ehemaliger Chauffeur gegen ihn Hetzreden führte. Ende Februar wanderte er mit seinem Sohn Albrecht und dessen Lehrer Dr. Frank von Kreuth über die verschneiten Berge nach Tirol. Am Achensee fanden sie Zuflucht in einem Jagdhaus bei Generaloberst Aloys Fürst von Schönburg-Hartenstein, dem ehemaligen österreichischen Militärattaché in Berlin. Er konnte ihnen eine Aufenthaltsbewilligung für Österreich besorgen.[68] Ein Jäger brachte aus Kreuth Kleidung und Wäsche nach, die Versorgung bestand hauptsächlich aus durch die Jagd erbeutetem Gamsfleisch.

Schließlich wurden Rupprecht und sein Sohn für mehrere Monate von dem Gutsbesitzer und Kunstmaler Karl Anton Reichel auf dem sogenannten Edelhof Heiligenkreuz bei Micheldorf an der Krems aufgenommen.[69] Der Kronprinz kannte Reichel als Kunstsammler aus dem Münchner Altertumsverein. Micheldorf liegt in Oberösterreich südlich von Kremsmünster, wo das Andenken an den letzten Agilolfingerherzog Tassilo III. gepflegt wird, der dort als Klosterstifter verehrt wird. Wie viele andere Gesprächspartner des Kronprinzen hofften die Patres hier auf den Zusammenschluss Österreichs und Bayerns. Rupprecht war vom Achensee zunächst in überfüllten Zügen allein nach Kirchdorf im Kremstal gefahren, von wo er am 19. März nach Micheldorf wanderte, um die Lage zu sondieren.[70] Einige Tage später kamen Albrecht und Dr. Frank nach. Ihr Inkognito war aber bald enttarnt. Sie litten unter der auch auf dem Lande herrschenden Lebensmittelknappheit. Rupprecht konnte hier zwar Kontakte mit dem Herzog von Cumberland und dem Fürsten Windisch-Grätz aufnehmen, doch blieb er weitgehend von Nachrichten aus der Heimat abgeschnitten. Willkommen war deshalb der Besuch des Publizisten Karl Graf von Bothmer, eines Verwandten des Generalobersten Graf Felix, der Rupprecht über die aktuelle Lage in München informierte.[71] In Micheldorf gelang es Rupprecht, der sich dabei des Decknamens Dr. Frank bediente, den Briefwechsel mit seinem Freund Prof. Lanz in Amsterdam fortzusetzen.[72]

Nur aus der Entfernung konnte Kronprinz Rupprecht die Entwicklung in Bayern verfolgen. Mit dem partiellen Ausfall der Regierung nach dem Tode Eisners kam es zu einem Nebeneinander einzelner Minister, der Ministerialbürokratie und unterschiedlichen Räteinstitutionen.[73] Ein selbst ernannter „Zentralrat der Bayerischen Republik" übernahm die vollziehende Gewalt. Am 17. März konnten die Abgeordneten des Landtags doch endlich eine Sitzung abhalten, bei der sie die Mehrheits-Sozialdemokraten Franz Schmitt zum Landtagspräsidenten und Johannes Hoffmann, der weiter als Kultusminister amtierte, zum Ministerpräsidenten wählten. Radikale Elemente riefen am 7. April die Räterepublik „Baiern" aus, vor der das Gesamtstaatsministerium Hoffmann ins sichere Bamberg flüchtete. Bereits in der folgenden Woche stürzten Kommunisten die erste

Räterepublik und konstituierten eine zweite kommunistische Räterepublik. Geiseln aus Adel und Bürgerschaft, meist Mitglieder der Thule-Gesellschaft, wurden genommen, von denen zehn durch Angehörige der roten Armee am 30. April erschossen wurden.[74] Im Bewusstsein der bayerischen Bevölkerung verdeutlichten diese Geiselerschießungen noch lange die tödliche Gefahr, die von der Revolution und der Räterepublik ausging.

Da sich die Regierung Hoffmann und die bayerische Reichswehr, die Vertreter der Staatsgewalt, zur Aufrechterhaltung der Ordnung als zu schwach erwiesen, entstanden auf Aufforderung des Kabinetts Einwohnerwehren.[75] Daraufhin kam zunächst das in Thüringen aufgestellte Freikorps des letzten Kommandanten des Infanterie-Leibregiments und Militär-Max-Joseph-Ritters Oberst Franz Xaver von Epp[76] über die Grenze nach Bayern, wo sich an vielen Orten weitere Freikorps bildeten.[77] Der frühere Zentrums-Abgeordnete Rudolf Kanzler stellte das Freikorps „Chiemgau" auf. In Haag bei Wasserburg am Inn organisierte Forstrat Dr. Georg Escherich eine Einwohnerwehr. Gemeinsam mit Reichstruppen und mit württembergischen Soldaten schlugen die Freikorps bis zum 2. Mai 1919 die in München ausgerufene kommunistische Republik nieder. Auch Unschuldige wurden Opfer von Gewalttaten.[78]

Währenddessen liefen in Versailles die Friedensverhandlungen weiter, bei denen Deutschland kaum eine Chance hatte, seine Anliegen durchzusetzen. Ein drückendes Problem bildete die drohende Abtrennung der Pfalz von Bayern, weil Frankreich unterschiedliche Konzepte bis zum völligen Anschluss der deutschen linksrheinischen Gebiete verfolgte. Die Ausrufung der „Rheinischen Republik" am 1. Juni durch Separatisten scheiterte aber. Am 28. Juni wurde der außerordentlich harte Versailler Friedensvertrag von der Reichsversammlung angenommen. Danach durfte die Armee in Bayern künftig nur noch 13 000 Mann betragen. An das Saargebiet musste Bayern die sogenannte Saarpfalz abtreten. Damit verlor die bayerische Wirtschaft ihre wichtigste Kohlequelle. Ein Zusammenschluss Deutschösterreichs – auch diese Bezeichnung wurde untersagt – mit dem Deutschen Reich wurde mit dem Friedensvertrag von St. Germain verboten. Die Rheinpfalz sollte auf fünfzehn Jahre von französischen Truppen besetzt bleiben.

Die Bamberger Verfassung

Die Regierung Hoffmann blieb zunächst in Bamberg, wo der Landtag am 15. Mai zu seiner ersten vollständigen Sitzung zusammentrat. Nun schieden die Vertreter der USPD und des Bauernbundes aus der Regierung aus, das Kabinett Hoffmann II vom 31. Mai setzte sich nach dem Vorbild der Reichsregierung aus Vertretern der MSPD, der DDP und der BVP (Bamberger Koalition) zusammen. Die

Verhandlungen über eine neue bayerische Verfassung gingen weiter. Sie konnte allerdings erst nach der Reichsverfassung verabschiedet werden. Schon diese Tatsache symbolisiert die schwache Stellung Bayerns in der Weimarer Republik. Die Anregung des einflussreichen BVP-Abgeordneten Heinrich Held, die Institution eines unabhängigen bayerischen Staatspräsidenten zu schaffen, wurde nicht aufgegriffen. Auch der von der BVP vorgetragene Wunsch nach der Fortschreibung eines Zweikammer-Systems, mit einer Vertretung der Berufsstände als Nachfolgeorgan des Reichsrates, konnte nicht durchgesetzt werden. Am 14. August 1919 trat die Bamberger Verfassung, welche die Staatsform als Freistaat festschrieb, nach Beschluss des Landtages in Kraft.[79] Gleichzeitig wurde die Mitgliedschaft Bayerns im Deutschen Reich festgehalten. Die Verfassung enthielt einen eigenen Grundrechtskatalog sowie die Festlegung einer bayerischen Staatsbürgerschaft, die aber schon durch halbjährigen Wohnsitz erworben werden konnte. Sie umfasste Regelungen über Volksbegehren und Entscheide. Dazu wurden die staatskirchlichen Vorschriften der Reichsverfassung präzisiert. Die Wahl des Ministerpräsidenten und die Bestallung der Minister und Staatssekretäre oblagen dem Landtag, für den das Verhältniswahlrecht galt.

Die unitarisch ausgerichtete Weimarer Reichsverfassung vom 11. August beseitigte die bayerische Teilsouveränität, auf der noch Kurt Eisner bestanden hatte, und die Reservatrechte des Bismarck-Reiches.[80] Die bayerischen Gesandtschaften mussten außer in der Reichshauptstadt Berlin aufgehoben werden, nur die Vertretung beim Heiligen Stuhl dauerte im Rahmen der Kultushoheit der Länder fort. Auch Nuntius Eugenio Pacelli kehrte am 8. August als einziger Vertreter des Vatikans in Deutschland nach München zurück. Die Reichsverfassung legte fest, dass jedes Land eine „freistaatliche Verfassung" haben müsse. Adelstitel wurden durch die Reichsverfassung zum bloßen Namensbestandteil. Die Länder wurden durch die Übertragung der Finanzhoheit auf das Reich zu dessen Kostgängern, die Verhältnisse hatten sich im Vergleich zum Kaiserreich umgedreht.[81] Die neue Reichsverfassung verlangte auch den Verzicht auf die Post und die Bahn, Bayern sollte eine finanzielle Entschädigung erhalten.

Mitte August 1919 konnten Landtag und Regierung aus Bamberg wieder nach München übersiedeln. Bayern war nun ohne besondere Souveränitätsrechte ein Land unter Ländern des Deutschen Reiches. Unterstrichen wurde dies noch dadurch, dass Reichspräsident Friedrich Ebert und Reichswehrminister Gustav Noske am 25. August die bayerischen Einheiten des Reichswehrgruppenkommandos München in die vorläufige Reichswehr übernahmen. Die erwiesene Unfähigkeit, die Räterepublik mit bayerischen Kräften niederzuschlagen, hatte den Anspruch auf die Behauptung der bayerischen Militärhoheit ausgehöhlt. Die bayerische Armee hatte damit zu bestehen aufgehört, das Militärministerium seine Daseinsberechtigung verloren. Ab 1. Oktober wurde der Münchner Gruppenkommandeur Generalmajor Arnold Ritter von Möhl[82] zum Landeskommandanten der Reichswehr für Bayern ernannt.

Den Ländern waren in der Weimarer Republik nur die autonome Gesetzgebungsgewalt für ihre eigenen Angelegenheiten, besonders im Hinblick auf innere Verwaltung, sowie die Kultushoheit geblieben. Kronprinz Rupprecht hatte schon während des Weltkrieges beständig vor einer Aushöhlung der bayerischen Souveränitätsrechte gewarnt, wie sie die Verfassung von 1871 garantiert hatte, nun war seine Angst vor einer Zentralisierung wahr geworden. In den Augen vieler Bayern waren die Weimarer Verfassung und die mit ihr verbundene republikanische Staatsform durch ihren unitarischen Charakter diskreditiert.[83]

Die Auslieferungsproblematik

Kronprinz Rupprecht blieb bis zur Beruhigung der Verhältnisse in München in seinem österreichischen Exil in Micheldorf. Neben der Sorge um Bayern und seine eigene ungesicherte persönliche Existenz war nun die Gefahr einer Auslieferung an die Siegermächte dazugekommen. Die deutsche Nationalversammlung nahm mit Zustimmung der Reichsregierung die harten Friedensbedingungen an, die am 28. Juni 1919 in Versailles unterzeichnet wurden. Deutschland musste sich zur Anerkennung der Kriegsschuld sowie zur Auslieferung des Kaisers und aller „Kriegsverbrecher" verpflichten. An erster Stelle verlangten die Alliierten die Aburteilung Wilhelms II., den sie in Artikel 227 „wegen schwerster Verletzung des internationalen Sittengesetzes" unter Anklage stellen wollten.[84] Im Artikel 228 des Versailler Vertrages war festgehalten, dass ein Verfahren gegen Personen, die „wegen eines Verstoßes gegen die Gesetze und Gebräuche des Krieges" angeklagt werden sollten, stattfinden werde. Darunter konnten unmittelbare Kriegsverbrecher, nach dem Prinzip der Verantwortlichkeit aber auch die Generalität fallen.

Im Juli 1919 schrieb Rupprecht an seinen Vater: „Dass die Friedensbedingungen überaus harte werden würden, darauf war ich gefasst, sie sind aber derart, dass selbst meine schlimmsten Erwartungen übertroffen wurden. – Vielleicht wird auch meine Auslieferung gefordert. Ich werde mich ihr nicht entziehen und habe auch ein völlig reines Gewissen, indem ich mir keines Verstosses gegen die Kriegsgebräuche und die Regeln des Völkerrechts bewusst bin."[85] Dabei sehnte er sich nach Bayern zurück: „Einerseits möchte man gerne in die Heimat zurück, andrerseits ist einem die Rückkehr in diese derart vereckelt, dass man wirklich nicht weiss, ob man sich jemals oder zum mindesten vor geraumer Zeit sich dazu entschliessen vermag, in sie zurückzukehren."

Kronprinz Rupprecht erklärte am 26. Juli 1919 gegenüber dem Präsidenten des bayerischen Landtages, Franz Schmitt, seinen Protest gegen eine mög-

2. Exil und Unsicherheit

liche Auslieferung und die Nichtanerkennung eines Gerichtes, bei dem der Kläger zugleich als Richter fungieren würde.[86] Diesen Schritt hatte Graf Karl Bothmer angeregt, der zeitweilig als eine Art Berater des Kronprinzen fungierte.[87] Da kein deutscher Staatsgerichtshof zur Klärung der politischen und militärischen Verantwortung für die Kriegführung eingesetzt wurde, zeigte Rupprecht sich bereit, sich dem bayerischen Volk vor einem bayerischen Staatsgerichtshof zu stellen. Er wollte sich einem Beschluss des bayerischen Landtages „als dem derzeitigen einzigen Träger der bayerischen Staatshoheit" zu seiner Auslieferung fügen. In diesem Zusammenhang rechtfertigte Rupprecht seinen zeitweiligen Aufenthalt im Ausland nach der Niederlegung des Oberkommandos. Daraufhin erhob Landtagspräsident Schmitt bei der Reichsregierung Protest gegen die geplante Aburteilung deutscher Staatsangehöriger vor einem ausländischen Gerichtshof.[88]

Die Vertretung der Interessen des Kronprinzen in der Auslieferungsfrage übernahm der Münchner Rechtsanwalt Dr. Joseph Warmuth, der Entlastungsmaterial gegen die bekannt gewordenen Vorwürfe sammelte.[89] Der Ober-Reichsanwalt leitete Untersuchungen zunächst nur auf Grund der Anschuldigungen ein, die das Buch des Franzosen Tancrède Martel enthielt, weil eine offizielle Anklage seitens der Ententemächte fehlte.[90] Martel beschuldigte Kronprinz Rupprecht der Tötung von Einwohnern und Gefangenen, der Schändung und Plünderung in Russisch-Polen, der Aushungerung und Deportation von Einwohnern in Lille, Roubaix, Tourcoing, des Diebstahls an Sachen und Gold, der Beteiligung an den Zerstörungsbefehlen Hindenburgs im März 1917, der Zerstörung von Péronne, Chauny und Bapaume, der Deportation von Einwohnern dieser Gegend in Nordfrankreich, der Zerstörung des Schlosses von Péronne und weiterer, ähnlicher Delikte. Darauf ließ der Reichsanwalt mehrere Zeugen, darunter Prinz Max von Baden, die Stabschefs des Kronprinzen General Krafft von Dellmensingen, Oberst Graf von Lambsdorff und Generalleutnant von Kuhl sowie seine Adjutanten, vernehmen.[91] Die Zeugenaussagen ergaben übereinstimmend die völlige Haltlosigkeit der Vorwürfe, die im Widerspruch zum um Mäßigung und Schonung der Zivilbevölkerung bemühten Charakter Kronprinz Rupprechts stünden. Die Zerstörungen in dem besetzten Gebiet beim Rückzug in die Siegfried-Stellung im Februar 1917 wären gegen den Widerstand Rupprechts auf ausdrücklichen Befehl der OHL und mit größtmöglicher Schonung der Bevölkerung erfolgt. Der Vorwurf von Verwüstungen in Russisch-Polen musste auf einem Irrtum beruhen, weil sich der Kronprinz im Verlauf des Krieges dort nie aufgehalten hatte.

Im Anschluss an die Note der Ententemächte vom 1. Dezember 1919, die schroff die deutschen Wünsche nach einem Entgegenkommen in der Auslieferungsfrage zurückgewiesen hatte, erklärte sich Rupprecht bereit, sich freiwillig vor den alliierten Gerichten zu verantworten. Als Begründung führte er an, er wolle keinen Vorwand liefern, weiter deutsche Kriegsgefangene zurückzubehalten.[92] Der Nationalökonom und Soziologe Max Weber, der seit 1919 an der Münchner Universität wirkte, hatte bereits im Mai dieses Jahres angeregt, dass der Kaiser, Reichskanzler von Bethmann Hollweg und die Führer von deutscher Armee und Marine sich freiwillig alliierten Gerichten stellen sollten, um so die Vorwürfe aufzuklären und damit zu ihrer Rehabilitierung beizutragen.[93] Allerdings brachte Rupprecht seine großzügige Bereitschaft zur Selbstauslieferung öffentliche Anfeindung im rechtskonservativen Lager ein, weil er damit die Siegerjustiz anerkennen würde. Er rechtfertigte sich gegenüber der sogenannten „Feldherrenkonferenz", einem Treffen der in Berlin zur Beratung der Auslieferungsfrage versammelten Heerführer und Generale, mit der Erleichterung der Heimkehr für die gefangenen Kameraden.[94] Gegenüber seinem Bruder Franz meinte er im Februar 1920 aber, dass sein Angebot mittlerweile gegenstandslos geworden sei, weil keine Reaktion darauf erfolgt war.[95]

Am Abend des 3. Februar 1920 wurde dem Vorsitzenden der deutschen Friedensdelegation in Paris, Kurt Freiherrn von Lersner, die Auslieferungsliste der Alliierten mit 895 Namen übergeben.[96] Auch Kronprinz Rupprecht stand wie viele andere Angehörige deutscher Fürstenhäuser in dem Verzeichnis, an ihrer Spitze der Kaiser, sein Kronprinz und drei weitere Preußenprinzen, Großherzog Ernst Ludwig und Prinz Friedrich Karl von Hessen, Herzog Adolf Friedrich zu Mecklenburg, Prinz Ernst von Sachsen-Meiningen und Herzog Albrecht von Württemberg. Ihre Namen waren als Truppenkommandeure auf diese Liste gelangt.

Die Auslieferung des Generalfeldmarschalls Rupprecht von Bayern wurde von Frankreich beantragt. Er wurde beschuldigt, den Befehl gegeben zu haben, keine englischen Gefangenen zu machen, sondern sie zu töten, und Soldaten, die sich dem widersetzten, streng zu bestrafen.[97] Bereits während des Krieges war das von der britischen Propaganda lancierte Gerücht kursiert, der Kronprinz hätte befohlen, englischen Soldaten kein Pardon zu gewähren. Allerdings wollte Rupprecht damals kein Dementi, weil er die Reichsleitung dafür zuständig hielt; vielleicht wollte er auch die Wirkung seiner markigen Erklärung vom 19. Oktober 1914 nicht beeinträchtigen.[98] Außerdem wurde ihm vorgeworfen, im August und September 1914 hätten die Soldaten der 6. Armee Grausamkeiten im besetzten französischen Gebiet begangen, insbesondere die Plünderung von Deuxville, wo er sich am 22. August aufgehalten hatte. Ebenso wurde ihm die Inbrandsetzung von Cambrai zur Last gelegt.

Die deutsche Reichsregierung hielt an ihrer grundsätzlichen Ablehnung jeder Auslieferung deutscher Staatsangehöriger fest, doch wollte sie selbst Ermittlungen gegen die Beschuldigten durchführen. Die Siegermächte erklärten sich damit schließlich einverstanden und überließen die Prozessführung gegen die

Kriegsverbrechen beschuldigten Personen der deutschen Gerichtsbarkeit.[99] Die Untersuchung wurde im Frühjahr 1920 dem Reichsgericht in Leipzig übertragen. Kronprinz Rupprecht sprach sich in einem Schreiben an die betroffenen Heerführer dagegen aus, dass nun, nach der Rücknahme der Auslieferungsforderung, zwar ein deutsches Gericht, aber unter alliierter Aufsicht, die Vorwürfe klären sollte.[100] Er wies die gegen ihn erhobenen Anschuldigungen gegenüber dem Oberreichsanwalt in allen Punkten zurück.[101] In Leipzig stellte sich heraus, dass der französische Vorwurf gegen Rupprecht, er habe Befehl gegeben, englische Kriegsgefangene zu töten, nur auf einem Auszug aus dem Brief des bereits 1909 pensionierten Generalleutnants Ludwig von Nägelsbach beruhte. Da dieser nur eine „stimmungsmäßige" Ansicht kundgetan hatte, die keinerlei Beweiskraft hatte, war dieser Anklagepunkt damit gegenstandslos.[102] Alle vom Reichsgericht einvernommenen Zeugen wiesen wie schon bei den ersten Vernehmungen zum Jahresende 1919 neuerlich die Vorwürfe gegen den bayerischen Kronprinzen zurück. Besonders ausführlich war die Stellungnahme von General Krafft von Dellmensingen.[103] Er betonte, dass der Kronprinz nie einen Befehl zur Tötung von Kriegsgefangenen gegeben habe und dass auch in Dieuze keine Gefangenen ermordet worden seien. Vielmehr habe Rupprecht sich für ihre menschenwürdige Behandlung eingesetzt. Auch habe er, als seine Truppen sich an französischen Einwohnern für deren hinterlistige Teilnahme an Häuserkämpfen rächen wollten, dies nachdrücklich untersagt und das Anzünden von Gebäuden als Vergeltungsmaßregel verboten. Über Erschießungen französischer Würdenträger in Deuxville habe das Oberkommando keine Kenntnis erhalten. Cambrai schließlich sei 1918 nicht von deutschen Truppen angezündet, sondern von Engländern in Brand geschossen worden. Ein weiterer Anklagepunkt betraf neben Rupprecht auch Hindenburg und Ludendorff als Vertreter der OHL. Frankreich beschuldigte sie, beim Rückzug des deutschen Heeres in die Siegfried-Stellung die Zivilbevölkerung vertrieben sowie Ortschaften und Wälder zerstört zu haben. Das Reichsgericht erklärte ausdrücklich, dass Kronprinz Rupprecht nicht für die Mordtaten, Plünderungen und Brandstiftungen, die angeblich seine Truppen begangen haben sollten, verantwortlich sei: „Grausamkeit und Ungerechtigkeit stehen nach dem übereinstimmenden Urteil aller Zeugen, die sich hierzu geäußert haben, im schroffsten Widerspruch mit der Wesensart des Kronprinzen, der stets und entschieden für möglichste Milderung der unvermeidlichen Kriegshärten eingetreten und auf schonende Behandlung der eingesessenen Bevölkerung besonders bedacht gewesen ist."[104] Da der Senat, dem Antrag des Oberreichsanwalts folgend, alle gegen Kronprinz Rupprecht erhobenen Beschuldigungen „für haltlos und widerlegt" erklärte, wurde das Verfahren am 4. Juni 1923 eingestellt.

Die lange drohende Gefahr einer Auslieferung war für Kronprinz Rupprecht ein zusätzlicher Anlass, sich mit den Kriegsjahren auseinanderzusetzen. Es bildet ein auffälliges Phänomen, dass nach dem verlorenen Krieg zahlreiche Heerführer ihre Erinnerungen niederschrieben und veröffentlichten.[105] Dazu gehörten bereits 1919 Ludendorff[106] und im folgenden Jahr Hindenburg.[107] Rupprecht besaß beide Werke, die Ludendorff-Memoiren versah er mit kritischen Anmerkungen. Die Beschäftigung mit den sein Leben prägenden fünf Kriegsjahren ließ auch den Kronprinzen nicht mehr los. Die Grundlage für eine wissenschaftliche Beschäftigung mit seiner Tätigkeit im Kriege hatte er durch die sorgfältig geführten Tagebücher gelegt. So konnte er die Werke zur Kriegsgeschichte kritisch würdigen. Die in den nationalkonservativen Kreisen verbreitete Dolchstoßlegende[108] lehnte er ab, er machte vielmehr „Fehler unserer Politik wie der obersten Heeresleitung" für die Niederlage verantwortlich.[109] Erst 1928, mit zehn Jahren Abstand zum Kriegsende, entschloss er sich zur Veröffentlichung seiner Kriegstagebücher.[110] Weitere Anmerkungen Rupprechts zum Kriegsgeschehen finden sich in seinen Geleitworten zu Kriegserinnerungen von Offizieren und Regimentsgeschichten, um die er mehrfach gebeten wurde.[111]

3. Familie und Privatleben

Neuanfang in Berchtesgaden

Am 15. September 1919 kehrte Rupprecht vom Hof Heiligenkreuz in Oberösterreich über Salzburg nach Bayern zurück.[112] Zunächst nahm er mit seinem Sohn Albrecht wieder bei der Herzogin Karl Theodor in Wildbad Kreuth Wohnung. Von hier konnte er in der Valepp und im Achental seiner Jagdleidenschaft nachgehen, wo jedoch die Hochwildbestände als Folge der kriegsbedingten Ernährungsnot stark zurückgegangen waren.[113] Zum Jahresende ließ er sich in Berchtesgaden nieder, wo ihm aber königliches Schloss und Villa verschlossen blieben.[114] Rupprecht bezog zunächst als Mieter die Villa „Askania" des Prinzen Aribert von Anhalt.[115] Bald überließ ihm der Staat im Vorgriff auf die zu erwartende Klärung der vermögensrechtlichen Fragen die Villa Brandholzlehen bei Berchtesgaden.[116] Hier verbrachte Rupprecht seine Zeit hauptsächlich mit Bergwandern und Jagen,[117] doch unternahm er auch Ausflüge ins nahe Salzburg.

Allmählich konnte Kronprinz Rupprecht an die gesellschaftlichen Kontakte der Vorkriegszeit anknüpfen. Im Dezember 1919 hielt er sich eine Woche in Franken zu einem Jagdaufenthalt bei den Fürsten Castell und den Grafen Schönborn auf.[118] Für den Unterricht des Erbprinzen in Berchtesgaden kamen Lehrkräfte aus Reichenhall. Albrecht brachte seinem Vater das Skilaufen bei, der sich so Bewegung verschaffte.[119] Das Weihnachtsfest 1920 vereinte noch einmal die engere Familie um den erst im April des Jahres nach Bayern heimgekehrten König Ludwig III. in Wildenwart, auch Rupprecht und sein Sohn waren gekommen.

Von den politischen Auseinandersetzungen der Nachkriegszeit hielt sich der Kronprinz fern. Nun fand er die Muße, seine Reiseerinnerungen auf der Grundlage seiner Tagebücher zu überarbeiten und zu veröffentlichen. Die Berichtigungen und Ergänzungen für die Neuauflage der Reiseerinnerungen aus Ostasien trug er in sein Handexemplar der Erstauflage ein.[120] Gleichzeitig beschäftigte er sich mit militärhistorischen Fragestellungen, wie sein intensiver Briefwechsel belegt.

Verlobung und Heirat mit Prinzessin Antonie von Luxemburg

Bereits während des Krieges hatte Kronprinz Rupprecht daran gedacht, ein zweites Mal zu heiraten und Prinz Albrecht wieder eine Mutter zu geben. Verschiedene Möglichkeiten wurden erwogen, wobei Diskretion geboten war. Hofmarschall Pappenheim hatte im Januar 1916 Erkundigungen eingezogen, wie sich die herzogliche Familie von Cumberland verhielte, wenn sich ein katholischer Fürst um die Hand von Prinzessin Olga, einer Tochter Ernst Augusts von Hannover, bewerben würde. Aus konfessionellen Gründen wurde die Sondierung ablehnend beschieden.[121]

Graf Pappenheim empfahl dann Rupprecht im August 1917, die Töchter der Großherzogin von Luxemburg als potenzielle Ehekandidatinnen bei einem Heimataufenthalt kennenzulernen, zumal auch Erbprinz Albrecht mit ihnen gut auskomme.[122] Die Großherzogin-Witwe Maria Anne war eine Schwester der Herzogin Karl Theodor, beide waren geborene Bragança. Der Schwiegervater Maria Annes von Luxemburg, Herzog Adolph von Nassau, der 1866 sein Land an Preußen verloren hatte, war nach dem Aussterben der jüngeren Linie des Hauses Oranien im Mannesstamm 1890 Großherzog von Luxemburg geworden.[123] Einen großen Teil des Jahres verbrachten Großherzog Adolph und auch sein Sohn Großherzog Wilhelm mit ihren Familien auf ihrer oberbayerischen Besitzung Schloss Hohenburg bei Lenggries.[124] Gute Kontakte bestanden von hier zu den Verwandten der herzoglichen Linie der Wittelsbacher in Kreuth. Nach dem Tode ihres Vaters führte mit ihrer Großjährigkeit im Juni 1912 die älteste der sechs Töchter des Großherzogspaares Wilhelm und Maria Anne, Großherzogin Marie-Adelheid, die Regierung von Luxemburg.

Im September 1917 informierte Rupprecht seinen Vater König Ludwig III., dass er bei seinem bevorstehenden Heimaturlaub unter dem Vorwand der Hirschjagd nach Wildbad Kreuth gehen wolle, um dort den luxemburgischen Schwestern zu begegnen, Cousinen seiner ersten Frau.[125] Er konnte die Prinzessinnen während seines dann zweitägigen Aufenthalts nur kurz kennenlernen, doch machten sie einen „wohlerzogenen, gediegenen Eindruck" auf ihn.[126] Rupprecht suchte dann besonders zur 1899 geborenen Prinzessin Antonie Kontakt.[127] An seinem eigenen Namenstag, dem 25. August 1918, gab König Ludwig III. die Verlobung seines Sohnes mit Prinzessin Antonie von Luxemburg bekannt. Rupprecht äußerte sich gegenüber seinem Freund Adolf von Hildebrand zur Verlobung: „die Sache kam auch ziemlich plötzlich und ich glaubte so am besten einen Wunsch meiner verstorbenen unvergesslichen Frau zu erfüllen, die mir kurz vor ihrem Hinscheiden es mir nahelegte, dass ich im Falle ihres Todes wieder heiraten sollte."[128] Die junge Prinzessin Antonie schrieb ihrem Verlobten fast täglich einen herzlichen Brief, in dem sie hauptsächlich von ihrem Alltag berichtet.[129] Ratlosigkeit spricht aus ihnen über die politischen Zustände.

Graf Pappenheim bemühte sich um die Abfassung des Ehevertrags, nach dem das Nadelgeld Prinzessin Antonies nicht unter 50 000 Mark betragen sollte.[130] Ihre Mitgift belief sich auf 500 000, das Privatvermögen auf 110 000 Mark. Mit der Annahme des Ehevertrags musste die Prinzessin einen Erbverzicht für Luxemburg unterzeichnen. Allerdings türmten sich gegen die geplante Hochzeit Hindernisse auf. Der Sturz der luxemburgischen Regierung im September 1918 wurde in Zusammenhang mit dieser Verlobung gebracht.[131] Zeitweilig galt sogar das Leben der Prinzessin, wohl wegen der Verbindung mit einem deutschen Fürsten, als bedroht.[132] Trotzdem besuchte Kronprinz Rupprecht am 7. Oktober die großherzogliche Familie anlässlich des Namenstages von Antonie auf Schloss Colmar-Berg im Norden der Stadt Luxemburg.[133] Dies sollte für längere Zeit ihre letzte Begegnung sein.

Die Revolution unterbrach die Beziehung. Rupprecht wollte die luxemburgische Herzogsfamilie nicht durch die Eheschließung mit einem von Auslieferung an die Alliierten bedrohten deutschen Heerführer belasten. Großherzogin Marie-Adelheid musste im Januar 1919 zugunsten ihrer Schwester Charlotte abdanken, weil man ihr eine zu deutschfreundliche Haltung vorgeworfen hatte. Die Umgebung Rupprechts in seinem österreichischen Exil, Graf Karl Bothmer und Hofmarschall Pappenheim, rieten ihm aus anderen Gründen zur Lösung der Verlobung mit Antonie, weil ihr Abschluss im Augenblick der militärischen Krise im August 1918 den Kronprinzen Sympathien in der deutschen Öffentlichkeit gekostet habe.[134] Aus ganz verschiedenen Ursachen, auch wegen des Altersunterschieds und seiner unsicheren Lebenslage, schrieb Rupprecht schließlich seiner Braut, dass er das Verlöbnis lösen wolle. Im August 1919 benachrichtigte ihn Antonie darauf, dass sie ihn treffen wolle, doch fand offenbar keine persönliche Begegnung statt.[135] Am 29. September erklärte sie sich mit der Auflösung der Verlobung einverstanden, um Rupprecht nicht zu behindern.[136] Zuvor hatte die Schwiegermutter Rupprechts und gleichzeitig die Tante Antonies, die verwitwete

Herzogin Karl Theodor, Marie José von Bragança, mit ihr gesprochen und ihr den Brief Rupprechts übergeben.

Da sich seit dem Sommer 1920 die Möglichkeit einer angemessenen Versorgung des Königshauses durch den Staat abzeichnete, dachte Rupprecht jedoch daran, seine Verlobung zu erneuern. Prinzessin Antonie hatte mittlerweile an der Münchner Akademie der Tonkunst bei dem Pianisten Prof. August Schmid-Lindner studiert. Sie hielt sich bei ihrer Tante, der Herzogin Marie José in Bayern, auf. Im Sommer 1920 traf Rupprecht Antonie zufällig auf dem Münchner Hauptbahnhof, die Tante und Schwiegermutter Rupprechts vermittelte weitere Begegnungen. Im Februar 1921 wurde die Wiederverlobung nach einem vorausgehenden Besuch Rupprechts in Hohenburg offiziell bekannt gegeben.

Die Vermählung zelebrierte am 7. April 1921 in der Pfarrkirche von Lenggries der apostolische Nuntius Eugenio Pacelli, weil der Erzbischof von München und Freising, Michael Kardinal von Faulhaber, verhindert war.[137] Die Gebirgsschützenkompanie und Krieger- und Veteranenvereine sorgten für einen repräsentativen Rahmen. Die anschließende Frühstückstafel fand auf Schloss Hohenburg statt.[138] Die Hochzeitsgäste wurden angeführt von der Brautmutter, Großherzogin Maria Anne von Luxemburg, und von König Ludwig III. Außerdem waren die näheren Verwandten aus den Häusern Bayern, Luxemburg, Baden, Sachsen, Bragança und Löwenstein geladen. Ludwig III. machte bei seiner Tischrede deutlich, dass er an seinen Thronansprüchen festhalte. Er rechtfertigte sein Verhalten während der Revolution und kritisierte die Haltung seiner Minister. Gleichzeitig mahnte er seinen Sohn, in ihm den König zu erblicken und sich seiner Autorität zu fügen.[139] Die nur einwöchige anschließende Hochzeitsreise führte das Paar über Mittenwald nach Innsbruck. Eine Woche später heiratete die jüngste Schwester Antonies, Prinzessin Sophie, Prinz Ernst Heinrich von Sachsen.[140]

Das neuvermählte Paar Kronprinz und Kronprinzessin Rupprecht richtete seinen ersten Hausstand im Brandholzlehen bei Berchtesgaden ein, einem zu einer Villa umgestalteten Bauernhof, der von der vormaligen Krongutverwaltung angemietet wurde. In den Nachbarhof zog der an einer schweren Rückenmarkserkrankung leidende Hofmarschall Pappenheim ein. In ihrer Liebe zur Natur und der Begeisterung für die Jagd in den Bergen waren sich die Ehegatten einig. Kronprinzessin Antonie schätzte die Einsamkeit im Gebirge. Sie baute sich bald eine alte Almhütte, das Mösl, im Luxemburger Jagdrevier im Karwendel aus, wohin sie sich öfter zurückzog.[141] Rupprecht war ein leidenschaftlicher Jäger, wobei er die Pirsch gegenüber der Treibjagd bevorzugte.[142] Antonie beschaffte sich bald durch Verkauf von Teilen ihres Schmucks ein eigenes Automobil, um ihre Mobilität zu erhöhen.[143] Sie chauffierte sogar selbst.

Am 28. März 1922 schenkte Kronprinzessin Antonie auf Schloss Hohenburg ihrem ersten Kind Heinrich das Leben. Den Namen erhielt er nach dem 1916 gefallenen Cousin Rupprechts, Prinz Heinrich, die Taufe nahm Kardinal von Faulhaber im Schloss vor.[144] Zeitfreiwillige schossen bei der Taufe Salut, nach der Vermutung Rupprechts mit Waffen aus heimlichen Depots.[145] Der junge Prinz erhielt in den folgenden Jahren fünf Schwestern. Am 29. Mai 1923 wurde Prinzessin Irmingard in Berchtesgaden, am 16. September 1924 Editha auf Hohenburg geboren. Ihnen folgten die Prinzessinnen Hilda am 24. März 1926, Gabriele am 10. Mai 1927 und Sophie am 20. Juni 1935. Nuntius Pacelli taufte Irmingard und Editha in Berchtesgaden. Die Hauptlast der Erziehung der Kinder musste die Mutter tragen, zumal Rupprecht nicht nur repräsentative Verpflichtungen hatte, sondern weiter viel Zeit auf Reisen verbrachte. So waren die Ehepartner häufig voneinander getrennt.

Obwohl Kronprinzessin Antonie als Tochter eines regierenden Hauses aufgewachsen war, fand sie wenig Gefallen an repräsentativen Pflichten und Aufgaben.[146] Der Kronprinz charakterisierte sie als menschenscheu. Dabei verfügte sie über künstlerische Talente auf verschiedenen Gebieten. Während der ersten Ehejahre fand sie noch Freude an der Jagd und an gemeinsamen Fernreisen, doch zog sie sich später immer stärker in die Einsamkeit von Berghütten zurück. Rupprecht erinnerte sich, dass sie sich auch in den Schlössern oft in abgelegenen Zimmern aufhielt und sich dadurch länger von ihrem Mann trennte. Insbesondere stand sie den politischen Bemühungen des Kronprinzen kritisch gegenüber. Deshalb blieb die Ehe nicht von Auseinandersetzungen verschont.[147] Das Verhältnis von Kronprinzessin Antonie zu ihrem Stiefsohn Albrecht, dem sie sich auch in ihrer Liebe zur Natur besonders verbunden wusste, war ausgezeichnet.

Erbprinz Albrecht

Erbprinz Albrecht von Bayern hatte im Alter von nur acht Jahren seine Mutter und mit zehn Jahren seinen älteren Bruder verloren. Während des Krieges konnte er seinen Vater nur wenig sehen und litt unter dieser Vereinsamung. Sein Interesse konzentrierte sich frühzeitig auf die Natur, auf Jagd und Fischerei. Durch die nachrevolutionären Wirren und das zeitweilige Exil konnte er keinen regelmäßigen Unterricht mehr erhalten. Im September 1920 musste er deshalb in das Internat des Benediktinerklosters Ettal, um sich dort auf das Abitur vorzubereiten. Während er mit der Aufnahme durch die Professoren zufrieden war, störte ihn das „preußische Geschrei" vieler Mitschüler.[148] Bald fühlte er sich äußerst unwohl, sicher auch, weil er mehrfach schwer erkrankte. Schließlich holte ihn sein Vater 1922 nach München, um sich hier auf den Schulabschluss zu konzentrieren. Der Erbprinz sehnte sich nach familiärer Geborgenheit und hatte seinem Vater zur Wiederverheiratung geraten.

Albrecht legte 1924 am traditionsreichen Wilhelms-Gymnasium in München die Abiturprüfung ab. Sicherheitshalber hatte Baron Franz Redwitz vorher mit dem Kultusministerium Rücksprache genommen.[149] Dabei absolvierte Albrecht die Prüfung als bester der vierzehn Privatschüler und rechnete zum oberen Drittel seiner Schulkameraden.[150] Zunächst dachte sein Vater an Würzburg als Studienort, um auch die nächste Generation des Königlichen Hauses im Bewusstsein der fränkischen Bevölkerung zu verankern, doch zog Albrecht München vor. Er wandte sich zunächst dem Studium der Forstwissenschaften zu, um sich dann auf Zoologie und Botanik zu konzentrieren.[151] Sein besonderes Interesse galt weiterhin dem Wald und der Jagd. Rupprecht unterstützte die Jagdbegeisterung seines Sohnes, übte aber auch Druck aus, um ihn zum Abschluss des Studiums anzuhalten.

1926 meldete Erbprinz Albrecht sich mit Studienkameraden als einfacher Infanterist zum freiwilligen Waffendienst bei der Reichswehr.[152] Der Vater erhoffte sich davon eine heilsame erzieherische Wirkung, auch um Albrecht zu öffentlichen Auftritten Mut zu machen. Reichswehrminister Dr. Otto Geßler, der während des Krieges Oberbürgermeister von Nürnberg gewesen war, hatte wunschgemäß dafür gesorgt, dass der Erbprinz nicht bevorzugt in einen Stab kam, sondern normalen Dienst leistete.[153] Als die der Schwerindustrie nahestehende Westfälische Zeitung dies veröffentlichte, musste Albrecht seinen Militärdienst abbrechen. Nach den Bestimmungen des Versailler Vertrags (§§ 173, 174) war die allgemeine Wehrpflicht für Deutschland verboten, eine militärische Ausbildung durfte nur für die streng begrenzte Zahl von Berufssoldaten erteilt werden.

Für die Eheschließung des Erbprinzen Albrecht dachte der Kronprinz an eine standesgemäße Partie aus einer regierenden Dynastie. Die Wahl Albrechts fiel jedoch auf Maria (Marita) Gräfin Draskovich von Trakostjan. Die in Kroatien begüterte Familie ihres Vaters entstammte der österreichischen Aristokratie. Die Mutter Julie war als geborene Prinzessin Montenuovo eine Urenkelin der Kaiserin Maria Luise von Frankreich, einer Tochter Kaiser Franz I. von Österreich. Julie von Montenuovo war in zweiter Ehe mit Karl Fürst zu Oettingen-Wallerstein verheiratet. Albrecht informierte seinen Vater im Juni 1929 über seine Heiratsabsichten, als dieser wegen einer Gürtelrose im Gesicht, die auf die Augen übergegriffen hatte, in der Klinik seines verstorbenen Schwiegervaters Herzog Karl Theodor lag.[154] Allerdings galt die Braut gemäß dem Wittelsbacher Hausgesetz als nicht ebenbürtig, weil sie von der väterlichen Seite keinem Fürstenhaus entstammte.[155] Dies bedeutete, dass Albrecht bei einer Heirat nicht die Apanage eines verheirateten Prinzen erhalten und seine Söhne zwar den Namen Prinz von Bayern führen, aber nicht die Mitgliedschaft des königlichen Hauses[156] erwerben würden. Ihre Apanage- und Erbansprüche wären damit verloren gegangen. Der Kronprinz legte deshalb seinem ältesten Sohn nahe, wenn er auf seiner Absicht bestehen würde, sollte er auf sein Erstgeburtsrecht verzichten. Dazu war Erbprinz Albrecht allerdings nicht zu bewegen. Kronprinz Rupprecht charakterisierte seine eigene Haltung in diesem Zusammenhang: „Das Ansehen u(nd) die Stellung meines Hauses zu wahren ist mir aber oberste Pflicht, der gegenüber auch die heisse Liebe zu meinem Kinde zurücktritt."[157] Durch diese Vorgänge wurde das Verhältnis Rupprechts zu seinem Sohn stark belastet. Ohne die Einwilligung seines Vaters erhalten zu haben, bat dann der Erbprinz im Juli 1929 in Gegenwart seiner Großmutter, der Herzogin Karl Theodor, Maria Gräfin Draskovich um ihre Hand. Erbprinz Albrecht bestand darauf, auch ohne Genehmigung seines Vaters zu heiraten, was dieser als „offenen Aufruhr" wertete.

Um sich seinem Sohn Albrecht nicht weiter zu entfremden, rang sich Kronprinz Rupprecht dazu durch, sich für die Anerkennung der Ebenbürtigkeit der Braut bei den übrigen Agnaten des Königlichen Hauses einzusetzen.[158] Dabei wurde er von seinem Bruder Prinz Franz unterstützt. Ihre Bemühungen scheiterten aber, Prinz Leopold, der Bruder Ludwigs III., und seine Söhne Konrad und Georg verweigerten ihre Zustimmung.[159] Während Leopold zweimal kurz davor stand, einzuwilligen, verhielt sich besonders sein ältester Sohn Prinz Georg, der Domherr von St. Peter in Rom war, schroff ablehnend. Obwohl sogar Kardinal Pacelli bei ihm für die Anerkennung der Ebenbürtigkeit intervenierte, wollte er sich nicht der Solidarität mit seinem Bruder entziehen.[160] Die Frau von Prinz Konrad, Prinzessin Bona von Savoyen-Genua, verfolgte eigene Ehepläne für Albrecht. Sie bemühte sich nämlich um seine Verbindung mit der italienischen Königstochter Giovanna.[161] Prinz Adalbert aus der adalbertinischen Linie der Wittelsbacher wollte seine Zustimmung nur geben, wenn auch seine eigene Ehe mit Auguste Gräfin von Seefried-Buttenheim als standesgemäß anerkannt würde.[162]

Wegen der Verweigerung des notwendigen Einverständnisses für die Ebenbürtigkeit der Eheschließung durch mehrere Agnaten hatte der Kronprinz schwerste Bedenken gegen Albrechts Heiratspläne. An die Nachkommen aus einer unebenbürtigen Ehe würden keine Einkünfte aus dem Wittelsbacher Ausgleichsfonds fließen. Zu einer Änderung des Familienstatuts[163] im Sinne einer Erweiterung des Ebenbürtigkeitsgesetzes wäre die Zustimmung des bayerischen Staates nötig gewesen. Da jede Änderung den gesamten Ausgleich mit dem Staat gefährdet hätte, wollte Rupprecht keine diesbezüglichen Schritte unternehmen, sondern beschränkte sich weiter auf die Bemühungen, die Zustimmung der Agnaten einzuholen.

Als alle Anstrengungen gescheitert waren, wandte sich Rupprecht als letzten Ausweg über Berthold Graf Stauffenberg an die Mutter der Auserwählten, um die Ehe doch noch zu verhindern. Graf Stauffenberg, der Kanzler des Georgi-Ritterordens, gehörte zu den Adeligen, die sich im Dienst bei Kronprinz Rupprecht

Prinz Rupprecht in bayerischer Generalsuniform, Ölgemälde von Carl Blos (1860–1941), 1906.

Kronprinz Rupprecht in Uniform als Generalfeldmarschall, Portraitaufnahme in der Zwischenkriegszeit.

*Kronprinz Rupprecht inmitten des Schlierseer Schützenkorps
beim Weißblauen Bayerntag in Hausham 1922;
rechts hinter ihm Erwein Frhr. von Aretin.*

Kronprinz Rupprecht mit seinem Generalstabschef General Konrad Krafft von Dellmensingen am 9. Mai 1915, Ölgemälde von Fritz Reusing (1874–1957), 1916.

Kronprinz Rupprecht im Frack mit dem Ordensband und Stern des Hubertus-Ritterordens, Ölgemälde von Max Rimboeck (1890–1956), 1933.

Kronprinz Rupprecht und Kronprinzessin Antonie verlassen nach der Hochzeit die Pfarrkirche Lenggries, 7. April 1921.

Kronprinz Rupprecht und Kronprinzessin Antonie mit den gemeinsamen Kindern, im Hintergrund Erbprinz Albrecht, 1927.

Kronprinz Rupprecht umgeben von sechs bayerischen Herrschern, Ölgemälde von Eugen Ränkl (geb. 1909), 1955.

abwechselten. Dieser hatte ihn bereits 1926 beauftragt, den Erbprinzen zur Erfüllung seiner Verpflichtungen anzuhalten.[164] Fürstin Julie von Oettingen, die Schwägerin von Prinz Eugen Oettingen, versicherte Stauffenberg, der im Auftrag des Kronprinzen an sie geschrieben hatte, dass sie die Schwierigkeiten für diesen äußerst bedauere.[165] Ihre Tochter fühlte sich aber durch ihr Wort an Erbprinz Albrecht gebunden und würde das Verlöbnis nur auf dessen Wunsch lösen. Im März 1930 forderte Rupprecht nochmals die Brautmutter dringend auf, die Eheschließung zu vereiteln.[166]

Im April 1930 bat Erbprinz Albrecht aber um die Erlaubnis, die Verlobung bekannt zu geben.[167] Besonders drang er in seinen Vater, an der Hochzeitsfeier teilzunehmen, damit in der Öffentlichkeit nicht der Eindruck eines Zerwürfnisses entstünde. Rupprecht knüpfte seine Zustimmung zu einer morganatischen Ehe an die Ablegung des forstwissenschaftlichen Examens und das Versprechen Albrechts, jährlich einige Monate in München zu verbringen, um bei repräsentativen Anlässen öffentlich aufzutreten. Kronprinzessin Antonie, die für ihren Stiefsohn eintrat, bezeichnete dies sogar als Erpressung. Der Kronprinz befürchtete jedoch, dass die Eheschließung die Neigung Albrechts zu einem Leben in ländlicher Abgeschlossenheit noch vertiefen würde. Die Hochzeit fand dann am 3. September 1930 in der Stiftskirche Berchtesgaden statt, die Trauung nahm der Religionslehrer des Bräutigams und Abt des Münchner Benediktinerklosters St. Bonifaz, Bonifaz Wöhrmüller, vor.[168] Die Anerkennung der Ebenbürtigkeit der Ehe durch Kronprinz Rupprecht erfolgte erst nach dem Zweiten Weltkrieg im Jahr 1948.[169] Im Mai 1931 wurden Erbprinz Albrecht und Maria das Zwillingspaar Marie Gabriele und Marie Charlotte, im Juli 1933 Prinz Franz und im Januar 1937 Prinz Max Emanuel geboren.

Kronprinz Rupprecht wollte, dass das junge Paar sich seine Wohnung im Münchner Leuchtenberg-Palais einrichtete, andernfalls er einen Wohngeld-Zuschuss verweigerte.[170] Erbprinz Albrecht und seine Frau hielten sich aber häufig außerhalb Münchens, meist in Kreuth, auf. Dort konnten sie der Jagd nachgehen. Albrecht widmete sich überdies der Pflege der Volksmusik, übernahm aber keine Aufgaben für das königliche Haus. Rupprecht beurteilte das Verhalten seines Sohnes als „Mangel an Pflichtgefühl", weil er sich repräsentativen Verpflichtungen weitgehend entzog.[171] Der Vorschlag des Fürsten Eugen Oettingen, Albrecht zu seinem Nachfolger als Vorsitzenden des Wittelsbacher Ausgleichsfonds zu machen, wurde vom Vermögensverwalter Ludwig Freiherrn Zu Rhein wegen möglicher Interessenskonflikte und der mangelnden Verwaltungserfahrung Albrechts abgelehnt.[172] Kronprinz Rupprecht, der zunächst gehofft hatte, seinem ältesten Sohn so einen adäquaten Aufgabenkreis zu verschaffen, schloss sich diesen Bedenken letztlich an.

Freundeskreis und Reisen Kronprinz Rupprechts

Freundschaftlichen Umgang pflegte Rupprecht auch nach der Revolution mit Kriegskameraden und den Mitgliedern der Künstlergesellschaft Allotria in München, die sich zu einer regelmäßigen Kegelrunde im Künstlerhaus trafen. Münchner Honoratioren wie etwa Kommerzienrat Georg Proebst, Direktor der Löwenbrauerei,[173] und Künstler gehörten dazu. An der Geburtstagsfeier für Franz von Stuck und Adolf Hengeler, bei der ein eigenes Festspiel aufgeführt wurde, nahm Rupprecht 1922 gemeinsam mit Gustav von Kahr teil.[174] Umgekehrt empfing der Kronprinz die Herren der Allotria mehrfach im Leuchtenberg-Palais, sobald er sich dort wieder eingerichtet hatte. Ihre Mitglieder waren der Baronin Marion Franchetti freundschaftlich verbunden, für die sie etwa am 2. August 1928 ein Künstlerfest im Lenbach-Zimmer des Künstlerhauses veranstalteten.[175] Sie war eine Tochter des Komponisten Robert von Hornstein, die den ebenso vermögenden wie kunstsinnigen italienischen Baron Giorgio Franchetti geheiratet hatte.[176] Ihre Schwester Charlotte war die Ehefrau Franz von Lenbachs. Im Mai 1928 lud die verwitwete Baronin die Mitglieder der Allotria in ihre Villa Bellosguardo südwestlich von Florenz ein. Bei dieser Gelegenheit war Rupprecht hier erstmals zu Gast, im folgenden Jahrzehnt kehrte er fast jährlich wieder. Auch besuchte Rupprecht häufig Kameradschaftsabende von Offiziersvereinen wie denen seines Armeeoberkommandos.[177]

Der Kronprinz begegnete außerdem vielen anderen Persönlichkeiten des politischen und wissenschaftlichen Lebens. Karl Alexander von Müller, der Münchner Historiker und feine Beobachter der Gesellschaft der Zwischenkriegszeit, schildert in seinen Memoiren seine Begegnungen mit ihm.[178] Im Februar 1925 lud Rupprecht ihn für zwei Tage nach Berchtesgaden.[179] Müller zeichnete eine treffende Charakteristik von dem in vielen Wissenschaften – der Geschichte, aber auch der Zoologie und der Botanik – beschlagenen Hohen Herren, der gleichzeitig zum ungezwungenen Gespräch mit der einfachen Bevölkerung in der Lage war. Von 1925 bis 1932 war Müller mehrfach Gast im Leuchtenberg-Palais. Auch Prof. Paul Nikolaus Cossmann, der Herausgeber der Süddeutschen Monatshefte, Oswald Spengler und Konrad Freiherr von Miller, der Sohn des Erzgießers Ferdinand, wurden hier oft empfangen.

Nach der Klärung seiner finanziellen Lage unternahm Rupprecht wieder regelmäßig Reisen, die ihn wenigstens einmal jährlich nach Italien führten. Im Frühjahr 1924 besuchte das Kronprinzenpaar inkognito als Graf und Gräfin von Scheyern Sizilien. In Rom wurden sie von Papst Pius XI. empfangen. Im Mai 1931 legte Rupprecht bei der Rückfahrt von Florenz einen längeren Zwischenaufenthalt in Südtirol ein, wo ihm zahlreiche Ehrungen und Empfänge zuteil wurden.[180] Der Bozener Präfekt Marziali überbrachte eigens Grüße des italienischen Ministerpräsident Mussolini. Im folgenden Jahr feierte Rupprecht seinen Geburtstag auf Einladung Konrad von Millers auf dessen Burg Karneid bei Bozen. Die Feuerwehr hatte ihn in der Nacht unter Fackelschein auf die Burg geleitet, am Geburtstag spielte eine Blaskapelle. Der zum Essen geladene Präfekt von Bozen brachte einen Toast aus. In seiner Begleitung war Major Fernando Grammacini, den Rupprecht als taktvolles italienisches Mitglied der nach dem Krieg in München tätigen alliierten Abrüstungskommission kennengelernt hatte. Der Kronprinz besichtigte auf Einladung ihrer Inhaber weitere Burgen und Ansitze in Südtirol. Dabei bedrückte ihn die durch die Faschisten vehement betriebene Italianisierung der Tiroler Bevölkerung.

Im Februar 1932 reiste Rupprecht nach England, um eine Ausstellung persischer Kunst in London zu besichtigen.[181] Er hatte dazu Kunstgegenstände aus bayerischen Sammlungen vermittelt. Seine Ankunft ließ er durch den deutschen Botschafter König Georg V. anzeigen, um in Hofkreisen verbreitete Ängste vor politischen Umtrieben der jakobitischen Bewegung zu zerstreuen, obwohl Rupprecht selbst diese für harmlos hielt. Der bayerische Kronprinz galt einigen Legitimisten als Stuart-Erbe und damit Anwärter auf den britischen Thron (vgl. oben S. 31 f.). Diese pflegten das Andenken an den „King-Martyr" Karl I. durch eine jährliche Kranzniederlegung zum Todestag an seinem Denkmal und durch ein Bankett. In London konnte Rupprecht Gespräche mit englischen Militärs führen, die während des Krieges auf der anderen Seite der Front gestanden waren. Betreut wurde er von Mr. Bradley-Birt, der ihn auf seinen Landsitz einlud und Verbindungen zu weiteren alten katholischen Familien vermittelte. Der Kronprinz diskutierte mit ihnen über den wirtschaftlichen Niedergang des Adels durch überhöhte Erbschaftssteuern. In den Häusern der katholischen Familien zeigte man ihm die Zimmer, in denen in der Zeit der Verfolgung – vom 16. bis zum 18. Jahrhundert – die katholischen Priester versteckt worden waren. Außerdem besuchte er die Universitätsstadt Oxford, Windsor und mehrere Landsitze des katholischen Adels. Ab 1933 sollte Rupprecht dann noch mehr Zeit auf Auslandsreisen verbringen, schon um den drückenden Verhältnissen in der Heimat zu entgehen.

4. Politische Neuorientierung

Parteien, vaterländische Bewegung und Staatsregierung

Die dominierende Kraft in Bayern bildete über die Revolution hinweg der politische Katholizismus, der gleichzeitig den Föderalismus auf seine Fahnen geschrieben hatte.[182] Er hatte sich bereits am 12. November 1918 mit der Gründung der Bayerischen Volkspartei (BVP), die aus dem Bayerischen Zentrum hervorgegangen war, in Regensburg neu formiert.[183] Die führende Rolle spielte dabei der „Bauerndoktor" Dr. Georg Heim. Die BVP legte zwar ein Lippenbekenntnis für die Wiedereinführung der Monarchie ab, doch schreckte sie stets vor Taten zurück. Innerhalb der Partei standen sich ein vernunftrepublikanischer und ein eher monarchistischer Flügel gegenüber. Während die BVP bei ihrer Gründungsversammlung noch eine Volksentscheidung über die Staatsform gefordert hatte, verzichtete sie bereits im Programm vom 15. November 1918 auf diese Forderung und übertrug die Staatsformfrage an die künftige Nationalversammlung.[184] Die Partei arrangierte sich mit der Republik und unternahm keine konkreten Schritte zur Restauration,[185] ihr Programm vom Oktober 1922 erwähnt die Staatsform nicht mehr.[186] Im Mittelpunkt des Parteiinteresses standen die Bewahrung der Eigenstaatlichkeit Bayerns, die Stellung der Kirche und die Förderung der Wirtschaft. Deshalb und wegen persönlicher Ressentiments noch aus der Vorkriegszeit war das Verhältnis Kronprinz Rupprechts zu den Vertretern der BVP nicht konfliktfrei. Unter den im Landtag vertretenen Parteien gab es zwar zahlreiche Anhänger des monarchischen Gedankens, aber offen forderte nur die Bayerische Mittelpartei die Restituierung der Monarchie.[187] Diese Verschmelzung der auf Reichsebene tätigen konservativen Parteien, der Deutschnationalen Volkspartei (DNVP) und der Deutschen Volkspartei (DVP), innerhalb Bayerns war nationalistisch ausgerichtet und fand ihre Anhänger meist unter Protestanten. Sie erstrebte die Wiedererrichtung der Hohenzollern-Monarchie und des Bismarck-Reiches. Das Verhältnis des Kronprinzen zur SPD auf Reichsebene war dagegen durch deren unitarische Tendenzen stark ablehnend, zur SPD in Bayern blieb es distanziert. Dabei gab es in der bayerischen SPD um Erhard Auer, Albert Roßhaupter, der 1918 die Heimkehr des Kronprinzen erleichtert hatte, und zeitweilig um Dr. Wilhelm Hoegner durchaus Sympathien für eine bayerische Monarchie.[188]

Neben den im Landtag vertretenen Parteien beeinflussten die Übergangsformen der in Auflösung begriffenen Armee die öffentliche Meinung und damit die politische Entwicklung. Viele Frontsoldaten fühlten sich nach dem Kriegsende um den Sieg betrogen und standen im Privatleben ohne ausreichende Versorgung und Stellung da. Kristallisationskerne der politisch interessierten Heimkehrer bildeten sich um den Freikorps-Führer Oberst Ritter von Epp wie um den Hauptmann im Generalstab Ernst Röhm, der im Wehrkreiskommando München die Scharnierstelle zwischen der Reichswehr und den verschiedenen paramilitärischen Verbänden bildete. Sie und andere Offiziere legten heimliche Waffendepots an, sammelten Mitstreiter und suchten Kontakt zu gleichgesinnten Kräften im nationalkonservativen Lager.

Nach der Unterzeichnung des Versailler Vertrages im Juni 1919 wurden die Freikorps zwar formell entmilitarisiert und den Zivilbehörden unterstellt,

4. Politische Neuorientierung

doch stellten sie weiter einen bedeutenden Machtfaktor dar.[189] Nur ein Teil von ihnen konnte in der stark reduzierten Reichswehr aufgehen. Daneben wurde der Großteil der Volkswehren in die Einwohnerwehren übergeführt, die sich mit Bürgerwehren und Schützen- und Kriegervereinen vermischten. Forstrat Dr. Georg Escherich vereinigte sie unter seiner Leitung, sein Stellvertreter wurde Rudolf Kanzler. Im Dezember 1919 wurde Escherich zum Landeshauptmann der bayerischen Einwohnerwehren gewählt, die er seit dem Mai 1920 unter der Bezeichnung Orgesch (Organisation Escherich) leitete. Roland Kanzler baute das Wehrkommando Chiemgau zum Kampf gegen den Bolschewismus aus.[190] Er führte die Orka (Organisation Kanzler), die für die Beziehungen der Einwohnerwehren nach Österreich und Ungarn zuständig war. Politische Unterstützung fanden die Einwohnerwehren besonders beim Regierungspräsidenten von Oberbayern, Gustav Ritter von Kahr. Zum Jahresanfang 1920 gehörten – in unterschiedlichsten Organisationsformen oder als bloße Teilnehmer – an die 300 000 Mann zu dieser Bewegung.[191] Die Einwohnerwehren deckten politisch ein breites Spektrum ab. Ein wesentliches Motiv für ihre hohe Attraktivität wie die der später entstehenden Parteiarmeen war ein soziales, weil diese Formationen für die entlassenen und arbeitslosen Soldaten sinnvoll scheinende Zeitgestaltung und Lebensunterhalt boten.

Im März 1920 vermehrten sich Gerüchte über eine konservative und monarchistische Gegenbewegung zur sozialdemokratisch dominierten Reichsspitze. Am 13. März kam es in Berlin zum Putschversuch des ostpreußischen Generallandschaftsdirektors Wolfgang Kapp, den die im Versailler Vertrag vorgesehene Reduzierung der Reichswehr auf ein 100 000 Mann Heer mit ausgelöst hatte.[192] Die Marinebrigade des Kapitäns Hermann Ehrhardt sollte unter Mitwirkung General Ludendorffs den Reichspräsidenten und die Regierung verhaften und stürzen, was jedoch misslang. Die Putschisten konnten das Regierungsviertel nur kurzfristig besetzen, die Ministerialbürokratie weigerte sich aber, ihren Anordnungen zu folgen. Kronprinz Rupprecht war im Vorfeld des Kapp-Putsches informiert worden. Daraufhin ließ er den Leiter der Einwohnerwehr Georg Escherich und den oberbayerischen Regierungspräsidenten von Kahr vor einer bayerischen Beteiligung warnen.[193] Während des in Berlin gescheiterten Unternehmens forderte der Befehlshaber der Reichswehr in Bayern, General von Möhl, am 14. März die Übertragung der vollziehenden Gewalt für sich, um die Sicherheit der staatlichen Ordnung zu gewährleisten. Den Anstoß dazu hatten Ritter von Kahr, Dr. Escherich und der Münchner Polizeipräsident Dr. Pöhner gegeben. Darauf traten der Sozialdemokrat Johannes Hoffmann und sein Kabinett zurück.

Nach dem Rücktritt des Kabinetts Hoffmann versammelte sich am 16. März 1920 der Landtag, die BVP war nun zur Übernahme der Regierungsverantwortung bereit. Da der BVP-Gründer Dr. Georg Heim das Amt des Ministerpräsidenten nicht selbst übernehmen wollte, schlug er Gustav Ritter von Kahr[194] für diese Position vor, obwohl dieser weder Katholik noch BVP-Mitglied war. Der Sohn eines protestantischen Beamten und Reichsrates, welcher der BVP innerlich fremd gegenüberstand, war erklärter Monarchist und galt als möglicher Kristallisationspunkt der national-konservativen Kräfte, besonders der Einwohnerwehren unter Dr. Escherich. Beide waren Monarchisten, wollten aber den Weg der Legalität nicht verlassen. Kahr war zur Regierungsübernahme bereit und erklärte, er trete für Ordnung, Ruhe und Arbeit ein. Er bildete eine bürgerliche Koalitionsregierung aus BVP, Deutscher Demokratischer Partei (DDP) und Bauernbund, dem in der Tradition der Monarchie in erster Linie Beamte und keine Parlamentarier angehörten. Sozialdemokraten waren nicht mehr im Kabinett vertreten. Kahr war dem Kronprinzen, den er stets mit Majestät anredete,[195] in Treue ergeben.[196]

Die Landtagswahl vom Juni 1920 bestätigte den Regierungswechsel mit einem deutlichen Rechtsruck. Die Wahlsieger BVP (39,4%) und Bayerische Mittelpartei (13,6%) – diese bayerische Sonderform der deutschnationalen Volkspartei (DNVP) erhielt nun mit dem Justizministerium einen Kabinettsposten – gingen eine Koalition ein, der weiterhin die liberale DDP und der Bauernbund angehörten. Unter Kahr gewann der Freistaat Züge der „Ordnungszelle", die sein Geschick in den folgenden Jahren bestimmen sollten. Hinter diesem von Kahr geprägten Begriff steckt die Vorstellung, Bayern könne eine Führungsrolle bei einer konservativen Erneuerung Deutschlands übernehmen. Kahr stützte seine Macht wesentlich auf die Einwohnerwehren, die in München und ganz Bayern wie etwa bei einem Landesschießen anlässlich des Oktoberfestes öffentlich präsent waren. Auch Kronprinz Rupprecht, der mit Kahr und Escherich in Kontakt stand, unterstützte die Einwohnerwehren und bemühte sich, für sie bei Industriellen finanzielle Unterstützung zu erhalten.[197]

Ende Januar 1921 verlangten die Siegermächte die Entwaffnung der Einwohnerwehren, die über schwere Waffen, Geschütze und Maschinengewehre verfügten.[198] Die Staatsregierung verschloss sich aber den Mahnungen der Reichsregierung zu ihrer Auflösung. Kahr erklärte, beim Verzicht auf die Einwohnerwehr drohe die „vollständige Versklavung des deutschen Volkes". Die Reichsregierung richtete nun in München eine eigene Vertretung mit Julius Graf von Zech als Gesandten ein. Im Mai bot die Einwohnerwehr unter starkem Druck die Selbstentwaffnung an. Allerdings wurden nur die Waffen abgeliefert, für die keine ausreichenden Verstecke zur Verfügung standen. Einer der Protagonisten der Entwaffnung, der USPD-Fraktionsvorsitzende Karl Gareis, wurde am 9. Juni erschossen, was sicher als Warnung für die Gegner der Einwohnerwehren gedacht war. Am 28. Juni erging dann doch die Verordnung der Regierung Kahr zur Auflösung der Einwohnerwehren. Nur die Reichswehr und die Landespolizei sollten als bewaffnete Macht bestehen bleiben. Darauf wurde die Situation im paramilitärisch-nationalen Lager allerdings noch unübersichtlicher. Nach dem Mord an Reichsfinanzminister Matthias Erzberger am 26. August 1921 führten die Spuren der Mörder nach Bayern, was neue Konflikte mit der Reichsregierung über Fragen der Zuständigkeit auslöste. Das Kabinett von Reichskanzler Wirth erließ am 29. August das Republikschutzgesetz, welches in die Polizeibefugnisse der Länder eingriff. Anschließend führten bayerische Vertreter Verhandlungen mit der Reichsregierung, doch bestand Kahr auf der Ablehnung eines Kompromisses mit Berlin. Als sich jedoch der Landtag für den Ausgleich mit dem Reich aussprach, musste Ministerpräsident Kahr im September seinen Rücktritt erklären. Auch seine nahezu vorbehaltlose Unterstützung der Vaterländischen Verbände wurde von den Koalitionsparteien nicht mehr mitgetragen. Sein Nachfolger wurde der bisherige Gesandte der Reichsregierung in Darmstadt, Hugo Graf von Lerchenfeld, ein Neffe des gleichnamigen früheren bayerischen Gesandten in Berlin. Erneut hatten sich keine BVP-Politiker zur Übernahme der politischen Verantwortung bereitgefunden. Er konnte die Auseinandersetzungen mit der Reichsregierung rasch beilegen, der bayerische Ausnahmezustand wurde aufgehoben. Obwohl Graf Lerchenfeld ein Spielgefährte Kronprinz Rupprechts aus der Knabenzeit war, informierte er ihn nicht über seine Wahl. Rupprecht hielt ihn für hochachtbar, aber für keinen Mann der Tat.[199] Die Mittelpartei verließ zunächst die Regierung, wurde nach dem andauernden Konflikt mit Berlin um das Republikschutzgesetz und dem Ausscheiden der DDP im August 1922 aber wieder zum unentbehrlichen Koalitionspartner der BVP.

Kronprinz Rupprecht hielt sich der politischen Entwicklung fern, er lebte außerhalb der Hauptstadt München in Berchtesgaden. Allerdings unterrichteten ihn zahlreiche ehemalige bayerische Offiziere über ihre aktuellen Pläne, Absichten und politischen Vorstellungen. Eine Stellungnahme von ihm zur aktuellen politischen Situation findet sich nur an abgelegener Stelle. In seinem auf den Mai 1921 datierten Vorwort der Reiseerinnerungen aus Indien bezog der Kronprinz erstmals öffentlich Stellung zur Kriegsproblematik. Zunächst erklärte er, dass er wegen der mangelnden Distanz zu den Ereignissen seine subjektiv gefärbten eigenen Aufzeichnungen noch nicht veröffentlichen wolle. Er betonte den Charakter des Weltkrieges als Verteidigungskrieg und das Heldentum der Truppen. Hoffnungen für die Zukunft schöpfte er aus ihren Leistungen, die offenbarten, „was an gesunder Kraft in unserem Volke steckt" und aus dem „Verwachsensein mit der heimischen Erde". Er datierte: „Geschrieben in den Tagen tiefster deutscher Selbsterniedrigung".[200]

Als Nachfolgeorganisation der Einwohnerwehren entstand im Sommer 1921 der Bund „Bayern und Reich", den der von Escherich vorgeschobene Sanitätsrat Dr. Otto Pittinger leitete.[201] Die militärische Leitung übernahm der Freund des Kronprinzen General Otto von Stetten,[202] Ritter von Kahr wurde Ehrenvorsitzender. Inwieweit Kronprinz Rupprecht hinter dieser Neugründung stand, wird aus den Quellen nicht deutlich, der Zusammenschluss dürfte aber seinen Wünschen entsprochen haben.[203] Die Ausrichtung des Bundes „Bayern und Reich" war konservativ und monarchistisch, er erstrebte die Restituierung des föderalistischen Bismarck-Reiches und der Monarchie in Bayern. General von Stetten informierte den Kronprinzen später, dass der Bund gemäß dessen, durch Josef Graf Soden vermittelte, Richtlinien geleitet würde.[204] Rupprecht setzte seine Kontakte ein, um dem Bund beispielweise beim Fürsten von Thurn und Taxis Gelder zu verschaffen.[205]

Gleichzeitig – im Juli 1921 – hielt es Kronprinz Rupprecht offenbar für angebracht, die Öffentlichkeit über seine Friedensinitiative während des Weltkrieges wie über seine Analyse der Revolutionsursachen ins rechte Bild zu setzen. Jedenfalls wurde seine Denkschrift vom 19. Juli 1917 für Graf Hertling in der Münchener Zeitung publiziert.[206] Sowohl die Tatsache der Veröffentlichung an sich wie auch die Änderungen im Text – etwa der Verzicht auf die Kritik an Wilhelm II. – lassen darauf schließen, dass der Vorgang von der Umgebung des Kronprinzen in die Presse lanciert worden war. Offenbar war das Ziel dieser Presseaktion, die Friedensbereitschaft des bayerischen Kronprinzen zu demonstrieren. Außerdem war es die erklärte Absicht der Zeitung, seiner Herabwürdigung und den ungerechtfertigten Vorwürfen gegen ihn entgegenzutreten. Während die sozialdemokratischen Zeitungen den Inhalt begrüßten,[207] zeigte sich die bürgerlich-nationale Presse eher peinlich berührt.[208]

Die Anhänger der monarchischen Staatsform

Es bildet ein Paradox, dass erst der Sturz einer Monarchie den Aufbau einer monarchistischen Bewegung hervorruft. Da die Tradition ein wesentliches Element der Legitimität einer Monarchie bildet, ist eine Restauration nach dem Traditionsbruch einer Revolution aber nur schwer durchzusetzen. Im November 1918 fanden sich keine Verteidiger des Königtums, König Ludwig III. hatte aber an seinen Thronansprüchen festgehalten. Den bayerischen Adel einte zwar das grundsätzliche Bekenntnis zur Monarchie und zum König und später Thronprätendenten, doch engagierten sich nur einzelne Aristokraten aktiv für den monarchischen Gedanken.[209]

Die wohl meisten Vertreter der katholischen Kirche traten für die Monarchie ein, doch gab es Vorbehalte gegen die Person Kronprinz Rupprechts, die in der Vorkriegszeit wurzelten. Der Journalist Franz Wetzel berichtete 1920 im „Neuen Reich", bei überzeugten Katholiken und im Klerus bestünden Zweifel über die persönliche Eignung Kronprinz Rupprechts.[210] Die Frontstellung von Teilen des Klerus gegen ihn dauerte auch nach dem Kriege an, wie er in seinem Tagebuch festhielt: „Ich vernehme, dass auf dem Lande von katholischen Geistlichen gegen mich gehetzt wird. Mangelnder Kirchenbesuch wird mir vorgeworfen und die Äusserung, man habe mir in meiner Jugend die Religion vereckelt."[211]

Der Großteil des Episkopats und der Pfarr- und Ordensgeistlichkeit blieb trotzdem monarchistisch eingestellt. Kardinal Faulhaber, der Erzbischof von München und Freising, verurteilte die Revolution.[212] Bei der Trauerrede für König Ludwig III. am 5. November 1921 in der Münchner Frauenkirche legte er ein Bekenntnis zum Gottesgnadentum und zur Monarchie ab: „König Ludwig war nicht König von Volkes Gnaden, er war König von Gottes Gnaden; die Gottesgnade bestand aber darin, daß er sein Königtum als Dienst am Wohle des Volkes auffaßte und die Herrscherpflichten stärker betonte als die Herrscherrechte. ... Könige von Volkes Gnaden sind keine Gnade für das Volk, und wo das Volk sein eigener König ist, wird es über kurz oder lang auch sein eigener Totengräber."[213] Er rückte den verstorbenen König dabei in die Nähe des in der Verbannung gestorbenen Papstes Gregors VII. und begründete den Mythos vom „Märtyrerkönig", der sich durch historische Fakten nicht unterstützen lässt.

Der Erzbischof verurteilte zwar die Revolution entschieden, konkrete Schritte für eine Restauration waren von ihm aber selbstverständlich nicht zu erwarten. Die „Oratio pro Rege" ließ er bereits im November 1918 fortfallen, den Klerus wies er zum Eid auf die neue Verfassung an.[214] Frühzeitig hatte er sich damit auf den Boden der neuen Verhältnisse gestellt, auch wenn er ihnen keine Sympathie entgegenbringen konnte. Er hatte ein gutes Verhältnis zum Königshaus, dem er sich zur Sakramentenspendung etwa bei Taufen gern zur Verfügung stellte. Die Bekenntnisse Kardinal Faulhabers zur monarchischen Staatsform müssen stets auch von seinen theologischen Grundpositionen her interpretiert werden.[215] Beim Münchner Katholikentag geißelte er am 27. August 1922 die Revolution als „Meineid und Hochverrat".[216] Auch die Sympathien der übrigen bayerischen Bischöfe, soweit sie noch in der Monarchie ernannt worden waren, galten der monarchischen Staatsform.[217]

Der aktive politische Einsatz für die Monarchie beschränkte sich im Gegensatz zu diesen latenten Sympathien auf zunächst wenig einflussreiche Gruppierungen. Am 19. November 1919 gründete das BVP-Mitglied Josef Mayer-Koy die Bayerische Königspartei, die sich ausschließlich dem Programmpunkt einer Restauration verschrieb.[218] Gegen separatistische Tendenzen innerhalb dieser Partei avancierte der ehemalige Generalstabschef des Kronprinzen, General Konrad Krafft von Dellmensingen, zum Exponenten der an der Reichseinheit festhaltenden Gruppe.[219] Da ein Monarch über den Parteien stehen soll, wurde diese Parteigründung im Königshaus – Ludwig III. weilte damals noch im Exil – nur mit großer Zurückhaltung aufgenommen.

Zum Jahresanfang 1921 erfolgte der Aufbau einer überparteilichen Sammlungsbewegung der bayerisch-monarchistischen Kräfte durch Major Carl Spruner von Mertz.[220] 35 Mitglieder konstituierten am 15. März im Münchner Sterneckerbräu den Bayerischen Heimat- und Königsbund: In Treue fest (BHKB).[221] Der Wahlspruch entsprach der Devise des Hausritterordens vom Heiligen Hubertus und der bayerischen Armee. Bewusst vermied der Königsbund den Charakter einer Partei, er wollte Anhänger des Königsgedankens aus verschiedenen politischen Richtungen vereinigen. Einige Ortsgruppen der Königspartei, darunter die in Regensburg, Rosenheim, Nürnberg und Würzburg, traten geschlossen zum BHKB über. Sein Hauptziel bildete „Bayerns Erhaltung auf dem Boden des föderalistischen und monarchischen Prinzips".[222] Direkter Einfluss Kronprinz Rupprechts auf diese zunächst sehr kleine Gruppierung ist nicht nachweisbar, doch entsprach die überparteiliche Ausrichtung seinen Vorstellungen. Im Laufe des Jahres 1921 konnten erstmals wieder offizielle öffentliche Auftritte der Mitglieder des Königshauses erfolgen, die Zeit ihrer persönlichen Gefährdung war zunächst vorbei. Am 14. August nahmen König Ludwig III. und Kronprinz Rupprecht in Uniform am Regimentstag des Infanterie-Leib-Regiments in München mit Festmesse in St. Michael und anschließendem Festzug teil.[223] Dadurch erhielten die monarchistische Bewegung und der Königsbund weiteren Auftrieb.

Am 11. Januar 1923 übernahm der bei den Einwohnerwehren aktive Rudolf Kanzler die Leitung des BHKB. Er gründete als Mitteilungsblatt die Zeitschrift „In Treue fest", die von dem früheren badischen Zentrumsjournalisten Franz Wetzel redigiert wurde. Durch Übertritte aus der Königspartei und den Einwohnerwehren stieg die Mitgliederzahl rasch auf über 20 000 und 1925 auf über 50 000 an.[224] Der BHKB konnte ein nahezu flächendeckendes Organisationsnetz in ganz Bayern mit Kreisleitungen in Oberbayern Ost und West, Oberpfalz, Niederbayern, Mittelfranken, Nürnberg, Schwaben und Rheinpfalz aufbauen. Unter der Leitung Kanzlers fanden „Königstage" im Lande statt, die die Ziele des BHKB populär machten. 1923 wurde das Grundsatzprogramm in prägnanter Kürze veröffentlicht: „1. Die Grundvoraussetzung der Wiedergesundung und Wiedererstarkung des bayerischen Volkes ist die Wiederherstellung des Königreichs Bayern mit berufsständischer, von christlichem Geiste erfüllter Verfassung. 2. Auch als Königreich bildet Bayern einen Bestandteil des auf bundesstaatlicher Grundlage neu zu gestaltenden Deutschen Reiches. 3. Die entsprechende Aenderung der bayerischen Verfassung hat durch die gesetzmäßigen Organe zu geschehen. 4. Solange die Zeitverhältnisse die Rückkehr der Wittelsbacher auf ihren angestammten Thron nicht gestatten, ist ein Landesverweser zu bestellen."[225] Auf dieser Grundlage wurde der BHKB zum Vorkämpfer für die Eigenstaatlichkeit Bayerns und das wittelsbachische Königtum.

Tod und Beisetzung König Ludwigs III.

Am 18. Oktober 1921 starb König Ludwig III. von Bayern im ungarischen Sárvár an Magenblutungen und Herzversagen.[226] Dorthin war er Ende September von Schloss Wildenwart aus aufgebrochen, um bei einem Jagdaufenthalt noch einmal sein Gut zu besuchen. Kronprinz Rupprecht traf am Vorabend des Todes dort ein, um wie seine Geschwister Abschied vom Vater zu nehmen, der ihn bereits nicht mehr erkannte. Die Überführung der Leiche des Königs aus Sárvár nach Bayern wurde durch die politische Entwicklung in Ungarn verzögert, wo gerade Kaiser und König Karl seinen zweiten Restaurationsversuch unternahm.[227] Infolge dieser Umstände konnte der Bahntransport des Leichnams des bayerischen Königs von Ungarn nach Österreich erst am 29. Oktober beginnen. Während der Reichsverweser Nikolaus von Horthy seinen eigenen König deportieren ließ, sandte er dem toten König von Bayern mit einem Sonderzug eine aus Tannenreis und Blumen gebildete Königskrone nach. Der Leichnam Ludwigs III. wurde mit einem Sonderzug über Wien und Salzburg zunächst nach Wildenwart gebracht. Gemeinsam mit dem Sarg der Königin Marie Therese, die dort provisorisch beigesetzt war, wurde er am 4. November nach München überführt.

Unmittelbar nach Erhalt der Todesnachricht hatte die bayerische Staatsregierung ein Kondolenz-Telegramm an Kronprinz Rupprecht nach Sárvár gesandt: „Die Nachricht von dem fern der Heimat erfolgten Tode des unvergeßlichen Königs weckt in ganz Bayern tiefste Trauer. Ein Vorbild treuester Pflichterfüllung, hat er, das eigene Glück im Glücke Bayerns suchend, sein ganzes arbeitsreiches Leben dem Dienste des Vaterlandes gewidmet, unermüdlich die Wohlfahrt des Landes gefördert, gerecht und beharrlich die Zügel der Regierung geführt, und in allem Wandel der Zeiten seinem Volke die Liebe bewahrt. Das Gedächtnis des treudeutschen und charakterfesten Mannes, des hochgesinnten, verehrungswürdigen Königs wird in der aufrichtigen Dankbarkeit des bayerischen Volkes immer fortleben. Euerer Kgl. Hoheit und den Mitgliedern Ihres Hauses bitte ich im Namen des bayerischen Gesamtministeriums die innigste Teilnahme aussprechen zu dürfen."[228]

Die Beisetzung des Königspaares am 5. November in München gestaltete Gustav von Kahr, damals wieder Regierungspräsident von Oberbayern, mit der Übernahme der Formen aus der Monarchie, aber auch mit der Teilnahme von Staatsregierung, Landtag, Reichswehr und Traditions- und politischen Vereinen zu einer eindrucksvollen Kundgebung für die Monarchie.[229] Die Särge des Königspaares wurden in einem langen Trauerkondukt von der Ludwigskirche zur Gruft in der Frauenkirche überführt, die Streckenführung ermöglichte die Teilnahme von etwa 40 000 Trauergästen, darunter die gesamte Staatsregierung, sowie einer unüberschaubaren Zuschauermenge. Kronprinz Rupprecht folgte den beiden Hof-Leichenwagen[230] in der Uniform eines Generalfeldmarschalls mit dem bayerischen Marschallsstab in der Hand. Nach der Beisetzung seiner Eltern entzog er sich der vor der Frauenkirche ausharrenden Menge und verließ den Dom durch die Sakristei. Ihren Abschluss fanden die Beisetzungszeremonien im folgenden Frühjahr mit der Bestattung des Herzens König Ludwigs III. in Altötting.[231] In Begleitung des Kronprinzen, der Prinzessinnen und einer Hofkommission wurde die Herzurne am 5. April nach Altötting gebracht, wo sie am folgenden Tag der Bischof von Passau in einer Nische der Gnadenkapelle beisetzte.

Gustav von Kahr hatte der bayerischen Regierung versprechen müssen, keinen Staatsstreich anlässlich des Königsbegräbnisses zu planen. In weiten Kreisen war für diesen Tag die Ausrufung der Monarchie erwartet, erhofft oder befürchtet worden.[232] Als Initiator eines „Königsputsches" wurde Dr. Otto Pittinger, der Leiter des Bundes „Bayern und Reich", vermutet. Im Umkreis des Korps Oberland und anderer national-völkischer Kreise wurden Gerüchte über einen Putsch lanciert. Beweise für einen geplanten Staatsstreich oder gar für seine Unterstützung durch den Kronprinzen lassen sich nicht erbringen. Zwei Gründe bestimmten Rupprecht nach der Aussage seines späteren Kabinettschefs, Josef Maria Graf von Soden-Fraunhofen, damals, nicht nach der Krone zu greifen.[233] Es widerstrebte ihm, den Tod seines Vaters und die Trauer des Volkes um den König zu einem Gewaltstreich auszunützen. Außerdem wollte er seine legitimen Rechte nur auf legalem Weg und nicht dem des Bonapartismus antreten. Nuntius Eugenio Pacelli hatte ebenfalls in einem Interview mit dem Bayerischen Kurier einen Putsch für ausgeschlossen und sinnlos erklärt.[234] Auch wenn in der aufgeheizten Atmosphäre einer Zeit des Umsturzes aller Ordnungen und Werte nach Revolution und Räterepublik verschiedene Putschpläne diskutiert wurden, so ist eine Beteiligung Kronprinz Rupprechts daran nicht nachweisbar und aus inneren Gründen auszuschließen.

Politische Konzepte für eine föderalistische Neuordnung Mitteleuropas

Kronprinz Rupprecht verhielt sich nach dem Tode seines Vaters wie ein regierender Monarch, der sich nicht in die Tagespolitik einmischt. Deshalb vermied er eine Festlegung für eine bestimmte Partei oder Gruppierung.[235] Er war ohnehin kein Anhänger einer Parteiendemokratie, sondern dachte sich die Beteiligung der Bevölkerung an der politischen Willensbildung auf anderem Wege, etwa über ständische Vertreter oder Persönlichkeitswahlen. Die Fixpunkte seines politischen Denkens, an denen er die Parteien und Verbände maß, bildeten das Eintreten für die Souveränität Bayerns und eine monarchische Restauration.

Bis 1923 arbeiteten national-völkische und monarchistisch-konservativ-föderalistische Kreise in Bayern zusammen, doch sind von Kronprinz Rupprecht zu diesem Komplex kaum Zeugnisse erhalten. Er plädierte für eine Neuordnung Deutschlands auf föderalistischer Grundlage, wobei ihm das Bismarck-Reich als Modell vorschwebte. Separatistische Überlegungen im Sinne einer Lösung Bayerns vom Deutschen Reich lagen ihm dabei fern. Dies musste auch der Publizist Karl Graf von Bothmer erfahren, der Rupprecht während dessen Exils in Österreich beraten hatte. Als Bothmer versuchte, die Bayerische Königspartei in Richtung eines separatistischen und auf eine Donaumonarchie abzielenden Kurses zu drängen und dazu eine Annäherung Bayerns an Frankreich favorisierte,[236] distanzierte sich Kronprinz Rupprecht von ihm. Da diese Bestrebungen seinen politischen Anschauungen konträr liefen, sah er sich im September 1920 zu einer öffentlichen Gegenerklärung im Berliner Tagblatt veranlasst.[237] Rupprecht versicherte, keinen Schritt zur Gefährdung der Reichseinheit unternehmen zu wollen und keine Krone einer süddeutschen Donaumonarchie zu erstreben. Auch die Übernahme der Staatspräsidentschaft in einer Republik nach dem Muster Napoleons III. lehnte er ab. Im November 1920 stritt er nochmals jede Beteiligung an einer möglichen Gegenrevolution und den Wunsch nach einer Trennung Bayerns vom Reich energisch ab.[238] Gleichzeitig wies die preußische Botschaft in München den gegen den Kronprinzen erhobenen Verdacht des Separatismus zurück.[239] Dort sah man nur die Gefahr, dass ihn monarchistische Kreise in Richtung eines Königsputsches drängen wollten. Trotzdem wurde – etwa vom Bund Oberland und Ludendorff – immer wieder der Vorwurf des Separatismus und der Zusammenarbeit mit Frankreich gegen bayerisch-monarchistische Kreise erhoben.[240] Dabei wurde häufig bereits die entschiedene Vertretung bayerischer Interessen als Separatismus verdächtigt.

Tatsächlich bestanden von Bayern enge Bindungen an das stammesverwandte Österreich. Bereits gegen Ende des Weltkrieges hatten den bayerischen Kronprinzen verschiedene Überlegungen beschäftigt, Teile Österreichs – Tirol, Salzburg und Oberösterreich – mit Bayern zu vereinigen. Dabei stand er in einer jahrhundertelangen Tradition bayerischer Politik. Auch in Österreich gab es Kräfte, die in diese Richtung wirkten.[241] Allerdings hatte der Oberste Rat der Alliierten und Assoziierten Mächte bereits am 16. Dezember 1919 erklärt, dass er sich jedem Versuch widersetzen werde, die Unverletzlichkeit des österreichischen Staatsgebiets oder seine politische Unabhängigkeit zu verletzen. In Österreich waren quer durch alle politischen Lager mit Ausnahme der Legitimisten Bestrebungen stark, sich an Deutschland anzuschließen.[242] Der ehemalige deutsche Gesandte in Stockholm, Kasimir Graf von Leyden, informierte Kronprinz Rupprecht über die politischen Entwicklungen in Österreich.[243] Im November 1920 hielt dieser die Möglichkeit einer Separation Tirols von Österreich für möglich.[244] Obwohl der österreichische Bundeskanzler Ignaz Seipel damals angeblich den Zusammenschluss Gesamtösterreichs mit einem monarchisch regierten

Bayern favorisierte, hielt Rupprecht dies nicht für durchführbar. Er schätzte nur den Zusammenschluss von Teilen Österreichs mit Bayern als realistisch ein. Tatsächlich erbrachten die im Mai 1921 in Salzburg und Tirol durchgeführten Volksabstimmungen über einen staatlichen Anschluss an das Deutsche Reich überwältigende Mehrheiten.[245]

Kronprinz Rupprecht erstrebte zwar eine Erweiterung Bayerns im Süden und Osten, jedoch keine Trennung Bayerns vom Reich, schon gar nicht um den Preis eines engeren Bündnisses mit Frankreich. Nahrung für solche Separatismusgerüchte bot das von einigen französischen Offizieren und Politikern unterstützte Bemühen von Autonomiebewegungen in den preußischen Westprovinzen und der bayerischen Pfalz, die besetzten Rheinlande von Preußen zu trennen, eine Rheinische Republik einzurichten und diese näher an Frankreich zu binden.[246] Solche Vorstellungen wurden Frankreich nun auch im Hinblick auf Bayern unterstellt. Die Rolle des bevollmächtigten französischen Ministers in München, Émile Dard,[247] der ab Juli 1920 die Interessen seiner Republik in München vertrat, ist zu wenig erforscht, um eindeutige Aussagen machen zu können, wieweit er tatsächlich Rheinbundvorstellungen für Bayern umzusetzen versuchte. Dard hatte sich als Historiker besonders mit der napoleonischen Epoche auseinandergesetzt. Im Oktober 1920 soll er beim französischen Außenminister angeregt haben, die Rückkehr der Habsburger auf den Thron in Wien und der Wittelsbacher auf den in München sei das wirksamste Mittel, um den Anschluss Österreichs an Deutschland zu verhindern.[248]

Tatsächlich versuchten aber nur Einzelpersonen oder kleinere Gruppen innerhalb Bayerns, zu einer engeren Zusammenarbeit mit Frankreich zu gelangen; die Wittelsbacher und die BVP hielten sich solchen Überlegungen fern. Dr. Georg Heim hatte nur in der krisenhaften Zeit unmittelbar nach der Revolution auch aus wirtschaftlichen Gründen mit solchen Gedanken gespielt, um die Vereinigung Bayerns mit Teilen Österreichs – ohne Wien und Niederösterreich – und die Gestaltung des Reiches als Staatenbund zu erreichen.[249] Dazu wollte er das um Vorarlberg, Tirol, die Steiermark und Oberösterreich erweiterte Bayern mit Teilen Westdeutschlands zeitweilig vom durch den Sozialismus bedrohten Norddeutschland trennen.

Solche Gedanken wurden auch von den bayerischen Einwohnerwehren vertreten, die Verbindungen nach Österreich, nach Ungarn und bis in die Ukraine unterhielten.[250] Rudolf Kanzler vermittelte über die Orka den österreichischen Heimwehren Waffen und Finanzhilfen, um einem befürchteten sozialistischen Putsch begegnen zu können.[251] Auch der Kronprinz Rupprecht nahestehende Sanitätsrat Pittinger verfocht im Sommer und Herbst 1921 die Idee eines Anschlusses der österreichischen Alpenländer an Bayern.[252] Dazu erstrebte Pittinger die Zusammenarbeit mit Ungarn. Für eine Unterstützung dieser Pläne Pittingers

4. Politische Neuorientierung

durch Rupprecht, um die österreichischen Heimwehren für den Zusammenschluss der westösterreichischen Bundesländer mit Bayern unter wittelsbachischer Herrschaft zu gewinnen,[253] lassen sich indes keine Beweise erbringen. Gleichzeitig kam es nach der Beisetzung König Ludwigs III. zu einer zeitweiligen Annäherung des Bundes „Bayern und Reich" an General Ludendorff. Von ihm und seinem Mitarbeiter Oberst Max Bauer liefen Kontakte nach Ungarn zu Julius Gömbös von Jáfka, der Staatssekretär des Reichsverwesers Admiral von Horthy war.[254] Als Anhaltspunkt dafür zieht Bruno Thoß eine von Bauer vermittelte gemeinsame Reise Dr. Pittingers und Graf Sodens im November 1921 nach Budapest heran, wo sie mit ungarischen Rechtskreisen konferierten.[255] Josef Graf von Soden, der kurz zuvor aus dem Staatsdienst ausgeschieden war, fungierte zu diesem Zeitpunkt noch nicht als Kabinettschef des Kronprinzen, sondern als politischer Berater Pittingers. Dieser forderte in Budapest die Bildung eines Großbayern mit Anschluss Österreichs außer Niederösterreich und Wien. Eine Beteiligung des Kronprinzen an diesen Überlegungen ist nicht nachweisbar.

Die Spekulationen, die im Hinblick auf Möglichkeiten dieser Art in die Öffentlichkeit getragen wurden, entbehrten in der Regel aber jeder realistischen Grundlage. Eine davon steht im Zusammenhang mit dem zweiten ungarischen Restaurationsversuch Kaiser beziehungsweise König Karls von Österreich und Ungarn.[256] Am 20. Oktober 1921 war Kaiser Karl in Begleitung der Kaiserin Zita nach Ödenburg geflogen, um mit Hilfe treuer Truppen das Königsamt anzutreten. Aus politischen Rücksichten und wohl auch, um die Macht in seinen Händen zu behalten, widersetzte sich der Reichsverweser Admiral Nikolaus von Horthy diesen Restitutionsbemühungen, obwohl Ungarn bis 1946 nominell Königreich blieb. Er ließ das Königspaar internieren und lieferte es den Westalliierten aus, die es nach Madeira deportierten. General Anton Freiherr von Lehár, einer der Gefolgsleute König Karls, rechnete damals damit, dass nach dem Tode König Ludwigs III. Kronprinz Rupprecht den Thron besteigen und Bayern mit den westösterreichischen Ländern vereinigen würde, während in Ungarn Erzherzog Albrecht aus der Teschener Linie des Erzhauses die Stephanskrone usurpieren würde.[257] Dr. Pittinger erhielt im Januar 1922 einen Bericht über die Zusammenarbeit Erzherzog Albrechts mit dem bayerischen Kronprinzen, auf dem eine unbekannte Hand vermerkt hatte „zu gef. Kenntnis des Unsinns".[258] Danach hätten Kronprinz und Erzherzog die Übertragung der österreichischen Alpenländer an Bayern und die Einsetzung Albrechts auf den ungarischen Thron vereinbart. Dieser hatte tatsächlich Ambitionen auf die Stephanskrone und unterhielt gute Kontakte zu den Kreisen um den späteren Ministerpräsidenten Gömbös.[259] Dieser Komplex wurde gleichzeitig in der deutschen Presse diskutiert. Der Ludendorff-Kreis hatte für die Veröffentlichung von Material gesorgt, um dem Bund „Bayern und Reich" unter Pittinger Separatismus und seine ungarischen Beziehungen vorzuwerfen.[260] In Wirklichkeit hielt Kronprinz Rupprecht die Möglichkeit einer Restauration Kaiser Karls in Österreich und Ungarn tatsächlich für ausgeschlossen,[261] für eine Zusammenarbeit mit Erzherzog Albrecht sind aber keine Beweise zu sehen.

Die Voraussetzung für eine Vereinigung auch nur von Teilen Österreichs mit Bayern war die Zustimmung der Entente. Neben wirtschaftlichen Gründen war wohl auch deshalb Rupprecht an der Aufnahme von Kontakten mit Frankreich und England interessiert. In diesen Zusammenhang ist sein Treffen mit dem aus dem Elsass stammenden französischen Senator Jean Lazare Weiller[262] im Juni 1921 einzuordnen. Gegenüber Graf Leyden fasste der Kronprinz seine Prämissen für die künftige Politik zusammen, die Weiller nach Paris mitteilen sollte: „Wir erstreben in Bayern keinen Separatismus wohl aber einen Föderalismus. Wir wollen keine ausschlaggebende Präpotenz Preussens, wollen weder eine junkerliche Reaktion, und ebensowenig einen uns von Nord- und Mitteldeutschland aufgezwungenen Socialismus mit kommunistischem Einschlag. Ohne Anschluss Oesterreichs kann Süddeutschland nie die entsprechende Machtstellung erlangen. Unser Streben liegt vor allem auf kulturellem Gebiete, auf dem Süddeutschland sich immer besonders auszeichnete."[263] Direkte Reaktionen aus Frankreich zu diesem Komplex sind aber nicht bekannt. Im August 1922 tauchten in der Pariser Presse Gerüchte auf, Kronprinz Rupprecht sei in die französische Hauptstadt gereist, um Unterstützung für die Lösung Bayerns vom Reich und die Restauration der Monarchie zu gewinnen. Die Deutsche Botschaft in Paris erklärte dies für Unsinn.[264]

Der Kronprinz knüpfte ebenfalls Beziehungen nach England an. Über Herzog Friedrich Ferdinand zu Schleswig-Holstein richtete er Ende November 1921 eine geheime Botschaft an die britische Regierung.[265] Angesichts des Anwachsens der monarchistischen Bewegung und seiner möglichen baldigen Thronbesteigung oder Einsetzung als Präsident auf Lebenszeit[266] bat er um englische Hilfe zur Sicherstellung der Kohleversorgung, um nicht einseitig in französische Abhängigkeit zu geraten. Wieweit allerdings der britische Botschafter in seinem Schreiben an den Außenminister Rupprechts Ausführungen hier korrekt wiedergibt, muss fraglich erscheinen, insbesondere die Einsetzung als Präsident stimmt sonst nicht mit den Anschauungen des Kronprinzen überein. Dabei stritt Rupprecht selbst eine aktive Rolle ab: „He states that he is not taking an active part, but is being carried along."

Noch einmal in die Öffentlichkeit getragen wurde der Komplex des Zusammenschlusses Bayerns mit Österreich unter französischem Vorzeichen im Frühsommer 1923. Der Theaterkritiker Dr. Georg Fuchs hatte 1921 versucht, den Kronprinzen in seine Pläne zur Schaffung einer Donaumonarchie unter französischem Protektorat zu verwickeln. Fuchs entwarf den abenteuerlichen Plan eines

4. Politische Neuorientierung

Einmarsches des preußischen Offiziersbundes „Wehrwolf" in Nordbayern, der dann Rupprecht als Kaiser an die Spitze eines Einheitsreiches stellen sollte.[267] Da der Kronprinz dies für Phantasterei hielt, informierte er Ritter von Kahr, der die Sache ohne weiteres Aufsehen unterdrückte. Fuchs stand in Verbindung mit dem französischen Agenten Oberst Augustin Xavier Richert.[268] Als Rupprecht von diesem Hintergrund erfuhr, erstattete er Anzeige. Fuchs behauptete in dem Prozess, er sei zu seinen Verhandlungen mit französischen Stellen vom Kronprinzen beauftragt gewesen.[269] Fuchs wurde am 9. Juli 1923 wegen Hoch- und Landesverrat verurteilt,[270] sein Mitarbeiter Hugo Machhaus beging in der Haft Selbstmord.[271] Der bayerische Innenminister Dr. Franz Schweyer gab dann vor dem Landtag die Erklärung ab, dass der Versuch, den Kronprinzen in die Angelegenheit zu verwickeln, kläglich gescheitert sei.[272]

Dr. Fuchs verfasste 1936 eine Darstellung über die Frühgeschichte der NSDAP, für die er vom Hauptarchiv der Partei Geld erhielt.[273] Darin betonte er seine guten Beziehungen zum bayerischen Kronprinzen und zum Führungszirkel von „Bayern und Reich". Er bemühte sich, die Bedeutung dieser Kreise für die entstehende nationalsozialistische Bewegung und seine eigene Vermittlerrolle herauszustreichen, doch enthält der zur Selbstrechtfertigung geschriebene Text dafür keine Beweise. Breit erläuterte er seine Versuche, Rupprecht mit dem französischen Agenten Richert in Kontakt zu bringen. Tatsächlich hatten im Umfeld des Kronprinzen aber nur kurzfristig Überlegungen eine Rolle gespielt, Bayern im Falle eines Siegs des Bolschewismus zeitweilig vom Reich zu trennen und zur Keimzelle eines neuen deutschen Staatenbundes zu machen – im Dezember 1923 war diese Gefahr nach der Überzeugung Rupprechts aber gebannt.[274]

Auch in Österreich gab es Kreise, die sich für einen Anschluss an Bayern im Zeichen eines wittelsbachischen Königtums einsetzten. Obwohl diese Kontakte zu den schwarz-gelben Legitimisten unterhielten, die für die Thronbesteigung Kaiser Karls respektive seines Sohnes Kronprinz Otto arbeiteten,[275] war die Zielsetzung diametral entgegengesetzt. Als Leiter dieser Gruppe, die auf Heimwehrbeziehungen zurückgehen dürfte, tritt Egon Edler von Pflügl, Gesandter und Unterstaatssekretär a. D. hervor, der teilweise unter Decknamen in den Jahren 1924 bis 1936 an den bayerischen Kronprinzen schrieb.[276] Ob es sich dabei aber nur um einzelne Phantasten oder eine umfangreichere Gruppe gehandelt hat, kann beim derzeitigen Forschungsstand nicht gesagt werden. Zeitweilig hatte Pflügl die Idee, Adolf Hitler für die eigenen Ziele zu instrumentalisieren. Über den Anteil, den Kronprinz Rupprecht an diesen Gedankenspielen nahm, kann keine Aussage gemacht werden, da nur Briefe an ihn vorliegen. Immerhin scheint er diese höflich interessiert beantwortet zu haben. 1924 empfing er Pflügl in Berchtesgaden, und noch 1930 traf er ihn am Wiener Westbahnhof auf der Reise nach Ungarn.[277] Graf Soden pflegte tatsächlich im Auftrag des Kronprinzen den

Kontakt zu den österreichischen Heimwehren.[278] Dahinter steckte wohl die Überzeugung Kronprinz Rupprechts, dass er Beziehungen zu möglichst vielen politischen Lagern und Personen unterhalten sollte.

Neben den Gerüchten über eine süddeutsche Monarchie mit Rupprecht an der Spitze wurden in preußischen Kreisen auch Phantastereien über ihn als Reichsoberhaupt besprochen. Am 4. November 1920 führte Rupprecht auf Schloss Castell eine längere Unterredung mit Sigurd von Ilsemann und warnte vor einer übereilten Rückkehr zur Monarchie.[279] Der Flügeladjutant Wilhelms II. fragte ihn dabei, ob er an die einseitige Restauration in Bayern dächte und ob ihm schon die deutsche Kaiserkrone angetragen worden wäre. Der Kronprinz bekannte, dass dies zwar bereits geschehen sei, aber von so unmaßgeblicher Seite, dass es sich nicht lohne, darüber zu sprechen. Zur Wiedereinführung der Monarchie in Bayern vor der im Reich wäre er nur bereit, um dadurch sein Land vor dem Bolschewismus zu retten. Im Gespräch entwickelte Rupprecht seine Idee einer Gleichgewichtspolitik aus der Kriegszieldenkschrift von 1915 fort. Er plädierte für eine territoriale Verkleinerung Preußens und die Verselbstständigung Westdeutschlands und Hannovers. So sollte ein Kräftegleichgewicht zwischen den west- und süddeutschen Staaten und Preußen hergestellt werden. Gegenüber Vertretern der DNVP hatte er im September erklärt, Bayern sei im Hinblick auf die Wiederherstellung der „Ordnung" den übrigen Ländern voraus und könne auch mit der Monarchie vorangehen.[280] Rupprecht betrachtete die Restauration der Monarchie in Bayern als Voraussetzung für die im Reich.

Zeitweilig scheinen konservative Kreise Norddeutschlands um 1922/23 tatsächlich ein Deutsches Kaisertum mit Rupprecht von Bayern an der Spitze erwogen zu haben.[281] Katharina von Kardorff-Oheimb erinnerte sich, der deutschnationale Politiker Eichhorn habe ihr von Plänen berichtet, Reichspräsident Friedrich Ebert zu stürzen und „den König von Bayern zum Kaiser [zu] machen".[282] Der von ihr informierte Reichspräsident habe die Sache aber im Keim erstickt. Ob allerdings die deutschen Fürsten die Einsetzung Rupprechts als Kaiser beschlossen haben, wie später Herzog Adolf Friedrich von Mecklenburg Frau von Kardorff-Oheimb mitteilte, muss doch als fraglich erscheinen; es kann sich allenfalls um von Rupprecht nicht gebilligte Gedankenspiele gehandelt haben. Vom bayerischen Kronprinzen selbst ist nur belegt, dass ihm mehrfach gesprächsweise die Kaiserkrone von freilich in keiner Weise autorisierter Seite angetragen worden sei.[283] Er hat solche Überlegungen sofort als Hirngespinste abgetan. Auch Kaiser Karl von Österreich beschäftigte sich noch kurz vor seinem Tode auf Madeira am 1. April 1922 mit Gedanken an ein Kaisertum „König Rupprechts", um es allerdings gleich – mit einer ähnlichen Argumentation wie dieser selbst – auszuschließen: „Daß König Rupprecht deutscher Kaiser wird, halte ich bei der heutigen Lage Deutschlands für ausgeschlossen, das noch immer starke, protestantische Preußen wird heute keinen katholischen Kaiser vertragen."[284] Wilhelm II. in Doorn fürchtete dagegen noch im Zusammenhang mit dem Hitlerputsch 1923 in Kronprinz Rupprecht eine unliebsame Konkurrenz: „Jede Unternehmung von München aus ist deswegen zu verurteilen, weil die Bayern in erster Linie das Ziel haben, gegen Preußen vorzugehen und ihren Kronprinzen als deutschen Kaiser einsetzen wollen."[285]

Das Krisenjahr 1923 und seine Vorgeschichte

Auf die im sogenannten Hitler-Ludendorff-Putsch im November 1923 gipfelnden Ereignisse führten Entwicklungslinien der internationalen, der deutschen und der bayerischen Politik hin. Nur letztere können an dieser Stelle interessieren. Verschärft wurde die Situation durch die Wirtschaftskrise, die Arbeitslosigkeit und die in der zweiten Jahreshälfte 1923 kulminierende Inflation. Das nachrevolutionäre München bot den Boden für den Aufstieg rechtsextrem-völkischer Kreise. BVP-Politiker, die aus föderalistischer Überzeugung die Berliner Republik ablehnten, glaubten zeitweilig wegen des gemeinsamen Gegners in ihnen Verbündete sehen zu können.[286] Dabei fürchtete man im nationalistischen Lager den selbst herbeigeredeten bayerischen Separatismus und die Aufrichtung einer wittelsbachisch-katholischen Donaumonarchie. Gleichzeitig herrschten in der Justiz und bei der Münchner Polizei Zustände, die geradezu den Rechtsstaat gefährdeten. Der deutschnationale Justizminister Dr. Franz Gürtner und der im Herbst 1921 zurückgetretene Münchner Polizeipräsident Ernst Pöhner[287] förderten nationalistische Kräfte, wie es beim Hitler-Prozess deutlich werden sollte. Insbesondere der aufstrebende Nationalsozialismus und Hitler wurden von ihnen unterstützt, wenn sie sich auch darin täuschten, ihn für ihre Zwecke instrumentalisieren zu können. München entwickelte sich vor allem nach dem Zusammenbruch des Kapp-Putsches zu einem Sammelpunkt meist aus Preußen stammender deutschnationaler Offiziere. Die Führungsrolle übernahm General Erich Ludendorff, der im Sommer 1920 nach München gezogen war.[288] Ende August 1922 wurde Generalfeldmarschall von Hindenburg, der erstmals seinen Sommerurlaub in Dietramszell verbrachte, offiziell in München empfangen.[289] An dem Festakt nahm auch Kronprinz Rupprecht teil. Anders als Ludendorff enthielt sich Hindenburg freilich politischer Stellungnahmen.

Die von den Siegermächten geforderte und von der Reichsregierung erzwungene Auflösung der Einwohnerwehren im Juni 1921 hatte eine schwere Krise im Verhältnis zwischen der Reichsregierung und Bayern ausgelöst. Gegenüber den unterschiedlichen nationalen Wehrverbänden verlor die bayerische Staatsregierung zunehmend an Macht. Nachdem Ministerpräsident Hugo Graf von Lerchenfeld, der seinen Rückhalt in der BVP eingebüßt hatte, am 2. November 1922 zum Rücktritt gezwungen worden war, wurde der farblose Kultusminister Dr. Eugen Ritter von Knilling, der dieses Ministerium schon im Königreich von 1912 bis 1918 geleitet hatte, in das Amt des Regierungschefs gewählt. Rupprecht hielt ihn aus persönlichen Gründen für einen unzuverlässigen Charakter, weil Knilling ihn bei einem Zusammentreffen bald nach der Revolution bewusst übersehen hatte.[290] Vor diesem Regierungswechsel waren keine Vertreter der Parteien an den Kronprinzen herangetreten, um seinen Rat einzuholen, wie er resigniert bemerkte.

Im Panorama der bayerischen Nachkriegspolitik kam der Reichswehr eine eigenständige Bedeutung zu.[291] Sie setzte die Tradition der Königlich-Bayerischen Armee fort, der Landeskommandant war zugleich Befehlshaber der bayerischen Truppenverbände und stand in doppelter Loyalität zur Reichs- wie zur Staatsregierung. Erster Landeskommandant wurde General Arnold Ritter von Möhl, der energisch die bayerischen Interessen gegenüber Berlin verteidigte, weshalb ihn die Reichsregierung im Dezember 1922 aus Bayern weg beförderte. Als Nachfolger ernannte die Heeresleitung den reichsfreundlichen General Otto von Lossow, wobei sie das Konsensrecht der bayerischen Staatsregierung überging. Aber auch General Lossow vertrat bald nachdrücklich die bayerischen Belange.

Im Lager der Wehrverbände entstanden 1922 Spannungen zwischen der deutschnationalen Position um Ludendorff–Bauer und der bayerisch-föderalistischen um Pittinger.[292] Immer wieder wurden Versuche unternommen, die unterschiedlichen Wehrverbände und nationalkonservativen Organisationen zu vereinigen oder wenigstens zu dauerhafter Zusammenarbeit zu gewinnen. Hier sind die im Sommer 1922 gegründeten Vereinigten Vaterländischen Verbände Bayerns (VVVB) des völkisch eingestellten Münchner Gymnasialprofessors Hermann Bauer einzuordnen, zu denen unter anderem der Bayerische Heimat- und Königsbund, der Bund „Bayern und Reich" und mehrere Offiziers- und Regimentsvereine unter dem Ehrenvorsitz Ritter von Kahrs gehörten.[293] Die VVVB unterstützten zunächst die Regierung Graf Lerchenfeld, soweit sie ihren nationalkonservativen wie bayerisch-föderalistischen Vorstellungen entsprach. Auch Kronprinz Rupprecht bemühte sich um eine Einheitsfront im konservativen Lager. So appellierte er Ende November 1922 an die führenden Männer dieser Kreise – Kahr, Oberst Hans Ritter von Seisser,[294] den Chef des Landespolizeiamtes, Epp, Pöhner und Pittinger –, alle Chancen zur Sammlung der nationalen Kräfte zu nutzen.[295] Er nahm ihnen das Versprechen ab, treu zusammenzustehen und die vaterländischen Kräfte zu einigen.

Nach der Überzeugung Gustav von Kahrs ging es Kronprinz Rupprecht zunächst um die Gesundung und Kräftigung Deutschlands und Bayerns, dann erst um die Staatsform.[296] Schon aus diesem Grund hielt er sich Umsturzversuchen mit dem Ziel einer Restauration fern. Schemenhaft bleiben Nachrichten über einen von Sanitätsrat Pittinger in der Nacht vor dem Münchner Katholikentag am 25. August 1922 geplanten Putsch.[297] Bereits damals soll die Einsetzung Ritter von Kahrs als Diktator geplant gewesen sein.[298] Die Stimmung war jedenfalls derart emotional zugunsten einer Restauration aufgeladen, dass Rupprecht sich den Veranstaltungen und auch den Festkommersen anlässlich des Katholikentages fernhielt, um monarchistische Ovationen zu vermeiden.[299]

Im Lager der national-völkischen Kreise setzte sich durch seine maßlose Demagogie Adolf Hitler, der selbst ernannte „Führer" der Nationalsozialistischen Deutschen Arbeiterpartei, sehr rasch durch. Nach der Beobachtung Rupprechts hatte die neue Partei starken Zulauf aus Arbeiterkreisen, aus Mitkämpfern des Weltkrieges und von alldeutschen Hitzköpfen, von Antiklerikalen und von Rowdies, die Freude am Krawallmachen hatten.[300] Die einzige persönliche Begegnung zwischen Kronprinz Rupprecht, dem Feldherrn des Ersten Weltkrieges, und Adolf Hitler, dem Gefreiten, fand in der zweiten Jahreshälfte 1922 statt.[301] Dr. Pittinger brachte an einem Tage, an dem der Kronprinz bei Baron Beck zu Besuch war, Hitler mit dem Auto nach Schloss Hohenberg bei Seeshaupt. Rupprecht charakterisierte ihn nach dem halbstündigen Gespräch als „mit einer grossen Suada begabten Oesterreicher", von dessen Persönlichkeit er keinen besonderen Eindruck empfing. Zwar hoffte der Kronprinz zunächst, einen Verbündeten gegen die Sozialisten zu gewinnen, doch bewahrte er sich eine skeptische Reserviertheit gegenüber Hitler und seinen deutschnationalen Förderern.

Einzelne Nationalsozialisten unternahmen weitere Versuche, den Kronprinzen mit Hitler zusammenzubringen, an erster Stelle Hauptmann Ernst Röhm, der sich als Monarchist deklarierte. In seinen Erinnerungen hielt Röhm – nicht ohne Größenwahn – fest, dass er im November 1921 – nach dem Tode Ludwigs III. – Rupprecht als König in die Residenz seiner Väter habe führen wollen.[302] Im Sommer 1923 beschwor Hauptmann Röhm den Kronprinzen, mit Hitler und den Nationalsozialisten zusammenzugehen. Nach der Erinnerung Graf Sodens trug er seine Bitte mit gefalteten Händen und auf Knien vor, ein Akt der Theatralik, der Rupprecht zutiefst zuwider war.[303] Zeitweilige Bekenntnisse anderer Nationalsozialisten zur monarchischen Staatsform waren taktisch motiviert. Adolf Hitler wollte keine anderen Gewalten neben sich dulden. Im November 1922 erklärte er gegenüber dem stellvertretenden amerikanischen Militärattaché in Berlin, Monarchismus sei Unsinn.[304] Im Gespräch mit Staatsanwalt Dr. Hans Ehard im Vorfeld des Prozesses nach dem gescheiterten Putschversuch vom November 1923 gab Hitler eine wohl wahrheitsgemäße Beschreibung seiner indifferenten Einstellung zur Staatsformfrage: „Ich bin weder überzeugter Monarchist noch überzeugter Republikaner. Gestützt auf die Lehren der Geschichte bin ich der Auffassung, daß sowohl die eine wie die andere Staatsform zu gewissen Zeiten für gewisse Völker die richtige oder falsche sein kann".[305] Wie sehr der angebliche Monarchismus Hitlers und seiner Partei nur vorgeschoben war, um Unterstützung aus dem konservativen Lager zu erhalten, beweisen gleichzeitige Äußerungen seiner Vertrauten. Sein Sekretär Fritz Lauböck schrieb im September 1923, dass die NSDAP niemals „das vollständig degenerierte Haus der Hohenzollern und Wittelsbacher samt dem ganzen widerlichen Hofschranzentum" zur Übernahme der Regierung bewegen würde.[306]

Zulauf und große öffentliche Aufmerksamkeit erhielten die nationalistischen Kreise durch die Besetzung des Ruhrgebiets im Januar 1923, in das französische und belgische Truppen einmarschierten, um Reparationsforderungen durchzusetzen. Die Reichsregierung rief zum deutschen passiven Widerstand auf. Die bayerische Pfalz war vom „Ruhrkampf" unmittelbar betroffen. Auch in München wurde dadurch die nationale Stimmung angeheizt, verschiedene Großkundgebungen fanden statt.[307] Kronprinz Rupprecht gehörte zu den Rednern einer Versammlung der Vereinigten Vaterländischen Verbände Bayerns zum Reichsgründungstag am 22. Januar.[308] Die Menge brachte im Anschluss vor dem Leuchtenberg-Palais Hochrufe aus. Beunruhigt über die wirtschaftliche Notlage und die wegen der Ruhrbesatzung angeheizte nationalistische Stimmung waren auch die bayerische Regierung und die BVP. In dieser Situation versuchte ihr Fraktionsvorsitzender im Landtag, Dr. Heinrich Held,[309] Kronprinz Rupprecht im Februar 1923 für eine Wahl zum bayerischen Staatspräsidenten zu gewinnen, was dieser jedoch ablehnte.[310] Dies geschah vor dem Hintergrund verschiedener Putschgerüchte und hätte wohl die vaterländischen Kräfte stärker an den Staat binden sollen.

Im Januar 1923 hatten sich auf Antrieb Hauptmann Röhms Adolf Hitler und die NSDAP mit den nationalistischen Wehrverbänden „Wiking", „Reichsflagge" und „Oberland" zur „Arbeitsgemeinschaft der Vaterländischen Kampfverbände" zusammengeschlossen.[311] Die Regierung Knilling war aber nicht bereit, sich ihrem Druck zu beugen. Reichswehr und Landespolizei entwaffneten am 1. Mai Tausende von SA-Männern und rechtsradikalen Wehrmännern, welche die Maifeier der Gewerkschaften in München hatten sprengen wollen. Ein Verfahren gegen Hitler und andere Führer der Wehrverbände wegen unerlaubten Waffenbesitzes wurde durch den deutschnationalen Justizminister Dr. Gürtner verschleppt. General Ludendorff bildete die Galionsfigur dieser Kreise. Obwohl er Bayern als Ausgangspunkt seiner nationalistischen Politik nützte, ließ er nicht von seinem Separatismusverdacht gegenüber den gemäßigten bayerisch-konservativen Kreisen ab.[312] Er kämpfte gegen die vermeintliche Gefahr eines katholisch-wittelsbachischen Kaisertums, das er als Ziel eines jesuitischen Geheimplans vermutete. Auch war er von der Wahnvorstellung einer drohenden katholischen Donaumonarchie durchdrungen, hinter der er die Wittelsbacher glaubte.[313] Seit dem Frühsommer verschärften sich die Spannungen zwischen diesen extremen Kräften um Ludendorff–Hitler und den Vereinigten Vaterländischen Verbände Bayerns (VVVB) um Kahr–Pittinger sowie der bayerischen Staatsregierung.[314]

Die Rechtsextremisten der „Arbeitsgemeinschaft der Vaterländischen Kampfverbände" sammelten sich schließlich im „Deutschen Kampfbund", der zum Abschluss des Nürnberger „Deutschen Tages" am 2. September 1923 wiederbelebt wurde.[315] Hier pries Ludendorff das „bestgehaßte Zollernhaus, dem die Einheit und Kraft des Reiches zu danken sei".[316] Als vornehme Replik kann man die wenig später vor dem Nationalverband Deutscher Offiziere am 8. September erfolgte Äußerung Kronprinz Rupprechts werten: „Nicht jeder Feldherr kann Staatsmann sein wie Friedrich der Große".[317] Gleichzeitig warnte er vor falschen Propheten und Scheinführern. Die Rede wurde als Anmeldung seines Führungsanspruchs verstanden.

Nachdem die Reichsregierung im September den passiven Widerstand gegen die französische Besatzung im Ruhrgebiet aufgegeben hatte, drohte die Situation in Bayern wegen der Erbitterung darüber in den nationalen Kreisen zu eskalieren. In dieser auch für das Reich bedrohlichen Situation suchte Reichskanzler Gustav Stresemann im September den Kontakt mit Kronprinz Rupprecht, der ihn über seine Vorstellungen einer föderalistischen Neugestaltung des Reiches informierte.[318] Stresemann wie schon zuvor Graf Kuno Westarp beharrten darauf, dass bei einer monarchischen Restauration Preußen Bayern vorausgehen müsse.[319] Rupprecht hatte allerdings nicht vergessen, dass Stresemann vor dem Krieg „einer der ärgsten Schreier für die Flottenvermehrung" gewesen war und sich abfällig über ihn geäußert hatte.

Als sich die Ruhrkrise zuspitzte, erklärte der bayerische Kronprinz, es ginge jetzt nicht um dynastische Fragen oder die Staatsform, sondern um das Schicksal von Land und Reich. Eine Aussprache am 22. September zwischen ihm und Ludendorff, die Hindenburg vermittelt hatte, blieb ergebnislos.[320] Der General erklärte dabei: „Es geht ums Ganze. Wittelsbach oder Hohenzollern, wer zugreift, der hat's. Wer nicht mittut, über den geht die Bewegung hinweg."[321] Rupprecht sagte seine Bereitschaft zum von Ludendorff geforderten Empfang Hitlers zu, lehnte aber eine Zusammenarbeit ab. Den Gedanken eines Marsches auf Berlin – analog zum Marsch auf Rom – und damit eines Staatsstreiches sowie Überlegungen für einen neuen Krieg gegen Frankreich, der nur Blut kosten würde, lehnte er strikt ab.

In dieser angespannten Situation suchte der BVP-Fraktionsvorsitzende Dr. Held den Kronprinzen Anfang September auf Schloss Hohenburg auf, um über Maßnahmen gegen die radikale Agitation des rechtsextremen Kampfbundes zu beraten.[322] Graf Soden versicherte Held nach dem Gespräch im Namen Rupprechts, „daß die Türe dessen, den Sie in so loyaler Weise als den Führer des Volkes anerkannt haben, Ihnen jederzeit offensteht."[323] Zur Beruhigung der Lage verfielen der Kronprinz und Held auf die Idee, Kahr als Generalstaatskommissar einzusetzen. Dieser sollte wegen seines Einflusses auf die Vaterländischen Verbände ein Gegengewicht zu Ludendorff bilden. Der württembergische Gesandte Moser berichtete am 18. September an seine Regierung nach Stuttgart, Held verhandle mit dem Kronprinzen über die Einsetzung Kahrs.[324] Der Kronprinz ergriff die Initiative und besuchte am 21. September Kahr, den er für den folgenden Tag zu einer gemeinsamen Unterredung mit Ministerpräsident Eugen von Knilling bat. Bei diesem Gespräch wurde über die Notwendigkeit der Einsetzung eines Generalstaatskommissars diskutiert.[325] Schließlich entschloss sich der Ministerpräsident wegen der Verdichtung der Putschgerüchte zum Handeln und schlug dem Kabinett die Ernennung Kahrs zum Generalstaatskommissar vor. Am 26. September verkündete die bayerische Staatsregierung den Ausnahmezustand und übertrug Gustav von Kahr die vollziehende Gewalt in Bayern.[326]

Gleichzeitig verdichteten sich die Versuche der Umgebung Hitlers, ihm Kontakt mit dem Kronprinzen zu verschaffen. Der Deutschbalte Dr.-Ing. Max-Erwin von Scheubner-Richter, ein Vertrauter Hitlers und Geschäftsführer des Kampfbundes, bemühte sich über Graf Soden, die Verbindung herzustellen.[327] Er wurde am 26. September in Hohenburg vom Kronprinzen empfangen. Bei der zweistündigen Unterredung entschlüpfte Scheubner-Richter die Bemerkung, dass Hitler und Ludendorff an Bayern nichts gelegen sei. Bayern betrachteten sie nur als Ausgangsbasis für die „Sanierung" Norddeutschlands, weshalb der Kampfbund den bewaffneten Marsch auf Berlin plane.[328] Aufschlussreich ist der drohende Unterton in einer Äußerung Scheubner-Richters gegenüber Graf Soden, nach der Hitler, der in seinem Herzen Monarchist sei, gar nichts gegen eine bayerische Monarchie habe: „die Bewegung wird den Kronprinzen emportragen, und er wird ihr oberster Führer sein. Andernfalls wird die Bewegung über den Kronprinzen hinwegschreiten."[329] Auch Dr. Pöhner versuchte, seine Beziehungen für ein Bündnis des Kronprinzen mit dem Kampfbund einzusetzen. Am Nachmittag des 26. September beschwor er den Kronprinzen, zwischen Hitler und Kahr zu vermitteln.[330] Rupprecht begann damals wegen dessen Erregung, an Pöhners Geisteszustand zu zweifeln. Dieser behauptete später, auf Wunsch des Kronprinzen habe Kahr mit ihm die Möglichkeit erörtert, sein Stellvertreter für Nordbayern zu werden.[331] Nach einer anderen Version soll Kahr Pöhner das Amt eines Staatskommissars von Thüringen und Sachsen angeboten haben.[332] Pöhner bat den Kronprinzen, Hitler zu empfangen. Dieser schlug aber die ihm angebotene Audienz aus, von der ihn Pöhner telefonisch benachrichtigt hatte.[333]

Generalstaatskommissar Kahr stützte sich neben dem Staatsapparat auf das Vertrauen des Kronprinzen und seiner Anhänger, besonders den Bund Bayern und Reich. Er hatte aber auch mit dem Kampfbund unter Hitler verhandelt, doch war keine Einigung erzielt worden.[334] Als eine seiner ersten Maßnahmen ließ daraufhin Kahr die von Hitler für den 27. September anberaumten 14 Massenversammlungen gegen die „Ruhrverräter" verbieten. Das Gros der Vaterländischen Verbände folgte Kahr, während sich die Gefolgschaft von Hitler und Ludendorff auf die SA, die Reichsflagge, die dann aber in Nürnberg unter Hauptmann Adolf Heiss mehrheitlich zu Kahr überschwenkte, und den Bund Oberland reduzierte.[335] Kronprinz Rupprecht bemühte sich, die vaterländischen Kräfte zusammenzuhalten und die Staatsmacht in Bayern gegen Putschversuche zu festigen. Am 27. September befahl er allen bayerischen Offizieren „eingedenk ihres Fahneneides" die Unterstützung Kahrs und des Landeskommandanten General von Lossow.[336] Allerdings ließen sich Oberstleutnant Hermann Kriebel, der die Vaterländischen Verbände militärisch leitete, und Hauptmann Röhm, obwohl erklärte Monarchisten, davon nicht beeindrucken und verblieben im Lager des Kampfbundes.[337] Der Kronprinz wies damals auch das Korps Oberland ausdrücklich zur Unterstützung Kahrs an.[338]

Nach der Einsetzung Kahrs als Generalstaatskommissar verkündete die Reichsregierung den Ausnahmezustand für das ganze Reich und übertrug die vollziehende Gewalt an Reichswehrminister Otto Geßler. In Bayern bestanden damit zwei Ausnahmezustände nebeneinander, woraus sich der schwerste Konflikt zwischen Reich und Bayern seit der Regierungszeit Eisners entwickelte.[339] Reichswehrminister Geßler hatte den in München erscheinenden Völkischen Beobachter wegen Angriffen auf Reichskanzler Gustav Stresemann und General Hans von Seeckt verbieten lassen, doch verweigerte der Befehlshaber im Wehrkreis VII und bayerische Landeskommandant, General Otto von Lossow, mit Unterstützung Kahrs die Zustellung der entsprechenden Anordnung. Der Reichspräsident enthob daraufhin Lossow seiner Stellung, worauf ihn die bayerische Regierung aus eigener Vollmacht zum Landeskommandanten ernannte. Der Reichsregierung waren wegen eines kommunistischen Aufstands in Hamburg und der Entwicklung in Sachsen und Thüringen mit zeitweiliger Regierungsbeteiligung der Kommunisten die Hände gebunden. Bayerischer Föderalismus und Wünsche nach einer Umgestaltung der Reichsverfassung verquickten sich. Kahr griff zusehends zu immer höheren Zielen. Er stilisierte die Auseinandersetzung zum „großen Kampf der zwei für das Schicksal des ganzen deutschen Volkes entscheidenden Weltanschauungen, der internationalen marxistisch-jüdischen und der nationaldeutschen Auffassung".[340] Bayern habe dabei „die Schicksalsbestimmung, in diesem Kampf für das große deutsche Ziel die Führung zu übernehmen". Gedanken an eine Art Marsch auf Berlin, um dort die Macht zu übernehmen, waren damals bereits weit verbreitet.[341] Auch Landeskommandant General Lossow erklärte bei einer Rede vor Vertretern der Landespolizei und der „Vaterländischen Verbände" am 24. Oktober, dass für den „Marsch auf Berlin und Ausrufung der Errichtung der nationalen Diktatur"[342] nur noch zwei oder drei Wochen blieben.

Wegen der ungeheueren materiellen Notlage hoffte die Bevölkerung auf eine grundsätzliche politische und wirtschaftliche Wende. Oberst Hans Ritter von Seisser erkundete am 3. November im Auftrag Kahrs in Berlin die Möglichkeiten für eine „nationale Diktatur", doch wurde er dort vor Alleingängen ohne Reichswehr gewarnt; General von Seeckt trat von einer ihm zugedachten Beteiligung an Reichsdirektorium und Umsturz zurück. Trotzdem begannen in Bayern die Mobilisierung von Reichswehr und Kampfbund und eine Konzentration militärischer Kräfte an der Nordgrenze. Nach einer Vermutung des Kronprinzen bereitete Dr. Pittinger in dieser gespannten Situation einen Putsch vor, um die bayerische Regierung zu einem Bruch mit der Reichsregierung zu veranlassen.[343] Dazu verbündete Pittinger sich zeitweilig mit den Nationalsozialisten, die in beträchtlicher Anzahl unter Hitlers Führung zu einer von ihm anberaumten Versammlung Anfang Oktober in München erschienen. Während dieser wechselte Pittinger aber aus unbekannten Gründen seinen Entschluss, worauf Hitler sich von ihm trennte.[344]

Im Oktober ließ sich Kronprinz Rupprecht selbst in der Presse mit nationalen Tönen angesichts der Bedrohung der Pfalz durch Frankreich vernehmen, doch vergaß er dabei nicht, auf den Föderalismus hinzuweisen: „Ein freies Deutschland muß unser Ziel sein, ein freies Deutschtum. Freiheit nach außen, Freiheit im Innern. Freiheit dem Reich und seinen Gliedern; denn sie allein verbürgt gedeihliche Entfaltung. Undeutsch war der Absolutismus vergangener Jahrhunderte; undeutsch, ja nicht einmal germanisch ist der Zentralismus. Beides kam uns aus Frankreich."[345] Der Kronprinz plädierte damals gegenüber Kahr für eine zeitweilige Lockerung der Bindungen Bayerns ans Reich: „Meines Erachtens musste man sich mit dem Beziehen einer Abwehr-Stellung an der Grenze gegen Thüringen begnügen, den bayerischen Staat durch Rücknahme seiner preisgegebenen Hoheitsrechte wieder lebensfähig machen und ruhig abwarten, wie in den übrigen Teilen des Reiches die Dinge sich gestalten würden."[346] Eine wichtige Voraussetzung bildete nach seiner Auffassung die Vereidigung der Truppen des Münchner Wehrkreiskommandos auf die bayerische Regierung, welche deren Machtstellung erheblich stärken würde. Einen Marsch auf Berlin, wie ihn der Kampfbund propagierte, und den damit verbundenen gewaltsamen Umsturz der Reichsverfassung lehnte der Kronprinz aber schon wegen des zu erwartenden Eingreifens der Ententemächte ab.

Kronprinz Rupprecht hatte am 23. Oktober ein langes Gespräch mit Generalstaatskommissar Kahr im Leuchtenberg-Palais, bei dem er ihm die von verschiedenen Seiten an ihn herangetragenen Wünsche und Anregungen weitergab.³⁴⁷ Er mahnte ihn zu einer stärkeren Ausnutzung seiner diktatorischen Vollmachten, um eine Besserung auf dem wirtschaftlichen Gebiet zu erreichen und damit den radikalen Kräften den Wind aus den Segeln zu nehmen. Am 3. November drang der Kronprinz nochmals mit seinen Vorschlägen in Kahr, um die wirtschaftliche Lage kurzfristig zu sanieren.³⁴⁸ Unmittelbar im Anschluss brachten einige vaterländische Herren einen mecklenburgischen Gutsbesitzer zu Rupprecht, der ihn überzeugen wollte, gegen Berlin müsse mit Waffengewalt vorgegangen werden. Der Kronprinz lehnte dies nachdrücklich ab.

Generalstaatskommissar Kahr, Seisser und Lossow überlegten weiterhin, von Bayern aus die Einsetzung einer nationalen Regierung in Berlin zu erzwingen. Am Abend des 8. November veranstaltete Kahr eine Kundgebung der Vaterländischen Verbände im Bürgerbräukeller, bei der nahezu sämtliche Politiker und Honoratioren Münchens anwesend waren.³⁴⁹ In einer förmlichen Schmierenkomödie verkündete Adolf Hitler hier die Einsetzung neuer Regierungen für das Reich und für Bayern, die zum Marsch auf Berlin antreten würden. Unter Waffenandrohung erzwang er die Zustimmung des Triumvirats Kahr, Lossow und Seisser zu seinem Putschversuch. Kahr erklärte dabei unter Druck: „Zu des Vaterlandes Bestem und in seiner höchsten Not übernehme ich die Leitung der Geschicke Bayerns als Statthalter der Monarchie, die vor fünf Jahren von frevelhaften Händen zerschlagen worden ist."³⁵⁰ Hitler soll damals geäußert haben, er werde „von der Versammlung weg zu Seiner Majestät fahren und ihm mitteilen, daß durch die Erhebung das Unrecht, das vor fünf Jahren eine Horde gemeiner Verbrecher am Hochseligen Vater Seiner Majestät des Königs verübt hat, jetzt wieder gutgemacht werden soll."³⁵¹ Dabei handelte es sich freilich um reine Propaganda. Hitler ließ im Bürgerbräukeller nicht nur die anwesenden Mitglieder der bayerischen Staatsregierung, sondern auch den Vertreter des Kronprinzen, Graf Josef Soden, verhaften. Sobald Kahr, Lossow und Seisser ihre persönliche Freiheit wiedererlangt hatten, widerriefen sie ihre Zusage und holten militärische Hilfe aus dem Umland. Hitler entschloss sich trotzdem am Vormittag des 9. November zu einem Marsch durch München, um durch die Eigendynamik der Entwicklung die Massen zu gewinnen und den Putsch doch noch erfolgreich durchsetzen zu können. Das Feuer der Landespolizei beendete das Unternehmen vor der Feldherrnhalle rasch.

Kronprinz Rupprecht hatte sich während des Putschversuchs in Berchtesgaden aufgehalten. Er wollte sich angesichts der in München befürchteten Ereignisse bedeckt halten, um in keinen Staatsstreich verwickelt zu werden.³⁵² Hitler hatte noch am Morgen des 9. November Leutnant Max Neunzert³⁵³ beauftragt, nach Berchtesgaden zum Kronprinzen zu fahren, um ihn um seine Vermittlung zwischen dem Kampfbund und Generalstaatskommissar Kahr zu bitten. Die Wahl dieses Gesandten war geschickt, weil der Kronprinz den Leutnant als Freund des Sohnes und Ehemann der Tochter des Präsidenten des bayerischen Automobilclubs, Leo Cermak, gut kannte. Am Vormittag traf Neunzert mit dem Schnellzug in Berchtesgaden ein.[354] Er sagte später vor dem Untersuchungsausschuss des Landtages aus, vom Kronprinzen den Auftrag erhalten zu haben, Kahr anzuweisen, „es solle jeder Zusammenstoß mit Reichswehr und Kampfbund vermieden und von einem Verfahren gegen Hitler und Genossen abgesehen werden".[355] Rupprecht wollte jedenfalls einen Schusswechsel verhindern und ließ Hitler zur Entschuldigung bei Kahr und zur Unterstellung unter die legale Macht auffordern. Graf Soden erklärte allerdings später vor dem Untersuchungsausschuss des Landtags, dass Neunzert sicher keinen Auftrag des Kronprinzen an Kahr erhalten habe.[356] Soden sagte außerdem aus, noch während der Unterredung seien erste Nachrichten von den Schießereien bei der Feldherrnhalle nach Berchtesgaden gedrungen.

Während der Kronprinz mit Neunzert sprach, kam auch Dr. Georg Escherich mit zwei Begleitern gegen 15.30 Uhr in Berchtesgaden an; über den Inhalt des nur in seinem Tagebuch dokumentierten Gesprächs mit Rupprecht sind wir nicht informiert.[357] Wenig später erschien noch ein Beauftragter Kahrs, Fritz Freiherr von Fürstenberg, im Schloss Berchtesgaden. Dieser informierte den Kronprinzen, dass die Regierung wieder Herr der Lage sei, und bat, einem eventuellen Gesandten Hitlers kein Gehör zu schenken.[358] Nach der Unterredung unterzeichnete der Kronprinz eine Erklärung, die Fürstenberg nach München brachte. Der Kernsatz lautete: „Darum die Waffen nieder!", im Übrigen rief er zur Einigkeit der vaterländischen Kräfte auf.[359] Um diese herzustellen, vermied er eine deutliche Verurteilung des Putsches: „Bayern! Am 5. Jahrestage der Revolution, die im Anschluß an einen unglücklichen Krieg Unheil über Unheil über das deutsche Land gebracht und unser Volk in einen Zustand traurigster Hilflosigkeit versetzt hat, an eben dem Tage haben überstürzte Handlungen, deren vaterländische, ideale Beweggründe ich keineswegs verkennen will, neues schweres Unheil gezeitigt. ... Das starke deutsche Bayern und das neuerstehende, friedliche, seiner Würde und seiner Aufgaben voll bewußte Deutschland, sie gehören unzertrennlich zusammen!" Damit demonstrierte der Kronprinz seine Bereitschaft, in schwerer Zeit Verantwortung für das Land zu übernehmen. Die Veröffentlichung dieses Aufrufes wurde von Kahr allerdings unterbunden.

Am 10. November fuhr Rupprecht nach München, wo er am Nachmittag bei seinem Schwager Prinz Ernst Heinrich von Sachsen eintraf.[360] Kahr verweigerte gemeinsam mit Lossow unter Rücktrittsdrohung die Veröffentlichung der Erklärung des Kronprinzen, was er später vor dem Untersuchungsausschuss des Landtags verheimlichte.[361] Trotzdem dankte Rupprecht Kahr, Lossow und Seisser, dass sie durch ihre Handlungsweise und die Unterdrückung des Aufstandes „Bayern und ganz Deutschland vor unsäglichem Unheil bewahrt haben".[362] Er

4. Politische Neuorientierung

blieb dann die nächsten Tage in Schloss Maxlrain bei Bad Aibling, um den Ereignissen in der Landeshauptstadt näher zu sein.[363] Weder im Vorfeld noch während der Durchführung hatte der Kronprinz das Geringste mit dem Putsch vom 8./9. November 1923 zu tun.[364] Die Ereignisse um den Hitlerputsch bilden jedenfalls den Schlüssel für die weiteren Beziehungen des nationalkonservativen und bayerischen Lagers zur Bewegung des Nationalsozialismus.

Auch Kronprinz Rupprecht selbst erstrebte eine langfristige Änderung der bestehenden politischen Verhältnisse, wie sich aus seiner Stellungnahme vom Jahresende gegenüber General Krafft ergibt: „Ungeduld und Eitelkeit, wie Sie ganz richtig sagen, waren es, welche die so beklagenswerten Vorgänge vom 9. letzten Monats verschuldeten und eine gedeihliche Entwicklung jäh unterbrachen und uns wieder weit zurückwarfen. Gerade das Gegenteil des von den Urhebern des tollen Unternehmens Gehofften, das in seiner Ausführung an ein schlechtes Filmdrama erinnert, ist erreicht worden, eine tiefe Spaltung in den vaterländisch gesinnten Kreisen und die Discreditierung einer rechts gerichteten Regierung."[365] Dabei hielt er zum damaligen Zeitpunkt Hitler noch für ein Opfer Ludendorffs, mit dem sein persönlicher Streit bald eskalieren sollte. Rupprecht befürwortete die Durchführung eines Prozesses und die Aufklärung der Vorgänge um den Putschversuch, doch plädierte er für Milde gegenüber den Angeklagten.[366] Während er für den Rücktritt Kahrs vor dem Prozessbeginn eintrat,[367] war er unbedingt für den Verbleib Lossows im Amt des Landeskommandanten.[368] Das Ansehen Bayerns war durch den Putschversuch zunächst verspielt. Im Konflikt mit dem Reich musste Bayern die Militärhoheit abgeben. General von Lossow nahm seinen Abschied, Generalstaatskommissar von Kahr trat am 18. Februar 1924 zurück, er fungierte dann als Präsident des bayerischen Verwaltungsgerichtshofes.

Ein Jahr nach dem kläglich gescheiterten Unternehmen von Hitler und Ludendorff, im November 1924, liefen in München, aber auch in Franken neuerlich Gerüchte über einen bevorstehenden monarchistischen Putsch um, als dessen Urheber Rudolf Kanzler vermutet wurde, der aber Graf Soden ehrenwörtlich versicherte, dass er keinerlei Putschpläne im Schilde führe.[369] Um die Stimmung zu beruhigen, riet Graf Soden dem Kronprinzen, erst nach dem 10. November nach München zurückzukehren.

Seit der Niederschlagung des Putschversuches verstärkte sich die Gegnerschaft der Nationalsozialisten gegen eine Restauration. Ihr besonderer Hass richtete sich gegen Kahr, Lossow und Seisser, denen sie Wortbruch vorwarfen. Ein Flugblatt begründete den Putschversuch mit der Notwendigkeit, eine katholisch-separatistische Donaumonarchie zu verhindern.[370] Einige Nationalsozialisten behaupteten, der Kronprinz habe ihren Staatsstreich zunächst unterstützt, sie dann aber fallengelassen.[371] Ludendorff machte seine Ansicht der Ereignisse im Laufe des Jahres 1924 öffentlich. In einem Interview mit dem Leipziger Tagblatt beantwortete er die Frage, warum Kahr, Lossow und Seisser ihr Wort gebrochen hätten, mit einem Verweis auf eine Prager Zeitung: „Die Bohemia sagt, dass Kahr das Wort gebrochen hatte auf Zureden von Faulhaber und Kronprinz Rupprecht."[372] Ludendorff war davon überzeugt, der Putschversuch sei an römisch-wittelsbachischen Intrigen gescheitert. Die dadurch ausgelöste Auseinandersetzung mit dem Kronprinzen drohte das Offizierkorps zu spalten.[373] Die Kluft zwischen konservativ-gemäßigten und rechtsradikalen Mitgliedern in den Offiziersverbänden trat nun offen zutage.

Der Vorwurf der Anstiftung zum Wortbruch rief bei Kronprinz Rupprecht und den bayerischen Offizieren heftige Empörung hervor. Rupprecht beauftragte General Oskar von Xylander mit der Wahrnehmung seiner Interessen, die bayerischen Offiziere leiteten ein Ehrenverfahren gegen Ludendorff ein. Dieser ließ durch seinen Rechtsanwalt verlautbaren, er habe den Kronprinzen nicht beleidigen wollen, doch verweigerte er die geforderte Zurücknahme seiner Äußerung. Rupprecht wandte sich am 29. Januar 1924 an Generalfeldmarschall Hindenburg als ältesten Offizier der preußischen Armee, um ein Ehrengerichtsverfahren einzuleiten. Er informierte ihn dabei, dass Ludendorff ihm unter Übergehung der Hohenzollern die deutsche Kaiserkrone angeboten habe.[374] Hindenburg gab den Brief des Kronprinzen an Ludendorff weiter, was die Situation zusätzlich verschärfte. Im Februar machte Hindenburg einen Vermittlungsvorschlag. Als Ludendorff aber seinerseits ein Ehrengericht über den Kronprinzen beantragte, scheiterten die Ausgleichsbemühungen. Die bayerischen Generale verwarfen dies in ihrer Sitzung am 14. August wegen der monarchischen Stellung Rupprechts.[375] Sie kündigten nun die Standesgemeinschaft mit Ludendorff auf,[376] welchem Schritt sich die bayerischen Organisationen der Offiziers-Vereine[377] im November anschlossen. Rupprecht dankte den Vorständen der bayerischen Offiziersverbände zum Jahresanfang 1925 für ihre Stellungnahme in seiner Auseinandersetzung mit Ludendorff, der sich trotz seines Entgegenkommens einer Aussöhnung verschlossen habe.[378]

1927 griff Kaiser Wilhelm II. in den Streit ein, weil er auf Anregung seines ehemaligen Generaladjutanten August von Cramon das Schiedsamt übernommen hatte. Er musste Rupprecht mitteilen, dass sich Ludendorff auch seinem Schiedsspruch nicht bedingungslos fügen wolle, was er als „eine bodenlose Indisciplin, eine freche Unverschämtheit" empfand und ihn für einen pathologischen Fall erklärte.[379] Eine Aussöhnung fand nicht statt.

5. Die Stellung des Kronprinzen in Staat und Öffentlichkeit

Der Thronprätendent

Kronprinz Rupprecht wusste um die Schwierigkeiten einer Restauration der Monarchie. Schon im November 1919 hatte er die bestehenden politischen Verhältnisse indirekt anerkannt. Gegenüber dem bayerischen Landtagspräsidenten erklärte er, zwar halte er die monarchische Staatsform für lebensfähig, doch wolle er jeden Verdacht vermeiden, mit landfremden Elementen die Staatsform zu verändern: „Da ich aber in der Monarchie keinen Personenkult, sondern ein geistiges Prinzip sehe, steht für mich über jeder Dynastie das Land. Darum verlange ich von mir wie von jedem anderen deutschen Fürsten, daß er sich vorbehaltlos der staatlichen Entwicklung seiner Heimat fügt und alle Versuche weit von sich weist, durch fremde Wünsche unterstützt, sich in den inneren Gestaltungsprozeß einzumengen."[380] Seinen grundsätzlichen Standpunkt verdeutlicht eine Notiz aus der Zeit nach 1921: „Bei Lebzeiten meines Vaters war bei uns an eine Wiedererrichtung der Monarchie nicht zu denken, aber auch später standen ihr grosse Schwierigkeiten entgegen … Auf jeden Fall musste eine dahin abzielende Bewegung vom Volke aus erfolgen."[381] Nach der in der bayerischen Konstitution von 1818 festgelegten Erbfolgeordnung wäre Kronprinz Rupprecht durch den Tod seines Vaters am 18. Oktober 1921 zum König von Bayern geworden. Er ließ am Tag der Beisetzung des Königs, dem 5. November, eine Erklärung veröffentlichen, die seinen Rechtsstandpunkt verdeutlicht:

„Aus allen Teilen Bayerns und von vielen auswärts lebenden treuen Bayern sind mir in außerordentlich großer Zahl warm empfundene Kundgebungen der Teilnahme zum Hinscheiden meines nun in Gott ruhenden lieben Herrn Vaters zugegangen. … Sie sind ein rührender Beweis, daß Treue kein leerer Wahn ist und daß die innigen Beziehungen, die seit dreiviertel Jahrtausenden das bayerische Volk mit dem aus ihm hervorgegangenen Geschlecht der Wittelsbacher verbinden, sich nicht durch einen Federstrich lösen lassen. … Mein höchstseliger Herr Vater hat den Kelch des Leidens bis zur Neige geleert. Nicht nur sah er sein auf das Beste des Landes gerichtetes Lebenswerk zerstört, er mußte zu seinem Schmerz nach dem Zusammenbruch des Reiches auch noch die in einem Augenblick der Unordnung und Verwirrung erfolgte Preisgabe von wesentlichen, für das Bestehen des bayerischen Staates unentbehrlichen Rechten erleben. Eingetreten in die Rechte meines Herrn Vaters und in treuem Bekenntnis zu meiner bayerischen und deutschen Heimat bin ich verpflichtet, dies festzustellen; das schulde ich der Überlieferung meines Hauses, der Geschichte und der Zukunft."[382]

Die Formulierung des entscheidenden Satzes „eingetreten in die Rechte meines Herrn Vaters" dieser im Kabinett des Kronprinzen vorbereiteten Erklärung stammte von Rupprecht selbst.[383] Damit war auch klar, dass er als Thronprätendent „souverän über Weg und Inhalt der Restauration gebieten" wollte.[384] Er lehnte einen bonapartistischen Putsch ebenso ab wie die Lösung Bayerns vom Reich. Er hielt an seinen Thronansprüchen fest, erklärte aber gleichzeitig, nur auf verfassungsmäßigem Weg und gerufen von Regierung und Bevölkerung die Krone übernehmen zu wollen. Trotzdem wurde diese Verlautbarung in der sozialistischen Presse scharf kritisiert und als Androhung der Lösung Bayerns vom Reich missverstanden.[385]

Die monarchistische Bewegung entzündete sich an der Person des Kronprinzen oder, in den Augen von legitimistischen Kreisen, König Rupprechts von Bayern. Nicht nur die Mitglieder seines 1923 in stark reduzierter Form wieder eingerichteten Hofstaates titulierten ihn grundsätzlich als „Allerdurchlauchtigster König und Herr! Eure Majestät"[386] oder als „Allerdurchlauchtigster König! Allergnädigster König und Herr!"[387] und kleideten ihren gesamten Schriftverkehr in die Formen höfischen Zeremoniells. Auch viele Offiziere, Wissenschaftler und Geistliche beachteten diese Anrede, wobei sie auch Kompromisse eingehen mussten. Symptomatisch dafür mag die Stelle aus einem Brief des Eichstätter Bischofs Johann Leo von Mergel stehen, der sein Schreiben auf dem Umschlag an Kronprinz Rupprecht adressiert hatte, aber im Inneren die Anrede wechselte: „Euere Majestät! Mit dieser Anrede beginnend, da sie seit 18. Oktober 1921 einzig richtig ist, bitte ich um Entschuldigung, wenn ich die Adresse anders formte: es geschah aus Besorgnis, mein Schreiben möchte etwa nicht richtig befördert werden auf der Post."[388] Selbst von Regierungsmitgliedern wurde die Stellung Rupprechts anerkannt. Im Frühjahr 1923 konnte Prinz Oettingen an den Kronprinzen schreiben, als ob keine Revolution stattgefunden hätte: „Der Herr Ministerpräsident ersuchte mich Euer Majestät alleruntertänigst zu melden, dass er Euer Majestät jederzeit zur Verfügung steht u(nd) um die gelegentliche Gewährung einer Audienz alleruntertänigst bitten möchte."[389] Freilich ist dabei in Rechnung zu stellen, dass Prinz Oettingen die Bitte um einen Empfang beim Kronprinzen in höfische Formen gekleidet hatte, staatsrechtliche Konsequenzen hatte dies natürlich nicht. Das Staatsministerium des Inneren erklärte auf eine Anfrage der Hof- und Vermögensverwaltung in Übereinstimmung mit den übrigen Ministerien die Namensführung „Rupprecht, Kronprinz von Bayern" als mit den Verfassungsbestimmungen des Reiches und Bayerns vereinbar.[390] Dies blieb auch in Zukunft die offizielle Titulatur Rupprechts – die immerhin alle Möglichkeiten offen ließ.

Wittelsbacher Ausgleichsfonds und Landesstiftung

Die vermögensrechtlichen Leistungen des bayerischen Staates an das Haus Bayern waren seit dem 1. Dezember 1918 ohne gesetzliche Grundlage eingestellt worden. Die dem Gebrauch des Hofes vorbehaltenen Gebäude und Grundstücke samt Inventar gingen in staatlichen Besitz über. Verhandlungen über die Versorgungsansprüche des Königshauses wurden aber noch 1918 aufgenommen.[391] Der Staatssekretär und spätere Minister im Finanzministerium Dr. Wilhelm Krausneck begründete sie mit der Entschädigung für die früher durch das Königshaus dem Staat überlassenen Besitzungen und dem Gedanken der Loyalität. Im September 1922 war die finanzielle Situation der Wittelsbacher aber noch so prekär, dass der Verkauf von Perlenschmuck in die Schweiz erwogen werden musste.[392]

Die juristischen Grundlagen für die Verhandlungen lieferte der Staatsrechtler und BVP-Politiker Prof. Konrad Beyerle, der zwei umfassende Studien zu diesem Komplex veröffentlichte.[393] Gestützt auf die Garantie der Reichsverfassung für erworbene Rechte erklärte er, dass die Revolution zwar die Herrscherstellung der Wittelsbacher vernichtet habe, aber die übrigen Rechte wie die Ansprüche auf die Zivilliste und Apanagen fortbestünden. Mit dem Erlass der Konstitution vom 26. Mai 1818 hatte König Max I. Joseph den Hausbesitz, die Kammer- und Kabinettsgüter, dem Staat übertragen, der dafür die Zivilliste und die Apanagierung des Hauses übernahm. In seiner Argumentation unterschied Beyerle zwischen dem öffentlich-rechtlichen und privatrechtlichen Charakter der bisherigen Einkünfte des Königlichen Hauses. Nach seiner Rechtsauffassung musste der Staat deshalb den angemessenen Unterhalt der Mitglieder des vormals regierenden Hauses garantieren, was auf dem Weg eines gütlichen Ausgleichs erfolgen sollte. In einem weiteren Werk unterschied er 1922 drei Arten von Ansprüchen der Wittelsbacher: a) Anerkennung des Privateigentums der Mitglieder des vormaligen Königshauses, b) Fortentrichtung der Staatsrenten, c) Herausgabe des fürstlichen Hausgutes.[394]

Die Verhandlungen waren zu Lebzeiten König Ludwigs III. über die Darlegung der wechselseitigen Rechtsstandpunkte nicht wesentlich hinausgelangt. Zunächst hatte sie der bereits 1920 verstorbene frühere Justizminister Ferdinand von Miltner für den König geführt. Der Kronprinz war zu einem Vergleich und zum Verzicht auf die Masse des seit 1818 als Staatsgut betrachteten Hausgutes bereit. Im Juli 1922 setzten staatliche Abschlagszahlungen in Millionenhöhe ein, die freilich wenig später durch die Inflation ihren Wert verloren. Die Beauftragten des Königshauses, die Freiherren Wilhelm von Leonrod und Hermann von Stengel, brachten die Verhandlungen rasch zu einem Ende.[395] Sie schlossen am 24. Januar 1923 mit den Vertretern des Staates ein Übereinkommen, das dann in Gesetzesform gegossen wurde.[396] Es sah die Bildung des Wittelsbacher Ausgleichsfonds (WAF) vor, dem der Staat Immobilien und Geld überwies. Die Erträge daraus sollten die früheren staatlichen Leistungen an die Mitglieder des Königshauses ersetzen. Mit der Errichtung dieser Stiftung war eine Rechtsform gefunden worden, die stark an die der aufgelösten Fideikommisse erinnert. Sie garantiert die Erhaltung des Gesamtbesitzes, beschränkte aber die Dispositionsfreiheit der aktuellen Nutzer. Die Nutznießung aus den Erlösen sollte unter dem Chef des Hauses und den weiteren Linien einschließlich der herzoglichen nach einer internen Vereinbarung verteilt werden.

Der Bayerische Staat übertrug dem WAF folgende Immobilien: die Schlösser Berchtesgaden mit weiteren Anwesen, Berg am Starnberger See mit Park und Gedächtniskirche, Ludwigshöhe bei Edenkoben in der Pfalz, Neuburg an der Donau mit dem Jagdschloss Grünau, die Arco-Häuser in München, Grundbesitz von circa 9000 ha, davon 6900 ha Staatswald (die Forstämter Neuburg-Ost, Stammham, Münchsmünster) und 2000 ha landwirtschaftliches Gelände, darunter die ehemaligen Hofgestüte Rohrenfeld und Bergstetten im Osten von Neuburg an der Donau. Der Staat beanspruchte das Vorkaufsrecht. Wohnrechte wie in Schloss Nymphenburg und der Würzburger Residenz kamen dazu, doch sind die Unterhaltskosten von den Benutzern zu tragen. Zu den Sonderrechten gehören Logen im National- und Residenztheater in München. Auch die Einrichtungsgegenstände der dem Fonds übertragenen Schlösser, einzelne Kunstgegenstände aus der Residenzschatz- und der Silberkammer rechnen zum Ausgleichsfond. Die Übertragung von Kunstbesitz wurde an die Bedingung der öffentlichen Besichtigung geknüpft, in der Regel bedeutet das die Ausstellung in einem staatlichen Museum. Eine zusätzliche Kapitalentschädigung sollte in ihrem Wert den übertragenen Immobilien entsprechen und wurde auf 40 Millionen Mark festgesetzt. Dafür anerkannte das Haus Bayern das Staatseigentum an den übrigen Gütern des vormaligen Hausfideikommisses, an den königlichen Schlössern und Residenzen sowie an dem umfangreichen Forstbesitz.

Kronprinz Rupprecht errichtete im Gegenzug die Wittelsbacher Landesstiftung für Kunst und Wissenschaft für die aus dem Hausbesitz stammenden Kunstbestände in folgenden Institutionen: die familieneigene Handschriftensammlung der ehemaligen Hofbibliothek, die kurbayerische Galerie, die Düsseldorfer-, Mannheimer und Zweibrückener-Galerie (zusammen 2858 Gemälde in den Staatsgemäldesammlungen),[397] die Schatzkammer, das Porzellankabinett, das Nationalmuseum und die Münzsammlung. Im unbestrittenen Eigentum des Oberhaupts des Hauses blieb der Hausfideikommiss König Ludwigs I. Darunter fallen unter anderem der größte Teil der Bestände der Glyptothek, die Vasensammlung, ein großer Teil des Antiquariums, die Sammlungen Boisserée und Wallerstein, die Sammlungen Hausgut ältere und neuere Meister sowie Bestände des Völkerkundemuseums. Kronprinz Rupprecht übertrug diese in einem großzügigen Akt an den WAF zu dauerndem öffentlichen Gebrauch. Außerdem überwies er die aus den Nachlässen König Ottos, Prinzregent Luitpolds und König Ludwigs III. stammenden Originalpartituren zu den Werken Richard Wagners dem Fonds. Für die Überlassung des Mobiliars der ehemaligen Hoftheater zahlte der Staat den Mitgliedern des Hauses 20 Millionen Mark. Auch die Eigentumsverhältnisse des Geheimen Hausarchivs wurden vertraglich geregelt. Seine Bestände verbleiben unter der Verwaltung des Bayerischen Hauptstaatsarchivs im Besitz des WAF, die Benutzung ist an die Zustimmung des Chefs des Hauses geknüpft.

Aus dem Besitz König Ottos wurden die Schlösser Hohenschwangau und Fürstenried, die Maxburg bei Hambach, Grundbesitz in Feldafing und die Roseninsel im Starnberger See, ein Wohnungsrecht im Alten Schloss Herrenchiemsee sowie das Gärtnerplatztheater an den Fonds überwiesen. Dafür erhielt der Staat den übrigen umfangreichen Grundbesitz mit den Königsschlössern Linderhof, Herrenchiemsee und Neuschwanstein sowie diversen Jagdhäusern. Schließlich enthält der Vertrag noch Bestimmungen über die Besoldung und die Ruhestands- und Hinterbliebenenversorgung der Beamten auf den dem WAF übertragenen Liegenschaften. Der Kronprinz schenkte den Münchner Königsplatz mit der Glyptothek an den Staat und sicherte ihm das Nacherbrecht am WAF für den Fall des Aussterbens der Wittelsbacher zu.[398]

Der Vertrag floss in den Gesetzesentwurf ein, den Finanzminister von Krausneck veröffentlichte.[399] Die Regierungsvorlage wurde am 9. März mit 92 Stimmen von der Landtagsmehrheit angenommen,[400] 26 Sozialisten und Kommunisten stimmten dagegen. Der Finanzminister hatte das Gesetz nochmals in einer ausführlichen, historisch untermauerten Darstellung gerechtfertigt. Die Staatsregierung besaß die Größe, eine Erklärung abzugeben, welche die Übertragung der Entschädigung an das vormals regierende Haus mit einer Dankesschuld begründet. Der Fraktionsvorsitzende der BVP, Heinrich Held, erklärte die Frage der Abfindung als „eine solche der Billigkeit und auch der Ehre für das ganze Bayernvolk und seine Vertretung im Landtage" und sprach dem Königshaus den Dank „für all das, was es im Laufe der Zeit Gutes für Volk und Land geleistet" hatte, aus.[401] Landtagspräsident Königbauer beendete die Sitzung mit den Worten, er sei sicher, „daß das bayerische Volk dem Hause Wittelsbach auch für die Zukunft Hochachtung und Verehrung entgegen bringen wird".[402] Damit war in Bayern eine gütliche Übereinkunft getroffen worden, die keine neuen Wunden schlug.

Durch dieses Übereinkommen wurden zahlreiche Kunstwerke, darunter die wertvollsten Bestände der Münchner Pinakotheken mit der bedeutenden Rubenssammlung, der Glyptothek mit der Skulpturengruppe der Aegineten, Kunstobjekte der Bayerischen Verwaltung der staatlichen Schlösser, Gärten und

Seen, des Bayerischen Nationalmuseums, des Germanischen Nationalmuseums Nürnberg, der Staatlichen Antikensammlung, der Graphischen Sammlung, der Sammlung Ägyptischer Kunst, des Museums für Völkerkunde, der Staatlichen Münzsammlung und der Bayerischen Staatsbibliothek für die Öffentlichkeit gesichert. Dabei besitzt die Wittelsbacher Landesstiftung das vor 1800 erworbene alte Hausgut, die Verwaltung erfolgt durch die staatlichen Museen und Sammlungen.[403] Das sogenannte neue Hausgut umfasst die Erwerbungen des 19. und 20. Jahrhunderts von Mitgliedern des Hauses im Besitz des Wittelsbacher Ausgleichsfonds, die Administration erfolgt teils durch den Staat, teils durch den WAF. Kronprinz Rupprecht blieb den bayerischen Staatsgemäldesammlungen auch nach der Revolution aufs Engste verbunden. Häufig besuchte er die Galerien und stellte Leihgaben aus seinen Beständen zur Verfügung. Der Staat übertrug der Familienstiftung nach dem Vertrag von 1923 Bilder und Einrichtungsgegenstände. Rupprecht war mit der Qualität der ausgewählten Objekte allerdings in keiner Weise zufrieden, die Möbel wies er zunächst zurück.[404] Auch die zugeteilten Bilder aus dem Depot der Pinakothek genügten seinen Qualitätsansprüchen nicht, die Verhandlungen zogen sich länger hin.

Da der Vertrag keine Wertbeständigkeitsklausel enthielt, wurde das Finanzkapital durch die Inflation aufgezehrt und die staatliche Leistung somit halbiert. Rupprecht gab in seinen Lebenserinnerungen dem Freiherren Stengel die Schuld, der das Abkommen ohne Rücksprache aufgrund der Generalvollmacht Ludwigs III. unterzeichnet hatte.[405] Bereits im August 1924 und zum Jahresanfang 1925 baten die Wittelsbacher um die Aufwertung der 40 Millionen Kapitalentschädigung. Das daraufhin eingesetzte Schiedsgericht beschloss erst im März 1929, dass diese Ansprüche des Königshauses mit nur 100 000 Mark abgegolten werden sollten.[406] Zum Zeitpunkt des Vertragsabschlusses hätte dessen Vertretern die Geldentwertung durch die Inflation klar sein müssen, die Wertfestsetzung in Goldmark aber war damals unterblieben.

Der Wittelsbacher Ausgleichsfonds wird durch einen auf jeweils fünf Jahre eingesetzten Verwaltungsrat repräsentiert, den neben einem Vorsitzenden vier bis sieben Beisitzer bilden, darunter je ein Vertreter des Kultus- und des Finanzministeriums.[407] Der Kronprinz bestimmte Prinz Eugen zu Oettingen-Wallerstein zum ersten Vorsitzenden, den seine forstwirtschaftlichen Kenntnisse empfahlen. Die Geschäfte führte der frühere Offizier Hans von Rauscher als Generaldirektor. Die Rechnungslegung über die Erträge aus den Besitzungen erfolgt jährlich vor der Hausversammlung, der mit Stimmrecht der Chef des Hauses, die volljährigen, persönlich apanagierten Agnaten und die Chefs der apanagierten Nebenlinien sowie der herzoglichen Linie angehören.[408] Die Sitzungen leitet der Chef des Hauses, der den Vorsitzenden des Verwaltungsrates und die Beisitzer in Übereinstimmung mit der Hausversammlung ernennt. Er entscheidet über die Wohnrechte in den zum Fonds gehörigen Schlössern. Die jährlich tagende Hausversammlung beschließt über den Jahresbericht des Verwaltungsrates, die Bilanzen und die Verwendung des Reingewinns.

Die Haupteinnahmequelle bildeten zunächst die Erträge aus der Forst- und Landwirtschaft sowie Mieteinnahmen aus Immobilienbesitz meist in München. Renten aus Kapitalvermögen fielen zunächst nicht an. Statt der geplanten Jahreseinnahmen von zwei Millionen Mark wurden in den Jahren bis 1930/31 jeweils nur circa eine halbe Million Einkünfte erzielt, im Rechnungsjahr 1931/32 fielen sie sogar auf 291 200 Mark, um erst 1934/35 wieder die alte Höhe zu erreichen.[409] Diese Summe kam nicht vollständig zur Auszahlung an die Anspruchsberechtigten, sondern mit einem Teil wurden Rücklagen gebildet und verschiedene Fonds angelegt. Es gelang der Verwaltung des WAF, unrentable Objekte wie das Gärtnerplatztheater in München, den Hofgarten in Berchtesgaden oder die Schlösser Fürstenried und Neuburg abzustoßen und dafür den Bestand an ertragreichen Wäldern und Miethäusern in München auszubauen.[410]

Während es in Bayern also bereits relativ frühzeitig zu einem – trotz der immensen Inflationsverluste – die Interessen des Königshauses berücksichtigendem Ausgleich mit dem Staat gekommen war, verliefen die Verhandlungen in anderen Fällen ungleich zäher. Erst im Herbst 1925 stand der Kompromiss zwischen Preußen und den Hohenzollern in der Vermögensfrage vor seinem Abschluss. Da der Vergleich nach der Auffassung von SPD und KPD dem Königshaus zu weit entgegenkam, strengten sie ein Volksbegehren zur entschädigungslosen Enteignung aller deutschen Fürstenhäuser an.[411] 1918 war die Klärung der Besitzansprüche zwischen den revolutionären Staaten und den bisherigen Staatsoberhäuptern und ihren Familien unterblieben. Bayern war von den Auseinandersetzungen im Reich nur am Rande berührt. Dazu hatten die maßvolle Haltung des Königlichen Hauses bei der Forderung nach der Besitzrestituierung wie die grundsätzliche Bereitschaft von Staatsregierung und Landtag beigetragen, eine angemessene Entschädigung für die Wittelsbacher bereitzustellen. Die Staatsregierung und die BVP sprachen sich gegen das Volksbegehren aus, weil die Auseinandersetzung mit den Wittelsbachern bereits 1923 geregelt worden war und dem Reichstag nach ihrer Auffassung die Zuständigkeit für diese die einzelnen Länder betreffende Rechtsfrage ohnehin fehlte.[412] In diesem Zusammenhang veröffentlichten aber Berliner sozialdemokratische Zeitschriften die Denkschrift Kronprinz Rupprechts vom Mai 1915 über die belgische Frage mit der Behauptung, er sei für die restlose Enteignung seines belgischen Schwagers eingetreten, um die Betonung der Unantastbarkeit des Eigentums durch die deutschen Fürsten zu relativieren.[413] Auf diesen Angriff reagierte er nicht.

Als Indiz für die Stimmung in der bayerischen Bevölkerung kann die niedrige Beteiligung an dem Volksbegehren herangezogen werden, es trugen sich nur eine gute dreiviertel Million Wahlberechtigte[414] und damit 150 000 weniger als SPD und KPD-Wähler bei den Reichstagswahlen vom Dezember 1924[415] ein. Die für das Volksbegehren notwendigen Stimmen waren aber auf Reichsebene zusammengekommen, der dadurch mögliche Volksentscheid fand am 20. Juni 1926 statt. Der Antrag auf Enteignung fand aber nicht die notwendige Stimmenzahl von knapp 20 Millionen, die Mehrheit der Wähler war der Abstimmung ferngeblieben. Innerhalb Bayerns nahmen nur in der Pfalz und in Mittelfranken, wo es starke antimonarchische Strömungen gab, 33% der Wahlberechtigten an der Abstimmung teil und votierten für den Antrag, der Landesdurchschnitt lag bei 23% gegenüber 39,3% im Reich.[416] Zwar war die absolute Zahl der Wähler, die sich an dem Volksentscheid beteiligten, gegenüber dem Volksbegehren nun auf über eine Million gestiegen, doch unterstützten noch über drei Viertel der bayerischen Bevölkerung den gütlichen Ausgleich mit dem Königshaus. Erst nach dem Volksentscheid und damit drei Jahre nach der bayerischen Lösung kam ein dauerhafter Vergleich zwischen dem Staat und dem Haus Preußen zustande, der Gesetzeskraft erhielt.[417]

Hofhaltung

Nach der Sicherung der finanziellen Verhältnisse mit der Errichtung des Ausgleichsfonds verbesserten sich auch die Wohnbedingungen des Kronprinzenpaares. Aus dem Privaterbe seines Vaters erhielt Rupprecht die Hälfte von Schloss Leutstetten, wo sein Bruder Prinz Franz mit Familie lebte. Außerdem fiel das 1918 von der Tschechoslowakei zeitweilig enteignete Schlossgut Eiwanowitz in Mähren an ihn. 1923 wurde das vorübergehend fremd genutzte Leuchtenberg-Palais in München frei, sodass der Kronprinz hier seine Stadtwohnung und den Sitz der Hofverwaltung einrichten konnte. Er hatte es aus der Erbschaft seines Vaters übernommen, musste aber seine Geschwister mit Geld entschädigen.[418] In den Nebengebäuden wurden Gewerberäume eingerichtet, auch Teile des Hauptbaus mussten vermietet werden. Rupprecht selbst bezog die Repräsentationsräume im ersten Stock, doch war seit Jahren nichts für deren Instandhaltung geschehen, sodass er Renovierungsarbeiten vornehmen lassen musste.[419] Die Empireräume waren als Erbe von Eugène Beauharnais mit Möbeln aus dem Besitz der Kaiserin Josephine ausgestattet. Rupprecht konzentrierte die Ausstattungs- und Kunstgegenstände aus der Zeit Napoleons in seinen Zimmern. An den Sonntagen kam ein Priester, um in der Hauskapelle, in der sich die Herzurnen der Leuchtenberger befanden, die heilige Messe zu lesen.[420] In Berchtesgaden nahm die Familie im Fürstenoratorium der Stiftskirche an den Gottesdiensten teil.

Als Hauptwohnsitz stattete der Kronprinz Schloss Berchtesgaden aus.[421]

Er übernahm den ursprünglichen Stiftsbau, dem die Fürstpröpste im Lauf der Jahrhunderte einen schlossartigen Charakter verliehen hatten, 1923 fast leerstehend. Gemeinsam mit Franz von Redwitz sorgte er für die Renovierung, in deren Zuge Renaissancesäle freigelegt wurden, und die stilsichere Ausstattung aus seiner Sammlung. Kunstwerke aus mehreren Jahrhunderten konnten meist in ihrer Entstehungszeit entsprechenden Räumen zur Geltung gebracht werden. Im Mai 1931 beschäftigte Rupprecht sich mit der Einrichtung der Säulenhalle, in der er die auf dem Speicher in Hohenschwangau aufgefundenen Büsten aus dem Chorgestühl Weingarten aufstellte. Aus der Residenz in Neuburg ließ er zwei Türstöcke in das Refektorium nach Berchtesgaden versetzen. Aus seinen Beständen richtete er eine historische Waffenkammer ein, obwohl er eigentlich keine Waffen sammelte. In sein Schreibzimmer hängte er Portraits Kurfürst Max Emanuels und seines Sohnes Joseph Ferdinand, dessen plötzlicher Tod den Traum vom wittelsbachisch-spanischen Weltreich zerstört hatte, von Joseph Vivien. Da das Schloss bei Abwesenheit seiner Bewohner ebenso wie Hohenschwangau öffentlich zugänglich war, konnten aus den Eintrittsgeldern nicht unerhebliche Einnahmen erzielt werden.

Bis 1933 führte Kronprinz Rupprecht einen Lebensstil, der an den eines Monarchen erinnert, freilich mit finanziell stark eingeschränkten Mitteln. Die Winter verbrachte er mit seiner Familie im Leuchtenberg-Palais, Frühjahr und Herbst in Berchtesgaden und Teile des Sommers in Hohenschwangau.[422] Hier standen der Prinzen- und Kavaliersbau für Wohnzwecke zur Verfügung, das Schloss selbst war unwohnlich. Rupprecht ließ den bewohnten Teil mit Möbeln aus der Zeit König Maximilians II. ausstatten. Für seine regelmäßigen Pfalzreisen stand ihm die Villa Ludwigshöhe bei Edenkoben als Residenz zur Verfügung. In den zwanziger Jahren gab der Kronprinz in München zahlreiche Empfänge. Auch in den übrigen Wohnsitzen wurden häufig Gäste empfangen. So betrug etwa das Jahresquantum allein an rotem Tischwein in Berchtesgaden zwei bis drei Hektoliter.[423] Bei Tisch servierten Lakaien in blauen Livreen mit Silberborten und Schnallenschuhen.[424]

Den Haushalt leitete in der Nachkriegszeit bis 1923 weiterhin Friedrich Graf von Pappenheim als Hofmarschall. Zeitweilig hatte Berthold Graf von Stauffenberg die Aufgaben eines Obersthofmarschalls übernommen.[425] Franz Freiherr von Redwitz, der Erzieher des Erbprinzen, fungierte seit dem 1. Juni 1922 als persönlicher Adjutant Rupprechts. Freilich waren dies zunächst Ehrenämter, die nur finanziell unabhängige Kavaliere übernehmen konnten. Erst die Bildung des Wittelsbacher Ausgleichsfonds schuf im März 1923 die Voraussetzung für die Einrichtung eines kleinen Hofstaates.[426] Kronprinz Rupprecht installierte drei Ämter: das Hofmarschallamt, die Vermögensverwaltung und das Kabinett. Den Sitz dieser „Hofämter" bildete das Leuchtenberg-Palais.

Die führende Position dieses Hofstaates übte Eugen Prinz zu Oettingen-Wallerstein als Leiter der Hof- und Vermögensverwaltung in der Funktion eines Obersthofmeisters aus.[427] Gleichzeitig erhielt er den Vorsitz im Verwaltungsrat des WAF. Am 1. Juli 1930 legte er sein Amt nieder, weil er nach dem Tode seines Bruders als nunmehriger Fürst die Verwaltung der vormaligen Standesherrschaft Oettingen-Wallerstein antrat. Als politischer Berater blieb er dem Kronprinzen jedoch weiter eng verbunden. Die Leitung der Vermögensverwaltung übernahm darauf der frühere Oberregierungsrat Ludwig Freiherr Zu Rhein, der bereits Ludwig III. in dieser Funktion gedient hatte.[428]

Das Amt des Hofmarschalls erhielt Franz Freiherr von Redwitz. Er hatte den Kronprinzen zu begleiten und die internen Angelegenheiten des Hauses zu leiten. Auch war er für die Verwaltung des umfangreichen Kunstbesitzes zuständig. Rupprecht übertrug ihm weiterhin die Verantwortung für die Ausbildung Erbprinz Albrechts.[429] In der Zeit des Nationalsozialismus führten finanzielle Gründe, aber auch die politischen Umstände zu einer Verkleinerung der Verwaltung des Kronprinzen. 1934 übernahm Redwitz zusätzlich das Amt des Kabinettschefs und später auch die Hof- und Vermögensverwaltung.

Als erster Kabinettschef und damit maßgeblicher politischer Berater Kronprinz Rupprechts neben Prinz Oettingen fungierte seit dem 19. März 1923 Josef Maria Graf von Soden-Fraunhofen.[430] In der Zeit der Monarchie hatte er im Innenministerium und in der bayerischen Gesandtschaft in Berlin gearbeitet. Während des Bamberger Exils der Regierung Hoffmann war er zum Chef der politischen Polizei ernannt worden, doch schied er 1921 nach einem Konflikt mit Innenminister Dr. Franz Schweyer aus dem Staatsdienst aus. In der Folge stellte er sich Dr. Pittinger zur Mitarbeit im Bund „Bayern und Reich" als politischer Referent zur Verfügung. Forstrat Escherich empfahl ihn dann Kronprinz Rupprecht als Nachfolger für den erkrankten Grafen Pappenheim.[431] Als Kabinettschef hatte Graf Soden die Korrespondenz des Hohen Herren zu bearbeiten und den Großteil der Antwortschreiben „im Allerhöchsten Auftrag" zu verfassen.[432] Auch die Gewährung von Audienzen fiel in sein Ressort. Mit der Entpflichtung des Prinzen Oettingen 1930 endete seine Unterstellung unter den Chef der Hof- und Vermögensverwaltung, Graf Soden trat nun gleichberechtigt neben den neuen Inhaber dieser Stelle.

Die Lebensführung der Familie Kronprinz Rupprechts wie die Hofhaltung verschlangen hohe Summen. Im Zusammenhang mit der Weltwirtschaftskrise gingen die Erträgnisse aus dem WAF stark zurück. Seit 1929 sanken die Einnahmen infolge des Rückgangs der Holzpreise, 1931 deckten sie nicht einmal mehr die laufenden Ausgaben.[433] Der Kronprinz musste deshalb die staatliche Genehmigung zum Verkauf einiger Museumsstücke einholen. Nach dem Entwurf für das Rechnungsjahr 1931/32 standen ihm monatlich noch knapp 10 000 Reichsmark zur Verfügung.[434] Der Leiter der Vermögensverwaltung, Freiherr Zu Rhein, regte zur Deckung der unabdingbaren Ausgaben den Rückgriff auf das Privatvermögen, den Verkauf von Gut Leutstetten sowie strenge Sparsamkeit an. Besonders kritisierte er die häufigen Ortswechsel der Hofhaltung und die lange Abwesenheit des Kronprinzen von München, die sehr hohe Kosten verursachten. Auch bemängelte er den zu großen Umfang der Hofhaltung: vierzehn Personen standen im engeren Dienst, dazu ein Hauslehrer, eine englische Erzieherin und zwei Kindermädchen. Er schlug vor, Prinz Heinrich in einer öffentlichen Schule ausbilden zu lassen und einen der beiden Kraftwagen abzuschaffen. Wie aus einem späteren Schreiben Zu Rheins zu erschließen ist, hatte er mit diesen Anregungen seine Kompetenzen bei Weitem überschritten und den schärfsten Unwillen des Kronprinzen erregt.[435] Der tief betroffene Zu Rhein entschuldigte sich darauf devot und bot eine Gehaltskürzung an, weil ein Verzicht auf seine Stelle seine Existenz gefährdet hätte. Auch im Jahr 1932 standen den Einnahmen des WAF von rund 200 000 Reichsmark Ausgaben in Höhe von 261 000 Reichsmark gegenüber. Als im März 1932 durch eine Notverordnung die Zinsen auf Pfandbriefe herabgesetzt wurden, musste Rupprecht seinen Haushalt weiter einschränken. Wegen der hohen Steuerbelastung überlegte er nun, ob er das Leuchtenberg-Palais überhaupt weiter bewohnen könne.[436]

Kaum war Schloss Berchtesgaden weitgehend eingerichtet, konnte Rupprecht diesen Wohnsitz nicht mehr in vollem Umfang halten. Wegen der hohen Wohnsteuer musste er seine regelmäßigen Aufenthalte aufgeben und kam nur noch zu gelegentlichen Jagdbesuchen.[437] Berchtesgaden war ihm durch den Ausbau von Hitlers Berghof auf dem Obersalzberg dann ohnehin verleidet. Ab 1932 verbrachte er die Sommer in Hohenschwangau, das besser von München zu erreichen war, und dessen isolierte Lage überdies besseren Schutz vor neugierigen Touristen bot. Wie schon in Berchtesgaden, so hielt sich auch in Hohenschwangau in Abwesenheit der Hofbeamten ein diensttuender Herr beim Kronprinzen auf, der die laufenden Geschäfte führte. In Hohenschwangau war dies meist Eckart Freiherr von Pappus und Trazberg, der als Offizier in der Schwadron Rupprechts gedient hatte.

Symbole der Monarchie

Zwar war Bayern 1918 zum Freistaat erklärt worden, doch bestanden eine ganze Reihe von Einrichtungen und Institutionen der Monarchie fort. Dazu gehörten die Königlich-Bayerischen Hausritterorden vom Heiligen Georg und vom Heiligen Hubertus sowie der Militär-Max-Joseph-Orden. Der Hubertus-Orden wurde weiterhin durch den Chef des Königlichen Hauses an Angehörige des Hochadels verliehen, doch sind keine Ordensfeste nachweisbar.

Der Georgi-Ritterorden symbolisierte neben der Verehrung seiner Patrone, der Unbefleckt Empfangenen Gottesmutter Maria und des Märtyrers St. Georg, sowie seiner sozialen Funktion die Bindung des katholischen Adels an das Königshaus. Prinz Eugen Oettingen stellte 1926 den Antrag, nur noch Kandidaten, die in einem besonderen Treueverhältnis zur Dynastie Wittelsbach stünden, aufzuschwören.[438] Während des Krieges und der ersten Nachkriegsjahre hatten keine Ordensfeste stattgefunden, damit waren auch Neuaufnahmen unterblieben. Allerdings wurden ab 1919 wieder Ordenskonferenzen und Gottesdienste abgehalten.[439] Die durch die Kriegsjahre und die Revolution aufgestaute relativ hohe Anzahl von Ordenskandidaten der Jahre 1920 bis 1922 erhielt nur eine schriftliche Bestätigung ihrer Aufnahme.[440] Aus seinem Engagement während des Krieges, als der Orden drei Lazarette und eine Pflegestätte unterhalten sowie die Seelsorge und das Pflegepersonal der durch das Bayerische Landeskomitee für freiwillige Krankenpflege im Kriege errichteten sieben Lazarett-Trupps finanziert hatte, bezog der Orden sein ungebrochenes Selbstbewusstsein. Im Februar 1919 erging der Aufruf des Großkanzlers, Hans Freiherrn von Laßberg, an die Ordensritter, Berichte über ihre Tätigkeit im Krieg einzusenden.[441] Der Orden konnte im Frieden aber nur noch das Krankenhaus in Brückenau finanzieren.

Nach dem Tode seines Vaters übernahm Kronprinz Rupprecht das Amt des Großmeisters des Georgiordens.[442] Die dadurch freigewordene Position des Großpriors von Oberbayern blieb unbesetzt und für Erbprinz Albrecht reserviert. Am Georgitag 1922 wurden die seit 1920 zu Rittern ernannten elf Herren und zwei weitere Kandidaten vor der Kapitelskonferenz aufgeschworen.[443] Der Kronprinz nahm an den Gottesdiensten, die Großprior Prinz Georg von Bayern in seiner Eigenschaft als Ordenspropst zelebrierte, in der Münchner Dreifaltigkeitskirche teil. 1923 und 1924 wurden die Kandidaten bei den wieder, freilich mit stark vereinfachtem Zeremoniell, abgehaltenen Ordensfesten präkonisiert, ohne dass ein Ritterschlag stattfand. Die Ritter kamen dazu in Gehrock oder Uniform im Leuchtenberg-Palais zusammen. In den folgenden Jahren fanden meist jeweils acht Neuaufnahmen statt, nach 1933 nur noch eine.

Im Jahr 1925 waren die politischen und wirtschaftlichen Verhältnisse wieder soweit stabilisiert, dass ein Ordensfest mit deutlich stärkeren Anklängen an die Zeit der Monarchie begangen werden konnte. Am Vorabend gab der Kronprinz einen Empfang im Leuchtenberg-Palais, am Georgitag versammelten sich die Ordensritter dort erstmals seit 1914 wieder in der kleinen roten Ordensuniform.[444] Drei Jahre später – 1928 – hat sich Rupprecht sogar von dem bekannten Salzburger Maler Anton Faistauer sowohl in dieser Ordensuniform als auch in der sicher nicht mehr öffentlich getragenen Tracht als Hubertusritter porträtieren lassen.[445] Das Ordenskapitel mit den Aufnahmezeremonien 1925 fand ebenfalls im Leuchtenberg-Palais statt. Im Anschluss formierten sich die Ritter paarweise zum Kirchenzug, ein Kapitular-Komtur trug dem Großmeister das Ordensschwert voran. Der große Speisesaal im ersten Stock war zu einer Kapelle umgestaltet, für den Kronprinzen war auf der Evangelienseite ein eigener, erhöhter Betstuhl aufgestellt worden. Hier nahm der Großmeister den Kandidaten den Eid ab und erteilte ihnen nach der Epistel den Ritterschlag. An den folgenden beiden Tagen wurden ebenfalls hier die üblichen Requien für den letzten verstorbenen Großmeister und die Ritter gelesen.

Am 24. April 1929 wurde die 200 Jahrfeier des Ordens mit großer Feierlichkeit begangen, das Festmahl fand im Hotel Vier Jahreszeiten statt.[446] Bei dieser Gelegenheit wurden dem Großmeister zwei Festschriften übergeben, zum einen die Darstellung der Leistungen des Ordens im Weltkrieg,[447] zum andern ein Mitgliederverzeichnis.[448] 1931 übernahm Berthold Graf Schenk von Stauffenberg das Amt des Ordensgroßkanzlers, Fürst Eugen Oettingen wirkte als Schatzmeister.[449] Das allmählich ausgebaute Fest der Georgiritter bildete den zeremoniellen Höhepunkt der monarchischen Repräsentation Kronprinz Rupprechts. Freilich konnten die Feierlichkeiten nicht mehr in der Öffentlichkeit der Residenz stattfinden, sondern wurden in den privaten Rahmen des Leuchtenberg-Palais einschließlich der Gottesdienste verlegt.

Der Militär-Max-Joseph-Orden wurde nach Kriegsende weiter verliehen, sodass noch in Zeiten der Republik Ritter ernannt wurden. Wohl wegen der engen Bindung dieses Ordens an den zur Republik gewordenen Staat wünschte Ludwig III. nach 1918, dass kein Mitglied des Hauses das Großmeisteramt übernähme.[450] Kronprinz Rupprecht und Prinz Leopold leisteten entsprechende Verzichtserklärungen. Rupprecht hielt sich auch nach dem Tode seines Vaters daran. Als Stellvertreter nahm General Felix Graf von Bothmer[451] bis zum Oktober 1932 die Aufgaben eines Großmeisters wahr. Als Großkanzler fungierte General Karl Ritter von Fasbender.[452] Bereits am 12. Oktober 1920 hatten Rupprecht und Prinz Leopold an einem Ordensfest teilgenommen, bei dem eine Huldigungsadresse an den König gesandt wurde.[453] Auch in den folgenden Jahren war der Kronprinz bei allen Ordensfesten anwesend. Erst am 19. März 1933 übernahm Rupprecht selbst die Position als Großmeister, General Oskar Ritter von Xylander[454] wurde Großkanzler.[455] Wahrscheinlich wollte Rupprecht durch die Beendigung einer nur provisorischen Leitung die Stellung des Ordens gegenüber den neuen Machthabern stärken.

1923 wurde Rupprecht als Bailli in den Souveränen Malteser Ritterorden aufgenommen. Er erhielt dabei das Großkreuz nebst dem Brustkreuz in der Form, wie es nur gekrönten Souveränen zustand.[456] Dieser Ritterorden, der nach der Vertreibung aus Malta seit 1834 seinen Sitz in Rom nahm, bildet neben seiner sozial-karitativen Aufgabenstellung noch immer eine internationale Korporation des katholischen Hochadels, der durch seine von zahlreichen Staaten anerkannte

Souveränität eine wirksame Interessenvertretung auf diplomatischen Parkett ermöglicht.[457]

Repräsentation

Ab 1922 trat Kronprinz Rupprecht verstärkt in der Öffentlichkeit auf. Seine verschiedenen Funktionen – als Thronprätendent, als Repräsentant des Königlichen Hauses und als Generalfeldmarschall – flossen dabei meist zusammen. Erstmals wurden ihm bei einer Kriegergedenkfeier in Passau 1922 von der Reichswehr wieder die ihm als Generalfeldmarschall zustehenden militärischen Ehren erwiesen.[458] Dies blieb auch in der Folgezeit so. Bis 1933 war nun der Kronprinz Ehrengast bei zahlreichen militärischen Feiern, die meist dem Totengedenken oder der Kameradschaft der lebenden Kriegsteilnehmer galten. Bei den vielfältigen Veranstaltungen von Schützen-, Regiments-, Veteranen- und anderen Traditionsvereinen hielt der Kronprinz sich zurück und nahm nur an besonders großen Kundgebungen teil.[459] Als seine Vertreter fungierten die Prinzen Alfons, Ludwig Ferdinand und Adalbert aus der Adalbertinischen Linie, das Königshaus blieb so weiterhin in der Öffentlichkeit präsent.

Ab Ende der zwanziger Jahre durchreiste der Kronprinz das Land, um bei „Weiß-blauen Tagen" die sich unter der Regie Erwein von Aretins intensivierende Tätigkeit des Königsbundes zu unterstützen. Das Zeremoniell in den Kleinstädten und Dörfern spielte sich mit feierlichen Empfängen, Feldmessen und Paraden nach dem Muster der Monarchie ab. Rupprecht ließ 1925 von Professor Theodor Georgii eine Porträtmedaille entwerfen.[460] Für besondere Verdienste verlieh er in der Art eines Monarchen Prägungen in Gold, Silber oder in Bronze dieser Medaille wie Orden. Auch Fotografien des Kronprinzen mit seiner Unterschrift waren begehrte Artikel. Im Juli 1930 nahm er gemeinsam mit seinem Onkel Erzherzog Eugen, beide als Nachfahren der salischen Kaiser, an der Jubiläumsfeier des Domes in Speyer teil.[461] Rupprecht besuchte im Anschluss mehrere Veteranentreffen in der Pfalz und fand überall, selbst in sozialdemokratisch dominierten Orten, begeisterte Aufnahme. Im September nahm er in Landau die Parade eines Kriegervereins-Aufmarsches der bayerischen 3. Division mit 30 000 Teilnehmern ab.[462] Im Juni 1932 bereiste er Franken, wo er an Veteranentreffen teilnahm und die Schlösser des Adels besuchte.[463] Auf der Salzburg bei Neustadt an der Saale stieg er bei Karl Ludwig zu Guttenberg ab, dem Herausgeber der Zeitschrift „Die Monarchie" und Bruder des Vorsitzenden des Heimat- und Königsbundes Enoch.

Die Verwandtenkontakte liefen in den Formen wie zu Zeiten der Monarchie ab, zumal sich unter ihnen regierende Dynastien befanden. Abgekühlt war allerdings das Verhältnis zum belgischen Königspaar, das die Besetzung seines

Landes nicht vergessen konnte. Erst nach dem Tode König Alberts 1934 intensivierten sich die Beziehungen Kronprinz Rupprechts zu seiner Schwägerin Königin Elisabeth wieder. Sein Verkehr mit der Dynastie Preußen entsprach ebenfalls den traditionellen Formen, wenn Rupprecht auch einen Besuch von Haus Doorn, wo Kaiser Wilhelm II. im Exil lebte, bis 1939 vermied. Zum 70. Geburtstag Wilhelms II. am 27. Januar 1929 besuchte Rupprecht zwar nicht Doorn, brachte aber bei einem Frühstück der bayerischen Offiziersverbände in München einen Trinkspruch aus. Er schloss mit dem Wunsch, es möge „Seiner Majestät vergönnt sein, in gesegnetem Alter die Morgenröte eines schöneren Deutschland zu erblicken. In diesem Sinne erhebe ich mein Glas und bitte Sie, mit mir einzustimmen in den Ruf: Seine Majestät der Kaiser Wilhelm II., er lebe hoch!"[464] Ihr gelegentlicher Briefwechsel beschränkte sich weitgehend auf zeremonielle Glückwunschschreiben. Im Sommer 1931 jedoch bat Wilhelm II. den bayerischen Kronprinzen um ein Gespräch im Haus Doorn. Gleichzeitig ließ er über seinen Adjutanten mitteilen, dass er die Selbstständigkeitsbestrebungen Bayerns billige, womit er wohl den Einsatz für eine Reichsreform meinte.[465] Engere Kontakte unterhielt Rupprecht mit dem preußischen Kronprinzen Wilhelm und dessen Frau Cecilie, die ihn im Herbst 1924 in München besuchten.[466] Noch in seinem Exil in Wieringen hatte der Hohenzoller 1922 Rupprecht die Frage gestellt, was er von der Möglichkeit der Einführung der Monarchie in einzelnen Bundesstaaten des republikanischen Reiches hielte.[467] Zum Jahresende des folgenden Jahres sandte Rupprecht ihm eine Denkschrift mit seinen politischen Grundpositionen.[468]

Das Verhältnis des Kronprinzen zum Erzhaus Österreich blieb trotz der engen Verwandtschaft distanziert. Im Oktober 1930 war Rupprecht zur Hochzeit seiner Schwägerin Hilda von Luxemburg mit Erbprinz Adolph von Schwarzenberg im luxemburgischen Schloss Colmar-Berg eingeladen. Als dort Kaiserin Zita mit Kronprinz Otto eintraf, bedauerte er zwar deren hartes Emigrantenschicksal, wich aber tieferen Gesprächen aus, weil „eine Ideenwelt uns trennt".[469] Darunter verstand er wohl deren unbeirrbaren Glauben an das Gottesgnadentum als Legitimitätsgrundlage. Dynastisch-rechtlich wurde Otto von Österreich mit seiner Großjährigkeit am 20. November dieses Jahres zum Kaiser und König wie zum Oberhaupt des Herrscherhauses erklärt.[470] Rupprecht fürchtete sich vor törichten Gerüchten einer katholisch-monarchischen Verschwörung. Im Sommer 1931 bat ihn Kronprinz Otto in einem Brief aus Steenockerzeel um ein Treffen in Luxemburg, das allerdings nicht zustande kam.[471] Rupprecht vermutete, dass er seinen Rat wegen einer möglichen Eheschließung mit einer italienischen Königstochter und der von Italien angeregten Übernahme der Regierung über Ungarn und Österreich, doch ohne Kaisertitel, einholen wolle. In Italien hatte Rupprecht von einer möglichen Hochzeit Kronprinz Ottos mit der jüngsten Königstochter gehört.[472]

Das Kabinett des Kronprinzen bediente sich der bayerischen Gesandtschaft beim Heiligen Stuhl[473] zur Vorbereitung von Reisen und zur Vermittlung von päpstlichen Audienzen weiterhin, als ob die Ereignisse von 1918 nicht stattgefunden hätten.[474] Auf der Rückreise von Sizilien besuchte das Kronprinzenpaar im Frühjahr 1924 Rom, wo es von Papst Pius XI. in Privataudienz empfangen wurde. Im Anschluss statteten Rupprecht und Antonie protokollgerecht Kardinalstaatssekretär Pietro Gasparri einen Besuch ab.[475] Der bayerische Vatikangesandte Otto von Ritter kümmerte sich um die Einzelheiten.[476] 1926 wurde der Kronprinz erneut vom Papst in Privataudienz empfangen, um die sich diesmal Andreas Kardinal Frühwirth, der frühere Nuntius in München, bemüht hatte.

Im September 1929 besuchte das bayerische Kronprinzenpaar die italienische Königsfamilie in deren Sommersitz San Rossore bei Pisa.[477] Die Chance zum ersten großen öffentlichen Auftritt im Ausland nach der Kriegsniederlage brachte dann die Hochzeit des Kronprinzen Umberto von Italien mit der Tochter des belgischen Königspaares, Prinzessin Marie José, am 8. Januar 1930.[478] Rupprecht hatte seine Teilnahme erst zugesagt, als klar war, dass die Brauteltern keine Animositäten mehr gegen ihn hegten. Er bemerkte in Rom viele Erfolge der Politik Mussolinis, der sich bei den Feierlichkeiten taktvoll im Hintergrund hielt, registrierte aber auch die Angst und die gedrückte Stimmung einer Diktatur. Dabei war der Kronprinz überzeugt, dass Mussolini Italien vor dem Abgleiten in ein anarchisches Chaos bewahrt habe, doch hielt er seinen außenpolitischen Größenwahn für gefährlich.

Äußerlich verlief die Hochzeitsfeier in glanzvollem Rahmen, Rupprecht nahm zu Pferde in seiner Uniform als bayerischer Generalfeldmarschall im Gefolge König Viktor Emanuels III. an der Militärparade auf dem Campo Marzio teil. Er dachte dies bewusst als Akt der Demonstration, dass deutsche Offiziere sich ihrer alten Uniformen nicht zu schämen brauchten. Das bayerische Kronprinzenpaar wurde im Vatikan erneut von Pius XI. empfangen.[479] Dies ließ sich seit dem Abschluss der Lateranverträge 1929, welche die Aussöhnung des Königreichs Italien mit dem Papsttum gebracht hatten, mit dem Besuch beim Königspaar verbinden. Gräfin Ernestine Schönborn, die dem neapolitanischen Fürstenhaus Ruffo della Scaletta entstammte, begleitete die Kronprinzessin in der Funktion einer Hofdame und vermittelte Besichtigungen in sonst verschlossenen römischen Palazzi.

Auch im akademischen Bereich wurden Rupprecht Ehrungen zuteil. Am 11. Juni 1925 verlieh ihm die Philosophische Fakultät der Friedrich-Alexander-Universität Erlangen auf Vorschlag ihres Orientalisten, Geheimrat Prof. Dr. Joseph Hell, als Förderer von Wissenschaft und Kunst wie als Verfasser der Reiseerinnerungen aus dem Orient, die wertvolle Quellenzeugnisse für den Nahen und Fernen Osten in der Vorkriegszeit bildeten, ihre Ehrendoktorwürde.[480] Auch die Universität Köln machte den bayerischen Kronprinzen zum Doctor honoris causa.[481] Zu seinem Geburtstag 1929 veröffentlichte der Fränkische Kurier Würdigungen seiner militärischen und künstlerischen Verdienste durch Offiziere und Wissenschaftler.[482]

Politisches Programm Kronprinz Rupprechts

Das weitgehende Fehlen direkter politischer Äußerungen macht die Charakterisierung der Position Kronprinz Rupprechts schwierig. Vielfach kann seine Meinung nur aus der Wiedergabe von Gesprächen durch andere erschlossen werden. Die Rekonstruktion seiner Haltung aus Erinnerungen von Gesprächs- und Korrespondenzpartnern ist allerdings methodisch schwierig, weil diese oft ihre eigenen Anschauungen, wenn ihnen nicht energisch genug widersprochen wurde, als die Rupprechts ausgaben. Sendtner betonte, wie viele verschiedene politische Meinungen an den Kronprinzen herangetragen wurden, die dieser bereitwillig anhörte.[483]

Eine willkommene Ausnahme bildet die Denkschrift vom Jahresende 1923, in der Rupprecht nach dem gescheiterten Hitler-Ludendorff-Putsch seine politischen Anschauungen zusammenfasste.[484] Erhalten ist die Durchschrift des für Kronprinz Wilhelm von Preußen bestimmten 13-seitigen maschinenschriftlichen Originals. In Art einer Tour d'horizon behandelt Rupprecht zunächst die Gegner Deutschlands im vergangenen Krieg und analysiert ihr gegenwärtiges Verhältnis zum Reich. Frankreich hält er für die stärkste Macht Kontinentaleuropas, das Deutschland nach Kräften schädigen und schwächen wolle. In England sieht er dagegen den Deutschenhass schwinden, während die USA Mitleid mit der Not der deutschen Bevölkerung hätten, aber wenig Interesse an Europa zeigten. In Österreich sei zwar durch die Regierung Seipel eine Besserung eingetreten, doch stünde das Land unter der Regentschaft der internationalen Finanzkontrolle. Der Anschlussgedanke sei durch das wirtschaftliche Elend Deutschlands stark geschwunden.

Im Hauptteil zeichnet der bayerische Kronprinz die Verhältnisse in Deutschland ziemlich trostlos. Für die Außenpolitik regt er die Anlehnung an England an, ein Revanchekrieg würde derzeit „zur restlosen Vernichtung der Wehrwilligen und Wehrfähigen führen, des Kerns der Nation". Die „Erfüllungspolitik" gegenüber Frankreich lehnt er aber ebenso wie die Unterstellung unter eine internationale Finanzkontrolle ab. Das parlamentarische System hält er wegen der wirtschaftlichen Not für „abgewirtschaftet" und schlägt angesichts der herrschenden „verkappten Anarchie auch in rechtsstehenden Kreisen" wie der chaotischen Zustände die Errichtung einer Diktatur vor: „Helfen kann nur eine Diktatur, gleichviel wo sie beginnt, ob in einzelnen Ländern, ob im Reiche, eine

Diktatur nicht mit einem Militär an der Spitze wegen des Eindrucks im Auslande sondern gestützt auf die Machtmittel des Staates mit Fach- und Sachkundigem Beirat. Nicht mit einem solchen von Bureaukraten oder Parlamentariern." Sobald die wirtschaftliche Ordnung wieder hergestellt sein wird, will er die Mitwirkung des Volkes auf einer neuen Grundlage garantieren: „Wohl Allgemeines aber nicht gleiches Wahlrecht, ein solches derart dass keine für die Plutokratie günstigen Bestimmungen geschaffen werden sondern dass das erhöhte Verantwortlichkeitsgefühl das im zunehmendem Alter und zunehmender Anzahl der Familienmitglieder ein gesteigertes ist zum Ausdruck zu gelangen vermag."

Getreu seiner politischen Grundüberzeugung vertritt er den Gedanken einer Dezentralisierung der Macht sowohl auf der Ebene des Reiches wie der Länder, wobei er bei größeren Staaten die Schaffung von Provinziallandtagen anregt. „Der Reichstag sollte sich nur mit den Fragen zu beschäftigen haben welche die gemeinsamen Angelegenheiten der Länder, das ist des Reiches betreffen. Ihm obliegt die Aufbringung der Mittel für die auswärtige Vertretung und die Aufrechterhaltung der Wehrmacht sowie die Regelung der Währungs- und Zollpolitik." Er formuliert die Grundsätze des Subsidiaritätsprinzips, indem er fortfährt: „Das Prinzip der Selbstverwaltung muss schon aus erzieherischen Gründen zur Hebung des Verantwortlichkeitsgefühles möglichst weitgehend durchgeführt werden. Je mehr Freiheit den einzelnen Gliedstaaten im Rahmen des Reiches gelassen wird, desto zufriedener werden sie sein desto treuer am Reiche hängen." Als Vergleichsbeispiele für die den deutschen Ländern einzuräumende Autonomie zieht er die britischen Dominions, die Staaten der USA und die Schweizer Kantone heran. Die Separation Bayerns vom Reich beschränkt er auf den Notfall, dass dieses dem Bolschewismus verfallen würde.

Hinsichtlich der Staatsform bezieht der Kronprinz eindeutig Stellung: „Die Staatsform der erblichen Monarchie hat vor der republikanischen vor allem das voraus dass die Dauerinteressen des Staates besser von einem Monarchen gehütet werden als von einer aus momentanen Parteiinteressen in den Sattel gehobenen oft nur kurzlebigen Regierung. Dass der dynastische Gedanke schwere Einbussen erlitten hat, steht ausser Frage." Scharf wendet er sich gegen ein Anwachsen des Einflusses des Kapitals auf die Politik. Gegenüber diesen grundsätzlichen Erwägungen waren seine Überlegungen zum wachsenden Antisemitismus zeitverhaftet, dem er begreifliche Gründe zubilligt. Er fordert selbst die Ausweisung der Ostjuden, weil „diese Elemente ... vergiftend gewirkt" hätten. Eine Begründung für diese Einschätzung liefert er nicht, aber er verleiht damit zu Anfang der zwanziger Jahre bis in national-konservative Parteien verbreiteten Ressentiments Ausdruck. Die Einwanderung von durch Verfolgungen bedrohten Juden aus Polen und der Sowjetunion, die an ihrer eigenen Kultur festhielten, war von antisemitischen Organisationen zu heftiger Propaganda ausgenutzt worden.[485] Rupprechts Kritik am Nationalsozialismus griff zum damaligen Zeitpunkt noch zu kurz: „Ein so gesunder Kern in der völkischen und auch national sozialistischen Bewegung steckt ermangeln doch die meisten ihrer Führer jeden Wirklichkeitssinnes. Es wird reine Gefühlspolitik getrieben und mit Schlagworten gearbeitet die auf die Menge wirken." Insgesamt sieht er der Zukunft aber nicht ohne Optimismus entgegen: „Trotz allem Deutschland ist am Wiederbeginn eines langsamen Aufstieges." Kronprinz Wilhelm, der erst im November 1923 nach Deutschland hatte zurückkehren können, erklärte seine Übereinstimmung mit diesem Memorandum.[486] Später widmete er Rupprecht ein Exemplar seines Werkes „Ich suche die Wahrheit! Ein Buch zur Kriegsschuldfrage".[487]

Im Juli 1932 entwickelte Rupprecht gegenüber dem Direktor der Berliner Allianz, Kurt P. Schmitt, seine Verfassungsvorstellungen für Deutschlands Zukunft.[488] Er plädierte dabei für eine berufsständische Zweite Kammer sowie für ein Pluralwahlrecht, gemäß dem jeder Wähler nach Vollendung des 30. Lebensjahres über zwei Stimmen und Verheiratete mit Kindern über drei Stimmen verfügen sollten. Außerdem forderte er volle Autonomie für die Länder.

Viele bayerische Offiziere und Bekannte wandten sich immer wieder mit ihren Anliegen, aber auch mit ihren politischen Vorstellungen an den Kronprinzen. Zu ihnen gehörte der ostpreußische Schriftsteller Rudolf Borchardt, der sich in der Toscana niedergelassen hatte. In den zwanziger Jahren löste er sich von den Hohenzollern und setzte seine Hoffnungen auf eine umfassende Restauration für das Reich auf die Wittelsbacher.[489] Er hielt Kronprinz Rupprecht für den Erben eines von ihm postulierten „Welfischen Kaisertums", das einen konkurrierenden Reichsgedanken zu den Staufern vertreten habe, und erklärte ihn für eine tief symbolische Gestalt. Ob er allerdings mit dem idealen Führer, den er in seinem im Oktober 1932 entstandenen, aber dann doch nicht in den Münchner Neuesten Nachrichten veröffentlichten Essay „Der Fürst"[490] zeichnet, tatsächlich Rupprecht von Bayern meinte, muss sehr fraglich erscheinen.[491] 1932 veröffentlichte Borchardt in den Münchner Neuesten Nachrichten jedenfalls einen Geburtstags-Essay über Kronprinz Rupprecht, in dem er ihn als das Idealbild eines friedliebenden Fürsten zeichnet.[492] Ab 1931 sandte Borchardt Briefe meist politischen Inhalts an den Kronprinzen, in denen er für seine Ideen warb. Der Dichter plädierte für die Restauration der Monarchie, wobei er von der Unmöglichkeit einer bloßen Gegenrevolution überzeugt war, sondern auf einen „ideenmäßigen Epochenumschwung" hoffte.[493] Dazu erstrebte er die Unterstützung Kronprinz Rupprechts, dessen Persönlichkeit nach seiner Überzeugung dafür die Gewähr bieten würde. Die Wiedereinsetzung der Hohenzollern-Dynastie hielt er mittlerweile für ausgeschlossen. Als ersten Schritt erstrebte er die Einigung der Rechtsparteien. 1931 wollte Borchardt noch den Nationalsozialismus für diese Zielsetzung einspannen, der dazu stärker in der christlichen Weltanschauung verankert werden sollte. Borchardt erklärte einen angeblichen Gedanken des Kronprinzen für besonders fruchtbar, „daß nämlich das Haus Wittelsbach Bayern vor einem Mituntergange in einem bolschewistisch gewordenen Deutschland zu schützen fest entschlossen sei."[494] Gemeinsam mit Baden, Württemberg und Österreich sollte dann die Erneuerung Deutschlands ihren Ausgang im Süden nehmen. Aus den Briefen Borchardts kann allerdings nicht erschlossen werden, wieweit Rupprecht dessen Anschauungen tatsächlich teilte. Immerhin besuchte er im Mai 1931 und 1932 Borchardt in der Villa Saltocchio bei Lucca.[495] Borchardt widmete Rupprecht eine Prachtausgabe seiner Dante-Übersetzung.[496] Der Kronprinz seinerseits empfing den Dichter bei dessen Deutschlandbesuchen in München und Hohenschwangau. Der Schriftsteller schilderte seine Eindrücke von einem Empfang beim Kronprinzen, mit dem er „einen tief ergreifenden Abend im Leuchtenberg-Palais, zwischen den geflickten Brokattapeten des AudienzSaals, ... verbracht [hatte], der edelsten, reifsten und männlichsten Gestalt, die unser armes Vaterland in den Schatten drückt und am Herzen kränkt."[497] Auch nach 1933 und besonders seit seinem Exil in Florenz sah Rupprecht den Dichter öfter, der ihm seine Werke zusandte. Die Auffassungen Borchardts, die ohne großen Realitätsbezug oder Realisierungschancen waren, spiegeln aber doch Gedankengänge wieder, wie sie in der Zwischenkriegszeit verbreitet waren.

Politischer Einfluss

Kronprinz Rupprecht konnte nur indirekten Einfluss auf die bayerische Politik der Zwischenkriegszeit ausüben. Dieser ist freilich nur schwer zu fassen, weil er sich einer Institutionalisierung entzog und auf persönliche Gespräche beschränkt war. Zwar wertete Dr. Fritz Gerlich, damals Hauptschriftleiter der Münchner Neuesten Nachrichten, die Einsetzung Gustav von Kahrs als Generalstaatskommissar im September 1923 als „erste Regierungshandlung des Kronprinzen Rupprecht", weil dieser im Hintergrund entschieden zu diesem Schritt gedrängt habe.[498] Allerdings hat die folgende Entwicklung gezeigt, dass auch Kahr nicht alle Vorstellungen des Kronprinzen umsetzte. So blieben die Möglichkeiten Rupprechts, auf die Tagespolitik einzuwirken, von der individuellen Haltung der bayerischen Regierungsmitglieder und anderer politischer Verantwortungsträger ihm gegenüber abhängig.

Der Tod des Reichspräsidenten Friedrich Ebert am 28. Februar 1925 erforderte Neuwahlen.[499] Für den ersten Wahlgang nominierte die BVP Heinrich Held für das Präsidentenamt, weil sie den Zentrumskandidaten und früheren Reichskanzler Wilhelm Marx[500] wegen seiner republikanischen und zu wenig föderalistischen Haltung verhindern wollte. Kronprinz Rupprecht teilte diese Bedenken und warf Marx zu wenig Verständnis für die Bedeutung der Länder vor. Im Vorfeld der Entscheidung, welchen Kandidaten die BVP im zweiten Wahlgang empfehlen sollte, agierten seine Vertrauensleute gegen den rheinischen Zentrumspolitiker Marx. Graf Soden und Prinz Oettingen warnten vor ihm, auch weil er nun von der SPD unterstützt wurde und damit zum Kandidaten der Weimarer Koalition geworden war. Seine Empfehlung durch die BVP hätte nach der Überzeugung des rechten BVP-Flügels eine Gefährdung der bayerischen Regierungskoalition mit der Mittelpartei bedeutet.[501] Wenn Soden und Oettingen auch über die Kandidatur Hindenburgs nicht glücklich waren, so betrachteten sie ihn doch als das geringere Übel.[502] Moritz Freiherr von Franckenstein,[503] der ebenfalls zeitweilig als Berater des Kronprinzen fungierte, informierte sie, dass er seinen Einfluss in der Landesausschusssitzung der BVP für die Intentionen des Kronprinzen geltend gemacht habe. Rupprecht selbst hatte allerdings Bedenken gegen die Kandidatur Hindenburgs, weil er ihm zu alt schien, geistig älter als körperlich.[504] Pointiert fasste er sein Urteil zusammen: „Wer ihn kannte, musste wissen, dass er stets eine Null gewesen und eine solche bleiben werde, völlig abhängig von seiner jeweiligen Umgebung."[505] Der Kronprinz bemerkte auch, dass die Wahl Hindenburgs die republikanische Staatsform festigen musste, weil die nationale Rechte ihn nicht gut bekämpfen könne. Nachdem aber verbreitet worden war, Rupprecht unterstütze die Kandidatur von Marx, ließ er zur Richtigstellung ein Flugblatt drucken. Darin zog er die nationale Gesinnung von Marx in Zweifel und erklärte, dass er dessen Wahl schon wegen seines Ausspruches bedauern würde, ein paar Kompanien französischer Besatzung könnten Bayern nicht schaden.[506] Dank der bayerischen Wahlhilfe ging tatsächlich Hindenburg als Sieger aus der Volkswahl am 26. April hervor. Bereits am 23. August besuchte der neue Reichspräsident Kronprinz Rupprecht in Hohenburg und erörterte auch politische Fragen mit ihm.[507] Graf Soden informierte Ministerpräsident Held, der ebenfalls ein Gespräch mit Hindenburg hatte, über diesen Meinungsaustausch.

Die Diskussion über die Staatsform blieb in Bayern trotz der Einbindung in das republikanische Reich akut. Zahlreiche Politiker, Offiziere und Prälaten bekannten sich nicht nur gegenüber dem Kronprinzen als Anhänger der Monarchie. Auch mehrere prominente BVP-Politiker wie Dr. Georg Heim, der Mitglied des BHKB war, erklärten sich für die Monarchie. Kronprinz Rupprecht war überzeugt, dass Heim Monarchist war, aber auch ein ausgesprochener Parteimann.[508] Tatsächlich war das Bekenntnis zum Königtum bei diesem ein Stück weit Opportunismus, bei der Gründung der BVP hatte er auf ein ausgesprochenes Offenhalten der Staatsformfrage verzichtet.[509] Zu den erklärten Monarchisten in der BVP gehörte der Landtagsabgeordnete und spätere Parteivorsitzende Fritz Schäffer, der seit 1925 Mitglied des BHKB war.[510] Ministerpräsident Dr. Heinrich Held,[511] der im Mai 1924 die Regierungsbildung übernommen hatte, verhielt sich dagegen zunächst ablehnend gegenüber einer Restauration. Held stand zwar im Ruf eines Monarchisten, wobei er aus wahltaktischen Gründen sicher mit Gedanken an eine Restauration spielte, aber vor konkreten Maßnahmen stets zurückschreckte.[512] In seiner Regierungserklärung vom 2. Juli 1924 führte er aus, dass die von ihm geplante Staatsreform auf einen Staatspräsidenten abziele, nicht auf die Monarchie. Später betonte er aber wieder, dass er trotzdem die Monarchie für die bessere Staatsform halte. Held wollte es sich mit keinem wirklichen oder potenziellen Koalitionspartner und mit keinem Wähler verderben und vermied so eine eindeutige Festlegung in der Staatsformfrage, wozu ein partielles Bekenntnis zur Monarchie durchaus passte.[513] Er bezeichnete sich selbst als Legitimisten und Legalisten, der den gegenwärtigen Rechtszustand gegen einen Umsturz verteidigen müsse, aber die Propagierung der monarchischen Idee auch nicht verhindern dürfe.[514] Der Nachfolger Helds als Fraktionsvorsitzender im Landtag, der Eichstätter Domkapitular Prälat Dr. Georg Wohlmuth, brachte die Auffassung der BVP im November 1925 pointiert zum Ausdruck, dass die BVB nur dann bei der Wiederherstellung der Monarchie mitwirken werde, „wenn alles auf ordnungsmäßigem und gesetzmäßigem Wege geschieht."[515] Als Voraussetzung nannte er die Rückgewinnung der Souveränität des bayerischen Staates, gab also der Eigenstaatlichkeit den Vorzug vor der Monarchie.

In diesen Zusammenhang sind verschiedene Überlegungen zur Schaffung der Institution eines bayerischen Staatspräsidenten einzuordnen. Bereits 1921 hatte Fritz Schäffer einen diesbezüglichen Antrag gestellt, den die BVP-Fraktion am 15. September im Landtag einbrachte, der aber zunächst von der Regierung abgelehnt worden war.[516] Er begründete die Notwendigkeit eines Staatspräsidenten als Sicherheitsmaßnahme gegenüber der Gefahr einer „plebiszitären Oligarchie" im Parlament und zur Verteidigung der bayerischen Staatlichkeit. Für den Amtsinhaber forderte Schäffer das Recht der Auflösung des Landtags, der Vertretung Bayerns nach außen, der Ausfertigung der Staatsverträge und Landesgesetze sowie der Berufung der Minister und der Ernennung der Beamten. Dabei wandte Schäffer sich gegen den Vorwurf, der Staatspräsident solle nur nach dem Beispiel Napoleons III. als Vorstufe der Restauration der Monarchie dienen: „Er ist nicht ein Souverän; er ist lediglich der Hüter der Volksrechte gegenüber der Gefahr einer parlamentarischen Diktatur; ... Er hat seine Machtfülle aus dem Willen des einzigen Souveräns im Staate, des Volkes, nicht aus sich selbst, wie dies der Monarch hat. Wer ihn als einen Uebergang zur Monarchie betrachtet, verkennt sein Wesen völlig, zeigt nur seine Verständnislosigkeit für die wahre Aufgabe des Staatspräsidenten."[517] Trotzdem konnten die Monarchisten hoffen, ein bayerischer Staatspräsident würde die legale Restituierung der Krone erleichtern. Schäffer trat auch publizistisch für seine Idee ein und kritisierte die Unitarisierung und Zentralisierung durch die Weimarer Reichsverfassung.[518] Trotz der Unterstützung durch die BVP und die Mittelpartei erreichte ein neuerlicher

Antrag aber – im Februar 1923 – im Landtag nicht die notwendige Zweidrittelmehrheit.[519]

Zu diesem Zeitpunkt unternahm Dr. Heinrich Held einen Vorstoß bei Kronprinz Rupprecht, um ihn für die Wahl zum bayerischen Staatspräsidenten zu gewinnen.[520] Auf Gustav von Kahrs Rat – so zumindest Kahr in seinen Erinnerungen – lehnte Rupprecht allerdings Helds Vorschlag ab, weil die Übernahme eines republikanischen Amtes mit einem Verfassungseid und damit dem Thronverzicht verbunden gewesen wäre. Diese Argumentation passt zwar zu den Überzeugungen Kronprinz Rupprechts, von ihm selbst sind zu diesem Komplex aber keine Angaben überliefert. Auch einen neuerlichen Vorstoß von Ministerpräsident von Knilling und Innenminister Schweyer in dieser Richtung soll der Kronprinz nach Kahr Anfang Mai 1923 zurückgewiesen haben.[521] Graf Soden begrüßte in einem Schreiben zum Jahresende 1923 an den Kronprinzen derartige Überlegungen der BVP, insofern der Staatspräsident als „Statthalter der Monarchie" zu betrachten wäre.[522] Führende BVP-Politiker verfolgten die Idee der Einrichtung eines bayerischen Staatspräsidenten weiter. Trotz der Unterstützung durch die bürgerlichen Parteien, den Christlichen Bauernverein, den Bund „Bayern und Reich" und den BHKB scheiterte aber ein mit den Landtagswahlen vom 6. April 1924 verbundenes Volksbegehren, bei dem sich nicht einmal die Hälfte der Wähler für die notwendige Verfassungsrevision aussprach.[523]

Die bayerischen Regierungen konzentrierten ihre Anstrengungen auf die Auseinandersetzung mit dem Reich in der Föderalismusfrage. Da eine Umgestaltung der Reichsverfassung im Sinne Bismarcks wegen der schwachen Position der BVP als Landespartei nicht möglich war, rückten der Finanzausgleich zwischen Reich und Ländern sowie die Neuregelung von Gesetzgebungs- und Verwaltungszuständigkeiten in den Mittelpunkt ihrer Verfassungsdenkschriften. Es war noch die Regierung Knilling, welche die bayerische Position im Hinblick auf eine Reichsreform mit ihrer Denkschrift vom 4. Januar 1924 „Zur Revision der Weimarer Reichsverfassung" bestimmte.[524] Ihr Verfasser war Staatsrat Dr. Hans Schmelzle, der die Geschäfte des Staatsministeriums des Äußeren leitete.[525] Das Memorandum enthält die Grundzüge der bayerischen Politik im Hinblick auf die Föderalismusproblematik bis 1933, die davon ausging, dass das Deutsche Reich als Bund selbstständiger Staaten entstanden sei: „1. Die Zuständigkeiten zwischen Reich und Einzelstaaten müssen neu abgegrenzt werden. Alles, was nicht unbedingt gemeinsame Angelegenheit sein muß, ist den Einzelstaaten zurückzugeben. Ihre staatliche Selbständigkeit ist in vollem Umfange wiederherzustellen, soweit sie darauf Gewicht legen. 2. Der Einfluß der Einzelstaaten auf die Führung der gemeinsamen Angelegenheiten muß verstärkt werden. Es muß ihnen das Recht verstärkter Anteilnahme an der Willensbildung des Reiches eingeräumt werden." An erster Stelle sollten die Finanzhoheit und die Kulturhoheit

Bayerns ausgebaut und der Einfluss der Staatsregierung auf die in Bayern stationierten Truppen erweitert werden. Ministerpräsident Held verfolgte in seiner Regierungszeit diese Linie weiter. Ende Januar 1926 forderte seine Regierung in einer weiteren Denkschrift „über die fortlaufende Aushöhlung der Eigenstaatlichkeit der Länder unter der Weimarer Verfassung" von der Reichsregierung die Neuverteilung der Aufgaben und Zuständigkeiten zwischen Reich und Ländern.[526] Den Angelpunkt bildete der Finanzausgleich, der auf einer klaren Trennung der Steuerquellen zwischen Reich und Ländern beruhen sollte. Die Reichsregierung gab keine eigene Stellungnahme ab, sondern leitete die Denkschrift an den zuständigen Reichsratsausschuss weiter; die Reichsreform wurde weiter verschleppt.

Kronprinz Rupprecht setzte seinen Einfluss zur Stärkung der staatlichen Stellung Bayerns und einer politischen Ausrichtung im konservativen Sinne ein. Dazu bemühte er sich um die Einigung der konservativen und monarchistischen Kräfte, wobei er sich offiziell meist im Hintergrund hielt. Seine Vorstellungen ließ er teils über seine Mitarbeiter wie Prinz Oettingen oder Freiherr von Redwitz übermitteln, teils empfing er auch Politiker zum Gedankenaustausch. Er unterstützte den BHKB, die Einwohnerwehr Escherichs und nach deren Auflösung Pittingers Bund „Bayern und Reich". Nach Planungen von Fritz Schäffer sollte „Bayern und Reich" die organisatorische Grundlage für den am 18. Januar 1924 unter der Leitung von General von Epp gegründeten „Notbann" bilden, dem er und die Staatsregierung die Sammlung aller vaterländischen und zugleich verfassungstreuen Kräfte zudachten.[527] Kronprinz Rupprecht hatte darauf hingewiesen, dass diese Gruppierung ein „bayerisches Instrument"[528] bilden müsse, doch war der Versuch des Aufbaus einer neuen Wehrvereinigung ein Misserfolg. Im Sinne wenn nicht im Auftrag des Kronprinzen setzte sich dann Graf Soden für die Bildung eines Dachverbands aller monarchistischen Bewegungen – BHKB, „Bayern und Reich" und „Reichsflagge" – unter dem Namen „Bayerntreue" ein, der am 27. Oktober 1925 in das Münchner Vereinsregister eingetragen wurde.[529] Als Geschäftsführer fungierte Ludwig Graf von Holnstein, die militärische Führung übernahm der ehemalige Landeskommandant General von Möhl. Der Beraterkreis des Kronprinzen dachte der „Bayerntreue" die Aufgabe zu, Geld für die Arbeit der angeschlossenen Verbände zur Restauration und zur Förderung der Eigenstaatlichkeit Bayerns aufzubringen, aber nicht unmittelbar in die politische Diskussion einzutreten.[530] Der Hohe Herr sollte die Entscheidungen treffen, ohne nach außen in Erscheinung zu treten. Allerdings verfolgten die Mitgliedsorganisationen weiter ihre eigenen Interessen.

Graf Soden trug Ministerpräsident Held im November 1925 vor, dass der Kronprinz mit der baldigen Restauration rechne.[531] Held verhielt sich aber ablehnend und erklärte, die Ausrufung der Monarchie würde den Verbleib der Pfalz

5. Die Stellung des Kronprinzen in Staat und Öffentlichkeit

bei Bayern gefährden. Er meinte, wer den jetzigen Zustand umstieße, wäre ein Revolutionär. In der Presse wurde damals das Gerücht verbreitet, General von Möhl habe bei Landeskommandant General Friedrich Freiherr Kreß von Kressenstein[532] und Polizei-Oberst Hans Ritter von Seisser angefragt, wie sie sich einer möglichen Restauration gegenüber verhielten. Sogar die angebliche Ministerliste einer königlichen Regierung unter Graf Soden gelangte in die Öffentlichkeit, doch dementierte dieser alle Putschabsichten. Kronprinz Rupprecht stärkte der Regierung Held gleichzeitig gegen den Berliner Zentralismus den Rücken. So ließ er die der „Bayerntreue" angeschlossenen Verbände zur Unterstützung Ministerpräsident Helds in seiner Auseinandersetzung mit dem Reich um die Finanzhoheit auffordern.[533] Er verhehlte der bayerischen Regierung aber auch nicht seine Überzeugung von der Notwendigkeit der Erneuerung der Monarchie.

Zunehmendes Gewicht in der öffentlichen Diskussion gewann der Bayerische Heimat- und Königsbund ab 1926 mit der von Graf Soden inspirierten Wahl Dr. Erwein Freiherr von Aretins zum Vorsitzenden.[534] Der Journalist entwickelte Verfassungskonzeptionen für die Zukunft Bayerns, das er als Königreich auch innerhalb eines republikanischen Deutschen Reiches etablieren wollte. Auch nach der Übernahme des innenpolitischen Ressorts der Münchner Neuesten Nachrichten blieb er der führende Denker des Königsbundes, dessen Mitgliedszahlen in der Krisenzeit der Weimarer Republik stark anstiegen. Gleichzeitig war er der bedeutendste strategische Kopf, der sich um die praktische Umsetzung seiner Ziele sorgte. Besonders aufschlussreich ist sein Briefwechsel mit Kronprinz Rupprecht, obwohl die interessantesten, aber auch belastendsten Stücke 1933 vernichtet wurden.[535] Schon Mitte der zwanziger Jahre bemühten sich der Kronprinz und Aretin, das moderne Medium des Films zur Verbreitung ihrer Ideale einzusetzen. Sie entwickelten das Projekt, einen Film über die Zeit der Befreiungskriege, um Bayerns Rolle im richtigen Sinne darzustellen, und ein Lebensbild Ludwigs I. drehen zu lassen.[536]

Der von Sanitätsrat Pittinger gegründete Bund „Bayern und Reich" konnte nach dessen Tod am 7. August 1926 keine große Bedeutung mehr entfalten, auch wenn General Otto von Stetten nun bis in den April 1929 die Leitung übernahm.[537] Die führende Rolle unter den Wehrorganisationen im bayerischen Lager fiel dann dem von Dr. Georg Escherich zum Jahresende 1928 neu gegründeten „Bayerischen Heimatschutz" zu, in dem er an die 150 000 Mamm sammeln konnte. Dieser bayerisch-monarchistischen Organisation traten korporativ der Christliche Bauernverein und der BHKB bei.[538] Fritz Schäffer unterstützte Escherichs Heimatschutz als Wehrorganisation für die Landgebiete, der bereits ab 1924/25 eingerichteten Bayernwacht dachte er nur eine Schutzrolle bei BVP-Veranstaltungen in Städten zu.[539] Der Heimatschutz gewann als bayerischer Gegenpol zum „Stahlhelm" zunehmend an Bedeutung für das bayerisch-monarchistische Lager. Der „Stahlhelm", ein reichsweit organisierter Wehrverband, trat für die Wiederherstellung des Kaiserreiches ein. Der Kronprinz lehnte dessen Arbeit nicht grundsätzlich ab, wollte ihn aber auf Norddeutschland beschränken.[540] Die angebotene Schirmherrschaft über den „Stahlhelm" in Bayern wies Rupprecht zurück. Dessen politischer Leiter Franz Seldte hatte 1925 bei ihm vorgesprochen und gebeten, den Führer des zu gründenden Landesverbandes Bayern zu ernennen.[541] Rupprecht schlug Rittmeister a. D. Franz Freiherr von Gebsattel für diese Position vor, der auch der Wunschkandidat Seldtes war. Am nächsten Tag jedoch erschien Oberst Robert von Xylander bei ihm und erklärte kategorisch, Gebsattel sei unmöglich, wohl weil er ihn für zu BVP-nah hielt. Auf diesen Affront brach der Kronprinz die Beziehungen zum „Stahlhelm" zunächst ab. Während dieser preußisch dominierte Wehrverband anfänglich einen Fremdkörper in Bayern gebildet hatte, erhielt er durch den Beitritt der Verbände „Reichsflagge" im Dezember 1927 und „Bayern und Reich" im Frühjahr 1929 stärkere Bedeutung.[542]

Die adeligen Standesorganisationen konzentrierten sich auf die Vertretung ihrer eigenen Interessen, der unmittelbare Einsatz für die monarchische Staatsform stand dabei nicht im Vordergrund. Soweit der bayerische Adel nicht ohnehin in der Genossenschaft katholischer Edelleute unter dem Vorsitz von Alois Fürst zu Löwenstein eine selbstständige Organisationsform hatte,[543] vertrat er auch innerhalb der bayerischen Landesabteilung der Deutschen Adelsgenossenschaft (DAG) dediziert bayerisch-föderalistische Positionen.[544] Dies wird auch dadurch unterstrichen, dass Kronprinz Rupprecht 1925 die Schutzherrschaft über die Landesabteilung der DAG übernahm, wobei sich das Engagement der Wittelsbacher auf eine repräsentative Rolle beschränkte.[545] Die zentrale Interessensvertretung des über Großgrundbesitz verfügenden Adels bildete der Verein für den gebundenen Grundbesitz beziehungsweise der Verband des größeren Grundbesitzes in Bayern, der über seine Mitglieder eine Art Nachfolgeorgan der Kammer der Reichsräte bildete.[546] Erster Vorsitzender war der ehemalige Zentrums-Reichstagsabgeordnete Moritz Freiherr von Franckenstein. Das Vorstandsmitglied Prinz Eugen Oettingen, der Leiter der Hof- und Vermögensverwaltung Kronprinz Rupprechts, versuchte sich im Vorfeld der Politik, ohne als überzeugter Föderalist und Monarchist einer Partei beizutreten. Er gründete im Herbst 1922 mit Professor Paul Nikolaus Cossmann einen Ausschuss der „Notgemeinschaft für nationale Arbeit (Gäa)" als politisches Forum des Großgrundbesitzerverbandes und der rheinischen Schwerindustrie.[547] Da Mitglieder der Gäa die „Münchner Neuesten Nachrichten" und die „Süddeutschen Monatshefte" kontrollierten, fungierte die Gäa mit ihrem Geschäftsführer Franz Freiherr von Gebsattel als Schaltstelle nationalkonservativer Propaganda. „Aufklärungsschriften" über die Kriegsschuldfrage und den Versailler Vertrag wurden von ihr verbreitet.

Insgesamt war den politischen Bemühungen Kronprinz Rupprechts in der Zwischenkriegszeit kein unmittelbarer Erfolg beschieden. Weder gelang der Zusammenschluss aller bayerischen und monarchistischen Kräfte noch war seine Unterstützung der Regierung Held im Ringen um die Rückgewinnung der Finanzhoheit erfolgreich. Immerhin konnte er gegenüber verschiedenen Putschabsichten beruhigend wirken und gewaltsame Auseinandersetzungen verhindern.

6. Der Ausklang der Weimarer Zeit

Das Verhältnis zum Nationalsozialismus

Der misslungene Putschversuch der nationalistisch-völkischen Kreise um Hitler und Ludendorff im November 1923 und die anschließende Kontroverse hatten den Graben zwischen der Hitler-Bewegung und dem konservativ-bayerischen Lager tief aufgerissen. Trotzdem gab es weiterhin Versuche, besonders von Monarchisten unter den Nationalsozialisten wie Ernst Röhm oder Karl Anton Reichel, Adolf Hitler in Verbindung zu Kronprinz Rupprecht zu bringen.[548] Dieser war in den Jahren 1925/26 prinzipiell zu einer Audienz für Hitler bereit, wie er Persönlichkeiten aus allen politischen Lagern empfing. Hitler wollte jedoch den Kronprinzen nicht aufsuchen, weil ihm dies von einem Teil seiner Anhänger verübelt worden wäre. Rupprecht stimmte dann einem Treffen im Münchner Haus von Ernst Hanfstaengl zu,[549] der Adolf Hitler Geld und wichtige gesellschaftliche Kontakte vermittelt hatte. Allerdings erschien Hitler trotz seiner ursprünglichen Zusage nicht, wohl weil er Angst vor einer persönlichen Begegnung mit dem Kronprinzen hatte. Zum Jahresanfang 1925 fand dann nur eine Unterredung zwischen Hitler und Graf Soden in der Münchner Wohnung Dr. Pöhners statt.[550] Dabei entschuldigte sich Hitler zunächst für die Festnahme des Grafen am 8. November 1923, dann hielt er einen stundenlangen Monolog. Graf Soden erklärte Hitler nach diesem Auftritt gegenüber Kronprinz Rupprecht für völlig verrückt. Hitler, der seine Aktivitäten nach dem Redeverbot vom März 1925 (bis März 1927) aus Bayern weg verlagern musste, vermied aber in den folgenden Jahren direkte Angriffe auf den Kronprinzen und seine Umgebung. Der weitere Aufstieg der Hitler-Partei wurde nicht mehr von Bayern, sondern von den allgemein-politischen Entwicklungen im Reich bestimmt, obwohl München als Organisationszentrale ausgebaut wurde.[551]

In konservativen Kreisen herrschte auch innerhalb Bayerns zeitweise die Vorstellung, dass man Hitler für eigene Zielsetzungen instrumentalisieren könne. Aufschlussreich für diese Naivität ist die Wertung Prinz Oettingens noch 1928 gegenüber Kronprinz Rupprecht: „Auf Leute wie Hitler, die aus Angst sich zu kompromittieren nicht zu Euerer Majestät kommen, wird nicht viel zu bauen sein. Höchstens in einem Moment wenn man einen Radaubruder braucht, nur müsste er auch dann unter einer festen Führung stehen."[552] Der Kronprinz wollte diese Bewegung, die bei den Reichstagswahlen vom Mai 1928 in Bayern 6,8% der Stimmen erzielte, zeitweilig in das konservative Lager einbinden, wie aus einer Äußerung Prinz Oettingens über die Nationalsozialisten gegenüber ihm zu erschließen ist: „denn es sind halt doch meistens heimatlose, religionslose hin u(nd) herschwankende Asphaltmenschen die nicht viel zu verlieren haben. Ich bin aber ganz der Auffassung Euerer Majestät dass wir versuchen müssen die Nationalsozialisten in unsere Front hineinzubringen u(nd) uns dabei um Führerstreitigkeiten u(nd) eventuelle Organisations-Rivalitäten nicht viel kümmern dürfen ..."[553]

Karl Anton Reichel,[554] der den Kronprinzen während der nachrevolutionären Wirren in Oberösterreich aufgenommen hatte, gehörte nach Hitlers Haftentlassung aus Landsberg zu dessen Anhang im Münchner Café Heck.[555] Er bemühte sich mehrfach, Treffen zwischen Kronprinz Rupprecht und Hitler zu arrangieren.[556] Im Sommer 1928 übermittelte er die Einladung des Kronprinzenpaares durch Winifred und Siegfried Wagner in die Villa Wahnfried zu den Bayreuther Festspielen.[557] Auf eine politische Dimension des Festspielbesuches lässt schließen, dass auch Hauptmann Röhm über den Besuch informiert war. Offenbar war es dabei zu einer Begegnung zwischen dem Kronprinzen und einigen Nationalsozialisten gekommen, wie sich aus einem späteren Schreiben Röhms erschließen lässt.[558] Aus Bolivien, wo er im Generalstab bei der Reorganisation des Heeres nach deutschem Muster tätig war, gab er 1929 seiner Hoffnung Ausdruck, „dass die im verflossenen Jahre angeknuepften Beziehungen des nationalistischen Kreises zu Euerer Majestät mittlerweile sich gefestigt haben zum Segen von Thron und Vaterland." Zu Beginn der Festspiele hielten sich sowohl General Epp wie Hauptmann Röhm in Bayreuth auf, wo sie am 18. Juli 1928 bei einer Parteiveranstaltung sprachen.[559] Das Kronprinzenpaar besuchte aber erst die Aufführung von Rheingold am 1. August 1928.[560] Da sie erst am Nachmittag dieses Tages in Bayreuth eintrafen und bereits am Vormittag des folgenden Tages abreisten,[561] kann es sich allenfalls um eine kurze gesellschaftliche Begegnung gehandelt haben, der nur Röhm politische Bedeutung beimaß. Im Oktober 1928 versuchte General von Stetten durch ein Gespräch mit Ritter von Epp, der am 1. Mai dieses Jahres der NSDAP beigetreten und in den Reichstag gewählt worden war, die Zusammenarbeit der Vereinigten Vaterländischen Verbände (VVVB) und der Nationalsozialisten zu erreichen.[562] Stetten wollte dadurch ein Ende des gegenseitigen sich Befehdens und ein gemeinsames Vorgehen bei „vaterländischen Aktionen" erreichen. Der „Muttergottes-General" Epp bekannte sich als Monarchist, wenn er auch – ähnlich den BVP-Politikern – die Frage der Staatsform erst einmal zurückstellen wollte.[563]

6. Der Ausklang der Weimarer Zeit 251

Im Zusammenhang mit dem Volksbegehren über den Young-Plan⁵⁶⁴ kam es dann aber im Herbst 1929 zu einer scharfen Auseinandersetzung Hitlers mit der Umgebung des Kronprinzen. Dieser Plan beschränkte die deutschen Reparationszahlungen, die sich jährlich auf circa zwei Milliarden Mark belaufen sollten, auf 59 Jahre. Die alliierte Kontrolle der deutschen Finanzen sollte dafür wegfallen, der Abzug der Besatzungstruppen aus dem Rheinland beschleunigt werden. NSDAP und DNVP hatten im Oktober ein Volksbegehren dagegen initiiert; bei dem sich über 10% der Wahlberechtigten eintrugen, der Volksentscheid am 22. Dezember aber blieb erfolglos. Der Kronprinz sprach sich zwar ebenfalls gegen den Young-Plan aus, doch lehnte er das Volksbegehren ab. Er beurteilte es als einen taktischen Fehler gegenüber den Siegermächten und hielt es zudem für parteipolitisch gebunden.⁵⁶⁵ Obwohl die bayerische Staatsregierung durch den Young-Plan einen weiteren finanzpolitischen Eingriff in die Länderrechte fürchtete, lehnte auch sie das Volksbegehren ab.⁵⁶⁶ Bereits im August 1929 hatte der Leiter des „Stahlhelms" in Bayern, Hermann Ritter von Lenz, der dem vorbereitenden Ausschuss für das Volksbegehren in München angehörte, Graf Soden aufgesucht und gebeten, dass der Hohe Herr den Aufruf für das geplante Volksbegehren unterzeichnen möge.⁵⁶⁷ Soden und Oettingen lehnten dies ab, weil ihnen die Aktion mit der führenden Beteiligung Hitlers als zu parteigebunden erschien. Oberst von Lenz zeigte Verständnis für den Standpunkt des Kronprinzen, der seine strikte Überparteilichkeit wahren wollte. Von der Umgebung Ruprechts wurde die Angelegenheit mit Diskretion behandelt.

Die Münchner Telegramm-Zeitung vom 24. Oktober berichtete dann aber unter der Überschrift „Kronprinz Rupprecht gegen das Volksbegehren" über eine Erklärung des BVP-Reichstagsabgeordneten Martin Loibl, dass Kronprinz Rupprecht das Volksbegehren nicht unterzeichnen werde.⁵⁶⁸ Hitler versuchte darauf über Reichel, ihn doch zur Unterschrift zu bewegen und Loibl zu desavouieren. Prinz Oettingen empfing Reichel am 25. Oktober, der ein Dementi der Aussagen Loibls forderte. Reichel verstieg sich dabei zu der Drohung, wenn der Kronprinz nicht unterschriebe, würde die NSDAP die Monarchie als Staatsform ablehnen und gegen sie vorgehen. Er bestürmte auch den in Berchtesgaden weilenden Kronprinzen mit seinen Forderungen. Am 26. Oktober verlangte Reichel von Graf Soden ultimativ, der Kronprinz müsse bis um 11 Uhr abends eine Presseerklärung veröffentlichen, dass die ihm von Loibl in den Mund gelegten Äußerungen nicht gefallen seien. Er wiederholte seine Drohung, andernfalls würde Hitler die monarchische Idee aufs schärfste bekämpfen. Rupprecht wollte dies zunächst ignorieren, doch stellte er sich dann hinter die Zurückweisung dieser Zumutung durch Prinz Oettingen.⁵⁶⁹

Am 1. November erschien in der Münchner Telegramm-Zeitung der von Oettingen inspirierte Artikel „Hitler bedroht den Kronprinzen Rupprecht – Ein

Ultimatum der Nationalsozialisten – Die Sonntag-Nacht in Berchtesgaden".[570] Graf Soden hatte diesen Artikel, der auf sein Gespräch mit Reichel zurückging, über Erwein von Aretin in das Nebenblatt der Münchner Neuesten Nachrichten lanciert. Darauf griff Hitler am 6. November die Umgebung des Kronprinzen in einer Massenveranstaltung heftig an, über die der Völkische Beobachter unter dem Titel „Eine vernichtende Abrechnung des nationalsozialistischen Führers mit der Kabinettspolitik unfähiger Höflinge" ausführlich berichtete.[571] Hitler leugnete dabei überhaupt, er habe Reichel den Auftrag zu seinem Vorgehen beim Kronprinzen gegeben. Am folgenden Tag richtete er einen offenen Brief an Graf Soden, in dem er seine Position darlegte und betonte, dass nur die das Volksbegehren tragenden Parteien die revolutionären Ereignisse von 1918 ablehnten.[572] Das Schreiben war angereichert mit Ausfällen gegen die „Höflinge" in der Umgebung des „Königs", den er selbst aber sorgfältig von allen Angriffen aussparte. Hitler, der seine Position zur Frage der Staatsform für grundsätzlich offen erklärte, führte nun aus, dass die angebliche Unterstützung der Umgebung des Kronprinzen für die Befürworter des Young-Plans, die er dem republikanischen Lager zurechnete, die Restituierung der Monarchie ausschlösse: „Der Gedanke einer Restauration ist damit absurd geworden, wenn die Träger einer solchen Idee sich selbst mehr hingezogen fühlen zu den bewußt republikanischen Parteien als zu jenen, die in dieser Frage noch ungebunden sind."

Gleichzeitig strengte Hitler gegen den Chefredakteur der Telegramm-Zeitung Karl Rabe einen Prozess an, weil er sich durch den erwähnten Artikel „Hitler bedroht den Kronprinzen Rupprecht ..." beleidigt fühlte.[573] Besonders wehrte er sich gegen die angebliche Unterstellung, er habe den Kronprinzen bedroht und ihm ein Ultimatum gestellt. Er bezeichnete Reichel nun als persönlichen Freund des Kronprinzen, der diesen auf eigenen Antrieb zu einem Dementi veranlassen wollte. Hitler und Rabe wurden jeweils zu Geldstrafen von 400 Reichsmark verurteilt, die Prozesskosten zwischen ihnen geteilt. Zwar sah das Gericht in dem Artikel Rabes keine Beleidigung, doch hielt es nicht für erwiesen, dass Reichel tatsächlich im Auftrag Hitlers gehandelt habe. Möglicherweise habe er seine Befugnisse überschritten. Weitere Klagen Hitlers gegen Prinz Oettingen und Graf Soden in dieser Angelegenheit nahm das Gericht nicht an.[574]

Obwohl der Graben zwischen der Umgebung des Kronprinzen und Hitler durch diese Auseinandersetzung vertieft worden war, gab es weiterhin Überlegungen zu einer partiellen Zusammenarbeit. Der Nachfolger Aretins als Vorsitzender des Königsbundes, der fränkische Gutsbesitzer und Marineoffizier Enoch Freiherr zu Guttenberg,[575] schloss nach dem Erfolg der Nationalsozialisten bei den Reichstagswahlen im September 1930 – 17,9% in Bayern – die Chance einer Aufrichtung der Monarchie auf dem Umweg über die nationalsozialistische Bewegung nicht völlig aus.[576] Rupprecht war weiterhin überzeugt, dass „in der nationalsocialistischen Bewegung ... anfangs zweifellos ein guter Kern [steckte], doch ist ihr Programm unklar und zum Teil völlig utopisch."[577] Ihren Antisemitismus hielt er damals noch für ein reines Propagandamittel. Im Herbst 1930 regte er an, die Nationalsozialisten für bayerische Belange zu interessieren und so in die politische Arbeit für das Land einzubinden. Zeitweilig war Ruprecht der Auffassung, man könne die Nationalsozialisten im Kampf gegen das „bolschewistisch durchseuchte Berlin" einsetzen, sie bedürften nur richtiger Führung.[578] Zum Jahresbeginn 1931 wäre er sogar zur Aufnahme einiger Nationalsozialisten in die Staatsregierung bereit gewesen,[579] was ja auch in der BVP erwogen wurde. Ihre „Mannschaften" hielt er für eine wertvolle Truppe, die nur der richtigen Führung bedürften. Die Person Hitlers lehnte er aber entschieden ab: „Er ist zweifellos pathologisch zu betrachten als Hysteriker."[580] Außerdem stellte er immer stärkere kommunistische Tendenzen bei dieser Partei fest, die sich nur noch durch Nationalismus und Antisemitismus von den Kommunisten unterscheide.[581] Graf Soden allerdings hielt, wie er gegenüber dem Kronprinzen betonte, jede Form der Zusammenarbeit für ausgeschlossen, „denn die Nationalsozialisten sind seit ihrem Bestehen grundsätzliche Gegner des bayerischen Staatsgedankens als solchen".[582] Daran würde sich auch nichts ändern, wenn einzelne Organe der Partei „für die Person Euerer Majestät" einzutreten schienen.

Bei der Landesversammlung des Bayerischen Heimat- und Königsbundes 1931 ging Baron Guttenberg für Bayern auf grundsätzliche Distanz zum Nationalsozialismus und sah Gemeinsamkeiten nur bei den negativen Zielen, der Ablehnung von Erfüllungspolitik und Weimarer Republik.[583] Er befürchtete von Hitler den „Weg der Diktatur nach Übernahme der Gewalt im Reiche", doch würde er diese noch hinnehmen: „möge er dort mit eisernen Besen kehren, den bisher keiner gefunden hat, für Bayern aber nehmen wir in Anspruch, nicht mit den Maßen gemessen zu werden, die dort nötig sein können." Die Einstellung des Nationalsozialismus zum Christentum wie den extremen Antisemitismus lehnte er aber unmissverständlich ab.[584] Erwein von Aretin zog eine viel schärfere weltanschauliche Trennungslinie zum Nationalsozialismus, den er politisch und als Journalist bekämpfte.[585] Er erkannte, dass eine rein destruktive Politik wie die Zerstörung der Weimarer Republik zu einer Katastrophe führen würde. Die Grundsätze des Königsbundes blieben von den Determinanten christlich, großdeutsch, bundesstaatlich und monarchisch bestimmt.[586]

Einzelne Nationalsozialisten versuchten weiterhin, die öffentliche Anerkennung des Nationalsozialismus durch den Kronprinzen zu erreichen. Hauptmann Ernst Röhm betonte in einem Gespräch mit Franz von Gebsattel am 19. Juni 1931, dass Hitler und er Monarchisten seien.[587] Ruprecht anerkannte die monarchistische Einstellung des ehemaligen bayerischen Offiziers, doch missbilligte er seine in der Presse bekannt gewordenen päderastischen Neigungen scharf.[588] Im

Sommer 1932 versuchte der Allianz-Generaldirektor Kurt P. Schmitt, ein bayerischer Reserve-Offizier und dann von 1933 bis 1935 Reichswirtschaftsminister, den Kronprinzen und Hitler zusammenzubringen. Er wollte beide über Baron Guttenberg zu einem Jagdaufenthalt bitten. Guttenberg war sich dabei nicht klar, ob die Anregung dazu von Hitler selbst oder von Hermann Göring ausgegangen sei.[589] Er riet dem Kronprinzen jedenfalls ab, Hitler auf dem Boden der Gleichberechtigung zu begegnen und schlug vor, ihn zu einer Audienz nach Hohenschwangau zu bitten. Schmitt nahm dann Kontakt zu Reichstagspräsident Göring auf, der zunächst die Reichstagswahlen vom 31. Juli abwarten wollte. Schmitt, der am 14. Juli vom Kronprinzen in Hohenschwangau empfangen wurde, schlug als Ort des Treffens sein Jagdhaus auf der Vereinsalpe vor. Rupprecht, der auf seiner Überparteilichkeit bestand, lehnte ein heimliches Treffen ab und erklärte sich nur erneut dazu bereit, Hitler zu empfangen.[590] Als Schmitt erläuterte, Hitler plane keine langfristige Diktatur, warnte Rupprecht vor jeder Art von Diktatur. Allerdings war er zum damaligen Zeitpunkt – wie viele andere konservative Politiker – vom raschen Scheitern der Nationalsozialisten an der Realpolitik überzeugt, sobald sie die Mehrheit im Reichstag erreichen würden, weil sie weder über führende Köpfe noch über ein durchdachtes Programm verfügten.[591] Das ganze Ausmaß der nationalsozialistischen Tyrannei konnte Kronprinz Rupprecht sich wie die meisten Deutschen vor 1933 nicht vorstellen.

Die politische Entwicklung 1930 bis 1932

Der New Yorker Börsenkrach vom Oktober 1929 löste die Weltwirtschaftskrise mit ihren katastrophalen Folgen auch für Bayern aus. Die Arbeitslosenzahlen und die staatlichen Zuschüsse zur Arbeitslosenversicherung wuchsen erheblich. Reichskanzler Dr. Heinrich Brüning vom rechten Zentrumsflügel regierte ohne parlamentarische Mehrheit mit Notverordnungen des Reichspräsidenten. Diese Regierungsweise bedeutete die Gefahr des Eingreifens der Reichsgewalt in die Länderrechte. Deutlich wurde dies schon mit der ersten Notverordnung „zur Sicherung von Wirtschaft und Finanzen" vom 1. Dezember 1930, der weitere folgten.[592] Bayern protestierte mit der „Denkschrift über die Aushöhlung der Länder" vom 13. November 1931 dagegen, die als Grundlage für Verhandlungen mit der Reichsregierung diente.[593] Allerdings war die Position der bayerischen Staatsregierung seit dem Rücktritt des Kabinetts Held am 20. August 1930 entscheidend geschwächt.[594] Im Juli 1930 hatte Held seine parlamentarische Mehrheit verloren. Wegen der Auseinandersetzung um die Schlachtsteuer verließ der Bauernbund das Kabinett, das deshalb eine parlamentarische Niederlage im Landtag erlitt. Darauf musste die Regierung Held zurücktreten, blieb aber geschäftsführend im Amt. Da aber auch die Opposition nicht in der Lage war, eine Regierung zu bilden, dauerte dieser Zustand länger an. SPD und Bauernbund tolerierten die Regierung aus BVP und Mittelpartei, die keinen Koalitionspartner mehr fand. Wie schon in anderen Ländern herrschte nun auch in Bayern „das System der permanenten Geschäftsregierung",[595] die sich mit Notverordnungen behelfen musste. Frei werdende Ministerstellen konnten nur noch mit kommissarischen Staatsräten besetzt werden. Bei den von Brüning am 14. September 1930 angesetzten Reichstagswahlen errang die NSDAP einen großen Erfolg, in Bayern erhielt sie 17,9% der Stimmen.

Neben den im Landtag vertretenen Parteien übten Wehrorganisationen weiterhin Einfluss auf die Entwicklung der bayerischen Politik aus. Der Gründer des „Bayerischen Heimatschutzes" Dr. Georg Escherich, der in engem Kontakt mit dem Kronprinzen stand, plante eine Änderung der bayerischen Verfassung und die Einführung des Amtes eines bayerischen Staatsoberhauptes.[596] Der politische Berater des Kronprinzen, Graf Soden, stand diesem Plan skeptisch gegenüber, weil der Umweg über einen Staatspräsidenten „eher von der Monarchie weg als zu ihr hin" führen würde. Allerdings schloss er in seinen Überlegungen auch nicht aus, über diese Institution notfalls auf dem Wege eines Staatsstreichs zur Restituierung der Monarchie zu gelangen: „Für einen gut gesinnten und energischen Staatspräsidenten mit entsprechenden verfassungsmässigen Obliegenheiten wäre es leichter, auf dem Wege eines kleinen Staatsstreiches der Krone den Weg zu bahnen, als für den Ministerpräsidenten der Bamberger Verfassung."[597] Kronprinz Rupprecht selbst lehnte den Gedanken eines Staatsstreiches aber immer ab.

Die instabilen politischen Verhältnisse, die permanente Wirtschaftskrise und die hohe Arbeitslosigkeit führten zu einer weiteren Radikalisierung, die extremistischen Parteien auf der Linken und Rechten erreichten große Stimmzuwächse. Einzelne Mitglieder der BVP führten nun ebenfalls Gespräche mit Vertretern aller Parteien außer der KPD, um eine stärkere parlamentarische Verankerung der Regierung zu erreichen.[598] Die graue Eminenz der BVP, Dr. Georg Heim, informierte den Kronprinzen im September 1931, dass Fritz Schäffer mit den Nationalsozialisten Kontakt aufnehmen und sich Klarheit über ihre Haltung zum Föderalismus verschaffen wolle.[599] Nur wenn man ihrer Position sicher wäre, könnte man einige ihrer Vertreter ins Kabinett aufnehmen. Im Frühjahr 1932, am 24. April, fanden die vorläufig letzten freien Landtagswahlen in Bayern statt. Die BVP errang noch ein Drittel der Stimmen (32,6 %) und blieb damit nur knapp vor der NSDAP (32,5 %). Die Abgeordneten von BVP, SPD und Bauernbund ermöglichten aber eine absolute Mehrheit der demokratischen Parteien im Landtag, die sich freilich nicht zu einer Koalition zusammenfinden wollten. Die Sondierungen Fritz Schäffers über eine Koalition mit der NSDAP wurden von der Fraktionsmehrheit nicht mitgetragen. Ministerpräsident Held informierte den

Kronprinzen, dass er weder mit der SPD noch mit der NSDAP eine Koalition eingehen wolle.[600] So blieb die geschäftsführende Regierung weiter im Amt.

Fritz Schäffer bemühte sich außerdem, die SPD als Koalitionspartner für die bayerische Regierung zu gewinnen. Als sich ab 1931 seine Verbindungen zur bayerischen SPD vertieften, kam es auch zu vermehrten Kontakten zwischen sozialdemokratischen und monarchistischen Kreisen.[601] Geheimrat Heim plädierte gegenüber dem Kronprinzen als Alternative zu einer Koalition mit der NDSAP für die Zusammenarbeit mit den Sozialisten.[602] Dieser sprach sich allerdings wegen des Zusammenhalts im rechten Lager Deutschlands gegen eine Koalition mit der SPD aus. Bis 1933 lassen sich keine tieferen politischen Verbindungen zwischen dem Kronprinzen und der Sozialdemokratie nachweisen. Ministerpräsident Held war ebenfalls nicht zu einer Koalition mit der SPD bereit. Er warf ihr die Beteiligung an der Revolution und am Volksentscheid für die Fürstenenteignung wie ihre Rolle als Gegenspieler Bayerns in der preußischen Regierung vor.[603]

Das instabile, aber zur festen Einrichtung gewordene Provisorium einer geschäftsführenden Regierung verhinderte, dass in Bayern eine energischere Politik in der Auseinandersetzung mit dem Reich wie dem Nationalsozialismus betrieben werden konnte. Herb kritisierte der Kronprinz mehrfach die Tatsache einer provisorischen Regierung ohne feste parlamentarische Mehrheit, die durch den „Starrsinn der BVP" die Regierungsmaschine lahmlege.[604] Er warf ihr vor, dass sie sich keinen Koalitionspartner suche. Obwohl sich Ministerpräsident Held durchaus als Monarchist bekannte,[605] hatte Rupprecht keine positive Meinung von ihm. Er hielt ihn für persönlich integer, doch mangelten ihm nach seiner Einschätzung staatsmännische Fähigkeiten. Er warf ihm sogar vor, dass er unter Druck zur Unaufrichtigkeit neige.[606] Rupprecht bezweifelte auch seine Durchsetzungsfähigkeit beim Kampf um die Rückgewinnung der bayerischen Finanzhoheit. Er kritisierte die Nachgiebigkeit Helds gegenüber Berlin, die er sich nur mit starken Worten innerhalb Bayerns zu kompensieren bemühe. Ministerpräsident Held suchte dagegen öfter das Gespräch mit dem Kronprinzen. Noch härter als mit Held ging Rupprecht mit der BVP-Reichstagsfraktion ins Gericht, deren Vertrauenserklärung für Reichskanzler Heinrich Brüning im Oktober 1931 er als „Verrat am bayerischen Vaterland" bezeichnete.[607] Er warf der Fraktion vor, nicht gegen die in die Länderrechte eingreifenden Notverordnungen opponiert zu haben, wobei sich sein Urteil mit dem Fritz Schäffers deckte. Bei einer Gedenkveranstaltung zum zehnjährigen Todestag König Ludwigs III. drückte der Kronprinz Held gegenüber sein Befremden über die Unterstützung Brünings durch den Fraktionsvorsitzenden Prälat Johann Leicht aus. Allerdings hatte die BVP im Reichstag nur geringe Einflussmöglichkeiten.

Einen zentralen Punkt im Verhältnis Bayerns zum Reich bildete die andauernde Auseinandersetzung um die Finanzfrage. Im Sommer 1931 erklärte Geheimrat Heim gegenüber dem Kronprinzen, beim zu erwartenden Zusammenbruch der Reichsfinanzen und den dadurch ausgelösten Aufständen in Norddeutschland müsse Bayern sich selbstständig erklären.[608] Ende November 1931 hielt der Staatsrat und seit dem September des Jahres Leiter des Finanzministeriums Fritz Schäffer dem Kronprinzen einen Vortrag über die finanzielle Situation Bayerns.[609] Rupprecht schätzte ihn nun als den energischsten Vertreter der bayerischen Interessen innerhalb der Regierungspartei ein. Den entscheidenden Ansatzpunkt für die Behauptung der Unabhängigkeit Bayerns bildete die Rückgewinnung seiner Finanzhoheit.

Unter dem Eindruck der krisenhaften Entwicklung im Reich und in Bayern wurde über eine Restauration des Königtums intensiver diskutiert. Unter diesem Vorzeichen erfolgte wieder ein engeres Zusammenrücken von Königsbund und BVP, welche die monarchistische Bewegung als Rückhalt gegen den Nationalsozialismus betrachtete.[610] In der Regierungspartei vertraten neben dem Vorsitzenden Fritz Schäffer besonders der Bauernflügel um Dr. Heim, Dr. Alois Hundhammer und Michael Horlacher den monarchischen Gedanken.[611] Der Bayerische Heimat- und Königsbund bildete nach der Einschätzung von Karl Otmar von Aretin zwischen 1930 und 1933 einen stabilisierenden Faktor in der bayerischen Politik, der sich von allen Putschplänen fernhielt.[612] Baron Enoch Guttenberg versicherte der Staatsregierung die Unterstützung des BHKB für die Vertretung bayerischer Interessen.[613] In diesen Zusammenhang ist die Gründung des „Kampfbunds zur Wiedergewinnung der bayerischen Finanzhoheit" durch Baron Guttenberg am 27. April 1932 mit Mitstreitern aus dem BHKB einzuordnen.[614] Die Unterschriftenaktion „Finanzhoheit" begann zunächst in Niederbayern, um einen Volksentscheid zu erzwingen. 40% der Wahlberechtigten trugen sich bis zum März 1933 für das Volksbegehren ein. Völkische Deutschnationale und die Nationalsozialisten warfen dem BHKB darauf separatistische Tendenzen vor.

Rupprecht unterstützte den Heimat- und Königsbund, indem er sich verstärkt repräsentativen Aufgaben widmete. Im Frühsommer 1931 bereiste er die bayerische Ostgrenze, von Passau bis in die nördliche Oberpfalz.[615] Generalleutnant Christian Danner, der Präsident der bayerischen Krieger- und Veteranenvereine, hatte die Tour vorbereitet. In über 80 Orten fanden Empfänge und Kundgebungen statt. Es war die Fahrt eines Souveräns durch sein Land, die den Königsgedanken stärken sollte. Wenig später hielt der Kronprinz sich in Franken auf, wo er Adelsfamilien und den Bauerntag in Höchstadt besuchte. In Ansbach nahm er am Bayerntag teil, wo 14 000 Teilnehmer, darunter viele aus Nürnberg, zusammengeströmt waren und ein Bekenntnis zum Königtum ablegten. Im Mai 1932 war er Ehrengast bei der 350-Jahr-Feier der Universität Würzburg. Beim von 5000 Teilnehmern besuchten Festkommers in der Ludwigshalle hielt er eine Ansprache, in der er die Vielgestaltigkeit als Symbol deutschen Wesens charakterisierte, um den Föderalismus zu stärken.[616]

Zum Jahresanfang 1932 trug der bayerische Verband des „Stahlhelms" dem Kronprinzen erneut das Protektorat an.[617] Rupprecht hielt dessen Leiter, den Militär-Max-Joseph-Ritter Oberst Hermann von Lenz,[618] für einen braven Soldaten, aber ohne politisches Taktgefühl. Besonders dessen scharfe Frontstellung gegen den „Heimatschutz" Escherichs und den Kampf gegen die „mir gewiss nicht sympathische derzeitige bayerische Regierung" missbilligte er scharf.[619] Er schätzte den Verband als eine deutschnationale Parteiorganisation ein. Der Kronprinz wollte die Schirmherrschaft nur gemeinsam mit der über den „Bayerischen Heimatschutz" übernehmen, obwohl ihn dieser noch nicht darum gebeten hatte.[620] Die Angelegenheit verlief dann aber im Sande. Nach den Informationen des Kronprinzen umfasste der „Stahlhelm" in Bayern nur 20 000 Mitglieder.[621] Die ungleich stärkeren bayerischen Organisationen wie der Königsbund und der „Heimatschutz" standen aber auf finanziell schwachen Füßen, weil sie auf die geringen Mitgliedsbeiträge angewiesen waren beziehungsweise gar keine erhoben. Im August 1932 entschied Rupprecht, dass die Zeit für die Übernahme des Protektorats über den „Stahlhelm" noch nicht reif sei.[622]

Neben der Entwicklung in Bayern verfolgte Rupprecht immer auch die Reichspolitik, die ihn freilich in erster Linie im Hinblick auf ihre Auswirkungen auf Bayern interessierte. Bereits 1930 befasste er sich mit dem Problem der Nachfolge für den greisen Paul von Hindenburg als Reichspräsidenten. Herzog Adolf Friedrich von Mecklenburg-Schwerin,[623] der den Kronprinzen in Berchtesgaden besucht hatte, erstrebte das Amt mit Hilfe von DNVP und NSDAP, doch räumte Rupprecht ihm keine großen Chancen ein.[624] Am sympathischsten wäre ihm, wie er notierte, der ehemalige Reichswehrminister Dr. Otto Geßler gewesen, doch hätte er auch gegen Dr. Hjalmar Schacht keine Bedenken erhoben. Gegenüber Forstrat Escherich sprach der Kronprinz sich gegen eine Wiederwahl Hindenburgs aus. Im Januar 1932 trat Escherich aber gerade dafür ein, was den Kronprinzen verärgerte.[625] Er war erst versöhnt, als er hörte, dass Hindenburg den früheren deutschnationalen preußischen Abgeordneten Oskar von der Osten-Warnitz zum Kanzler machen wollte,[626] was nach Rupprechts Auffassung den erhofften Rechtsruck in der Reichspolitik bewirkt hätte. Aus dem zweiten Wahlgang der Reichspräsidentenwahlen am 10. April 1932 ging Hindenburg als Kandidat der Weimarer Koalitionsparteien und der BVP als Sieger über Adolf Hitler hervor.

Überlegungen mit freilich geringem Realitätsbezug für die Restituierung der Monarchie waren nicht auf Bayern beschränkt. In einem Gespräch mit dem Fürsten Friedrich zu Solms-Baruth hörte Rupprecht im April 1931 von der Idee, die Hohenzollern-Restauration zunächst nur in der Mark Brandenburg und in Pommern durchzuführen und den ältesten Sohn des Kronprinzen Wilhelm dort als Markgrafen einzusetzen.[627] Von hier aus sollte dann gemeinsam mit Bayern die weitere Konsolidierung der Verhältnisse im Reich betrieben werden. Kronprinz Rupprecht erinnerte sich, dass er ähnliche Gedanken bereits zehn Jahre früher vertreten habe. Allerdings setzten bereits damals die preußischen Konservativen wegen der Unantastbarkeit ihres Staates dem Widerstand entgegen. Der Monarchismus im Reich wie in Preußen litt zudem nach dem Thronverzicht von Wilhelm II. und Kronprinz Wilhelm, den diese dann nicht mehr wahrhaben wollten, am Fehlen eines eindeutigen Prätendenten.[628]

Gleichzeitig ereigneten sich in der Reichspolitik schwerwiegende Veränderungen. Nach der Entlassung Reichskanzler Brünings durch Reichspräsident von Hindenburg am 30. Mai 1932 ließ der Kronprinz Fritz Schäffer durch Graf Soden auffordern, die BVP solle gegen die neue Reichsregierung unter Franz von Papen nicht in „unfruchtbare Opposition" treten.[629] Auch wenn Papen bisher zum rechten Flügel des Zentrums gehört hatte, so leitete er doch ein deutschnationales „Kabinett der Barone" und musste mit der Gegnerschaft des Zentrums rechnen. Der Optimismus, mit dem Rupprecht den Beginn der Regierung Papen verfolgte, beruhte wohl auf seinen Hoffnungen auf eine Reichsreform mit Stärkung der Länderrechte wie eine monarchische Restauration. Erst im folgenden Jahr beurteilte er Papen als Intriganten und seichten Schwätzer.[630] Geheimrat Heim und sein Christlicher Bauernverein traten zunächst ebenfalls für Papen und ein berufsständisch-autoritäres System ein, von dem sie einen „halbmonarchisch-konservativen Bayernstaat" innerhalb des Reiches erhofften.[631] Die BVP dagegen entsandte keinen Vertreter mehr in die Reichsregierung, erstmals seit sieben Jahren war sie nicht mehr in ihr vertreten.[632] Eine Konferenz der süddeutschen Ministerpräsidenten brachte im Juni 1932 ihr Misstrauen gegen eine von Reichskanzler von Papen befürchtete zentralistische Reichsreform zum Ausdruck.[633] Das Reich hätte nach bayerischen Wünschen die Souveränität auf die Gesamtheit der Länder übertragen sollen. Tatsächlich wollte Papen wohl einen autoritären Staat mit verändertem Wahlrecht und die Aufhebung des Dualismus zwischen dem Reich und Preußen schaffen, wobei er den Ländern durchaus eine stärkere Verfassungsautonomie zudachte.

Noch im Juni 1932 wandte sich Rupprecht in einem Brief an Reichspräsident von Hindenburg, um vor Eingriffen in die Länderrechte zu warnen.[634] Ausgelöst hatte diesen Schritt die vom Presseoffizier des Reichswehrministeriums initiierte Kampagne, mit der Berliner Blätter gegen ein vermeintlich rebellisches und separatistisches Bayern hetzten. Hindenburgs Antwort war nichtssagend, Reichswehrminister Kurt von Schleicher leugnete die Beeinflussung der Presse durch das Ministerium ab. Der Kronprinz bemühte sich in diesem Sommer in verschiedenen Gesprächen, eine Diskussion über eine Neufassung der Weimarer Verfassung auf föderalistischer Grundlage anzustoßen.[635] Im Juni wurde Fürst Oettingen bei einem Besuch in Berlin von Reichskanzler Franz von Papen empfangen, den er für gutwillig, aber rat- und hilflos und eine vorgeschobene Person hielt.[636] Der Versuch einer Zusammenarbeit bayerischer Monarchisten mit Kanzler von Papen und Kontakte zu Schleicher, um die Reichsreform im Sinne einer Stärkung des Föderalismus voranzubringen, blieben aber erfolglos.[637]

Die Befürchtungen der bayerischen Regierung vor einem Eingriff in die Länderrechte durch das Kabinett Papen trafen in mehrfacher Hinsicht ein. Am 28. Juni 1932 erzwang die Reichsregierung mit einer Notverordnung des Reichspräsidenten die Aufhebung des bayerischen Uniformverbots vom 17. Juni, das sich in erster Linie gegen die SA und andere NS-Gliederungen gerichtet hatte. Eine Reaktion bildete der landesweite Ausbau der Bayernwacht unter dem Militär-Max-Joseph-Ritter Oberst Hans von Lex[638] durch die BVP-Leitung.[639] Einen noch stärkeren Bruch des Föderalismus bedeutete der sogenannte „Preußenschlag" vom 20. Juli. Der Reichskanzler setzte in einem förmlichen Staatsstreich die Regierung des Ministerpräsidenten Otto Braun in Preußen ab und übernahm selbst ihre Geschäfte als Reichskommissar. Dieser Schritt löste eines der Probleme der Reichsreform – das Verhältnis zwischen Reich und Preußen – durch die einseitige Stärkung der Reichsgewalt. In Bayern wurde dieser Akt als Angriff auf die Existenz aller Länder gewertet.[640] Deshalb erhob die Regierung Held sofort Klage beim Staatsgerichtshof des Deutschen Reiches in Leipzig und forderte gleichzeitig ausreichende Reservatrechte für die süddeutschen Länder, schon um eine ähnliches Vorgehen des Reiches gegen sie auszuschließen. Die Länder sollten nach ihrer Auffassung zu Trägern der innerstaatlichen Ordnung werden. Held legte seine bekannte föderalistische Position in der Frage der Reichsreform in einer weiteren Denkschrift „Forderungen Bayerns zur Reichsreform" vom 23. August 1932 gegenüber Reichskanzler von Papen dar.[641] Insbesondere forderte er den Ausbau der Rechte des Reichrats nach dem Vorbild des Bundesrats des Kaiserreichs.

Kronprinz Rupprecht beurteilte den „Preußenschlag" ebenfalls als einen klaren Verfassungsbruch, auch wenn ihm die sozialdemokratisch geführte preußische Regierung nicht sympathisch war.[642] In seiner Umgebung wollte man aus diesem Rechtsbruch aber Gewinn für die Position Bayerns ziehen und die Situation einer vermeintlich monarchiefreundlichen Reichsregierung unter Papen für die Restauration ausnützen.[643] Erwein von Aretin versuchte Ministerpräsident Held davon zu überzeugen, dass er nach diesem Verfassungsbruch eine Reichsreform in Gang setzen solle. Dabei sollte der Bundesvertrag von 1871 erneuert werden, um die Voraussetzung dafür zu schaffen, in Bayern die Monarchie ausrufen zu können. Enoch zu Guttenberg arbeitete in diesem Sinne gemeinsam mit

Aretin ein Memorandum für Held aus. Die Kernthese lautete, dass die Länder das Reich erst durch Verträge gründen und der Reichspräsident seine Amtsgewalt vom Bundesrat als Träger der Souveränität empfangen solle.[644] Der Königsbund ging von der Zerstörung des Bundesvertrages von 1871 aus. Angesichts der Verfassungsbrüche durch die Reichsregierung sollte die bayerische Staatsregierung dieser eröffnen: „Ihr haltet Euch nicht mehr an die Weimarer Verfassung gebunden; gut, dann betrachten auch wir sie als nicht mehr bestehend. Wir sind aber gerne bereit, uns mit anderen Ländern zusammenzusetzen und über eine neue Verfassung auf föderativem Wege zu beraten."[645] Staatsrat Schäffer war zunächst von diesem Vorschlag fasziniert. Auch der Kronprinz war der Auffassung, die Staatsregierung müsse den offenen Verfassungsbruch durch das Reich feststellen.[646] Auf dieser Rechtsbasis sollte sie dann mit den übrigen Ländern über eine föderalistische Neukonstruktion des Reiches verhandeln. Dies schien um so dringender, als Ministerpräsident Held Graf Soden berichtet hatte, in Berlin würden Pläne über eine unitarische Umgestaltung des Reiches unter dem preußischen Kronprinzen als König von Deutschland diskutiert.[647] Ministerpräsident Held dagegen beschränkte sich auf eine juristische Reaktion und erwartete nach der Auffassung Rupprechts von Reichskanzler von Papen Zugeständnisse für sein andauerndes Wohlverhalten.

Am 6. August empfing Kronprinz Rupprecht Dr. Hjalmar Schacht in Hohenschwangau, von dem er einen guten Eindruck gewann, weil dieser sich als Monarchist bekannte und gegen einen übertriebenen Zentralismus wandte.[648] Durch Graf Soden ließ der Kronprinz Ministerpräsident Held über das Gespräch mit dem ehemaligen Reichsbankpräsidenten informieren und ihm neuerlich nahelegen, die Regierung solle in Berlin auf die Wiederherstellung der Bismarckschen Reichsverfassung drängen. Im September forderte er den Ministerpräsidenten auf, bei den Verhandlungen mit Papen über eine Reichsreform auf der Wiederherstellung der bayerischen Militärhoheit zu bestehen. Die Neuschaffung einer bayerischen Armee beherrschte die Diskussion im Beraterkreis um den Kronprinzen seit Längerem.[649] Tatsächlich hatte Held von Reichswehrminister General von Schleicher schriftlich die Vereidigung der bayerischen Reichswehrtruppen auf die bayerische Verfassung verlangt.

Am 12. Oktober besuchte Reichskanzler Franz von Papen bei seinem Aufenthalt in München den Kronprinzen, den er aus dem Krieg kannte. Im Gespräch betonte er – trotz des „Preußenschlags" – die föderalistische Einstellung seiner Regierung. Der Kanzler zeigte sich bei dieser Gelegenheit entschlossen, eine Reichsreform gegen den Reichstag zu erzwingen. Dies traf sich mit den Anschauungen des bayerischen Kronprinzen, der eine föderalistische Reichsreform durch einen Staatsvertrag der Länder und nicht durch den Reichstag erreichen wollte. Bei dem Vieraugengespräch drängte Rupprecht, dass nach Hindenburg kein weiterer Reichspräsident gewählt werden dürfe, weil die Chance der Restauration für Preußen sonst endgültig verspielt wäre. Als Reichsverweser schlug er Herzog Adolf Friedrich von Mecklenburg vor. Papen äußerte dagegen, nach dem zu befürchtenden Tod Hindenburgs käme als Alternative zu Hitler nur der bayerische Kronprinz in Betracht.[650] Dieser kommentierte diese Anregung mit der Frage, „was wohl die Pommern sagen würden, wenn man ihnen zumutet, für einen katholischen Regenten oder Reichsverweser ihre Stimme abzugeben?". Der Kronprinz hoffte, die Verhältnisse auf normalem Weg über Wahlen und nicht über eine Reichsverweserschaft bereinigen zu können. Später erinnerte er sich, dass Papen angeregt habe, er solle als Kaiser an die Spitze des Reiches treten, weil die Hohenzollern in Preußen ausgespielt hätten.[651] Rupprecht wies dies aber entschieden zurück und betonte erneut, der protestantische Norden würde sich gegen ein katholisches Kaisertum wehren. Er forderte gegenüber Papen einen stärkeren Einfluss der Länder auf die Außenpolitik des Reiches. Im Januar und Februar 1933 schwirrten dann besonders viele und ähnlich absurde politische Gerüchte durch die Luft, wobei den Zeitgenossen die Unterscheidung nicht immer leicht fiel. Damals erfuhr der bayerische Kronprinz, dass in Berlin angeblich erwogen würde, ihn zum Reichspräsidenten zu machen.[652] Er erinnerte sich daran, dass dies schon 1920 diskutiert worden sei, doch wollte er sich nicht zwischen zwei Stühle setzen. Im Juni 1933 berichtete ihm dann ein Herr aus der Umgebung Brünings, dass zum Jahresanfang in Berlin Pläne zu einem Staatsstreich erwogen worden seien.[653] Dieser hätte Rupprecht zum Kaiser machen sollen, was er selbst für aus der Luft gegriffen hielt.

Jedenfalls machte Kronprinz Rupprecht weiterhin seinen Einfluss auf bayerische Politiker für die Unterstützung des Kabinetts Papen geltend, von dem er sich Hilfe bei einer Reichsreform in seinem Sinne erhoffte. Auch gegenüber Forstrat Escherich hielt er an Papen fest und kritisierte die Politik der BVP.[654] Die positive Meinung des Kronprinzen über Papen und die Unterstützung seiner Reichsreformpläne lassen sich wohl nur durch seine Hoffnung erklären, in ihm einen Mitstreiter für seine eigenen Ziele, die unbedingte Stärkung des Föderalismus durch die Länder und gegen den Reichstag, gefunden zu haben, von tiefer Menschenkenntnis zeugen sie nicht. Noch nach den Erfahrungen eines Jahres nationalsozialistischer Diktatur war der Kronprinz im Sommer 1934 der Auffassung, Ministerpräsident Held habe im Sommer 1932 die große föderalistische Chance, die Papen Bayern geboten habe, ausgeschlagen.[655] Konkrete Angebote Papens lagen aber nicht vor, er hatte nur gegenüber Bayern mehrfach signalisieren lassen, dass der Freistaat mit der Erfüllung gewisser föderalistischer Forderungen wie einer mehrfach genannten Verfassungsautonomie rechnen dürfe.[656] Papens Bekenntnisse zum Föderalismus waren kurzfristig taktisch motiviert, um die Opposition der süddeutschen Länder einzudämmen.

Das Königsprojekt

Seit dem Sommer 1932 waren sich einzelne Vertreter der Bayerischen Staatsregierung wie der BVP-Spitze und die Leitung des Bayerischen Heimat- und Königsbundes im Ziel der Wiedererrichtung der Monarchie weitgehend einig, nicht aber in dem zu beschreitenden Weg. Dieser Schritt sollte der Stärkung der bayerischen Eigenstaatlichkeit innerhalb des Reiches dienen. Ministerpräsident Held äußerte im Juni 1932 nach der Erinnerung Kronprinz Rupprechts zum zweiten Mal innerhalb weniger Monate, die einzige Rettung für Bayern sei die Wiedererrichtung der Monarchie.[657] Der Kronprinz erklärte dazu, dass er, wenn es erforderlich wäre, bereit sei, „einzutreten", womit er seine Thronrechte meinte. Allerdings lehnte er es ab, sich von nur einer Partei als König nominieren zu lassen, um der gegenwärtigen Regierung aus der Klemme zu helfen: „Ein solches Königtum hätte keine Dauer." Ministerpräsident Held bat Graf Soden nach seiner Rückkehr aus Berlin im Juli 1932, wo man einen nationalsozialistischen Putsch zu fürchten begann, dem Kronprinzen zu melden, er möge „sich für alle Eventualitäten bereithalten".[658]

Offenbar hielt auch Kronprinz Rupprecht selbst eine baldige Restauration in Bayern für immer wahrscheinlicher. In diesem Zusammenhang notierte er sich schon im September 1932 in seinem Tagebuch: „Unmöglich könnte ich mit Prestigeverlust in Bayern die Regierung antreten."[659] Nach dem Rücktritt Papens als Reichskanzler hatte der Kronprinz beim *dies academicus* der Münchner Universität am 26. November wieder eine längere Unterhaltung mit Held.[660] Da keine der Forderungen Bayerns und der Zusagen Papens erfüllt worden waren, erklärte der Ministerpräsident nun, nur die Berufung des Kronprinzen könne Bayern retten und bat um eine Unterredung in den nächsten Tagen. Dazu kam es aber zunächst nicht, weil Held Anfang Dezember nach Berlin reiste.

Kronprinz Rupprecht wurde immer stärker in die Diskussionen und Pläne einbezogen. Seit sich zum Jahresende 1932 für das Reich die Gefahr der Machtübernahme durch die Nationalsozialisten immer drohender abzeichnete, schien die Ausrufung der Monarchie als letztes Rettungsmittel für Bayern in greifbare Nähe gerückt. Der Heimat- und Königsbund intensivierte seine Tätigkeit, die Mitgliederzahl wuchs an.[661] Bei den „Weiß-blauen Tagen" und anderen Traditionsfeiern wurde die Person des Kronprinzen noch stärker in den Mittelpunkt gerückt. Die Landestagung des Königsbundes am 11. Dezember in Nürnberg erließ die Proklamation, „daß der rechtmäßige König des Landes bereit steht, seinem Volke die Wohlfahrt eines festgefügten, allen Parteikämpfen entrückten Staates wiederzugeben."[662] Dabei waren die Monarchisten überzeugt, damit einer breiten öffentlichen Stimmung Ausdruck zu verleihen, die Proklamation fährt fort: „daß dieses Wissen um die Sendung des Königtums und die Sehnsucht nach seiner Erfüllung im Begriffe ist, Gemeingut des ganzen bayerischen Volkes zu werden." In breiten Kreisen der Bevölkerung bis hinein in die SPD sah man im Königtum die einzige Chance der Rettung vor einer befürchteten Diktatur Hitlers. Bereits Anfang Oktober hatte der Kronprinz erfahren, dass der Abgeordnete Erhard Auer erklärt habe, in der SPD bestünden keine Einwände gegen eine Monarchie in Bayern.[663]

Staatsrat Fritz Schäffer brachte zum Jahreswechsel 1932/33 seine alte Idee eines bayerischen Staatspräsidenten erneut in die Diskussion, den er als Vorstufe zur Ausrufung der Monarchie dachte.[664] Um die notwendige Verfassungsänderung zu erreichen, war er willens, einige Nationalsozialisten ins bayerische Kabinett aufzunehmen. Überlegungen über eine Koalition in Bayern waren wohl Gegenstand eines Gespräches zwischen Fritz Schäffer und Adolf Hitler am 24. November in Berlin.[665] Schäffer verfolgte im Januar 1933 seinen Plan der Einsetzung eines Staatspräsidenten weiter und wäre nun zur Erlangung der dafür nötigen Zweidrittelmehrheit zu einer Koalition mit den Nationalsozialisten bereit gewesen.[666] Einige Monarchisten dachten wohl an eine Einsetzung Helds als Staatspräsident, der im Falle einer Regierungskoalition von BVP und NSDAP zurücktreten und seinen Platz für Kronprinz Rupprecht freimachen würde.[667] Auch Bauernbündler plädierten dafür, die Position des Staatspräsidenten mit Kronprinz Rupprecht zu besetzen.[668] Dieser vermutete dagegen, dass nun Fritz Schäffer selbst Ministerpräsident werden wollte und der ehemalige Finanzminister Dr. Hans Schmelzle Staatspräsident.[669] Der Kronprinz hatte offenbar keine Einwände gegen die Schaffung der Institution eines bayerischen Staatspräsidenten, auch wenn sie mit einem Politiker besetzt werden würde. Er selbst wollte dieses Amt aber nicht übernehmen. Um eine breite parlamentarische Mehrheit für die Regierung zu erhalten, wäre Rupprecht bereit gewesen, einige Ministerposten den Nationalsozialisten einzuräumen. Als Voraussetzung forderte er einen starken Staatspräsidenten, der sie jederzeit hätte entlassen können.[670] Allerdings war der Kronprinz entschieden gegen eine Machtübernahme durch die Nationalsozialisten. Im Gespräch mit dem preußischen Kronprinzen Wilhelm, der gefordert hatte, die Nationalsozialisten zeigen zu lassen, was sie könnten, schloss er dies kategorisch aus. Rupprecht begründete seine Ablehnung der Nationalsozialisten mit der ja dann eingetretenen Prophezeiung, dass diese „eingestandenermassen eine Gewaltherrschaft und die völlige Unterdrückung Aller Andersgesinnten erstrebten."[671]

Zum Jahresanfang 1933 suchte Ministerpräsident Held den Kronprinzen erneut auf, der nach dessen Eindruck nicht über Schäffers gegen ihn gerichtete Intrigen Bescheid wusste.[672] Held sprach sich dabei gegen Koalitionen der BVP mit der SPD wie mit der NSDAP aus. Gleichzeitig bekannte er sich als Monarchist und lehnte deshalb die Einsetzung eines Staatspräsidenten ab. Dabei berichtete er von dem Gerücht, dass Papen und Schleicher dem Deutschen Kronprinzen versprochen hätten, ihn als Reichsverweser an die Spitze des Reiches zu stellen. Am 23. Januar äußerte Held gegenüber dem Kronprinzen bei einer Bauernversammlung in Ansbach, er plädiere nun für eine Revision der Weimarer Verfassung. Immer wieder kreisten die Gedanken Rupprechts nun darum, dass nur ein überparteiliches Staatsoberhaupt wie ein Staatspräsident oder eben ein König und nicht ein von der Gunst der Parteien abhängiger Ministerpräsident in der Lage wäre, die staatliche Unabhängigkeit Bayerns zu verteidigen. Außenpolitische Unterstützung erhoffte Rupprecht sich von Italien. Nach einem Gespräch mit dem Berichterstatter Mussolinis für Deutschland, Oberst Fernando Grammacini, ging er davon aus, auch in Italien herrsche die Auffassung, Deutschlands Erneuerung müsse von Bayern ausgehen, wo das Königtum unmittelbar bevorstünde.[673]

Kronprinz Rupprecht lehnte einen Staatsstreich weiterhin ab und wollte die Krone nur nach einer Änderung der bayerischen Verfassung annehmen. Erwein von Aretin betrachtete den Artikel 17 der Weimarer Reichsverfassung – „Jedes Land muß eine freistaatliche Verfassung haben" – nicht als Hindernis und wollte das Königreich Bayern innerhalb einer deutschen Republik installieren. Er sorgte für die publizistische Verbreitung solcher Gedankengänge. Besonders beachtet wurde in der Öffentlichkeit das Januarheft 1933 der Süddeutschen Monatshefte, das Prof. Paul Nikolaus Cossmann unter dem Titel „König Rupprecht" erscheinen ließ. Hier wurden die Überlegungen über die Möglichkeit einer Restauration in Bayern weiterentwickelt. Aretin widmete Rupprecht ein Lebensbild „Der Erbe der Krone" und diskutierte „Die bayerische Königsfrage".[674] Zwar wandte er sich mit Nachdruck gegen die seit 1918 erfolgte Mediatisierung Bayerns durch Berlin, doch bewegten sich alle Pläne im Rahmen der Bismarckschen Reichsverfassung.[675] Publizistische Unterstützung fanden die Monarchisten auch durch die von Aretin geleitete Redaktion der Münchner Neuesten Nachrichten.[676] Klare Verfassungsvorstellungen allerdings konnten sie nicht entwickeln. Ihre Pläne gingen am ehesten in Richtung einer konstitutionellen Monarchie mit Berufung nicht parteigebundener Minister durch den König und mit erweiterten Kontrollrechten für das Volk, wie aus Äußerungen Baron Guttenbergs hervorgeht: „In der kommenden Monarchie bestimmt der König die Politik. Seine Minister werden von ihm nach ihren Fähigkeiten ausgewählt. Sie haben nach Möglichkeit nicht parteigebunden zu sein. Sollte aus dem ein oder anderen Grunde der Vertreter einer Partei zu Amt und Würden kommen, so würde man aus Loyalitätsgründen auch einen Vertreter einer anderen Partei nehmen müssen. Die Kontrolle der Regierungstätigkeit durch das Volk soll gegenüber früher sehr viel weiter ausgebaut werden".[677] Konkrete Schritte aber wurden nicht eingeleitet.

Ein letztes Großereignis des alten Bayern und eine förmliche monarchistische Demonstration bildete die Beisetzung des Generals der Kavallerie Prinz Alfons am 14. Januar 1933. Rupprecht bedauerte das Ableben dieses populären Vertreters der Monarchie,[678] Prinz Adalbert bezeichnete die Beisetzung später als das „Finale der königlich bayrischen Republik".[679] Prinz Alfons hatte dem Kronprinzen bislang als Vertreter bei repräsentativen Aufgaben zu Verfügung gestanden, nun sollte Erbprinz Albrecht gegen seine Neigung in diese Stellung einrücken.

Am 30. Januar 1933 ernannte der greise Reichspräsident Paul von Hindenburg Adolf Hitler zum Reichskanzler eines Präsidialkabinetts. Kronprinz Rupprecht erkannte als bedenkliches Vorzeichen, dass sofort Konzentrationslager eingerichtet wurden.[680] Damit meinte er wohl die „wilden" KZs der SA in Preußen, das Konzentrationslager Dachau wurde erst am 20. März eröffnet.[681] Allerdings glaubte er damals noch, der „Phrasendrescher Hitler" wäre den Aufgaben der Regierung nicht gewachsen. Bereits zu Beginn des Februar musste er feststellen: „Gewalt tritt jetzt an die Stelle des Rechts, dieser Einsicht darf man sich nicht verschliessen."[682] Als aber Rupprechts Biograf Otto Kolshorn ihn am 6. Februar fragte, ob er Hitler empfangen würde, erklärte er sich dazu neuerlich bereit, doch war er davon überzeugt, dieser würde darum nicht nachsuchen.[683]

Am 2. Februar erklärte Ministerpräsident Held gegenüber Graf Soden, dass er sich noch immer als auf den König vereidigter Abgeordneter fühle, eine ähnliche Einstellung sicherte Kardinal Faulhaber für die Bischöfe zu.[684] Allerdings lehnte er später gegenüber Graf Soden die Vornahme einer Krönung als päpstliches Privileg ab.[685] Gleichzeitig äußerte der Münchner Erzbischof Zweifel über die Stärke der monarchistischen Stimmung im Lande. Konkrete Schritte waren also auch von ihm nicht zu erwarten. Staatsrat Schäffer rückte mittlerweile – wohl in Erkenntnis der Gefährlichkeit des Nationalsozialismus nach der Berliner „Machtübernahme" – von seinen Koalitionsplänen ab und konzentrierte sich darauf, die politische Situation durch die Übertragung der Exekutive auf Kronprinz Rupprecht zu stabilisieren.[686] Mehrfach reiste Schäffer im Januar und Februar nach Berlin, um die Möglichkeiten zur Wiedereinführung der Monarchie in Bayern zu erörtern, doch war Reichspräsident von Hindenburg dafür nicht ansprechbar.[687] Dabei brachte Schäffer in Erfahrung, dass Vizekanzler Papen und Reichsinnenminister Wilhelm Frick die Einsetzung eines Reichskommissars für Bayern betreiben. Am 12. Februar deutete Schäffer deshalb in einer Wahlversammlung die Möglichkeit an, dass Bayern nach einem Verfassungsbruch durch die Reichsregierung eigene Wege gehen könnte.[688]

Kaiser Wilhelm II. wurde über die bayerischen Restaurationspläne informiert. Nach Auskunft seines Berliner Interessensvertreters hätte er die Wiederherstellung der Monarchie in Bayern begrüßt.[689] Rupprecht wollte auf ihn einwirken, Reichspräsident Hindenburg zur Förderung der Restauration in Bayern zu bewegen. Den von Wilhelm II. gewünschten Besuch des bayerischen Kronprinzen im Haus Doorn zu seiner Geburtstagsfeier am 27. Januar unterließ er aber, zumal der Kaiser nach seiner Auffassung seine Rolle ausgespielt hatte.[690] Altkonservative Kreise in Berlin rechneten zum damaligen Zeitpunkt mit der Ausrufung der Monarchie in Bayern.[691]

Währenddessen arbeitete Kronprinz Rupprecht mit Baron Enoch Guttenberg an einem Verfassungsentwurf für Bayern, der jedoch nicht erhalten ist.[692] Damals war er voll Optimismus über die Haltung von BVP und SPD. Noch in einem am 27. Januar erschienenen Artikel hatte der Reichstagsabgeordnete Dr. Wilhelm Hoegner die Monarchie als der Geschichte angehörig bezeichnet.[693] Nach der Machtergreifung der Nationalsozialisten in Berlin sah aber die SPD insgesamt die Monarchie als letzte Rettung.[694] Hoegner war der Auffassung, dass die Sozialdemokraten die Wiedereinführung der bayerischen Monarchie tolerieren würden, worüber er spätestens am 26. Februar Held bei einem zufälligen Treffen informierte.[695] Am 13. Februar warnte der Kronprinz den Ministerpräsidenten bei der Richard-Wagner-Feier im Münchner Nationaltheater vor der drohenden Diktatur Hitlers, doch wollte dieser, wie er nun sagte, nicht vor einem offenen Verfassungsbruch durch das Reich handeln.[696] Während Rupprecht Held unverändert für einen Zauderer hielt, erschien ihm Schäffer nun zum Handeln entschlossen.

Inzwischen ging die Entwicklung über Bayern hinweg. Daran änderte auch eine beachtenswerte Demonstration der bayerischen Patrioten nichts. Während des Faschings 1933 stand in einer Neuinszenierung von Walther Brügmann im Münchner Nationaltheater die Operette „Der Vogelhändler" von Carl Zeller auf dem Programm.[697] Kronprinz Rupprecht nahm an der Aufführung am 17. Februar teil. Die Regie hatte die Handlung von der Pfalz nach Kurbayern verlegt und die Huldigung für einen Fürsten durch ein Meer weiß-blauer Fahnen zur Ovation an den bayerischen Kurfürsten ausgebaut. Einige im Raum verteilte Claqueure brachen dabei in Klatschen aus, was schließlich im ganzen Haus zu Beifallsstürmen und zum Singen der Königshymne führte. Kronprinzessin Antonie war der Akt allerdings äußerst peinlich, während Rupprecht die Ovationen entgegennahm.[698] Diese Huldigung sollte nach dem Wunsch der Organisatoren aus dem BHKB der bayerischen Regierung den Anstoß zum Handeln geben.

Über die Ereignisse der folgenden Tage existieren unterschiedliche Versionen, die Karl Otmar von Aretin quellenkritisch aufarbeitete, doch konnte auch er über den zeitlichen Ablauf nicht letzte Klarheit schaffen.[699] Rupprecht selbst erinnerte sich an ein Gespräch mit Ministerpräsident Held am 20. Februar, der ihm aus Angst vor der Einsetzung eines Reichskommissars das Amt eines Staatskommissars nach dem Muster von 1923 angeboten habe.[700] Dies sollte den ersten

Schritt zur Annahme der Königswürde bilden. Auch Fritz Schäffer trat gegenüber Baron Guttenberg dafür ein, den Kronprinzen zunächst zum Generalstaatskommissar zu ernennen.[701] Rupprecht stand dem jedoch skeptisch gegenüber, zumal ihn das Beispiel Kahrs abschreckte.[702] Zur Übernahme der Verantwortung als König zeigte er sich jedoch bereit. Am gleichen Tag fand eine Unterredung Helds mit einer Delegation des Kronprinzen statt, der Baron Erwein Aretin, Fritz Büchner, der Chefredakteur der Münchner Neuesten Nachrichten, Baron Guttenberg und Graf Soden angehörten.[703] Nach Josef Held, dem Sohn des Ministerpräsidenten, habe dieser drei Fragen an die Vertreter des Königsbundes gerichtet: ob sie 1. das nötige Geld für eine monarchistische Umwälzung, ob sie 2. das Heer hinter sich und ob sie sich 3. der Loyalität der Beamten versichert hätten. Auf die Verneinung lehnte Ministerpräsident Held weitere Schritte ab. Aretin und Büchner erklärten darauf, dass der Kronprinz es nun ablehne, das Amt eines Staatskommissars anzutreten und „daß er sich kraft eigenen Rechts als König an die Spitze des Landes stelle."[704]

Am 21. Februar wiederholte Schäffer seinen Plan der Einsetzung eines Generalstaatskommissars gegenüber dem Kronprinzen, der dies jedoch zurückwies.[705] Rupprecht erklärte aber, „daß er den Ruf annehmen würde, wenn die bayerische Regierung ihn aufforderte, den Gedanken der bayerischen Monarchie wieder aufleben zu lassen".[706] Am späten Vormittag versammelte sich die Führung des Königsbundes im Leuchtenberg-Palais und erwartete weitere Schritte der Regierung, wie Aretin in seinen Memoiren berichtet.[707] Ministerpräsident Held sandte jedoch nur Ministerialrat Paul von Stengel mit der Frage, ob der Kronprinz nach seinem Regierungsantritt das Kabinett Held im Amt belassen würde. Auf die ablehnende Antwort Rupprechts, der eine überparteiliche Regierung bilden wollte, scheint Held das Interesse an der Ausrufung der Monarchie verloren zu haben.[708] Gleichzeitig tagte der Ministerrat, wo Schäffer über das Ergebnis seines Gesprächs mit dem Kronprinzen berichtete. Doch wurde die Angelegenheit, nachdem Held seine Position als Ministerpräsident gefährdet sah, vertagt.[709] Außerdem erhob der Vertreter des Justizministers, Staatsrat Heinrich Spangenberger von der DNVP, aus Angst vor Berlin verfassungsrechtliche Bedenken. Das Kabinett wollte das Ergebnis von Sondierungen Fürst Oettingens und Baron Redwitz' in Berlin bei Reichspräsident von Hindenburg abwarten. Allerdings sind für den Zeitraum vom 20. bis zum 28. Februar 1933 in der entsprechenden Serie des Bayerischen Hauptstaatsarchivs keine Ministerratssitzungen nachweisbar.[710] Karl Otmar von Aretin beruft sich für seine Angaben über die Sitzung vom 21. Februar auf einen protokollähnlichen Text im Nachlass Guttenberg.[711] Diese Informationen werden unterstützt durch die Erinnerungen Kronprinz Rupprechts, der ebenfalls von einer Kabinettssitzung am 21. Februar berichtet.[712] Als Ergebnis dieser Sitzung sei die Restauration auf die Aussage des

Vertreters des Justizministers, dass die Monarchie mit der Reichsverfassung unvereinbar sei, verschoben worden.

Kronprinz Rupprecht ergriff darauf ein Stück weit selbst die Initiative. Er war offenbar von der Möglichkeit einer Ausrufung der Monarchie trotz aller Hemmnisse rechtlicher und vor allem machtpolitischer Art überzeugt. Noch während der Kabinettssitzung vom 21. Februar empfing Rupprecht den Historiker Hermann Stegemann, der für Gustav von Kahr Reden geschrieben hatte, und zeigte ihm den Entwurf seiner Proklamation wohl für die Ausrufung der Monarchie.[713] Für die folgenden Tage liegen keine autobiografischen Aufzeichnungen des Kronprinzen vor. Er war sich bewusst, dass er für die Restauration in Bayern zumindest die Billigung des Reichspräsidenten benötigte. Dabei war man in München der Auffassung, ein bayerischer Restaurationsversuch käme Reichspräsident von Hindenburg und seinen konservativen preußischen Freunden nicht ungelegen.[714] Der Kronprinz vertraute Fürst Eugen Oettingen ein Handschreiben an Hindenburg an, in dem er ausführte, dass er die Regierung in Bayern übernommen habe und gleichzeitig in seine Rechte als König von Bayern eingetreten sei.[715] Gleichzeitig erklärte er, sich Reichspräsident von Hindenburg zu unterstellen. Es bestand ja nie die Absicht, Bayern aus dem Deutschen Reich zu lösen. Nachdem sich aber die Regierung Held den Rettungsplänen verschlossen hatte, bestellte Alfons von Redwitz, der den Fürsten nach Berlin begleiten sollte, in der Nacht vom 21. auf 22. Februar um 2 Uhr das bereitgehaltene Flugzeug ab. Erst am Morgen des 22. Februar fuhren nun Fürst Oettingen und Baron Redwitz im Auftrag des Kronprinzen mit der Eisenbahn nach Berlin, wo sie sich zunächst bei dem bayerischen Gesandten Franz Sperr über die aktuelle Lage informierten. Da Fürst Oettingen, der allein mit Hindenburg sprach, diesen über die bedrohliche Situation nicht orientiert fand, behielt er das Schreiben des Kronprinzen in der Tasche. Die ursprüngliche Absicht, das Einverständnis des Reichspräsidenten zur Ausrufung des Kronprinzen zum König zu erreichen, war ohnedies mit der Ablehnung durch die bayerische Regierung hinfällig geworden. Der Fürst konnte Hindenburg nur noch der Legalität der beabsichtigten Aktion versichern.[716] Trotz der Aussichtslosigkeit des Unternehmens angesichts der Haltung der bayerischen Staatsregierung unterrichtete Fürst Oettingen offenbar seine Berliner Gesprächspartner über die Planungen. Vizekanzler Papen drohte mit dem Eingreifen des Reiches, Hindenburg reagierte ablehnend. Erwein von Aretin hatte den Druck der Königsproklamation umsonst in der Druckerei der Münchner Neuesten Nachrichten vorbereiten lassen.[717] Der bayerische Gesandte Sperr informierte Ministerpräsident Held von der Anwesenheit des Fürsten Oettingen und des Barons Redwitz in Berlin und ihrem Empfang beim Reichspräsidenten. Dabei berichtete er Held, dass die Reichsminister Baron Constantin Neurath, Graf Lutz Schwerin und Dr. Franz Gürtner mit der Ausrufung der Monarchie in Bayern rechneten.[718] Nach Baron Neurath drängte die Entwicklung zum Königtum, doch sollte Bayern nicht verfrüht losschlagen, um eine ähnliche Entwicklung in Preußen abzuwarten.

Gleichzeitig liefen die Gegenaktionen seitens der Regierung Hitler an. Am 22. Februar kam Reichswehrminister Werner von Blomberg nach München, um sich der Loyalität des Kommandanten des VII. Armeekorps, Generalleutnant Wilhelm Ritter von Leeb,[719] zu versichern. Auch Kronprinz Rupprecht empfing Blomberg und bekannte ihm freimütig, dass für ihn bald die Zeit gekommen sei, sich als König an die Spitze des Landes zu stellen.[720] Dabei erklärte er, dass er aber eine Trennung Bayerns vom Reich weder erstrebe noch zulasse. Der Reichswehrminister beruhigte daraufhin die Reichsregierung, es handele sich in München nur um eine harmlose Aktion. Allerdings erfuhr Rupprecht später, dass Blomberg auf Hitlers Weisung den Befehl an die Reichswehr in Bayern erlassen habe, den Kronprinzen bei einer Königsproklamation lebend oder tot zu ergreifen.[721]

Immer noch spielte Ministerpräsident Held seine unglückliche Rolle weiter. Am 24. Februar beschloss die Staatsregierung neuerlich, die Einsetzung eines Generalstaatskommissars zu vertagen, bis die Reichsregierung einen offenen Verfassungsbruch beginge.[722] Am 26. Februar erklärte der Ministerpräsident gegenüber Wilhelm Hoegner bei einer zufälligen Begegnung, „bevor ich einen König einsetze, muß ich zuerst wissen, welche Grundrechte ich ihm einräumen kann".[723] Allein dieses Verständnis von der Rolle eines Königs relativiert Helds frühere Bekenntnisse zur monarchischen Staatsform. Held erwähnte in seinen eigenen Aufzeichnungen über diese Zeit die Überlegungen zur Ausrufung der Monarchie nicht.[724] Das Ende kam aber auch für ihn bald. Reichskanzler Hitler zitierte ihn am 1. März nach Berlin und machte ihm schwere Vorwürfe, die Aufrichtung der Monarchie in Bayern würde „zu einer ganz schweren Katastrophe führen".[725] Franz von Papen, auf den der Kronprinz zeitweilig seine Hoffnungen gesetzt hatte, passte sich an die neuen Verhältnisse an. Am Nachmittag des 1. März empfing der Kronprinz in München den nunmehrigen Vizekanzler Hitlers zum Tee, der dabei noch einmal die Bildung einer nationalen Front aus allen konservativen und bürgerlichen Parteien als Gegengewicht zum Nationalsozialismus anregte und dazu Unterstützung erbat.[726] Die Einführung der Monarchie in Bayern erklärte er aber für verfrüht, worauf Rupprecht versicherte, er werde keine unüberlegten Schritte tun, doch könne er das Volk nicht auf Dauer bremsen. Am 4. März informierte Held seine Parteifreunde,[727] am 7. März das bayerische Kabinett[728] über seine Berliner Gespräche mit Hindenburg und Hitler, der für den Fall der Berufung Rupprechts zum Staatspräsidenten oder König gedroht habe, Reichswehr und SA hätten den Befehl, dies zu verhindern. Wenn sich der bayerische Landeskommandant der Restauration anschlösse, würde er abgesetzt. Auch der

6. Der Ausklang der Weimarer Zeit

Reichspräsident habe sich gegen die Einführung der Monarchie in Bayern ausgesprochen.

Am Vormittag des 5. März hatte nochmals ein Abgeordneter des rechten BVP-Flügels bei Rupprecht angefragt, ob er bereit sei, die Krone anzunehmen. Er erwiderte, er würde sich die Bedingungen vorbehalten. Nach seinen Erinnerungen wurde mittlerweile in der BVP diskutiert, ihn zu einem allerdings machtlosen Staatspräsidenten zu machen,[729] womit eine neue Variante ins Spiel gebracht wurde. All diese mit vielen Bedenken behafteten Überlegungen wurden aber durch die politische Entwicklung überrollt. Die Reichstagswahlen vom 5. März machten die Nationalsozialisten mit 43,1% auch in Bayern zur stärksten Partei, die Chance zur Ausrufung des Königtums war vertan.

Immer wieder kreisten auch in der Folgezeit die Gedanken Kronprinz Rupprechts um die Vorstellung, dass nur eine Monarchie die Eigenstaatlichkeit Bayerns retten könne.[730] Nach seiner Auffassung wünschten 75% der Bevölkerung dies oder waren zumindest keine erklärten Gegner der monarchischen Staatsform. Allerdings muss diese Zahl, für die keine Belege vorliegen, als viel zu hoch gegriffen erscheinen. Sie entspricht in etwa dem Anteil der Bevölkerung, der 1926 in Bayern nicht für die Enteignung der Fürstenhäuser gestimmt hatte.[731] Der Umkehrschluss, dass alle Wähler, die dem Volksentscheid ferngeblieben waren oder ihn abgelehnt hatten, sich zum Königtum bekannten, ist allerdings methodisch fragwürdig. Kronprinz Rupprecht jedenfalls erstrebte die Restauration aus seinem hohen Verantwortungsgefühl für Bayern, nicht aus Herrschsucht oder Geltungstrieb. Nur die Monarchie schien ihm die Eigenstaatlichkeit Bayerns wirksam garantieren zu können. Ein König sollte als überparteiliches Staatsoberhaupt die Interessen des Landes und aller Bürger vertreten. Die Legitimation für das Königtum lag für Rupprecht in erster Linie in seinen Leistungen für den Staat, erst an zweiter Stelle in der Erblichkeit der Herrschaft. Er persönlich wollte die Regierung als König nur antreten, wenn dies von der Mehrheit der Bevölkerung gewünscht würde, wovon er freilich überzeugt war. Die Verhinderung der Machtergreifung der Nationalsozialisten in Bayern bildete für Kronprinz Rupprecht nur ein Nebenmotiv, aber den Anlass für seine Bereitschaft, im Februar 1933 nach langem Zaudern endlich zu handeln.

Die Idealisten im Heimat- und Königsbund teilten die Einstellung des Kronprinzen zur Staatsform, die sich nicht in bloßem Traditionalismus erschöpfte. Erwein von Aretin entwarf Verfassungskonzeptionen, welche die Einbindung eines Königreichs Bayern in ein republikanisches Deutsches Reich ermöglichen sollten. Freilich erhofften sich die Monarchisten die Restauration auch für ganz Deutschland, wobei sie Bayern die Vorreiterrolle zudachten. Diese Überlegungen waren allerdings davon abhängig, dass Reichspräsident, Reichsregierung und Reichswehr sie tolerierten. Genau das aber war im Februar 1933 nicht der Fall, Hitler hatte der Reichswehr den Befehl zur Unterdrückung monarchistischer Umtriebe erteilt, und auch Hindenburg war nicht bereit, die Konsequenzen aus seiner sonstigen monarchistischen Haltung zu ziehen. Kronprinz Rupprecht und seine Gefolgsleute hatten die Haltung Reichspräsident von Hindenburgs und der Reichswehr falsch eingeschätzt.

Der entscheidende Grund für das Scheitern der Königspläne lag aber in der Haltung der bayerischen Politiker aus der BVP. Nur partiell teilten sie die Motive des Bayerischen Heimat- und Königsbundes für eine Restauration, den Lippenbekenntnissen zur Monarchie entsprach nicht der Wille zum konkreten Handeln. Bayerischer Traditionalismus, verfassungsrechtliche Bedenken, unterschiedliche politische Zielsetzungen, aber auch persönliche Interessen und Intrigen bildeten das Gemisch, das ihre Handlungen bestimmte. Das Agieren von Ministerpräsident Held war von ängstlicher Verfassungstreue, aber auch dem Wunsch, seinen Posten zu behalten, geprägt. Auch der Parteivorsitzende Schäffer verband seine Überlegungen für die Einführung eines bayerischen Staatsoberhaupts oder die Einsetzung eines Staatskommissars mit persönlichen Interessen. Wenn Wilhelm Hoegner und die bayerische SPD die Einführung der Monarchie tolerieren wollten, so geschah dies zur Verhinderung einer nationalsozialistischen Machtübernahme in Bayern.

Die Zeitgenossen maßen den Bemühungen um die Restauration der Monarchie als letzten Notanker gegen eine nationalsozialistische Machtergreifung in Bayern höhere Realisierungschancen zu, als es aus der Rückschau gerechtfertigt erscheint. Dies war verbunden mit hohem Vertrauen in die Resistenz der BVP-Regierung gegen die Nationalsozialisten. Der Parteivorstand der SPD plante seinen Sitz aus Berlin nach München zu verlegen, um von Bayern aus weiterzuarbeiten, der Vorstand des „Centralvereins deutscher Staatsbürger jüdischen Glaubens" zog nach München um.[732] In der Rückschau des Jahres 1946 beurteilte Kronprinz Rupprecht den Restaurationsversuch von 1933 als von vornherein „durchaus ungünstig", weil der Nationalsozialismus bereits zu stark geworden war und das Ganze nicht ohne Kämpfe abgegangen wäre.[733] Die Ausrufung der Monarchie war aber nicht nur daran gescheitert, sondern es fehlten die rückhaltlose Unterstützung der bayerischen Staatsregierung und zumindest die Bereitschaft von Reichspräsident und Reichswehr, die Restauration in Bayern hinzunehmen. Immerhin hätte das „Königsprojekt", für die Realpolitik wohl chancenlos angesichts der Machtverhältnisse, ein deutliches Zeichen für die Eigenständigkeit und Rechtsstaatlichkeit Bayerns gegen den beginnenden Terror gesetzt.

Kapitel III
Die Zeit der Diktatur

1. Innere Emigration

Proteste gegen die Gleichschaltung

Bei den Reichstagswahlen vom 5. März 1933 wurde die NSDAP mit einem Stimmenanteil von 43,1% auch in Bayern zur stärksten politischen Kraft, welche diesen Sieg zu einer Volksabstimmung über die Regierung Hitler stilisierte.[1] Die Zunahme der NSDAP-Stimmen in katholischen Gebieten wie Niederbayern, Unterfranken und der Oberpfalz dürfte sich durch die Mobilisierung von Nichtwählern erklären lassen, aber auch mit Erfolgen der Propagandatätigkeit.

Am 9. März 1933 usurpierten die Nationalsozialisten in Bayern die Macht.[2] Münchner Nationalsozialisten, Ernst Röhm, Adolf Wagner und Heinrich Himmler, forderten an diesem Tag ultimativ von Ministerpräsident Held die Ernennung des NSDAP-Landtagsabgeordneten General Franz von Epp zum Generalstaatskommissar. Held weigerte sich, der Gewaltandrohung zu weichen, bot aber Reichspräsident von Hindenburg und Reichskanzler Hitler in einem Telegramm die Bildung einer BVP-NSDAP Koalitionsregierung an. Währenddessen versammelten sich in München SA- und SS-Abteilungen, um den Druck zu erhöhen. Die Reichswehr versagte der Staatsregierung ihre Unterstützung. Am Abend dieses Tages ernannte Reichsinnenminister Wilhelm Frick General von Epp zum Reichskommissar in Bayern.[3] Da dieser Staatsstreich ohne Kenntnis von Hindenburg und Papen, die zuvor gegenteilige Versicherungen abgegeben hatten, geschehen war, zeigten sich diese darüber erzürnt, ohne aber auch nur den Versuch eines Eingreifens zu unternehmen.[4] Die bayerische Staatsregierung wurde zum Rücktritt gezwungen. Epp begründete diesen massiven Eingriff in Länderrechte noch am selben Abend bei einer Rede vor der Feldherrnhalle in München mit der Gefahr eines monarchistischen Putsches.[5] Gleichzeitig setzte der braune Terror gegen bisherige Träger der Staatsgewalt wie gegen Sozialdemokraten und Kommunisten ein.

Am 9. März hatte Vizekanzler Franz von Papen den in Berlin weilenden Baron Guttenberg informiert, dass die Reichsregierung die Entsendung eines

Reichskommissars nach Bayern bei Aufnahme von nationalsozialistischen Ministern in die Regierung unterlassen würde.⁶ Die Ereignisse bewiesen aber, dass Hitler längst keine Koalition mehr wollte, sondern die unumschränkte Macht. Kronprinz Rupprecht war sich bereits zum damaligen Zeitpunkt im Klaren, dass Papen durch Hitler an die Wand gedrückt sei, zumal in Berlin wie bald auch in München die Anarchie ausgebrochen war. In der Rückschau warf Rupprecht der bayerischen Regierung Held ein Jahr später vor, damals nicht zurückgetreten und ihrerseits Ritter von Epp zum Generalstaatskommissar ernannt zu haben, um seiner Einsetzung durch Berlin zuvorzukommen.⁷ Dies hätte nach seiner Auffassung die Entwicklung zwar nicht aufgehalten, aber die Eigenstaatlichkeit Bayerns stärker betont. Freilich war auch er vor einem beherzten Zugreifen zurückgeschreckt und hatte den letzten Schritt der Ausrufung der Monarchie unterlassen. Selbst dieser Akt aber hätte angesichts der Machtverhältnisse nur zeichenhaften Charakter besessen.

Nach dem erzwungenen Rücktritt des Kabinetts Held versuchte der Kronprinz, die Gleichschaltung Bayerns zu verhindern. Er protestierte am 17. März in einem Brief, den Erbprinz Albrecht persönlich Reichspräsident von Hindenburg überreichte, den er weiterhin als Generalfeldmarschall anredete. In der Einleitung nahm Rupprecht zu den neuen politischen Verhältnissen Stellung, wobei er gleichzeitig mit seinem Eintreten für eine nationale Erneuerung Rechtstaatlichkeit einforderte: „Von keinem anderen Teil des Reiches hat sich Bayern jemals in der Bekundung nationalen Willens übertreffen lassen. Deshalb hat auch das unter ihrer Führung begonnene nationale Erneuerungswerk, das nach dem ersten Aufruf der derzeitigen Reichsregierung die Wiedergutmachung der November-Revolution vom Jahr 1918 mitumfassen soll, in meiner bayerischen Heimat lebhafteste Zustimmung gefunden. Ich selbst werde mich stets für eine Bewegung einsetzen, die alle nationalen Kräfte ohne Rücksicht auf Partei-Einstellung zur Erneuerung unseres Vaterlandes zusammenfasst und den Kampf gegen den Bolschewismus aufnimmt. Mit dem deutschen Volke hoffe ich, dass wir endlich einer Zeit entgegensehen, in der Recht, Wahrheit und Sauberkeit die Grundlagen des Staates bilden."⁸ Sein eigentliches Anliegen bildete eine föderalistische Reichsreform: „Im Vollgefühl meiner Verantwortung gegen meine bayerische Heimat ersuche ich Sie daher, hochverehrter Herr Generalfeldmarschall, den ganzen großen Einfluß Ihrer ehrwürdigen Person dafür einzusetzen, daß umgehend dem Deutschen Reich eine neue Verfassung gegeben wird, die dem Wesen des Deutschen Volkes angepaßt ist und sich aufbaut auf einer vertragsmäßigen Regelung des Verhältnisses zwischen Reich und Ländern im Sinne Bismarcks." Im Zentrum des politischen Denkens von Kronprinz Rupprecht stand unverändert eine Reichsreform nach dem Muster der Verfassung von 1871, bei der die Länder durch Verträge erst das Reich konstituierten. Hindenburg gab in der

Antwort seiner Befriedigung Ausdruck, dass Rupprecht das begonnene nationale Erneuerungswerk begrüßte, und verwies im Übrigen auf die Regierungserklärung Hitlers vor dem Reichstag vom 23. März.[9] Die damalige Zustimmung von DNVP, Zentrum und BVP im Reichstag zum Ermächtigungsgesetz verurteilte Rupprecht in seinen Erinnerungen als feig.[10]

Ganz konsequent war aber auch Kronprinz Rupprecht nicht. Im März 1933 sandte er seinen Sohn Erbprinz Albrecht nach Rom, um bei Kardinalstaatssekretär Eugenio Pacelli eine Rücknahme der faktischen Exkommunikation führender Nationalsozialisten zu erwirken.[11] Der einzige Erfolg dieser Kirchenstrafe war nach seiner Überzeugung wachsende Hetze gegen die Kirche gewesen. Nach den Aufzeichnungen des Kardinalstaatssekretärs teilte ihm Albrecht mit, der Kronprinz betrachte nunmehr Hitler als letztes Bollwerk gegen den Bolschewismus.[12] Pacelli erklärte, die Aufhebung der Exkommunikation sei eine Angelegenheit des deutschen Episkopats, der sie erlassen habe. Die Fuldaer Bischofskonferenz hob tatsächlich ihre früheren Strafandrohungen gegen die Nationalsozialisten wieder auf, bestand aber auf der Verurteilung religiös-sittlicher Irrtümer.[13] Die bayerische Bischofskonferenz musste folgen, trat aber in ihrem Hirtenbrief vom 5. Mai 1933 für Recht und Gesetz und gegen eine „Gleichschaltung" ein.[14]

Die zwiespältig scheinende Haltung des Kronprinzen lässt sich wohl dadurch erklären, dass er sich auf den Boden der neuen politischen Tatsachen stellte und versuchte, das beste aus der Situation zu machen. Er verfolgte dabei die Absicht, Hitler und die vermeintlich positiven Kräfte gegen die erklärten Kirchengegner in der Partei zu unterstützen. Dabei stand er unter dem Eindruck einer Rede Hitlers, der sich am 23. März vor dem Reichstag für die Wahrung der Religion ausgesprochen hatte.

Der Erbprinz war bei seinem Rombesuch auch von Mussolini empfangen worden. Dieser äußerte ihm gegenüber, dass die Verfolgung der Juden ein schwerwiegender Missgriff Hitlers sei, zumal er sich diese dadurch zu Feinden mache.[15]

Währenddessen ging die Durchsetzung der Diktatur in Deutschland weiter. Besonders empörte den Kronprinzen von Bayern das zweite Gesetz zur Gleichschaltung der Länder vom 7. April 1933, das die Staatshoheit der Länder auslöschte. Die danach durch die Reichsregierung ernannten Statthalter konnten die Länderregierungen ein- und absetzen, Neuwahlen festlegen und Landesgesetze verkündigen. Rupprecht kommentierte dies mit der Feststellung, dass seit 1866 dem bayerischen Löwen ein Stück nach dem anderen vom Schweif abgeschnitten worden wäre, bis kein Stück mehr übrig geblieben sei.[16] Die Schuld daran gab er dem kläglichen Versagen der BVP in der Zeit vor 1933. Am 10. April ernannte Reichspräsident Hindenburg Reichskommissar von Epp auch zum Reichsstatthalter in Bayern.[17] Der Kronprinz erhob darauf als „Erbe der Krone des zweitgrößten Bundesstaates" bei Hindenburg „Protest gegen diese Vergewaltigung der deutschen Staaten", die „praktisch die Aufhebung der Länder" bedeute.[18] Er schloss mit einer versteckten Drohung: „Im Vertrauen auf die Einlösung des Versprechens, dass die nationale Erneuerung die Wiedergutmachung des Umsturzes von 1918 bedeute, wurde sie auch in Bayern mit Jubel begrüsst. Ich warne davor, den Grund für eine Enttäuschung des Volkes zu legen, die sich in späterer Zeit um so bitterer auswirken kann, als sie unter den heutigen Verhältnissen zum Schweigen verurteilt ist." Dabei war er sich der Nutzlosigkeit dieses Schreibens bewusst, wollte aber sein Gewissen beruhigen.[19] Hindenburg warf in seiner von der Reichskanzlei gebilligten Antwort der alten bayerischen Regierung vor, sie habe sich durch Parteiinteressen leiten lassen.[20] In einem handschriftlichen Begleitbegriff gratulierte der Generalfeldmarschall dem Kronprinzen, den er hier mit „Majestät" anredete, zum Geburtstag.[21]

Kronprinz Rupprecht informierte Kaiser Wilhelm II. über seinen Briefwechsel mit Hindenburg. Dieser schloss sich dem Protest aus Bayern an: „Bei der grossen Bedeutung dieser Massnahme, und weil sie im Zuge der Nationalen Erhebung erfolgte, die wir natuerlich Alle freudigen Herzens bejahen, habe ich mich entschlossen, aus meiner bisherigen voelligen Zurueckhaltung herauszutreten, indem ich meinen Hausminister Generaladjutanten von Dommes beauftragte, beim Feldmarschall gegen diese Einsetzung von Reichsstatthaltern in den Bundesstaaten vorstellig zu werden."[22] Natürlich blieb dies genauso wirkungslos wie die Intervention des bayerischen Kronprinzen.

Rupprecht war sich klar, dass Ritter von Epp dem neuen Regime nur als Staffage diente und über keinen nennenswerten Einfluss auf die Partei verfügte, sein Amt bildete eine „Sinekure".[23] Übel vermerkte er aber, dass Epp, anders als Ministerpräsident Held, in der Königsloge des Nationaltheaters Platz nahm. Bereits am 14. März hatte der Kronprinz Reichskommissar von Epp, der in brauner Parteiuniform erschienen war, empfangen.[24] Er machte auf den Kronprinzen einen verlegenen Eindruck. Rupprecht setzte sich bei dieser Gelegenheit wie bei weiteren Treffen immer wieder für verhaftete Anhänger ein, doch konnte der Reichskommissar seine Macht gegenüber den Gewaltmaßnahmen Heinrich Himmlers, zunächst kommissarischer Polizeipräsident in München, nur unzureichend geltend machen. Das Amt des bayerischen Ministerpräsidenten erhielt im April der vormalige Lindauer Oberbürgermeister und Nationalsozialist Ludwig Siebert, mächtigster Mann im Kabinett war als Innenminister der Gauleiter von München-Oberbayern Adolf Wagner. Epp und Siebert bildeten das nationalkonservative Aushängeschild der neuen Machthaber. Die Gleichschaltung schritt rasch voran. Die Königsjugend, die Jugendgruppe des BHKB, musste im Mai in die Hitlerjugend überführt werden.[25] Am 4. Juli löste sich die BVP selbst auf.[26] Am 6. Juli verpflichtete sich Baron Guttenberg gegenüber der SA-Führung zur

1. Innere Emigration

freiwilligen Selbstauflösung des Königsbundes bis zum 31. Juli, am 4. August wurde dieser im Vereinsregister gelöscht.[27]

Der Kronprinz beschäftigte sich weiterhin mit der Frage der Reichsreform im Hinblick auf eine Neuordnung des Verhältnisses von Reich und Ländern. Erst am 9. September kam es zu einer wiederholt verschobenen weiteren Unterredung mit Reichsstatthalter Epp, in der Rupprecht sich erneut für die bayerische Eigenstaatlichkeit einsetzte.[28] Epp traten dabei nach der Erinnerung des Kronprinzen mehrfach Tränen in die Augen und er stimmte meist den Argumenten für eine Stärkung des Föderalismus zu. Irgendwelche konkreten Schritte aber unternahm er nicht, was belegt, wie sehr er den neuen Machthabern nur als Marionette diente. Im Januar 1934 versicherte der Reichsstatthalter dem Kronprinzen bei der Hochzeit des Grafen Toerring in Seefeld, dass die Reichsreform „in unserem Sinne" zurückgestellt sei.[29] Tatsächlich aber übertrug das am 30. Januar vom Reichstag beschlossene „Gesetz über den Neuaufbau des Reiches" die Hoheitsrechte der Länder auf das Reich und unterstellte die Landesregierungen der Reichsregierung.[30] Dies bedeutete das völlige Ende für einen föderalistischen Staatsaufbau im Sinne der Bismarckschen Reichsverfassung und damit das Gegenteil der Position Kronprinz Rupprechts. Als am 7. Februar auch noch die Staatsangehörigkeit in den deutschen Ländern aufgehoben wurde, entschloss sich Rupprecht von Bayern zu einem Protest, den er diesmal direkt an Hitler richtete:

„Sehr geehrter Herr Reichskanzler! Mein Urgrossvater König Ludwig I., ein begeisterter Deutscher zu einer Zeit, da nur wenige wahrhaft deutsch fühlten, der seiner Gesinnung Ausdruck verlieh durch die Errichtung der dem deutschen Volke in seiner Gesamtheit gewidmeten Ehrenmale der Walhalla bei Regensburg und der Befreiungshalle bei Kelheim, bestimmte für die Erziehung seines Sohnes: Bayer soll er werden, Bayer, aber nie zum Schaden des Deutschen. Diese Worte Ludwigs I. sind bei uns unvergessen und blieben nach vielen Wirrnissen der deutschen Geschichte die Richtschnur für die Handlungen seiner Nachfolger. Unter den weissblauen Fahnen sind Bayerns Söhne neben jenen der anderen deutschen Länder in zwei Kriegen ins Feld gezogen, da es galt, das deutsche Vaterland zu verteidigen.

Mit Stolz konnten Sie am ersten Jahrestage Ihrer Berufung zum Reichskanzler auf die Beseitigung des Marxismus und des Parteienstaates zurückblicken, ein Werk, das ich aufrichtig begrüsse.

Die vorgebrachte Begründung für die Errichtung eines der deutschen Stammesgeschichte widersprechenden Einheitsstaates weise ich jedoch zurück. Sie entbehrt jeder Berechtigung nach der in der Zeit der grössten Not durch Fürsten und Volk gemeinsam bewiesenen Treue zu dem geeinten Reiche, dem schon seit 1871 die Entscheidung über die machtpolitischen Belange zustand.

Bayern, der älteste und einer der deutschesten der deutschen Staaten, hat wirklich nicht verdient, einer Auflösung zu verfallen. Dies auszusprechen gebietet mir die Stimme des Blutes und die vielhundertjährige unlösliche Verbundenheit mit dem Volke, dem mein Geschlecht entstammt. Ich erblicke den gesunden Aufbau des Reiches in lebensfähigen Staaten mit entsprechender Selbstverwaltung."[31]

Ein Antwortschreiben Hitlers liegt nicht vor.

Der Kronprinz war durch diese Vorgänge auch emotional stark getroffen und hielt gleichsam als Kommentar fest, dass sein erst elfjähriger Sohn Prinz Heinrich über die Aufhebung der bayerischen Staatsbürgerschaft so erschüttert war, dass ihm Tränen in die Augen traten, als er am Radio davon hörte. Nach einem Jahr nationalsozialistischer Gewaltherrschaft und der Aufhebung der Staatseigenschaft Bayerns wurde Rupprecht von immer trüberen Gedanken bedrängt, doch behielt er seine Hoffnung für eine grundlegende Neugestaltung der politischen Verhältnisse. Die Nachricht, dass sein Schwager, König Albert von Belgien, am 17. Februar 1934 bei einem Kletterunfall in den Ardennen ums Lebens gekommen war, löste bei ihm düstere Selbstreflexionen aus: „Konnte nicht mir etwas derartiges widerfahren? Mir wäre es eine Erlösung aus den Sorgen und dem Ärger der Jetztzeit gewesen, aber vielleicht bin ich doch noch zur Lösung einer grossen Aufgabe bestimmt. Vielleicht? – Wer weiss?"[32] Bei ihm verfestigte sich die bittere Erkenntnis, man habe ihm die Heimat geraubt.[33]

Ausklingen öffentlicher Präsenz

Die alten gesellschaftlichen Kontakte und Verbindungen des Kronprinzen zu Traditionsvereinen dauerten zunächst auch unter dem neuen Regime an. Am Abend des 14. März 1933 erschien Rupprecht zum 65. Geburtstag der Münchener Künstler-Genossenschaft, wo die Ansprache des Architekten Eugen Hoenig in einer Huldigung für ihn endete.[34] Kurzfristig konnte er so die nationalsozialistische Machtergreifung vergessen. Am 1. April nahm er an einer Fahnenweihe des Königsbundes in München-Neuhausen teil, bei der die Königshymne gesungen wurde.[35] Unter die Abordnungen von 47 Vereinen hatten sich auch Braunhemden gemischt. Im Mai 1933 wurde letztmals von den Ortsgruppen des BHKB der Geburtstag des Kronprinzen begangen und mit Gottesdiensten gefeiert.[36] Bei seiner Rückkehr aus Griechenland am 22. Mai wurde er am Hauptbahnhof durch Delegationen von Vertretern der Offiziersverbände und monarchistischer Gruppierungen empfangen. In die im Leuchtenberg-Palais aufliegenden Geburtstags-Listen hatte sich neben Reichsstatthalter Epp auch der neue Ministerpräsident Siebert eingetragen.[37] Die beiden wahrten auch soweit die Form, dass sie bei Kabinettschef Josef Maria Graf von Soden-Fraunhofen anfragen ließen, ob der Kronprinz zu ihrem Empfang bereit sei. Rupprecht nahm 1933 weiterhin an

Regimentsfeiern im ganzen Land, etwa in Füssen oder Ingolstadt, teil. Dabei musste er eine Zunahme der Hakenkreuzfahnen gegenüber der weiß-blauen Beflaggung feststellen. Meist defilierten nun SA-Gruppen im Anschluss an die Veteranen an ihm vorbei. Die Feier der Max-Joseph-Ritter wurde am 14. Oktober 1933 öffentlich mit einem Festzug vom Ehrensaal im Armeemuseum zur Theatinerkirche unter Mitführung der Fahnen der Königlichen Armee begangen. Dabei brachten die Zuschauer Hochrufe auf den Kronprinzen aus. Rechtzeitig zur Feier seines 65. Geburtstages 1934 kehrte Rupprecht aus der Toscana nach München zurück, wo ihm zahlreiche Persönlichkeiten und Deputationen gratulierten. Am 18. Mai fand ein Festgottesdienst in der Theatinerkirche statt, Fahnenabordnungen von Krieger- und Veteranenvereinen hatten sich angesagt.[38] Bei seinen seltener werdenden öffentlichen Auftritten wurde der Kronprinz demonstrativ gefeiert. Als er am 10. Februar 1935 von der Predigt Kardinal Faulhabers anlässlich des Jahrestages der Papstkrönung aus St. Michael zurückkehrte, wurde er mit Hochrufen begrüßt.[39] Spätere öffentliche Ovationen waren dann aber bereits mit Repressionen für die Betroffenen verbunden.

Kronprinz Rupprecht konnte also 1933 und 1934 noch eine Reihe von Repräsentationsterminen, meist im Zusammenhang mit Gottesdiensten und Veteranenfeiern, weitgehend unverändert wahrnehmen. Als Thronprätendent und Generalfeldmarschall des Ersten Weltkrieges verfügte er bei den alten Eliten in Militär, Justiz und Polizei über ein ungebrochen hohes Ansehen. Dies galt auch für einzelne Nationalsozialisten, wenn auch Hitler selbst kein Monarchist war. Rupprecht erkannte die Äußerung des Ägyptologen Professor Friedrich Wilhelm von Bissing, Hitlers wirkliches Ziel wäre die Wiederherstellung der Monarchie, klar als Täuschung.[40] Anders verhielt es sich mit dem nun nominell ersten Mann in Bayern, Reichsstatthalter Franz von Epp. Von seiner Herkunft wäre der letzte Kommandant des Infanterie-Leib-Regiments eigentlich zur Unterstützung des Kronprinzen berufen gewesen, doch hatte er nur geringes Durchsetzungsvermögen. Stärker dem Königshaus verbunden zeigte sich der SA-Kommandeur Hauptmann Ernst Röhm. Er bewahrte sich die Anrede „Majestät" für den Kronprinzen und stand in ständigem Kontakt mit Baron Redwitz.[41] Der Kronprinz benützte seinen Einfluss auf ihn, um in Gefahr geratenen Gefolgsleuten zu helfen, doch wurde Röhm selbst 1934 Opfer eines internen Machtkampfes.

In den Bereich der traditionellen Kontakte gehörten die Beziehungen zu den deutschen und europäischen Dynastien. Allerdings litt man besonders in der Umgebung der ehemaligen deutschen Monarchen an gewissem Realitätsverlust. Im November 1933 vertrat Franz von Redwitz das Haus Bayern bei einer Besprechung der Vertreter der deutschen Königshäuser in Berlin.[42] Er plädierte dort für die Wiederaufrichtung des Kaiserreiches, um den angestammten Dynastien, auf Grund ihrer geschichtlichen Rechte und der Entwicklung der Länder, die Betätigung zum Wohle des deutschen Volkes zu ermöglichen. Auch Kaiser Wilhelm II. hoffte noch immer darauf, wieder den Thron besteigen zu können. Nur zeitweilig hatte er geglaubt, dass dies mit Hilfe der Nationalsozialisten geschehen könnte. Seine zweite, Gattin Kaiserin Hermine,[43] und sein vierter Sohn, Prinz August Wilhelm,[44] waren dagegen überzeugte Parteigänger Adolf Hitlers. Einsichtigeren Vertretern des Hauses Preußen war aber längst klar geworden, dass auf eine Restauration mit Hilfe der Nationalsozialisten nicht zu hoffen war.[45] Rupprecht teilte diese zutreffende Auffassung und verband sie mit Kritik am Haus Preußen: „Dass Hitler nicht daran denkt, die Hohenzollern wieder in den Sattel zu heben, ist sicher, ihr würdeloses Anbiedern hat ihn und viele seiner Anhänger gegen sie verstimmt."[46] Ob Hitler sich gegenüber Kaiser Wilhelm II. und seinem Haus allerdings anders verhalten hätte, wenn diese eine würdigere Haltung bewahrt hätten, muss dahingestellt bleiben; diese Einschätzung Rupprechts ging auf den ohnehin monarchistisch eingestellten Hauptmann Röhm zurück. Kronprinzessin Cecilie von Preußen lud Rupprecht zur Feier des 75. Geburtstages Wilhelms II. am 27. Januar 1934 ein. Er hatte bislang einen Besuch in Haus Doorn vermieden, war aber diesmal zunächst dazu bereit. Wegen der Zunahme antimonarchischer Hetze und um dem Gerede von einer Fürstenverschwörung keine Nahrung zu geben, fuhr er dann doch nicht nach Doorn.[47]

Lange bestanden bei den fürstlichen Dynastien und hochkonservativen Kreisen also noch nach der „Machtergreifung" Illusionen, dass Reichskanzler Hitler bald auf ihre Mitwirkung und damit auf die Restauration der monarchischen Staatsform in welcher Form auch immer angewiesen wäre. Kronprinz Rupprecht hielt solche Überlegungen zumindest schriftlich fest, obwohl er ein zu kritischer Geist war, als dass er wirklich davon überzeugt gewesen wäre. Zum Jahresanfang 1934 hörte er Gerüchte aus dem Kreis um Göring in Berlin, dass Reichsstatthalter Epp für einen hohen Posten im Reich vorgesehen sei, während Rupprecht sein Nachfolger in Bayern werden solle.[48] Der Kronprinz kommentierte dies: „Ich kann mich aber zu einem solchen nicht ernennen lassen, sondern nur aus eigenem Rechte die Herrschaft im Lande antreten. Aber das Gerücht gibt zu denken, umsomehr ich erfahre, dass man scheinbar an meinen Vetter Adalbert die Reichsstatthalterschaft angetragen oder ihm wenigstens von der Möglichkeit eines solchen Antrags gesprochen hat." Auch das Gerücht, dass der allerdings der nationalsozialistischen Bewegung verbundene Herzog Ernst August von Braunschweig, der Ehemann der Kaisertochter Viktoria Luise, als künftiger Kaiser ausersehen wäre, hielt er in seinen Aufzeichnungen fest.[49]

Zumindest für den dabei anwesenden bayerischen Adel war das Fest des Georgi-Ritterordens zu einem Höhepunkt der monarchischen Repräsentation in republikanischer Zeit ausgebaut worden. Ab 1933 war dies nicht mehr möglich, wenn auch der Wegfall des Ordensfestes 1933 und 1934 mit der wirtschaftlichen

Notlage begründet wurde, die Gottesdienste fanden in der Kapelle im Leuchtenberg-Palais statt.[50] Erst am Georgitag 1935 wurde in stark vereinfachten Formen – im Zivilanzug – wieder ein Ordensfest abgehalten. Bis zum Kriegsausbruch fanden in bescheidenem Rahmen diese Feste noch statt, teils auf den Immaculata-Tag verlegt und mehrfach schon in Abwesenheit des Kronprinzen. Während sich der katholische Georgi-Ritterorden resistent gegen den Nationalsozialismus erwies, drang dessen Ungeist über einzelne Mitglieder in den Militär-Max-Joseph-Orden ein. Professor Wirz, der Rupprecht im Sommer 1935 wegen einer Hautkrankheit behandelt hatte, beschwerte sich bei Innenminister Wagner, dass der Kronprinz ihn und einen weiteren Parteigenossen, die zum Ordensfest am 13. Oktober 1935 in Parteiuniform erschienen waren, absichtlich übersehen habe.[51] Auch sonst sei das Fest vom Geist der Monarchie geprägt gewesen, ohne Adolf Hitler und seine nationale Erhebung zu würdigen. Ab 1938 unterblieben die Ordensfeste, die mit einem Requiem für den Ordensstifter verbunden gewesen waren.[52]

Rupprecht leitete seine autobiografischen Reflexionen zum Jahr 1937 mit der Feststellung ein, dass seine Auftritte in der Öffentlichkeit immer seltener wurden, zumal nun die Regimentsvereine den Veteranenvereinen einverleibt und damit der Partei unterstellt worden waren.[53] Nach dem Trauergottesdienst des Infanterie-Leib-Regiments am 14. November 1937 ehrten die Veteranen Generalfeldmarschall Rupprecht von Bayern durch Vorbeimarsch. Darauf wurden ihre führenden Persönlichkeiten verhaftet, der Verein Kameradschaft des ehem. k. b. 1. Infanterie-Regiments König verboten. Rupprecht kommentierte dies: „Immer enger wurde der Kreis, in welchem ich mich bewegen konnte." Der Kronprinz selbst beschränkte seinen Umgang zunehmend auf alte Bekannte. So besuchte er nun häufiger die Herrenabende von Prof. Dr. Friedrich Müller, der ihm vorher die Gästeliste zur Billigung vorlegte. Dazu gehörten etwa Geheimrat Escherich, der Bruder des Forstrats, und die Professoren Max Buchner und Max Lebsche.[54] Auch das Vereinsleben litt unter der Gleichschaltung, der Museumsverein war aufgelöst worden, das gesellschaftliche Leben des Kronprinzen, der zunehmend in eine Isolation geriet, reduzierte sich. Solange es möglich war, informierte er sich über die politischen Ereignisse durch die ausländische Presse, besonders die Neue Zürcher Zeitung.

Bedrohung und Resistenz

Seine hohe Stellung und seine Popularität schützten Kronprinz Rupprecht zunächst vor direkten Verfolgungen durch die Nationalsozialisten, doch musste er im Frühjahr 1933 erfahren, dass er bereits seit Jahren von einem Hilfschauffeur bespitzelt worden war, der ins Braune Haus Bericht erstattet hatte.[55] Die neuen

Machthaber begannen aber sofort mit Verhaftungen in Rupprechts Umgebung. Baron Erwein Aretin, Fritz Büchner und Franz von Gebsattel wurden bereits am 13. März 1933 verhaftet. Die Anklageerhebung wegen Landesverrats und der Zusammenarbeit mit katholischem Adel in Österreich und Belgien unterblieb aus Beweismangel, doch wurden sie länger in „Schutzhaft" gehalten.[56] Rupprecht verwandte sich darauf für sie bei einem Gespräch mit Epp am 14. März. Gleichzeitig setzte er sich für den am Vortag ebenfalls verhafteten Grafen Toni Arco ein, einen Regimentskameraden Epps.[57] Arco hatte geäußert, so gut wie Eisner könnte er auch einen anderen erschießen. Der Kronprinz schlug vor, Arco gegen sein Ehrenwort freizulassen, nichts gegen Hitler zu unternehmen. Tatsächlich führten die Interventionen bei Epp dazu, dass dieser sich ebenso wie Ministerpräsident Siebert für eine baldige Entscheidung im Falle Aretins einsetzte.[58] Allerdings blieb dies zunächst ohne Wirkung, löste aber bei Himmler deutliche Verstimmung aus. In der Ministerratssitzung vom 7. April kam unter dem Vorsitz Epps zur Sprache, dass die Zahl der Schutzhäftlinge allein in Bayern seit dem 1. April bereits 5000 betrüge und noch steigen werde, weshalb feste Regeln und eine gewisse Rechtssicherheit für die Betroffenen gefordert wurden.[59]

Erbprinz Albrecht intervenierte während der Griechenlandreise seiner Eltern im Frühjahr 1933 in Gesprächen mit Epp, Siebert und Wagner für Aretin und erreichte, dass dieser vor Gericht gestellt werden sollte.[60] Während Fritz Büchner zu Anfang April freigelassen worden war, wurde nun der Erlanger Professor Robert Ludwig Müller, Mitglied der Landesleitung des Königsbundes, vorübergehend in „Schutzhaft" genommen.[61] Er kam ebenso wie Graf Arco und Franz von Gebsattel bald wieder frei, während der ebenfalls inhaftierte Prof. Paul Nikolaus Cossmann zunächst in eine Irrenanstalt verlegt wurde. Die Haft Baron Aretins aber dauerte an.

Die Nationalsozialisten erkannten die Gegnerschaft, die der Kronprinz ihrem Regime entgegensetzte. Dabei enthielt er sich jeder öffentlichen Kundgebung. Allein bereits die Nichtteilnahme an den offiziellen Feiern des Regimes und bei den Wahlen[62] wurde als Widerstand verstanden. Rupprecht verbot auch die Beflaggung des Leuchtenberg-Palais mit der Hakenkreuzfahne.[63] Bereits im Mai 1933 drohte Staatsminister Hermann Esser gegenüber Baron Guttenberg, dass SS und SA Maßnahmen gegen den Kronprinzen ergreifen würden.[64] Zunächst schützten ihn nicht nur seine tiefe Verbundenheit mit der bayerischen Bevölkerung, sondern auch sein hohes Ansehen im Ausland.

Sorgfältig nahm Kronprinz Rupprecht die antikonservativen, antimonarchischen, antikatholischen und auch antisemitischen Stellungnahmen und Akte nationalsozialistischer Granden zur Kenntnis.[65] Bereits im April 1933 machte er sich Aufzeichnungen über die Gewalttaten der Nationalsozialisten und die Verfolgung von Juden. Trotz Kritik an ihrem nach seiner Meinung übergroßen Einfluss in den Berufen als Rechtsanwälte, Ärzte und Schriftsteller verdammte er das Vorgehen der Nationalsozialisten gegen sie. Im Juni 1933 beobachtete er mit zunehmendem Entsetzen das Andauern antisemitischer Ausschreitungen und den rechtlosen Zustand, in Dachau waren angeblich bei einem Fluchtversuch elf Juden erschossen worden.[66] Während der bayerische Justizminister Dr. Hans Frank erklärte, er sei gegenüber den Gewaltexzessen machtlos, schob Reichsstatthalter Epp die Verantwortung der Staatsregierung zu. Mit Besorgnis musste Rupprecht dann die Verhaftung der BVP-Politiker Dr. Fritz Schäffer, Hans Ritter von Lex,[67] Dr. Anton Pfeiffer, Hans Stimmer, Fürst Karl Wrede, Baron Karl Hirsch und Dr. Alois Hundhammer zur Kenntnis nehmen.

Im Herbst 1933 wurde erstmals ein Mitglied der Königlichen Familie direkt bedroht. Erbprinz Albrecht war in Kreuth als grimmiger Gegner des Nationalsozialismus denunziert worden, doch verhinderte Röhm dessen vorgeschlagene Internierung in Dachau.[68] Am meisten beschäftigte Rupprecht das Schicksal des im November aus Stadelheim in das Konzentrationslager Dachau verschleppten Barons Aretin.[69] Deshalb bat der Kronprinz am 11. November Hauptmann Röhm zu sich. Dieser verhielt sich nach seiner Auffassung gegenüber ihm tadellos, erklärte aber, nur Epp könne etwas erreichen. Eine Woche später schrieb der Kronprinz auf Drängen von Redwitz nochmals an Röhm, um zu erfahren, welche Beschuldigungen gegen Aretin vorlägen. Alfons von Redwitz hörte dann im Berliner Herrenclub, Röhm sei gekränkt, weil er in diesem Schreiben als „Hauptmann" und nicht entsprechend seiner Stellung als Minister angeredet worden war. Franz von Redwitz wollte ihm darauf verdeutlichen, dass Rupprecht die Anrede „mein lieber Herr Hauptmann Röhm" als „Ausdruck des Vertrauens" gewählt habe.[70] Erwein von Aretin wurde erst im März 1934 aus der Haft entlassen und zunächst in die Kuranstalt Neu-Wittelsbach gebracht, bis er im Mai endlich seine Freiheit zurückerhielt.[71]

Nach der „Machtergreifung" fehlte es nicht an Versuchen, den Kronprinzen für eine Zusammenarbeit mit dem Nationalsozialismus zu gewinnen. Er wies den ihm vorgetragenen Wunsch nach dem Eintritt bayerischer Prinzen in SA oder SS aber entschieden zurück, wie er in seinen Aufzeichnungen festhielt: „Es wäre das Dümmste, was wir machen könnten, wenn wir einer uns feindlichen Bewegung zur Reklame dienen würden!"[72] Zu einer persönlichen Begegnung Kronprinz Rupprechts mit Hitler kam es nicht mehr. Als der Reichskanzler am 12. August 1933 ein Wagner-Konzert in Schloss Neuschwanstein besuchte, vermied er den von Rudolf Hess angeregten Besuch beim Kronprinzen, der seinen Sommersitz in Hohenschwangau bezogen hatte. Trotzdem liefen auch im Herbst 1933 noch Bemühungen, den Kronprinzen mit dem neuen Reichskanzler zusammenzubringen, obwohl sich Rupprecht selbst sicher war, dass Hitler daran nicht interessiert war. Nach seinen Informationen hatte dieser ihn auf Grund einer "persönlichen Rancüne" nicht zum ersten "Tag der deutschen Kunst" anlässlich der Grundsteinlegung des Hauses der Deutschen Kunst in München am 15. Oktober 1933 eingeladen.[73] Tatsächlich hatte der Reichskanzler auf eine Anfrage des bayerischen Innenministeriums eine Einladung untersagt.[74] General Ludwig von Vallade informierte Rupprecht dann, dass Reichspräsident Hindenburg ein solches Treffen angeregt habe. Reichswirtschaftsminister Kurt Schmitt und Reichsbankpräsident Schacht setzten sich ebenfalls bei Hitler dafür ein.[75] Später teilte Staatssekretär Otto Meißner Kronprinz Rupprecht mit, der Reichspräsident habe den Reichskanzler zu einer Begegnung mit Rupprecht aufgefordert. Hitler soll sich dazu aber erst für die Zeit nach der Umsetzung der geplanten Reichsreform bereit gezeigt haben.[76] Auch der neue Befehlshaber der VII. Reichswehrdivision, Generaloberst Wilhelm Adam, der dem bayerischen Kronprinzen am 13. Oktober 1933 seinen Antrittsbesuch abstattete, wollte ihm eine Begegnung mit dem Reichskanzler vermitteln. Adolf Hitler hegte aber seit dem November 1923 und den Auseinandersetzungen um das Volksbegehren gegen den Young-Plan 1929 eine persönliche Antipathie gegen Kronprinz Rupprecht. Hitler eröffnete dem Berliner Vertreter Wilhelms II., Hausminister Wilhelm von Dommes, bei einer Begegnung im April 1934, er habe es bitter empfunden, dass die deutschen Fürsten kein Verständnis für seinen Kampf gezeigt, ja seine Bewegung wie der bayerische Kronprinz als "unreife Lausejungens" beschimpft hätten.[77] Auch gegenüber dem NS-Parteimitglied Prinz August Wilhelm von Preußen brachte Hitler seine Abneigung gegen Rupprecht von Bayern zum Ausdruck.

Der italienische Diktator Benito Mussolini, der selbst freilich ein durchaus ambivalentes Verhältnis zum deutschen Nationalsozialismus hatte, bemühte sich an der Jahreswende 1933/34 um ein Treffen Kronprinz Rupprechts mit Hitler. Der italienische Beauftragte Oberst Grammacini erklärte gegenüber Baron Redwitz, der Nationalsozialismus sei nun gefestigt.[78] Deshalb riet er, der Kronprinz solle zur Erhaltung der Monarchie eine Geste des Mitgehens mit dem Regime setzen, was dieser nachdrücklich ablehnte. Im Februar 1934 teilte der mit einer italienischen Prinzessin verheiratete Prinz Konrad von Bayern seinem Vetter Rupprecht mit, dass Mussolini eine Begegnung mit Hitler angeregt habe.[79] Der Kronprinz wollte jedoch nicht ins Braune Haus gehen und die Angelegenheit zunächst durch Baron Redwitz mit Röhm und Epp klären lassen. Epp eröffnete dann im März Prinz Konrad, dass Hitler kein Gespräch mit dem Kronprinzen wünsche. Bei aller grundsätzlichen Gegnerschaft zum Nationalsozialismus wäre Kronprinz Rupprecht zu Gesprächen mit seinen Vertretern bereit gewesen, bestand aber unverändert auf seiner Stellung, was ihn vor jeder Anbiederung bewahrte.

Im November 1933 entschloss sich der Kronprinz, dem Drängen des Fürsten Oettingen und anderer nachzugeben und Josef Graf Soden aus seinem Dienst zu entlassen.[80] Sein Kabinettschef hatte sich allzu sehr als Gegner des Nationalsozialismus exponiert. Röhm rechnete bereits mit seiner Verhaftung, die aber jetzt durch die Rücknahme aus der „Schusslinie" vermieden werden konnte. Rupprecht wusste, dass Graf Soden ihm treu ergeben war, doch war er nach seiner Auffassung von nervöser Geschäftigkeit und Unvorsichtigkeit gegenüber den neuen Machthabern. Der Kronprinz übertrug das Amt des Kabinettchefs zusätzlich Franz von Redwitz. Dieser musste nun die persönliche Bewegungsfreiheit Rupprechts und seiner Familie sichern wie die Kontakte zu bayerisch-monarchistischen Kreisen aufrechterhalten. Seine Aufgabe bestand – wie Sendtner formulierte – darin, einen modus vivendi mit dem Regime zu finden.[81]

Je stärker sich das Dritte Reich verfestigte und totalitäre Züge annahm, desto weniger duldete es unabhängige Gewalten. Da Rupprecht zu keinen wesentlichen Konzessionen gegenüber den braunen Machthabern bereit war, werteten sie seine Zurückhaltung als Widerstand und drängten ihn aus dem öffentlichen Leben. Obwohl er die Beflaggung seines Münchner Palais mit Hakenkreuzfahnen ablehnte, gab sein Verwalter Baron Zu Rhein am Mittag des 9. November 1933, dem Jahrestag des „Marsches auf die Feldherrenhalle", den wiederholt vorgetragenen Aufforderungen schließlich nach und ließ die weiß-blauen Fahnen einholen.[82] Als Hitler am 18. März 1934 München besuchte, war wiederum Befehl zur Beflaggung ergangen, was Rupprecht für das Leuchtenberg-Palais erneut verbot.[83] Darauf befestigten Leute mit Feuerwehrleitern von außen Hakenkreuzfahnen.

Zum Jahresende 1933 empfing Rupprecht den Mitarbeiter Vizekanzler von Papens, Dr. Edgar Julius Jung, einen der wichtigsten Protagonisten der Konservativen Revolution, in Leutstetten. Er gratulierte ihm zu seiner vor einem dreiviertel Jahr verfassten Schrift „Sinndeutung der deutschen Revolution",[84] welche die anfänglichen Erfolge des Nationalsozialismus rühmte, um dann aber dessen Schattenseiten wie den rassischen Antisemitismus zu beleuchten.[85] Jung erwiderte, dass sich seine Ansicht mittlerweile geändert habe, er hielte die Führer der Partei nun für „Narren und Verbrecher". Als der Kronprinz ihn zur Vorsicht mahnte, meinte Jung, er sei durch seine Vortragsreisen im Ausland bekannt und deshalb geschützt. Tragischerweise irrte er sich damit, er wurde am 1. Juli 1934 von der SS ermordet. Rupprecht und Jung stimmten überein im Konzept einer Reichsreform mit der Aufteilung Preußens und der Neuordnung des Reiches in sieben etwa gleich große Länder mit möglichst stammesmäßig gleichartiger Bevölkerung. An die Spitze des Reiches sollte zunächst ein Reichsverweser treten. Wenig später traf Rupprecht mit Oswald Spengler zusammen, der ihm erzählte, die nationalsozialistische Propaganda gegen seine Bücher bildete die beste Werbung.[86]

Bei der Rückkehr von seiner Englandreise am 14. Juli 1934 erfuhr Rupprecht, dass Adolf Hitler Reichsstatthalter Epp befohlen hatte, seine Reise ins

Ausland zu verhindern.[87] Diese Anordnung war auf Grund einer Eingabe Himmlers an Hitler aus angeblich außenpolitischen Gründen erfolgt.[88] Was dies bedeuten mochte, konnte der Kronprinz sich angesichts zahlreicher Ermordeter im Zusammenhang mit dem sogenannten „Röhmputsch" vom 30. Juni ausmalen. Alfons von Redwitz, der jüngere Bruder des Kabinettschefs, war verhaftet und nach Dachau verschleppt worden.[89] Er wurde dort misshandelt und Zeuge zahlreicher Erschießungen. Bei seiner Entlassung wurde er unter Todesandrohung zum Schweigen verpflichtet. Auch Drohungen gegen den Kronprinzen wurden dabei ausgestoßen. Enoch von Guttenberg war ebenfalls verhaftet worden, konnte aber bald seine Freiheit zurückgewinnen. Der vorgewarnte Josef Graf Soden entging der Verhaftung durch die SS, weil er rechtzeitig in die Berge und in die Schweiz geflohen war, wo er ein halbes Jahr blieb.[90] Hitler benutzte den „Röhmputsch" dazu, nicht nur seine parteiinternen Gegner, sondern auch konservative Kritiker auszuschalten und zu ermorden, darunter General von Schleicher, Dr. Edgar Julius Jung, Gustav von Kahr und Dr. Fritz Gerlich.

Mit Ernst Röhm verlor der Kronprinz seinen einflussreichsten Kontaktmann zu den neuen Machthabern. Franz von Redwitz gelang es damals, mit Hilfe eines zum Regimegegner gewordenen Trägers des Goldenen Parteiabzeichens, dessen Identität nicht bekannt ist, einen Informationskanal bis in die Gestapo zu legen.[91] Im Herbst 1934 erfuhr er, dass im Zusammenhang mit einer geplanten Wiederholung der Mordaktion vom 30. Juni durch die Gestapo auch ein „Rollkommando" für Leutstetten vorbereitet wurde. Der Freund Rupprechts, Prof. Dr. Otto Lanz, erhielt unter seiner Schweizer Anschrift einen am 11. September in Luzern abgestempelten, sicher zur Weitergabe an Rupprecht bestimmten Brief mit einer Warnung: „Gestern Abend traf aus Umgebung Goebbels aus Berlin folgende Nachricht ein: „Säuberungsaktion, die für 24. und 25. August geplant war und wegen Ablebens Hindenburgs und wegen des Parteitages in Nürnberg verschoben werden musste, jetzt für Mitte Oktober vorgesehen. Säuberungsaktion gegen Reaktionäre jeglicher Schattierung soll mit brutaler Schärfe durchgeführt werden, so wie Hitler es in seiner Nürnberger Proklamation angesagt hat. Möglichst baldige Warnung aller gefährdeten Persönlichkeiten jetzt schon empfehlenswert. Bei schriftlichem, fernmündlichen und Currierverkehr äußerste Vorsicht geboten, da schärfste Überwachung der Gestapo.["][92] Wahrscheinlich stammte dieses anonyme Schreiben von dem Beuroner Benediktinerpater Odo, welchen Ordensnamen Prinz Carl Alexander, der dritte Sohn Herzog Albrechts von Württemberg, führte. Er stand im Sommer 1934 in einem intensiven Briefwechsel mit Gertrud Kyzer-Lanz, der Tochter von Prof. Lanz.[93] Die beiden organisierten einen Nachrichtenkanal zu Rupprecht, für den sie sich einer Geheimsprache bedienten. Gertrud Kyzer-Lanz schrieb dann unter dem 1. Oktober an den Kronprinzen, dass gegenwärtig gutes Wetter herrsche, aber in der Monatsmitte nach

1. Innere Emigration

Auskunft des Hundertjährigen Kalenders mit einem Witterungsumschwung zu rechnen sei.[94] Dies war eine verdeckte Warnung vor einer befürchteten Aktion der Gestapo gegen den bayerischen Kronprinzen. Bei der Reichswehr leistete ihm der ehemalige königlich bayerische Offizier und nachmalige Generalstabschef der Wehrmacht, General Franz Halder, wertvolle Dienste.[95] Als Münchner Artillerie-Führer seit Oktober 1934 versprach er, bei einer zu erwartenden Aktion der Gestapo eine Truppenübung bei Starnberg anzusetzen und eine Abteilung nach Leutstetten zu verlegen. Zu Vorbesprechungen erschien er in Uniform im Leuchtenberg-Palais. Redwitz konnte eine kleine bewaffnete Leibgarde um Leutstetten aufbauen. Gleichzeitig wurden Vorbereitungen für eine Flucht des Kronprinzen mit seiner Familie durchs Gebirge über Oberammergau nach Tirol und Südtirol getroffen und Versteckmöglichkeiten vorbereitet. Als im Januar 1935 neuerlich Gerüchte über eine Gestapo-Aktion ruchbar wurden, erteilte General Halder den Rat, der Kronprinz solle sich vorsichtshalber ins Ausland begeben, doch wurde die Aktion dann abgeblasen.

Mit wachen Augen nahm Kronprinz Rupprecht die Zunahme der Gewaltmaßnahmen des nationalsozialistischen Regimes wahr. Seine Lebenserinnerungen für die Jahre 1935 und 1936 stellte er unter die Überschrift „Mangelndes Rückgrat, Kadaver-Gehorsam und Byzantinismus", um das Verhalten seiner Landsleute gegenüber den braunen Machthabern zu charakterisieren.[96] Davon schloss er auch die Führungspersönlichkeiten nicht aus, den Tod des Reichspräsidenten im Vorjahr kommentierte er: „War Hindenburg etwa jemals mehr gewesen als ein blosser Name? Nur seine grosse Hinfälligkeit bietet eine Entschuldigung dafür, dass er Hitler seine Schandtaten ungehindert vollbringen liess." Scharf kritisierte er die sogenannten Nürnberger Gesetze, die wegen „ihrer inhumanen Bestimmungen von allen Einsichtigen mißbilligt" würden.[97] Hitler brauchte die „Judenhetze" nach seiner Ansicht, um die Gedanken der Menge von anderem abzulenken. Persönliche Hilfestellung für einen Betroffenen ist in einem Fall belegt. Der Max-Joseph-Orden setzte sich für sein Mitglied Prof. Dr. Titus Ritter von Lanz[98] ein, den die Nationalsozialisten aus seiner Professur für Anatomie an der Universität München verdrängen wollten, weil seine Ehefrau einen „nichtarischen" Großvater hatte.[99] Der Kronprinz erreichte über den Wiener Kardinal Theodor Innitzer die Zusage eines Listenplatzes für Lanz an der Universität Wien.

Rupprecht verfolgte aufmerksam die Auseinandersetzung der katholischen Kirche mit dem Regime und die Entwicklung der Bekennenden Kirche in der evangelischen Kirche. Die katholische Kirche hatte sich vor 1933 entschieden vom Nationalsozialismus distanziert und verschiedentlich die Unvereinbarkeit der Mitgliedschaft in dieser Partei mit der Kirchenzugehörigkeit festgestellt. Nach dem 30. Januar 1933 änderte sich diese grundsätzliche Einstellung nicht, doch waren Hitler und seine Partei nun zu Trägern der Reichsregierung und damit zur legitimen Obrigkeit geworden. Die Bischöfe waren bemüht, sich auf die Verteidigung ihrer ureigensten Bastionen zurückzuziehen und ihre Autonomie in der Seelsorge zu verteidigen.[100] Mit dem Abschluss des Reichskonkordates vom 2. Juli 1933, das mit den Regierungen von Weimar nicht möglich gewesen war, schienen sie hierfür starke Rechtspositionen erhalten zu haben. Dafür waren sie bereit, den politischen und den Verbände-Katholizismus zu opfern. Trotzdem gerieten die Angehörigen von Institutionen, die sich gegenüber dem Nationalsozialismus resistent verhielten, in Bedrängnis. Nach den Informationen des Kronprinzen war Eugenio Kardinal Pacelli besorgt über das Vorgehen gegen die Katholiken in Deutschland, Papst Pius XI. trug sich bereits im März 1934 wegen der Konkordatsverletzungen mit dem Gedanken eines geharnischten Protestes.[101] Ab 1935 erfolgte eine Angriffswelle des Regimes auf Bischöfe und Priester, denen Devisenvergehen und Sittlichkeitsdelikte vorgeworfen wurden, um den Klerus insgesamt zu diffamieren. Im Juli 1936 wurden erstmals Fronleichnamsprozessionen beeinträchtigt, die geschlossene Teilnahme von Schulklassen und Behörden wie die gelb-weißen Kirchenfahnen wurden untersagt.[102] Die Bischöfe antworteten mit einer Vielzahl von Hirtenbriefen. Höhepunkt dieser von der Kanzel herab ausgetragenen Kämpfe bildete 1937 die von Kardinal Faulhaber entworfene und von Kardinalstaatssekretär Pacelli ausformulierte deutschsprachige Enzyklika Pius' XI. „Mit brennender Sorge", welche die Kirchenfeindschaft des Regimes offen brandmarkte.

Trotz seiner offensichtlichen persönlichen Gefährdung bemühte sich Kronprinz Rupprecht, beraten von seinem Kabinettschef Franz von Redwitz, frühzeitig Vorsorge zu treffen, um den Staatscharakter Bayerns nach dem erwarteten Zusammenbruch des nationalsozialistischen Regimes zu bewahren beziehungsweise erneut zu erringen.[103] Dabei dachte er an das Königtum, um der Bevölkerung Halt und Ziel zu geben. In den Kreis, der sich damit befasste, wurden der ehemalige Nürnberger Oberbürgermeister und Reichswehrminister, Dr. Otto Geßler, und der letzte bayerische Gesandte in Berlin, Franz Sperr,[104] gezogen. Dazu kam der frühere Staats- und Reichsminister Dr. Eduard Hamm.[105] Ab dem Frühjahr 1935 trafen sie sich in ihren Münchner Wohnungen oder bei Spaziergängen, um nicht abgehört zu werden. Gelegentlich besuchten sie einzeln oder zu mehreren den Kronprinzen in Leutstetten, doch immer im Wagen von Redwitz, um die Überwachung der Autonummern zur erschweren. Ihre Tätigkeit beschränkte sich darauf, politische und staatsrechtliche Überlegungen für die Zeit nach dem Zusammenbruch des Regimes anzustellen und mit für Führungsaufgaben geeigneten Persönlichkeiten Kontakt aufzunehmen. Regelmäßig wurden sie, eingeführt von Franz von Redwitz, von Kronprinz Rupprecht in München oder Leutstetten empfangen.[106]

Kronprinz Rupprecht in spanischer Tracht als Großmeister des Hausritterordens vom Heiligen Hubertus, Ölgemälde von Anton Faistauer (1887–1930), 1928.

*Kronprinzessin Antonie mit ihren Kindern im Winter:
Prinz Heinrich und die Prinzessinnen Irmingard, Editha, Hilda und Gabriele, um 1930.*

Erbprinz Albrecht mit seiner Braut Maria Gräfin Draskovich von Trakostjan, 1930.

Kronprinzessin Antonie, von schwerem Leiden gezeichnet, mit ihren fünf Töchtern nach der Befreiung aus den Konzentrationslagern, Luxemburg 1945.

Drei Generationen im Königshaus:
Kronprinz Rupprecht, Prinz Franz, Prinz Max Emanuel, Erbprinz Albrecht, 1950.

Fackelzug zum Einzug Kronprinz Rupprechts in Schloss Nymphenburg, 17. Januar 1953.

Kronprinz Rupprecht und Franz Frhr. v. Redwitz bei der Betrachtung einer neu erworbenen italienischen Renaissance-Plastik, Schloss Nymphenburg, März 1954.

*Kronprinz Rupprecht vor Schloss Nymphenburg bei der Parade
anlässlich seines 85. Geburtstags, stehend Prinz Franz und Erbprinz Albrecht, 18. Mai 1954.*

Kronprinz Rupprecht beim Betreten des Basilika St. Anna in Altötting zum Requiem für Kronprinzessin Antonie anläßlich ihrer Herzbestattung, 13. November 1954.

Aufbahrung von Kronprinz Rupprecht in der Uniform als Generalfeldmarschall, Leutstetten 3. August 1955.

Bald bildeten sich weitere monarchistische Widerstandsgruppen, doch entzog sich der Kronprinz Kontakten mit ihnen. Die Münchner Bildhauerin Margarete von Stengel hielt ihre alten Verbindungen mit Königsbundmitgliedern aufrecht und organisierte Treffen mit Gleichgesinnten.[107] Am 14. November 1935 wurde sie erstmals von der Gestapo inhaftiert. Zur ihren Bekannten gehörten Heinrich Weiss, Schlossgarten-Verwalter von Schleißheim, und Wilhelm Seutter von Lötzen. Zu diesem Kreis stieß im Sommer 1935 der städtische Bauaufseher Joseph Zott, der sein Engagement mit dem Leben bezahlen sollte. Eine wichtige Bereicherung war Heinrich Pflüger, von dessen sechs Brüdern vier Priester waren, die sich ebenfalls anschlossen und weitere Geistliche zur Mitarbeit gewannen. Monarchisches Gedankengut und die päpstliche Soziallehre bestimmten die Überzeugungen dieses Kreises.

Der Rechtsanwalt Dr. Adolf Freiherr von Harnier gab dann dem Stengel-Kreis Format und politisches Gewicht.[108] Die Treue zum Königlichen Hause, die theoretische Überzeugung von der Monarchie als bester Staatsform und sein katholischer Glaube bestimmten sein Handeln. Harnier dachte an ein enges Zusammenwirken der katholischen Staaten Bayern und Österreich und wollte das Bismarck-Reich von 1871 überwinden. Konkretes Ziel war zunächst weniger der Sturz des Regimes als der Aufbau einer Auffangorganisation für die Zeit danach. Es gab drei Hauptkreisleitungen in München-Oberbayern, Niederbayern und Schwaben, doch bestand die differenzierte Organisation nur auf dem Papier. Beim Geburtstagsempfang Kronprinz Rupprechts 1938 in Leutstetten hatte Freiherr von Harnier für drei seiner Mitstreiter, Josef Zott, Franz Fackler und Heinrich Pflüger, eine Audienz für den 24. Juli erwirkt.[109] Rupprecht vermied es dabei jedoch sorgfältig, auf politisch verfängliche Themen zu sprechen zu kommen. Beim Geburtstagsempfang im Mai 1939 informierte ihn Harnier, dass er eine größere Anzahl von Mitstreitern aus dem niedrigen Mittelstand um sich gesammelt habe, um für den monarchischen Gedanken zu werben.[110] Der Kronprinz warnte ihn eindringlich „vor der Schaffung einer Organisation, die ihn und seine Gesinnungsgenossen nutzlos gefährden könne".[111]

Kronprinz Rupprecht und Erbprinz Albrecht verhielten sich gegenüber diesen Widerstandsgruppen reserviert, um sie nicht zu unbesonnenem Handeln zu ermutigen und dadurch ein befürchtetes Blutvergießen auszulösen. Trotzdem vermuteten Heinrich Himmler und Reinhard Heydrich in ihnen die Seele des Widerstands in Bayern und ließen sie durch die Gestapo überwachen.[112] Rupprecht lehnte auf einen gewaltsamen Sturz des Regimes abzielende Maßnahmen ab, weil er an deren Erfolg zweifelte. Gegenüber Adolf von Harnier äußerte er: „Der Nationalsozialismus könne nur an sich selbst zu Grunde gehen und werde es."[113] Bereits 1936 hatte die Gestapo den ehemaligen Kommunisten Max Troll, genannt „Theo", in den Harnier-Kreis eingeschleust, der weitere Spitzel nachzog.[114] Erst am 4. August 1939 schlug die Gestapo zu, 125 Personen wurden verhaftet.[115] Die weniger belasteten aktiven Monarchisten wurden ab Weihnachten 1939 entlassen, die anderen nach Stadelheim gebracht, wo sie jahrelang inhaftiert blieben. Die Mehrzahl wurde im Verlauf des Krieges freigelassen. Acht Gefangenen wurde im Juni 1944 der Prozess gemacht, sie wurden zu unterschiedlich langen Zuchthausstrafen verurteilt.[116] Josef Zott wurde am 16. Januar 1945 in Berlin gehängt, Freiherr von Harnier starb am Tag seiner Befreiung aus dem Zuchthaus Straubing am 12. Mai 1945 an Hungertyphus.

Privatleben und Reisen

Das Privatleben Kronprinz Rupprechts wurde durch die Machtübernahme 1933 zunächst nur am Rande tangiert, doch wurde seine von den Erträgen des Wittelsbacher Ausgleichsfonds abhängige Einkommenssituation immer prekärer. Die Pacht- und Mietgelder der dem WAF gehörigen Güter blieben weit hinter den ursprünglichen Erwartungen zurück. Von den ursprünglich erhofften zwei Millionen Jahreseinnahmen waren sie weit entfernt, auch wenn die Einkünfte ab 1935/36 wieder auf über eine halbe Million jährlich stiegen.[117] 1936 übernahm der ehemalige Generalstabsoffizier Ludwig Graf von Holnstein aus Bayern den Vorsitz im Verwaltungsrat. Die Verwaltung bemühte sich darum, das vorhandene Kapital in Grundbesitz umzuwandeln. 1938 gelang der Kauf des Gutes Wiesenfelden, das sich im Osten Regensburgs in günstiger Lage zu Wittelsbacher Waldbesitz um Steinach befindet.

Die wichtigste Sparmaßnahme Kronprinz Rupprechts bildete die radikale Einschränkung seiner Hofhaltung. Im Juni 1933 wurde ihm endgültig klar, dass er wegen der noch von der Regierung Brüning eingeführten hohen Wohnsteuer künftig auf einen seiner Sommeraufenthalte in Berchtesgaden oder Hohenschwangau verzichten müsse.[118] Obwohl ihn die Trennung von der Gebirgslandschaft und dem Schloss, das er mit großem Engagement mit Kunstwerken ausgestattet hatte, besonders schmerzte, zog er sich aus Berchtesgaden schon wegen der Nähe von Hitlers Domizil auf dem Obersalzberg zurück. Als Rupprecht im August 1933 noch einmal das Schloss besuchte, um vom Staat endlich ausgeliefertes Mobiliar zu besichtigen, fand er Hitlers Berghof von ältlichen Damen umlagert. Obendrein behielt sich Göring dann als Reichsjägermeister die Gamsjagd dort vor. Auch das Münchner Leuchtenberg-Palais musste der Kronprinz schließen und konnte sich dort nur noch ein Absteigequartier halten. Trotz dieser Sparmaßnahmen betrug das jährliche Defizit 20000 Mark. Ab dem Jahr 1933 und endgültig 1935 verlegte er seinen Hauptwohnsitz aus München in das billiger zu bewohnende Leutstetten.[119] Um genügend Raum zu erhalten und einige Annehmlichkeiten der modernen Technik zu ermöglichen, ließ er dort 1938 einen

Anbau errichten. Die politischen Verhältnisse in München und Berchtesgaden mit der Allgegenwart der Nationalsozialisten erleichterten Rupprecht den Rückzug in die relative Abgeschiedenheit Leutstettens. Sein Bruder Prinz Franz hatte mit seiner Familie persönlich die Bewirtschaftung seines ungarischen Gutes Sárvár übernommen.

Durch den Wegzug der Familie von Kronprinz Rupprecht aus München war es nicht mehr möglich, dass die Kinder dort ihre Schulausbildung fortsetzen konnten. Rupprecht wollte seinen Sohn Heinrich nach seinem eigenen Vorbild an einem öffentlichen Gymnasium erziehen lassen. 1937 begann er, Erkundigungen über österreichische Gymnasien einzuziehen, um Heinrich die Hitlerjugend zu ersparen. Er entschloss sich dann aber, ihn in das Internat des Benediktinerklosters Ettal zu geben, wo die Erziehungsvorschriften des Regimes nicht so genau befolgt wurden.[120] Dort machte Prinz Heinrich bereits 1938 sein Abitur.[121] Aus dem gleichen Grund – um ihnen den Bund Deutscher Mädel zu ersparen – wurden die Töchter Irmingard und Editha seit 1936 im katholischen „Sacré Cœur"-Internat in Roehampton bei London erzogen, im nächsten Jahr folgten ihre jüngeren Schwestern Hilda und Gabriele.[122] Ordensfrauen vom Heiligsten Herzen Jesu leiteten dieses Mädchenpensionat mit Gymnasium. Auch Prinz Heinrich wollte nach dem Abitur seine Ausbildung in England fortsetzen. Mitte April 1939 begleitete ihn Rupprecht nach Luxemburg, Heinrich reiste von dort nach England weiter.[123] Er wollte ein Studienjahr im Christ Church College in Oxford verbringen.

Mit seiner zunehmenden Isolation und der Omnipräsenz des Nationalsozialismus in Deutschland intensivierte Kronprinz Rupprecht seine Kunstreisen. Sorgfältig zeichnete er seine Begegnungen mit der Kunst wie seine eigenständigen Urteile auf. Im Frühjahr 1933 entschloss er sich mit seiner Frau Antonie zu einem längeren Griechenlandbesuch, der bis zum 21. Mai dauerte.[124] Auf Anregung Guttenbergs hatte er die Reise zunächst verschoben, damit sie nicht als demonstratives Zeichen der Ablehnung des neuen Regimes verstanden würde. In Erinnerung an die 100 Jahre zurückliegende Landung König Ottos in Nauplia verlieh ihm der griechische Staatspräsident das Großkreuz des Erlöserordens. Am Ostersonntag besuchte das Kronprinzenpaar den Gottesdienst in der katholischen Kathedrale und in der griechisch-unierten Kirche in Athen. In Begleitung von Prof. Georg Caro, dem Vorstand des Deutschen Archäologischen Museums in Athen, bereisten sie dann Kreta. Rupprecht interessierte sich neben den antiken Denkmälern auch für die Bauten aus der Kreuzfahrerzeit. Der Kronprinz besuchte im Anschluss die Baronin Franchetti in Florenz, in Saltocchio traf er mit dem Schriftsteller Rudolf Borchardt zusammen.

Im Frühjahr 1934 unternahm Rupprecht wieder eine längere Reise nach Südtirol und Italien.[125] Zehn Tage im Mai war er Gast der Baronin Franchetti.

Diesmal sah er sich in Florenz das 1930 erneuerte, ins Mittelalter zurückreichende und in historischen Kostümen veranstaltete Fußballspiel „Gioco del Calcio" an. Konrad von Miller besuchte er auf dessen Burg Karneid bei Bozen. Im Grödnertal besichtigte er die Fischburg bei St. Christina, die Baron Carlo Franchetti gekauft und bewohnbar gemacht hatte. Die geplante Englandreise, die Rupprecht vor einer Verwicklung in den „Röhmputsch" rettete, hatte das Kronprinzenpaar zunächst wegen einer Erkrankung der Tochter Editha verschoben. Am 14. Juni brachen Rupprecht und Antonie in die Pfalz auf, wo sie sich in der Villa Ludwigshöhe aufhielten. Am 19. Juni flogen sie dann von Köln nach London. Hier war Saison, die Zeit war mit Empfängen, Theaterbesuchen und Besichtigungen ausgefüllt. König Georg V. erklärte bei einem Lunch, zu dem er das bayerische Kronprinzenpaar geladen hatte, dass er nach dem Kriegsende keine Feindschaft gegen Deutschland mehr empfände, aber nun die Behandlung der Juden missbillige. Rupprecht, der die Reichsregierung im Ausland nicht angreifen wollte, erwähnte darauf nur die Rolle von Juden bei der Revolution. Eine Restauration der Hohenzollern hielt der britische König für ausgeschlossen. In der zweiten Augusthälfte fuhr Rupprecht auf Einladung seines alten Freundes Prof. Otto Lanz in die Schweiz. Wegen der unerquicklichen Stimmung in der Heimat verbrachte er den Jahreswechsel 1934/35 dann bei seinem Bruder Franz in Sárvár.

Im Anschluss an eine Italienreise im September 1935 besuchte Rupprecht im November das von seiner Mutter ererbte Gut Eiwanowitz in Mähren. Die Tschechoslowakei hatte es zunächst unter Zwangsverwaltung gestellt und wollte es als Habsburger-Besitz enteignen. Durch eine Bodenreform – 60% waren entschädigungslos enteignet worden – und den Verkauf des Schlosses war es auf Waldbesitz beschränkt worden. Obwohl Rupprecht ein Gerichtsurteil erstritt, das die Regierung zu einer Entschädigung verpflichtete, verweigerte sie die Auszahlung. Kronprinzessin Antonie war in Frauenberg bei ihrer Schwester Hilda geblieben, die mit Adolph Fürst von Schwarzenberg[126] verheiratet war. Gemeinsam besichtigte das Kronprinzenpaar dann die umfangreichen schwarzenbergischen Besitzungen in Böhmen, in Krummau unterhielt der Fürst sogar noch eine uniformierte Leibgarde mit Bärenfellmützen.

Auch große Teile des Jahres 1936 verbrachte der Kronprinz auf Reisen.[127] Zunächst besuchte er nach Aufenthalten in Venedig und Rom zusammen mit Franz von Redwitz Zypern und Rhodos. In Griechenland war im Oktober 1935 nach längeren innenpolitischen Wirren erneut die Monarchie ausgerufen worden, die durch ein Plebiszit bestätigt wurde. Auf der Rückreise stattete Rupprecht König Georg II. von Griechenland im Mai 1936 einen Besuch ab. Er hatte ihm 1934 bei einer Begegnung in London prophezeit, dass er bald wieder in Griechenland einziehen werde. Nun kritisierte Rupprecht, dass Georg II. nicht als

Diktator die Macht ergriffen habe, um mit starker Hand die anstehenden Probleme lösen zu können. Am 4. August 1936 errichtete dann General Ionnis Metaxas durch einen Staatsstreich eine Militärdiktatur.

Im Frühjahr 1937 bereiste der Kronprinz Libyen und die Cyrenaika, wo ihm die italienischen Kolonialbehörden mit viel Zuvorkommenheit begegneten.[128] Dabei kam er zu der Erkenntnis, dass diese Kolonien für Italien keinen wirtschaftlichen Wert hätten, sondern ähnlich wie Äthiopien ausgesprochene Zuschussbetriebe bleiben würden. Auf der Rückreise traf er in Florenz mit seiner Nichte, der italienischen Kronprinzessin Marie José, zusammen. Im Herbst besichtigte Rupprecht die Weltausstellung in Paris. Für diese Reise waren ihm mehr Devisen als mittlerweile üblich bewilligt worden. Hier beschäftigte er sich besonders mit der Architektur und der Gemäldesammlung des Louvre.[129] Auch im Frühjahr 1938 fuhr er wieder nach Florenz, um dann die Marken und Venedig zu durchstreifen.[130] Auf der Rückfahrt besuchte er die Witwe seines im März 1935 verstorbenen Freundes Prof. Lanz in der Schweiz.

Bei seinen zahlreichen Italienreisen nahm der Kronprinz von den politischen Veränderungen Notiz. Dabei übersah er positive Wirkungen des Faschismus für die Infrastruktur des Landes nicht, wenn er auch eine zunehmende Angst in der italienischen Gesellschaft konstatieren musste.[131] Außerdem kritisierte er den außenpolitischen Größenwahn Mussolinis. Im Januar 1939 war das Kronprinzenpaar zur Hochzeit der jüngsten italienischen Königstochter Maria mit Prinz Ludwig von Bourbon-Parma nach Rom geladen.[132] Im Trubel fand Rupprecht keine Gelegenheit zu einem Gespräch mit Mussolini, den er zu seinem Nachteil stark verändert fand. Dagegen konferierte er ausgiebig mit König Viktor Emanuel III., der sich gegen einen Krieg aussprach, der wegen des von Hitler geschürten Konflikts mit Polen drohte. Nur wenige Tage vor seinem Tode empfing Papst Pius XI. das bayerische Kronprinzenpaar, eine Unterredung mit Kardinal Pacelli schloss sich an.

Von Rom eilte Rupprecht zur Feier des 80. Geburtstages Kaiser Wilhelms II. am 27. Januar nach Doorn, den er zuletzt am 4. November 1918 gesehen hatte.[133] Er fand ihn äußerlich weitgehend unverändert, nur ruhiger geworden. Bei der Abendtafel trat der Kaiser zum Befremden Rupprechts in Kürassieruniform auf. Außer Verwandten war von den deutschen Fürsten nur Prinz Friedrich Christian von Sachsen erschienen. Wehrmachtsangehörigen hatte das Oberkommando die Teilnahme an Veranstaltungen anlässlich des Geburtstages oder Glückwunschadressen verboten.[134] Wilhelm II. hatte eine wissenschaftliche Gesellschaft ins Leben gerufen, vor der er auch selbst Vorträge hielt. Den gedruckten Erzeugnissen billigte Rupprecht allerdings nur Kuriositätswert zu. Bei einem längeren Gespräch mit dem Kaiserpaar wurden keine politischen Themen berührt. Im Anschluss besuchte Rupprecht Catalina von Pannwitz auf ihrem

Landsitz bei Haarlem, deren reiche Kunstsammlung besonders niederländischer Malerei ihn faszinierte. Sie informierte ihn später über die wiederholte Äußerung der Kaiserin Hermine, mit welcher Freude sein Besuch von Wilhelm II. aufgenommen worden sei.[135] Zu seinem eigenen 70. Geburtstag am 18. Mai 1939 erreichten Rupprecht eine Fülle von Gratulationen und Glückwunschadressen, aktiven Offizieren war dies allerdings wie bei Wilhelm II. verboten worden.[136]

Mit dem Überfall des Deutschen Reiches auf die Tschechoslowakei im März hatte in der Überzeugung Rupprechts ein neuer Krieg seinen Schatten vorausgeworfen. Er lud einen ihm bekannten britischen Diplomaten, Mister Durham, nach Bayern ein, um ihn vor dem Ausbruch eines Krieges bei anhaltender Nachgiebigkeit der Westmächte gegenüber Hitler zu warnen.[137] Außerdem machte er ihn mit dem früheren Reichswehrminister Dr. Geßler bekannt. Trotz einer zeitweiligen Gehbehinderung bereiste Rupprecht im Juni dieses Jahres Württemberg und die Pfalz.

2. Exil und Verfolgung

Verlust der Heimat

Auf Anraten seiner Umgebung besuchte Kronprinz Rupprecht ab dem 13. August 1939 seinen Bruder Prinz Franz in Ungarn, um bei dem befürchteten Kriegsausbruch außer Landes zu sein.[138] Einen weiteren Grund bildete die wenige Tage zuvor erfolgte Aufdeckung des Harnier-Kreises am 4. August.[139] Bestimmend für den Auslandsaufenthalt war die Überlegung, dass der Kronprinz im Falle eines verlorenen Krieges zu den wenigen Persönlichkeiten gehören würde, die den Feindmächten gegenüber eine führende und entscheidende Rolle spielen könnten, weil sie sich nicht in den Nationalsozialismus verstrickt hatten. In Sárvár erfuhr er vom Nichtangriffspakt Hitlers mit Stalin und dem deutschen Einmarsch in Polen. Franz von Redwitz wurde nach der Aufdeckung des Harnier-Kreises ins Wittelsbacher-Palais, das zum Sitz der Gestapo geworden war, einbestellt und ausführlich verhört. Die Gestapo versuchte, den Kronprinzen in die „Verschwörung" zu verwickeln.[140] Um den latenten Verdacht auszuräumen, riet Redwitz ihm nun zur Rückkehr aus Ungarn, um das Argument einer Flucht als Schuldeingeständnis auszuräumen. Eine Herpesinfektion am rechten Auge verlängerte aber Rupprechts Auslandsaufenthalt.

Mit Kriegsbeginn verschärfte sich der Kurs der Nationalsozialisten gegenüber den Wittelsbachern. Am 1. September kündigte die Kreisleitung Starnberg die Beschlagnahme Leutstettens für Flüchtlinge an.[141] Trotzdem kehrte der Kronprinz am 1. Oktober nach München zurück und bezog übergangsweise einige

Räume im Leuchtenberg-Palais. Baron Redwitz konnte das Wittelsbacher-Palais als Ort seines Verhörs verhindern, die Gestapo-Vertreter suchten den Kronprinzen im Leuchtenberg-Palais auf.[142] Derartige Protokollfragen waren für Rupprecht und seine Umgebung noch immer wichtig. Das zweieinhalbstündige Verhör am 4. Oktober führte Regierungsrat Weintz, der auch die Untersuchungen gegen den Harnier-Kreis leitete. Rupprecht konnte jede Kenntnis der Organisation um Baron Harnier abstreiten und gab nur die persönliche Bekanntschaft zu.

Kronprinz Rupprecht schwankte länger, wie er sich nun verhalten solle.[143] Zwar war die Situation in Bayern fürs Erste bereinigt und auch der Besitz des Königlichen Hauses bewahrt, doch wollte er einen Krieg, mit dem er sich nicht identifizieren konnte, nicht in Deutschland erleben. Schließlich verfiel er auf den Ausweg, König Viktor Emanuel III. von Italien um eine Jagdeinladung anzugehen. In seinem Glückwunschschreiben zu dessen 70. Geburtstag im November 1939 bat er darum und erhielt sie problemlos. Nach längerem Zögern gewährte Hitler ihm die gewünschte Ausreisegenehmigung, wohl weil er noch um die Bundesgenossenschaft Italiens im Krieg warb. Der Besuch des Staatsoberhaupts einer verbündeten Nation konnte dem Kronprinzen schlecht verwehrt werden, Auslandspass und Visum wurden ihm erteilt.

Kronprinzessin Antonie war im Sommer mit der jüngsten Tochter Sophie nach Luxemburg gereist, um dort deren ältere Geschwister zu treffen, die hier ihre Ferien verbrachten.[144] Nach dem Kriegsausbruch war fraglich, ob die Neutralität des Großherzogtums respektiert werden würde. Antonie wäre am liebsten mit der gesamten Familie in die Vereinigten Staaten geflohen, doch hielt der Kronprinz dies aus politischen wie finanziellen Gründen für untunlich.[145] Erbprinz Albrecht reiste wenig später seiner Familie nach Ungarn nach. Wegen eines Magenleidens war er militäruntauglich. Im Dienste des Prinzregenten Paul übernahm er dann die Oberleitung des Hofjagdwesens in Jugoslawien. 1941 musste er nach dessen Sturz und dem deutschen Angriff auf das Land nach Ungarn zurückkehren.

Leben in Italien

Am 31. Dezember 1939 fuhr Kronprinz Rupprecht nach Rom, wo ihn am 7. Januar 1940 Papst Pius XII. in Privataudienz empfing.[146] Im Anschluss reiste er nach Bellosguardo bei Florenz und traf Vorbereitungen für den Empfang seiner Familie. Diesmal legte er Wert darauf, Baronin Franchetti, die mittlerweile auf Einnahmen aus Vermietungen angewiesen war, die Kosten zu begleichen. Er verschaffte seiner Frau und den Kindern eine Einladung der Königin Elena nach Italien. Für die Fahrt von Luxemburg hatte die Kronprinzessin die Route durch Deutschland gewählt, um den Eindruck einer Flucht zu vermeiden. In München zeigten die Behörden sich aber widerspenstig, bis eine telegrafische Einladung der italienischen Königin eintraf.[147] Am 22. Februar konnte Antonie von Bayern mit den Kindern aus Deutschland ausreisen. An der Grenze, die mittlerweile am Brenner lag, bereiteten deutsche Wachen aber nochmals Schwierigkeiten, ein SS-Mann rief den Kindern am Bahnhof nach: „Ihr gehört alle längst erschossen."[148] Schließlich geleitete der königliche Kammerherr Graf Guicciardini die Kronprinzessin über die Grenze. Königin Elena von Italien stellte ab dem Brenner einen Salonwagen zur Verfügung.

Ruprecht reiste seiner Familie bis Bologna entgegen, um sie nach Bellosguardo zu begleiten. Allerdings machte Kronprinzessin Antonie ihm eine heftige Szene und warf ihm vor, nicht schon längst mit der Familie in die USA emigriert zu sein.[149] Sie bestand darauf, umgehend nach Rom weiterzufahren und dort Quartier zu nehmen. Dies war mit ungleich höheren Kosten verbunden, doch fügte Rupprecht sich zunächst. In Rom wurden sie vom Königspaar und von Pius XII. empfangen.[150] Da aber das Personal der deutschen Botschaft erheblich erweitert worden war und sich mittlerweile zahlreiche NS-Parteigenossen in der Stadt aufhielten, wurde Antonie der Aufenthalt bald verleidet. So folgte sie doch am 13. März ihrem Mann nach Bellosguardo. Diese Entscheidung wurde ihr durch die Anwesenheit ihrer Schwester Hilda und ihres Schwagers, des Fürstenpaares Schwarzenberg, erleichtert, die vor den nationalsozialistischen Schikanen aus Böhmen geflüchtet waren.

Prinz Heinrich beging im März 1940 seinen achtzehnten Geburtstag und unterlag damit der Wehrpflicht. Sobald der Gestellungsbefehl im Leuchtenberg-Palais eingegangen war, wurde er davon informiert. Als er aber am 20. Juni am Brenner versuchte, nach München zu fahren, wurde ihm die Einreise nach Deutschland verweigert.[151] Auch nach Einschaltung des deutschen Konsuls in Bozen wurde ihm unter Vorwänden die Rückkehr nicht gestattet. Franz von Redwitz, der mittlerweile als Referent der Münchner Wehrersatzinspektion einberufen worden war, veranlasste einen Protest der Wehrmacht. Doch auch dies blieb ohne Erfolg. Der junge Prinz, der das nationalsozialistische Regime zutiefst ablehnte, war aber so von nationalkonservativen Vorstellungen geprägt, dass er zunächst tief unglücklich war, weil er sich „um das Kriegserlebnis betrogen" glaubte.[152] Hinter dem Verbot seiner Einreise steckte die Furcht des Regimes vor monarchistischen Kundgebungen im Falle des „Heldentodes" eines Prinzen wie vor ihrer Popularität in der Wehrmacht. Einen Anlass für diese Angst bildete die Trauerfeier für den ältesten Sohn des deutschen Kronprinzen, Prinz Wilhelm von Preußen, der am 23. Mai 1940 in Nordfrankreich gefallen war. Zu seiner nur kurzfristig bekannt gegebenen Beerdigung am 29. Mai in Potsdam versammelten sich über 50000 Trauergäste.[153] Darauf wurde zunächst der Fronteinsatz von Hohenzollern-Prinzen, später von Angehörigen aller Fürstenhäuser

2. Exil und Verfolgung

untersagt und am 19. Mai 1943 schließlich ihr Ausschluss aus der Wehrmacht verfügt.[154]

Das Unbehagen Hitlers vor den deutschen Fürsten und die Erinnerungen an die Monarchie[155] führten zu dem Versuch, sie aus Deutschland fernzuhalten. Der Reichsführer SS Heinrich Himmler hatte am 14. Mai 1940 angeordnet, allen Angehörigen der deutschen Dynastien, die sich im Ausland aufhielten, die Rückkehr zu verweigern beziehungsweise ihre Ausreise aus Deutschland nicht zu behindern.[156] Offenbar scheute er sich aber, dies öffentlich zu machen, sodass zur Begründung jeweils Formfehler bei den Pässen herangezogen werden sollten.[157] Auch Kronprinz Rupprecht und seine Familie waren davon betroffen. Er reichte bei der deutschen Botschaft in Rom ein Gesuch um ein Rückreisevisum ein, nachdem seine Einreiseerlaubnis am 17. März abgelaufen war.[158] Dies wurde ohne Begründung abgelehnt, weshalb Baron Redwitz beim Reichsaußenminister und bei Himmler Einspruch erhob.[159] Im Mai 1941 wurde Kronprinzessin Antonie sogar die Einreise zur Teilnahme an der Beisetzung ihrer Schwester Sophie von Sachsen in Dresden versagt.[160]

Obwohl der Protest gegen die Verweigerung der Rückkehr erfolglos war, bemühte Redwitz sich nun um die Erlaubnis zur Überweisung von Devisen zum Unterhalt der ins Exil gezwungenen Familie des Kronprinzen. Während des ersten Dreivierteljahres des Italienaufenthalts hatte sie überhaupt kein Geld aus Deutschland erhalten. Erst auf Verwendung der italienischen Regierung konnten – freilich zu wenig – Devisen überwiesen werden. Papst Pius XII. half im Juni 1940 erstmals mit einem Darlehen von 50 000 Lire aus, später zahlte das luxemburgische Hofmarschallamt für weitere Kredite 350 000 Lire an den Heiligen Stuhl zurück.[161] Der Papst hatte die Unterstützung mit dem apostolischen Segen für Rupprecht und seine Familie verbunden. Zur Regelung von Vermögensangelegenheiten wollte der Kronprinz einen Rechtsanwalt nach Forte dei Marmi kommen lassen, doch scheiterte dies. Reichswirtschaftsminister Walter Funk erklärte Kronprinz Rupprecht im April 1941 devisenrechtlich zum Ausländer, damit sein inländischer Besitz beschlagnahmt werden konnte.[162] Schließlich genehmigte sein Ministerium aber doch die Übermittlung von monatlich 2500 Reichsmark an den Kronprinzen nach Italien.[163] Ab dem Frühjahr 1941 erfolgten Devisenüberweisungen, doch waren sie so knapp bemessen, dass weiterhin Verkäufe von Schmuck und Wertgegenständen nötig blieben. Die Zahlungen aus Bayern trafen ab 1943 nur noch unregelmäßig ein, sodass der Kronprinz in peinliche Geldnot geriet, im Sommer 1944 wurden sie ganz eingestellt.[164] Auch seine Militärpension wurde nicht mehr ausbezahlt, obwohl er sie notleidenden Veteranen in der Heimat hatte zukommen lassen.

Den Sommer 1940 verbrachte das Kronprinzenpaar, um der Hitze in Florenz zu entgehen, im toskanischen Badeort Forte dei Marmi.[165] Von hier war es nicht weit nach San Rossore, dem Sommersitz des italienischen Königspaares. Zweimal wurden die bayerischen Gäste dort empfangen. Am Meer zog sich Rupprecht durch einen tiefen und nicht richtig verheilenden Schnitt an Glasscherben eine folgenschwere Verletzung am Fuß zu, die falsch behandelt wurde.[166]

Die Kriegserklärung Italiens an Frankreich und Großbritannien im Juni 1940 bedeutete eine wesentliche Verschärfung der Situation. Hierdurch befanden sich jetzt auch Rupprecht und seine Familie in einem kriegführenden Staat mit allen damit verbundenen Einschränkungen.

Ab dem Herbst 1940 nahm sich Kronprinzessin Antonie, der das Klima in der Toscana nicht zusagte, gegen den Wunsch ihres Mannes eine Wohnung in Brixen. Prinz Heinrich blieb bei seinem Vater in Bellosguardo, um in Florenz ein Rechtsstudium aufzunehmen. Im Oktober verlegte Rupprecht seinen Wohnsitz direkt nach Florenz, um Heinrich den Weg zur dortigen Universität zu verkürzen. Vater und Sohn bezogen ein kleines Appartement in der Via San Niccolò 119 unterhalb des Piazzale Michelangelo. Diese Wohnung lag ihm Hause der Familie des Adjutanten des im Ersten Weltkrieg gefallenen Prinzen Heinrich von Bayern, Theodor Freiherr von Fraunberg, der mit Adriana Contessa Pecori Giraldi verheiratet war. Hauptmann Fraunberg übernahm die Funktion eines stellvertretenden Adjutanten des Kronprinzen, der so einen Rest höfischer Traditionen aufrechterhalten konnte. Die Töchter des Kronprinzenpaares besuchten das Florentiner Institut des „Sacré Cœur". Später kamen sie nach Südtirol in die Schule der Englischen Fräulein in Brixen, wo sie sich wohler fühlten.[167] An Weihnachten versammelte sich die ganze Familie in Brixen.

Rupprecht konnte in der Toscana verschiedene Besucher aus der Heimat empfangen. Dr. Otto Geßler erhielt mit Hilfe seines früheren Adjutanten im Reichswehrministerium, Admiral Wilhelm Canaris, die Möglichkeit zu mehreren Italienreisen, um Nachrichten zu sammeln.[168] Dies benützte er dazu, den Kronprinzen 1940 und 1941 in Florenz und Forte dei Marmi aufzusuchen. Dabei erfuhr Rupprecht, dass in Kreisen des deutschen Widerstandes Hubertus Prinz zu Löwenstein, aber auch der Gewerkschafter Jakob Kaiser zeitweilig daran dachten, ihn als Reichsverweser einzusetzen.[169] Dr. Josef Müller, der dem Kreis um Admiral Wilhelm Canaris angehört und die Verbindung zwischen der Militäropposition und dem Vatikan hergestellt hatte,[170] äußerte nach dem Krieg ebenfalls, in der Widerstandsbewegung habe zeitweilig der Plan bestanden, Kronprinz Rupprecht an die Spitze des Reiches zu stellen, was am Einspruch des Generalfeldmarschalls von Brauchitsch gescheitert sei.[171] Auch mit anderen Deutschen hatte der Kronprinz in der Toscana Kontakt. So konnte er den bayerischen Schriftsteller Hans Carossa in Florenz zu Tisch bitten.[172] Mit der Künstlerin Ilse Schneider-Lengyel, die 1935 Aufnahmen von Schloss und Parkanlagen in Berchtesgaden für ihn gemacht hatte, führte er 1941 am Ufer des Arno ein längeres

Gespräch über Freiheit und Menschenwürde.[173] Reinhold Schneider, dessen Werke während des Krieges vielen deutschen Soldaten Trost brachten, widmete zum Jahresanfang 1941 ein Exemplar von „Macht und Gnade" „in verehrungsvoller Ergebenheit" dem Kronprinzen, der es als „Werk eines poetischen Mystikers" würdigte.[174]

Der Sommer 1941 vereinte die Familie des Kronprinzen wieder in Forte dei Marmi an der Meeresküste. Hier litt Rupprecht nun unter der Monotonie des ihm aufgezwungenen Exils, er hoffte auf eine baldige Heimkehr.[175] Auch in Florenz war das öffentliche Leben durch den Kriegsausbruch reduziert. Neben gelegentlichen Besuchen von Salons und Palazzi hörte Rupprecht die Vorträge am Deutschen Kunsthistorischen Institut. Sonst füllte er seine Tage mit Lesen und Schreiben. Weiterhin verkehrte er viel bei Baronin Franchetti und ihrem Sohn Luigino. Im Briefwechsel mit Graf Ludwig Holnstein in München zeigte er sich nun begeistert über die Erfolge der deutschen Waffen und kontrastierte sie mit dem Stellungskrieg im Ersten Weltkrieg, dem „dümmsten aller Kriege".[176] Natürlich wusste er, dass seine Briefe wie auch sein Telefon überwacht wurden. So waren die Nachrichten in die Heimat von vornherein für die nationalsozialistischen Zensoren bestimmt.

Weihnachten 1941 brach Rupprechts Fußwunde in Brixen, wo er erneut mit seiner Frau und den Kindern zusammentraf, wegen langer gemeinsamer Spaziergänge auf. Hier begegnete er Oberst Fernando Grammacini wieder, der nun zu einem erbitterten Gegner des Faschismus geworden war. Auch der Kronprinz revidierte seine Auffassung des italienischen Faschismus, den er zunächst für wesentlich milder als den Nationalsozialismus gehalten hatte.[177]

Der Jahresanfang 1942 stand für Rupprecht unter keinem guten Stern. Seine Fußverletzung machte ihm schwer zu schaffen, ein Chirurg wollte den Fuß sogar amputieren. Im Frühjahr verbrachte der Kronprinz einige Tage in Rom, wo er – unerkannt von der Polizei – bei den Salvatorianerinnen auf dem Gianicolo absteigen konnte. Seine Fußverletzung heilte erst in der Schweiz aus, wo er sich im Juni und Juli 1942 aufhielt.[178] Die Einladung von Frau Reiff in Zürich hatte die Baronin Franchetti vermittelt. Rupprecht genoss die Tage in dem vom Krieg verschonten Land, wo ausreichend Lebensmittel zur Verfügung standen. Auch das kulturelle Leben in Zürich bot ihm erwünschte Abwechslung und Anregung. Der Kronprinz hatte hier eine längere Unterredung mit Nationalrat Bircher, der ihm in seinem Buch über den Ersten Weltkrieg vorgeworfen hatte, die Lothringen-Schlacht aus dynastischem Ehrgeiz begonnen zu haben. Erneut beeindruckte ihn das hohe Maß der Selbstverwaltung der Kantone und Gemeinden, das er als Modell für eine föderalistische Neugestaltung Deutschlands betrachtete. Bei einem Ausflug besuchte er Schloss Vaduz in Liechtenstein. Bei seiner Rückkehr nach Italien aber musste er erfahren, dass er bei einer nochmaligen Reise in die

Schweiz nicht mehr einreisen dürfte. Dahinter vermutete er die Gestapo, die seine Kontaktaufnahme mit Vertretern feindlicher Mächte fürchtete.

Wohl durch die ungewohnten Umstände des Exils, für die Kronprinzessin Antonie ihren Mann verantwortlich machte, verschlechterte sich ihre Beziehung.[179] Bei ihren Treffen überschüttete sie Rupprecht zunehmend mit Vorwürfen, ja drohte im Sommer 1942 an, sich mit den Töchtern von ihm zu trennen. Weil nun auch in Brixen vermehrt Nationalsozialisten auftraten, mietete sie sich mit ihrer schwedischen Freundin Ri Palmquist, einer begeisterten Bergsteigerin, in dem kleinen Dolomitenort Pera di Fassa ein. Ebenfalls im Sommer 1942 wurde Rupprecht beim Schwimmen im Meer vor Forte dei Marmi von einem Wasserwirbel erfasst und wäre fast ertrunken, wenn ihn nicht ein Bootsführer gerettet hätte. In diesem Jahr zog er sich im Herbst noch eine weitere schwere Verletzung zu. Auf der Rückfahrt von Bellosguardo nach Florenz in einem zweirädrigen Pferdewagen stürzte das Pferd, der Kronprinz und seine Begleiterin, eine Gräfin Schwerin, wurden herausgeschleudert, Rupprecht verletzte sich die linke Schulter.[180] Die Folgen des Unfalls kurierte er bei einer Kur in Ábano Terme südlich von Padua aus. Hier fand er es freilich wieder gräulich langweilig. Abwechslung brachten nur Besuche seiner Tochter Irmingard, die sich mittlerweile in Padua auf das Abitur vorbereitete.[181]

Im Juni 1943 reiste Rupprecht zur Beisetzung seines am 31. Mai verstorbenen Vetters Prinz Georg, Domherr von St. Peter, auf dem Campo Santo Teutonico nach Rom.[182] Als Erben hatte der Prinz das Domkapitel von St. Peter eingesetzt. Bei dieser Gelegenheit konnte der Kronprinz dem italienischen König und dem Papst Besuche abstatten.[183] Den Sommer verbrachte Rupprecht dann mit seiner Familie wieder in Forte dei Marmi, diesmal im Hause der Gräfin Avet. An den Abenden fand er die Gelegenheit zu ausführlichen Gesprächen mit Rudolf Borchardt, der in einer benachbarten Villa lebte. 1944 wurde Borchardt von der Gestapo verhaftet und ins Reich verschleppt, im Januar 1945 starb er in Trins bei Innsbruck.[184] Dr. Geßler konnte den Kronprinzen erneut im Sommer 1943 in Forte dei Marmi besuchen. Rupprecht gab ihm seine längere Abhandlung über die dynamische Entwicklung der deutschen Staaten und Aufsätze über den Staat im Allgemeinen zu lesen, die er in der Zeit seiner Gehbehinderung verfasst hatte.[185] Die Kronprinzessin verließ Forte dei Marmi diesmal bereits im August, um in die Dolomiten nach Pera di Fassa zurückzukehren.

Nach der Landung der Alliierten am 10. Juli 1943 auf Sizilien und dem Sturz Mussolinis am 24. Juli schloss das Königreich Italien unter der neuen Regierung Badoglio einen Kapitulationsvertrag mit den Westalliierten.[186] Die deutsche Wehrmacht besetzte daraufhin den größten Teil Italiens, die Verteidigungslinie lief zunächst nördlich von Neapel. Am 13. September erklärte das Königreich dem Deutschen Reich den Krieg. Rupprecht war der Auffassung, dass König Viktor Emanuel III. deshalb zurücktreten und diesen Schritt seinem Nachfolger hätte überlassen sollen: „Des Königs Fehler ist seine Schwäche. Er hat alle Sympathien im Lande verloren und der Kronprinz aus Gründen, die ich nicht zu beurteilen vermag, sich solche nicht zu erwerben verstanden."[187] Der Wechsel Italiens auf die Seite der Alliierten und die deutsche Besetzung Mittel- und Oberitaliens vermehrte für Kronprinz Rupprecht die Gefahr, von der SS in Haft genommen zu werden. Außer Heinrich hatte er nun in Florenz seine Töchter Gabriele, Hilda und Editha in einer benachbarten Pension am anderen Arnoufer um sich, das jüngste Mädchen Sophie wurde im Florentiner „Sacré Cœur" unterrichtet. Stetige Sorge bereitete ihm die Teuerung in Italien. Im März 1944 musste er Kredite aufnehmen, weil die Devisenüberweisungen aus Bayern nicht mehr eintrafen.[188]

Zerstörte Heimat

Als Vertreter des Kronprinzen für Angelegenheiten des Königlichen Hauses in Bayern fungierte während der Exilzeit sein Vetter Prinz Konrad, der auch die Hausversammlungen leitete, die weiter über die Verwendung der Erträge aus dem WAF zu entscheiden hatten. 1943 übertrug Rupprecht ihm außerdem seine Stellvertretung im Georgiorden.[189] Die Betreuung des Besitzes in der Heimat übernahmen Freiherr Zu Rhein für den Kron- und Baron Redwitz für den Erbprinzen. Während der Exilzeit stand Rupprecht in engem brieflichem Kontakt mit Graf Ludwig Holnstein, dem Vorsitzenden des Verwaltungsrates des WAF.[190] Einen wesentlichen Teil des Briefwechsels beanspruchte die Guts- und Vermögensverwaltung. Auch Kunstankäufe und Kunstverkäufe erfolgten, für Berchtesgaden konnte etwa die Multscher Madonna erworben werden.[191] Der Großteil der Gelder wurde aber zur Instandhaltung der Güter verwendet.

Im Juni 1940 gelang es Graf Holnstein, das beschlagnahmte Schlossgut Leutstetten zeitweilig wieder freizubekommen.[192] Der Gauleiter von Oberbayern Wagner und der NS-Fraktionsführer im Münchner Stadtrat, Christian Weber, hatten schon im September 1939 ihre begehrlichen Absichten auf den Besitz des Kronprinzen gerichtet.[193] Am 9. September 1940 eröffnete dann die Gestapo München Baron Redwitz, dass das Vermögen des Kronprinzen beschlagnahmt sei, diese Maßnahme jedoch geheim bleiben müsse. Gleichzeitig wurden dem Kronprinzen und seiner Familie die Devisen entzogen und damit die Existenzgrundlage geraubt. Zu Rhein verfasste darauf eine ausführliche Darstellung für Reichsstatthalter Epp, in der er den Auslandsaufenthalt Rupprechts begründete.[194] Das Reichsinnenministerium richtete im Oktober 1940 auf Antrag Reinhard Heydrichs als Chef des Reichssicherheitshauptamtes vom 30. August[195] eine Anfrage an Ministerpräsident Siebert, um dem „Exkronprinzen" Rupprecht und seiner Familie die Staatsbürgerschaft abzuerkennen und dies mit der Beschlagnahme seines Vermögens zu verbinden.[196] Sein Auslandsaufenthalt in der Spannungszeit des Krieges verriete, dass er dem Kampf des deutschen Volkes zumindest gleichgültig gegenüberstünde. Das Reichssicherheitshauptamt unterstellte Rupprecht Verbindungen zur Bayernwacht und zu Freiherrn von Harnier, doch musste es festhalten: „Eine offen staatsfeindliche Betätigung konnte dem Exkronprinzen Rupprecht bisher nicht nachgewiesen werden." Wegen Gerüchten über Beziehungen zu legitimistischen Organisationen galt er aber als „Kristallisationspunkt aller monarchistischen bzw. legitimistischen Bestrebungen in Bayern und zum Teil auch in den angrenzenden süddeutschen katholischen Gebieten". Dies genügte nach der Auffassung von Heydrich zur Aberkennung der Staatsbürgerschaft und der Beschlagnahme des Vermögens. Auf Bitten des Direktors des Wittelsbacher Ausgleichsfonds, Major Hans von Rauscher, intervenierte Gebhard Himmler bei seinem Bruder, dem Reichsführer SS und Chef der Gestapo Heinrich Himmler, doch verweigerte dieser den Empfang eines Beauftragten der Wittelsbacher.[197] Reichsstatthalter Epp hatte damals noch das Rückgrat, gegenüber Innenminister Frick die Vorlage von Gründen zur Ausbürgerung des Kronprinzen zu bestreiten.[198] Außerdem führte er aus, dass diese Maßnahme nur die Stimmung der bayerischen Offiziere und Mannschaften belasten würde, doch wollte er die Angelegenheit dem Führer unterbreiten. Auch Ministerpräsident Siebert, sicher in Absprache mit Epp, entkräftete sämtliche gegen den Kronprinzen erhobenen Vorwürfe.[199] Lediglich Gauleiter Adolf Wagner unterstützte in rüdem Ton den rechtswidrigen Antrag. Die Hof- und Vermögensverwaltung Rupprechts wandte sich in verschiedenen Schreiben an das Reichsinnenministerium, um die Maßnahmen gegen das Königshaus rückgängig zu machen.[200]

Die Sicherungsmaßnahmen für die Kunstschätze aus dem Leuchtenberg-Palais und aus Berchtesgaden beschäftigten den Kronprinzen im Exil. Als Rupprecht zum Jahresende 1940 von deutschen Luftangriffen auf London erfuhr, ließ er in Erwartung von Gegenschlägen Kunstgegenstände und bessere Möbel aus dem Leuchtenberg-Palais evakuieren. Die wertvollsten Berchtesgadener Stücke wurden 1943 nach Anif und Mondsee gebracht, weil Rupprecht Luftangriffe auf den benachbarten Obersalzberg befürchtete.[201] Im März 1943 geriet bei einem Luftangriff auf München das Leuchtenberg-Palais in Brand, wobei wertvolle Bronzelüster vernichtet wurden.[202] Die übrige Ausstattung war bereits ausgelagert worden. Damals entließ Rupprecht seinen Vermögensverwalter Zu Rhein, mit dessen Diensten er schon länger nicht zufrieden war. Interimistisch übernahm Graf Holnstein die Geschäftsführung.[203]

Im Juli 1943 wurde Schloss Berchtesgaden durch die Behörden beschlagnahmt. Schloss Leutstetten beanspruchte im April 1944 der aus der Reichshauptstadt evakuierte „Generalbaurat für die Gestaltung der deutschen Kriegerfriedhöfe in Berlin".²⁰⁴ Die Leutstettener Einrichtung wurde mit den hierher evakuierten Stücken nach dem Alten Schloss Herrenchiemsee und nach Hohenschwangau gebracht. Graf Holnstein, der einige Räume im Schloss Leutstetten weiter benutzen konnte, kam mit dem Leiter der Berliner Behörde, Prof. Dr. Wilhelm Kreis, leidlich aus. Am 25. April 1944 brannte das Leuchtenberg-Palais bis auf die Grundmauern nieder, lediglich der Keller blieb intakt. Die Verwaltung des Ausgleichsfonds war nun obdachlos geworden.

Im Mai 1944 plante Rupprecht, sein Testament zu ändern. Seinem ältesten Sohn Albrecht dachte er Eiwanowitz und Heinrich Leutstetten zu, das zur Hälfte freilich noch seinem Bruder Franz gehörte. Das Leuchtenberg-Palais, wertvoll nur noch als Bauplatz, sollte geteilt werden.²⁰⁵ Für die Töchter waren Legate vorgesehen. Im Juni 1944 wurde aber der Briefwechsel in die Heimat unterbrochen, Briefe aus Leutstetten erreichten den Kronprinzen nicht mehr und kamen mit dem Vermerk „Postdienst eingestellt" nach Leutstetten zurück.²⁰⁶ Die dramatische Kriegsentwicklung überlagerte alle anderen Angelegenheiten.

Verfolgung und Befreiung

Die Besetzung von Florenz im Spätsommer 1943 durch die deutsche Wehrmacht verschärfte die politische Situation dort erheblich, Kronprinz Rupprecht und seine Umgebung wurden nun von der Gestapo überwacht. Zu seinem Florentiner Freundeskreis gehörte Oberst Fernando Grammacini, der frühere Beauftragte Mussolinis in Bayern. Als bei einer Gesellschaft in Florenz die Sprengung des Erfttalkraftwerks durch Bombenabwurf besprochen wurde, erwähnte Grammacini, dass sich nach Ende des vergangenen Krieges englische Offiziere für das Walchenseekraftwerk interessiert hätten.²⁰⁷ Der Kronprinz bestritt im Gespräch dabei die These, dass ein Angriff darauf halb Oberbayern und München überfluten könnte. Er erklärte ein Überströmen des Walchensees für völlig ausgeschlossen, auch wenn aus einer mittelalterlichen Angst heraus in einer Münchner Kirche deshalb noch jährlich eine Stiftungsmesse gelesen würde. Ein Polizeispitzel erhielt von dieser Unterredung Kenntnis. Die faschistische Geheimpolizei verhaftete Grammacini am 16. November 1943 zunächst wegen der Anschuldigung, er habe jüdische Familien unterstützt. Als er nach drei Tagen wieder freigekommen war, wurde er auf Intervention der Gestapo neuerlich inhaftiert. Diesmal beschuldigte man ihn, er habe von Kronprinz Rupprecht die Pläne des Walchenseekraftwerks zur Übermittlung an die Feindmächte erhalten. Das eigentliche Ziel dieser Ermittlung bildete also der Kronprinz, dem die Gestapo Landesverrat vorwerfen wollte. Unter Folter und unter Todesdrohungen versuchte die Gestapo in der Florentiner SS-Villa, von Grammacini ein Geständnis zu erpressen. Als er zur Unterzeichnung eines Schriftstücks, in dem Rupprecht als Feind Deutschlands bezeichnet wurde, gezwungen werden sollte, brach er ohnmächtig zusammen. Er gab nur an, dass dieser ein zurückgezogenes Privatleben führe und keine politischen Absichten mehr hege. Erst nach zweimonatiger qualvoller Haft kam Oberst Grammacini frei.

Das Weihnachtsfest 1943 hatte Kronprinzessin Antonie bei ihrer Familie in Florenz verbringen wollen, doch kam sie auf Grund der unzulänglichen Verkehrsverhältnisse von Brixen nur bis Padua.[208] Erst Mitte Februar 1944 konnte sie sich – in einem Viehwagen – nach Florenz durchschlagen. Sie musste in einer Pension, in der Wanzen das Regiment führten, absteigen, weil Rupprechts benachbarte Wohnung zu klein war. Dieser bemerkte nun, dass durch die Gestapo etwas gegen ihn im Gange war. Angesichts des Vorrückens der amerikanischen Armee aus dem Süden wünschte er, dass seine Frau und Töchter sich in das Kloster der Salvatorianerinnen auf dem Gianicolo in Rom begeben sollten, von wo aus sie sich im Notfall rasch in den Schutz des Vatikans hätten flüchten können. Er selbst wollte sich nicht dorthin zurückziehen, um dem Papst keine Schwierigkeiten zu bereiten. Als Alternative schlug Rupprecht seiner Frau Meran als Aufenthaltsort vor, weil er die Hoffnung hatte, von dort schnell in die nahe Schweiz fliehen zu können. Aus Angst vor der Hitze des römischen Sommers wollte Antonie aber zurück in die Dolomiten. Am 18. April 1944 reiste sie gegen den Wunsch ihres Mannes mit den älteren Töchtern in den Wintersportort San Martino di Castrozza ab. Ihre Hofdame, Gräfin Paula Bellegarde, hatte die Reise heimlich vorbereitet.

Der Vormarsch der alliierten Truppen nach Norden steigerte die Nervosität der deutschen Besatzung in Florenz. Rupprecht befürchtete ein Angebot der SS, ihn nach Oberitalien zu evakuieren, was einer Sicherheitsverwahrung gleichgekommen wäre.[209] Er überlegte nun erneut, selbst nach Meran zu gehen. Prinz Heinrich wollte aber nicht mitkommen und verschwand ohne Angabe von Gründen mit nur einem Rucksack. Erst nach Wochen erfuhr sein Vater, dass er sich nach Rom durchgeschlagen und bei Freunden im Palazzo Lancelotti Zuflucht gefunden hatte. Florentiner Bekannte rieten dem Kronprinzen im Juni 1944, sich in Florenz zu verstecken. Wie berechtigt diese Vorsicht war, wurde Rupprecht erst zum Jahreswechsel 1944/45 klar. Nach seinen damaligen Informationen existierte ein Geheimbefehl des bevollmächtigten Generals der Wehrmacht in Italien: „Auf Veranlassung des Reichsführers S.S. wird der ehemalige bayerische Kronprinz von Florenz nach Oberitalien umsiedeln. Es ist unerwünscht, dass Offiziere der Wehrmacht mit ihm, der seinerzeit ausser Landes gegangen, geselligen Verkehr pflegen."[210] Dies hätte mindestens seine Internierung bedeutet.

In der Gefahrensituation vom Juni 1944 bot Oberst Grammacini dem Kronprinzen seine frühere, jetzt leerstehende Wohnung in Florenz als Versteck an.[211] Diese lag in der Via delle Mantellate nahe dem Corso Cavour, im Vergleich zum Haus Fraunbergs am anderen Stadtende. Grammacini ging davon aus, dass die Gestapo nicht vermuten würde, dass Rupprecht ausgerechnet bei ihm Unterschlupf suchen würde. Die Alliierten waren auf ihrem Vormarsch bereits bis Piombino gekommen, als der Kronprinz am 19. Juni seine fiktive Abreise aus Florenz inszenierte. Er nahm offiziell Abschied von Familie Fraunberg und erklärte, zunächst zu seiner Frau in die Dolomiten und dann in einem Privatauto nach Meran fahren zu wollen. Sein Gepäck ließ er mit einem Handkarren in das Depot der Eisenbahn schaffen.

Am Nachmittag dieses Tages wurden seine Habseligkeiten vom Bahnhof in das Versteck geholt, wo der Kronprinz abends auf Umwegen mit Baron Fraunberg eintraf. Die Speisen bereitete für ihn das Dienstmädchen der Frau Menzel, einer vermögenden, in Florenz lebenden Tirolerin. Diese Dame hatte im Auftrag Grammacinis die Proskriptionsliste der SS mit Adressen der in Florenz lebenden Juden und der nicht nationalsozialistischen Deutschen beschafft und vernichtet. Die folgenden Wochen bildeten für Rupprecht eine harte Geduldsprobe, da er sich versteckt halten musste und sich auch nicht am Fenster sehen lassen durfte. Für ihn vollzog sich das weitere Vorrücken der Alliierten im Schneckentempo. Lesen und Kartenspiel bildeten seinen Zeitvertreib, täglich betrieb er 20 Minuten Zimmergymnastik. Zeitweilig konnte er sich nur von steinhartem Schiffszwieback ernähren, wodurch sich seine Zähne lockerten, was noch Jahre später zu einer schlimmen Erkrankung führte.[212] Von Fraunberg und Grammacini wurde er auf dem Laufenden gehalten. Am 30. Juli war erstmals Artilleriefeuer in Florenz zu hören, am 31. Juli bemerkte Rupprecht Anzeichen für die Räumung der Stadt durch die deutschen Truppen. Die zentralen Versorgungseinrichtungen waren zerstört, Wassermangel trat wegen Sprengung der Leitungen auf. Während das Verhalten der Wehrmacht in seinen Augen meist einwandfrei war, veranstalteten die SS-Divisionen ein wüstes Treiben, italienische Faschisten plünderten.

Das gescheiterte Attentat Oberst Claus Schenk Graf von Stauffenbergs vom 20. Juli und die dann aufgedeckte Verschwörung gegen Hitler bedrohten auch Kronprinz Rupprecht und seine Familie. Rupprecht kannte den jungen Offizier nicht persönlich, wohl aber seinen Onkel Berthold Schenk Graf von Stauffenberg, den Großkanzler des Georgiordens und Herrn von Schloss Greifenstein.[213] Dieser hatte ihm bis in den Krieg hinein regelmäßig zu Neujahr und zum Geburtstag geschrieben, was der Gestapo nicht verborgen geblieben war. Deshalb tauchte nun Ende Juli um 3 Uhr früh die Gestapo bei Baronin Franchetti in Bellosguardo auf und stellte Nachforschungen nach einem angeblichen Besuch Graf Stauffenbergs bei Rupprecht an.[214] Später wurde die Baronin von der SS nach Fiesole verschleppt, wo sie sehr übel behandelt wurde. Ein SS-Wagen fuhr dann bei der früheren Wohnung Rupprechts in Florenz vor, um ihn nach Oberitalien zu bringen, doch erklärte Baronin Fraunberg, er sei bereits mit unbekanntem Ziel abgereist. Da man ihn nicht finden konnte, wurde die Nachsuche in Florenz intensiviert.

Auch im Reich bemühte sich die Gestapo, den bayerischen Kronprinzen und seine Umgebung in die Verschwörung des 20. Juli zu verwickeln. Dr. Otto Geßler, Dr. Eduard Hamm und Franz Sperr, die sich regelmäßig mit dem Kabinettschef des Kronprinzen getroffen hatten, wurden verhaftet. Sie hatten für die Zeit nach Hitler Überlegungen angestellt und sich dabei auf Bayern und die Wiedereinführung der Monarchie konzentriert.[215] Sie wollten die Autorität Kronprinz Rupprechts für den Neuaufbau der Demokratie ausnutzen. Sperr, der zu Graf Claus Stauffenberg Beziehungen unterhalten hatte, wurde hingerichtet. Hamm, der Kontakte mit Carl Goerdeler gepflegt hatte, beging nach Misshandlungen in der Haft Selbstmord. Geßler verweigerte trotz Folterungen ein Geständnis. Alle drei Männer hatten ihre Verbindungen zum Kronprinzen nicht preisgegeben.

Im August brachen in Florenz nach dem Einzug der italienischen Partisanen Straßenkämpfe aus, die Arnobrücken bis auf den Ponte Vecchio wurden gesprengt.[216] Granaten schlugen ohne feststellbare Ziele ein, faschistische Heckenschützen machten die Straßen unsicher. Dabei wurde Oberst Grammacini, als er einem verwundeten Partisanen helfen wollte, durch einen Schuss in den Rücken getötet. Die unsichere Lage dauerte mehrere Tage an, weil die englischen Truppen einen Kampf in Florenz vermeiden wollten, um die Beschießung der „Offenen Stadt" durch die Wehrmacht zu verhindern. Erst am Vormittag des 14. August konnte Rupprecht sein Versteck verlassen. Auf Umwegen begab er sich in den Palazzo Vecchio, wo die Engländer ihre Kommandantur eingerichtet hatten. Er wurde von den Offizieren auf das Höflichste empfangen und konnte schließlich in seine frühere Wohnung in der Via San Niccolò zurückkehren, wo Prinz Heinrich, der mit den englischen Truppen gekommen war, ihn bereits suchte. Dieser hatte sich bis zum Einmarsch der Amerikaner mit falschen Papieren in Rom versteckt gehalten. Auch in den nächsten Tagen dauerten die Kämpfe noch an, eine Granate und Maschinengewehrfeuer verwüsteten das Schlafzimmer der ehemaligen Wohnung Rupprechts in der Via delle Mantellate. Heinrich ging am 20. August wieder nach Rom, sein Vater wollte ihm in den nächsten Tagen folgen. Über das Schicksal seiner Frau und der anderen Kinder wusste er nichts. Zeitweilig dachte er nun an die Schweiz als Aufenthaltsort für eine Übergangszeit.

Sippenhaft

Ein ungleich härteres Schicksal erlitten Kronprinzessin Antonie und ihre Töchter. Auf persönlichen Befehl Adolf Hitlers wurden die Wittelsbacher nach dem Stauffenberg-Attentat mit Sippenhaft belegt. Ihre schrecklichen Erlebnisse sind

2. Exil und Verfolgung

zusammengefasst in einem Brief von Prinzessin Hilda vom 4. September 1945 aus Luxemburg an ihren Vater.[217] Antonie wurde am 27. Juli 1944 mit ihren Töchtern Editha, Hilda, Gabriele und Sophie in dem Dolomitenort San Martino di Castrozza verhaftet.[218] Dabei wurden sie über die Kontakte Rupprechts zu Oberst Stauffenberg befragt. Am 13. August brachte man die Prinzessinnen auf die Seiseralm und dann nach Plan di Gralba, wo die Kronprinzessin an Rippenfellentzündung erkrankte. Obwohl zwei Militärärzte sie für reiseunfähig erklärten, wurden die Wittelsbacherinnen am 5. Oktober nach Innsbruck verlegt.

In Innsbruck wurde Kronprinzessin Antonie von ihren Töchtern getrennt und zunächst in ein Spital gebracht, wo sie auf ihre Tochter Prinzessin Irmingard traf.[219] Diese hatte sich im Sommer auf Einladung von Prinzessin Gabriele Ratibor am Gardasee aufgehalten. Obwohl Irmingard an Typhus erkrankt war, wurde auch sie dort verhaftet und nach Innsbruck verschleppt. Die Prinzessinnen, denen man die Unterbringung in einem Schloss versprochen hatte, wurden von hier über Weimar am 13. Oktober in das Konzentrationslager Oranienburg-Sachsenhausen eingeliefert. Ein Woche später, am 20. Oktober, wurde auch Erbprinz Albrecht mit seiner Frau und den vier Kindern – den Zwillingen Marie Gabriele und Marie Charlotte und den Prinzen Franz und Max Emanuel – hierher gebracht, doch war ihnen die Kontaktaufnahme zunächst verboten. Sie waren in Ungarn vor den Russen in Richtung Burgenland geflohen. Auf Schloss Somlóvár, bei ihrem Verwandten Peter Graf von Erdödy, wurden sie aber von der SS verhaftet.[220] Ende Januar wurde auch noch Prinzessin Irmingard in Oranienburg eingeliefert.[221] Die Wittelsbacher mussten Decknamen tragen.

Als die Russen näherrückten, wurden die Wittelsbacher Ende Februar 1945 in das KZ Flossenbürg in der Oberpfalz verlegt, obwohl man ihnen ein Privathaus im Bayerischen Wald versprochen hatte. Das Bild bestimmten hier Berge von Leichen, die Luft war durch ihr Verbrennen verpestet. Hier wie schon in Oranienburg war die Familie des österreichischen Kanzlers Kurt von Schuschnigg ihr „Nachbar". Erbprinz Albrecht erkrankte in Flossenbürg an der blutigen Ruhr, was schließlich die Unterbringung der Wittelsbacher in einem Forsthaus außerhalb des Lagers ermöglichte. Als die Oberpfälzer Bevölkerung erfuhr, wer hier gefangen gehalten wurde, warfen Bauern Lebensmittel über den Stacheldraht. Am 8. April brachte man die Angehörigen des Königshauses in das KZ Dachau, wo sie mit 64 anderen Sippenhäftlingen zusammenkamen, meist Frauen und Kinder der Generäle von Stalingrad und der Verschwörer vom 20. Juli. Von Dachau wurden sie in den Gebirgsort Reutte in Tirol transportiert.[222]

Erst am 30. April 1945 erfolgte die Befreiung der Wittelsbacher durch die 3. amerikanische Armee bei Ammerwald an der Tiroler Grenze, die Bewachungsmannschaften waren geflohen. Auf Intervention ihrer Tante, der Großherzogin Charlotte von Luxemburg, wurden die Mädchen zur Rekonvaleszenz nach Luxemburg geflogen. Kronprinzessin Antonie war nach dem Aufenthalt in Innsbruck in einem Krankenhaus in Jena gefangen gehalten worden, wo man sie schlimmer als in einem Konzentrationslager behandelte und sie fast verhungert wäre. Zuvor war sie durch mehrere Lager geschleppt worden, bei einem heftigen Bombenangriff hatte sie eine Nacht in einem Unterstand zwischen Toten und Schwerverletzten verbringen müssen. Nur zufällig wurde sie in Jena von einem luxemburgischen Offizier entdeckt und dem Tode entrissen.[223] Auch sie wurde nach Luxemburg gebracht und dort gepflegt. Allerdings erholte sich die schwer kranke Frau – bei ihrer Rettung wog sie nur noch 36 Kilogramm – nie mehr von den Folgen ihrer Haft.

3. Einsatz für Bayern und Kriegsende

Verfassungskonzeptionen

Kronprinz Rupprecht beschäftigte sich während des Krieges mit der Problematik der künftigen staatlichen Gestaltung Deutschlands nach dem erhofften Zusammenbruch des Nationalsozialismus. Dabei entwickelte er seine Gedanken aus der Zwischenkriegszeit weiter. Er war jedoch nie dazugekommen, diese in Schriftform aufzuzeichnen. In der immer wieder beklagten Langweile des Florentiner Exils fand er nun die Muße, seine Überlegungen in eine einheitliche Darstellung zusammenzufassen. Das Schreibmaschinenmanuskript umfasst 241 Seiten und trägt den Titel: „Bemerkungen über den Staat, seine Formen und Aufgaben mit besonderer Berücksichtigung Deutschlands".[224] Auf dem Titelblatt steht der Vermerk „Verfasst 1941–42", im Inneren findet sich eine eigenhändige Bemerkung des Kronprinzen vom Mai 1947, nach der er das Manuskript 1942 und 1943 während seiner Zeit in Italien abgefasst habe. Es spiegle seine damalige Sicht der Dinge wieder, die sich in einigen Punkten mittlerweile geändert habe. Einige Irrtümer im historischen Teil entschuldigte er damit, dass ihm in Florenz nicht die notwendigen Bücher zur Verfügung standen.

Im Vorwort setzt er sich mit dem Sinn der Geschichte auseinander, die für ihn vom Prinzip παντα ρει (alles fließt) bestimmt ist. Das Studium der Geschichte erteile wertvolle Fingerzeige für die Beurteilung und Auswertung augenblicklicher Ereignisse. Als Schutzwehr gegen den Kampf aller gegen alle betrachtet er die Religion, die unveränderlichen Moralbegriffe und die Gesetze, deren Einhaltung der Staat überwacht. Da der Staat von Menschen für Menschen geschaffen ist, hält er seine „Vergottung" für abwegig. Dies ist gegen die Staatsauffassung des Nationalsozialismus gerichtet. Der Staat ist nach Rupprechts Überzeugung aus dem Zusammenschluss von Familienverbänden hervorgegangen.

Während im Mittelalter die gemeinsame Kultur und das Christentum die Völker einten, habe die französische Revolution das Prinzip des Nationalismus eingeführt. Der Erste Weltkrieg entfesselte dann nationale Leidenschaften, die den Unterlegenen von Hass diktierte unerträgliche Friedensbedingungen auferlegten. Die Betrachtung historischer Vorgänge vom biologischen Standpunkt aus erklärt Rupprecht für abwegig. Krieg ist für ihn nur gerechtfertigt, wenn alle anderen Mittel versagt hätten, ein gerechter Krieg sei immer ein Akt der Notwehr. Doch müsse auch ein aufgezwungener Krieg als Angriffskrieg geführt werden, denn nur im Angriff sei eine rasche Entscheidung zu erzwingen.

Der Hauptteil des Manuskripts enthält eine „Kurze Darstellung der staatlichen Entwicklung Deutschlands bis zum Ende des 2. Reiches". Es handelt sich um einen kenntnisreichen Überblick der fränkisch-deutschen Geschichte vom Ende der Völkerwanderungszeit bis zum „Versailler Friedensdiktat". Durchaus eigenständig ist Rupprechts Urteil über Preußen unter König Friedrich II. Er beurteilt es zwar als bestgeordneten Staat des damaligen Deutschland, aber auch als Polizei- und Militärstaat. Besonders kritisiert er den damals aufgekommenen Gedanken, dass der Staat um seiner selbst willen da sei. Interessant ist seine Wertung des Reichsdeputationshauptschlusses von 1803, der doch eine wichtige Funktion für die Entstehung des modernen Königreichs Bayern hatte: „Mit dem Verlassen des Rechtsbodens hatte das Reich sein eigenes Urteil gesprochen."[225] Die Auflösung des Alten Reiches, wenn auch eine amorphe und schwerfällige Masse, bedauert er als revolutionären Akt wider die Grundsätze der Reichsverfassung.

Einen schweren Bruch des Rechtsprinzips konstatiert der Kronprinz auch mit der Annexion des Königreichs Hannover und weiterer Bundesstaaten im Jahr 1866 durch Preußen: „Der Vorgang von 1866 war demnach ein neuer, revolutionärer, ein Verstoss gegen das monarchische Prinzip, das Bismarck für Preussen auf das nachdrücklichste verfocht."[226] Das Deutsche Reich von 1871 ist nach seiner Auffassung nur auf massiven preußischen Druck zustande gekommen. Die Schaffung des Reichslandes Elsass-Lothringen hält er für verfehlt, weil eine Aufteilung auf angrenzende Bundesstaaten die Assimilierung mit Deutschland erleichtert hätte. Während er Bismarcks Außenpolitik nach 1870 positiv einschätzt, kritisiert er die Politik seiner Nachfolger: die Unterlassung der Verlängerung des Rückversicherungsvertrages, die Unterstützung für die Buren, die Orientpolitik und den Ausbau der Flotte. All dies führte zu Misstrauen in England. Pointiert ist seine Auffassung über die Ursachen des deutschen Zusammenbruchs 1918: „Von 3 Seiten durch übermächtige Feinde bedroht abgeschnitten von allen Verbindungen zu Land wie zur See erlag nach heldenmütigem Kampfe das 2. Reich. Unter preussischer Führung entstanden, ging es in der grössten Katastrophe der deutschen Geschichte an preussischer Leitung zu Grunde."[227] Von hier sind die Linien zum Nationalsozialismus weitergeführt: „Der von den verbündeten Mächten veranlasste Sturz der monarchischen Staatsgewalten in Deutschland und die demütigenden Bedingungen des Versailler Friedensdiktates schufen die Vorbedingungen für das Aufkommen des so verhängnisvollen nationalsozialistischen Irrwahnes."[228]

In einem zweiten, knappen Kapitel „Der Staat. Republik und Monarchie" vergleicht Rupprecht die Staatsformen. Er hat eine liberale Auffassung vom Staat: „Der Staat soll aber der individuellen Entwicklung des Einzelnen keine Hindernisse bereiten und nur insoferne dessen Betätigung Schranken setzen oder ihn zu Dienstleistungen heranziehen, als dies zum Wohle der Gesamtheit erforderlich ist."[229] Verständlich aus den Erfahrungen der Zeit des Nationalsozialismus ist seine Auffassung über die politische Einsicht der Menschen: „Immer sind es nur wenige, die zur Leitung eines Staates befähigt sind, niemals ist es die Masse. Diese ist urteilslos und unstet, von Instinkten getrieben und augenblicklichen Gefühlswallungen unterworfen." Positiv schätzt er die republikanische Staatsform für die Schweiz und für die Vereinigten Staaten ein, wo sie über eine lange Tradition verfüge. Ansonsten macht er für die Entstehung von Republiken nicht innenpolitische Missstände, sondern außenpolitische Vorgänge verantwortlich.

Zentral für die politische Überzeugung des Kronprinzen ist das Kapitel „Möglichkeit und Berechtigung einer neuzeitlichen Monarchie". Hier ist eine Art Verfassungsentwurf enthalten. Daraus ist zu entnehmen, mit welchen politischen Vorstellungen ein König Rupprecht die Herrschaft in der Zwischenkriegszeit angetreten hätte. Den Hauptvorzug der monarchischen gegenüber der republikanischen Staatsform bilde ihre größere Stetigkeit. Deutlich ist das Bekenntnis zur Erbmonarchie, wie Rupprecht im Hinblick auf den König ausführt: „Das Prinzip der Erblichkeit hebt sein Verantwortungsgefühl und lässt das Streben nach lockenden aber unsicheren Augenblickserfolgen zu Gunsten jenes nach Dauererfolgen zurücktreten. Auch bietet es den Vorteil früher Vorbereitung auf den künftigen Beruf."[230] In diesem Zusammenhang plädiert er für die Aufhebung der dynastischen Ebenbürtigkeitsgesetze, doch möchte er die Entscheidung dem jeweiligen Familienoberhaupt vorbehalten. Um den Regierungsantritt eines unfähigen Monarchen auszuschließen, schlägt er ein Mitbestimmungsrecht der Agnaten und des Staatsrates vor. Der König ist unabsetzbar, doch sollten in verfahrenen Lagen die Agnaten und der Staatsrat ihm den Rücktritt nahelegen. Es ist das Recht des Königs, die Minister zu ernennen und zu entlassen, die dem leitenden Minister unterstellt sind. Königliche Erlasse bedürfen zur Gültigkeit der Gegenzeichnung durch die Minister. Der Staatsrat soll sich aus dem Thronfolger, den Ministern und sieben vom König auf zehn Jahre ernannten Mitgliedern zusammensetzen.

3. Einsatz für Bayern und Kriegsende

Die Eröffnung des Landtages soll durch den König erfolgen, der die Auflösung und Neuwahlen anordnen kann. „Aufgabe der Volksvertretung ist es, die Wünsche des Volkes zur Sprache zu bringen, Schäden im Staate aufzudecken, die für dessen Bedürfnisse erforderlichen Mittel zu bewilligen und deren richtige Verwendung zu überwachen." Bedenken zeigt er nun gegen ein Pluralwahlrecht. Die aktive Wahlberechtigung soll an die Vollendung des 25., die passive an die des 30. Lebensjahres gebunden werden. Auch dahinter steht die Erfahrung des Nationalsozialismus, den Rupprecht für eine besonders von der Jugend getragene Bewegung hielt. Für die Distrikts-, Bezirks- und Provinzialvertretungen fordert er weitgehende Selbstverwaltung und folgt damit dem Subsidiaritätsprinzip. Ein Oberhaus neben dem Landtag will er auf berufsständischer Grundlage einrichten. Außerdem sollen diesem Gremium Vertreter der Universitäten, der Geistlichkeit, der Städte und vom König ernannte Persönlichkeiten angehören.

Das Kapitel „Über Bundesstaaten und Kleinstaaten" behandelt historische Beispiele für Bundesstaaten wie den Deutschen Bund oder die Schweiz. Als Eventualität deutet Rupprecht die Rückverwandlung des Deutschen Reiches in einen Bundesstaat aus monarchisch und republikanisch regierten Ländern unter Einbeziehung Österreichs an. Die Gliedstaaten sollen möglichst gleich groß sein. Die an der Spitze der Bundesstaaten stehenden Persönlichkeiten wählen aus ihrem Kreis ein Oberhaupt auf Lebenszeit, das den Titel „deutscher König" annehmen soll. Auf die Bezeichnung Kaiser will Rupprecht wegen der damit verbundenen imperialistischen Erinnerungen verzichten. Die Leiter der Bundesstaaten sollen dem König dann eine Liste zum Bundeskanzler geeigneter Persönlichkeiten vorlegen. Auch für die Reichsebene schlägt er ein Zweikammersystem vor. Das Staatenhaus der Gliedstaaten entspricht dem Bundesrat des Bismarck-Reiches. Der Reichstag soll aus Delegierten der Einzellandtage gebildet werden und nicht aus direkten Wahlen hervorgehen. So soll eine zu starke Zentralisierung von vornherein unterbunden werden.

Stärker feuilletonistisch gehalten sind die Kapitel „Über den Volksstaat", „Über den kollektivistisch-totalitären Staat", „Bevölkerungsfragen" und „Aussenpolitik". In alle Abschnitte fließt viel von den persönlichen Erlebnissen und Erfahrungen des Kronprinzen ein, gehoben auf die Ebene des Allgemeinen. So ist die Forderung im Abschnitt „Heerwesen und Krieg" ein Reflex der diktatorischen Machtausübung der OHL während des Ersten Weltkrieges: „Das Heer steht im Dienste des Staates und eben deshalb hat im Kriege nicht der Feldherr sondern der Staatsmann das entscheidende Wort."[231] „Die Beamten" betrachtet Rupprecht als notwendiges Übel für den Staat und plädiert nach Schweizer Vorbild für eine stärkere Gewichtung des Ehrenamtes, wie sie freilich nur in kleinräumigen Verhältnissen möglich sei. „Gedanken über das Rechtswesen" und „Staat und Wirtschaft" schließen sich an. Seine wirtschaftspolitischen Auffassungen folgen einem dritten Weg zwischen Liberalismus und sozialistischer Planwirtschaft, die beide versagt hätten. Er will dem Staat nur ein Kontrollrecht über die Wirtschaft einräumen, doch soll er Bahn, Post, Radio, Gas, Elektrizität, eventuell auch Kohleförderung und Bergbau, in eigener Regie führen. Der Schutz der Arbeiter und des kleinen Gewerbes soll ausgebaut werden. Im Zentrum steht für ihn aber, befangen in traditionellen Vorstellungen, der Bauernstand: „Nach wie vor bleibt der Bauernstand der Jungbrunnen des Volkes und das Rückgrat des Staates."[232] Das abschließende Kapitel ist „Kultur und Kunst" vorbehalten. Der Staat sollte durch Ankäufe die Kunst fördern, der Schlusssatz lautet: „Die Kunst als Ausdrucksform des Lebens ist ein Gradmesser seiner Kultur."[233]

Zukunftspläne für Bayern

Während seines Exils hatte sich Kronprinz Rupprecht also mit staatstheoretischen Überlegungen für die Zeit nach dem erhofften Zusammenbruch des nationalsozialistischen Regimes beschäftigt. Sobald er mit den Regierungen Großbritanniens und der Vereinigten Staaten von Amerika in Verbindung treten konnte, übersandte er ihnen seine Vorstellungen über die künftige Gestaltung Bayerns. Bereits im Frühjahr 1943 hatte er ihnen seine Rechtsansprüche auf die bayerische Krone mitgeteilt, die Weiterleitung hatte Kardinalstaatssekretär Luigi Maglione vermittelt.[234] Rupprecht erklärte selbstbewusst: „Ich habe die Absicht und bin entschlossen, wenn die gegenwärtige Regierung abtritt, sofort in die Heimat zurückzukehren, die mir von ihr seit drei Jahren verschlossen ist. Ich hoffe, mit der jahrhundertelangen Tradition unserer Dynastie und meiner eigenen Autorität von ihr das Chaos abzuwenden. Ich weiß, daß Millionen darauf warten, was wohl der Grund ist, warum man die Verbannung über mich verhängt hat, und ich werde mich dieser mir aus meiner fürstlichen Stellung gestellten Aufgabe nicht entziehen." Im britischen Außenministerium hielt man das Memorandum allerdings für „rather vague and naiv".

Bei seinem Aufenthalt im November 1944 in Rom übergab der Kronprinz den Vertretern Großbritanniens und der Vereinigten Staaten beim Vatikan – beim Quirinal waren noch keine Botschafter akkreditiert – Denkschriften, die eine kurze Darstellung der Entstehung und Entwicklung des Deutschen Reiches sowie der verhängnisvollen Folgen des Versailler Vertrages enthielten.[235] Betrachtungen über den Staat im Allgemeinen und die Ausgestaltung einer zeitgemäßen Monarchie schlossen sich an. Die Grundgedanken entsprechen dem im vorigen Abschnitt behandelten Verfassungsentwurf. Seit Längerem kannte Rupprecht den persönlichen Beauftragten des amerikanischen Präsidenten Franklin D. Roosevelt beim Heiligen Stuhl, Myron C. Taylor.[236] Er besaß ein Landhaus bei Fiesole über Florenz, das er später dem Papst schenkte. Taylor leitete das Memorandum am 22. Dezember 1944 an seinen Präsidenten weiter.[237] Dabei schilderte er den Kronprinzen als Kenner der europäischen Politik und Opfer des nationalsozialistischen Regimes.

Mit Datum vom 6. März 1945 verfasste Kronprinz Rupprecht in Florenz ein weiteres Memorandum, das er für die amerikanische und britische Regierung bestimmte.[238] Angesichts des bevorstehenden totalen Zusammenbruchs der nationalsozialistischen Tyrannei betonte er die Notwendigkeit zur Vereinbarung neuer Verfassungen, um die Neugestaltung Deutschlands auf „wahrhaft föderativer Grundlage" zu ermöglichen. Unverändert plädierte er für die Neubildung von Ländern: „im Uebrigen dürfte sich die Bildung von fünf bis höchstens sieben deutschen Staaten empfehlen. Diesen müsste volle Autonomie eingeräumt werden wie den Schweizer Cantonen, den einzelnen Staaten der nordamerikanischen Union und den Dominions des britischen Weltreiches." Mit der Aufteilung des Reiches in fünf bis sieben Staaten näherte sich Rupprecht der Auffassung Roosevelts an, die dieser bei den Konferenzen von Teheran im Dezember 1943 und Jalta im Februar 1945 vertrat, möglicherweise hatte er sie durch seine Denkschriften sogar beeinflusst.[239] Für einen eventuellen Zusammenschluss der deutschen Länder wie für die Staatsform forderte er eine Volksabstimmung. Er schloss mit einem Bekenntnis der Heimatliebe: „Trotz allem was ich erlitten, hänge ich in heisser Liebe an meiner unglücklichen Heimat, deren Geschichte mit jener meines Geschlechtes seit tausend Jahren auf das Engste verbunden ist. Im Bestreben ihr zu helfen, unterbreite ich dieses Memorandum den hohen Regierungen der verbündeten Mächte."

Vor seiner Reise nach Rom im Mai 1945 besuchte Rupprecht Myron C. Taylor, der sich gerade in Fiesole aufhielt. Der Amerikaner schlug nun vor, dass der Kronprinz seine Vorstellungen über die Neugestaltung des Deutschen Reiches für den neuen amerikanischen Präsidenten Harry S. Truman schriftlich niederlegen solle. Rupprecht regte darauf in einem Memorandum „die Vereinigung sämtlicher auf römisch-germanischen und daher christlichen Traditionen fussender Staaten einschliesslich Deutschlands und Oesterreichs in der Atlantic Charter, der dann der Schutz aller ihr angehörenden Staaten gegen ihr nicht angehörige zufallen würde", an.[240] Im Anschluss betonte er den Charakter des Deutschen Reiches als Bundesstaat und behandelte besonders Ober- oder Süddeutschland. Dies setze sich aus drei Teilen zusammen: 1. Baden, Hessen, Pfalz, Württemberg, 2. Bayern, 3. Österreich, wobei Wien einen Fremdkörper im ansonsten stammesmäßig bayerischen Land bilde. Aus diesen Gegebenheiten zog er eine vorsichtige Schlussfolgerung: „Die angeführten Tatsachen sollen Anhaltspunkte über die verschiedenen Möglichkeiten einer Neugestaltung Süddeutschlands einschliesslich Oesterreichs liefern, bei der zur Vermeidung von Friktionen die neugeschaffenen Einzelstaaten volle Autonomie erhalten müssen. Die Entscheidung über das Wie ebenso über die Art eines Zusammenschlusses mit dem übrigen Deutschland sollte dem Willen der Bevölkerung anheimgestellt werden." Um eine Majorisierung der eingesessenen Bevölkerung durch Zuzügler aus dem Nordosten zu verhindern, sollten nur die Bürger stimmberechtigt sein, die bereits vor 1933 in Bayern ansässig waren.

Florenz und Rom

Mit dem Ende der Straßenkämpfe in Florenz und der britischen Besetzung der Stadt im August 1944 hatte der Krieg für Kronprinz Rupprecht persönlich sein Ende gefunden.[241] Freilich wusste er nichts über das Schicksal seiner Familie, die Rückkehr in die Heimat blieb ihm weiterhin verwehrt. Umso mehr Anteil nahm er am künftigen Geschick Bayerns nach dem erwarteten Untergang des Nationalsozialismus. Seine Gedanken kreisten um die föderative Gestaltung Deutschlands. Auch in Gesprächen mit englischen und amerikanischen Offizieren brachte er seine Überzeugungen zum Ausdruck. In Deutschland war mittlerweile der totale Krieg ausgerufen worden, was Rupprecht als Rückfall in die Barbarei wertete.

Am 26. August 1944 besuchte der amerikanische General Edgar Erskinse Hume, der als eine Art Militärgouverneur der Toscana fungierte, den Kronprinzen. Hume entstammte einem schottischen Geschlecht, das nach der Familientradition Königin Maria Stuart in ihrer letzten freien Nacht in Schottland auf Wedderburn Castle beherbergt hatte.[242] Der Bailli des Malteserordens war Stuart-Legitimist und ließ Rupprecht als Stuart-Erben deshalb jede ihm mögliche Hilfestellung angedeihen. Er wollte ihm einen Wagen zur Verfügung stellen, weil der Kronprinz der drückenden Hitze in Florenz nach Rom entkommen wollte. Eine Magenverstimmung, die sich zu einer Leberkolik und einer Affektion des linken Lungenflügels auswuchs, fesselte Rupprecht aber ans Krankenlager. Als der italienische Kronprinz Umberto von seinem bedrohlichen Zustand erfuhr, sandte er ihm den Internisten Prof. Aldo Castellani aus Rom. König Viktor Emanuel III. hatte seinen Sohn am 9. Juni zum „Luogotenente del Regno" ernannt und sich selbst von den Regierungsgeschäften nach Ravello bei Amalfi zurückgezogen. Generalstatthalter Kronprinz Umberto besuchte Rupprecht zweimal während seiner schweren Krankheit in Florenz. Auch Papst Pius XII. erkundigte sich nach seinem Befinden und ließ durch den Kardinal-Erzbischof von Florenz Elia Dalla Costa seinen apostolischen Segen übermitteln.

Nach seiner Genesung brachte General Hume Kronprinz Rupprecht und seinen Sohn Heinrich am Nachmittag des 1. November 1944 in einem Flugzeug nach Rom. Bereits für den nächsten Tag hatte er für ihn eine Audienz bei Pius XII. arrangiert. Rupprecht hätte die Begegnung lieber inoffiziell gehalten, um etwaigen Schaden für seine Familie, von deren Schicksal er ja nichts wusste, abzuwenden. Tatsächlich erfuhr ein amerikanischer Reporter von der Audienz und veröffentlichte die Nachricht mit dem frei erfundenen Zusatz, dabei sei über die künftige Gestaltung Bayerns gesprochen worden.[243] Auch Erzherzog Otto von Österreich, der sich aber damals in Lissabon aufhielt, sei dabei gewesen. Dies gab den Gerüchten über eine katholisch-legitimistische Verschwörung nur unnötig Nahrung. Dabei hielt Ruprecht den politischen Einfluss des Papstes ohnehin für gering: „Die Ansicht, dass der Papst auf die Behandlung von Fragen der internationalen Politik Einfluss habe, ist irrig. Er erzählte mir, dass viele deutsche Offiziere und Soldaten zu ihm gekommen seien, bis ihnen dies von höherer Stelle verboten wurde. Über die bolschewistische Gefahr äusserte er sich sehr besorgt."[244] Ruprecht war in Rom Gast Kronprinz Umbertos im Quirinal. Er sah ihn nur beim abendlichen Souper, an dem auch die Herzogspaare von Savoyen-Genua und Ancona teilnahmen. Die republikanische Partei regte sich darüber auf, weil sie vom bayerischen Kronprinzen eine reaktionäre Beeinflussung des Regenten befürchtete. Um weitere öffentliche Aufmerksamkeit zu vermeiden, kehrte Ruprecht noch im November nach Florenz zurück.

Den Jahreswechsel 1944/45 verbrachte Kronprinz Ruprecht mit trüben Gedanken wieder in Florenz. Nun erhoffte er eine deutsche Niederlage, weil nur sie das nationalsozialistische Regime beenden würde: „So entsetzlich die Führung Hitlers und seiner Parteigrössen, so über alles Lob erhaben ist die Leistung des einzelnen Mannes, und so traurig die Tatsache, dass alles Weiterkämpfen die Lage Deutschlands nur noch verschlimmert. Besser ein Ende mit Schrecken als ein Schrecken ohne Ende, so sage ich nun schon seit einem Vierteljahrhundert. Genau 5 Jahre weile ich nun fern von der Heimat, der mein ganzes Denken und Sehnen gilt, und die im kommenden Jahre wiederzusehen ich hoffe."[245]

Erst zum Jahresanfang 1945 erfuhr Ruprecht, dass sein Sohn Erbprinz Albrecht wegen antinationalsozialistischer Betätigung in Ungarn verhaftet und angeblich nach Berlin gebracht worden sei.[246] Nun kam ihm auch zu Ohren, dass seine Frau und Irmingard in ein Hospital nach Innsbruck verschleppt worden seien. Am 10. Mai erhielt er dann über die amerikanische Gesandtschaft in Luxemburg die erlösende Nachricht, dass dort seine Frau und seine Töchter eingetroffen seien. Graf Holnstein berichtete ihm, die Töchter und Gräfin Bellegarde seien auf zwei amerikanischen Wagen aus dem Lager Ammerwald in Leutstetten angekommen und nach Luxemburg weitergereist.[247] Die grausamen Entdeckungen bei der allmählichen Befreiung der Konzentrationslager durch alliierte Truppen kommentierte der Kronprinz mit Entsetzen: „Es ist himmelschreiend und für uns Deutsche tief beschämend, welche Schandtaten in diesen Lagern von der Gestapo und der S.S. verübt wurden. Wer hätte unser Volk solcher unmenschlicher Handlungen fähig erachtet?"[248] Seine Bestürzung verrät der

Kommentar zum Selbstmord Hitlers: „Mit Hitler ist das widerlichste Scheusal, das die Geschichte der Menschheit kennt, zur Hölle gefahren."

Zur Vorbereitung seiner Heimkehr nach Bayern kam Rupprecht in der zweiten Maihälfte 1945 nochmals nach Rom. General Hume hatte sich beim Heiligen Stuhl um Visa für ihn und Prinz Heinrich bemüht.[249] Diesmal stieg der Kronprinz bei Baron Carlo Franchetti in der Nähe des Pincio ab. Er wollte von Papst Pius XII. und von Kronprinz Umberto Abschied nehmen. Dem Papst dankte er für Nachrichten über seine Familie: „Er war gütig wie immer und sprach von den Sorgen, welche ihm die Katholiken-Verfolgungen der Russen wie Yugoslawen bereiten."[250] Die Audienz löste in der Presse neuerlich Spekulationen über politische Hintergründe aus und beschäftigte auch das Foreign Office.[251] Prinz Heinrich fand nun die Zeit, die Angehörigen in der Heimat über die Ereignisse des vergangenen Jahres zu informieren.[252] Bei einer Teegesellschaft des amerikanischen Botschafters Taylor traf Rupprecht den ehemaligen österreichischen Kanzler Kurt von Schuschnigg, Rechtsanwalt Dr. Josef Müller[253] und Prälat Johannes Neuhäusler, die ebenfalls in Konzentrationslagern gefangen gewesen waren. Müller und Neuhäusler arbeiteten nach Einschätzung Rupprechts gegen die separatistischen Bestrebungen der Widerstandsgruppe Freiheitsaktion Bayern[254] um Hauptmann Dr. Rupprecht Gerngroß. Solange der Kronprinz noch in Italien bleiben musste, übernahm Prälat Neuhäusler wie zuvor General Hume die Übermittlung der Briefe aus und in die Heimat.

Die letzten Tage seines römischen Aufenthaltes verbrachte Rupprecht bei Prof. Dr. Ludwig Curtius, dessen umfassende Bildung er außerordentlich schätzte. Bis 1937 war dieser Direktor des Deutschen Archäologischen Instituts in Rom gewesen. Gemeinsam mit ihm besuchte der Kronprinz Künstlerateliers in Rom. In einem unbequemen Kleinbus wurde er am 7. Juni zurück nach Florenz gebracht. Langsam trafen hier weitere Nachrichten aus der bayerischen Heimat ein, Erbprinz Albrecht hatte mittlerweile mit seiner Familie in Leutstetten Aufnahme gefunden. Auch von der Ermordung ihm nahestehender oder bekannter Persönlichkeiten erfuhr Rupprecht allmählich,[255] darunter Franz Sperr, Rudolf Graf von Marogna-Redwitz[256] und Karl Ludwig Freiherr zu Guttenberg.[257] Baron Redwitz, Graf Holnstein, Graf Soden und Dr. Geßler drängten den Kronprinzen nun zur baldigen Heimkehr mit dem Ziel einer monarchischen Restauration.[258]

Im Juli und August 1945 wurde Rupprecht der Aufenthalt in Florenz wegen der herrschenden Hitze immer unerträglicher. General Hume wollte sein Einreisegesuch nach Deutschland persönlich General Dwight D. Eisenhower übergeben, doch verzögerte dies nur die Angelegenheit. Erst am 8. August konnte er es ihm in Frankfurt überreichen. Durch einen an Heinrich gerichteten Brief Prinzessin Irmingards erfuhr Rupprecht Mitte August die Einzelheiten über das schreckliche Schicksal seiner Angehörigen in den nationalsozialistischen Konzentrationslagern.[259] Am 25. August traf zwar endlich die Erlaubnis zur Heimreise in Florenz ein, doch stand nun längere Zeit kein Flugzeug zur Verfügung.

Langsam verdichteten sich die Kontakte des Kronprinzen nach Bayern. Aber wo sollte er wohnen? Leutstetten war zunächst von englischen Offizieren beschlagnahmt worden. Obwohl es Baron Redwitz gelungen war, das Schloss wieder freizubekommen, war es am 8. Juni erneut von einem britischen Stab besetzt worden.[260] Die Offiziere hausten wie die Vandalen, stahlen Einrichtungsgegenstände und Waffen. Rupprecht wandte sich deshalb mit der Bitte um Hilfe an General Hume und die ihm wohlgesonnene englische Königinmutter Mary von Teck.[261] Auch der neue bayerische Ministerpräsident Fritz Schäffer setzte sich bei der amerikanischen Militärregierung für die Rückgabe Leutstettens ein.[262]

Währenddessen gewann Bayern seinen Staatscharakter zurück. Rupprecht quälte sich mit dem Gedanken, ob er durch eine frühere Heimkehr mehr für Bayerns Eigenstaatlichkeit hätte tun können. Als er am 24. Oktober wegen einer Kolik einen Zusammenbruch erlitt, reflektierte er über sein künftiges Leben: „Ich möchte nur noch 4 Jahre leben – in der vielleicht trügerischen – Hoffnung, daß bis dahin eine entscheidende Wendung der Dinge zum Heile meines Vaterlandes eintritt und ich meinem Nachfolger alles in bester Ordnung übergeben kann nach Wiederherstellung einer zeitgemäß erneuerten Monarchie."[263]

Erst am 5. November traf in Florenz die ersehnte Nachricht ein, dass General Eisenhower Rupprecht ein Flugzeug zur Heimreise zur Verfügung stelle. Nach dem Abflug am 7. November kam das Flugzeug jedoch nur bis Nizza, weil ein Schneesturm den Weiterflug über die Alpen verhinderte. Die Passagiere mussten in Cannes übernachten. Am Abend des 8. November traf Kronprinz Rupprecht von Bayern endlich in München-Riem ein. Ein Sohn von General Hume brachte ihn von hier mit dem Wagen nach Leutstetten im Würmtal.

Kapitel IV

Die Zeit des Freistaates

1. Die Nachkriegszeit bis zur Gründung der Bundesrepublik

Besatzung und Neuanfang

Bayern rechts des Rheins wurde im April und Mai 1945 von amerikanischen Truppen besetzt. Der Bestand Bayerns stand für die amerikanische Besatzungsmacht nicht in Frage, allerdings wurden die Rheinpfalz und der Stadt- und Landkreis Lindau abgeschnitten und der französischen Zone zugeschlagen.[1] Die Leitung der politischen Angelegenheiten übernahm das in München stationierte Regional Military Government (RMG), das zunächst der Katholik Oberst Charles E. Keegan leitete.[2] Er unterstand dem Befehlshaber der 3. US-Armee General George S. Patton, der als Militärgouverneur Bayerns fungierte. Dieser Kriegsheld evozierte wegen seiner selbstherrlichen Art und der zaghaft durchgeführten Entnazifizierungspolitik die scharfe Kritik amerikanischer linksdemokratischer Kreise.

Mit der Einsetzung des Staatsrats Dr. Fritz Schäffer[3] auf Vorschlag Kardinal von Faulhabers am 28. Mai 1945 als vorläufigen Ministerpräsidenten war die staatliche Existenz Bayerns bewahrt, wenn auch unter der Oberhoheit der Militärregierung.[4] Als gegenüber den Amerikanern weisungsgebundener Chef der Zivilverwaltung[5] sollte Schäffer die Strukturen einer geordneten Administration herstellen und gleichzeitig die Nationalsozialisten daraus entfernen, was sich als nur schwer durchführbar erwies. In Bayern hatte es mehrere hunderttausend eingeschriebene Parteimitglieder gegeben, darunter ein Großteil der Beamten. Deren von der Besatzungsmacht geforderte vollständige Entlassung drohte auch die nötigste Verwaltungsarbeit, etwa der Lebensmittelversorgung, unmöglich zu machen.

Kronprinz Rupprecht war zu diesem Zeitpunkt noch im italienischen Exil festgehalten. Da seine Denkschriften über die künftige Gestaltung Bayerns an die britische und amerikanische Regierung ohne nachweisbaren Einfluss blieben, war er weiterhin auf die Rolle eines aufmerksamen Zuschauers der politischen Entwicklung beschränkt. Er bezog seine Informationen aus dem nur unter Schwie-

1. Die Nachkriegszeit bis zur Gründung der Bundesrepublik

rigkeiten möglichen Briefwechsel mit den Grafen Holnstein, Soden-Fraunhofen und Franz von Redwitz.[6] Über die Ernennung Dr. Schäffers zum Ministerpräsidenten war er zunächst nicht erbaut, weil er ihn für einen ausgesprochenen Parteipolitiker hielt, der zudem die Ministerposten mit Parteifreunden besetzte.[7] Allerdings traf dies nicht zu; Schäffer zog nach dessen Rückkehr aus dem Schweizer Exil auch den Sozialdemokraten Dr. Wilhelm Hoegner zu den Kabinettssitzungen zu.[8]

Als sich in der amerikanischen Militärregierung im Zusammenhang mit dem Sturz des Militärgouverneurs General Patton Kräfte durchgesetzt hatten, die eine Politik der radikalen Entnazifizierung forderten, wurde Fritz Schäffer bereits Ende September 1945 wieder entlassen.[9] Auf Vorschlag des Beraters der amerikanischen Armee Prof. Walter L. Dorn, eines Deutschamerikaners, ernannte die Militärregierung am 28. September Dr. Wilhelm Hoegner zum bayerischen Ministerpräsidenten, der eine Regierung mit Vertretern aller politischen Richtungen bilden sollte.[10] Dies fiel zusammen mit der Proklamation General Eisenhowers vom 19. September, mit der die bisherigen Verwaltungsgebiete innerhalb der amerikanischen Besatzungszone wieder als Staaten konstituiert wurden.[11] Kronprinz Rupprecht war mit der Ernennung Hoegners, obwohl eines „Socialisten", nicht unzufrieden. Dessen Regierungserklärung vom 22. Oktober[12] hielt er für „durchaus gemässigt und recht geschickt", zumal Hoegner auch der Verbindung zur Pfalz gedacht hatte.[13]

Bereits zehn Tage nach der Heimkehr Rupprechts aus Italien sagte sich Ministerpräsident Hoegner am 19. November zu einem Besuch in Leutstetten an.[14] Nach der Auffassung des Kronprinzen erbrachte die einstündige Aussprache eine „völlige Übereinstimmung in allen wichtigen Punkten", zumal Dr. Hoegner sich gegen die Beteiligung von Nichtbayern an den Landtagswahlen ausgesprochen hatte. Der Kronprinz beurteilte ihn als offenherzig, gemäßigt und ausgesprochen bayerisch eingestellt. Rupprecht beruhigte, dass der Sozialdemokrat eine gewisse staatliche Verpflichtung zur Alimentierung der Kirche als Folge der Säkularisation anerkannte. Er erläuterte Hoegner bei dieser Gelegenheit seine Vorstellungen über die Aufgaben eines Königs: „Die monarchische Staatsform … habe in der Tat nur Berechtigung, wenn der König nicht zu einem müssigen Drohnen-Dasein herabgewürdigt und in seiner Tätigkeit auf die Ausfertigung von Unterschriften beschränkt wird, sondern ihm gleich allen Staatsbürgern das Recht der Mitarbeit an den Angelegenheiten des Staates und der freien Meinungsäusserung zusteht." Vollends begeisterte Rupprecht sich für den sozialdemokratischen Politiker, als dieser beim Verlassen des Schlosses äußerte: „So einen König können wir uns gefallen lassen."

Der ehemalige Ministerpräsident Dr. Fritz Schäffer besuchte den Kronprinzen erst über eine Woche nach Hoegner am 27. November.[15] Er berichtete von den Schwierigkeiten, die ihm die amerikanischen Behörden bereitet hatten, und ihren widersprüchlichen Anordnungen. Rupprecht ermutigte ihn, die neu gegründete CSU zu säubern und den linken, zentralistisch eingestellten Flügel um Adam Stegerwald zu bekämpfen. Die Frage der Staatsform wurde bei dieser Unterredung nicht angesprochen. Schäffer wollte die Mitglieder der in Entstehung begriffenen Königspartei zum Eintritt in die Union bewegen, um deren rechten Flügel zu stärken.

Als erster Direktor der am 1. Oktober 1945 eingerichteten amerikanischen Militärregierung in Bayern (Office of Military Government for Bavaria, OMGBY) fungierte General Walter J. Muller.[16] Seine Tätigkeit bedeutete über zwei Jahre eine Phase der Kontinuität der amerikanischen Politik in Bayern. Die Militärregierung unterstand dem Office of Military Government of the United States for Germany (OMGUS) in Berlin. Die amerikanischen Dienststellen dachten wohl von Anfang an an eine gesamtstaatliche Lösung für die Zukunft Deutschlands. Bei der Potsdamer Konferenz im Sommer 1945 hatten der amerikanische Präsident Truman und der britische Premier Churchill noch die Neubildung eines oberdeutschen Staates aus Österreich, Bayern, Württemberg und Baden favorisiert;[17] im Schlussprotokoll wurde die Frage der Fortexistenz des Deutschen Reiches offengelassen.[18] In Bayern und Österreich zeitweise erörterte Pläne für einen Zusammenschluss dieser Länder und damit verbunden eine grundsätzliche Neuordnung Mitteleuropas, für eine „Donauföderation" oder „Union alpine", blieben ohne realistische Chancen.[19] Daran änderte es auch nichts, dass Stalin, aber auch manche konservative amerikanische Politiker mit diesen Gedankenspielen liebäugelten.[20] Noch später wurden Pläne einer Donaukonföderation zwischen Württemberg, Bayern, Österreich und eventuell Ungarn in der Presse diskutiert. Der Kronprinz vermutete Dr. Josef Müller als Drahtzieher solcher Gerüchte, um dadurch die eigenstaatlichen Bestrebungen in Bayern zu diskreditieren.[21] Er selbst lehnte solche Überlegungen stets ab und erklärte sie für ein „altes Märchen".

CSU – Königspartei – Bayernpartei

Aufmerksam beobachtete Kronprinz Rupprecht die Neuformierung der politischen Landschaft in Bayern. Dabei hatte er sich seine grundsätzliche Skepsis gegenüber den Parteien aus der Weimarer Zeit bewahrt. Das größte Interesse brachte er natürlich der CSU[22] entgegen, die er mehrfach irrtümlich noch als Bayerische Volkspartei bezeichnete.[23] Schließlich hatte er ihre führenden Politiker wie Dr. Fritz Schäffer oder Dr. Alois Hundhammer[24] bereits als BVP-Politiker gekannt. Besonders Dr. Hundhammer schätzte er als Ehrenmann und überzeugten Föderalisten, der auch für die Monarchie als Staatsform Sympathien hatte. Scharf kritisierte Rupprecht dagegen den nach seiner Auffassung zentralistisch eingestellten linken Parteiflügel um den ehemaligen Zentrumspolitiker Adam Stegerwald aus Unterfranken und dessen rechte Hand Dr. Josef Müller, den „Ochsensepp",[25] der erster CSU-Vorsitzender wurde. Den bereits am 3. Dezember 1945 erfolgten Tod Adam Stegerwalds – „eines Anhängers des Berliner Centralismus" – empfand Rupprecht als Befreiung von dem den bayerischen Interessen schädlichsten CSU-Politiker.[26] In der Folgezeit konzentrierte sich seine Abneigung auf die Person Dr. Josef Müllers, den er für die meisten Fehlentwicklungen der bayerischen Nachkriegspolitik verantwortlich machte.

Gerade nach dem totalen Zusammenbruch von 1945 sahen sich viele Monarchisten in Bayern durch das moralische Kapital ihres Widerstands gegen den Nationalsozialismus gestärkt und hofften, die Ausrufung des Königreichs durchsetzen zu können.[27] In der Monarchie erblickten sie die Garantie für eine starke Stellung Bayerns in einem deutschen Staatenbund wie gegen die Gefahren des Totalitarismus. Ihre Hoffnungen wurden zunächst durch die Ernennung Fritz Schäffers zum Ministerpräsidenten erhöht, der ja bereits vor dem Krieg die Einsetzung eines bayerischen Staatsoberhaupts gefordert und die Restituierung der Monarchie nicht ausgeschlossen hatte. Auch andere Gesinnungsfreunde nahmen in der unmittelbaren Nachkriegszeit einflussreiche Stellungen ein. Dazu gehörten der Kultusminister und frühere BVP-Oberbürgermeister von Regensburg Dr. Otto Hipp[28] und der faktische erste Landwirtschaftsminister Ernst Rattenhuber, Leiter der Landwirtschaftsabteilung im Wirtschaftsministerium. Er hatte früher das Schlossgut Leutstetten als Verwalter geleitet.

Da die Frage der Staatsform von der in Entstehung begriffenen CSU nicht mit Nachdruck behandelt wurde, gab Franz von Redwitz, der die Interessen des Kronprinzen in Bayern vertrat, den Anstoß zur Gründung der Bayerischen Heimat- und Königspartei. Am 18. September 1945 arrangierte er ein Treffen mit Erwein von Aretin, Polizeioberstleutnant a. D. Martin Riedmayr und dem Bankier Hein Martin, der dem Widerstandskreis um Franz Sperr angehört hatte.[29] Der ursprünglich geplante Name „Bayernbund" wurde von der Militärregierung nicht genehmigt, sodass die Gründer zur Bezeichnung „Königspartei" griffen.[30] Sie wählten die Organisationsform als politische Partei und nicht mehr als überparteiliche Gruppierung wie beim alten BHKB, weil nur eine Partei Propaganda entfalten durfte und Zugang zur Presse erhielt. Das Programm der Königspartei wurde am 13. Oktober bei der Militärregierung eingereicht. Es enthielt die Forderung nach der staatlichen Eigenständigkeit Bayerns und einer Volksabstimmung zur Durchsetzung der Monarchie. Als Staatsform strebte die Partei eine parlamentarisch-konstitutionelle Monarchie mit zwei Kammern an, einem gewählten Landtag und einer berufsständischen Vertretung.[31] Ihre politische Absicht war es in erster Linie, die CSU zu energischerem Vorgehen in diese Richtung zu drängen. Den Vorsitz übernahm der Münchner Chirurg Prof. Dr. Max Lebsche, der als Philistersenior der Katholisch Bayerischen Studentenverbindung Rhaetia bis zu deren Zwangsauflösung 1938 gewirkt hatte. Die Initiative zur Parteigründung war nicht vom Kronprinzen ausgegangen, aber doch von seiner Umgebung. Rupprecht selbst hätte statt einer Königspartei wegen des überparteilichen Charakters eine Neuformierung des alten Heimat- und Königsbundes vorgezogen.[32] Tatsächlich gelang der Neugründung nicht die Sammlung aller Gleichgesinnten. Mit Wohlwollen verfolgte Rupprecht das Bestreben junger Politiker, diese monarchistisch-föderalistische Partei aufzubauen und dazu mit dem rechten CSU-Flügel zusammenzuarbeiten.[33] Sie hofften allerdings vergeblich, durch die Drohung einer Sprengung der Partei die CSU zu einem offenen Bekenntnis für die Unabhängigkeit Bayerns und die Wiederherstellung der Monarchie zu treiben.

Eine Volksabstimmung oder eine Umfrage über die Unterstützung für die Staatsform der Monarchie fand im Nachkriegsbayern allerdings nicht statt. Als Ersatz kann eine Befragung der amerikanischen Militärregierung vom 8. Februar 1946 dienen, bei der circa 60 ausgewählte Persönlichkeiten des öffentlichen Lebens aus ganz Bayern über ihre Einschätzung der Möglichkeiten und der Unterstützung der Bevölkerung für eine Restauration interviewt wurden.[34] Anhänger der Monarchie waren danach wesentlich stärker in Altbayern als in Franken und Schwaben zu erwarten. Immerhin rechnete der CSU-Vorsitzende Dr. Josef Müller mit 30 % Monarchisten in ganz Bayern, während Franz von Redwitz – sicher zu hoch gegriffen – von 65 % ausging. Aber auch CSU-Mitglieder vermuteten 70 bis 80 % für Ober- und 50 bis 60 % Zustimmung zur Restauration für Niederbayern.

Als im Januar 1946 ein Nachrichten-Offizier der Militärregierung den Kronprinzen über seine politischen Absichten interviewte, empfand dieser dies wie ein Verhör.[35] Rupprecht äußerte dabei seine Überzeugung, dass der monarchische Gedanke in Bayern bis in Kreise der SPD weit verbreitet sei. Am 31. Januar empfing er den Arbeitsminister in den Kabinetten Schaeffer und Hoegner I, Albert Roßhaupter, der sich als königlich bayerischer Sozialdemokrat offenbarte. In einem Interview mit der „Neuen Zeitung" vertrat Rupprecht erneut den monarchischen Gedanken. Er regte an, das Königreich Bayern – nach einer Volksabstimmung – mit den anderen deutschen Ländern zu einem Staatenbund zusammenzuschließen.[36] Dabei dachte er an eine konstitutionelle Monarchie nach dem Muster Englands. Zuerst sollte in Bayern Ordnung geschaffen werden, um das sich dann ein größeres Gebilde kristallisieren könnte. Derartige Überlegungen fanden bei der amerikanischen Militärregierung allerdings kein Verständnis. Sie forderte Baron Redwitz vielmehr auf, der Kronprinz solle keine Interviews mehr gewähren.[37] Sein Briefwechsel unterlag damals einer strengen Überwachung, seine Schreiben wurden sogar geöffnet. Es blieb Rupprechts feste

1. Die Nachkriegszeit bis zur Gründung der Bundesrepublik

Überzeugung, dass nur eine Monarchie sich gegen „Vereinheitlichkeitsgelüste" eines deutschen Zentralstaates werde behaupten können. Er erstrebte die Restauration der Monarchie aber nicht, um selbst eine Krone zu erhalten, sondern weil er das Königtum als Garanten der Erhaltung Bayerns betrachtete.[38]

Ab dem Jahresanfang 1946 konnten in Bayern wieder Wahlen abgehalten werden, zunächst im Januar in den Gemeinden, im April in den Landkreisen und im Mai auch in den kreisfreien Städten. Die Königspartei wurde am 23. Januar 1946 für den Stadtkreis München provisorisch zugelassen. In der CSU-Führung herrschte darauf Angst vor ihrer Teilnahme an den anstehenden Wahlen, denn sie befürchtete den Verlust von sonst sicheren Wählerstimmen; Richard Jaeger äußerte nach dem Verbot der Königspartei, in München hätten sonst 50% der Unionswähler für diese gestimmt.[39] Eine ganze Reihe von CSU-Politikern bemühte sich deshalb, Kronprinz Rupprecht dazu zu bewegen, die Königspartei von einer Teilnahme an den Wahlen abzuhalten. Mitte April suchte der frühere BVP-Reichstagsabgeordnete Michael Horlacher, nachmals Präsident der Verfassunggebenden Landesversammlung, den Kronprinzen auf und erklärte den gegenwärtigen Zeitpunkt als ausgesprochen ungünstig für eine Restauration. Der Münchner Oberbürgermeister Karl Scharnagl, der dieses Amt schon von 1924 bis 1933 ausgeübt hatte, sprach in einem Brief an Rupprecht den Gedanken aus, ein nur schwacher Wahlerfolg der Königspartei würde dem monarchischen Gedanken insgesamt schaden und deshalb solle der Kronprinz ihre Teilnahme an der Wahl untersagen.[40] Tatsächlich steckten hinter dieser scheinbaren Besorgnis von CSU-Politikern um die Bewahrung des monarchischen Gedankens wahltaktische Motive. Rupprecht vermutete als Urheber dieser Beeinflussungsversuche Dr. Josef Müller. Mit feiner Ironie antwortete er Scharnagl, seine Einmischung in Parteiangelegenheiten widerspräche demokratischen Grundsätzen. Am 9. Mai besuchte Oberbürgermeister Scharnagl dann persönlich Leutstetten, weil er bestürzt war über die Kandidatur der Königspartei bei den Münchner Staatsratswahlen vom 26. Mai.[41] Der Kronprinz verweigerte erneut seine Einflussnahme im Sinne eines Verzichts der Partei auf ihre Wahlbeteiligung. Als er am Abend dieses Tages die Nachricht von der Verhaftung des sich in monarchistischem Sinne engagierenden Abgeordneten Dr. Ernst Falkner, später Generalsekretär der Bayernpartei, erhielt und am 10. Mai die Königspartei verboten wurde, vermutete er erneut dahinter Machenschaften Dr. Müllers bei der amerikanischen Militärregierung.[42] Sowohl das Parteiverbot wie die Verhinderung einer Abstimmung verstießen nach Rupprechts Überzeugung gegen demokratische Grundsätze. In diesem Zusammenhang ging er in seinen Aufzeichnungen mit der BVP wie mit der CSU hart ins Gericht: „Die Leitung der bayerischen Volkspartei und ihrer Nachfolgerin, der Union, befolgte stets eine perfide Taktik. Den Wählern gegenüber spielte sie immer mit dem Königsgedanken, in Wirklichkeit war es ihr aber nur darum zu tun, den eigenen Klüngel an der Macht zu erhalten und die Plätze an der Staatskrippe sich sicherzustellen."[43]

Der „Ochsensepp" selbst machte allerdings keinen Hehl aus seiner antimonarchistischen Einstellung. Dr. Josef Müller war ein erklärter Gegner einer Restauration wie eines bayerischen Staatspräsidenten, er vertrat republikanisch-bundesstaatliche Anschauungen.[44] Im Landesarbeitsausschuss der CSU vom 1. Mai distanzierte er sich von der Königspartei und ihrer Zielsetzung. Er begründete dies auch mit wahltaktischen Überlegungen, weil in Franken damit keine Stimmen zu gewinnen seien. Er erklärte: „*Hoegner* ist zu *Rupprecht* gegangen, ich nicht! Das ist ein Aktivum!"[45] Er bestand auf einer strikten Trennung zur Königspartei, deren Vertreter er künftig von Parteisitzungen der CSU fernhalten wollte.[46] Er selbst wehrte sich allerdings gegen Vorwürfe, er habe beim Verbot der Königspartei seine Hand im Spiel gehabt.[47] Tatsächlich hatten wohl die politischen Berater des amerikanischen Militärgouverneurs General Clarence D. Adcock, Prof. Walter L. Dorn[48] und Botschafter Robert Murphy, die Auflösung der Königspartei im Vorfeld der Wahlen in München erreicht.[49] Begründet wurde dies neben der negativen internationalen Auswirkung einer Zulassung mit dem Argument, diese Partei könne reaktionäre Kreise und ähnliche Elemente anziehen. Die eigentliche Ursache war wohl, dass die bayerische Eigenstaatlichkeit nicht ins politische Konzept einiger amerikanischer Dienststellen passte. Unmittelbarer Nutznießer war jedenfalls die CSU, die damit die zunächst einzige christlich-konservative Partei blieb. Auch Rupprecht gelangte später zu der Auffassung, dass die Regierung in Washington selbst hinter dem Parteiverbot gestanden sei. In der amerikanischen Militärregierung gab es dabei durchaus unterschiedliche Strömungen. Im Juli 1946 erfuhr der Kronprinz, dass der neue amerikanische Militärgouverneur der US-Zone, General Joseph T. McNarney, nichts gegen die Wiedererrichtung der bayerischen Monarchie habe.[50] Major Wickham, dessen politischer Referent für Bayern, informierte Baron Redwitz in diesem Sinne.

Ministerpräsident Dr. Hoegner hielt die Monarchisten für vernünftige und demokratische Leute, zumal auch die Monarchie in Bayern immer liberal und demokratisch gewesen sei.[51] Der einflussreiche Berater der Militärregierung Dorn vermutete allerdings, dass die Sympathien Hoegners für die Königspartei auf wahltaktischen Überlegungen basierten, um die CSU zu schwächen.[52] Der Kronprinz kommentierte die Reden von Dr. Hoegner meist sehr positiv. Als dieser aber Anfang April in Passau äußerte, anders als 1932/33 sei nunmehr die Stunde der Monarchie endgültig abgelaufen, schrieb der Kronprinz dies dem negativen Einfluss des SPD-Vorsitzenden Dr. Kurt Schumacher zu.[53]

In seinen Aufzeichnungen verfolgte Rupprecht das weltpolitische Geschehen wie die Entwicklung in Bayern mit großer Aufmerksamkeit. Wie ein roter Faden zieht sich die scharfe Ablehnung sowohl der Person wie der politischen

Vorstellungen von Dr. Josef Müller wegen dessen zentralistischer Einstellung durch die Tagebücher. Der Kronprinz übernahm mit seinen Vorbehalten gegenüber der Person des „Ochsensepp" die Position des Schäffer-Hundhammer-Flügels der CSU,[54] mit dem er auch weltanschaulich weitgehend übereinstimmte. Allerdings war ihm Müllers Gegenspieler Dr. Fritz Schäffer, den er für einen etwas undurchsichtigen Parteipolitiker hielt, auch nicht besonders sympathisch.[55] In der Ablehnung Müllers war er sich mit Dr. Alois Hundhammer, der jenen als ebenso durchtrieben wie unzuverlässig bezeichnete, einig.[56] Hundhammer warf Müller vor, in der Staatspräsidentenfrage gegen Hoegner intrigiert und sogar mit den Kommunisten angebandelt zu haben. Der Kronprinz konnte Hundhammer über ein Gespräch Graf Sodens mit Müller berichten, der jenem ein Landtagsmandat angeboten habe,[57] wohl um der CSU die Stimmen der Monarchisten zu sichern. Bei den Flügelkämpfen in der CSU waren weltanschauliche und strukturelle Probleme eng mit persönlichen Konflikten verknüpft.[58]

Mit großem Wohlwollen verfolgte Rupprecht dann die Gründung der Bayernpartei.[59] Im Oktober 1946 hatte die Militärregierung die Zulassung einer Vorform noch verweigert. Zeitweilig glaubte der Kronprinz, dass die Neugründung auf eine Initiative Hoegners zurückgehe, der sich wegen seiner föderalistischen Haltung mit Teilen der SPD überworfen hatte.[60] Hoegners Leibwächter, Ludwig Max Lallinger,[61] engagierte sich besonders für diese Partei. Die Bayernpartei wurde zu einem Sammelbecken unterschiedlicher Gruppen und Traditionen, für entschiedene Föderalisten, für durch das Verbot der Königspartei eine politische Heimat suchende Monarchisten und für ehemalige Bauernbündler, die ihr betontes Bekenntnis zur bayerischen Eigenstaatlichkeit und die Ablehnung einer Überfremdung durch norddeutsche Zuzüge einte.

Ausführlich würdigte der Kronprinz in seinen Erinnerungen eine Veranstaltung der Bayernpartei am 20. Dezember 1947 in München, bei der Dr. Josef Baumgartner,[62] damals noch CSU-Mitglied und Landwirtschaftsminister, als Gast eine zündende Rede hielt. Auch die Ansprache Baumgartners, des späteren Parteivorsitzenden, im Münchner Cirkus Krone am 24. Februar 1948 begeisterte Rupprecht, doch schätzte er ihn als zu temperamentvoll ein: „In der Sache hatte Baumgartner ganz recht, auch wenn er für Bayern die gleiche Selbständigkeit forderte wie Österreich sie habe, das als Gegengewicht gegen Norddeutschland allein zu schwach sei, aber man kann vieles denken, was zu sagen nicht immer opportun ist."[63]

Die Bayernpartei betrieb dann eine Radikalopposition gegen das Bonner Grundgesetz und konnte so viele entschiedene Föderalisten von der CSU als Anhänger gewinnen. Als sie am 29. März 1948 endlich als sechste politische Partei lizenziert wurde, identifizierte sich Rupprecht mit ihrer Zielsetzung. Baumgartner hatte einen bayerischen Staat gefordert, „der sich zu gegebener Zeit freiwillig einem deutschen Bund im Rahmen der europäischen Staatengemeinschaft anschließt, also genau das gleiche für was seit Jahren ich eintrat."[64] Dabei plädierte Rupprecht für einen späteren Zusammenschluss der Bayernpartei mit der CSU, um längerfristig die SPD nicht zur stärksten Partei zu machen. Bei den ersten Bundestagswahlen im August 1949 errang die Bayernpartei immerhin 20,9 % der bayerischen Wählerstimmen.

Die Bayerische Verfassung

Die Initiative zum Erlass von Verfassungen in den Ländern der US-Zone ging zu Beginn des Jahres 1946 von General Lucius D. Clay aus, der als stellvertretender Militärgouverneur und OMGUS-Chef amtierte.[65] General Walter J. Muller übertrug am 8. Februar Ministerpräsident Hoegner den Auftrag zur Bildung einer Kommission zur Ausarbeitung des Entwurfs einer Bayerischen Verfassung.[66] Bereits am 8. März legte dieser den Vorentwurf der „Verfassung des Volksstaates Bayern" vor,[67] der auf eigene Vorarbeiten im Schweizer Exil und Gespräche mit dem Staatsrechtsprofessor Hans Nawiasky zurückging. Das Amt eines Staatspräsidenten war hier noch nicht vorgesehen. Kronprinz Rupprecht lehnte den ersten Satz des ersten Artikels dieses Verfassungsentwurfes – „Bayern ist eine Republik"[68] – als Selbstmord des bayerischen Staates scharf ab.[69] Republik war für ihn gleichbedeutend mit einer Unitarisierung Deutschlands.

Bei den landesweiten Wahlen zur Verfassunggebenden Landesversammlung am 30. Juni 1946 erreichten die CSU 58,3 %, die SPD 28,8 % und die KPD 5,3 % der Stimmen.[70] Rupprecht begrüßte die Wahl Dr. Alois Hundhammers zum Fraktionsvorsitzenden der CSU.[71] Die eigentlichen Konflikte um die Ausgestaltung der Verfassung – die Einsetzung eines Staatspräsidenten, die Einrichtung einer zweiten Kammer, die Form des Wahlrechts und die Schulpolitik – wurden im Wesentlichen innerhalb der verschiedenen Lager der CSU, einer „heterogenen Sammlungspartei",[72] ausgetragen. Ihr föderalistisch-konservativer Flügel favorisierte in BVP-Tradition die Einführung des Amtes eines Staatspräsidenten, um die bayerische Eigenstaatlichkeit zu symbolisieren, im Hinblick auf einen in Bildung begriffenen deutschen Bundesstaat oder Staatenbund zu zementieren und gleichzeitig als Stabilisierungsfaktor der Demokratie zu dienen. Aus diesem Grund forderten Teile der CSU auch die Einführung einer zweiten berufsständischen Kammer. Neben Dr. Hundhammer engagierten sich Dr. Schäffer, Horlacher und Alfred Loritz für die Einrichtung der Institution eines bayerischen Staatspräsidenten, die nach Rupprechts Überzeugung als Vorstufe der Monarchie gedacht war. Ministerpräsident Hoegner distanzierte sich allerdings in einem Interview scharf von der Vorstellung, das Staatspräsidentenamt als „Vorläufer der Monarchie" zu gebrauchen.[73] Um solchen Gerüchten zu begegnen, wurde erwogen, der Staatspräsident solle nach seiner Wahl eine eidesstaatliche Verpflichtung auf die republikanische Staatsform abgeben.[74] Auch Dr. Josef Müller ging davon aus, dass die Institution des Staatspräsidenten mit Hoffnungen auf eine monarchische Spitze verbunden sei.[75] Am 12. September lehnte aber die Verfassunggebende Landesversammlung die Einrichtung eines bayerischen Staatspräsidenten mit knappster Mehrheit ab, auch eine wiederholte Abstimmung am 19. September erbrachte ein negatives Ergebnis.[76] Der Müller-Flügel der CSU, der Großteil der SPD und die kleineren Parteien hatten über die entschiedenen Föderalisten innerhalb der CSU, Ministerpräsident Hoegner und einige seiner Mitstreiter aus der SPD gesiegt. Kronprinz Rupprecht registrierte diese Abstimmungsniederlage mit großer Bitternis. Er schrieb sie den Machenschaften Dr. Müllers zu, der auch sozialdemokratische Abgeordnete in seinem Sinne unter Druck gesetzt habe.[77]

Militärgouverneur Clay teilte dem Präsidenten der Verfassunggebenden Landesversammlung am 24. Oktober seine Genehmigung der vorgeschlagenen Verfassung des Staates Bayern mit.[78] Dabei schloss er die Möglichkeit von Bayerns Nichtbeitritt zu einem künftigen deutschen Bundesstaat ausdrücklich aus, die Bezeichnung „bayerischer Staatsangehöriger" ließ er nur zu, wenn darunter auch ein Staatsangehöriger Deutschlands gemeint sei. Darauf wurde die Verfassung des Freistaates Bayern am 26. Oktober 1946 von der Verfassunggebenden Landesversammlung mit überwältigender Mehrheit angenommen. Die Bezeichnung Freistaat war auf Intervention Hoegners in den Text der Bayerischen Verfassung als deutsche Übersetzung für Republik aufgenommen worden, weil er diesen Ausdruck gegenüber seinem ersten Entwurf vom Februar nun vorzog.[79] Jedenfalls konnten mit dem Namen „Freistaat" trotz der staatsrechtlichen Festlegung auch Anhänger des monarchischen Gedankens wie Alois Hundhammer leben, der zunächst für die Bezeichnung „freier Volksstaat" eingetreten war. Später wurde der Begriff im Sinne einer stärkeren Betonung der Eigenstaatlichkeit Bayerns im Verhältnis zur Bundesrepublik uminterpretiert.[80] In der Verfassung wurde die bayerische Staatsbürgerschaft verankert. Als Staatssymbole wurden die Fahne mit den Landesfarben weiß und blau und die Einführung eines Wappens festgelegt. Beim schließlich 1949 angenommenen Großen Staatswappen, dem Entwurf Eduard Eges von 1945, steht wie beim Wappen des Königreiches der Rautenschild wieder als Herzschild im Mittelpunkt, auch die Symbole für die Pfalz, Franken, Altbayern und Schwaben sind wieder aufgenommen.[81] Am 1. Dezember 1946 stimmten über 70% der Bevölkerung der Bayerischen Verfassung zu.[82] Kronprinz Rupprecht nahm in seinen Reflexionen nun den Standpunkt eines Vertreters der direkten Demokratie ein, bei der ihm das Schweizer Vorbild vorschwebte: „Die große Überzahl der Wähler war sich nicht klar darüber, dass die Verfassung insofern durchaus undemokratisch ist, als sie die Macht der Partei-Fraktionen stärkt und Volksentscheide so gut wie unmöglich macht."[83]

Die gleichzeitig abgehaltenen ersten Landtagswahlen nach dem Krieg vom 1. Dezember 1946 erbrachten einen Wahlsieg der CSU von 52,3 %. Die CSU hatte damit zwar die absolute Mehrheit errungen, doch war sie durch die Flügelkämpfe zwischen dem Parteivorsitzenden Dr. Josef Müller, der das Amt des Ministerpräsidenten anstrebte, und der stärker föderalistisch-katholisch geprägten Gruppe um Dr. Fritz Schäffer und Dr. Alois Hundhammer blockiert. Die Wahl des Ministerpräsidenten Dr. Hans Ehard,[84] eines Kompromisskandidaten zwischen dem Hundhammer-Flügel und der SPD,[85] am 21. Dezember begrüßte Rupprecht, weil der hochehrenwerte Mann offen seine monarchische Einstellung bekannt habe.[86] Ehard bildete eine Koalitionsregierung aus CSU, SPD und WAV (Wirtschaftliche Aufbau-Vereinigung)-Mitgliedern, deren personelle Zusammensetzung unter dem Einfluss Hundhammers und Hoegners zustande gekommen war. Die ursprünglich positive Meinung Rupprechts über Ministerpräsident Ehard wandelte sich aber, er warf ihm bald mangelnde Durchsetzungsfähigkeit vor. Auch nahm er ihm übel, dass er ihn bis in den Sommer 1947 – im Gegensatz zu zwei sozialdemokratischen Ministern – nicht besucht hatte.[87] Nach längerer Beobachtung seiner Tätigkeit verglich er Dr. Ehard mit Gustav von Kahr: „Wie dieser ein tüchtiger Beamter und Ehrenmann durch und durch, ermangelt er jedoch des politischen Weitblickes und ist nicht genügend energisch."

Nur undeutlich werden Versuche des Kronprinzen greifbar, zum Jahresende 1947 Einfluss auf die Gestaltung der künftigen deutschen Bundesverfassung im Sinne einer Stärkung des Föderalismus zu nehmen. Er erwähnt in seinen Erinnerungen einen kleinen Kreis von Juristen und Politikern, die an einem Verfassungsentwurf für einen deutschen Staatenbund oder Bundesstaat arbeiteten.[88] Mit seinem Einverständnis sollten zwei Vertreter dieser Gruppe Ministerpräsident Ehard über ihre Arbeit informieren und damit die Position der bayerischen Regierung beeinflussen. Ihr Entwurf sollte der in Entstehung begriffenen Bayernpartei als Grundlage für deren Programm überlassen werden, wenn Ministerpräsident Ehard sich bei einer programmatischen Rede Anfang Dezember zu wenig im Sinne des Föderalismus äußern würde. Ehard plädierte dann am 2. Dezember im Münchner Prinzregententheater für die Befreiung des europäischen Denkens von den Fesseln des Nationalismus und forderte den staatlichen Aufbau Deutschlands auf föderalistischer Grundlage von unten nach oben.[89] Freilich waren die Einflussmöglichkeiten Bayerns auf die Ausgestaltung des Grundgesetzes trotz Erfolgen bei der Einsetzung eines Bundesrates und der Aufteilung der Finanzverwaltung auf Bund und Länder beschränkt, sodass sich die Mehrheit der CSU – wohl auch aus wahltaktischen Gründen gegenüber der Bayernpartei – zu einer Ablehnung des Grundgesetzes bei gleichzeitiger Erklärung der Anerkennung seiner Rechtsverbindlichkeit entschloss.[90]

Melancholie und Kritik an den Nachkriegsverhältnissen

Kronprinz Rupprecht verfolgte die politische Entwicklung im Nachkriegsbayern mit zunehmendem Pessimismus, weil seine Hoffnungen auf eine Restauration enttäuscht worden waren. Den Tiefpunkt hatte seine Stimmung im Sommer 1946 erreicht. Seine politischen Sorgen wurden durch eine schmerzhafte Schleimbeutelentzündung des rechten Fußes und mehrere Geschwüre verschlimmert. Altersbedingte Beschwerden wie Ekzeme und Rheuma mehrten sich. Dies bot ihm Anlass zu schwarzen Gedanken: „Wie lange werde ich wohl noch aushalten müssen? Nichts wie Kummer und Sorgen und keinerlei Freude. Der Begriff irgendwelcher Freiheit besteht unter dem Drucke der fremden Militärherrschaft nicht mehr und wir alle führen mehr oder minder ein Sklavendasein. Die Rechtsbegriffe bestehen nicht mehr und immer mehr schwindet mit der rasenden Zunehmung der Verelendung die Achtung vor dem Eigentum. Bayern, einst ein glückliches Land, soll gegen den Willen der großen Mehrheit seiner Bevölkerung auf fremdes Diktat hin als Staat verschwinden und überfüllt mit uns aufgezwungenen minderwertigen und radikalisierten Einwanderern in einem grösseren socialistischen Staat aufgehen."[91] Auch seine Ansprache vor der ersten wittelsbachischen Hausversammlung nach dem Krieg, welcher er wieder selbst vorstehen konnte, im November 1946 war von großer Skepsis über die Zukunftsaussichten geprägt, er befürchtete zunehmenden Staatssozialismus.[92]

Rupprecht konzentrierte seine Kritik zunächst auf die Tätigkeit der amerikanischen Militärregierung. Der anhaltende amerikanische Einfluss und die Behinderung einer monarchischen Erneuerung bestimmten sein Bild von ihrer Regierungstätigkeit. Die Schwierigkeiten des Alltagslebens und manche Ungereimtheiten bei der Entnazifizierung hatten zu seinem harten Urteil über die amerikanische Besatzungsmacht bereits bei seiner Heimkehr im November 1945 beigetragen: „Die Unfreiheit ist – so behaupten Manche – noch grösser als wie unter der Naziherrschaft ...".[93] Im Oktober 1946 wiederholte er sein hartes Urteil: „Es ist eine Diktatur gleich jener der Nationalsozialisten, welche die amerikanische Militärregierung ausübt."[94] Besonders beanstandete er die schematische Durchführung der Entnazifizierung wie die Praxis der Beamtenernennungen.[95] In die durch eine zunächst rein formal betriebene Entnazifizierung freigewordenen Stellen rückten nach seiner Auffassung zahlreiche norddeutsche Kandidaten nach, deren angebliche Nichtbelastung nicht beweisbar war. Hier berührte sich die Position Rupprechts mit der Kritik Kardinal Faulhabers[96] und besonders Fritz Schäffers[97] an den amerikanischen Behörden.

In diesem Zusammenhang sorgte sich der Kronprinz um die drohende Überfremdung Bayerns: „Bayern ist überhaupt von Norddeutschen überschwemmt, genau wie um 1923 und den nächstfolgenden Jahren und genau so wie damals arbeiten sie den bayerischen Interessen entgegen, wobei sie leider bei den Amerikanern Gehör finden."[98] Zunächst wurde das Flüchtlingsproblem, dessen Dimension erst später erkannt wurde, unter dem Schlagwort „Überfremdung" auch in den Kabinetten Hoegner I und Ehard I behandelt.[99] Auch Dr. Schäffer monierte die Besetzung der Stellen von aus dem Staatsdienst entlassenen Bayern mit Flüchtlingen und Evakuierten, was als Überfremdung empfunden würde. Bei Kriegsende hatten sich circa 800 000 nichtbayerische Bombenevakuierte und Flüchtlinge sowie circa 650 000 Nichtdeutsche, darunter befreite Kriegsgefangene, Ostarbeiter und KZ-Insassen, auf bayerischem Boden befunden.[100] Die Fülle der sich in Bayern aufhaltenden, oft unterernährten und kranken Flüchtlinge stellte hinsichtlich ihrer Versorgung und Rückführung die amerikanischen wie bayerischen Behörden vor besondere Probleme.

Die Masse der vom nationalsozialistischen Regime verfolgten Personen, der Überlebenden aus Konzentrations-, Kriegsgefangenen- und Arbeitslagern, wurde als „Displaced Persons" bezeichnet.[101] Sie unterstanden dem CIC (Counter Intelligence Corps) und der UNRRA (United Nations Relief and Rehabilitation Administration – Flüchtlingsorganisation der Vereinten Nationen). Kronprinz Rupprecht kritisierte die Aufnahme meist jüdischer Emigranten in diese Organisationen, weil sie sich nach seiner Auffassung von Rachegedanken gegen die deutsche Bevölkerung leiten ließen, was einen Anstieg des Antisemitismus zur Folge gehabt habe.[102] Dabei ging er von starken Meinungsverschiedenheiten innerhalb der amerikanischen Behörden aus, zumal nach seiner Kenntnis auch einsichtige Amerikaner das Treiben des CIC missbilligten. Überhaupt beanstandete er den rechtsfreien Raum, in dem sich vom nationalsozialistischen Regime verfolgte Personen bewegen konnten.[103] In den für sie eingerichteten Lagern Feldafing und Wolfratshausen betrieben sie nach seiner Meinung Schwarzhandel und Hehlerei und schreckten auch vor Diebstählen nicht zurück.[104]

Persönliche Erlebnisse verschärften die Ablehnung der Besatzungsmacht durch den Kronprinzen. So störte ihn, dass ihm der Leiter der Militärregierung General Muller keinen Besuch machte, obwohl er ihm im Ersten Weltkrieg an der Front gegenübergestanden war.[105] Rupprecht schrieb dies der Angst Mullers vor seinen eigenen Leuten zu. Colonel Eugene Keller, der wegen der Genehmigung der Königspartei von dem CIC reaktionärer Gesinnung verdächtigt worden war, besuchte den Kronprinzen nur im Geheimen. Auch kleinere Konflikte mit den Amerikanern – etwa wenn ihm im Schlosspark von Leutstetten ein Reh weggeschossen wurde – beeinflussten Rupprechts Urteil.[106] Ein freilich seltenes Erlebnis persönlicher Missachtung steigerte noch seine Ablehnung der herrschenden Verhältnisse: Am 15. September 1946 nahm der Kronprinz an der 1200 Jahrfeier der Gründung des Klosters Tegernsee teil.[107] Das „Kriechen" vor den anwesenden amerikanischen Offizieren erbitterte ihn, zumal er selbst erst hinter ihnen

1. Die Nachkriegszeit bis zur Gründung der Bundesrepublik

und der Geistlichkeit begrüßt wurde, und seine Anwesenheit in der Presse verschwiegen wurde. Auch Rupprechts persönliche Bewegungsfreiheit war eingeschränkt. In der unmittelbaren Nachkriegszeit waren ihm Fernreisen verwehrt, schon für die Teilnahme an der Feier der Goldenen Hochzeit seiner Schwester Prinzessin Maria mit Prinz Ferdinand von Bourbon-Sizilien am 31. Mai 1947 benötigte er die Einreiseerlaubnis des französischen Delegierten für den bayerischen Kreis Lindau.[108] Im August verweigerte ihm die interalliierte Kontrollbehörde eine Reise in die Schweiz, wo in Winterthur Bilder aus Wittelsbacher Besitz gezeigt wurden. Auch der Austausch mit den hochbetagten Kriegskameraden brachte keinen Trost. Er beschränkte sich auf gemeinsame Erinnerungen und Klagen über die aktuelle Notlage. Besonders traf diese die zeitweilige, durch die Besatzungsmächte verfügte Sperrung ihrer Pensionen.[109]

Da es in Bayern noch keine freie Presse gab, bemühte sich der Kronprinz, über wohlgesonnene amerikanische Beamte die Weltöffentlichkeit zu informieren. So plante er die Zusammenstellung einer Denkschrift über die Missgriffe der amerikanischen Behörden. Als Adressaten bestimmte er den US-Generalkonsul in Zürich, Sam E. Woods, der zum Jahresanfang 1947 diese Position in München übernehmen sollte, und mit dem er im Vorjahr hatte sprechen können.[110] Rupprecht empfing dann Ende Oktober 1947 in Leutstetten einen amerikanischen Senator in Begleitung des Generalkonsuls Woods zu politischen Gesprächen. Woods interessierte sich besonders für bayerische Belange, weil er mit der Miterbin der Anheuser-Busch-Brauerei, Wilhelmina Busch, verheiratet war, der das Schloss Höhenried und das Gut Bernried am Westufer des Starnberger Sees gehörten.[111] Kronprinz Rupprecht besuchte die Dame in Bernried und erhielt von ihr Hilfestellungen im harten Nachkriegsalltag.[112] Erst in den folgenden Jahren entspannte sich sein Verhältnis zur amerikanischen Besatzungsmacht. 1953 gab der Kronprinz dem von einem amerikanischen Soldaten verfassten kulturgeschichtlichen Werk über Bayern, welches das wechselseitige Verständnis fördern sollte, ein englischsprachiges Vorwort bei: „This book indicates the gradual but complete transformation of the American military from a force of occupation to a force of genuine friendship living among us in close community."[113] (Dieses Buch zeigt die allmähliche, aber vollständige Verwandlung des amerikanischen Militärs von einer Besatzungsmacht zu einer unter uns in enger Gemeinschaft lebenden Macht von echter Freundschaft an.)

Im Mai 1947 musste Rupprecht sich zu der Anschauung durchringen, dass die Rheinpfalz endgültig dem bayerischen Staat verloren sein würde. Er bedauerte dies, weil die betriebsame Pfälzer Bevölkerung eine wertvolle Ergänzung zu der ruhigeren des rechtsrheinischen Bayerns gebildet habe.[114] Die französische Militärregierung hatte am 30. August 1946 das neue Land Rheinland-Pfalz geschaffen. Die Verbindung zur Pfalz war Kronprinz Rupprecht ein wirkliches Anliegen. Regelmäßig unternahm er Pfalzreisen, wo er sich dann meist in der Villa Ludwigshöhe bei Edenkoben aufhielt.[115] Auch wenn die bayerische Staatsregierung sich weiter für die Rückkehr der Rheinpfalz mit der Hauptstadt Speyer einsetzte, blieb der vormalige achte Regierungsbezirk nach der Aufhebung des Besatzungsstatuts am 5. Mai 1955 bei Rheinland-Pfalz.

Haus und „Hofhaltung"

Nach der Heimkehr aus dem fast sechs Jahre währenden Exil am 9. November 1945 lautete der erste Eintrag Kronprinz Rupprechts in sein Tagebuch: „Wohltuend empfand ich nach der schlaffen Luft Italiens die frische der Heimat."[116] Er bezog im November 1945 Leutstetten. Das Schloss hatte während und nach dem Krieg diverse Einquartierungen über sich ergehen lassen müssen. Erst allmählich konnte es wieder in einen bewohnbaren Zustand versetzt werden. Prinz Franz von Bayern war mit seiner Familie aus Sárvár vor der Roten Armee ebenfalls nach Leutstetten geflohen, wo sie in einem Nebengebäude des Schlosses unterkamen.[117] Sein ältester Sohn Prinz Ludwig hatte sich von Sárvár aus mit ungarischem Gutspersonal auf Pferdefuhrwerken und mit Zuchtvieh ebenfalls nach Bayern durchgeschlagen.[118] Der im Schlossgut und den zugehörigen Gebäuden zur Verfügung stehende Raum wurde langsam knapp. Nach der Befreiung aus den Konzentrationslagern zog auch die Familie Erbprinz Albrechts zunächst im Neubau des Schlosses Leutstetten ein, bis sie das wiederhergestellte Schloss Berg am Starnberger See beziehen konnte.[119] Dort hatten Besatzungssoldaten übel gehaust, die Möbel zu den Fenstern hinausgeworfen und zum Abschied alle Wasserhähne aufgedreht, sodass der gesamte Bau unter Wasser gesetzt worden war. Nach der Zerstörung des Leuchtenberg-Palais stand Kronprinz Rupprecht zunächst keine Stadtwohnung in München mehr zur Verfügung, die Wittelsbacher-Appartements in Schloss Nymphenburg wurden von der Familie Prinz Ludwig Ferdinand bewohnt.[120] Schloss Berchtesgaden konnte später wieder mit den geretteten Kunstwerken und Möbeln eingerichtet werden.

Kronprinz Rupprecht wurde von seinen Vertrauten und Anhängern mit großer Begeisterung in Bayern empfangen. Am 18. November 1945 stellte Kardinal von Faulhaber die Statue der Patrona Bavariae wieder auf ihren angestammten Platz an der Spitze der Säule auf dem Marienplatz inmitten der Ruinen Münchens auf. Der Kronprinz nahm auf Einladung von Oberbürgermeister Karl Scharnagl an der Zeremonie im Neuen Rathaus teil.[121] Am Ende musste er sich aber unbemerkt entfernen, weil die amerikanischen Behörden eine monarchistische Kundgebung fürchteten. Zwei Tage später lud ihn Prof. Dr. Max Lebsche im Anschluss an einen Dankgottesdienst zur Feier seiner Heimkehr in die Maria-Theresia-Klinik ein. Der Empfang von Deputationen und die Wiederaufnahme alter Kontakte beanspruchten nun viel Zeit des Kronprinzen, doch entstand keine umfassende Volksbewegung zugunsten einer Restauration der Monarchie.

Die materielle Grundlage für die Lebensführung der Mitglieder des Königlichen Hauses bildete nach wie vor der Wittelsbacher Ausgleichsfonds. Trotz Kriegsverlusten hatte der Grundbestand dank geschickter Geschäftsführung durch die Wirren von Diktatur und Krieg bewahrt werden können. Die Güter Eiwanowitz in Mähren und Sárvár in Ungarn, die den Brüdern Rupprecht und Franz privat gehört hatten, wurden allerdings nach dem Krieg enteignet. Am 6. November 1946 fand in Leutstetten eine Hausversammlung statt, die der Kronprinz wieder persönlich leiten konnte.[122] Das Rückgrat der Einnahmen des Ausgleichsfonds bildeten weiterhin die Erträge aus der Forstwirtschaft. Die Kriegsverluste wurden mit über viereinhalb Millionen Reichsmark angesetzt. Den Löwenanteil davon machten die zerstörten Mietshäuser in München und das Wohnrecht in der Residenz Würzburg aus.

Kronprinz Rupprecht übernahm bald wieder repräsentative Aufgaben im ganzen Land. Er freute sich, dass er beim Verlassen eines Gottesdienstes in München für die Opfer der Widerstandsbewegung am 6. Mai 1947 mit Hochrufen geehrt wurde.[123] Gegenüber General Ludwig von Vallade, mit dem er als Leutnant beim Leibregiment gestanden war, äußerte er über seine Arbeitsbelastung: „Es regnet jetzt förmlich Denkschriften. Nur die letzten 6 Jahre hatte ich Zeit genug zu Überlegungen, führte ich doch nahezu ein Einsiedlerleben."[124] Im Frühjahr unternahm er eine dreitägige Rundfahrt durch Franken, bei der ihn Staatsrat Ernst Rattenhuber begleitete.[125] Wie in den Zeiten der Monarchie wurden Schulen und Betriebe besichtigt sowie Städte und adelige Gutsbesitzer besucht. Das Ausmaß der Kriegszerstörungen besonders in Nürnberg und Würzburg empfand der Kronprinz als besonders erschreckend.

Auch für den Hausritterorden vom Hl. Georg konnte nach 1945 ein Neuanfang stattfinden. Sofort nach seiner Rückkehr übernahm der Kronprinz wieder sein Amt als Großmeister, zum neuen Großkanzler ernannte er Fürst Eugen Oettingen.[126] Sein Vorgänger Berthold Graf von Stauffenberg war im November 1944 gestorben. Während des Dritten Reiches war die Verleihung von Ordenskreuzen aus Vorsicht unterblieben, wohl aber hatten Promotionen stattgefunden.[127] Der äußerliche Akt der Aufschwörung konnte nun nachgeholt werden. Am 24. April 1947 wurde das Ordenshauptfest in München mit einem Gottesdienst in der Dreifaltigkeitskirche begangen. In diesem Jahr ließ der Orden einen Umbau im Krankenhaus Bad Brückenau vornehmen, dessen Träger er bis zum Verkauf an den Landkreis 1972 blieb. In den bescheidenen Formen der Vorkriegszeit konnten die Feste des Georgiordens, nun meist in Schloss Nymphenburg, wieder begangen werden.

Viele Gesellschaften versuchten nach dem Kriegsende, an die Zeit vor

1933 anzuknüpfen. Auch die Künstlervereinigung Allotria bemühte sich um neues Leben, als Leiter wirkte Oberst Rudolf Ritter von Kramer, ab 1956 Großkanzler des Max-Joseph-Ordens.[128] Rupprecht hielt sich wieder öfter in diesem Kreis auf, der freilich seinen alten Glanz eingebüßt hatte. Als man ihm bei einer Feier eine Porträtpuppe schenkte, kommentierte er knapp: „Sehr ähnlich – bis auf den Holzkopf". Freundschaftliche Beziehungen verbanden ihn seit Langem mit Olaf Gulbransson in Tegernsee, den er wiederholt nach Leutstetten zum Essen lud.[129] 1947 etwa bat er ihn „zum feierlichen Begräbnis einer Sau". In der zeitgenössischen Kunst konnte Rupprecht allerdings keinen Trost mehr finden, mit den Entwicklungen der Nachkriegszeit wusste er nur mehr wenig anzufangen. Eine ihn nicht befriedigende Ausstellung des Künstlerverbandes „Neue Gruppe" im Lenbachhaus kommentierte er vernichtend: „Das Traurige ist, dass die Künstler ihre Schöpfungen durchaus ernst nehmen, die man als die bewusste Verhöhnung eines snobistischen Publikums auffassen könnte."[130]

Auch die Kontakte Rupprechts zur Welt der Wissenschaften dauerten an. Anfang September 1947 lud ihn Prof. Dr. Walter Goetz, in hohem Alter als politisch Unbelasteter Präsident der Historischen Kommission bei der Münchner Akademie der Wissenschaften geworden, zu einer gemeinsamen Sitzung dieser Kommission und der Direktion der Monumenta Germaniae Historica ein.[131] Der Kronprinz vermittelte den Mitgliedern ein Essen bei der „Holzmillerin", der er Metzgerei und Wirtschaft vor langer Zeit eingerichtet haben soll. Als der neu gewählte Monumenta-Präsident Friedrich Baethgen mit seiner Tischrede beginnen wollte, just als die dampfende Leberknödelsuppe – eine Rarität im Nachkriegselend – serviert wurde, kommentierte der hohe Gast dies: „Jetzt hab ich die Suppen warm, da fangt der Preuß zum Reden an."

Familiäre Sorgen

Schon während des Krieges hatte sich Kronprinzessin Antonie innerlich von ihrem Gatten entfremdet. Sie warf ihm vor, nicht rechtzeitig mit der Familie emigriert zu sein, und machte ihn so für ihr Elend in den Konzentrationslagern mitverantwortlich.[132] Außerdem litt sie schwer unter den gesundheitlichen Folgen ihrer grausamen Haft. Dies wird dazu beigetragen haben, dass sie unmittelbar nach ihrer Befreiung die Kontaktaufnahme mit ihrem Mann vermied. Noch in seinem Florentiner Exil erreichte Rupprecht ein Brief des Grafen Sighard von Enzenberg, der am 23. September 1945 Antonie von Luxemburg in Bozen getroffen hatte. Sie reiste dann weiter nach Pera di Fassa in den Dolomiten und schließlich nach England, wo die Prinzessinnen Hilda und Sophie in Internaten untergebracht waren. Prinzessin Gabriele absolvierte einen Kurs in Fotografie in Lausanne. Auch mit den übrigen Töchtern hatte Rupprecht zunächst keinen Kontakt. Das erste Lebenszeichen, das er von seiner Frau selbst erhielt, war ein am 22. November 1945 in Luxemburg diktierter Brief, in dem sie ihre Heimkehr nach Bayern für das kommende Frühjahr ankündigte.[133] Mittlerweile war ihre schwere, mit einer Blutinfektion verbundene Erkrankung, verbunden mit sporadischem Fieber von septischem Charakter, als Haftfolge ausgebrochen.[134] Die Ärzte konnten keine genaue Diagnose stellen. Selbst ihre Kinder durften sie nur kurz besuchen. Das nächste Schreiben bekam Rupprecht erst im Mai 1946. Durch die Krankheit und durch zahlreiche Reisen der Kronprinzessin Antonie waren binnen eines Vierteljahres hohe Ausgaben angefallen. Die Großherzogin von Luxemburg half, indem sie die Kosten für die Ausbildung der von ihr in England untergebrachten Prinzessinnen übernahm. Kronprinzessin Antonie ließ sich später in Villars über Lausanne nieder, wo sie eine Villa mit ihrer schwedischen Freundin, Frau Palmquist, bewohnte.

Im Dezember 1945 kehrte Prinz Heinrich, nach der Auffassung Prinz Adalberts der Lieblingssohn des Kronprinzen,[135] von Leutstetten nach Florenz zurück, um dort seine Studien abzuschließen. Ein weiterer Grund war, dass er, der von manchen als geeigneter Thronfolger betrachtet wurde, seinem Stiefbruder Erbprinz Albrecht nicht in die Quere kommen wollte.[136] Nach zweijährigem ordentlichem Studium in Florenz war Heinrich durch die Kriegsereignisse aus der Bahn geworfen worden und verbummelte nach Anschauung seines Vaters seine Zeit. Er bereitete Rupprecht große Sorgen, weil er sich nicht mehr in der Heimat niederlassen wollte. Prinz Heinrich bezichtigte nun den Nationalismus als Quelle allen Unheils und bekannte: „Ubi bene ibi patria".[137] Aus Italien schrieb er seinem Vater, dass er sich in Bayern nicht mehr heimisch fühle und eine Emigrantenseele habe. Er arbeitete dann zeitweilig bei einem Amerikaner in Rom, doch fehlte es ihm bald an Geld selbst für die nötigsten Lebensmittel.

Auch die Schwestern Heinrichs lebten in der Nachkriegszeit überwiegend im Ausland. Prinzessin Irmingard begründete dies bei einem Besuch ihres Vaters im Oktober 1947 mit den Erfahrungen der Gefangenschaft in Konzentrationslagern und der Furcht vor dem Ausbruch eines amerikanisch-sowjetischen Krieges.[138] Rupprecht schloss seine älteste Tochter besonders in sein Herz. Er schätzte ihre sportlichen Fähigkeiten, ihre Natürlichkeit und ihr rasches Urteilsvermögen. Aus der Schleppe seines Ornats als Großmeister des Georgiordens ließ er sogar eine Abendtoilette für sie fertigen. Da er sich zeitweilig über die Ausbildung und den Aufenthalt der Töchter nicht ausreichend informiert fühlte, vermutete er, seine Frau wolle ihn vom Einfluss auf ihre Erziehung fernhalten.

Im Oktober 1946 erreichte Kronprinz Rupprecht die Nachricht, dass Prinzessin Editha den italienischen Ingenieur Tito Brunetti kennengelernt habe und heiraten wolle.[139] Die Trauung war bereits für den 12. November in Mailand festgesetzt. Die schweren Bedenken des Kronprinzen über diese rasche Entschließung des jungen Paares teilten auch seine Frau und die Mutter des Bräutigams. Um ein deutliches Zeichen zu setzen, schrieb Rupprecht an Editha, dass er sie fortan nicht mehr als seine Tochter betrachten könne. Die von ihm über den Bräutigam eingeholten Auskünfte waren aber sehr positiv.[140] Prinz Heinrich war Trauzeuge bei der Hochzeit seiner Schwester. Später besuchte Rupprecht Editha dann doch regelmäßig bei seinen Italienreisen.

Die zeitweilige Vereinsamung, in der Rupprecht in den ersten Jahren nach Kriegsende litt, löste trübe Gedanken aus, die er einmal zusammenfasste: „Zum Zahlen bin ich für die ganze Familie gut genug, sonst aber werde ich – da dies bequem – ignoriert. Es ist unmöglich, nicht bitter zu werden."[141] Alters- und Krankheitsbeschwerden dürften zu diesem harten Urteil beigetragen haben. Im Sommer 1947 litt er unter den Folgen einer Zahnerkrankung, die zu schweren Nervenschmerzen im Bein führten, fünf Zähne mussten ihm gezogen werden. Am 17. Juni 1948 stellte Rupprecht die Abfassung laufender Tagebücher ein. Er hatte diesen Tag noch mit der Überschrift „dies ater" wegen der Verkündung der Abwertung der Reichsmark versehen.[142] Seit Kriegsende hatte er die Tagebücher dazu benützt, sich über das laufende politische Geschehen zu orientieren und es zu reflektieren. Nun fühlte er die Last des Alters, verschlimmert durch eine qualvolle ekzematische Erkrankung und andere Beschwerden.

2. Symbol Bayerns

1949 konstituierten die deutschen Länder der Westzonen die Bundesrepublik Deutschland. Preußen war durch das alliierte Kontrollratsgesetz Nr. 46 vom 25. Februar 1947 aufgelöst worden, vorgezeichnet war dies durch die Aufteilung in Besatzungszonen.[143] Von den Bundesstaaten des Bismarck-Reiches existierten nun nur noch Bayern und die Hansestädte, Baden und Württemberg vereinigten sich zu einem Bundesland. Nur in Bayern gab es noch eine Dynastie, die ihren Namen vom Lande empfangen hatte und die in der Person Kronprinz Rupprechts über einen von allen Parteien geschätzten oder zumindest respektierten Thronprätendenten verfügte. Die Verehrung, die Kronprinz Rupprecht von vielen Seiten und auch von führenden Politikern entgegengebracht wurde, galt der großen Tradition seines Hauses und seiner Person als Symbol der Eigenstaatlichkeit Bayerns wie als Kunstkenner und Mäzen.

Kronprinz Rupprecht verfügte jetzt aber in noch geringerem Maße als früher über Möglichkeiten zur Gestaltung der politischen Verhältnisse, er wirkte als Identifikationsfigur, ohne selbst gestaltend eingreifen zu können. Dabei blieb er von der unbedingten Notwendigkeit einer Restauration überzeugt. Als Leitmaximen seines politischen Denkens können Zitate aus dem Jahr 1948 stehen: „Revolution und Reaktion sind beide von Übel, das Heil liegt in einer gesunden Evolution, der ruhigen zeitgemäßen Entwicklung auf historisch gegebener, durch die Eigenart der Länder bedingten Grundlage." Rupprecht plädierte für eine konstitutionelle Regierung. „Ein König endlich an der Spitze des Staates über den Parteien stehend und daher unparteiisch, von Jugend auf vorgebildet für seinen Beruf, bedarf nicht einmal der Rechte des amerikanischen Präsidenten, um segensreich wirken zu können."[144]

Anlässlich seines 80. Geburtstages im Mai 1949 erklärte er in einem Interview mit der Schweizer Zeitschrift „Die Tat" auf die Frage, ob er angesichts seines fortgeschrittenen Alters noch zur Übernahme der Regierungsgeschäfte bereit sei, dass dies „ein idealistisches Opfer" wäre.[145] Er vertrat erneut seine Auffassung aus der Zwischenkriegszeit, dass ein Königreich Bayern Mitglied in einem deutschen Bundesstaat sein könnte. Der König sollte das Recht der Meinungsäußerung haben wie jeder Staatsbürger. Zur Lösung der sozialen Fragen regte er Hilfestellungen für Arbeiter zum Erwerb von Wohnungseigentum an. Auf die Frage nach der Regelung der Thronfolge betonte er, vom Gedanken einer Wahlmonarchie abgekommen und zum Anhänger der erblichen Thronfolge geworden zu sein.

Kronprinz Rupprecht erfüllte trotz seines hohen Alters zahlreiche öffentliche Termine und Verpflichtungen. 1950 äußerte er etwa, dass er selten so wie im Herbst und Sommer des Jahres mit Einladungen und Veranstaltungen in Anspruch genommen worden sei.[146] In der Art eines Monarchen nahm er an Veranstaltungen im ganzen Land teil, ohne selbst das Wort zu ergreifen oder sonst direkten Einfluss auf die Politik zu nehmen. Gerade dadurch wirkte er aber in die Öffentlichkeit für eine Stabilisierung des bayerischen Staates und als Orientierungspunkt. Rupprecht selbst nahm die Ehrungen, die er in reichem Maße empfing, stärker als Unterstützung für eine Restauration der Monarchie denn als persönliche Auszeichnung. Er blieb stets davon überzeugt, dass nur die Monarchie die Besonderheiten der staatlichen Existenz Bayerns garantieren würde.

Repräsentation und Erbfolge

Das fortschreitende Alter Kronprinz Rupprechts ließ die Regelung der Erbfolge dringlicher werden. Dazu gehörte das Problem der nicht als ebenbürtig anerkannten Ehe Erbprinz Albrechts. Nach einem Gutachten von Prof. Dr. Heinrich Rogge, das beim Familienrat am 29. November 1948 diskutiert wurde, galt das Wittelsbacher Hausrecht für die Mitglieder des Königlichen Hauses auch in der Republik fort.[147] Damit bestanden die Institutionen der fürstlichen Hausmitgliedschaft, der Ebenbürtigkeit und der Familiengewalt des Chefs des Hauses weiter.

Die Rechtsquelle für das Hausrecht bildete das Familienstatut von 1819, das durch das Gesetz zum Wittelsbacher Ausgleichsfonds festgeschrieben war. Eine grundsätzliche Aufhebung der Ebenbürtigkeitsklausel war nach der Auffassung von Prof. Rogge damit nicht mehr möglich. Wohl aber konnte dies im Einzelfall durch eine Entscheidung des dazu ohne Zustimmung der Agnaten berechtigten Familienoberhaupts erfolgen. Neben der Ebenbürtigkeitserklärung der Ehe Erbprinz Albrechts wurde die Zugehörigkeit der spanischen Prinzen zum Hause Bayern diskutiert. Mit Entscheidung des Kronprinzen als Chef des Hauses vom 29. November 1948 wurde die Ehe seines Sohnes Albrecht schließlich als ebenbürtig anerkannt.[148] Wenig später erklärte Rupprecht auch die Eheschließung Prinz Adalberts mit Gräfin Augusta von Seefried und Buttenheim als ebenbürtig.[149] Für das folgende Hauptfest des Georgi-Ritterordens 1949 war die Aufnahme Albrechts als Großprior von Oberbayern vorgesehen, um seine Position als künftiger Chef des Hauses und Thronprätendent zu unterstreichen.[150] Allerdings hielt er sich zu diesem Zeitpunkt im Ausland auf.

Der Kronprinz richtete in Leutstetten wieder eine kleine Hofhaltung ein, wobei die Titel freilich einen weit größeren Hofstaat suggerierten als es der Realität entsprach.[151] Als Leiter der Hof- und Vermögensverwaltung fungierte weiterhin der Vorsitzende des Verwaltungsrates des WAF, Ludwig Graf von Holnstein. Die politischen Angelegenheiten betreute Franz Freiherr von Redwitz in seiner Funktion als Kabinettschef, der im Mai 1950 zusätzlich die Hof- und Vermögensverwaltung übernahm.[152] In der Funktion eines Hofmarschalls trat ihm nun Major a. D. Friedrich Freiherr Kreß von Kressenstein, der Schwager des früheren Kabinettchefs Josef Graf Soden, zur Seite. Häufig empfing Rupprecht jetzt wieder Gäste, aus Politik und Kunst sowie Vertreter anderer Fürstenhäuser.[153]

Durch die Währungsreform vom 21. Juni 1948, die Umstellung von Reichsmark auf Deutsche Mark, wurde auch das Vermögen des Wittelsbacher Ausgleichsfonds schwer getroffen, fast der gesamte Geld- und Pfandbriefbestand ging verloren. Bei der Hausversammlung der Wittelsbacher am 10. Mai 1950 legte Hofrat Fritz Gutleben, der den Vorsitz im Verwaltungsrat übernahm, den ausführlichsten Bericht seit Bestehen des WAF vor. Der Fonds war auf seinen Immobilienbesitz zurückgeworfen, das Betriebskapital war größtenteils verloren gegangen.[154] Die Kriegsschäden an den Häusern waren mittlerweile, teils mit Hilfe von Hypotheken, beseitigt worden. Für den beim Würzburger Residenzbrand im März 1945 zerstörten Westflügel überließ der Staat 1952 das Rosenbach-Palais an den WAF und sorgte für den Wiederaufbau. Mit staatlicher Genehmigung wurden Kunstgegenstände verkauft, um die Liquidität zu erhöhen.

Wie groß die Popularität und das Ansehen Kronprinz Rupprechts über 30 Jahre nach der Ausrufung der Republik in Bayern, nach der Zeit der Weimarer Republik und des Nationalsozialismus, noch waren, belegen das anhaltende öffentliche Interesse an seiner Person und besonders die eindrucksvollen Feiern seiner runden Geburtstage. Sein 80. Geburtstag am 18. Mai 1949 wurde über eine Woche mit ländlichen Festen in Leutstetten sowie mit Aufmärschen und Empfängen in Nymphenburg gefeiert.[155] Zu diesem Anlass rief der Kronprinz zu Spenden auf, um den sozialen Wohnungsbau in Würzburg, der am meisten vom Krieg zerstörten bayerischen Stadt, nachhaltig zu fördern.[156] 100 000 Mark bestimmte er dann als Grundstock der am 23. Juni errichteten „Kronprinz Rupprecht von Bayern-Stiftung für den Wiederaufbau Würzburgs", die „den sozialen Wohnungsbau für Arbeiter, Körperbeschädigte und Vertriebene" tatkräftig in Angriff nahm. Rupprecht selbst legte am 16. November 1949 den Grundstein zu den Wohnblöcken an der Wittelsbacher- und Zeppelinstraße,[157] heute verfügt die gemeinnützige Stiftung über mehr als 650 Wohnungen.

Das Bayerische Staatsministerium für Unterricht und Kultus gab zum 80. Geburtstag eine Festschrift heraus, zu der Staatsminister Dr. Alois Hundhammer das Vorwort beisteuerte.[158] Die ursprüngliche Widmung mit der Versicherung, „dankbar und verehrungsvoll einer über viele Jahrzehnte sich erstreckenden wohlwollenden Teilnahme und oftmals sehr wirksamen Unterstützung und Förderung" des Kronprinzen zu gedenken, wurde in der gedruckten Fassung allerdings weggelassen.[159] Die Festschrift bildet einen Überblick über die kunst- und naturwissenschaftlichen Sammlungen Bayerns, deren Leiter den Anteil der Wittelsbacher an ihrem Zustandekommen würdigen. Die Universität München ernannte den Kronprinzen damals zum Ehrenbürger.[160] Die Staatsregierung beschloss außerdem, in einem Gebäude der Staatlichen Sammlungen das von dem Bildhauer Franz Mikorey gefertigte Bronzerelief Rupprechts anzubringen.[161] Ministerpräsident Ehard äußerte bei der Begrüßung des Jubilars zu seinem Geburtstagsempfang, es solle einen Ehrenplatz in einer noch zu bestimmenden staatlichen Sammlung erhalten, „die das Verständnis des Hauses Wittelsbach und sein ruhmreiches Mäcenatentum für alles Schaffen auf dem Gebiete von Kunst und Wissenschaften besonders widerspiegelt." Die Ehrung gelte „einem Bayern aus dem Hause Wittelsbach, der getreu den Traditionen seines Hauses sein Leben im Grunde den Werken des Friedens und der Schönen Künste zugewandt hat". Das Relief fand seinen vorläufigen Platz im Treppenhaus des Prinz-Karl-Palais, am 29. September 1950 wurde es in der Glyptothek enthüllt.

Der Schriftsteller Stefan Andres übersandte damals „S[einer] M[aiestät] Rupprecht von Bayern" sein neues Werk „Ritter der Gerechtigkeit" „als eine verspätete Geburtstagsgratulation".[162] Ebenfalls mit Verspätung – erst im Jahr 1953 – erschien die zum 80. Geburtstag geplante „Festgabe für Seine Königliche Hoheit Kronprinz Rupprecht von Bayern", die der Ehrenpräsident der Historischen Kommission bei der Bayerischen Akademie der Wissenschaften, Prof. Dr. Walter Goetz, herausgegeben hatte.[163] Namhafte Wissenschaftler, darunter Ludwig Curtius, Karl Alexander von Müller und Max Spindler, der Generaldirektor der Bayerischen Staatsgemäldesammlungen Ernst Buchner und der Historiker Botschafter Prinz Adalbert von Bayern, trugen Aufsätze bei. Zentrales Thema bilden Fragen der Kunst in unterschiedlichen Epochen. Dr. Otto Geßler steuerte autobiografische Aufzeichnungen aus seiner Zeit als Oberbürgermeister von Nürnberg während des Ersten Weltkrieges bei. Der Beitrag Max Spindlers über das Verhältnis der Pfalz zum bayerischen Staat in der ersten Hälfte des 19. Jahrhunderts war nicht ohne aktuellen Bezug, bemühte sich Bayern doch weiterhin um die Rückgliederung der erst 1946 abgetrennten Rheinpfalz. Im Jahr 1951 veranstaltete Prof. Max Lebsche für die königstreuen Verbände Münchens eine Geburtstagsfeier, bei der er die Festansprache hielt.[164]

Der einzige Souverän, dem Kronprinz Rupprecht nach dem Kriegsende seine Aufwartung machte, war der Papst. Pius XII., den Rupprecht seit 1945 unverändert fand, empfing ihn im Herbst 1951 zu einer Privataudienz in seiner Sommerresidenz Castel Gandolfo.[165] Bei der längeren Unterredung erkundigte er sich nach gemeinsamen Münchner Bekannten und erklärte wiederholt: „Das bayerische Volk ist ein gutes Volk". Zum Abschluss erteilte der Papst Rupprecht, dessen Familie und dem bayerischen Volk seinen apostolischen Segen. Der Kronprinz hatte in einem Interview bekannt: „Ich halte den jetzigen Papst für den besten, der jemals regierte."[166] Auch mit den Repräsentanten der Bundesrepublik Deutschland hatte Kronprinz Rupprecht Kontakt. So besuchte ihn Bundespräsident Theodor Heuss im Sommer 1951.[167] Mit ihm unterhielt er einen lockeren Briefwechsel, der Bundespräsident kondolierte Rupprecht etwa in einem sehr persönlich gehaltenen Handschreiben vom 2. August 1954 zum Tode seiner Gattin.[168]

Als Chef des Königlichen Hauses bestand Kronprinz Rupprecht darauf, dass keine Rechtsansprüche gegenüber der Republik aufgegeben würden. Prinz Adalbert von Bayern musste ihn um Genehmigung fragen, als ihm 1952 Bundeskanzler Konrad Adenauer den Posten als erster deutscher Nachkriegs-Botschafter in Madrid anbot.[169] Da damit ein Angehöriger des Königshauses in den Dienst der Republik treten würde, wurde in Leutstetten gründlich überlegt. Schließlich verfiel Rupprecht auf den Ausweg, die Annahme eines Amtes der Bundesrepublik Deutschland durch einen bayerischen Prinzen zuzulassen, weil damit keine Anerkennung der republikanischen Staatsform in Bayern verbunden wäre. Sein Kabinettschef Baron Redwitz schrieb an den Protokollchef des Bundespräsidenten Hans Freiherrn von Herwarth, dass die Genehmigung keine Anerkennung der Republik bedeute. Der Kronprinz legte großen Wert darauf, die Thronansprüche aufrechtzuerhalten. Dies musste auch die Fotografin Ilse Schneider-Lengyel, in deren Haus am Bannwaldsee die Gründungsversammlung der Gruppe 47 stattgefunden hatte,[170] erfahren. Als sie dem Kronprinzen er-

2. Symbol Bayerns 349

öffnete, sie wolle ein Kapitel seiner geplanten Biografie unter die Überschrift „Königlicher Verzicht" stellen, erklärte er entschieden: „Ich verzichte nicht!"[171] Später zog er seine Einwilligung zur geplanten Veröffentlichung seiner Biografie durch sie zurück.

Zum Jahresanfang 1953 bezog Rupprecht seine neue Stadtwohnung in einem nördlichen Pavillon von Schloss Nymphenburg, wo er die aus dem Leuchtenberg-Palais geretteten Empiremöbel aufstellte. Am Abend des 17. Januar wurde er von Tausenden Bürgern, an der Spitze Bürgermeister Dr. Walther von Miller, begrüßt und mit einem Fackelzug und dem bayerischen Zapfenstreich geehrt.[172] Damit verfügte er wieder über eine Wohnung in München, dessen Stadtbild ihm besonders am Herzen lag. Mit Nachdruck wandte er sich gegen die Verbauung der Altstadt mit rein technischen Zweckbauten, während er die Planung und Gliederung der Gebäude auf dem Maxburg-Gelände nach neuzeitlichen Ideen begrüßte.[173] Überhaupt sorgte er sich um einen der historischen und künstlerischen Tradition entsprechenden Wiederaufbau der durch den Krieg zerstörten bayerischen Städte: „Künstlerische Städtebilder müssen erhalten und nicht durch störende Neubauten um ihre Wirkung gebracht werden. Für moderne Zweckbauten werden andere Plätze zur Verfügung stehen."[174]

Ein großes Ereignis für ganz Bayern wurde die Feier des 85. Geburtstages von Kronprinz Rupprecht im Mai 1954. Bereits am 2. Mai fand eine Vorfeier bei einer Zusammenkunft der „Leiber" im Hofbräuhaus statt, bei der General Ludwig von Vallade die Festansprache hielt.[175] Prinz Franz von Bayern vertrat hier seinen Großvater. Die in diesem Jahr gegründete Bayrische Einigung ließ eine Festschrift[176] mit biografischen Beiträgen erscheinen und koordinierte die Festlichkeiten, die sich über eine Woche hinzogen. Sie begannen am 9. Mai mit einem Feldgottesdienst und anschließendem Festspiel von Annette Thoma in Leutstetten.[177] Danach wurde ein Volksfest gefeiert. Am 10. Mai fand eine Festvorstellung von Cosi fan tutte im Münchner Prinzregententheater statt, wo damals die Staatsoper wegen der Zerstörung des Nationaltheaters spielen musste. Die Staatsregierung unter Ministerpräsident Dr. Hans Ehard richtete am 14. Mai einen Staatsempfang in der Schackgalerie aus, wo sich die Staatskanzlei befand.[178] Die Festrede hielt der Generaldirektor der Staatsgemäldesammlungen, Dr. Ernst Buchner. Dr. Fritz Schäffer, seit 1949 Bundesfinanzminister, versicherte den Kronprinzen dabei seiner andauernden Ergebenheit. Am 16. Mai wurde ein Feldgottesdienst vor Schloss Nymphenburg zelebriert, die Ansprache hielt Abt Hugo Lang. Im Anschluss erfolgte die Grundsteinlegung zur Wiederaufrichtung des unter dem Nationalsozialismus auf dem Platz vor dem Bayerischen Nationalmuseum abgetragenen Hubertusbrunnens, für den Rupprecht einen neuen Standort am Ende des Nymphenburger Kanals gefunden hatte.[179] Den Großteil der Kosten hatte ein privater Verein unter Hans Christoph Freiherr von Tucher aufgebracht, die Staatsregierung übernahm einen Anteil als Geburtstagsgeschenk. Der evangelische Dekan von München, D. Theodor Heckel, hielt am Spätnachmittag einen Gottesdienst im Steinernen Saal des Schlosses Nymphenburg, wo in der Zeit der Königin Karoline die erste evangelische Gemeinde Münchens entstanden war. Im Vorjahr hatte Kronprinz Rupprecht neben Ministerpräsident Ehard als Ehrengast an der Grundsteinlegung für den Neubau der evangelischen Bischofskirche St. Matthäus am 8. November 1953 teilgenommen.[180]

Der Vorabend des Geburtstages wurde von der Münchner Studentenschaft mit einem Fackelzug begangen, er endete mit dem bayerischen Zapfenstreich, bei dem ein eigener Marsch und das Militärgebet von Johann Kaspar Aiblinger erklangen.[181] Am Geburtstag selbst zelebrierte der Münchner Erzbischof Joseph Kardinal Wendel ein Pontifikalamt in St. Michael, in den übrigen Münchner Kirchen fanden Festgottesdienste um 7, 8 und 9 Uhr statt. Kronprinz Rupprecht gab in Schloss Nymphenburg ein Bankett für die Vertreter der deutschen Fürstenhäuser.[182] Vor den Festlichkeiten lud ihn der Chef des Hauses Sachsen, Friedrich Christian Markgraf von Meißen, zu einer Besprechung mit den Mitgliedern der deutschen Dynastien, um die Möglichkeiten einer Restauration zu erörtern. Rupprecht lehnte seine Teilnahme wegen der zu erwartenden Meinungsverschiedenheiten entschieden ab. Er war davon überzeugt, dass die Monarchie nur dort eine Chance habe, wo der Wunsch dazu bei der Mehrheit der Bevölkerung vorhanden war. Jedes Gerede über eine Fürstenverschwörung wollte er vermeiden. Zu seinem 86. Geburtstag im Mai 1955 erhielt der Kronprinz ein Glückwunschtelegramm Dr. Wilhelm Hoegners,[183] der seit dem Jahresende 1954 ein zweites Mal als Ministerpräsident amtierte.[184]

Die monarchistische Bewegung

Die Unterdrückung der Königspartei durch die Militärregierung im Mai 1946 hatte verhindert, dass sich die Monarchisten einer Wahl stellen durften. So konnten sich in ihren Kreisen möglicherweise unrealistische Vorstellungen über die Stärke der Anhängerschaft des Königtums in der Bevölkerung halten, zumal sich tatsächlich viele politische Funktionsträger ihre Anhänglichkeit an das Haus Bayern und die Persönlichkeit Kronprinz Rupprechts aus der Vorkriegszeit bewahrt hatten. Der 80. Geburtstag des Kronprinzen 1949 bot der Bayernpartei Anlass, die Restauration der Monarchie zu forcieren. Dazu forderte sie eine Volksabstimmung, bei der die Initiatoren mit 60% Zustimmung rechneten.[185] Allerdings gab es in dieser Partei ganz unterschiedliche Strömungen, zumal hier auch Traditionen des gerade in Niederbayern starken Bauernbundes fortlebten.

Das Absinken in das Vereinswesen mit seinen kleinlichen Streitereien verdeutlicht allerdings die Schwäche der organisierten monarchistischen Bewegung.

Im Jahr 1949 versuchten der Weihenstephaner Professor Anton Berr und Gustl Graf Basselet de La Rosée eine Neugründung des Bayerischen Heimat- und Königsbundes.[186] Zunächst nahm Rudolf Kanzler, schon zeitweilig Vorsitzender des BHKB in der Zwischenkriegszeit, das Amt des Präsidenten an, doch gab er es nach einem Monat wieder ab. Prof. Berr dachte in Rheinbund-Kategorien und hoffte auf die Unterstützung seiner Vorstellungen durch General Charles de Gaulle. Das Königliche Haus und die Mehrheit der Monarchisten distanzierten sich von der französischen Option. Franz von Redwitz zeigte sich von dieser Wiedergründung des Heimat- und Königsbundes überrascht, er hielt den Zeitpunkt für ungünstig.[187] Im Auftrag des Kronprinzen drängte er Berr wegen unkluger Äußerungen, die den Vorwurf des bayerischen Separatismus hervorrufen könnten, zum Rücktritt.[188] Das Hofmarschallamt forderte mit Erklärung vom 18. Januar 1950 zur Zusammenarbeit aller monarchistischen Verbände auf.[189] Als Berr auf seiner Gründung beharrte, gewann Baron Redwitz Erwein von Aretin, ebenfalls in der Zwischenkriegszeit längere Zeit Vorsitzender des BHKB, für die Errichtung einer konkurrierenden Vereinigung. Am 26. Februar 1950 trat bei einer Kreisversammlung der Bayernpartei in Deggendorf unter dem Vorsitz Erich Chrambachs der Bayerische Heimat- und Königsbund „In Treue fest e.V." an die Öffentlichkeit. Den Vorsitz übernahm Graf La Rosée, der sich von Berrs Bund getrennt hatte. Auch Prof. Max Lebsche gehörte zu den Gründungsmitgliedern.[190] Damit standen sich zwei konkurrierende Bünde gegenüber, die keine große Wirksamkeit entfalten konnten.

Kronprinz Rupprecht appellierte in einem „Aufruf an das Bayerische Volk" im September 1951 nach einem Gespräch mit Graf La Rosée und Prof. Lebsche an die monarchistischen Bünde zur Zusammenarbeit. Ausdrücklich erkannte er die gemeinsamen Bestrebungen von Heimat- und Königstreuen in ganz Bayern sowie ihrer Organisationen an und billigte sie. „Ihre beharrlichen und selbstlosen Bemühungen beweisen, daß weite Kreise des Volkes nach den Katastrophen der vergangenen Jahrzehnte gerade vom Königtum die wahre Ordnung, überparteiliche Staatsführung und echte Demokratie erwarten. Die Zeichen der Zeit erfordern endlich Sammlung. In diesem Sinne gehören, wie mein ganzes Leben, so auch die Jahre, die mir Gott noch schenkt, meinem ganzen geliebten bayerischen Volke."[191] Im Januar 1952 erfolgte der Zusammenschluss der Bünde, wobei die Frage der Staatsform später zugunsten des Einsatzes für die Eigenstaatlichkeit Bayerns in den Hintergrund rückte.[192] Der 1950 nochmals gegründeten Königspartei gelang es nicht mehr, eine nennenswerte politische Wirksamkeit zu entfalten.[193] Wieder hatte der getreue Prof. Max Lebsche den Vorsitz übernommen. Bei den Landtagswahlen am 26. November 1950 konnte sie jedoch nicht einmal die 1%-Marke überwinden, als Partei versank sie damit in der Bedeutungslosigkeit.

Wenn der Kronprinz sich auch weiterhin um Überparteilichkeit bemühte, so zeigte er sich doch beim „Bayerischen Heimattag" am 13. Juli 1952 in Oberneuching, wo er stürmisch gefeiert wurde.[194] Funktionäre der Bayernpartei, darunter Dr. Baumgartner, hatten dieses Fest am Ort der bayerischen Landessynode von 772 unter Herzog Tassilo III. organisiert. Sie wollten enttäuschte Monarchisten enger an ihre Partei binden. Dabei waren die Anhänger dieser Staatsform sicher überproportional unter der älteren Generation vertreten. Dr. Otto Geßler kann hier als Beispiel stehen. Er legte an seinem 80. Geburtstag die Kronprinz-Rupprecht-Medaille in Gold an, die ihm dieser zu seinem eigenen 85. Geburtstag verliehen hatte. Noch auf dem Sterbebett gab der ehemalige liberale Oberbürgermeister von Nürnberg und Reichswehrminister der Weimarer Republik seiner Hoffnung auf die Restauration der Monarchie Ausdruck: „Das Gebäude der Republik halte ich für hohl, weil es nicht im Volke verankert ist."[195] Am 29. September 1954 bekannten sich noch immer 70 von 193 Landtagsabgeordneten der CSU und der Bayernpartei auf eine Anfrage der Königspartei als Monarchisten.[196] Den Kronprinzen selbst und seine engere Umgebung erreichten naheliegenderweise in erster Linie Stellungnahmen, die sich für eine Restauration aussprachen. Dass es sich dabei meist um langjährige Freunde und Bekannte, meist noch aus der Zeit vor dem Ersten Weltkrieg, und damit um Persönlichkeiten hohen Alters handelte, nahm Rupprecht wohl nicht mehr zur Kenntnis. Er blieb bis zuletzt von einer undemokratischen Unterdrückung des Königsgedankens überzeugt.

Privatleben und Reisen

Mit der Stabilisierung der politischen und wirtschaftlichen Verhältnisse in Bayern sah Kronprinz Rupprecht seine Kinder wieder öfter um sich, die nun eigene Familien gründeten. Im Juni 1949 heiratete Prinzessin Hilda in Lima, der Hauptstadt Perus, den Großgrundbesitzer Konsul Juan Lockett de Loayza. Nur ihre Schwester Irmingard, die sich zu diesem Zeitpunkt in den Vereinigten Staaten aufhielt, konnte die Familie dabei vertreten.[197] Prinzessin Irmingard selbst heiratete im Juli 1950 ihren Vetter Prinz Ludwig von Bayern in Schloss Nymphenburg.[198] Auch seiner Tochter Gabriele konnte Rupprecht die Hochzeitsfeier in Schloss Nymphenburg ausrichten. Im Sommer 1953 schloss die Prinzessin die Ehe mit Erbprinz Carl von Croy.[199] Im Januar 1955 nahm der Kronprinz noch an der Hochzeitsfeier seiner Tochter Sophie mit Dr. Jean-Engelbert Prinz und Herzog von Arenberg in Schloss Berchtesgaden teil.[200] Prinz Heinrich heiratete am 31. Juli 1951 in St. Jean de Luz in nicht hausgesetzgemäßer Ehe die Französin Anne de Lustrac.[201] Den tragischen Tod seines Sohnes Heinrich am 14. Februar 1958 bei einem Unfall in der Nähe von San Carlos de Bariloche in Argentinien erlebte Rupprecht nicht mehr.

Bald nach dem Ende der unmittelbaren Nachkriegszeit konnte Kronprinz Rupprecht mit erstaunlicher Frische wieder Reisen unternehmen, die er nun häufig mit Verwandtenbesuchen verband. Im Herbst 1949 ging er zur Kur nach Ábano Terme in Oberitalien und machte dabei einen Abstecher nach Venedig. Im Herbst 1951 fuhr er wieder in das geliebte Italien, um von seinen Alltagssorgen Abstand zu gewinnen.[202] Über Florenz führte ihn die Route nach Rom, wo er diesmal bei Prof. Ludwig Curtius abstieg. Vermittelt durch ihn lernte Rupprecht den schlesischen Grafen Kurt Blücher und dessen Privatsekretärin Gräfin Strachwitz kennen. Gemeinsam unternahmen sie im Wagen des Kronprinzen eine Reise nach Paestum und Amalfi. Auf der Rückfahrt besuchte er seine Tochter Editha in Viaréggio im Norden von Pisa. Von hier fuhr er dann zu seiner Frau Antonie, die sich in La Spezia an der Ligurischen Küste aufhielt. Im Herbst 1952 bereiste er erneut in der Gesellschaft Graf Blüchers Unteritalien und Sizilien.[203] Auf dem Weg machte er wieder Station bei seiner Tochter in Viaréggio, wohin auch Kronprinzessin Antonie vom nahen Forte dei Marmi aus kam. Sie wollte von einer Heimkehr nach Bayern nichts wissen, weil die Erinnerung an die Schreckenszeit in der nationalsozialistischen Haft in ihr noch zu wach war. Im November 1952 fuhr sie zum 90. Geburtstag ihrer Patentante, der Herzogin Maria Antonia von Parma, letztmals nach Schloss Colmar-Berg in Luxemburg.[204] Den Hauptteil des folgenden Jahres verbrachte Antonie am Comer See, betreut von der Gräfin Paula Bellegarde. Dazwischen hielt sie sich am Meer und zur klinischen Behandlung in Rom auf.

Im Herbst 1953 wählte der Kronprinz Frankreich als Reiseziel, das er vergleichsweise nur wenig kannte.[205] Hier widmete er sich besonders der Kunst der Gotik. Diesmal begleitete ihn Franz von Redwitz. In Paris trafen sie Prinzessin Sophie und Ludwig Curtius. Die Reise führte dann in einem großen Bogen durch die Bretagne, zurück an die Loire und nach Burgund. In Vienne fand das Abschlussessen der Reisegesellschaft statt. Rupprecht fuhr über den Mont Cenis weiter nach Italien, wo er wieder Editha in Viaréggio aufsuchte. Mit seiner Frau traf er diesmal in Bozen zusammen. Im Frühjahr 1954 wurden bei ihr ein Tumor und eine Speiseröhrenverengung festgestellt, die Kur mit Bestrahlungen und Injektionen strengten sie sehr an.[206]

Im Anschluss an die kräftezehrenden Geburtstagsfeierlichkeiten im Jahr 1954 reiste Rupprecht zur Behandlung seines Rheumaleidens nach Ischia. Auf der Rückfahrt besuchte er seine an fortgeschrittenem Krebs leidende Frau in Rom. Kurz zuvor hatte Kronprinzessin Antonie an den Feierlichkeiten zur Heiligsprechung Papst Pius X. am 29. Mai teilnehmen können, der ihr 1911 persönlich die Firmung gespendet hatte. Als der Kronprinz mit seinem Sohn Prinz Heinrich am 10. April Ludwig Curtius besuchen wollte, hatte dieser gerade einen Herzschlag erlitten.[207] Zusammen betteten sie den Toten.

Den Sommer 1954 verbrachte Antonie von Bayern in einem Hotel in dem Kurort Lenzerheide in Graubünden. Die Schreckensnachricht vom tödlichen Autounfall ihres Schwiegersohns Ing. Brunetti am 13. Juli und der Verletzung ihrer Tochter Editha verschlimmerte ihren Zustand. Als Rupprecht Antonie im Juli besuchte, war sie zwar noch relativ wohlauf, doch erreichte ihn auf der Heimfahrt in Lindau die Nachricht, dass sie einen Schlaganfall erlitten habe. Rupprecht und ihre sechs Kinder weilten bei Kronprinzessin Antonie, als sie am 31. Juli 1954 starb. Sie wollte in Rom und nicht in dem ihr innerlich fremd gewordenen Bayern begraben werden. Kronprinzessin Antonie von Bayern fand deshalb ihre letzte Ruhe in der Kirche S. Maria in Domnica (La Navicella) auf dem Monte Celio.[208] Das Requiem in München zelebrierte Erzbischof Joseph Kardinal Wendel in der Jesuitenkirche St. Michael.[209] Am 13. November wurde die Urne mit ihrem Herzen in der Gnadenkapelle von Altötting aufgestellt. Es war die letzte Herzbestattung an diesem Ort und im Hause Bayern.[210]

Tod und Beisetzung

Die altersbedingten Beschwerden mehrten sich bei Kronprinz Rupprecht, im Oktober 1954 war er an einer Lungenentzündung erkrankt. Trotzdem führte er sein bisheriges Leben mit offiziellen Terminen und Reisen fort. Am 1. August 1955 veröffentlichte das Hofmarschallamt die Erklärung, dass er ernsthaft an akuter Herzschwäche leide.[211] Obwohl er Anfang Juli mit einer leichten Erkältung aus Italien zurückgekehrt sei, habe er noch verschiedene kulturelle Veranstaltungen und eine Seelenmesse für seine verstorbene Frau besucht. Die Familie und sein Beichtvater, der Abt von St. Bonifaz Hugo Lang, versammelten sich am Krankenlager in Schloss Leutstetten. Kronprinz Rupprecht von Bayern starb am Dienstag, den 2. August 1955, um 14.55 Uhr, nachdem ihm Abt Lang in der Nacht die Letzte Ölung gespendet hatte.[212] Der bayerische Landtag unterbrach auf die Todesnachricht hin seine Sitzung, Landtagspräsident Dr. Hans Ehard hielt eine kurze Gedenkansprache.[213] Die Staatsregierung ordnete Trauerbeflaggung und ein Staatsbegräbnis an. Papst Pius XII. sandte ein Beileidstelegramm.

Kronprinz Rupprecht wurde in seine Uniform als bayerischer Generalfeldmarschall gekleidet und in die Schlosskapelle Leutstetten gebracht. In der Nacht des 3. auf den 4. August überführte man den Leichnam nach Schloss Nymphenburg. Hier wurde er im schwarz drapierten Steinernen Saal aufgebahrt, wo die Fahnen seiner Regimenter aufgehängt waren. Über 50 000 Menschen zogen am Sarg vorbei und nahmen von ihm Abschied. Die Totenwache hielten im Wechsel Ordensritter, Veteranen, Bereitschaftspolizisten und Gebirgsschützen. Am 6. August wurde der Leichnam in die Ludwigskirche überführt, deren Apsis schwarz ausgeschlagen war. Zu Füßen des Sarges lagen sieben Kissen mit Orden, im Sarg seine beiden Marschallsstäbe als bayerischer und preußischer Generalfeldmarschall. Ministerpräsident Dr. Hoegner hatte angeordnet, die in der Schatzkammer der Münchner Residenz verwahrte bayerische Königskrone auf den Katafalk zu legen.[214] Damit erhielt Rupprecht von Bayern im Tode die Krone, die ihm im Leben verweigert worden war. Ritter des Georgi-, des Militär-Max-Joseph-, des Malteser- und des Johanniter-Ordens, verschiedene Militärformationen und weitere Gruppen teilten sich die Totenwache.

Das Requiem am 7. August in St. Ludwig zelebrierte der Erzbischof von Bamberg, Dr. Joseph Schneider, weil sich der Münchner Erzbischof in Südamerika aufhielt. Die Traueransprache hielt Abt Hugo Lang.[215] Er betonte, dass „jedermann bayerischen Stammes und Sinnes" im Verstorbenen „den idealen Ausdruck seines eigenen Wesens und besten Strebens erkannte". Die Staatsregierung unter Ministerpräsident Hoegner war vollzählig anwesend, die Bundesregierung vertraten Vizekanzler Franz Blücher und die Minister Dr. Fritz Schäffer und Franz Josef Strauß. Als der Sarg, getragen von Bereitschaftspolizisten und flankiert von den Rittern der Hausorden, aus dem Kirchenportal getragen wurde, senkten sich 60 bayerische Regimentsfahnen und Standarten zu den Klängen des Präsentiermarsches. Der von sechs Füchsen gezogene kleine Hoftrauerwagen[216] brachte dann den Sarg durch ein Spalier dicht gedrängter Menschen zur wiederhergestellten Theatinerkirche St. Kajetan.[217] Bereitschaftspolizisten im alten Stahlhelm führten die Fahnen der königlich bayerischen Armee mit. In der Krypta von St. Kajetan hatten bei der Aussegnung nur der Klerus und die engsten Angehörigen Zugang. Nun wurde der Eichensarg von einem schlichten Zinnsarkophag umschlossen. Er wurde zwischen den Sarkophagen der ersten Gemahlin Kronprinz Rupprechts, Marie Gabriele, und seines ältesten Sohnes Luitpold aufgestellt. Das Lied vom guten Kameraden und drei Böllerschüsse beendeten die Trauerzeremonie.

Es war ein Todesfall, der im ganzen Land Betroffenheit auslöste. Zahllose Berichte und Nachrufe erschienen in Zeitungen und Zeitschriften.[218] Kronprinz Rupprecht hatte sich mit seinem Herzen im Körper bestatten lassen wollen. Als Abschluss der jahrhundertealten Tradition der wittelsbachischen Herzbestattungen in Altötting und um den Platz neben der Urne Kronprinzessin Antonies zu füllen, stiftete Erbprinz Albrecht, der nun den Titel Herzog von Bayern annahm, eine Votivgabe in Form einer Herzurne unter einer Königskrone aus vergoldetem Silber mit einem Nodus aus Bergkristall. Sie trägt neben den Lebensdaten die Aufschrift:

QUIESCIT SUB MATRIS TUTELA.[219]

Epilog
König ohne Krone

Auch nach seinem Tode blieb das Andenken an Rupprecht von Bayern lebendig. Zahlreiche Nachrufe und Würdigungen von Gelehrten und Journalisten erschienen.[1] Prof. Max Lebsche ließ ein Gedenkblatt veröffentlichen, in dem er schrieb: „denn Rupprecht war nicht nur Bayerns Herr und König, er war Bayern selbst, der einzig berufene und berechtigte Vertreter und Hüter von Bayerns Staatspersönlichkeit, des Staatsgebietes und der volksherrschaftlichen Freiheiten."[2] Rupprechts Biograf Dr. Otto Kolshorn gründete 1958 den „Verein zur Errichtung eines Kronprinz-Rupprecht-Brunnens e.V.", um die Erinnerung an den Kronprinzen wachzuhalten.[3] Aus einem Wettbewerb um seine Gestaltung ging der Bildhauer Prof. Bernhard Bleeker, mit dem der Verstorbene befreundet gewesen war, als Gewinner hervor. Bei der Grundsteinlegung des Brunnens am 20. November 1959 auf dem Platz vor dem Apothekerhof der Münchner Residenz legte der Enkel des Kronprinzen, Erbprinz Franz von Bayern, eine Urkunde in den Grundstein. Die Wahl eines Brunnens statt eines Denkmals wurde mit der Bescheidenheit des Hohen Herrn begründet. Die Finanzierung erfolgte durch Spenden aus allen Bevölkerungsschichten wie durch Beiträge der Staatsregierung und des Stadtrats der Landeshauptstadt. Bleeker schuf für den freistehenden Brunnen die Statue der Pallas Athene mit einer Waage über einer Doppelbrunnenschale. Die Figur symbolisiert die Liebe zur Kunst und Wissenschaft, die Waage den Gerechtigkeitssinn des Geehrten. Die Eröffnung des Brunnens konnte in Anwesenheit des Ministerpräsidenten Dr. Hans Ehard und des Landtagspräsidenten Rudolf Hanauer am 18. Mai 1961 erfolgen.[4] Prof. Max Spindler hielt damals die Festrede im Plenarsaal der Bayerischen Akademie der Wissenschaften. In seiner tiefschürfenden biografischen Skizze würdigte er die Verdienste des Kronprinzen als einer symbolischen Gestalt um Bayern: „In ihm verkörperte sich die bayerische Geschichte bis zu der Wendung, die ihm zum Schicksal geworden war. Auch aus den Jahrzehnten, die folgten, ist seine Persönlichkeit nicht wegzudenken. – Er trug eine Last von Jahrhunderten".[5] Bei diesem Festakt wurde in der Akademie der Wissenschaften, die in die Residenz eingezogen war, eine Büste des Kronprinzen von Prof. Theodor Georgii, einem Schwiegersohn Adolf von Hildebrands, aufgestellt. Diese Denkmäler unterstreichen nochmals die enge Bindung Rupprechts an die Welt der Wissenschaft. Als weitere posthume Ehrung wurde im Jahr 1965 in München die Kronprinz-Rupprecht-Kaserne nach ihm benannt.[6]

Im Zentrum des politischen Denkens von Kronprinz Rupprecht stand das Land Bayern, dessen Schicksal seinem Haus seit Jahrhunderten untrennbar verbunden ist. Er setzte sich bei öffentlichen Auftritten wie bei privaten Gesprächen und in seiner Korrespondenz beständig für die Eigenstaatlichkeit Bayerns ein. Er sorgte sich um Bayern wie es nur ein König vermag. Die Ereignisse des November 1918 warfen ihn aus der vorgezeichneten Lebensbahn, die Hingabe für sein Land aber blieb ihm. Kronprinz Rupprecht hielt Zeit seines Lebens an seinen Thronansprüchen fest. Nur das Königtum schien ihm eine wirkungsvolle Garantie für die Eigenstaatlichkeit Bayerns zu gewährleisten. Die Bemühungen um die Restauration der Monarchie in Bayern waren nach dem Zweiten Weltkrieg ebenso gescheitert wie die chancenreicheren Ansätze in der Zeit der Weimarer Republik und im Krisenjahr 1933. Auch nach 1945 kreisten die Gedanken Rupprechts aber immer wieder um das Königtum als geistiges Prinzip. Als Vermächtnis dazu sind Bruchstücke aus den Notizen zu werten, die sich nach seinem Tode in seinem Schreibtisch in Leutstetten fanden: „Pflichten und Rechte des Königs: ruhender Pol des Staatsganzen, Träger der Tradition. Treibendes Element. Recht d[er]. Parlamentsauflösung. Begnadigungsrecht. Ordensverleihung."[7]

Rupprecht von Bayern hat viele historische Entwicklungen richtig vorausgesehen, doch trotz seiner exponierten Stellung nie die Chance erhalten, seine Erkenntnisse umzusetzen. Während des Ersten Weltkrieges war er zwar Kronprinz des zweitgrößten Bundesstaates und Oberbefehlshaber einer Heeresgruppe, doch blieb er in vorgegebene Befehlsstrukturen eingebunden. Er konnte nur versuchen, durch Überzeugungsarbeit zu wirken. Erst recht gilt dies für die Zeit der Republik, als er zwar wie ein überparteiliches Staatsoberhaupt agierte, aber seine Stellung war in der Verfassung nicht vorgesehen. Er war zu sehr ein Mann des Rechtes, als dass er zur ultima ratio eines Staatsstreiches gegriffen hätte. Und die Tyrannei begann 1933 auf einem formaljuristisch korrekten Weg. So blieb er als Konservativer und Verfechter der Legalität gegenüber der Revolution von 1918 wie von 1933 unterlegen. Rupprecht entschloss sich aus seiner Verantwortung für das Land 1918 wie 1933 zum Protest, doch prallte dieser jeweils am herrschenden Regime ab. Dabei waren es dann nicht die roten Revolutionäre, sondern die nationalsozialistischen Machthaber, die sein und seiner Familie Leben zu vernichten drohten. Auch nachdem Bayern 1945 seine staatliche Existenz zurückerhalten hatte, fand im Freistaat keine Volksabstimmung über die Staatsform statt. Kronprinz Rupprecht verfolgte die politischen Geschehnisse der Nachkriegszeit zunächst mit Verbitterung, bis er sich mit den Verhältnissen aussöhnte. Dabei war er noch stärker zum Symbol der jahrhundertealten Tradition und Eigenstaatlichkeit Bayerns geworden.

So bleibt etwas von Tragik um die Gestalt Rupprechts von Bayern, die sich auch in seinem Familienleben ausdrückte. Oft erkannte er hellsichtig die drohenden Gefahren für Bayern, ob im Ersten Weltkrieg, ob in der Weimarer Republik. Um den verderblichen Entwicklungen gegenzusteuern, hätte er aber den Weg der formalen Legalität verlassen müssen. Seine Achtung vor dem Recht wird man ihm nicht vorwerfen dürfen. Vielleicht stand sein ganzes Wesen symbolisch für ein Bayern, dessen Geschichte Maximilian Joseph von Montgelas einmal so resignativ wie zutreffend charakterisiert hat: „L'histoire de la Bavière est l'histoire des occasions manquées".[8] Zuletzt hat Golo Mann mit knappen Strichen treffsicher die Bedeutung Kronprinz Rupprechts gewürdigt und die entscheidende Frage an die Geschichte formuliert: „Auch Schreiber dieser Zeilen hat nie bezweifelt, daß nach sechs bayerischen Königen – den Regenten mitgezählt – der siebte der Beste geworden wäre. ... Kronprinz Rupprecht überragte den Vater um Haupteslänge, physisch wie auch im Geiste. Der also wäre der Beste geworden unter allen, denen unser flüchtiger Blick galt. Warum nur wurde er es nicht? Warum mußte er die letzten siebenunddreißig Jahre seines langen Lebens in melancholischer Untätigkeit verbringen? In Kunstreisen und Tagebuchnotizen Ersatz finden für die Aufgabe, die ihm verweigert worden war?"[9] Als Antwort konnte Golo Mann nur auf den soziologisch bedingten Gesellschaftswandel „mit aller neuen Wissenschaft, aller »Aufklärung«, aller Entwurzelung, aller vor nichts Überliefertem haltmachenden Sozialkritik" verweisen. Und der König von Bayern wurde vom Sturz der mitteleuropäischen Monarchien mitgerissen, obwohl es hier mehr Liberalität, mehr Toleranz, mehr Demokratie gegeben hatte als anderswo.

Rupprecht von Bayern hat durch die noble Geste eines sozialdemokratischen Ministerpräsidenten erst im Tode die Krone erhalten, die ihm zu Lebzeiten vorenthalten worden war. Dieses Bild mag auch für sein Leben stehen. Die Erfüllung seines höchsten irdischen Zieles war ihm verwehrt, und doch hat er nach der Überzeugung Max Spindlers Unendliches für Bayern bewirkt: „Konnte er auch nicht als König für Bayern wirken, so hat er dem bayerischen Land und Volk nach 1918, nach 1945, doch einen Dienst erwiesen, wie nur er ihn erweisen konnte: durch seine Person hat er die bayerische Vergangenheit mit ihren Werten über das Jahr 1918 hinweg in die Gegenwart hereingerückt und der Gegenwart lebendig erhalten, als eine Mahnung, dieser Werte immer eingedenk zu bleiben."[10] Max Spindler beendete seine Festrede in der Akademie vom Jahre 1961 mit der Aufzählung der Titel Rupprechts, des Kronprinzen von Bayern, Pfalzgrafen bei Rhein, Herzogs von Bayern, Franken und in Schwaben und dem Epitheton:

ungekrönt – und doch ein König!

Anhang

Anmerkungen

Vorwort S. 11–12

1 Heinz Gollwitzer, Ein Staatsmann des Vormärz: Karl von Abel 1788–1859 (Schriftenreihe der Historischen Kommission bei der Bayerischen Akademie der Wissenschaften 50), Göttingen 1993, S. 12.
2 Becker, Hertling, S. 280.

Einleitung S. 13–18

1 7. 7. 1917 Pappenheim an KPR: GHA NL KPR 164.
2 GHA NL KPR 726.
3 Breg, Kronprinz Rupprecht.
4 Aretin, Kronprinz Rupprecht.
5 18. 12. 1949 Schneider-Lengyel an KPR: NL KPR 270. – Skizzen und Fragmente der Biografie: StB Ana 372 (NL Ilse Schneider-Lengyel). Vgl. unten S. 348 f.
6 Heydecker, Kronprinz Rupprecht.
7 Goetz, Rupprecht. – Der Nachweis weiterer Nachrufe im Epilog, S. 356 mit Anm. 1.
8 Spindler, Ungekrönt.
9 HVN AA KPR M 1. – Die autobiografischen Aufzeichnungen werden nach der Mappe (M) oder dem Jahrgang zitiert.
10 HVN AA KPR M 1.
11 HVN AA KPR M 27.
12 HVN AA KPR M 1 und M 4 sowie – für die Jahre 1891 bis 1905 – sechs nichtnummerierte Mappen.
13 [Hans Rall, Gutachten zum Manuskript von KPR „Mein Leben", um 1957]: GHA Hausurkunden 6010v.
14 Datiert 1. und 3. 9. 1936, 8. 12. 1938: HVN AA KPR M 19, 20.
15 Eigenhändige Aufschriften KPR: HVN AA KPR M 7 (Die Kriegszeit 1914–1918, Duplikat) und M 28 (1947/48).
16 Prinzessin Irmingard, Jugend-Erinnerungen, S. 240.
17 [Rall, Gutachten]: GHA Hausurkunden 6010v.
18 Kronprinz Rupprecht, Kriegstagebuch 2, S. 472 (künftig zitiert ohne Verfasserangabe).
19 HVN AA KPR M 9, S. 1.
20 HVN AA KPR M 12 (1930) – M 18 (1934), M 25a (1945) – M 27 (1948).
21 HVN AA KPR 1905.
22 HVN AA KPR M 4.
23 HVN AA KPR M 11 und 22.

24 Alle HVN AA KPR M 22.
25 HVN AA KPR M 23.
26 HVN AA KPR M 24.
27 „Familiäre Sorgen": HVN AA KPR, schwarze Mappe.
28 Wilhelm Volkert, Nachruf Hans Rall (1912–1998), in: ZBLG 61, 1998, S. 847–850; Winfried Becker, Der Einbruch des Nationalsozialismus an der Universität München, in: Bayern vom Stamm zum Staat. Festschrift für Andreas Kraus zum 80. Geburtstag, hg. v. Konrad Ackermann u. a. (Schriftenreihe zu bayerischen Landesgeschichte 140/I und II), München 2002, Bd. II, S. 513–546, hier S. 519f.
29 [Rall, Gutachten]: GHA Hausurkunden 6010v (frdl. Hinweis Dr. Gerhard Immler), die Datierung nach einem beiliegenden Antwortschreiben an die Kanzlei und Verwaltung des Herzogs von Bayern zu einer Anfrage vom 19./20. 2. 1957.
30 [Rall, Gutachten]: GHA Hausurkunden 6010v.
31 BayHStA KA NL Konrad Krafft von Dellmensingen 145: Abschrift des Kriegstagebuchs vom 28. 7.–17. 9. 1914 mit Randbemerkungen von KPR. – Briefwechsel: GHA NL KPR 723.
32 Kriegstagebuch 1, S. VI.
33 Zur Biografie: Rumschöttel, Offizierskorps, S. 23, Anm. 29; Hackl, Generalstab, S. 387.
34 Eugen von Frauenholz, Das Kriegstagebuch S.K.H. des Kronprinzen von Bayern, in: Deutscher Offizier-Bund Nr. 35, 14. 12. 1928, S. 1398–1400 (BayHStA KA Personalakt 47534).
35 GHA NL KPR 699–709.
36 2. 1. 1929, 27. 4. 1929 Mertz an Krafft: BayHStA KA NL Konrad Krafft von Dellmensingen 188.

Die Zeit der Monarchie S. 19–156

1 Statistisches Jahrbuch für das Königreich Bayern, hg. v. k. Statistischen Bureau, Erster Jahrgang, München 1894, S. 1 und 8 (Angaben für das Jahr 1870).
2 Die Darstellung der politischen Entwicklung folgt ohne Einzelnachweise Hans Rall, Die politische Entwicklung von 1848 bis zur Reichsgründung 1871, in: HbG IV/1, S. 224–282; vgl. auch die Neubearbeitung v. Wilhelm Volkert in: HbG ²IV/1, S. 237–317.
3 Hubert Glaser, Zwischen Großmächten und Mittelstaaten. Über einige Konstanten der deutschen Politik Bayerns in der Ära von der Pfordten, in: Heinrich Lutz/Helmut Rumpler (Hg.), Österreich und die deutsche Frage im 19. und 20. Jahrhundert (Wiener Beiträge zur Geschichte der Neuzeit 9), München 1982, S. 140–188; Peter Burg, Die deutsche Trias in Idee und Wirklichkeit. Vom Alten Reich zum Deutschen Zollverein, Wiesbaden 1989.
4 Helmut Neuhaus, Auf dem Wege von „Unsern gesamten Staaten" zu „Unserm Reiche". Zur staatlichen Integration des Königreiches Bayern zu Beginn des 19. Jahrhunderts, in: Staatliche Vereinigung: Fördernde und hemmende Elemente in der deutschen Geschichte, hg. v. Wilhelm Brauneder („Der Staat", Beiheft 12), Berlin 1998, S. 107–135.
5 Möckl, Staat, S. 238–281. Edition: Verfassungsurkunde für das Königreich Bayern (26. 5. 1818), in: Dokumente zur deutschen Verfassungsgeschichte, hg. v. Ernst Rudolf Huber, Bd. 1, Stuttgart u. a. ³1978, Nr. 53, S. 155–171.
6 Zum katholischen Verbandswesen: Heinz Hürten, Katholische Verbände, in: Anton Rauscher (Hg.), Der soziale und politische Katholizismus. Entwicklungslinien in Deutschland 1803–1963, 2 Bde., München 1981/82, hier Bd. 2, S. 215–277.
7 Hartmannsgruber, Patriotenpartei, S. 18–113.
8 Friedrich Hartmannsgruber, Im Spannungsfeld von ultramontaner Bewegung und Liberalis-

mus – 1864–1890, in: Handbuch der bayerischen Kirchengeschichte 3, hg. v. Walter Brandmüller, St. Ottilien 1991, S. 205–262.
9 Walter Grasser, Johann Freiherr von Lutz (eine politische Biographie) 1826–1890 (Miscellanea Bavarica Monacensia 1), München 1967.
10 Rupert Hacker, König Ludwig II., der Kaiserbrief und die „Bismarck'schen Gelder", in: ZBLG 65, 2002, S. 911–990.
11 Vgl. etwa die Erklärung des Stadtpfarrers von St. Peter, München, vom 20. 1. 1871: Verhandlungen der Kammer der Abgeordneten des Königreichs Bayern 1870/1871, Stenographische Berichte 4, S. 1.
12 Vgl. Max von Seydel, Commentar zur Verfassungsurkunde für das Deutsche Reich, Freiburg i. Br. u. a. ²1897. – Die Darstellung der politischen Entwicklung folgt ohne Einzelnachweise: Dieter Albrecht, Von der Reichsgründung bis zum Ende des Ersten Weltkrieges (1871–1918), in: HbG ²IV/1, S. 318–438.
13 Hugo Graf Lerchenfeld-Koefering, Erinnerungen und Denkwürdigkeiten 1843 bis 1925, eingeleitet und herausgegeben von seinem Neffen Hugo Graf Lerchenfeld-Koefering, Berlin 1935.
14 Seydel, Staatsrecht 1, v. a. S. 351–363; Möckl, Prinzregentenzeit, S. 30–33.
15 Hackl, Generalstab.
16 Hackl, Kriegsakademie.
17 Christof Botzenhart, „Ein Schattenkönig ohne Macht will ich nicht sein". Die Regierungstätigkeit König Ludwigs II. von Bayern (Schriftenreihe zur bayerischen Landesgeschichte 142), München 2004.
18 Irmgard von Barton-Stedman, Die preußische Gesandtschaft in München als Instrument der Reichspolitik in Bayern von den Anfängen bis zu Bismarcks Entlassung (Miscellanea Bavarica Monacensia 2), München 1967.
19 Möckl, Prinzregentenzeit, S. 133–167.
20 HVN AA KPR M 1 (danach auch die folgenden Angaben).
21 Wilhelm Wöbking, Der Tod König Ludwigs II. von Bayern. Eine Dokumentation, Rosenheim 1986.
22 Zur Königsfrage: Möckl, Prinzregentenzeit, S. 365–367.
23 Seydel, Staatsrecht 1, S. 449–500.
24 Möckl, Prinzregentenzeit, S. 187 f., 370.
25 Uwe Schaper, Krafft Graf von Crailsheim. Das Leben und Wirken des bayerischen Ministerpräsidenten (Nürnberger Werkstücke zur Stadt- und Landesgeschichte 47), Neustadt a. d. Aisch 1991.
26 BayHStA MF 55 966. – Knappe Übersicht: Möckl, Prinzregentenzeit, S. 112 f., 184.
27 BayHStA MF 55 944.
28 Kraus, Geschichte Bayerns, S. 587.
29 Hartmannsgruber, Patriotenpartei.
30 Möckl, Prinzregentenzeit, S. 220–223; Adalbert Knapp, Das Zentrum in Bayern 1893–1912. Soziale, organisatorische und politische Struktur einer katholisch-konservativen Partei, Diss. phil. München 1973.
31 Möckl, Prinzregentenzeit, S. 349–433.
32 Möckl, Prinzregentenzeit, S. 480–490.
33 Zur Vorgeschichte der Wahlreform: Möckl, Prinzregentenzeit, S. 491–534.
34 Grundlegend: Möckl, Prinzregentenzeit.
35 Die Prinzregentenzeit. Katalog der Ausstellung im Münchner Stadtmuseum, hg. v. Norbert Götz und Clementine Schack-Simitzis, München 1989.
36 Möckl, Prinzregentenzeit, S. 14.

37 Bayerns Entwicklung nach den Ergebnissen der amtlichen Statistik seit 1840, hg. v. Königlichen Statistischen Landesamt, 1915, S. 1.
38 Vgl. Werner K. Blessing, Staat und Kirche in der Gesellschaft. Institutionelle Autorität und mentaler Wandel in Bayern während des 19. Jahrhunderts (Kritische Studien zur Geschichtswissenschaft 51), Göttingen 1982, v. a. S. 162–206.
39 Hans Maier, Rede bei der Festveranstaltung des Bayernbundes zum Wittelsbacher Jahr am 14. X. 1980 in der Bayer. Akademie der Wissenschaften (Manuskript Geschäftsstelle des Bayernbundes).
40 Zur Geschichte des Hauses: Adalbert Prinz von Bayern, Die Wittelsbacher. Geschichte einer Familie, München 1979; Hans und Marga Rall, Die Wittelsbacher in Lebensbildern, Regensburg u. a. 1986; Wittelsbach und Bayern, hg. v. Hubert Glaser, 3 Bände in 6 Teilen (Beiträge zur Bayerischen Geschichte und Kunst 1180–1350, 1573–1657, 1799–1825), München–Zürich 1980.
41 Witzleben/Vignau, Herzöge in Bayern.
42 Stammtafel: Sendtner, Rupprecht, Tafel XIII, S. 732.
43 Prinz Adalbert, Die Wittelsbacher, S. 345 f., 363–365.
44 Zum politischen Hintergrund vgl. Matthias Stickler, Erzherzog Albrecht. Selbstverständnis und Politik eines konservativen Habsburgers im Zeitalter Kaiser Franz Josephs (Historische Studien 450), Husum 1997, S. 355 f.
45 HVN AA KPR 1897 (danach auch die folgenden Angaben zur „league of the white rose"). – „The white Rose", in: Bayerland 4, 1893, S. 252; Stammtafel zur Stuart-Erbfolge: Sendtner, Rupprecht, Tafel VI, S. 722 f. Vgl. auch Eva Scott, Die Stuarts, München 1936.
46 So erwähnt die FAZ, Nr. 178, vom 4. 8. 1955 einen Nachruf aus dem „Manchester Guardian", nach dem KPR im Mai 1937 die Gültigkeit der Krönung Georgs VI. geleugnet und Kapitän Stuart Wheatley Crowe, das Haupt der kgl. Stuart-Gesellschaft, zu seinem Regenten in England ernannt habe (GHA NL KPR 1253).
47 GHA NL KPR 753, 873, 1004.
48 Beckenbauer, Ludwig III.; Hubert Glaser, Ludwig III. König von Bayern. Skizzen aus seiner Lebensgeschichte, in: Ludwig III. Ausstellungskatalog, S. 11–58.
49 Briefe LIII: GHA NL LIII 116, Briefe der Erzherzogin Elisabeth: GHA NL LIII 115.
50 HVN AA KPR 1914.
51 Möckl, Prinzregentenzeit, S. 103–108.
52 GHA NL LIII 305.
53 Möckl, Prinzregentenzeit, S. 114 f.; Beckenbauer, Ludwig III., S. 46–71.
54 Leopold Prinz von Bayern, Lebenserinnerungen, S. 104; Beckenbauer, Ludwig III., S. 48; König Ludwig III. Ausstellungskatalog, Nr. 30, S. 80 f.
55 7. 6. 1896: Joseph Martin Forster, Prinz Ludwig von Bayern. Biographie und Reden Sr. Königl. Hoheit des Prinzen Ludwig von Bayern, München ²1897, S. 108; Möckl, Prinzregentenzeit, S. 393–397; Beckenbauer, Ludwig III., S. 92–94. Zusammenstellung der internationalen Pressestimmen: BayHStA GHA NL LIII 312.
56 HVN AA KPR 1896, S. 335, hier auch der Kommentar von KPR: „So wurde dann, indem man sich selbst ins Unrecht setzte, in Berlin um schön Wetter gebeten, das Verkehrteste, was man tun konnte."
57 Elfi M. Haller/Hans Lehmbruch, Palais Leuchtenberg. Die Geschichte eines Münchner Adelspalais und seines Bauherren, München 1986; Linnenkamp, Leo von Klenze; Heydenreuter, Palais Leuchtenberg, S. 58–60.
58 Überblick über die Hofhaltungen in München: Redwitz, Hofchronik, S. 34–37. – Heydenreuter, Palais Leuchtenberg, S. 61 f.
59 HVN AA KPR M 1.

Anmerkungen 363

60 Hugo Arnold, Schloß Leutstetten, das Heim des Thronerben, in: Bayerland 4, 1893, S. 245–247, 255–257; Beckenbauer, Ludwig III., S. 79–89.
61 Gustav Reinwald, Villa Amsee, in: Das Bayerland 4, 1893, S. 248–250.
62 Riedner, Ludwig III., S. 336; Albrecht, Landtag, S. 331 f.; Schad, Bayerns Königinnen, S. 306–308.
63 Zorn, Geschichte Bayerns, S. 110. – Die König Ludwig Spende der Stadt Nürnberg wurde wunschgemäß einer dort zu errichtenden Handelshochschule zur Verfügung gestellt: König Ludwig III. Ausstellungskatalog, Nr. 81, S. 112 f.
64 Zur Biografie: Karl Möckl, Maria Theresia, in: Brigitte Hamann (Hg.), Die Habsburger. Ein biographisches Lexikon, Wien 1988, S. 348 f.; Schad, Bayerns Königinnen, S. 273–344.
65 HVN AA KPR M 1.
66 Redwitz, Hofchronik, S. 202; Beckenbauer, Ludwig III., S. 40.
67 Schad, Bayerns Königinnen, S. 278–281. – Abb.: Martha Schad, Bayerns Königshaus. Die Familiengeschichte der Wittelsbacher in Bildern, Regensburg 1994, S. 184.
68 Hans und Marga Rall, Die Wittelsbacher in Lebensbildern, Graz u. a. 1986, S. 359. – Weitere Repräsentationspflichten: Schad, Bayerns Königinnen, S. 300–305.
69 HVN AA KPR M 1.
70 GHA NL KPR 4–6. – Briefe von KPR: GHA NL Marie Therese 83–97.
71 Dies wird auch in ihrem Nachruf betont: Königin Maria Theresia von Bayern †, in: Historisch-politische Blätter für das katholische Deutschland 163, 1919, S. 255 f.
72 Beckenbauer, Ludwig III., S. 42.
73 Redwitz, Hofchronik, S. 283.
74 Aus den Aufzeichnungen der Prinzessin Therese von Bayern, zitiert nach Kolshorn, Kronprinz Rupprecht, S. 13.
75 HVN AA KPR M 1.
76 Müller, Wandel, S. 294.
77 Zitiert nach Sendtner, Rupprecht, S. 73.
78 Sendtner, Rupprecht, S. 91.
79 HVN AA KPR M 1.
80 HVN AA KPR M 1896.
81 17. 6. 1901 KPR an Marie Gabriele: GHA NL Marie Gabriele 3.
82 17. 6. 1901: GHA NL Marie Gabriele 3.
83 15. 5. 1917 Pappenheim an KPR: GHA NL KPR 164.
84 24. 5. 1917 KPR an LIII: GHA NL LIII 59.
85 2. 6. 1917 LIII an KPR: GHA NL KPR 427.
86 25. 5. 1917 Pappenheim an KPR: GHA NL KPR 164.
87 2. 11. 1917 Pappenheim an KPR: GHA NL KPR 164. – Vgl. unten Kapitel II. 3. Verlobung und Heirat mit Prinzessin Antonie von Luxemburg.
88 Sendtner, Rupprecht, S. 484.
89 25. 6. 1902 KPR an Marie Gabriele: GHA NL Marie Gabriele 5.
90 Mai 1887: HVN AA KPR M 1.
91 Naumann, Profile, S. 146 (beruft sich auf ein Gespräch mit dem Kronprinzen).
92 HVN AA KPR M 1.
93 Wilhelm Patin, Beiträge zur Geschichte der deutsch-vatikanischen Beziehungen in den letzten Jahrzehnten (Quellen und Darstellungen zur politischen Kirche, Sonderband A), Berlin 1942, S. 247–264; Kovács, Untergang 1, S. 210, 349.
94 29. 1. 1919: HVN AA M 9.
95 Trauerrede auf Weiland seine Kgl. Hoheit Kronprinz Rupprecht von Bayern, in: Der Zwiebelturm 10. Jg., 8. Heft, August 1955, S. 169 f.

96 HVN AA KPR 1893.
97 2. 11. 1907 KPR an Marie Gabriele, zitiert in: HVN AA KPR 1908.
98 9. 11. 1868 LIII an Erzherzogin Elisabeth: GHA NL LIII 116.
99 HVN AA KPR M 1.
100 Kolshorn, Kronprinz Rupprecht, S. 14.
101 HVN AA KPR M 1 (danach auch weitere Angaben).
102 22. 8. 1876 Kreußer an LIII: GHA NL LIII 213.
103 24. 3. 1918 Tagebucheintrag: GHA NL KPR 707, S. 3569.
104 Namensverzeichnis: Hans Reidelbach, Ludwig Prinz von Bayern. Ein Lebens- und Charakterbild, München 1905, S. 28.
105 GHA NL LIII 262.
106 Auszüge bei Sendtner, Rupprecht, S. 78–80. – Briefe an KPR: NL KPR 2.
107 HVN AA KPR M 1.
108 Kolshorn, Kronprinz Rupprecht, S. 44 f.
109 HVN AA KPR M 1.
110 Kolshorn, Kronprinz Rupprecht, S. 43.
111 Maria Therese an LIII: GHA NL LIII 15.
112 Sendtner, Rupprecht, S. 84.
113 HVN AA KPR M 1.
114 Kolshorn, Kronprinz Rupprecht, S. 34.
115 7. 7. 1882 Kreußer an LIII: GHA NL LIII 213.
116 Sendtner, Rupprecht, S. 85.
117 Schulerinnerungen. Von einem Mitschüler, in: König Rupprecht, S. 207–212, hier S. 207.
118 Schulerinnerungen, S. 209 (alle Zitate).
119 Semestralzeugnis vom 15. 3. 1883, Abschlußzeugnis vom 8. 8. 1883: GHA NL KPR 360.
120 Semestralzeugnis vom 4. 4. 1884, Abschlußzeugnis vom 8. 8. 1884: GHA NL KPR 360.
121 HVN AA KPR M 1.
122 Reidelbach, Ludwig, S. 29.
123 Ludwig Thoma, Erinnerungen, in: Gesammelte Werke in sechs Bänden, Bd. 1, München 1968, S. 134.
124 Gymnasial-Absolutorium vom 8. 8. 1886: lateinische Sprache gut, griechische Sprache gut, deutsche Sprache gut, französische Sprache gut, Mathematik mittelmässig, Geschichte sehr gut, Religion Privatunterricht, Kenntnisse sehr gut: GHA NL KPR 360.
125 Zur bayerischen Armee vgl. die ältere Gesamtdarstellung von Frauenholz, Geschichte des Königlich Bayerischen Heeres, zur Einordnung dieser Arbeit und zur Biographie des Verfassers: Rumschöttel, Offizierskorps, S. 23, v.a. Anm. 29. Zur bayerischen Sonderstellung: BayHStA KA MKr 1 (Deutsche Reichs-Verfassung mit den Sonderbestimmungen für Bayern, 1870–1919).
126 Vgl. Rumschöttel, Offizierskorps, S. 39–97.
127 Philipp von Hellingrath, BayHStA KA Handschriftensammlung 2287, S. 24, zitiert nach Rumschöttel, Offizierskorps, S. 98.
128 HVN AA KPR M 1.
129 Angaben zur militärischen Laufbahn von KPR: BayHStA KA Personalakt 47 534, hier auch Verpflichtungserklärung vom 4. 10. 1886.
130 Vgl. Christian Lankes, München als Garnison im 19. Jahrhundert. Die Haupt- und Residenzstadt als Standort der Bayerischen Armee von Kurfürst Max IV. Joseph bis zur Jahrhundertwende (Militärgeschichte und Wehrwissenschaften 2), Berlin u. a. 1993, S. 363–365.
131 Friedrich Leist, Der Königlich Bayerische Hausritterorden vom Heiligen Hubertus, Bamberg 1892.

132 Zur Residenzwache: Lankes, München als Garnison, S. 228 f.
133 Ludwig von Vallade: BayHStA KA Handschriftensammlung 2728.
134 Verfassungsurkunde Tit. VI § 2 Ziff. 1. – Verhandlungen der Kammer der Reichsräte des Königreiches Bayern 1887/88, Protokollband 1, 2, S. 20.
135 HVN AA KPR M 1 (danach auch das folgende Zitat).
136 HVN AA KPR M 24, Manuskript: „Wie ich zum Kunstsammler wurde".
137 Zur wirtschaftlichen Lage der Offiziere vgl. Rumschöttel, Offizierskorps, S. 111–128.
138 Müller, Wandel, S. 294. – Die folgenden Angaben nach HVN AA KPR M 1.
139 Alle Angaben nach: HVN AA KPR M 1.
140 Die von Gottes Gnaden Band I: Ludwig III. und Kronprinz Rupprecht von Bayern, München 1919, S. 22.
141 HVN AA KPR M 1.
142 HVN AA KPR M 1.
143 BayHStA KA Personalakt 47 534.
144 Lankes, München als Garnison, S. 147–156.
145 BayHStA KA Personalakt 47 534, Fasz. V.
146 Zitiert nach Sendtner, Rupprecht, S. 123.
147 Beurteilung vom 1. 1. 1889, auch in den folgenden Beurteilungen übernommen: BayHStA KA Personalakt 47 534, Fasz. V.
148 8. 10. 1888 KPR an LIII: GHA NL LIII 58. – Wahrscheinlich die jüngeren Brüder des späteren Königs Friedrich August III., die Prinzen Johann Georg und Max von Sachsen, die dann aber in Freiburg studierten.
149 Sendtner, Rupprecht, S. 124.
150 Alle Angaben nach: HVN AA KPR M 1.
151 Sendtner, Rupprecht, S. 125.
152 12. 10. 1910 Promotionsurkunde: HVN Familienbibliothek.
153 Zitiert nach Kolshorn, Kronprinz Rupprecht, S. 67.
154 HVN AA KPR M 1.
155 24. 7. 1890 KPR an seine Mutter Marie Therese: GHA NL Marie Therese 87.
156 25. 6. 1891, zitiert nach Sendtner, Rupprecht, S. 126.
157 HVN AA KPR M 1.
158 Ernst von Destouches, Geschichte des Königlich Bayerischen Haus-Ritter-Ordens vom heiligen Georg (Bayerische Bibliothek 2), Bamberg 1890, zu KPR S. 68; Ausstellungskatalog: „Der Bayerische Hausritterorden vom Heiligen Georg 1729–1979", München 1979.
159 4. 7. 1871 Statuten des königlich bayerischen Haus-Ritter-Ordens vom Heiligen Georg (ein Exemplar: GHA HRO vom Hl. Georg, Sekretariat 131).
160 GHA HRO vom Hl. Georg, Matrikel 423.
161 HVN AA KPR M 1.
162 GHA HRO vom Hl. Georg, Matrikel 423.
163 Ceremoniell bei der Installation Seiner königlichen Hoheit des durchlauchtigsten Prinzen Rupprecht von Bayern als Großprior des königlich Bayerischen Haus-Ritter-Ordens vom heiligen Georg beim Ordensfest am 8. Dezember (ein Exemplar: GHA HRO vom Hl. Georg, Matrikel 423).
164 HVN AA KPR M 22 (Manuskript von 1942).
165 Hackl, Kriegsakademie.
166 Hackl, Kriegsakademie, S. 248–252.
167 Sendtner, Rupprecht, S. 128.
168 Heydecker, Kronprinz Rupprecht, S. 26.

169 5. 1. 1896: BayHStA KA Personalakt 47 534. – Von Kramer/von Waldenfels, Virtuti pro patria, S. 419 f.; Hackl, Kriegsakademie, S. 254.
170 Frauenholz, Geschichte, S. 116–120.
171 15. 8. 1900: BayHStA KA MKr 2250.
172 HVN AA KPR M 4.
173 Sendtner, Rupprecht, S. 153 f.
174 5. 2. 1913 Gratulation des Kriegsministers Otto Freiherrn von Kreß und der Armee: GHA NL KPR 392.
175 HVN AA KPR M 6.
176 Leopold Prinz von Bayern, Lebenserinnerungen, S. 198.
177 28. 4. und 21. 5. 1913 Mitteilung des Kriegsministers von Kreß: GHA NL KPR 393.
178 HVN AA KPR M 6.
179 HVN AA KPR 1893 (auch alle folgenden Angaben und Zitate danach).
180 HVN AA KPR 1896.
181 HVN AA KPR 1897.
182 10. 1. 1934: HVN AA KPR M 17.
183 HVN AA KPR 1899 (für das Jahr 1898).
184 9. 8. 1898 KPR an LIII: GHA NL LIII 58.
185 Richard Sexau, Fürst und Arzt. Dr. med. Herzog Carl Theodor in Bayern. Schicksal zwischen Wittelsbach und Habsburg, Graz u. a. 1963; Witzleben/Vignau, Herzöge in Bayern, S. 324–346.
186 Geboren 9. 10. 1878, zur Biografie: Engelbert Huber O.F.M., Marie Gabrielle Prinzessin von Bayern, Dießen, 2. vermehrte Auflage 1913.
187 Huber, Marie Gabrielle, S. 58–64; Redwitz, Hofchronik, S. 271, 280–282.
188 HVN AA KPR 1900.
189 HVN AA KPR 1902. – Rall, Wilhelm II., S. 216.
190 19. 5. 1900 KPR an Graf Kinsky: GHA NL KPR 365.
191 6. 4. 1900 KPR an Marie Gabriele: GHA NL Marie Gabriele 1.
192 Ehevertrag: BayHStA MJu 13 699.
193 18. 4. 1900 Erzherzogin Elisabeth an LIII: GHA NL LIII 115.
194 HVN AA KPR 1900.
195 Königin Elisabeth von Belgien. Ausstellung von Erinnerungsstücken der Königin Elisabeth von Belgien (Residenz München), München 1976.
196 HVN AA KPR 1900; Redwitz, Hofchronik, S. 288, 291 f.
197 Zitiert nach Sendtner, Rupprecht, S. 144.
198 Druckschrift: Programm über die Trauungs-Feierlichkeit Seiner Königlichen Hoheit des Prinzen Rupprecht von Bayern mit Ihrer Königlichen Hoheit der Prinzessin Marie Gabriele, Herzogin in Bayern, Kgl. Oberst Kämmerer-Stab v. 5. 7. 1900 (ein Exemplar: GHA HRO vom Hl. Georg, Akten 203). – Huber, Marie Gabrielle, S. 70–72.
199 BayHStA Gesandtschaft Päpstlicher Stuhl 110.
200 Huber, Marie Gabrielle, S. 39.
201 HVN AA KPR 1900.
202 Sendtner, Rupprecht, S. 125.
203 Löffler, Kammer, S. 198–202.
204 Hofstaat des Prinzen Rupprecht und Hofstaat der Prinzessin Marie Gabriele: Hof- und Staats-Handbuch des Königreichs Bayern 1900, hg. v. K. Bayer. Statistischen Landesamt, München 1900, S. 131; Heinrich Lang, Das bayerische Königshaus und Bamberg in der Prinzregentenzeit, in: Historischer Verein Bamberg, Bericht 140, 2004, S. 237–265.
205 Von Athen nach Bamberg. König Otto von Griechenland. Begleitheft zur Ausstellung in der

Neuen Residenz Bamberg 21. Juni bis 3. November 2002 (Bayerische Verwaltung der staatlichen Schlösser, Gärten und Seen), München 2002.
206 HVN AA KPR 1900.
207 Das Bayerland 12, 1901, S. 125–127 (mit Abbildungen); Heinrich Lang, Der „Prinzentag", 15. Mai 1901, in Bamberg. Zu Prinz Luitpold (1901–1914) aus der Perspektive Bambergs, in: Historischer Verein Bamberg, Bericht 139, 2003, S. 155–185, hier S. 156–158.
208 HVN AA KPR 1901.
209 Redwitz, Hofchronik, S. 303.
210 6. 1. 1901 KPR an LIII: GHA NL LIII 58.
211 1901–1911: GHA NL KPR 161.
212 14. 9. 1911: GHA NL KPR 172. 18. 9. 1911 Dank Pappenheims: GHA NL KPR 161.
213 Die Überlieferung ist allerdings lückenhaft, zu private Schreiben wurden offenbar ausgesondert: GHA NL KPR 398.
214 26. 5. 1900: GHA NL KPR 398.
215 28. 7. 1901: GHA NL KPR 398.
216 HVN AA KPR 1901.
217 21. 3. 1903: GHA NL KPR 161.
218 Der Prinzregent hatte sich bereits über die eventuelle Adaptierung der Residenz Würzburg informieren lassen, 23. 5. 1903 Wiedenmann an LIII: GHA NL LIII 295.
219 19. 6. 1903 Pappenheim an KPR: GHA NL KPR 161.
220 Prinz Adalbert, Erinnerungen, S. 122.
221 HVN AA KPR 1903.
222 30. 1. 1916 Pappenheim an KPR: GHA NL KPR 165, dazu weitere Briefe.
223 18., 25. 4. 1918 Pappenheim an KPR: GHA NL KPR 167.
224 Briefe von KPR an Marie Gabriele: GHA NL Marie Gabriele 1–19.
225 Naumann, Profile, S. 147.
226 25. 8. 1900, 24. 8. 1909, 24. 8. 1911 Marie Gabriele an LIII: GHA NL LIII 89.
227 1909: HVN AA KPR M 4.
228 HVN AA KPR 1905, S. 731.
229 GHA NL LIII 89.
230 Alle Angaben: HVN AA KPR 1901.
231 Lang, „Prinzentag", S. 158–177.
232 6. 5. 1905 Königin Elisabeth von Belgien an KPR: GHA NL KPR 86.
233 HVN AA KPR 1903.
234 Redwitz, Hofchronik, S. 323–326.
235 Berichte Pappenheims: GHA NL KPR 161.
236 14. 9. 1904: GHA NL KPR 161. Bewilligung des Urlaubsgesuchs 29. 9.–31. 10. 1904: BayHStA KA Personalakt 47 534.
237 Sendtner, Rupprecht, S. 161.
238 Redwitz, Hofchronik, S. 324.
239 Gesundheitszustand und Kuraufenthalte dokumentiert in den Berichten Pappenheims an KPR: GHA NL KPR 161.
240 9. 10. 1908 KPR an Kinsky: GHA NL KPR 365.
241 HVN AA KPR M 4.
242 Zitiert nach Kolshorn, Kronprinz Rupprecht, S. 131.
243 Huber, Marie Gabrielle, S. 43 f.
244 Akten: BayHStA Gesandtschaft beim Päpstlichen Stuhl 139.
245 Redwitz, Hofchronik, S. 365.

246 HVN AA KPR M 5.
247 1914 Pappenheim an KPR: GHA NL KPR 163.
248 27. 8. 1914: GHA NL LIII 59.
249 27. 8. 1914: GHA Kopien, Druck, Tafeln 755.
250 27. 8. 1914: Kriegstagebuch 1, S. 62.
251 13. 9. 1914 KPR an Hildebrand: StB NL Adolf von Hildebrand Ana 550 Briefe; Adolf von Hildebrand, hg. v. Sattler, S. 624 f.
252 16.–27. 11. 1916: Kriegstagebuch 2, S. 64 f.
253 Kriegstagebuch 2, S. 301.
254 23. 6. 1916: GHA NL KPR 172.
255 11. 7. 1918: GHA NL KPR 708, S. 3893.
256 20. 10. 1909 Anzeige des Kriegsministers: GHA NL KPR 392.
257 14. 12. 1900 KPR an Marie Gabriele: GHA NL Marie Gabriele 2.
258 14. 10. 1902: GHA NL KPR 390.
259 19. 5. 1900 KPR an Kinsky: GHA NL KPR 365.
260 Bayerische Trageerlaubnis für die Orden: BayHStA KA Personalakt 47 534.
261 3. 7. 1900: BayHStA Bayerische Gesandtschaft Berlin 921. – Rall, Wilhelm II., S. 196.
262 HVN AA KPR 1909.
263 GHA NL KPR 383.
264 HVN AA KPR 1901, S. 599.
265 HVN AA KPR 1910.
266 10. 7. 1911 KPR an Hildebrand: StB NL Adolf von Hildebrand Ana 550 Briefe; Sendtner, Rupprecht, S. 158; Adolf von Hildebrand, hg. v. Sattler, S. 594–596.
267 Kovács, Untergang 1, S. 72.
268 Fritz Behn, Kronprinz und Künstler, in: König Rupprecht, S. 222–224; Sendtner, Rupprecht, S. 177–240.
269 HVN AA KPR M 1.
270 Ludwig Höfling, Zum 50jährigen Bestehen des Münchener Altertums-Vereins, in: Festschrift des Münchener Altertums-Vereins zur Erinnerung an das 50jähr. Jubiläum, München 1914, S. 1–8, hier S. 4. – Lichtdruck der Sitzung des Altertumsvereins vom 13. 3. 1911 in Anwesenheit des Protektors KPR: Die Prinzregentenzeit. Katalog 4. 7. 56, S. 311.
271 Münchner Jahrbuch der bildenden Kunst 1, 1906, S. 147.
272 Münchner Jahrbuch der bildenden Kunst 3, 1908, S. 70.
273 KPR nahm an der Feier des 60. Geburtstags Gabriel von Seidls in der Allotria 1908 teil, Photographie: Die Prinzregentenzeit. Katalog 4. 11. 12, S. 329; Sendtner, Rupprecht, S. 191. – Allotria. Ein halbes Jahrhundert Münchner Kulturgeschichte, München 1959 (zu KPR S. 35, 129); Grassinger, Münchner Feste.
274 HVN AA KPR 1905.
275 Franz von Lenbach, 1881 (WAF, Schloß Berchtesgaden BIa 231), um 1895 (Städtische Galerie im Lenbachhaus, München: Sonja Mehl, Franz von Lenbach in der Städtischen Galerie im Lenbachhaus München (Materialien zur Kunst des 19. Jahrhunderts 25), München 1980, Nr. 389, S. 190 f. mit Abb.).
276 König Ludwig III. Ausstellungskatalog, Nr. 35, S. 83 f. mit Abb. (WAF, Schloß Berchtesgaden BIa 251); Mehl, Franz von Lenbach, Nr. 384, S. 188 f.; Franz von Lenbach und die Kunst heute, hg. v. Gerhard Finckh (Katalog „Die ganze moderne Kunst über den Haufen zu werfen – FRANZ VON LENBACH und die Kunst heute". Museum Morsbroich, Leverkusen, Lenbachmuseum Schrobenhausen 2003/04), Köln 2003, S. 125: Franz von Lenbach, Familie Ludwig III. (mit Abb.).

277 HVN AA KPR 1905.
278 HVN AA KPR 1905.
279 Allotria, S. 192–195 (Abb. S. 194).
280 Esche-Braunfels, Hildebrand.
281 Sigrid Braunfels-Esche, Notizen zu Adolf von Hildebrand und seinen Beziehungen zu den Deutsch-Römern, in: Christoph Heilmann (Hg.), „In uns selbst liegt Italien". Die Kunst der Deutsch-Römer, München 1987, S. 98–110 (Literaturverzeichnis S. 404).
282 Entwurf vom 24. 6. 1893: Adolf von Hildebrands Briefwechsel mit Conrad Fiedler, hg. v. Günther Jachmann, Dresden 1927, S. 325; Esche-Braunfels, Hildebrand, S. 261–285.
283 HVN AA KPR 1905.
284 GHA NL KPR 298, 299. – Sendtner, Rupprecht, S. 214–218. KPR entwickelte seine Idee der Finanzierung der Vollendung des Brunnens erstmals in einem Brief an Hildebrand vom 20. 7. 1909: GHA NL KPR 298; Adolf von Hildebrand, hg. v. Sattler, S. 564–566.
285 Esche-Braunfels, Hildebrand, S. 645, Anm. 541.
286 Briefe Hildebrands von 1901 bis 1919: GHA NL KPR 298, 299 (Entwürfe: StB NL Adolf von Hildebrand Ana 550 Briefe). – Briefe KPR an Hildebrand: StB NL Adolf von Hildebrand Ana 550 Briefe. – Adolf von Hildebrand, hg. v. Sattler (Auswahl der Briefe aus dem Nachlass Hildebrands). Knappe Auszüge aus dem Briefwechsel: Alexander Heilmeyer, Kronprinz Rupprecht und Adolf von Hildebrand. Aus einem unveröffentlichten Briefwechsel, in: König Rupprecht, S. 215–222.
287 10. 3. 1914 Hildebrand an KPR: Adolf von Hildebrand, hg. v. Sattler, S. 622; Teildruck: Sendtner, Rupprecht, S. 184.
288 Sendtner, Rupprecht, S. 186.
289 Esche-Braunfels, Hildebrand, S. 411–416.
290 Angela Hass, Adolf von Hildebrand. Das plastische Portrait, München 1984, Nr. 173, S. 170 f. (mit Abb.).
291 Hass, Hildebrand, Nr. 204, S. 192 (mit Abb.).
292 Hass, Hildebrand, Nr. 205, S. 193 (mit Abb.). – Als Marmorrelief wurde diese Darstellung zum Gedächtnis an die verstorbene Prinzessin in einem Bildstock in St. Bartholomä am Königssee aufgestellt: Das Bayerland, Beiblatt, 24. Jg., Nr. 24 (15. 3. 1913).
293 WAF, Schloß Berchtesgaden PII 44. – Hass, Hildebrand, Nr. 170, S. 168 (mit Abb.).
294 WAF, Schloß Nymphenburg PII 1. – 9. 12. 1914 Pappenheim an KPR: GHA NL KPR 163. – Hass, Hildebrand, Nr. 223, S. 206 (mit Abb.); Esche-Braunfels, Hildebrand, Nr. 728, S. 441 (mit Abb. des Gipsmodells).
295 Karl Busch, Bayerische Staatsgemäldesammlungen. Das Haus Wittelsbach und der Gemäldeschatz Bayerns, in: Bayerische Kulturpflege, S. 54–74, hier S. 73; Helge Siefert, Die Berufung Hugo von Tschudis nach München, in: Manet bis van Gogh. Hugo von Tschudi und der Kampf um die Moderne, hg. v. Johann Georg Prinz von Hohenzollern und Peter-Klaus Schuster, München–New York 1996, S. 402–407; Barbara Paul, Hugo von Tschudi und die moderne französische Kunst im Deutschen Kaiserreich (Berliner Schriften zur Kunst 4), Mainz 1993, S. 277–333, zur Berufung S. 277–283.
296 HVN AA KPR M 24, Manuskript: „Wie ich zum Kunstsammler wurde".
297 Kurt Martin, Die Tschudi-Spende. Hugo von Tschudi zum Gedächtnis 7. Februar 1851–26. November 1911, München 1962.
298 Sendtner, Rupprecht, S. 203–209.
299 Christian Lenz, Die Fresken von Marées in Neapel, in: Hans von Marées, hg. v. Christian Lenz, München 1987, S. 39–64.
300 Sendtner, Rupprecht, S. 218–225.

301 Sigrid Braunfels-Esche, Hildebrands Anteil an den Fresken in Neapel, in: Hans von Marées, hg. v. Lenz, S. 65–70.
302 HVN AA KPR 1898 (danach folgendes Zitat). – Sendtner, Rupprecht, S. 210–212.
303 Löffler, Kammer, S. 596.
304 Sendtner, Rupprecht, S. 178.
305 Verhandlungen der Kammer der Reichsräte des Königreiches Bayern 1905/06, 34. Landtagsversammlung I, Stenographische Berichte, S. 424, 429–432 (Zitat S. 432).
306 Sendtner, Rupprecht, S. 195.
307 Heinrich Ubbelohde-Doering, Das Museum für Völkerkunde, in: Bayerische Kulturpflege, S. 96 f.
308 Dieser würdigte in einem kurzen Beitrag die Mäzenatentätigkeit von KPR: Theodor Freiherr von Cramer-Klett, Mäzenatentradition, in: König Rupprecht, S. 213–215. – Zur Biografie: Ludwig Benedikt Freiherr von Cramer-Klett, Theodor Freiherr von Cramer-Klett, Gutsbesitzer, 1874–1937, in: Lebensläufe aus Franken VI, hg. v. Sigmund Freiherr von Pölnitz (Veröffentlichungen der Gesellschaft für fränkische Geschichte VII/6), Würzburg 1960, S. 82–97.
309 Cramer-Klett, Mäzenatentradition, S. 214.
310 10. 5. 1918 Pappenheim an KPR: GHA NL KPR 167.
311 13. 3. 1908: Verhandlungen der Kammer der Reichsräte des Königreiches Bayern 1907/08, 35. Landtagsversammlung I, Stenographische Berichte, S. 250.
312 6. 3. 1910 KPR an Hildebrand: StB NL Adolf von Hildebrand Ana 550 Briefe; Adolf von Hildebrand, hg. v. Sattler, S. 581–583.
313 Ernst Kühnel, Die Ausstellung mohammedanischer Kunst München 1910, in: Münchner Jahrbuch der bildenden Kunst 5, 1910, S. 209–251.
314 Sendtner, Rupprecht, S. 194 f.
315 Oskar Münsterberg, Japanische Kunstgeschichte, 3 Bde., Braunschweig 1904–1907; ders., Chinesische Kunstgeschichte, 2 Bde., Esslingen 1910/12 (gewidmet KPR).
316 HVN AA KPR M 24, Manuskript: „Wie ich zum Kunstsammler wurde".
317 GHA NL KPR 250–255; GHA NL Otto Lanz 8–11.
318 HVN AA KPR M 24, Manuskript: „Wie ich zum Kunstsammler wurde".
319 GHA NL KPR 251.
320 Angaben nach Sendtner, Rupprecht, S. 226–233.
321 GHA NL KPR 299.
322 Sendtner, Rupprecht, S. 228.
323 Zitiert nach Sendtner, Rupprecht, S. 239.
324 Sendtner, Rupprecht, S. 123.
325 Handexemplare von KPR: HVN Familienbibliothek.
326 Vgl. Literaturverzeichnis.
327 Rupprecht, Südosten, S. VII.
328 Rupprecht, Südosten, S. 1–236, Zitate S. 9, 88.
329 Rupprecht, Südosten, S. 159–161.
330 Rupprecht, Südosten, S. 237–348.
331 Rupprecht, Südosten, S. 239 f.
332 Rupprecht, Südosten, S. 307–319.
333 Rupprecht, Südosten, S. 334–337.
334 Zusammenfassende Darstellung der Ägyptenreisen 1896, 1899 und 1911: Rupprecht, Südosten, S. 349–430.
335 Rupprecht, Ruinenstadt Gerasa.
336 Rupprecht, Indien, S. 11–33.

337 Rupprecht, Indien, S. 34–65.
338 Rupprecht, Indien, S. 76–85, Zitat S. 84.
339 Rupprecht, Indien, S. 113–131.
340 Rupprecht, Indien, S. 162–168, Zitat S. 173.
341 Rupprecht, Indien, S. 177–179.
342 Rupprecht, Indien, S. 191–210.
343 Rupprecht, Indien, S. 211–245, Zitat S. 221.
344 Rupprecht, Indien, S. 257–319.
345 21. 3. 1899 Rechtfertigung von KPR gegenüber LIII: NL LIII 58.
346 Briefwechsel: GHA NL KPR 365.
347 Kolshorn, Kronprinz Rupprecht, S. 83–85; Redwitz, Hofchronik, S. 287.
348 Vgl. den Ausstellungskatalog: Michaela Appel, Reiseerinnerungen aus Indonesien. Kronprinz Rupprecht von Bayern (Staatliches Museum für Völkerkunde), München 2000.
349 Rupprecht, Ostasien 1923, S. 14–38.
350 Rupprecht, Ostasien 1923, S. 71–83.
351 Rupprecht, Ostasien 1923, S. 91–95.
352 Rupprecht, Ostasien 1923, S. XII.
353 Rupprecht, Ostasien 1906, S. 240 f.
354 Rupprecht, Ostasien 1923, S. XI.
355 BayHStA Ordensakten 1270.
356 9. 2. 1911 KPR an Hildebrand: Adolf von Hildebrand, hg. v. Sattler, S. 588 f.; Teildruck: Sendtner, Rupprecht, S. 165 f.
357 Goetz, Rupprecht, S. 5.
358 Vergleichbar ist ihm hier etwa der Afrikaforscher Adolf Friedrich Herzog zu Mecklenburg: Reinhart Bindseil, Adolf Friedrich Herzog zu Mecklenburg (1873–1969). Ein biographisches Portrait (Ergänzter Abschnitt XII aus „Ruanda im Spiegel der Lebensbilder deutscher Afrikaforscher"), Bonn 1990.
359 BayHStA MK 19 029.
360 Albrecht, Landtag, S. 48–61.
361 Wolfgang Burgmair/Matthias M. Weber, „... daß er selbst mit aller Energie gegen diese Hallucinationen ankämpfen muß ...". König Otto von Bayern und die Münchner Psychiatrie um 1900, in: Sudhoffs Archiv 86, 2002, S. 27–53.
362 HVN AA KPR 1912.
363 20. 12. 1912: Dieter Albrecht (Hg.), Die Protokolle der Landtagsfraktion der Bayerischen Zentrumspartei 1893–1914, 5 Bde. (Schriftenreihe zur bayerischen Landesgeschichte 91–94, 102), München 1989–1993, hier Bd. 5, Nr. 92, S. 158–173.
364 Zitiert von Franz Xaver Lerno in der Fraktionssitzung vom 15. 10. 1913: Albrecht (Hg.), Protokolle der Zentrumspartei 5, Nr. 101, S. 197 f.
365 5. 3. 1913: GHA HRO vom Hl. Georg, Akten 248.
366 Löffler, Kammer, S. 546.
367 Prinz Adalbert, Erinnerungen, S. 155.
368 Albrecht, Reichsgründung, HBG ²IV/1, S. 411 f.
369 Verena von Arnswaldt, Die Beendigung der Regentschaft in Bayern, in: ZBLG 30, 1967, S. 859–893. Gute Zusammenfassung: Löffler, Kammer, S. 543.
370 Sendtner, Rupprecht, S. 114; Zorn, Bayerns Geschichte, S. 76; Beckenbauer, Ludwig III., S. 119 f.
371 Zitiert nach Beckenbauer, Ludwig III., S. 112.
372 Seydel, Staatsrecht 2, S. 268–284; Heinz W. Schlaich, Der bayerische Staatsrat. Beiträge zu sei-

ner Entwicklung von 1808/09 bis 1918, in: ZBLG 28, 1965, S. 460–522; Möckl, Staat, v. a. S. 139, 196–205.
373 Konstitution für das Königreich Bayern 1808, dritter Teil, §§ II, III.
374 BayHStA Staatsrat 1143, Sitzungsprotokoll 2. 3. 1914. – Schlaich, Staatsrat, S. 460 f.
375 Apanage des Prinzen Ludwig bei Übernahme der Regentschaft und für den Fall der Annahme des Königstitels: GHA NL LIII 299.
376 BayHStA MF 55 967/1. – Beckenbauer, Ludwig III., S. 112 f.
377 GHA NL LIII 299.
378 BayHStA MF 55 966.
379 GHA NL KPR 164, 165.
380 Marginalie von KPR auf Brief Pappenheims vom 23. 1. 1915 „Um Gottes willen nicht! Sonst heisst es ich habe an der Fortsetzung des Krieges geschäftliches Interesse! R": GHA NL KPR 165.
381 Wolfgang Burgmair/Matthias M. Weber, Ein „... Lichtstrahl in das trübe Dunkel ...". James Loeb als Wissenschaftsmäzen der psychiatrischen Forschung, in: Brigitte Salmen, James Loeb 1867–1933. Kunstsammler und Mäzen (Katalog einer Sonderausstellung im Schlossmuseum Murnau 7. April bis 9. Juli 2000), München 2000, S. 107–126, hier S. 114 mit Anm. 51. Vgl. auch Wolfgang Burgmair/Matthias M. Weber, „Das Geld ist gut angelegt, und Du brauchst keine Reue zu haben" James Loeb, ein deutsch-amerikanischer Wissenschaftsmäzen zwischen Kaiserreich und Weimarer Republik, in: Historische Zeitschrift 277, 2003, S. 343–378.
382 GHA NL KPR 423.
383 Hof- und Staatshandbuch des Königreichs Bayern für das Jahr 1914, hg. v. K. Bayer. Statistischen Landesamt, München 1914, S. 139.
384 HVN AA KPR 1913.
385 Grundlegend: Ay, Entstehung.
386 Albrecht, Reichsgründung, HBG ^{2}IV/1, S. 433 f.
387 Albrecht, Landtag, S. 20–27.
388 Georg von Hertling, Erinnerungen aus meinem Leben, hg. v. Karl Graf von Hertling, 2 Bde., Kempten, München 1919/20 (umfasst die Jahre von der Kindheit bis 1902, Bd. 3 nicht erschienen); Becker, Hertling 1; Winfried Becker, Christliche Wertorientierung in Wissenschaft und Politik. Georg von Hertling 1843–1919, Köln 1993.
389 Möckl, Prinzregentenzeit, S. 535–547.
390 Zur Regierung Hertling: Albrecht, Landtag, S. 27–34, 43–48.
391 Zorn, Geschichte Bayerns, S. 92.
392 Zorn, Geschichte Bayerns, S. 92.
393 Beckenbauer, Ludwig III., S. 215 f.; Löffler, Kammer, S. 518–525.
394 Löffler, Kammer, S. 521.
395 Druck: Max Doeberl, Sozialismus. Soziale Revolution. Sozialer Volksstaat, München 1920, S. 113–142.
396 Albrecht, Landtag, S. 382; Beckenbauer, Ludwig III., S. 219.
397 Albrecht, Landtag, S. 377–388; Albrecht, Reichsgründung, HBG ^{2}IV/1, S. 434.
398 Dokumente III/2, Nr. 52, S. 146.
399 Weiß, Staatsauffassung, S. 547–549.
400 Dieter Fricke, Deutscher Flottenverein und Regierung 1900–1906, in: Zeitschrift für Geschichtswissenschaft 30, 1982, S. 141–157; Dieter Fricke (Hg.), Lexikon zur Parteiengeschichte. Die bürgerlichen und kleinbürgerlichen Parteien und Verbände in Deutschland (1789–1945), Bd. 2, Leipzig 1984, S. 67–89.
401 21.–25. 1. 1902: GHA NL KPR 391.

402 Zum Engagement von Reichsräten in diesem Verein: Löffler, Kammer, S. 448 f. Knappe Darstellung der Vorgänge in einem Schreiben Lerchenfelds an Hertling 9. 5. 1914: BayHStA MA I 955, Druck: Briefwechsel Lerchenfeld-Hertling Nr. 25, S. 157–159; Axel Grießmer, Massenverbände und Massenparteien im wilhelminischen Reich. Zum Wandel der Wahlkultur 1903–1912 (Beiträge zur Geschichte des Parlamentarismus und der politischen Parteien 124), Düsseldorf 2000, S. 60.
403 Fricke, Flottenverein, S. 144. Zu den Hintergründen Fricke (Hg.), Lexikon zur Parteiengeschichte, S. 76–79.
404 Fricke (Hg.), Lexikon zur Parteiengeschichte, S. 79 f.; Grießmer, Massenverbände und Massenparteien, S. 238–266.
405 24. 1. 1907 KPR an Prinz Heinrich: GHA NL KPR 391.
406 7. 12. 1907 KPR an Würtzburg: BayHStA KA MKr 774. – Wilhelm Hotzelt, Familiengeschichte der Freiherren von Würtzburg, Freiburg i. Br. 1931, S. 742–754; Fricke (Hg.), Lexikon zur Parteiengeschichte, S. 80.
407 GHA NL KPR 716, S. 5.
408 8., 25. 8. 1908 Pappenheim an KPR: GHA NL KPR 161.
409 28. 12. 1910: GHA NL KPR 391.
410 8. 1. 1911: GHA NL KPR 391.
411 HVN AA KPR 1912.
412 HVN AA KPR 1912.
413 Vgl. Nicolai Hammersen, Politisches Denken im deutschen Widerstand. Ein Beitrag zur Wirkungsgeschichte neokonservativer Ideologien 1914–1944 (Beiträge zur Politischen Wissenschaft 67), Berlin 1993, S. 237–245; Mohammed Rassem, Othmar Spann, in: Politische Philosophie des 20. Jahrhunderts, hg. v. Karl Graf Ballestrem/ Henning Ottmann, München 1990, S. 89–103; J. Hanns Pichler, Othmar Spann – sein Werk und Wirken, in: Die Reaktion auf Aufklärung und Französische Revolution, in: Konservativismus in Österreich. Strömungen, Ideen, Personen und Vereinigungen von den Anfängen bis heute, hg. v. Robert Rill und Ulrich E. Zellenberg, Graz 1999, S. 245–253.
414 Haunfelder, Reichstagsabgeordnete, S. 250.
415 HVN AA KPR 1913 (danach auch folgendes Zitat).
416 HVN AA KPR 1910.
417 HVN AA KPR 1910.
418 Redwitz, Hofchronik, S. 366 f.
419 HVN AA KPR 1913. – Bayerische Hintergründe, in: Münchener Post, 27. Jg., Nr. 2, 3. 1. 1913, S. 1; satirische Darstellung: Adelige Damenbriefe II, in: Münchener Post, 27. Jg., Nr. 12, 16. 1. 1913, S. 1.
420 HVN AA KPR 1913. – Zu Adolf Müller: Karl Heinrich Pohl, Die Münchener Arbeiterbewegung. Sozialdemokratische Partei, Freie Gewerkschaften, Staat und Gesellschaft in München 1890–1914 (Schriftenreihe der Georg-von-Vollmar-Akademie 4), München u. a. 1992, S. 400–412. Vgl. auch: Amtliches Handbuch der Kammer der Abgeordneten des Bayerischen Landtags, München 1912, S. 106.
421 Im Jahr 1894 war die Auseinandersetzung um Holzrechte bei Fuchsmühl in der Oberpfalz soweit eskaliert, dass der Einsatz von Militär gegen die Bevölkerung zu Todesopfern führte. Vgl. Willy Albrecht, Die Fuchsmühler Ereignisse vom Oktober 1894 und ihre Folgen für die innere Entwicklung Bayerns im letzten Jahrzehnt des 19. Jahrhunderts, in: ZBLG 33, 1970, S. 307–354.
422 Löffler, Kammer, S. 200 f.
423 HVN AA KPR 1893.

424 Vortrag Friedrich Meineckes vom 18. 5. 1917 in Berlin, zitiert bei Karl Graf von Bothmer, Bayern den Bayern. Zeitgenössische Betrachtungen über die Frage: Bundesgenosse oder Vasallentum, München 1920, S. 35.
425 Naumann, Profile, S. 150; Ders., Dokumente, S. 171 f.
426 6. 8. 1917: Kriegstagebuch 2, S. 236.
427 30. 4. 1918 Leopold Krafft an Dandl: BayHStA MA 945, 47 (Auszug BayHStA MInn 47 176) (hier folgendes Zitat). – Löffler, Kammer, S. 523.
428 30. 4. 1918 KPR an Wilhelm Herzog von Urach: GHA NL KPR 650.
429 10. 7. 1915 KPR an LIII: GHA NL LIII 59.
430 15. 3. 1916: Kriegstagebuch 1, S. 438.
431 27. 5. 1916: Kriegstagebuch 1, S. 473.
432 5. 5. 1916: Kriegstagebuch 1, S. 457 f.
433 15. 4. 1917 Leopold Krafft an Hertling: BayHStA MA 945, 10.
434 19. 7. 1917: BayHStA MA 975, Bl. 218–223 (vgl. dazu unten Anm. 797).
435 19. 7. 1917: BayHStA MA 975, Bl. 218–223 (vgl. dazu unten Anm. 797). Diese Gedankengänge sind vorformuliert im Tagebuch des Kronprinzen, 14. 7. 1917: GHA NL KPR 706, S. 2717.
436 HVN AA KPR M 1.
437 HVN AA KPR M 1.
438 30. 6. 1900 KPR an Marie Gabriele: GHA NL Marie Gabriele 1.
439 HVN AA KPR M 1.
440 30. 6. 1901 KPR an Marie Gabriele: GHA NL Marie Gabriele 3.
441 1. 7. 1901 KPR an Marie Gabriele: GHA NL Marie Gabriele 3.
442 Tagebucheintrag 5. 9. 1914: GHA NL KPR 699, S. 172 (fehlt in Druckfassung). – Vgl. dazu die ähnliche Einschätzung in der Forschung: Afflerbach (Hg.), Kaiser Wilhelm II. als Oberster Kriegsherr, S. 1–46.
443 Tagebucheintrag 10. 8. 1916: GHA NL KPR 704, S. 1850 f.
444 Notiz zum 4. 11. 1918: GHA NL KPR 716, S. 58.
445 27. 1. 1917: Kriegstagebuch 2, S. 91.
446 19. 7. 1917: BayHStA MA 975, Bl. 218–223 (vgl. dazu unten Anm. 797).
447 14. 7. 1917: GHA NL KPR 706, S. 2716 f.
448 27. 8. 1917 Bericht Leopold Kraffts an Hertling: BayHStA MA 945, 26; Briefwechsel Lerchenfeld–Hertling, Nr. 396b, S. 906–911.
449 12. 5. 1918: GHA NL KPR 708, S. 3742.
450 Grundlegend zur Kriegsgeschichte im Hinblick auf die bayerischen Truppen: Die Bayern im Großen Kriege 1914–1918, hg. v. Bayerischen Kriegsarchiv, München 1923; Das Bayernbuch vom Weltkriege 1914–1918. Ein Volksbuch, bearb. von Konrad Krafft von Dellmensingen Königl. Bayer. General der Artillerie z. D. (ehrenamtlich) und Generalmajor a. D. Friedrichfranz Feeser im Krieg Königl. Bayer. Major unter amtlicher Mitwirkung des Bayerischen Kriegsarchivs, 2 Bde., Stuttgart 1930; Otto Freiherr von Waldenfels, Die Rittertaten, in: Von Kramer/von Waldenfels, Virtuti pro patria, S. 53–252.
451 Der Kronprinz vertraute sie testamentarisch dem Geheimen Hausarchiv zur Aufbewahrung an: GHA NL KPR 699–709; Edition: Kronprinz Rupprecht, Kriegstagebuch 1–3 (zitiert ohne Verfasserangabe).
452 Erwähnt im Briefwechsel KPR–Pappenheim: GHA NL KPR 164, 165.
453 Militär-Handbuch des Königreichs Bayern nach dem Stande vom 16. Mai 1914, hg. v. Kriegsministerium, 47. Aufl. München 1914; Friedensgliederung des bayerischen Heeres am 1. 8. 1914: Bayernbuch 1, S. 157–162.

454 1.–5. 8. 1914: GHA NL KPR 699, S. 4. – Von Kramer/von Waldenfels, Virtuti pro patria, S. 340 f.; Hackl, Generalstab, S. 308–311, 357 f. Zur Biografie: Thomas Müller, Konrad Krafft von Dellmensingen (1862–1953). Porträt eines bayerischen Offiziers (Materialien zur bayerischen Landesgeschichte 16), München 2002.
455 Gliederung des bayerischen Feldheeres: Bayern im Großen Kriege, Beiheft 1.
456 Bayern im Großen Kriege, S. 7, 9.
457 Angabe nach Albrecht, Reichsgründung, HBG ²IV/1, S. 417, Anm. 16.
458 GHA NL KPR 716, S. 10.
459 GHA NL KPR 716, S. 10.
460 6.–9. 8. 1914: GHA NL KPR 699, S. 8.
461 Der Weltkrieg 1914 bis 1918. Bearbeitet im Reichsarchiv, Bd. 1: Die Grenzschlachten im Westen, Berlin 1925, S. 189–209.
462 Kriegstagebuch 1, S. 14.
463 Der Weltkrieg (Reichsarchiv) 1, S. 209–213.
464 Bayern im Großen Kriege, S. 42.
465 Kriegstagebuch 1, S. 23 f., Anm. (Karte S. 27).
466 Kriegstagebuch 1, S. 25–45; Der Weltkrieg (Reichsarchiv) 1, S. 263–279; Karl Deuringer, Die Schlacht in Lothringen und in den Vogesen 1914, hg. v. Bayerischen Kriegsarchiv, 2 Bde., München 1929, zur Wirkung der Schlacht hier Bd. 1, S. 273–275.
467 Zu den Kämpfen am 21. und 22. 8. Der Weltkrieg (Reichsarchiv) 1, S. 280–302.
468 Generalfeldmarschall [Paul] von Hindenburg, Aus meinem Leben, Leipzig 1920, S. 118.
469 Korrespondenz mit Hindenburg: GHA NL KPR 717.
470 6. 12. 1920 Hindenburg an KPR: GHA NL KPR 717.
471 Hermann von Kuhl, Der Weltkrieg 1914–1918, Bd. 1, Berlin 1929, S. 36 f.; ders., Der Feldherr, in: König Rupprecht, S. 225–230, hier S. 227.
472 Deuringer, Schlacht, Bd. 2, S. 850–853.
473 Der Weltkrieg (Reichsarchiv) 1, S. 302.
474 Konrad Krafft von Dellmensingen, Die Führung des Kronprinzen Rupprecht von Bayern auf dem linken deutschen Heeresflügel bis zur Schlacht von Lothringen im August 1914. Eine Entgegnung, zugleich eine Studie (Wissen und Wehr, Jahrgang 1925, Sonderheft), Berlin 1925.
475 Eugen Bircher, Die Krisis in der Marneschlacht, in: Schweizerische Monatsschrift für Offiziere aller Waffen; ders., Die Krisis in der Marneschlacht, Bern–Leipzig 1927, S. 274 f.
476 1. 1. 1929 KPR an Falkenhausen: BayHStA KA Handschriftensammlung 2229. Am 10. 1. 1929 dankte KPR Falkenhausen, der nicht der Urheber war: ebd.
477 4. 2. 1944 Krafft an Kriegsarchiv: BayHStA KA Handschriftensammlung 2229. Weiterer Schriftwechsel dazu: BayHStA KA NL Konrad Krafft von Dellmensingen 188.
478 22. 8. 1914 Wilhelm II. an KPR: GHA NL KPR 420.
479 Verleihungsurkunde: BayHStA KA Militär-Max-Joseph-Orden I K 18; Handschreiben des Königs vom 26. 8. 1914: GHA NL KPR 420; Druck: Wilhelm Zils (Hg.), König Ludwig III. im Weltkrieg. Briefe, Erlasse, Reden und Telegramme des Königs aus eiserner Zeit, München 1917, S. 18; von Kramer/von Waldenfels, Virtuti pro patria, S. 60 f.
480 Hessische Tapferkeitsmedaille (23. 10. 1914), Großkreuz des Württembergischen Militär Verdienst Ordens (17. 12. 1914), Kaiserlich Österreichisches Militärverdienstkreuz I. Klasse (16. 7. 1915), Braunschweigisches Kriegsverdienstkreuz (1. 2. 1915), Eichenlaub zum Orden *pour le mérite* (20. 12. 1916), Große Österreichische Militärverdienstmedaille (19. 8. 1917), Stern der Großkomture des königlichen Hausordens von Hohenzollern mit Schwertern (24. 3. 1918): GHA NL KPR 420. Vollständiges Verzeichnis: Bayerische Trageerlaubnis für die Orden: BayHStA KA Personalakt 47 534, Fasz. III.

481 22. 8. 1915: GHA NL KPR 703, S. 997; GHA NL KPR 420.
482 25. 8. 1914: Kriegstagebuch 1, S. 48 f., 53.
483 Der Weltkrieg (Reichsarchiv) 1, S. 568–584. Zu den folgenden Angriffen vom 2. bis zum 4. 9. 1914 vgl. Der Weltkrieg 1914 bis 1918. Bearbeitet im Reichsarchiv, Bd. 3: Der Marne-Feldzug. Von der Sambre zur Marne, Berlin 1926, S. 276–301.
484 Krafft von Dellmensingen, Führung des Kronprinzen Rupprecht, S. 47 f. Auch Ludendorff wertete diesen Befehl der OHL später als Fehler: General [Erich] Ludendorff, Das Marne-Drama. Der Fall Moltke–Hentsch, München 1934, S. 12.
485 Der Weltkrieg (Reichsarchiv) 1, S. 584–603.
486 Kuhl, Weltkrieg 1, S. 37. Ebenso Deuringer, Schlacht in Lothringen 1, S. 368 f.
487 Der Weltkrieg 1914 bis 1918. Bearb. im Reichsarchiv, Bd. 4: Der Marne-Feldzug. Von der Sambre zur Marne, Berlin 1926, S. 158, S. 421–427.
488 7./8. 9. 1914: Kriegstagebuch 1, S. 101, 103.
489 Der Weltkrieg (Reichsarchiv) 3 und 4.
490 Kriegstagebuch 1, S. 126–128.
491 14. 10. 1914: Kriegstagebuch 1, S. 206–209.
492 Kriegstagebuch 1, S. 247–260; Der Weltkrieg 1914 bis 1918. Bearb. im Reichsarchiv, Bd. 6: Der Herbstfeldzug 1914. Der Abschluß der Operationen im Westen und Osten, Berlin 1929, S. 10–33.
493 Zorn, Bayerns Geschichte, S. 86.
494 Kriegstagebuch 1, S. 250–309.
495 27. 11. 1914: Kriegstagebuch 1, S. 264 f.
496 Kriegstagebuch 1, S. 376–408. – Der Weltkrieg 1914 bis 1918. Bearb. im Reichsarchiv, Bd. 9: Die Operationen des Jahres 1915, Berlin 1933, S. 42–107.
497 Zorn, Bayerns Geschichte, S. 90.
498 24., 26. 8. 1914: Kriegstagebuch 1, S. 40 f., 58.
499 7./8. 9. 1914: Kriegstagebuch 1, S. 101, 103.
500 9. 9. 1914: Kriegstagebuch 1, S. 110 f.
501 Holger Afflerbach, Falkenhayn. Politisches Denken und Handeln im Kaiserreich (Beiträge zur Militärgeschichte 42), München 1994, hier S. 179–189.
502 27. 10. 1914: Kriegstagebuch 1, S. 233.
503 Zum Verhältnis von KPR zu Falkenhayn vgl. Afflerbach, Falkenhayn, S. 214 f.
504 GHA NL KPR 701, S. 357.
505 1914: Kriegstagebuch 1, S. 232 f.
506 27. 10. 1914: Kriegstagebuch 1, S. 233. – KPR gegenüber Heydecker: Heydecker, Kronprinz Rupprecht, S. 74.
507 Karl-Heinz Janßen, Der Kanzler und der General. Die Führungskrise um Bethmann Hollweg und Falkenhayn (1914–1916), Göttingen 1967, S. 29 f.
508 16. 10. 1914: Kriegstagebuch 1, S. 213, 217; 30. 10. 1914: ebd., S. 236 f.
509 7. 4. 1915 KPR an LIII: GHA NL LIII 59.
510 Zu den Angriffen auf die 6. Armee vom 9. bis 14. 5. 1915 vgl. Der Weltkrieg 1914 bis 1918. Bearb. im Reichsarchiv, Bd. 8: Die Operationen des Jahres 1915. Die Ereignisse im Westen im Frühjahr und Sommer, im Osten vom Frühjahr bis zum Jahresschluß, Berlin 1932, S. 57–69.
511 Kriegstagebuch 1, S. 312–375, hier 13. 5. 1915, S. 354. Das Werk des Reichsarchivs Der Weltkrieg (Reichsarchiv) 8, S. 67, erwähnt die Bildung dieser neuen Armeegruppe.
512 30. 6. 1915: Kriegstagebuch 1, S. 369. – Auch der kaiserliche Generaladjutant Generaloberst Hans Georg von Plessen erkannte das Misstrauen Falkenhayns gegenüber KPR: 13. 5. 1915: Afflerbach (Hg.), Kaiser Wilhelm II. als Oberster Kriegsherr, Nr. P 289, S. 775.

513 Zitat aus dem Telegramm Falkenhayns an KPR in: Der Weltkrieg (Reichsarchiv) 8, S. 66.
514 16. 5. 1915 KPR an Wilhelm II. (Konzept): GHA NL KPR 495.
515 14. 5. 1915 Falkenhayn an KPR: Der Weltkrieg (Reichsarchiv) 8, S. 67 f. (Telegramm Nr. 1174R).
516 15. 5. 1915: Kriegstagebuch 1, S. 357 f.; 16. 5. 1915 KPR an Wilhelm II. (Konzept): GHA NL KPR 495.
517 16. 5. 1915: KPR an Wilhelm II. (Konzept): GHA NL KPR 495. – 18. 5. 1915 KPR an LIII über diesen Vorgang: GHA NL LIII 59. – Janßen, Kanzler und General, S. 127 f., Anm. 15.
518 21. 5. 1915 Wilhelm II an KPR: GHA NL KPR 495. – 20. 5. 1915 Aufzeichnung Plessen: Afflerbach (Hg.), Kaiser Wilhelm II. als Oberster Kriegsherr, Nr. P 296, S. 778 f.
519 21. 5. 1915 Falkenhayn an KPR: GHA NL KPR 495.
520 Der Weltkrieg (Reichsarchiv) 8, S. 69.
521 17. 5. 1915: Kriegstagebuch 1, S. 358.
522 19. 5. 1915: Kriegstagebuch 1, S. 361 f.
523 KPR an Hertling (Konzept) 25. 5. 1915: GHA NL KPR 495.
524 26. 5. 1915 LIII an KPR: GHA NL KPR 427.
525 GHA NL KPR 716, S. 37.
526 GHA NL KPR 494. Dazu zahlreiche Einträge im Tagebuch (28. 6. 1915–28. 3. 1916): GHA NL KPR 703.
527 24. 11. 1915: Kriegstagebuch 1, S. 405.
528 25. 12. 1915: Kriegstagebuch 1, S. 409.
529 Afflerbach, Falkenhayn, S. 212, begründet dies mit der Einsicht des Generals, dass ein militärischer Sieg nicht mehr zu erzwingen war.
530 Zur Strategie Falkenhayns: Afflerbach, Falkenhayn, S. 360–375.
531 Ritter, Staatskunst 3, S. 220–222.
532 3. 2. 1916: Kriegstagebuch 1, S. 422 f., 12. 2. 1916: ebd., S. 427.
533 13. 1. 1916: Kriegstagebuch 1, S. 414.
534 6. 4. 1916: Kriegstagebuch 1, S. 444.
535 25. 2. 1916 KPR an LIII: GHA NL LIII 59.
536 10. 1. 1916: Kriegstagebuch 1, S. 412.
537 Kriegstagebuch 1, S. 431. – Zum Verlauf: Bayern im Großen Kriege, S. 243–273; Der Weltkrieg 1914 bis 1918. Im Auftrag des Reichskriegsministeriums bearb. u. hg. von der Forschungsanstalt für Kriegs- und Heeresgeschichte, Bd. 10: Die Operationen des Jahres 1916 bis zum Wechsel in der Obersten Heeresleitung, Berlin 1936, S. 54–324.
538 Kriegstagebuch 1, S. 439.
539 2. 4. 1916: Kriegstagebuch 1, S. 442.
540 15. 6. 1916: Kriegstagebuch 1, S. 481.
541 30. 6. 1916: Kriegstagebuch 1, S. 490.
542 Kriegstagebuch 1, S. 477–524; Kriegstagebuch 2, S. 3–68. – Zum Verlauf: Der Weltkrieg (Reichsarchiv) 10, S. 338–389.
543 12. 7. 1916: Kriegstagebuch 1, S. 501.
544 16. 7. 1916: Kriegstagebuch 1, S. 502.
545 1./3./17. 7. 1916: Kriegstagebuch 1, S. 492–495, 503.
546 17. 7. 1916: Kriegstagebuch 1, S. 503. – Vgl. Karl-Heinz Janßen, Der Wechsel in der Obersten Heeresleitung 1916, in: Vierteljahrshefte für Zeitgeschichte 7, 1959, S. 337–371, hier S. 351.
547 5. 7. 1916: Kriegstagebuch 1, S. 497. – 10. 7. 1916 Bethmann Hollweg an den Chef des Zivilkabinetts Rudolf von Valentini: Rudolf von Valentini, Kaiser und Kabinettschef. Nach eigenen Aufzeichnungen und dem Briefwechsel des Wirklichen Geheimen Rats Rudolf von Valentini

dargestellt von Bernhard Schwertfeger, Oldenburg 1931, S. 234–237. – 13. 7. 1916 Bericht Lerchenfelds an Hertling: Janßen, Kanzler und General, S. 293 f. – Vgl. Janssen, Wechsel, S. 351–354.
548 3. 7. 1916 KPR an Lerchenfeld (Konzept): GHA NL KPR 495.
549 12. 7. 1916 Lerchenfeld an KPR: GHA NL KPR 495.
550 4. 7. 1916 Lerchenfeld an KPR: GHA NL KPR 495.
551 7. 7. 1916: Kriegstagebuch 1, S. 498 f.
552 12. 7. 1916 Bissing an KPR: GHA NL KPR 495.
553 Ritter, Staatskunst 3, S. 226.
554 7. 7. 1916: Kriegstagebuch 1, S. 499. – Janssen, Wechsel, S. 352.
555 14. 7. 1916 KPR an Bissing (Konzept): GHA NL KPR 495.
556 13. 8. 1916 KPR an LIII: GHA NL LIII 59.
557 Kuhl gegenüber dem bayerischen Militärbevollmächtigten Karl Frhr. von Nagel, 25. 8. 1916 Nagel an den bayerischen Kriegsminister: BayHStA KA MKr 1830, Nr. 8338. – Afflerbach, Falkenhayn, S. 426.
558 5. 8. 1916: Kriegstagebuch 1, S. 515.
559 Janssen, Wechsel, S. 346; Ritter, Staatskunst 3, S. 232.
560 23. 6. 1916: GHA NL KPR 390.
561 30. 6. 1916: GHA NL KPR 704, S. 1718 f.
562 23. 7. 1916: GHA NL KPR 421; Kriegstagebuch 1, S. 509. LIII ließ das Dokument auf den 25. 7., den tatsächlichen Jahrestag, umdatieren: BayHStA KA Personalakt 47 534.
563 11. 2. 1916 Hertling an Leopold Krafft: BayHStA MA 944, 35.
564 24. 7. 1916 Leopold Krafft an Hertling: BayHStA MA 944, 42. – 13. 8. 1916 Dankbrief KPR an LIII: GHA NL LIII 59.
565 1. 8. 1916 Handschreiben Wilhelms II. an KPR: GHA NL KPR 421; Druck: Bayerische Staatszeitung, 4. Jg., Nr. 183, 9. 8. 1916; BayHStA KA Personalakt 47 534, Fasz. I.
566 Janssen, Wechsel, S. 355 f.
567 20./21. 8. 1916: Kriegstagebuch 1, S. 520. – Janssen, Wechsel, S. 368; Afflerbach (Hg.), Kaiser Wilhelm II. als Oberster Kriegsherr, S. 90–93, zur Biografie Lynkers ebenda, S. 65–117.
568 25. 8. 1916 Lynker an KPR: GHA NL KPR 495. – 27. 8. 1916: Kriegstagebuch 1, S. 524.
569 Janssen, Wechsel, S. 370. Schilderung der Vorgänge bei Ritter, Staatskunst 3, S. 246–249.
570 19. 10. 1916: Kriegstagebuch 2, S. 48.
571 21. 8. 1916: Kriegstagebuch 1, S. 521.
572 Zur Entlassung Falkenhayns, die auf die Initiative des von KPR und Hindenburg–Ludendorff informierten Reichskanzlers zurückging: Afflerbach, Falkenhayn, S. 424–450.
573 29. 8. 1916: Kriegstagebuch 2, S. 3.
574 5. 9. 1916: Kriegstagebuch 2, S. 12. Ähnlich in einem Brief vom 10. 9. 1916 KPR an LIII: GHA NL LIII 59.
575 Kriegstagebuch 2, S. 3. – Hackl, Generalstab, S. 364.
576 26. 8. 1916: Kriegstagebuch 1, S. 523.
577 10. 9. 1916 KPR an LIII: GHA NL LIII 59; Teildruck: Kriegstagebuch 3, S. 11–13.
578 Tagebucheintrag 8. 9. 1916: GHA NL KPR 704, S. 1935–1942; Kriegstagebuch 2, S. 14–16; Erich Ludendorff, Meine Kriegserinnerungen, Berlin 1919, S. 208.
579 4. 12. 1916: Kriegstagebuch 2, S. 67 f.
580 4. 10. 1916: Kriegstagebuch 2, S. 39.
581 27. 9. 1916: Kriegstagebuch 3, S. 106–111.
582 31. 12. 1916: Kriegstagebuch 2, S. 75 f. (hier folgendes Zitat).
583 Kriegstagebuch 2, S. 92–134. – Zum Verlauf: Der Weltkrieg 1914 bis 1918. Im Auftrag des

Anmerkungen 379

Oberkommandos des Heeres bearb. u. hg. von der Forschungsanstalt für Kriegs- und Heeresgeschichte, Bd. 12: Die Kriegführung im Frühjahr 1917, Berlin 1939, S. 119–155.
584 15. 3. 1917: Kriegstagebuch 2, S. 116. Ebenso 21. 3. 1917 Leopold Krafft an Hertling: BayHStA MA 945, 7.
585 Aussage des Generals Hermann von Kuhl vom 29. 11. 1919 im Verfahren des Oberreichsanwaltes gegen KPR wegen Kriegsverbrechen: BA ORA/RG, R 3003/bJ 353/ 20, Nr. 36.
586 24. 3. 1917 Lerchenfeld an Hertling: BayHStA MA 958, 104.
587 Kriegstagebuch 2, S. 135–166.
588 Kriegstagebuch 2, S. 198–290.
589 5. 9. 1917: Kriegstagebuch 2, S. 257. – Dem Chef des kaiserlichen Militärkabinetts von Lynker blieb der Pessimismus Rupprechts über die Kriegsentwicklung nicht verborgen: Afflerbach (Hg.), Kaiser Wilhelm II. als Oberster Kriegsherr, S. 521 (20. 8. 1917).
590 BayHStA KA Personalakt 47 534.
591 8. 9. 1916: GHA NL KPR 704, S. 1940.
592 24. 9. 1918 KPR an Max von Baden: GHA NL KPR 650.
593 20. 10. 1918: GHA NL KPR 708, S. 4044.
594 HVN AA KPR M 7.
595 8. 9. 1916: GHA NL KPR 704, S. 1940.
596 13. 7. 1917: KPR an LIII: GHA NL KPR 59.
597 25. 6. 1917: Kriegstagebuch 2, S. 206.
598 1. 6. 1917: GHA NL KPR 706, S. 2563.
599 13. 7. 1917 KPR an LIII: GHA NL LIII 58; Teildruck: Kriegstagebuch 3, S. 14.
600 14. 7. 1917, GHA NL KPR 706, S. 2717 f.
601 14. 7. 1917, GHA NL KPR 706, S. 2717 f.
602 Janßen, Macht, S. 130 f., 173 f.
603 19. 12. 1917: Kriegstagebuch 2, S. 302.
604 10. 1. 1918: Kriegstagebuch 2, S. 313. Vgl. auch Wolfgang Venohr, Ludendorff. Legende und Wirklichkeit, Frankfurt a. M. 1993, v. a. S. 220.
605 31. 12. 1917: Kriegstagebuch 2, S. 307.
606 30. 1. 1918: Kriegstagebuch 2, S. 326.
607 19. 2. 1918: Kriegstagebuch 2, S. 330–332.
608 19. 2. 1918: Kriegstagebuch 2, S. 330 f.
609 21. 1. 1918: Kriegstagebuch 2, S. 322. – Rall, Wilhelm II., S. 331 f.
610 Kuhl, Feldherr, S. 230.
611 3. 2. 1918: GHA NL KPR 707, S. 3433. – Krafft von Dellmensingen, Durchbruch, S. 172.
612 Zum Verlauf: Der Weltkrieg 1914 bis 1918. Im Auftrag des Oberkommandos des Heeres bearb. u. hg. von der Forschungsanstalt für Kriegs- und Heeresgeschichte, Bd. 14: Die Kriegführung an der Westfront im Jahre 1918, Berlin 1944 (ND 1956), S. 100–259.
613 21. 3.–8. 4. 1918: Kriegstagebuch 2, S. 344–374, Zitat S. 350 (22. 3. 1918).
614 27. 3. 1918: Kriegstagebuch 2, S. 360 (nach Zitat aus Brief des I. Generalstabsoffiziers der Heeresgruppe Major von Prager).
615 Darstellung und Zitat nach einer späteren Erzählung von KPR: Sendtner, Rupprecht, S. 299 f.
616 5. 4. 1918: Kriegstagebuch 2, S. 372.
617 9. 4.–4. 5. 1918: Kriegstagebuch 2, S. 375–394, zur Entstehung der Operationsentwürfe bei der Heeresgruppe Kronprinz Rupprecht: Kriegstagebuch 3, S. 222–302.
618 11./13. 5. 1918: Kriegstagebuch 3, S. 322 f.
619 2. 7. 1918: Kriegstagebuch 2, S. 415.
620 18. 7. 1918: Kriegstagebuch 2, S. 421 f.

621 20. 7. 1918: Kriegstagebuch 2, S. 424.
622 1. 8. 1918: Kriegstagebuch 2, S. 430. Dieses Gerücht wird auch erwähnt im Bericht eines württembergischen Offiziers vom 16. 9. 1918: Militär und Innenpolitik, bearb. v. Deist, Nr. 365, S. 961–966, hier S. 963.
623 Karl Alexander von Müller, Mars und Venus. Erinnerungen 1914–1919, Stuttgart 1954, S. 246.
624 8. 8. 1918: Kriegstagebuch 2, S. 432 f.; Der Weltkrieg (Reichsarchiv) 14, S. 555–557.
625 Ludendorff, Kriegserinnerungen, S. 547–551; Erich Ludendorff, Kriegführung und Politik, Berlin 1922, S. 223.
626 5. 4. 1917: Kriegstagebuch 2, S. 130.
627 Kuhl, Feldherr, S. 225.
628 GHA NL KPR 163–167.
629 „Die Kronprinzen von Preußen u(nd) Bayern kann ich bezüglich ihrer Feldherrntätigkeit nicht beurteilen. Durch ihr persönliches Verhalten (cherchez la femme) haben sie sich unendlich geschadet u(nd) auch dem monarchischen Gedanken. Aber doch scheint Kronprinz Rupprecht bei den bayerischen Soldaten beliebt gewesen zu sein." BayHStA KA NL Nikolaus von Endres 10 (Tagebuch 28. 9. 1918–19. 1. 1919, Eintrag 14. 7. 1919). – Zur Person: Von Kramer/von Waldenfels, Virtuti pro patria, S. 284 f.
630 Zitate nach Heydecker, Kronprinz Rupprecht, S. 75 f.
631 Ludendorff, Kriegserinnerungen, S. 216.
632 Kuhl, Feldherr, S. 225–230; Sendtner, Rupprecht, S. 241–309.
633 Schall-Riaucour, Aufstand, S. 315; Hartmann, Halder, S. 36 f.
634 Hackl, Kriegsakademie, S. 251.
635 19. 10. 1914: Kriegstagebuch 1, S. 220 f.
636 Konrad Krafft von Dellmensingen, Der Durchbruch. Studie an Hand der Vorgänge des Weltkrieges 1914–1918, Hamburg 1937.
637 Ernst Deuerlein, Der Bundesratsausschuß für die auswärtigen Angelegenheiten 1870–1918, Regensburg 1955, S. 187–206, 251–254, 279–322. – Protokolle 1915–1918: BayHStA MA 966.
638 Zils (Hg.), König Ludwig III., S. 3 f.
639 Ansprache an die Volksmenge vor dem Wittelsbacher Palais am 2. 8. 1914: Zils (Hg.), König Ludwig III., S. 9.
640 So vermutet zutreffend Janßen, Macht, S. 37 f.
641 Otto Riedner, Ludwig III., König von Bayern, in: Deutsches biographisches Jahrbuch 4 für das Jahr 1922, hg. v. Verband der deutschen Akademien, Stuttgart u. a. 1929, S. 318–341, hier S. 334; Ludwig III. Ausstellungskatalog, Nr. 60, S. 97 f.
642 Beckenbauer, Ludwig III., S. 164.
643 Deuerlein, Bundesratsausschuß, S. 180–186.
644 Die Verfassung des Deutschen Reiches vom 16. April 1871, Art. 11.
645 24. 10. 1914 Hertling an Lerchenfeld: Briefwechsel Lerchenfeld-Hertling, Nr. 129, S. 347 f. – Janßen, Macht, S. 16.
646 Janßen, Macht, S. 21, danach Zitat. – Sendtner, Rupprecht, S. 328–331, misst dem Problem Elsass-Lothringen zu wenig Gewicht bei.
647 Zitat nach Janßen, Macht, S. 21 f.
648 Janßen, Macht, S. 22 f. – Zu den bis 1871 zurückreichenden bayerischen Forderungen auf das Elsass vgl. Janßen, Macht, S. 23–26.
649 Janßen, Macht, S. 26.
650 22. 11. 1914 LIII an KPR: GHA NL KPR 427.
651 Vgl. zu diesem Komplex Beckenbauer, Ludwig III., S. 154–158.
652 7. 12. 1914 LIII an KPR: GHA NL KPR 427, hier auch die folgenden Zitate.

Anmerkungen 381

653 Janßen, Macht, S. 27–29 (mit Karte).
654 7. 12. 1914 LIII an KPR: GHA NL KPR 427.
655 Münchner Neueste Nachrichten, Nr. 285, 7. 6. 1915; Janßen, Macht, S. 60 f.; Zorn, Bayerns Geschichte, S. 91.
656 28. 3. 1915 LIII an KPR: GHA NL KPR 427. Wiederholt 6. 10. 1916 LIII an KPR: GHA NL LIII 59. – Ludwig III. Ausstellungskatalog, Nr. 66, S. 101 f. – Auch Prinz Franz berichtete KPR, dass der König seine Berichte als pessimistisch abtue, Tagebucheintrag 16. 5. 1916: GHA NL KPR 704, S. 1557.
657 Etwa 26. 9. 1916 Hertling an Lerchenfeld: Briefwechsel Lerchenfeld–Hertling Nr. 304, S. 726 f.
658 Janßen, Macht, S. 30 f.
659 Ay, Entstehung, S. 58–62.
660 Janßen, Macht, S. 203.
661 31. 3. 1918 Bericht Leopold Kraffts an Dandl: BayHStA MA 945, 44. – Janßen, Macht, S. 204.
662 25. 4. 1918 Oberst von Mertz (Großes Hauptquartier) an Hertling: BayHStA MA 975, Bl. 240; 30. 4. 1918 Lerchenfeld an Dandl: BayHStA MA 3084, 393. – Janßen, Macht, S. 204 und Anm. 813.
663 Aktenvermerk: BayHStA MA 975, Bl. 240.
664 Briefwechsel KPR–LIII: GHA NL KPR 59, 427.
665 Zur Biographie: Briefwechsel Lerchenfeld–Hertling, S. 514, Anm. 4; positive Würdigung: Naumann, Profile, S. 154.
666 13. 8. 1916 KPR an LIII: GHA NL LIII 59.
667 25. 8. 1916: BayHStA KA MKr 1830, Nr. 8338.
668 20. 8. 1914 Pappenheim an KPR: GHA NL KPR 163.
669 17. 9. 1914 KPR an LIII: GHA NL LIII 59.
670 14. 12. 1914 KPR an LIII: GHA NL LIII 59.
671 17. 8., 10. 9. 1915 KPR an LIII: GHA NL LIII 59. – Vgl. Dieter J. Weiß, Die Universität Erlangen in der bayerischen Kriegszieldiskussion des Ersten Weltkrieges, in: Jahrbuch für fränkische Landesforschung 59, 1999, S. 351–355.
672 Briefwechsel mit Königin Elisabeth von Belgien: GHA NL KPR 86.
673 17. 9. 1914 KPR an LIII: GHA NL LIII 59.
674 1. 10. 1914 KPR an LIII: GHA NL LIII 59.
675 14. 12. 1914 KPR an LIII: GHA NL LIII 59.
676 22. 3. 1915: Kriegstagebuch 1, S. 319.
677 Undatiertes Exemplar (wohl Ende April 1915): NL KPR 639; BayHStA MA 944, 19; Exemplar für Hertling mit Begleitschreiben vom 8. 11. 1915: BayHStA MA 964. – KPR erwähnt den Eingang der Schrift am 2. 5. 1915 (Kriegstagebuch 1, S. 331). – Janßen, Macht, S. 61 und Anm. 205.
678 Erster und zweiter Entwurf der von KPR mit seinem Stabschef Krafft von Dellmensingen verfassten Denkschrift Mitte Mai 1915: NL KPR 639; BayHStA MA 944, 20, 21. – Erwähnt bei Fritz Fischer, Griff nach der Weltmacht. Die Kriegszielpolitik des kaiserlichen Deutschland 1914/18, Düsseldorf ⁴1971, S. 219 f.
679 Janßen, Macht, S. 65.
680 2. 7. 1915 Hertling an Leopold Krafft: BayHStA MA 944, 22. – Janßen, Macht, S. 58, 67–69.
681 12. 7. 1915 Leopold Krafft an Hertling: BayHStA MA 944, 23.
682 6. 7. 1915 Gespräch Bethmann Hollweg–Hertling: Janßen, Macht, S. 68 f.
683 29. 7. 1915 Teiledition: Janßen, Macht, Anhang, S. 293–297. – Janßen, Macht, S. 61–65, 69 f. und Anm. 225.
684 Janßen, Macht, S. 70.

685 21. 7. 1915: GHA NL LIII 59; Auszug: Kriegstagebuch 3, S. 4. – Janßen, Macht, S. 70–73.
686 21. 7. 1915 KPR an LIII: GHA NL LIII 59. – Janßen, Macht, S. 71 f.
687 22. 8. 1915 KPR an LIII: GHA NL LIII 59.
688 10. 11. 1915: Frankfurter Zeitung, Nr. 312; Janßen, Macht, S. 82 f.
689 17. 11. 1915: Kriegstagebuch 1, S. 405.
690 28. 8. 1914: Kriegstagebuch 1, S. 65 (hier auch Zitat).
691 19. 9. 1914; Kriegstagebuch 3, S. 47 f.
692 Sendtner, Rupprecht, S. 313.
693 19. 10. 1914: Kriegstagebuch 3, S. 57 f. Nach Lerchenfelds Schreiben an Hertling vom 8. 11. 1914 habe gerade dieser Armeebefehl überall großen Anklang gefunden: Briefwechsel Lerchenfeld–Hertling Nr. 135, S. 356 f.
694 18. 5. 1915: Kriegstagebuch 1, S. 361.
695 30. 1. 1917 Leopold Krafft an Hertling: BayHStA MA 945, 2.
696 Vgl. zu den geringen Chancen der Kriegführung mit U-Booten wie zur Problematik der neutralen Länder Ritter, Staatskunst 3, S. 145–183.
697 Joachim Schröder, Die U-Boote des Kaisers. Die Geschichte des deutschen U-Boot-Krieges gegen Großbritannien im Ersten Weltkrieg (Subsidia academica A 3), Lauf a. d. Pegnitz 2001, S. 95–126.
698 Diese Information ist zutreffend: Schröder, U-Boote des Kaisers, S. 101 f.
699 1. 2. 1915: Kriegstagebuch 1, S. 295.
700 30. 4. 1915: GHA NL KPR 702, S. 733.
701 Undatiert, Leopold Krafft an Hertling: BayHStA MA 944, 32.
702 2. 2. 1916 Leopold Krafft an Hertling: BayHStA MA 944, 31.
703 BayHStA MA 944, 32.
704 Denkschrift des Admiralstabes der Marine vom 12. 2. 1916: GHA NL KPR 641. – Der Weltkrieg 1914 bis 1918. Im Auftrag des Reichskriegsministeriums bearb. u. hg. von der Forschungsanstalt für Kriegs- und Heeresgeschichte, Bd. 11, Berlin 1938, S. 445; Schröder, U-Boote des Kaisers, S. 189–202.
705 14. 3. 1916: GHA NL KPR 641.
706 24. 4. 1916: Kriegstagebuch 1, S. 451.
707 11. 5. 1916: Kriegstagebuch 1, S. 463 f.
708 Ritter, Staatskunst 3, S. 183–215.
709 Janßen, Macht, S. 90 f.
710 Zorn, Geschichte Bayerns, S. 95; Albrecht, Reichsgründung, HbG ²IV/1, S. 420.
711 Albrecht, Landtag, S. 163–167.
712 1. 3. 1915: Kriegstagebuch 1, S. 305. – Fritz Haber, Direktor des Kaiser-Wilhelm-Instituts für physikalische Chemie, Nobelpreisträger 1918, Angabe nach Sendtner, Rupprecht, S. 272. – Diese Angabe des Kronprinzen wird unterstützt durch die Aussagen des Hauptmanns Hermann Müller-Brand vom 17.12.1919 sowie von Prof. Haber vom 11. 2. 1920 im Verfahren des Oberreichsanwalts gegen KPR wegen Kriegsverbrechen: BA Berlin, R 3003 ORA/RG, bJ 353/20, Nr. 28 und 33.
713 29. 4. 1916: Kriegstagebuch 1, S. 454 f.
714 9. 10. 1916: GHA NL KPR 428. – Zur dritten U-Boot-Offensive vom Oktober 1916 bis zum Januar 1917: Schröder, U-Boote des Kaisers, S. 237–251.
715 Vgl. Schröder, U-Boote des Kaisers, S. 253–256.
716 Schröder, U-Boote des Kaisers, S. 264–282.
717 So bereits 12. 5. 1916 KPR an LIII: GHA NL LIII 59; 24. 5. 1917, 4. 2. 1918 Notizen KPR: GHA NL KPR 428.

718 Ritter, Staatskunst 3, S. 349–352, 368–385; Schröder, U-Boote des Kaisers, S. 296–320.
719 19. 2. 1917 Leopold Krafft an Hertling: BayHStA MA 945, 3.
720 Ritter, Staatskunst 3, S. 385–416.
721 19. 7. 1917: BayHStA MA 975, Bl. 218–223 (vgl. dazu unten Anm. 797).
722 16. 1. 1915: Kriegstagebuch 1, S. 287, dazu auch 22. 6. 1916: ebd., S. 483. – Karl Georg von Treutler, 1911–1914 und 1916–1919 preußischer Gesandter in München, fungierte als Vertreter des Auswärtigen Amtes beim Kaiser.
723 11. 5. 1916: Kriegstagebuch 1, S. 463.
724 22. 6. 1916: Kriegstagebuch 1, S. 483.
725 22. 6. 1916: GHA NL KPR 702, S. 1690 f.
726 5. 8. 1916 Tagebucheintrag: GHA NL KPR 704, S. 1835.
727 12. 6. 1917 Tagebucheintrag: GHA NL KPR 706, S. 2615 f.
728 25. 7. 1918: GHA NL KPR 708, S. 3928 f.
729 26. 7. 1918: GHA NL KPR 708, S. 3934.
730 30. 9. 1918: GHA NL KPR 428.
731 22. 6. 1916: Kriegstagebuch 1, S. 482 f.
732 9. 10. 1914: Kriegstagebuch 1, S. 194.
733 GHA NL KPR 614.
734 5. 9. 1916: GHA NL KPR 614.
735 3. 10. 1914: Kriegstagebuch 1, S. 180.
736 Ludwig III. Ausstellungskatalog, Nr. 68, S. 102.
737 10. 7. 1915 KPR an LIII: GHA NL LIII 59.
738 29. 9. 1915 LIII an KPR: GHA NL KPR 427.
739 3. 8. 1916 Tagebucheintrag: GHA NL KPR 704, S. 1829.
740 Herzogin Viktoria Luise, Ein Leben als Tochter des Kaisers, Göttingen ²1965, S. 144.
741 19. 5. 1915 KPR an LIII: GHA NL LIII 59.
742 14. 5. 1915: Kriegstagebuch 1, S. 357. Ein ähnliche Äußerung bereits in der Tagebucheintragung vom 17. 10. 1914: GHA NL KPR 700, S. 321: „Eine Existenzberechtigung Bayerns wird von diesen Herrn eigentlich nur insoferne anerkannt, als dem König von Bayern das Recht vorbehalten bleiben soll möglichst viele und hohe Orden an preussische Offiziere zu verleihen. Die Ordensjagd ist zu einer wahren Seuche geworden."
743 10. 7. 1915: GHA NL LIII 59.
744 27. 3. 1916 KPR an LIII: GHA NL LIII 59.
745 7. 5. 1916: Kriegstagebuch 1, S. 459.
746 22. 5. 1916: Kriegstagebuch 1, S. 470.
747 3. 6. 1916: Kriegstagebuch 1, S. 475, Zitat GHA NL KPR 704, S. 1636.
748 30. 6. 1917: Kriegstagebuch 2, S. 210.
749 6. 4. 1915: Kriegstagebuch 1, S. 325.
750 11. 1. 1916: Kriegstagebuch 1, S. 413 f.
751 30. 7. 1916: Kriegstagebuch 1, S. 511.
752 9. 10. 1916 KPR an LIII: GHA NL LIII 59 (Entwurf NL KPR 428).
753 19. 12. 1917: Kriegstagebuch 2, S. 302.
754 19. 7. 1917: BayHStA MA 975, Bl. 218–223 (danach die folgenden Zitate, vgl. dazu unten Anm. 797).
755 6. 1. 1915 KPR an LIII: GHA NL LIII 59.
756 12. 5. 1918: Kriegstagebuch 2, S. 397. – Tagebucheintrag 19. 7. 1918: GHA NL KPR 708, S. 3912. „In diesem Punkte stimme ich dem Kanzler [Graf Hertling] völlig zu: Bayerns Zukunft liegt in d(er) Wiedervereinigung Bayerns m(it) seinen oesterreichischen Stammesgenossen z(u)

einem gemeinsamen Staatswesen u(nd) in der Regermanisation des v(on) slawischen Elementen st(ark) durchsetzten Deutsch-Oesterreichs. Dies ist seine historische Aufgabe, d(er) gegenüber nötigenfalls alle westlichen Pläne zurückzutreten haben."

757 12. 5. 1918: GHA NL KPR 708, S. 3742: „Sehr bezeichnend für die Auffassung d(er) massgebenden preussischen Kreise war die in einem dieser Berichte enthaltene Äusserung des Grafen Wedell dass ein Zerfall Oesterreichs deshalb verhindert werden müsse, damit nicht ein Anschluss d(er) deutschen Teile Oesterreichs an das deutsche Reich – gedacht ist wohl in d(er) Form einer freiwilligen Angliederung an das stammverwandte Bayern – erfolge, denn hiedurch würde d(er) Einfluss des s(üdlichen) Deutschlands u(nd) der Katholiken im Reiche ein z(u) grosser!"

758 Vgl. zu diesem Komplex Sendtner, Rupprecht, S. 310–371.

759 20. 8. 1915: Kriegstagebuch 1, S. 375.

760 5. 1. 1915: Kriegstagebuch 1, S. 283.

761 23. 6. 1915: Kriegstagebuch 1, S. 368. Wiederholt 6. 9. 1916 KPR an LIII: GHA NL LIII 59. – Ludwig III. Ausstellungskatalog, Nr. 66, S. 101 f.

762 13. 10. 1915: Kriegstagebuch 1, S. 394, hier Zitat. Diese Anschauung äußerte KPR auch gegenüber Leopold Krafft, der sie am 17. 10. 1915 an Hertling berichtete: BayHStA MA 944, 26. – Janßen, Macht, S. 86.

763 13. 10. 1915: Kriegstagebuch 1, S. 395 f. (danach folgendes Zitat). – Janßen, Macht, S. 85 f.

764 Janßen, Macht, S. 87.

765 Ritter, Staatskunst 3, S. 289–292; Fischer, Griff, S. 268–280; Zorn, Bayerns Geschichte, S. 93. Versuche zu einer Vermittlungstätigkeit Mai bis August 1917: Wolfgang Steglich, Die Friedensversuche der kriegführenden Mächte im Sommer und Herbst 1917. Quellenkritische Untersuchungen, Akten und Protokolle, Stuttgart 1984, S. 146–148. – Vgl. dazu 11. 8. 1915 Hertling an Bethmann Hollweg: André Scherer/Jacques Grunwald (Hg.), L'Allemagne et les problèmes de la paix pendant la première guerre mondiale, 2 Bde., Paris 1962/66, hier Bd. 1, Nr. 129, S. 157 f.; 30. 10. 1915 König Albert an Toerring: l.c. Nr. 152, S. 196–198; 28. 11. 1915 Toerring an Gottlieb von Jagow: l.c. Nr. 169, S. 224–226; 1. 12. 1915 Toerring an Jagow: l.c. Nr. 172, S. 232–235; 9. 1. 1916 Toerring an Jagow: Nr. 183, S. 247–252 (dabei Briefwechsel König Albert – Toerring); 28./29. 2. 1916 Toerring an Jagow: l.c. Nr. 205/206, S. 277–282; 3. 8. 1917 Aufzeichnungen des Unterstaatssekretärs im Auswärtigen Amt von Stumm: Nr. 76, S. 146–148.

766 6. 9. 1916 Lerchenfeld an Hertling: BayHStA MA 958.

767 8. 9. 1916: Kriegstagebuch 2, S. 15.

768 3. 6. 1916: Kriegstagebuch 1, S. 475 f.

769 27. 4. 1916 Aktennotiz Freiherr von Stengel: BayHStA MA 975.

770 Tagebucheintrag 22. 5. 1916: GHA NL KPR 704, S. 1597.

771 10. 6. 1916: Kriegstagebuch 3, S. 8.

772 12. 5. 1916 KPR an LIII: GHA NL LIII 59; Kriegstagebuch 3, S. 7.

773 1. 6. 1916: Kriegstagebuch 1, S. 474. – Naumann, Dokumente, S. 75.

774 Janßen, Macht, S. 109–112.

775 Tagebucheintrag 8. 9. 1916: GHA NL KPR 704, S. 1935–1942; Kriegstagebuch, 2, S. 15; – Naumann, Dokumente, S. 256, 264 f.

776 9. 10. 1916 KPR an LIII: GHA NL LIII 59 (Entwurf NL KPR 428); Teildruck: Kriegstagebuch 3, S. 13.

777 22. 10. 1916: Kriegstagebuch 2, S. 50.

778 25. 10. 1916 KPR an LIII: GHA NL KPR 428 (Abschrift); Teildruck: Kriegstagebuch 3, S. 10 f. (datiert Herbst 1916).

779 5. 11. 1916: Kriegstagebuch 2, S. 60.
780 27. 11. 1916 Bericht des bayerischen Gesandten beim Hl. Stuhl über ein Gespräch mit Msgr. Kepinski, dem Sekretär des Erzbischofs von Warschau: BayHStA MA 2567/4. – Janßen, Macht, S. 110 und Anm. 403. – Naumann, Dokumente, S. 88, hält fest, dass sowohl LIII wie KPR dieses Projekt ablehnten.
781 Zorn, Bayerns Geschichte, S. 110.
782 Ritter, Staatskunst 3, S. 296–298.
783 Ritter, Staatskunst 3, S. 319–349.
784 Ritter, Staatskunst 3, S. 349–368; Fischer, Griff, S. 381–386.
785 12.–21. 12. 1916: Kriegstagebuch, 2, S. 69, 71, 73.
786 10. 5. 1916: Kriegstagebuch 1, S. 462.
787 10. 9. 1916 KPR an LIII: GHA NL LIII 59; Teildruck: Kriegstagebuch 3, S. 11–13.
788 27. 1. 1917: Kriegstagebuch 2, S. 90 f.
789 7. 2. 1917 KPR an LIII: GHA NL LIII 59.
790 10. 11. 1916, 6. 8. 1917 Pappenheim an KPR: GHA NL KPR 165, 164.
791 1. 6. 1917: Kriegstagebuch 2, S. 181 f.
792 13. 7. 1917 KPR an LIII: GHA NL LIII 58 (hier folgendes Zitat); Teildruck: Kriegstagebuch 3, S. 14.
793 14. 7. 1917: Kriegstagebuch 2, S. 226.
794 10. 7. 1917: Kriegstagebuch 2, S. 219. – Naumann, Dokumente, S. 263.
795 Zu den internationalen Reaktionen vgl. Ritter, Staatskunst 4, S. 11–26.
796 14. 7. 1917: Kriegstagebuch 2, S. 226.
797 19. 7. 1917: BayHStA MA 975, Bl. 218-223; Abschrift und eigenhändiger Entwurf: GHA NL KPR 648; Druck: Briefwechsel Lerchenfeld–Hertling, Nr. 396aa, S. 912–916; Teildruck: Kriegstagebuch 3, S. 14–20. – Ähnliche Gedankengänge: Kriegstagebuch 2, S. 224–226 (14. 7. 1917). – Zur Veröffentlichung in der Münchener Zeitung 1921 vgl. unten S. 200 mit Anm. 206. – Victor Naumann hatte KPR kurz zuvor über das Chaos in Österreich, die schwierige Wirtschaftslage im Reich, die Missstimmung unter den Soldaten und die Revolutionsgefahr informiert, 16. 6. 1917: Naumann, Dokumente, S. 458–460.
798 9. 8. 1917: GHA NL KPR 648; Entwurf und Abschrift: BayHStA MA 975, Bl. 224–236; Druck: Briefwechsel Lerchenfeld–Hertling, Nr. 396bb, S. 917–922.
799 31. 8. 1917: Kriegstagebuch 2, S. 252–256.
800 12. 8. 1917: Kriegstagebuch 2, S. 239–244; 16. 8. 1917 Bericht Leopold Kraffts an Lerchenfeld: BayHStA MA I 945, 25; Briefwechsel Lerchenfeld–Hertling, Nr. 396a, S. 901–906. – Janßen, Macht, S. 153 f.
801 31. 8. 1917: Kriegstagebuch 2, S. 252–256. – Ritter, Staatskunst 4, S. 66.
802 Zorn, Bayerns Geschichte, S. 102 f.
803 1918 äußerte Hertling selbst gegenüber Staatssekretär Richard von Kühlmann: „Ist es nicht ein Wahnsinn, in einer von den schwierigsten Problemen starrenden Zeit einen alten, verbrauchten Philosophieprofessor mit dem Kanzleramt zu belasten?", zitiert nach Sendtner, Rupprecht, S. 349.
804 19. 2. 1918: Kriegstagebuch 2, S. 330–332.
805 Naumann, Profile, S. 151. KPR führte bei dieser Gelegenheit eine lange Unterredung mit Victor Naumann: Naumann, Dokumente, S. 340 f.
806 19. 2. 1918: Kriegstagebuch 2, S. 332.
807 18. 2. 1918: Kriegstagebuch 2, S. 330.
808 Etwa 26. 5. 1918: Kriegstagebuch 2, S. 402.
809 14. 5. 1918: Kriegstagebuch 2, S. 398.

810 Albrecht, Landtag, S. 332.
811 12. 5. 1918: GHA NL KPR 708, S. 3742.
812 1. 6. 1918 KPR an Hertling, Auszüge: GHA NL KPR 650; Teildruck: Kriegstagebuch 3, S. 24 f.; Druck: Sendtner, Rupprecht, S. 351 f.; Ursachen und Folgen. Vom deutschen Zusammenbruch 1918 und 1945 bis zur staatlichen Neuordnung Deutschlands in der Gegenwart 2, hg. v. Herbert Michaelis und Ernst Schraepler, Berlin 1958, Nr. 337, S. 260 f. Erwähnt auch bei Ritter, Staatskunst 4, S. 392 (charakterisiert als „sehr einsichtig").
813 6. 6. 1918 Hertling an KPR: GHA NL KPR 650; Druck: Sendtner, Rupprecht, S. 353 (datiert 5. 6.); Ursachen und Folgen 2, Nr. 337a, S. 261.
814 19. 7. 1918: GHA NL 708, S. 3911–3913; Kriegstagebuch 2, S. 423 f.
815 7. 10. 1918: GHA NL KPR 428.
816 5. 7. 1918 KPR an Max von Baden: GHA NL KPR 650 (Abschrift); Teildruck: Prinz Max von Baden, Erinnerungen, S. 278.
817 27. 7. 1918 „Die gegenwärtigen Aufgaben der auswärtigen Politik", Schreibmaschinenmanuskript 25 Seiten, oben handschriftlicher Vermerk von KPR „Programm des Prinzen Max von Baden", links „Alles zu spät! R.": GHA NL KPR 650.
818 15. 8. 1918 KPR an Max von Baden: GHA NL KPR 650 (Abschrift); Teildruck: Max von Baden, Erinnerungen, S. 288; Ursachen und Folgen 2, Nr. 347, S. 283 f.
819 25. 7. 1918 KPR an LIII: GHA NL KPR 428; Teildruck: Kriegstagebuch 3, S. 25 f.; Sendtner, Rupprecht, S. 356 f.
820 15. 8. 1918 KPR an Max von Baden: GHA NL KPR 650 (Abschrift).
821 31. 8. 1918 KPR an Max von Baden: GHA NL KPR 650 (Abschrift).
822 21. 9. 1918: Kriegstagebuch 2, S. 448 f.
823 17. 9. 1918: Kriegstagebuch 2, S. 447.
824 14. 8.–1. 9. 1918: Kriegstagebuch 2, S. 438 f.
825 Albrecht, Landtag, S. 355–358.
826 Kaiser Karl I., hg. v. Feigl, S. 163; Zorn, Bayerns Geschichte, S. 114; Kovács, Untergang 1, S. 439 f. und 660 f.
827 15. 9. 1918: Kriegstagebuch 2, S. 446.
828 30. 9. 1918 KPR an LIII: GHA NL KPR 59.
829 24. 10. 1918: Kriegstagebuch 2, S. 466; Zitat 31. 10. 1918: ebd., S. 470.
830 Der Weltkrieg (Reichsarchiv) 14, S. 628–639.
831 30. 9. 1918 KPR an LIII: GHA NL KPR 59.
832 15. 10. 1918 Max von Baden an Großherzog Friedrich von Baden, Teildruck: Prinz Max von Baden, Erinnerungen, S. 386 f.
833 2. 10. 1918: Kriegstagebuch 2, S. 454.
834 3. 10. 1918: Der Waffenstillstand 1918–1919, im Auftrage der Deutschen Waffenstillstandskommission hg. v. Edmund Marhefka, Bd. 1, Der Waffenstillstand von Compiègne und seine Verlängerungen nebst den finanziellen Bestimmungen, Berlin 1928, S. 11.
835 18. 10. 1918 KPR an Max von Baden: GHA NL KPR 650 (Abschrift); Teildruck: Prinz Max von Baden, Erinnerungen, S. 439 f.
836 Bericht Krafts an Dandl 7. 10. 1918: Militär und Innenpolitik, bearb. v. Deist, Nr. 481, S. 1305–1309.
837 15. 10. 1918 KPR an LIII: GHA NL KPR 59.
838 18. 10. 1918 KPR an Prinz Max (Abschrift): GHA NL KPR 650; Prinz Max von Baden, Erinnerungen, S. 439 f.; Teildruck: Sendtner, Rupprecht, S. 307 f.
839 Der Waffenstillstand 1918–1919, S. 16 f.
840 Druck: Prinz Max von Baden, Erinnerungen, S. 463 f.

Anmerkungen 387

841 25. 10. 1918 KPR an LIII: GHA NL LIII 59.
842 22. 10. 1918 KPR an LIII: GHA NL LIII 59.
843 31. 10. 1918: Kriegstagebuch 2, S. 470.
844 31. 10. 1918: BayHStA MA 973.
845 2. 11. 1918: BayHStA MA 973.
846 1. 11. 1918 KPR an LIII: GHA NL LIII 59; Teildruck: Kriegstagebuch 3, S. 29 f.
847 2. 11. 1918: Kriegstagebuch 2, S. 471.
848 31. 10. 1918: Kriegstagebuch 2, S. 470; folgendes Zitat: 2. 11. 1918: ebd., S. 471.
849 4. 11. 1918 KPR an Dandl: Kriegstagebuch 2, S. 473; Druck: Sendtner, Rupprecht, S. 369.

Die Zeit der Republik S. 157–272

1 Benno Hubensteiner, Bayerische Geschichte, München 1980, S. 336.
2 Ay, Entstehung; Bayern im Umbruch. Die Revolution von 1918, ihre Voraussetzungen, ihr Verlauf und ihre Folgen, hg. v. Karl Bosl in Verbindung mit 14 seiner Schüler, München–Wien 1969.
3 Albrecht, Landtag, S. 98–101, 119–124.
4 Ay, Entstehung, S. 134–155; Janßen, Macht, S. 119, v. a. Anm. 440.
5 Ay, Entstehung, S. 122.
6 1919: HVN AA KPR M 9.
7 Werner Boldt, Der Januarstreik 1918 in Bayern mit besonderer Berücksichtigung Nürnbergs, in: Jahrbuch für fränkische Landesforschung 25, 1965, S. 5–42.
8 18. 10. 1916: Kriegstagebuch 2, S. 48.
9 6. 7. 1917: Kriegstagebuch 2, S. 216 f.
10 19. 7. 1917: BayHStA MA 975, Bl. 218–223 (vgl. oben S. 148 mit Anm. 797).
11 14. 7. 1917: GHA NL KPR 706, S. 2717.
12 Willy Albrecht, Das Ende des monarchisch-konstitutionellen Regierungssystems in Bayern, in: Bayern im Umbruch, hg. v. Bosl, S. 263–299, hier S. 263.
13 Sehr detailliert: Alan Mitchell, Revolution in Bayern 1918/19. Die Eisner-Regierung und die Räterepublik, München 1967.
14 Zorn, Bayerns Geschichte, S. 128.
15 Sendtner, Rupprecht, S. 376–378, kommt hier Quellenwert zu, da seine Darstellung auf einem Gepräch mit Franz Frhr. von Redwitz beruht, der an den Ereignissen in der Residenz teilnahm. Vgl. auch Beckenbauer, Ludwig III., S. 242–265.
16 Sendtner, Rupprecht, S. 378–381.
17 Arthur Achleitner, Von der Umsturznacht bis zur Totenbahre. Die letzte Leidenszeit König Ludwigs III., Dillingen 1922.
18 Georg Kalmer, Beamtenschaft und Revolution, in: Bayern im Umbruch, hg. v. Bosl, S. 201–261.
19 Zorn, Bayerns Geschichte, S. 136–142.
20 Beckenbauer, Ludwig III., S. 266–271.
21 Abschrift des von Erhard Auer aus Ehrfurcht zurückgehaltenen Originals (Angabe nach Aretin, Krone, S. 216), Abb. bei Beckenbauer, Ludwig III., S. 270; Regierung Eisner, hg. v. Bauer, Dok. 11, S. 419.
22 Deutscher Reichsanzeiger, Nr. 283 v. 30. 11. 1918. – Vgl. Kuno Graf von Westarp, Das Ende der Monarchie am 9. November 1918. Abschließender Bericht nach den Aussagen der Beteiligten. Mit einem Nachwort hg. v. Werner Conze, Stollhamm/ Oldenburg–Berlin 1952; Martin Kohlrausch, Die Flucht des Kaisers – Doppeltes Scheitern adlig-bürgerlicher Monarchiekonzepte, in: Heinz Reif (Hg.), Adel und Bürgertum in Deutschland II (Elitenwandel in der Moderne 2), Ber-

lin 2001, S. 65–101; Afflerbach (Hg.), Kaiser Wilhelm II. als Oberster Kriegsherr, S. 54–62; Martin Kohlrausch, Der Monarch im Skandal. Die Logik der Massenmedien und die Transformation der wilhelminischen Monarchie (Elitenwandel in der Moderne 7), Berlin 2005, S. 302–385.

23 Deutscher Reichsanzeiger, Nr. 288 v. 6. 12. 1918. – Zu seinem wechselhaften politischen Verhalten nach 1918: Friedrich Wilhelm von Preußen, Hohenzollern und Nationalsozialismus, S. 304–354.

24 Vgl. Helmut Neuhaus, Das Ende der Monarchien in Deutschland 1918, in: Historisches Jahrbuch 111, 1991, S. 102–136.

25 Erwein von Aretin, Die bayerische Königsfrage, in: König Rupprecht, S. 231–241.

26 8. 11. 1918: Kriegstagebuch 2, S. 474.

27 9. 11. 1918: Kriegstagebuch 3, S. 368 f. Edition des Befehls des Chefs des Feldheeres an der Westfront vom 9. 11. 1918: Militär und Innenpolitik, bearb. v. Deist, Nr. 512, S. 1400 f.

28 9. 11. 1918: Kriegstagebuch 2, S. 475; folgendes Zitat 10. 11. 1918: ebd.

29 11. 11. 1918: Kriegstagebuch 2, S. 476.

30 Befragung von Generaloberst Franz Halder 1969 durch Dr. Othmar Hackl: Hackl, Kriegsakademie, S. 250.

31 10. 11. 1918: GHA NL KPR 652; Druck: Kriegstagebuch 3, S. 370.

32 Empfangen von der bayerischen Regierung 11. 11. 1918, 6 Uhr: BayHStA MA 980 (Angabe nach: Regierung Eisner, hg. v. Bauer, Dok. 7, S. 415). – Unter den nach dem Tode des Kronprinzen in seinem Schreibtisch in Leutstetten gefundenen Papieren fand sich der Wortlaut dieser Erklärung an die Soldaten mit seinen handschriftlichen Ergänzungen für den an die Regierung gesandten Text und eigenhändiger Unterschrift: HVN. Sie enthält die Umstellungen „Heimat und Heer" und „Die b(ayerischen) Staatsb(eamten) i(n) d(er) Heimat werden dann im Einvernehmen mit den zurückgekehrten Soldaten" (ebenfalls: HVN AA KPR M 9).

33 Die Darstellung der Abreise von KPR in die Niederlande folgt HVN AA KPR M 9 und Sendtner, Rupprecht, S. 408–414, der sich dabei auf die Erinnerungen von Dr. Otto Kolshorn stützen konnte.

34 Naumann, Profile, S. 155.

35 Gespräch am 4. 11. 1920: Ilsemann, Kaiser 1, S. 164.

36 „Der Republikaner. Volksblatt für süddeutsche Freiheit", Nr. 1, 1919; Ilsemann, Kaiser 1, S. 115.

37 HVN AA KPR M 9.

38 25. 1. 1921 Lanz an KPR: GHA NL KPR 252.

39 15. 11. 1918, Ministerrat: Regierung Eisner, hg. v. Bauer, Nr. 6, S. 26–32, hier S. 29 mit Anm. 10 und S. 32.

40 7. 2. 1919, Ministerrat: Regierung Eisner, hg. v. Bauer, Nr. 55, S. 358–360, hier S. 359.

41 26. 11. 1918, Ministerrat: Regierung Eisner, hg. v. Bauer, Nr. 14b, S. 81–87, hier S. 84.

42 „Der Republikaner. Volksblatt für süddeutsche Freiheit" Nr. 1, 1919; „Die neue Zeit. Volkstümliche, parteilose Wochenschrift", Nr. 5, 3. 1. 1919 (Zeitungsausschnitte: HVN).

43 Diese Vorgänge erwähnt auch Naumann, Profile, S. 156, der an den Gesprächen teilnahm.

44 Löffler, Kammer, S. 201.

45 21. 11. 1918, Ministerrat: Regierung Eisner, hg. v. Bauer, Nr. 11, S. 60–67, hier S. 62 und S. 66.

46 GHA NL KPR 653.

47 29. 11. 1919 Beck-Peccoz an KPR: GHA NL KPR 903.

48 HVN AA KPR M 9.

49 9. 12. 1918 KPR an LIII: GHA NL LIII 59.

50 26. 1. 1919 KPR an Lanz (Entwurf): GHA NL KPR 254.

Anmerkungen 389

51 HVN AA KPR M 9 (danach folgendes Zitat).
52 29. 12. 1918, Ministerrat: Regierung Eisner, hg. v. Bauer, Nr. 6, S. 36b, S. 220–233, hier S. 229.
53 26. 12. 1918 KPR an Hildebrand: StB NL Adolf von Hildebrand Ana 550 Briefe; Druck: Sendtner, Rupprecht, S. 415 (Facsimile S. 416); Adolf von Hildebrand, hg. v. Sattler, S. 688 f.
54 5. 2. 1919 KPR an Hildebrand: Adolf von Hildebrand, hg. v. Sattler, S. 695 f. – Sendtner, Rupprecht, S. 235 (Zitat S. 236).
55 17. 10. 1919 KPR an Hildebrand: StB NL Adolf von Hildebrand Ana 550 Briefe; Antwort Hildebrands 30. 10. 1919: Adolf von Hildebrand, hg. v. Sattler, S. 702 f. – Sendtner, Rupprecht, S. 218; Esche-Braunfels, Hildebrand, S. 228–243.
56 11. 11. 1918, Ministerrat: Regierung Eisner, hg. v. Bauer, Nr. 3, S. 11–16, hier S. 13 mit Anm. 7; 29. 11. 1918, Ministerrat, ebenda, Nr. 17, S. 101–105, hier S. 102 und 104 f., 10. 12. 1918, Ministerrat, ebenda, Nr. 25b, S. 142–148, hier S. 148; 31. 12. 1918, Ministerrat, ebenda, Nr. 38, S. 234–239, hier S. 237 und 239.
57 10. 11. 1918: BayHStA MF 55 967/1.
58 HVN AA KPR M 9.
59 Sendtner, Rupprecht, S. 432–435; Schad, Bayerns Königinnen, S. 324.
60 König Ludwig III. Ausstellungskatalog, Nr. 87, S. 118.
61 7. 2. 1919 KPR an LIII: GHA NL LIII 59.
62 28. 1. 1919 Pappenheim an KPR: GHA NL KPR 168.
63 HVN AA KPR M 9.
64 Regierung Eisner, hg. v. Bauer. – Überblicksdarstellung: Albert Schwarz, Die Zeit von 1918 bis 1933. Erster Teil: Der Sturz der Monarchie. Revolution und Rätezeit. Die Einrichtung des Freistaates (1918–1920), in: HbG IV/1, S. 387–453; Zorn, Bayerns Geschichte, S. 145–176; vgl. auch Heinz Hürten, Revolution und Zeit der Weimarer Republik, in: HbG ²IV/1, S. 439–498.
65 Bernhard Grau, Kurt Eisner. 1867–1919. Eine Biographie, München 2001.
66 Beckenbauer, Ludwig III., S. 277–280.
67 HVN AA KPR M 9. – Redwitz, Hofchronik, S. 392.
68 20. 3. 1919 Schönburg an KPR: GHA NL KPR 851.
69 13. 8. 1919 KPR an Kinsky: GHA NL KPR 365. – Sendtner, Rupprecht, S. 439 f. – Zur Person Karl Anton Reichel vgl. unten S. 250 mit Anm. 554.
70 HVN AA KPR M 9.
71 Sendtner, Rupprecht, S. 441 f. – Als Programmschrift seiner politischen Vorstellungen kann gelten: Karl Graf von Bothmer, Bayern den Bayern. Zeitgenössische Betrachtungen über die Frage: Bundesgenosse oder Vasallentum, München 1920. Hinweise auf seine politische Tätigkeit: Schwend, Bayern, S. 66–68.
72 KPR an Lanz (ohne Datum): GHA NL KPR 255.
73 Vgl. Johannes Merz, Auf dem Weg zur Räterepublik. Staatskrise und Regierungsbildung in Bayern nach dem Tode Eisners (Februar/März 1919), in: ZBLG 66, 2003, S. 541–564.
74 Zorn, Bayerns Geschichte, S. 201–203.
75 Fenske, Konservatismus; Nußer, Wehrverbände, S. 75–212; Weiß, Grundlinien, S. 535–537.
76 Von Kramer/von Waldenfels, Virtuti pro patria, S. 285 f.
77 Zum Freikorps Epp: Wächter, Macht der Ohnmacht, S. 55–70.
78 Heinrich Hillmayr, Roter und Weißer Terror in Bayern nach 1918. Ursachen, Erscheinungsformen und Folgen der Gewalttätigkeiten im Verlauf der revolutionären Ereignisse nach dem Ende des Ersten Weltkrieges (Moderne Geschichte 2), München 1974.
79 Werner Wagenhöfer/Robert Zink (Hg.), Räterepublik oder parlamentarische Demokratie. Die Bamberger Verfassung 1919 (Veröffentlichungen des Stadtarchivs Bamberg 10), Neustadt an der Aisch 1999.

80 Zimmermann, Bayern, S. 48–65; Ludwig Biewer, Reichsreformbestrebungen in der Weimarer Republik. Fragen zur Funktionalreform und zur Neugliederung im Südwesten des Deutschen Reiches (Europäische Hochschulschriften III/118), Frankfurt a. M. u. a. 1980, S. 66–71.
81 Franz Menges, Reichsreform und Finanzpolitik. Die Aushöhlung der Eigenstaatlichkeit Bayerns auf finanzpolitischem Wege in der Zeit der Weimarer Republik (Beiträge zu einer historischen Strukturanalyse Bayerns im Industriezeitalter 7), Berlin 1971, S. 134–238.
82 Von Kramer/von Waldenfels, Virtuti pro patria, S. 360 f.
83 Zimmermann, Bayern, S. 66–78.
84 Der Friedensvertrag zwischen Deutschland und den Alliierten und Assoziierten Mächten, Volksausgabe in drei Sprachen, im Auftrage des Auswärtigen Amtes, Charlottenburg 1919, S. 104; Abdruck der §§ 227–230: Walter Schwengler, Völkerrecht, Versailler Vertrag und Auslieferungsfrage. Die Strafverfolgung wegen Kriegsverbrechen als Problem des Friedensschlusses 1919/20 (Beiträge zur Militär- und Kriegsgeschichte 24), Stuttgart 1982, S. 364–367.
85 6. 7. 1919 KPR an LIII: GHA NL LIII 59.
86 Eigenhändiger Entwurf: GHA NL KPR 689. Druck: Schulthess' Europäischer Geschichtskalender, hg. v. Wilhelm Stahl, N.F. 35, 1919/I, München 1923, S. 374 f. – Sendtner, Rupprecht, S. 442–448.
87 HVN AA KPR M 9.
88 14. 8. 1919 (Durchschlag): GHA NL KPR 689. – Druck: Schulthess' Europäischer Geschichtskalender N.F. 35, 1919/I, S. 375 f.
89 Vollmachten vom 7. 10. 1919 und 7. 5. 1920: GHA NL KPR 690; BA Berlin, R 3003 ORA/RG, bJ 353/20, Nr. 14 und 4.
90 13. 10. 1919: BA Berlin, R 3003 ORA/RG, bJ 353/20, Nr. 16.
91 Zeugenaussagen: BA Berlin, R 3003 ORA/RG, bJ 353/20, Nr. 17–62.
92 9. 12. 1919 KPR an den Präsidenten des bayerischen Landeshilfsvereins vom Roten Kreuz Friedrich von Brettreich: Schulthess' Europäischer Geschichtskalender N.F. 35, 1919/I, S. 501. – Schwengler, Völkerrecht, S. 292.
93 Schwengler, Völkerrecht, S. 207.
94 25. 2. 1920: DAZ Deutsche Allgemeine Zeitung. Norddeutsche Allgemeine Zeitung, Jg. 59, Nr. 115, 3. 3. 1920: Eine Kundgebung Rupprechts von Bayern. Druck: Schulthess' Europäischer Geschichtskalender, hg. v. Wilhelm Stahl, N.F. 36, 1920/I, München 1924, S. 26 f. – Zur „Feldherrenkonferenz": Schwengler, Völkerrecht, S. 319, Anm. 363.
95 11. 2. 1920 KPR an Prinz Franz: GHA NL Prinz Franz A 217.
96 Schulthess' Europäischer Geschichtskalender N.F. 36, hg. v. Wilhelm Stahl, 1920/II, München 1924, S. 313–315; Druck der Namensliste in alphabetischer Reihenfolge: DAZ Deutsche Allgemeine Zeitung, 59. Jg., Nr. 65, 5. 2. 1920, Morgen-Ausgabe. – Schwengler, Völkerrecht, S. 303–305.
97 Französische Auslieferungsliste, Druck: DAZ Deutsche Allgemeine Zeitung, 59. Jg., Nr. 80, 13. 2. 1920, Morgen-Ausgabe. Ebenfalls in: BA Berlin, R 3003 ORA/RG, bJ 353/20, vor Nr. 1.
98 14. 1. 1915 Leopold Krafft an Hertling: BayHStA MA 944, 8. Vgl. dazu oben S. 135 mit Anm. 693.
99 Schwengler, Völkerrecht, S. 317, 322–343; Gerd Hankel, Die Leipziger Prozesse. Deutsche Kriegsverbrechen und ihre strafrechtliche Verfolgung nach dem Ersten Weltkrieg, Hamburg 2003.
100 Undatierter Entwurf, Kopie: GHA Kopien, Drucke, Tafeln 752.
101 7. 5. 1920: BA Berlin, R 3003 ORA/RG, bJ 353/20, Nr. 7.
102 Stellungnahme Nägelbachs vom 17. 5. 1920: BA Berlin, R 3003 ORA/RG, bJ 353/20, Nr. 9. – Hankel, Leipziger Prozesse, S. 190, Anm. 309.

103 11. 3. 1923: BA Berlin, R 3003 ORA/RG, bJ 353/20, Nr. 68; BayHStA KA NL Konrad Krafft von Dellmensingen 195.
104 4. 6. 1923: BA Berlin, R 3003 ORA/RG, bJ 353/20, Nr. 70. – Hankel, Leipziger Prozesse, S. 286 f.
105 Nur eine Auswahl und mit ungenügender Berücksichtigung der bayerischen Generale: Gotthard Breit, Das Staats- und Gesellschaftsbild deutscher Generale beider Weltkriege im Spiegel ihrer Memoiren (Wehrwissenschaftliche Forschungen, Militärgeschichtliche Studien 17), Boppard am Rhein 1972.
106 Erich Ludendorff, Meine Kriegserinnerungen 1914–1918, Berlin 1919 (Exemplar von KPR: HVN Familienbibliothek XII 103).
107 Generalfeldmarschall (Paul) von Hindenburg, Aus meinem Leben, Leipzig 1920.
108 Zur Dolchstoßlegende in der Memoirenliteratur: Breit, Staats- und Gesellschaftsbild, S. 123–133.
109 HVN AA KPR M 10.
110 Kriegstagebuch 1–3, vgl. dazu oben S. 17 f.
111 GHA NL KPR 730.
112 16. 9. 1919 KPR an Lanz: GHA NL Otto Lanz 10.
113 17. 10. 1919 KPR an LIII: GHA NL LIII 59; 18. 11. 1919 KPR an Max von Baden: GHA NL KPR 694.
114 3. 12. 1919 KPR an LIII: GHA NL LIII 59.
115 HVN AA KPR M 9.
116 Sendtner, Rupprecht, S. 454.
117 18. 5. 1921 KPR an LIII: GHA NL LIII 59.
118 27. 12. 1919 KPR an Leyden: GHA NL KPR 752.
119 19. 12. 1919 KPR an LIII: GHA NL LIII 59.
120 Rupprecht Prinz von Bayern, Reiseerinnerungen aus Ostasien, München 1906 (Handexemplar KPR: HVN Familienbibliothek VII 275), 2. Auflage München–Kempten 1923, Vorwort datiert Januar 1921.
121 16. 1., 1. 6. 1916 Pappenheim an KPR: GHA NL KPR 165.
122 14. 8. 1917 Pappenheim an KPR: GHA NL KPR 164.
123 Zur großherzoglichen Familie: Mersch, Luxemburg, zur Eheschließung von KPR mit Prinzessin Antonie Bd. 1, S. 223–225.
124 Jean Louis Schlim, Schloß Hohenburg. Die nassauisch-luxemburger Residenz in Bayern, Oberhaching 1998.
125 26. 9. 1917 KPR an LIII: GHA NL LIII 59.
126 11. 10. 1917 KPR an LIII: GHA NL LIII 59.
127 Geboren 7. 8. 1899, zur Biografie: Jean Schoos, Antonia, Kronprinzessin von Bayern, Prinzessin von Luxemburg und von Nassau (1899–1954), in: Ders., Thron und Dynastie, Luxemburg ²1978, S. 45–52; Schlim, Antonia von Luxemburg.
128 7. 9. 1918 KPR an Hildebrand: StB NL Adolf von Hildebrand Ana 550 Briefe; 27. 8. 1918 Gratulation Hildebrands: GHA NL KPR 299. – Sendtner, Rupprecht, S. 260.
129 GHA NL KPR 92. – Vgl. Schlim, Antonia von Luxemburg, S. 51–55.
130 18. 9. 1918 Pappenheim an KPR: GHA NL KPR 167; BayHStA MJu 13 705.
131 26. 9. 1918 Pappenheim an KPR: GHA NL KPR 167.
132 18. 9. 1918 Mitteilung Militärpolizeistelle Trier: BayHStA KA Personalakt 47 534.
133 11. 10. 1918 Leopold Krafft an Dandl: BayHStA MA 945, 77.
134 HVN AA KPR M 9.
135 16. 8. 1919 KPR an LIII: GHA NL LIII 59.

136 29. 9. 1919 Antonie an KPR: GHA NL KPR 92 und 756 (Teilabschrift durch KPR). – Vgl. Schlim, Antonia von Luxemburg, S. 60–62.
137 Sendtner, Rupprecht, S. 455–457; Schlim, Antonia von Luxemburg, S. 68–72.
138 Ludwig III. Ausstellungskatalog, Nr. 90, S. 120 f.
139 HVN AA KPR M 10.
140 Prinz Ernst Heinrich von Sachsen, Mein Lebensweg vom Königsschloß zum Bauernhof, München 1968, S. 153 f.
141 Prinzessin Irmingard, Jugend-Erinnerungen, S. 119–135; Schlim, Antonia von Luxemburg, S. 93–95.
142 Sendtner, Rupprecht, S. 487–490.
143 HVN AA KPR M 10. – Prinzessin Irmingard, Jugend-Erinnerungen, S. 62 f.; Schlim, Antonia von Luxemburg, S. 80–82.
144 Abb. bei Schlim, Schloß Hohenburg, S. 124.
145 HVN AA KPR M 10.
146 Die Charakteristik folgt den eigenhändigen Aufzeichnungen des Kronprinzen „Familiäre Sorgen": HVN AA KPR schwarze Mappe.
147 GHA NL KPR 92.
148 Die Briefe Albrechts an KPR aus Ettal vom 18. 9. 1920 bis 1922: GHA NL KPR 107.
149 22. 1. 1924 Franz v. Redwitz an KPR: GHA NL KPR 169.
150 31. 3. 1924 Soden an Ritter: BayHStA MA Gesandtschaft Päpstlicher Stuhl 162.
151 Rall, Wittelsbacher, S. 375–380.
152 HVN AA KPR M 11.
153 Geßler, Reichswehrpolitik, S. 438.
154 HVN AA KPR M 11 (danach auch folgende Angaben).
155 Zum Begriff der Ebenbürtigkeit Seydel, Staatsrecht 1, S. 392–394.
156 Zum Begriff des Königlichen Hauses Seydel, Staatsrecht 1, S. 412–448.
157 KPR an Julie von Oettingen (undatierter Entwurf): GHA NL KPR 151.
158 Erschlossen aus Brief der belgischen Königin Elisabeth an KPR 5. 5. 1930: GHA NL KPR 86.
159 30. 1. 1930 Berthold von Stauffenberg an Julie von Oettingen: GHA NL KPR 151.
160 Briefwechsel 1930: GHA NL KPR 35. – 23. 3. 1930 Pacelli an KPR: GHA NL KPR 151.
161 HVN AA KPR M 11.
162 Prinz Adalbert, Erinnerungen, S. 352.
163 Königliches Familienstatut von 1819: Leisner, Hausrecht, S. 109–111.
164 Erschlossen aus Schreiben Berthold von Stauffenbergs vom 2. 7. 1926 an KPR: GHA NL KPR 844.
165 21. 1. 1930 Julie von Oettingen an Berthold von Stauffenberg: GHA NL KPR 151.
166 KPR an Julie von Oettingen (undatierter Entwurf), Antwort vom 2. 4. 1930: GHA NL KPR 151.
167 30. 4. 1930 Albrecht an KPR: GHA NL KPR 108.
168 Münchner Neueste Nachrichten, 83. Jg., Nr. 240, 4. 9. 1930, S. 6.
169 Vgl. unten S. 346 mit Anm. 148. – Herzog Albrecht heiratete nach dem Tode seiner ersten Gemahlin († 10. 6. 1969) am 21. 4. 1971 in zweiter Ehe Marie Jenke Gräfin Keglevich von Buzin (1921–1983).
170 Aktenvermerk Franz v. Redwitz 14. 6. 1930: GHA NL KPR 170.
171 Handschriftlicher Vermerk KPR auf Schreiben Berthold von Stauffenbergs vom 3. 6. 1931: GHA NL KPR 844.

Anmerkungen 393

172 2. 7. 1930 Zu Rhein an KPR: GHA NL KPR 170.
173 Briefe Proebsts an KPR: GHA NL KPR 274.
174 Grassinger, Münchner Feste, S. 132, 135.
175 3. 8. 1928 Dankbrief: GHA NL KPR 274.
176 Adriana Augusti, Giorgio Franchetti, in: Dizionario Biografico degli Italiani 50, Rom 1998, S. 70 f.
177 GHA NL KPR 655.
178 Zur Biografie und zur späteren politischen Verwicklung Karl Alexander von Müllers in den Nationalsozialismus vgl. Ferdinand Kramer, Der Lehrstuhl für bayerische Landesgeschichte von 1917 bis 1977, in: Wilhelm Volkert/Walter Ziegler (Hg.), Im Dienst der bayerischen Geschichte. 70 Jahre Kommission für bayerische Landesgeschichte. 50 Jahre Institut für Bayerische Geschichte (Schriftenreihe zur bayerischen Landesgeschichte 111), München 1998, S. 351–406, hier S. 365–378.
179 Müller, Wandel, S. 287–296.
180 Bericht Proebsts vom Mai 1931: GHA NL KPR 274.
181 HVN AA KPR M 13.
182 Überblick über das Parteienspektrum der Weimarer Zeit in Bayern: Gordon, Hitlerputsch, S. 31–47. Zur politischen Entwicklung 1920 bis 1933: Albert Schwarz, Die Zeit von 1918 bis 1933. Zweiter Teil: Der vom Bürgertum geführte Freistaat in der Weimarer Republik (1920–1933), in: HbG IV/1, S. 454–517.
183 Klaus Schönhoven, Die Bayerische Volkspartei 1924–1932 (Beiträge zur Geschichte des Parlamentarismus und der politischen Parteien 46), Düsseldorf 1972, S. 17–28.
184 Druck: Felix Salomon, Die deutschen Parteiprogramme, Heft 3, Leipzig–Berlin 1920, S. 57–61. – Schwend, Bayern, S. 59; Schönhoven, Volkspartei, S. 20–24.
185 Kraus, Monarchistische Umtriebe, S. 652 f.; Förster, Harnier-Kreis, S. 73–80.
186 Druck: Wilhelm Mommsen, Deutsche Parteiprogramme. Eine Auswahl vom Vormärz bis zur Gegenwart, München 1951, S. 127–129. – Schwend, Bayern, S. 141 f.
187 Gordon, Hitlerputsch, S. 32–34. – Grundlegende Hinweise: Manfred Kittel, Zwischen völkischem Fundamentalismus und gouvermentaler Taktik. DNVP-Vorsitzender Hans Hilpert und die bayerischen Deutschnationalen, in: ZBLG 59, 1996, S. 849–901.
188 Kraus, Monarchistische Umtriebe, S. 642 f.
189 Hürten, Revolution, HbG ²IV/1, S. 471 f.
190 Rudolf Kanzler, Bayerns Kampf gegen den Bolschewismus. Geschichte der bayerischen Einwohnerwehren, München 1931; Schwend, Bayern, S. 159–170. Unterlagen dazu im BayHStA, Abt. V, Einwohnerwehren 20a.
191 Kraus, Geschichte Bayerns, S. 668.
192 Kraus, Geschichte Bayerns, S. 670.
193 HVN AA KPR M 10.
194 Bernhard Zittel, in: Fränkische Lebensbilder 3 (Veröffentlichungen der Gesellschaft für fränkische Geschichte VIIa/3), Würzburg 1969, S. 327–346.
195 Briefe Kahrs an KPR: GHA NL KPR 770.
196 So etwa 29. 12. 1930 Soden an KPR: GHA NL KPR 764, ebenso 29. 9. 1934 Ella von Kahr nach der Ermordung ihres Gatten an KPR: GHA NL KPR 790.
197 HVN AA KPR M 10.
198 Zorn, Bayerns Geschichte, S. 242 (danach auch folgendes Zitat).
199 HVN AA KPR M 10. Ebenso 23. 9. 1921 KPR an Leyden: GHA NL KPR 752.
200 Rupprecht, Indien, S. VII–XIII, Zitate S. VIII, XII, XIII.
201 Satzung: BayHStA KA Bund Bayern und Reich, Bd. 1/I. – Fenske, Konservatismus, S. 143–

147, 172–187, 255–260; Nußer, Wehrverbände, S. 215–276. – Rudolf Kanzler betont, dass Dr. Pittinger nur von Escherich als Treuhänder vorgeschoben war, sich dann aber von den bisherigen Führern der Einwohnerwehren löste und eine eigenständige Politik verfolgte: Kanzler, Bayerns Kampf, S. 105.
202 Briefe Otto von Stettens an KPR 1919–1937: GHA NL KPR 809. – Im Juni 1923 trat Generalleutnant Ludwig Ritter von Tutschek (von Kramer/von Waldenfels, Virtuti pro patria, S. 426 f.) an seine Stelle: Gordon, Hitlerputsch, S. 105.
203 Graf Soden-Fraunhofen bezeichnete Pittinger am 30. 10. 1966 gegenüber Ludger Rape als engen Vertrauten des Kronprinzen: Rape, Heimwehren, S. 234 und 423, Anm. 17a.
204 30. 11. 1926 Stetten an KPR: GHA NL KPR 809.
205 15. 12. 1922 Soden an KPR: GHA NL KPR 764.
206 Der bayerische Kronprinz über Krieg und Frieden 1917. Ein Schreiben an den Grafen Hertling, in: Münchener Zeitung, 30. Jg., Nr. 197, 20. 7. 1921, S. 1 f.; danach: Sendtner, Rupprecht, S. 340–348. Zur ursprünglichen Fassung vgl. oben S. 148 mit Anm. 797.
207 „Gegen die deutschnationalen Schwertfriedenspolitiker": Münchener Post, 35. Jg., Nr. 167, 21. 7. 1921; ebd., 35. Jg., Nr. 169, 23./24. 7. 1921.
208 Münchner Neueste Nachrichten, 74. Jg., Nr. 303, 304, 21. und 22. 7. 1921.
209 Aretin, Der bayerische Adel.
210 Franz Wetzel, Der Königsgedanke in Bayern, in: Das Neue Reich, 2. Jg., Nr. 52, 26. 9. 1920, S. 873–875. Vgl. Ruth Werner, Die Wiener Wochenschrift „Das Neue Reich" (1918–1925). Ein Beitrag zur Geschichte des politischen Katholizismus (Breslauer Historische Forschungen 9), Breslau 1938 (ND Aalen 1982), S. 88. – Franz Wetzel redigierte ab 1923 das Mitteilungsblatt des BHKB „In Treue fest", vgl. Weiß, „In Treue fest", S. 18, 20.
211 29. 1. 1919 handschriftlicher Vermerk KPR: HVN AA KPR M 9. Vgl. dazu oben S. 39.
212 Ludwig Volk, Kardinal Michael von Faulhaber (1869–1952), in: Ders., Katholische Kirche und Nationalsozialismus. Ausgewählte Aufsätze, hg. v. Dieter Albrecht (Veröffentlichungen der Kommission für Zeitgeschichte B 46), Mainz 1987, S. 201–251, hier S. 226–239; kritisch dazu: Walter Ziegler, Kardinal Faulhaber in der Geschichtsschreibung, in: Bayern vom Stamm zum Staat. Festschrift für Andreas Kraus zum 80. Geburtstag, hg. v. Konrad Ackermann u. a. (Schriftenreihe zur bayerischen Landesgeschichte 140/I und II), München 2002, Bd. II, S. 561–585, hier S. 583.
213 Michael Kard. Faulhaber, Trauerrede bei der Beisetzung Ihrer Majestäten des Königs Ludwig III. von Bayern und der Königin Maria Theresia im Liebfrauendom zu München am 5. XI. 1921, München 1921 (ein Exemplar: StB München, Bavar. 4356 c), Zitat S. 7.
214 Erschlossen aus 17. 11. 1918 Antonius von Henle, Bischof von Regensburg, an Faulhaber: Akten Faulhabers 1, Nr. 21, S. 42–44. – Winfried Becker, Neue Freiheit vom Staat – Bewährung im Nationalsozialismus, in: Handbuch der bayerischen Kirchengeschichte 3, hg. v. Walter Brandmüller, St. Ottilien 1991, S. 337–392, hier S. 338.
215 Ziegler, Kardinal Faulhaber, S. 576 f.
216 19. 9. 1922 Faulhaber an Msgr. Giuseppe Pizzardo: Akten Faulhabers 1, Nr. 127, S. 278 f.
217 Knapper Überblick über den Episkopat: Becker, Freiheit vom Staat, S. 379–392.
218 Benz (Hg.), Berichte Moser, Nr. 13, S. 43 f. (3. 12. 1919); Gengler, Monarchisten, S. 96–113 (mit Teilabdruck des Gründungsaufrufes S. 97–100); Sendtner, Rupprecht, S. 502–504; Fenske, Konservativismus, S. 123–129; Weiß, „In Treue fest", S. 17.
219 Gengler, Monarchisten, S. 106; Ernst Gander, General Konrad Krafft von Dellmensingen, in: Weiß-Blaue Rundschau, 34. Jg. 1991, Nr. 1, S. 12 f.
220 Nachruf: „In Treue fest", 7. Jg., 1929, Nr. 3, S. 5.
221 Die Hauptquelle bilden die Akten des Registergerichts München, die zeitweilig an das NSDAP-

Hauptarchiv abgegeben waren: StA München AG 33 143: Eintragung beim Registergericht am 14. 9. 1921. – Gengler, Monarchisten, S. 113–121; Sendtner, Rupprecht, S. 504 f.; Fenske, Konservativismus, S. 250–252; Aretin, Bayerische Regierung, S. 206–208; Weiß, „In Treue fest", S. 17–19.

222 München-Augsburger Abendzeitung, Nr. 198, 12. 5. 1921, zitiert nach Gengler, Monarchisten, S. 115.
223 Volks-Zeitung [Innsbruck], Nr. 180, 20. 8. 1921.
224 Aretin, Bayerische Regierung, S. 207.
225 „In Treue fest" 7, 15. 10. 1923, Zitat nach Gengler, Monarchisten, S. 129.
226 Todesmatrikelauszug: GHA Hausurkunden 6002 (Nachweis: Ludwig III. Ausstellungskatalog, Nr. 93, S. 123 f.); Todesnachricht und Nachruf: Münchner Neueste Nachrichten 442, 19. 10. 1921. – Zu den letzten Lebenstagen vgl. Achleitner, Umsturznacht; Beckenbauer, Ludwig III., S. 282–286.
227 Vgl. dazu unten S. 207 mit Anm. 256.
228 Münchner Neueste Nachrichten 443, 19. 10. 1921.
229 Weiß, Revolution, S. 186–195.
230 Staats- und Galawagen der Wittelsbacher. Kutschen, Schlitten und Sänften aus dem Marstallmuseum Schloß Nymphenburg, hg. u. bearb. v. Rudolf H. Wackernagel, 2 Bde., Stuttgart 2002, hier Bd. 2, Nr. 39, S. 235–239.
231 HVN NL Ludwig Graf von Holnstein.
232 Weiß, Revolution, S. 195–203.
233 Sendtner, Rupprecht, S. 464.
234 Bayerischer Kurier, Nr. 417, 1. 10. 1921, Morgenblatt (Zitat nach Franz-Willing, Ursprung, S. 317 f.): „Trotzdem wollen auch die überzeugtesten Monarchisten zur Zeit keine Wiederherstellung der Monarchie. Ein Putsch oder militärischer Handstreich würde übrigens keinerlei Aussicht auf dauernden Erfolg haben."
235 KPR kommentierte die Bemerkung General Otto von Stettens (10. 4. 1929), dass der Repräsentant des monarchischen Gedankens aus den Parteikämpfen herausgehalten werden müsse, als „Sehr richtig": GHA NL KPR 809.
236 Schwend, Bayern, S. 66–68.
237 Berliner Tagblatt, Nr. 425, 9. 9. 1920, Angabe nach Gengler, Monarchisten, S. 109; Sendtner, Rupprecht, S. 504.
238 Interview KPR mit Vertreter des Daily Express: München-Augsburger Abendzeitung, Nr. 484, 23. 11. 1920, S. 1.
239 1. 11. 1920 Kommentar zu einem Dossier Victor Naumanns: „Neben Kahr und der Kirche ist Kronprinz Rupprecht einer der wichtigsten Faktoren in Bayern. Er ist durchaus reichstreu, Anti-Separatist und davon überzeugt, dass die Zeit für die Restauration noch nicht gekommen ist." Auswärtiges Amt, Büro des Reichsministers, Akten D. 676 645 betr. Föderalismus (IfZ, MA 804/1, Mikrofilm).
240 Zum Beispiel Korrespondenz Epp 10106 (IfZ, MA 144/6, Mikrofilm). – Zum bayerischen Separatismus: Zimmermann, Bayern, S. 126–133.
241 Zur Bundesländer-Anschlussbewegung 1920/21 Norbert Schausberger, Der Griff nach Österreich. Der Anschluß, Wien–München ³1988, S. 88–110.
242 „Anschluß" 1938. Eine Dokumentation, hg. v. Dokumentationsarchiv des österreichischen Widerstandes, Wien 1988.
243 GHA NL KPR 752.
244 22. 11. 1920 KPR an Leyden: GHA NL KPR 752.
245 Zorn, Bayerns Geschichte, S. 243.

246 Erwin Bischof, Rheinischer Separatismus 1918–1924. Hans Adam Dortens Rheinstaatsbestrebungen (Europäische Hochschulschriften III/4), Bern 1969.
247 É. Franceschini, Émile Dard, in: Dictionnaire de Biographie Française 10, 1965, Sp. 169 f. – Vgl. Zorn, Bayerns Geschichte, S. 238 f., 257.
248 Kaiser Karl, hg. v. Feigl, S. 313 f.
249 Georg Heim, Eisners Irrgänge und Bayerns Zukunft, in: Bayerischer Kurier & Münchner Fremdenblatt, 62. Jg., Nr. 333, 30. 11. 1918, S. 1 f., Nr. 334, 1. 12. 1919, S. 1; Gerhard A. Ritter/ Susanne Miller, Die deutsche Revolution 1918–1919 – Dokumente, Hamburg ²1975, S. 419– 422. – Schwend, Bayern, S. 63–66; Hermann Renner, Georg Heim. Der Bauerndoktor, München u. a. 1960, S. 171 f.; Thoß, Ludendorff-Kreis, S. 388–392.
250 Zur Ukraine: Thoß, Ludendorff-Kreis, S. 442–446.
251 Kanzler, Bayerns Kampf, S. 86–103.
252 BayHStA KA Bund Bayern und Reich, Bd. 36, 4. – Rape, Heimwehren, S. 267–269.
253 Rape, Heimwehren, S. 81 f.
254 Zu den ungarischen Rechtskreisen und ihren Verbindungen nach Bayern: Thoß, Ludendorff-Kreis, S. 384–388, 395–418. Erwähnt auch bei Schausberger, Griff, S. 92 f.
255 18. 10. 1922 Major W. Wandesleben an Oberst Bauer: BA Koblenz NL Oberst Bauer/N 1022/ 77, hier S. 81 f.; BayHStA KA Bayern und Reich, Bd. 26, 2. – Thoß, Ludendorff-Kreis, S. 197. – Rape, Heimwehren, S. 267 und 272, geht von einer Zusammenarbeit vom Sommer 1921 bis zur Jahreswende 1921/22 aus. Vgl. auch Franz-Willing, Krisenjahr, S. 358 f.
256 Peter Broucek, Kaiser und König Karl I. (IV.). Ein katholischer Monarch aus dem Hause Österreich – Eine historische Betrachtung, in: Jahrbuch der Gebetsliga 1995, S. I–CLXXII, zu den Restaurationsversuchen S. CL–CLV; Kovács, Untergang 1, S. 553–625. – Der zweite Versuch vom Oktober 1921 aus der Sicht der Beteiligten: Kaiser Karl, hg. v. Feigl, S. 401–505; Anton Lehár, Erinnerungen. Gegenrevolution und Restaurationsversuche in Ungarn 1918–1921, hg. v. Peter Broucek, München 1973, S. 220–225.
257 Lehár, Erinnerungen, S. 216 f.
258 BayHStA KA Bund Bayern und Reich, Bd. 35, 2, Bl. 48–50.
259 Kovács, Untergang 1, S. 578; Matthias Stickler, Abgesetzte Dynastien – Das Beispiel Habsburg, in: Günther Schulz/Markus A. Denzel (Hg.), Deutscher Adel im 19. und 20. Jahrhundert. Büdinger Forschungen zur Sozialgeschichte 2002 und 2003 (Deutsche Führungsschichten in der Neuzeit 26), St. Katharinen 2004, S. 397–444, hier S. 432 f. – Zu späteren Versuchen Erzherzog Albrechts, in Ungarn die Nachfolge des Reichsverwesers von Horthy anzutreten vgl. Hans Georg Lehmann, Der Reichsverweser-Stellvertreter. Horthys gescheiterte Planung einer Dynastie (Studia Hungarica 8), Mainz 1975, S. 19 f. und 24 f.
260 Welt am Montag, Nr. 5, 30. 1. 1922, Angabe nach Thoss, Ludendorff-Kreis, S. 204.
261 22. 11. 1920 KPR an Leyden: GHA NL KPR 752.
262 Jean Lazare Weiller (1858–1928): Henry Coston, Dictionnaire de la politique française 4, Paris 1982, S. 724.
263 6. 6. 1921 KPR an Leyden: GHA NL KPR 752.
264 10. 8. 1922 Telegramm Deutsche Botschaft Paris an den Außenminister: Auswärtiges Amt, Büro des Reichsministers, Akten D. 676 645 betr. Föderalismus (IfZ, MA 804/1, Mikrofilm). – Vgl. Kock, Bayerns Weg, S. 35, Anm. 93.
265 24. 11. 1921 Edgar Vincent, Lord D'Abernon, an George Nathaniel Corzun, Marquess Curzon of Kedleston: Documents on British Foreign Policy 1919–1939, First Series, Vol. XVI, hg. v. William Norton Medliott u. a., London 1968, Nr. 841, S. 985.
266 Ebenda: „… that monarchical movement has made such progress in Bavaria that an attempt to restore the monarchy, or to make him permanent President, is certain to occur shortly".

267 HVN AA KPR M 10. Vgl. auch Franz-Willing, Putsch, S. 15. Zur Biografie: Brigitte Ruhwinkel, Georg Fuchs – Theater als völkischer Ritus, in: Handbuch zur „Völkischen Bewegung" 1871–1918, hg. v. Uwe Puschner u. a., München 1999, S. 747–761.
268 Gordon, Hitlerputsch, S. 191; Zorn, Bayerns Geschichte, S. 264.
269 Bayerisch-Deutsch oder Bayerisch-Französisch. Der Hochverratsprozeß gegen Fuchs und Genossen vor dem Münchener Volksgericht im Juni 1923, München 1923 (ein Exemplar: BayHStA MA 100446), S. 49. Der Zeuge Mayr gab im Verfahren Aussagen von Fuchs wieder, „daß im Jahre 1921 die französischen Auffassungen dahin gegangen seien, aus Bayern mit der Dynastie Wittelsbach und mit Anschluß von Deutsch-Oesterreich ohne Wien und mit einem Kreis von Tirol ein Großbayern zu machen." (ebd., S. 50). „Kurz nach dem Tode Ludwigs III. soll dann Fuchs vom Kronprinzen Rupprecht, wie Fuchs betont, den ausdrücklichen Auftrag bekommen haben, bei der französischen Regierung die Entsendung eines offiziellen Abgesandten in Mission zu ihm, Rupprecht, zwecks weiterer Besprechung für den 6. Dezember 1921 zu erwirken." (ebd., S. 50). Der französische Staatspräsident Alexandre Millerand habe Richert gesandt, dem KPR für den 6. Dezember eine Audienz gewähren wollte, doch sei dies von Graf Soden hintertrieben worden. Richert sei dann von Baron Cramer-Klett empfangen worden. Der Kronprinz habe dieses Verfahren gegenüber Fuchs mit seiner Überwachung entschuldigt.
270 Auszug der Urteilsbegründung: Ursachen und Folgen 5, Nr. 1146c, S. 383–385.
271 Sendtner, Rupprecht, S. 516f.; Der Hitler-Prozeß 1924 Teil 1, hg. v. Lothar Gruchmann und Reinhard Weber (Hitler Reden Schriften Anordnungen, hg. v. Institut für Zeitgeschichte), München 1997, S. 18, Anm. 9.
272 17. 7. 1923: Verhandlungen des Bayerischen Landtags III. Tagung 1922/23, Stenographische Berichte 8, S. 697f. – Auszug: Ursachen und Folgen 5, Nr. 1146b, S. 381–383.
273 Georg Fuchs, „Zur Vorgeschichte der national-sozialistischen Erhebung" (1919–1923), Manuskript in drei Teilen (IfZ MA 734/735, Mikrofilm).
274 Denkschrift KPR 1923: GHA NL KPR 774 (vgl. Anm. 484).
275 Knappe Einführung in die Thematik: August Lovrek, Die legitimistische Bewegung, in: Konservativismus in Österreich. Strömungen, Ideen, Personen und Vereinigungen von den Anfängen bis heute, hg. v. Robert Rill und Ulrich E. Zellenberg, Graz 1999, S. 231–243.
276 GHA NL KPR 738. – Geboren 9. 9. 1869, 1. 12. 1918–17. 10. 1919 Unterstaatssekretär im Deutschösterreichischen Staatsamt für Äußeres, u. a. zuständig für Propagandatätigkeit in Tirol, im Anschluss zeitweilig im Bureau der Internationalen Donau-Kommission tätig (Österreichisches Staatsarchiv Wien, Archiv der Republik, Neues Politisches Archiv, Personalakt; freundliche Auskunft Dr. Robert Rill).
277 21. 5. 1924, 1. 11. 1930 Pflügl an KPR: GHA NL KPR 738.
278 19. 8. 1928 Soden an KPR: GHA NL KPR 764.
279 Ilsemann, Kaiser 1, S. 163–165; Rall, Wilhelm II., S. 352–354.
280 Aufzeichnungen von Andreas Gildemeister über ein Gespräch von Oskar Hergt und Karl Helfferich mit KPR am 1. 9. 1920, erwähnt bei Hermann Schreyer, Monarchismus und monarchistische Restaurationsbestrebungen in der Weimarer Republik, in: Jahrbuch für Geschichte 29, 1984, S. 291–320, hier S. 299 und und 313.
281 Franz-Willing, Krisenjahr, S. 50. – Gustav von Kahr erwähnte, dass preußische Adelige für Rupprecht als Kaiser eintraten: BayHStA Abt. V NL Gustav von Kahr 51 (Kahr, Memoiren), S. 1058.
282 Katharina von Kardorff-Oheimb, Politik und Lebensbeichte, hg. v. Ilse Reicke, Tübingen [1965], S. 106f.
283 11. 1. 1923: HVN AA KPR M 10; 28. 1. 1933: HVN AA KPR M 15.
284 Memorandum des Kaisers für ein Interview von Graf Joao Almeida mit dem britischen Journalisten Lethbridge: Kaiser Karl I., hg. v. Feigl, S. 461; Kovács, Untergang 1, S. 632f.

285 9. 11. 1923: Ilsemann, Kaiser 1, S. 302. – Vgl. Gutsche, Kaiser im Exil, S. 64.
286 Kraus, Geschichte Bayerns, S. 674–676.
287 Zur Rolle der Polizei: Gordon, Hitlerputsch, S. 114–130.
288 Thoß, Ludendorff-Kreis.
289 Sendtner, Rupprecht, S. 513.
290 HVN AA KPR M 10.
291 Gordon, Hitlerputsch, S. 131–152.
292 Thoß, Ludendorff-Kreis, S. 201–216.
293 Übersicht über „Die vaterländische Bewegung in München": München-Augsburger Abendzeitung, Nr. 132, 15. 5. 1923; Druck: Ernst Deuerlein (Hg.), Der Hitler-Putsch. Bayerische Dokumente zum 8./9. November 1923 (Quellen und Darstellungen zur Zeitgeschichte 9), Stuttgart 1972, S. 58–60, Anm. 54. – Harold J. Gordon jr., Hitlerputsch 1923. Machtkampf in Bayern 1923–1924, Frankfurt am Main 1971, S. 87–113; Franz-Willing, Ursprung, S. 345.
294 Von Kramer/von Waldenfels, Virtuti pro patria, S. 412 f.
295 BayHStA Abt. V NL Gustav von Kahr 51, S. 1057 f. – Thoß, Ludendorff-Kreis, S. 266.
296 BayHStA Abt. V NL Gustav von Kahr 51, S. 1057.
297 Erwähnt in der Niederschrift des Untersuchungsausschusses über den Putsch vom 9. 9. 1923: BayHStA MA 103 476/1, Bl. 95. – Fenske, Konservativismus, S. 179– 184.
298 Franz-Willing, Ursprung, S. 330.
299 19. 9. 1922 Faulhaber an Ritter: Akten Faulhabers 1, Nr. 128, S. 281–284.
300 HVN AA KPR M 10 (ohne Datum).
301 HVN AA KPR M 10 (ohne Datum). In seinen Tagebuchaufzeichnungen zum Jahr 1933 datiert KPR die Begegnung auf das Jahr 1922: HVN AA KPR M 15 (diese Datierung wird dadurch unterstützt, dass Hitler ihn mit „Majestät" anredete). – Sendtner, Rupprecht, S. 514 und Beckenbauer, Wie Adolf Hitler, S. 14, legen das Treffen nach den Erinnerungen des Grafen Soden in das Jahr 1919.
302 Ernst Röhm, Die Geschichte eines Hochverräters, München ²1930, S. 123.
303 Beckenbauer, Wie Adolf Hitler, S. 27.
304 Gordon, Hitlerputsch, S. 60.
305 Der Hitler-Prozeß 1, Dok. 5, S. 306 f.
306 Zitiert nach Gordon, Hitlerputsch, S. 60.
307 Gordon, Hitlerputsch, S. 170.
308 Ebenda.
309 Richard Kessler, Heinrich Held als Parlamentarier. Eine Teilbiographie 1868–1924 (Beiträge zu einer historischen Strukturanalyse Bayerns im Industriezeitalter 6), Berlin 1971; Klaus Schönhoven, Heinrich Held (1868–1938), in: Zeitgeschichte in Lebensbildern 1, hg. v. Rudolf Morsey, Mainz 1973, S. 220–235.
310 BayHStA Abt. V NL Gustav von Kahr 51, S. 1217–1219. – Vgl. dazu unten S. 245.
311 Hanns Hubert Hofmann, Der Hitlerputsch. Krisenjahre deutscher Geschichte 1920–1924, München 1961, S. 65; Rape, Heimwehren, S. 239 f.; Franz-Willing, Krisenjahr, S. 36–76.
312 Müller, Wandel, S. 156; Thoß, Ludendorff-Kreis, S. 320.
313 BayHStA Abt. V NL Gustav von Kahr 51, S. 1010.
314 Thoß, Ludendorff-Kreis, S. 307–318.
315 Franz-Willing, Putsch, S. 9–65.
316 Deuerlein (Hg.), Hitler-Putsch, S. 68; Thoß, Ludendorff-Kreis, S. 319. Vgl. auch Wilhelm Hoegner, Die verratene Republik. Geschichte der deutschen Gegenrevolution, München 1958, S. 146.
317 BayHStA Abt. V NL Gustav von Kahr 51, S. 1222. – Schwend, Bayern, S. 212 f. – Zitat nach Hofmann, Hitlerputsch, S. 82.

318 Sendtner, Rupprecht, S. 522–526. Erwähnung des Besuchs: HVN AA KPR M 10.
319 HVN AA KPR M 10 (danach folgendes Zitat).
320 Bericht Graf Sodens vor dem Ausschuß zur Untersuchung des Putsches: BayHStA MA 103 476/3, Bl. 1401. – Müller, Wandel, S. 156; Sendtner, Rupprecht, S. 518.
321 HVN AA KPR M 10.
322 Schwend, Bayern, S. 216; Thoß, Ludendorff-Kreis, S. 327.
323 2. 10. 1923: Zitat nach Thoss, Ludendorff-Kreis, S. 327.
324 18. 9. 1923: Benz (Hg.), Berichte Moser, Nr. 109, S. 130 f.; Gordon, Hitlerputsch, S. 195 f.
325 BayHStA Abt. V NL Gustav von Kahr 51, S. 1250.
326 26. 9. 1923: Ursachen und Folgen 5, Nr. 1149, S. 388.
327 27. 11. 1923 Soden an Pittinger, Druck: Sendtner, Rupprecht, S. 526–529. Zur Person Scheubner-Richters vgl. Hanfstaengl, Zwischen Weißem und Braunem Haus, S. 121 f.
328 Bericht Graf Sodens vor dem Ausschuß zur Untersuchung des Putsches: BayHStA MA 103 476/3, Bl. 1131, 1399. – HVN AA KPR M 10. – Erwähnt bei Franz-Willing, Putsch, S. 14 f.; Beckenbauer, Wie Adolf Hitler, S. 15.
329 Bericht Graf Sodens vor dem Ausschuss zur Untersuchung des Putsches: BayHStA MA 103 476/3, Bl. 1402; Druck: Sendtner, Rupprecht, S. 527 f. (hier der Titel Kronprinz durch König ersetzt).
330 HVN AA KPR M 10. – Thoß, Ludendorff-Kreis, S. 332; Beckenbauer, Wie Adolf Hitler, S. 15.
331 Gordon, Hitlerputsch, S. 167, Anm. 48.
332 Hoegner, Republik, S. 150; Deuerlein (Hg.), Hitler-Putsch, S. 76; Zorn, Bayerns Geschichte, S. 269.
333 Beckenbauer, Wie Adolf Hitler, S. 16.
334 Kraus, Geschichte Bayerns, S. 689.
335 Thoß, Ludendorff-Kreis, S. 329.
336 29. 9. 1923 Schreiben des 1. Vorsitzenden des Verbandes der Bayerischen Offiziersregiments-Vereine Oberst a. D. Joseph Maria von Tannstein an sämtliche Vereinsvorstände, Nr. 133, Abschrift: BayHStA MA 103 476/3, Bl. 1397; Druck: Weberstedt (Hg.), Kronprinz Rupprecht, S. 43 f.; Ursachen und Folgen 5, Nr. 1152, S. 390 f.; Gordon, Hitlerputsch, S. 214. Vgl. auch Hoegner, Republik, S. 149.
337 Thoß, Ludendorff-Kreis, S. 331 f.
338 Ausschuss zur Untersuchung des Putsches: BayHStA MA 103 476/3, Bl. 1196.
339 Kraus, Geschichte Bayerns, S. 690.
340 Zitiert nach Hürten, Revolution, HbG ²IV/1, S. 484.
341 Zorn, Bayerns Geschichte, S. 279.
342 Zitiert nach Hürten, Revolution, HbG ²IV/1, S. 485.
343 HVN AA KPR M 10.
344 HVN AA KPR M 10.
345 23. 10. 1923 Aufruf an die bedrohte deutsche Pfalz: GHA NL KPR 769.
346 HVN AA KPR M 10.
347 BayHStA Abt. V NL Gustav von Kahr 51, S. 1223; Gespräch am 23. 10. 1923: ebd., S. 1325 f., 1335. – Thoß, Ludendorff-Kreis, S. 333.
348 BayHStA Abt. V NL Gustav von Kahr 51, S. 1335 f.
349 Vgl. auch Zorn, Bayerns Geschichte, S. 277.
350 BayHStA Abt. V NL Gustav von Kahr 51, S. 1359. – Abdruck: Ursachen und Folgen 5, Nr. 1174e, S. 434.
351 Zitiert nach Sendtner, Rupprecht, S. 530 f.
352 HVN AA KPR M 10. – Gordon, Hitlerputsch, S. 397 f.

353 Carlos Collado Seidel, In geheimer Mission für Hitler und die Bayerische Staatsregierung. Der politische Abenteurer Max Neunzert zwischen Fememorden, Hitler-Putsch und Berlin-Krise, in: Vierteljahrshefte für Zeitgeschichte 50, 2002, S. 201–236, hier S. 201 f., 207–210.

354 HVN AA KPR M 10; Aussage Neunzerts vor dem Ausschuss zur Untersuchung des Putsches: BayHStA MA 103 476/3, Bl. 1404 (Dr. Hoegner bezeichnete in der Verhandlung Leutnant Neunzert als mit dem Kronprinzen befreundet). Danach habe er erst um 7.30 im Bürgerbräukeller von Hitler die Weisung erhalten, nach Berchtesgaden zu fahren, so auch bei Franz-Willing, Putsch, S. 109. – Sendtner, Rupprecht, S. 530, schreibt irrtümlich, Neunzert sei bereits um Mitternacht in Berchtesgaden eingetroffen.

355 BayHStA MA 103 476/3, Bl. 1405.

356 BayHStA MA 103 476/3, Bl. 1408.

357 Franz-Willing, Putsch, S. 109, Anm. 160.

358 HVN AA KPR M 10, hier Sendbote Kahrs ohne Namensnennung mit dem Ersuchen erwähnt, einem Abgesandten Hitlers kein Gehör zu schenken; Namensangabe nach Sendtner, Rupprecht, S. 532.

359 Druck: Weberstedt (Hg.), Kronprinz Rupprecht, S. 45 f.; Richard Sexau, Rupprecht von Bayern. Zum König geboren, in: Kronprinz Rupprecht von Bayern. Festschrift zum 85. Geburtstag, S. 4–18, hier S. 11 f.; Ursachen und Folgen 5, Nr. 1176, S. 443. – Teildruck: Gengler, Monarchisten, S. 135 f.; danach: Sendtner, Rupprecht, S. 533.

360 HVN AA KPR M 10 (danach auch folgende Angaben).

361 11. 3. 1924 Aussage Kahrs: BayHStA, MA 103 476/3, Bl. 1413.

362 23. 11. 1923 KPR an Kahr, Abschrift: BayHStA Abt. V NL Gustav von Kahr 51, S. 1395. Erwähnt 27. 11. 1923 Soden an Pittinger, Druck: Sendtner, Rupprecht, S. 526–529.

363 Sendtner, Rupprecht, S. 533, lässt KPR bereits am 9. 11. nach Maxlrain fahren, unsere Darstellung folgt Sexau, Rupprecht, S. 12. KPR erwähnt in seinem Tagebuch nur die Reise von Berchtesgaden nach München, nicht aber den Aufenthalt in Maxlrain: HVN AA KPR M 10.

364 Kraus, Monarchistische Umtriebe, S. 641.

365 2. 12. 1923 KPR an Krafft: BayHStA KA NL Krafft von Dellmensingen 195.

366 18. 1. 1924 Soden an von Gruber, Präsident der Akademie der Wissenschaften: „Auch Seine Königliche Hoheit befürchtet, dass der Prozess gegen Hitler und Genossen der Welt ein wenig erfreuliches Schauspiel bieten und vielleicht für München wieder unruhige Tage zur Folge haben wird." „Übrigens war S.K.H. vonjeher für tunlichste Milde und damit eventuelle sofortige Begnadigung der Angeklagten." BayHStA Abt. V NL Held 724.

367 Schon nach dem 11./12. 11. 1923 hatte KPR Kahr aus Sorge um dessen Leben durch Graf Soden zum Rücktritt auffordern lassen: BayHStA Abt. V NL Gustav von Kahr 51, S. 1393 f.

368 31. 1. 1924 Gespräch Oskar von Xylanders mit KPR: BayHStA KA Bund Bayern und Reich Bd. 24, 1.

369 4. 11. 1924 Soden an KPR: GHA NL KPR 764.

370 Gordon, Hitlerputsch, S. 380–389.

371 Max Neunzert und Walther Hemmert: Gordon, Hitlerputsch, S. 397.

372 Leipziger Tagblatt, Nr. 275, 18. 11. 1923, erwähnt im Ultimatum vom 27. 12. 1923 des Justizrates Eisenberger, des Anwaltes von KPR, an Ludendorff: GHA NL KPR 772. – Ludendorff bezieht sich wohl auf den Artikel „Ueble Nachklänge zum Münchener Putsch", in: Deutsche Zeitung Bohemia, 96. Jg., Nr. 266, 14. 11. 1923, S. 2, in dem Vorwürfe des deutschvölkischen Reichstagsabgeordneten Albrecht von Gräfe referiert werden, ohne den Kardinal oder KPR namentlich zu benennen.

373 GHA NL KPR 772; Akt des Deutschen Offiziersbundes: BayHStA KA Personalakt 47 534 (eigener Fasz.). – Im Institut für Zeitgeschichte liegt dazu die Darstellung von Prof. Dr. Richard

Stumpf mit Briefabschriften: IfZ ED 154. Die Ereignisgeschichte ist enthalten in der hier überlieferten Druckschrift: „Verband der bayer. Offiziers-Regimentsvereine" Nr. 210, München, 12. 12. 1924 (Vertraulich! Nur für Mitglieder bestimmt!). – Die Position Ludendorffs ist im Druck veröffentlicht: Weberstedt (Hg.), Kronprinz Rupprecht.

374 HVN AA KPR M 10.
375 GHA NL KPR 772: „Wir halten dies für grundsätzlich unmöglich, da wir uns dem Kronprinzen durch unseren Treueid verpflichtet fühlen, in ihm unsern König und Obersten Kriegsherrn erblicken, der nicht vor ein Ehrengericht gestellt werden kann." Ebenfalls in der Druckschrift „Verband der bayer. Offiziers-Regimentsvereine" Nr. 210.
376 25. 10. 1924: IfZ ED 154.
377 D.O.B. = Deutscher Offiziersbund, NVDO = National Verband Deutscher Offiziere, V.B.O.R.V. = Verband bayerischer Offiziers- und Regimentsvereine.
378 16. 1. 1925 Druck: Weberstedt (Hg.), Kronprinz Rupprecht, S. 47.
379 17. 7. 1927 Wilhelm II. an KPR: GHA NL KPR 772.
380 2. 9. 1919: Schulthess' Europäischer Geschichtskalender N.F. 35, 1919/I, S. 404 f.
381 HVN AA KPR M 9.
382 Bayerische Staatszeitung, Nr. 258, 5. 11. 1921. – Abdruck: Ursachen und Folgen. Vom deutschen Zusammenbruch 1918 und 1945 bis zur staatlichen Neuordnung Deutschlands in der Gegenwart. Bd. 5: Die Weimarer Republik. Das kritische Jahr 1923, hg. u. bearb. v. Herbert Michaelis und Ernst Schraepler, Berlin 1961, Nr. 1130b, S. 345 f.
383 Sendtner, Rupprecht, S. 462.
384 Zimmermann, Bayern, S. 160 f.
385 Vossische Zeitung, 9. 11. 1921, „Rupprecht und die Franken"; Fränkische Tages-post; Sozialdemokrat; Nürnberger Anzeiger. Sammlung von Zeitungsausschnitten: BayHStA MA Bayerische Gesandtschaft Berlin 911.
386 Pappenheim an KPR: GHA NL KPR 168; Oettingen an KPR: GHA NL KPR 763.
387 Soden an KPR: GHA NL KPR 764.
388 12. 7. 1923: GHA NL KPR 833.
389 26. 3. 1923 Oettingen an KPR: GHA NL KPR 763.
390 9. 7. 1927: BayHStA StK 6668.
391 12. 12. 1918 K. Staatsministerium der Finanzen, Nr. 40283, gez. Jaffé, an Staatsminister a. D. Dr. Ferdinand von Miltner, den Beauftragten von LIII, Abschrift: GHA NL Prinz Franz A 166. – 7. 5. 1920 Staatssekretär Dr. Krausneck im Landtag: Schulthess' Europäischer Geschichtskalender, hg. v. Wilhelm Stahl, N.F. 36, 1920/I, München 1924, S. 131.
392 14. 9. 1922 Franz v. Redwitz an KPR: GHA NL KPR 169.
393 Konrad Beyerle, Das Haus Wittelsbach und der Freistaat Bayern. Rechtsgrundlagen für die Auseinandersetzung zwischen Staat und Dynastie, Teil 1, München u. a. 1921; ders., Die Rechtsansprüche des Hauses Wittelsbach, München u. a. 1922.
394 Beyerle, Rechtsansprüche. Vgl. dazu: Leisner, Hausrecht.
395 HVN AA KPR M 10; 24. 1. 1923: Übereinkommen zwischen dem Bayerischen Staate und dem vormaligen Bayerischen Königshause, in: Berichte über die Verhandlungen des Bayerischen Landtages, 3. Tagung 1922/23, Beilagen-Band XI, Beilage 3298, München 1923, S. 498–503. – Angaben zur Vorgeschichte der Verhandlungen finden sich in dem Schiedsspruch über die geforderte Aufwertung der 40 Millionen Papiermark Entschädigung durch das Königshaus vom 8. 3. 1929: GHA NL Prinz Franz A 16.
396 Druck: Leisner, Hausrecht, Anhang I, S. 105 f.
397 Karl Busch, Bayerische Staatsgemäldesammlungen. Das Haus Wittelsbach und der Gemäldeschatz Bayerns, in: Bayerische Kulturpflege, S. 54–74, hier S. 73 f.

398 HVN AA KPR M 10.
399 7. 2. 1923: Berichte über die Verhandlungen des Bayerischen Landtages 1922/23, Beilagen-Band XI, Beilage 3298, S. 497 f.; Schulthess' Europäischer Geschichtskalender, hg. v. Ulrich Thürauf, N.F. 39, 1923, München 1928, S. 28.
400 Verhandlungen des Bayerischen Landtags III. Tagung 1922/23, 179. Sitzung vom 9. 3. 1923, Stenographische Berichte 7, S. 1091–1099. – Druck: Gesetz über die vermögensrechtliche Auseinandersetzung des Bayerischen Staates mit dem vormaligen Bayerischen Königshause: Leisner, Hausrecht, Anhang II, S. 107 f.
401 Ebd., 178. Sitzung vom 8. 3. 1923, S. 1078.
402 Ebd., 179. Sitzung vom 9. 3. 1923, S. 1098 f.
403 Andreas von Majewski, Die Inventarverwaltung des Wittelsbacher Ausgleichsfonds, masch. Manuskript 2003 (ein Exemplar: HVN).
404 HVN AA KPR M 25, Manuskript: „Wie ich zum Kunstsammler wurde".
405 HVN AA KPR M 10.
406 Schiedsspruch 8. 3. 1929: GHA NL Prinz Franz A 16.
407 Undatierte Verwaltungsordnung für den WAF, ein Exemplar: GHA NL Prinz Franz A 16.
408 Überlieferung der Protokolle 1923–1948: GHA NL Prinz Franz A 178.
409 Zahlenangaben nach dem Manuskript: „25 Jahre Wittelsbacher Ausgleichsfonds" 9. 3. 1923–1948, ein Exemplar: GHA NL Prinz Franz A 178.
410 Ebenda.
411 Ulrich Schüren, Der Volksentscheid zur Fürstenenteignung 1926. Die Vermögensauseinandersetzung mit den depossedierten Landesherren als Problem der deutschen Innenpolitik unter besonderer Berücksichtigung der Verhältnisse in Preußen (Beiträge zur Geschichte des Parlamentarismus und der politischen Parteien 64), Düsseldorf 1978; Karl Heinrich Kaufhold, Fürstenabfindung oder Fürstenenteignung? Der Kampf um das Hausvermögen der ehemals regierenden Fürstenhäuser im Jahre 1926 und die Innenpolitik der Weimarer Republik, in: Günther Schulz/Markus A. Denzel (Hg.), Deutscher Adel im 19. und 20. Jahrhundert. Büdinger Forschungen zur Sozialgeschichte 2002 und 2003 (Deutsche Führungsschichten in der Neuzeit 26), St. Katharinen 2004, S. 261–285.
412 Schönhoven, Volkspartei, S. 161–165; Schüren, Volksentscheid, S. 128.
413 14. 3. 1926 KPR an Krafft: BayHStA KA NL Krafft von Dellmensingen 195.
414 Statistisches Jahrbuch für den Freistaat Bayern 17, hg. v. Bayer. Statistischen Landesamt, München 1926, S. 635.
415 Statistisches Jahrbuch für das Deutsche Reich, hg. v. Statistischen Reichsamt, 45, 1926, S. 448 f., 452 f.; Schüren, Volksentscheid, S. 140 f.
416 Statistisches Jahrbuch Bayern 17, 1926, S. 629–635; Schüren, Volksentscheid, S. 229–231; Kraus, Monarchistische Umtriebe, S. 653 f.
417 Theodor Günther, Die Fürstenentschädigung, Das Problem der Vermögensauseinandersetzung mit den ehemaligen Fürstenhäusern (Beiträge zur Finanzkunde), Leipzig 1928 (zugleich: Diss. rer. pol. Leipzig 1928); Schüren, Volksentscheid, S. 252–260.
418 HVN AA KPR M 10.
419 HVN AA KPR M 25, Manuskript: „Wie ich zum Kunstsammler wurde" (danach auch die folgenden Angaben). – Zu Umbaumaßnahmen durch Carl Sattler 1922–1933: Linnenkamp, Leo von Klenze, S. 241–245; vgl. auch Heydenreuter, Palais Leuchtenberg, S. 67–74.
420 Prinzessin Irmingard, Jugend-Erinnerungen, S. 74.
421 Sendtner, Rupprecht, S. 473–475.
422 Prinzessin Irmingard, Jugend-Erinnerungen, S. 137–156.
423 29. 10. 1928 Franz v. Redwitz an KPR: GHA NL KPR 169.

424 Prinzessin Irmingard, Jugend-Erinnerungen, S. 37, 46.
425 HVN AA KPR M 10.
426 Weiß, Thronprätendent, S. 454–457.
427 Im Fürstlichen Archiv Oettingen-Wallerstein auf der Harburg liegt ein Lebenslauf des Fürsten Eugen zu Oettingen-Wallerstein „Information über meinen Lebenslauf seit Ende des Jahres 1918" vom 17. 11. 1947 (freundlicher Hinweis Dr. Karina Urbach).
428 23. 2. 1926 Vollmacht für die Regelung der persönlichen und Vermögensangelegenheiten von KPR: GHA NL KPR 170. – Berichte Zu Rheins: ebenda.
429 1. 10. 1923: GHA NL Franz von Redwitz 1.
430 23. 3. 1923 Dankschreiben Sodens an KPR: GHA NL KPR 764. – Zur Biografie: Sendtner, Rupprecht, S. 483; Beckenbauer, Wie Adolf Hitler, S. 5–10.
431 HVN AA KPR M 10.
432 Beckenbauer, Wie Adolf Hitler, S. 9.
433 HVN AA KPR M 12.
434 4. 12. 1931: GHA NL KPR 170.
435 6. 6. 1932: GHA NL KPR 170.
436 HVN AA KPR M 14.
437 3. 3. 1932: HVN AA KPR M 14 (danach auch die folgenden Angaben). – Zum endgültigen Wegzug vgl. unten S. 298 f. mit Anm. 118.
438 1. 12. 1926: GHA HRO vom Hl. Georg, Akten 243.
439 GHA HRO vom Hl. Georg, Akten 248.
440 Chronologisches Verzeichnis sämtlicher Mitglieder des kurfürstlich, später königlich bayerischen Hausritter-Ordens vom heiligen Georg seit seiner Reorganisation durch Kurfürst Carl Albrecht im Jahre 1729. Aus Anlaß des 200-jährigen Jubiläums im April 1929 im Auftrag des Ordens zusammengestellt von dem Ordensritter Franz Erbgraf zu Waldburg-Wolfegg, zum Ordenshauptfest 1986 erweitert, mit Photographien ergänzt und auf den neuesten Stand gebracht durch den Kapitular-Komtur Christoph Freiherr von Gumppenberg und den Ordensritter Ferdinand Graf zu Waldburg-Wolfegg, o. O. 1986.
441 9. 2. 1919: GHA HRO vom Hl. Georg, Akten 193.
442 11. 11. 1921 KPR an Laßberg: GHA HRO vom Hl. Georg, Akten 203.
443 23. 4. 1922: GHA HRO vom Hl. Georg, Akten 248.
444 GHA HRO vom Hl. Georg, Akten 248. – Zur Uniform vgl. Ausstellungskatalog: „Der Bayerische Hausritterorden vom Heiligen Georg 1729–1979", München 1979, S. 49 und Nr. 52, S. 101.
445 GHA Wittelbacher Bildersammlung, KPR 69/70 und 69/69.
446 200 Jahrfeier des königlich bayerischen Hausritter-Ordens vom heiligen Georg. München, 24. April 1929. Die an Seine Königliche Hoheit den Ordensgroßmeister KRONPRINZ RUPPRECHT von Bayern gerichtete Begrüßungs-Ansprache des Kapitular-Großkomturs und Ordens-Großkanzlers Freiherr von Laßberg (ein Exemplar: GHA HRO vom Hl. Georg, Akten 193).
447 [Friedrich Karl] Freiherr von Sturmfeder-Horneck, Der Kgl. Bayer. Hausritterorden vom heiligen Georg und der Weltkrieg 1914–1918, [o. O. 1929] (ein Exemplar: GHA HRO vom Hl. Georg, Akten 193).
448 Waldburg-Wolfegg, Chronologisches Verzeichnis.
449 GHA HRO vom Hl. Georg, Akten 209.
450 BayHStA KA Militär-Max-Joseph-Orden I K 1.
451 Von Kramer/von Waldenfels, Virtuti pro patria, S. 266–269.
452 Von Kramer/von Waldenfels, Virtuti pro patria, S. 287 f.
453 BayHStA KA Militär-Max-Joseph-Orden I K 45.

454 Von Kramer/von Waldenfels, Virtuti pro patria, S. 412 f.
455 Von Kramer/von Waldenfels, Virtuti pro patria, S. 435 f.
456 21. 3. 1924 Soden an Ritter: BayHStA MA Gesandtschaft beim Päpstlichen Stuhl 162.
457 Adam Wienand (Hg.), Der Johanniter-Orden. Der Malteser-Orden. Der ritterliche Orden des hl. Johannes vom Spital zu Jerusalem. Seine Aufgaben, seine Geschichte, Köln ³1988; Carl Alexander Krethlow, Der Malteserorden. Wandel, Internationalität und soziale Vernetzung im 19. Jahrhundert (Europäische Hochschulschriften III/890), Bern 2001.
458 Sendtner, Rupprecht, S. 490.
459 Prinz Adalbert, Erinnerungen, S. 344.
460 9. 4. 1925, 12. 5. 1925 Soden an KPR: GHA NL KPR 764. – Exemplare in Bronze und Silber: WAF, Schloß Nymphenburg PVII 35 und 36. Bronzebüste von Georgii, 1925: ebenda, PII 87.
461 HVN AA KPR M 12.
462 Zorn, Bayerns Geschichte, S. 330.
463 HVN AA KPR M 14.
464 Rall, Wilhelm II., S. 363 f.
465 HVN AA KPR M 13.
466 Briefwechsel: GHA NL KPR 774, Dankbrief Kronprinz Wilhelms 3. 11. 1924: ebd.
467 Mai 1922: GHA NL KPR 774.
468 Denkschrift KPR 1923: GHA NL KPR 774 (vgl. unten Anm. 484).
469 HVN AA KPR M 12.
470 Stickler, Abgesetzte Dynastien, S. 415.
471 HVN AA KPR M 13. – Erwein von Aretin vermutete politische Hintergründe der von Kronprinz Otto gewünschten Unterhaltung: Aretin, Krone, S. 125 f.
472 Gedacht war an Prinzessin Maria von Savoyen, vgl. Stickler, Abgesetzte Dynastien, S. 417.
473 Georg Franz-Willing, Die bayerische Vatikangesandtschaft 1803–1934, München 1965.
474 BayHStA MA Gesandtschaft beim Päpstlichen Stuhl 162, 166, 167, 168.
475 HVN AA KPR M 10.
476 BayHStA MA Gesandtschaft beim Päpstlichen Stuhl 162.
477 HVN AA KPR M 11.
478 HVN AA KPR M 12.
479 BayHStA MA Gesandtschaft beim Päpstlichen Stuhl 167.
480 UAE C4/3c Nr. 664, Ehrenpromotionsakt 117. – [Majewski], 125. Geburtstag, S. 29.
481 20. 2. 1926 Gratulationsschreiben Lanz an KPR: GHA NL KPR 252. – Nicht nachweisbar im Universitätsarchiv Köln nach freundlicher Auskunft vom 11. 12. 2000.
482 Fränkischer Kurier. Nürnberg-Fürther Neueste Nachrichten, 97. Jg., Nr. 137, 18. 5. 1929.
483 Sendtner, Rupprecht, S. 500.
484 GHA NL KPR 774 (13 Seiten, Maschinenschrift-Durchschlag, handschriftlicher Vermerk von KPR: Dezember 1923).
485 Uwe Lohalm, Völkischer Radikalismus. Die Geschichte des Deutschvölkischen Schutz- und Trutz-Bundes 1919–1923 (Hamburger Beiträge zur Zeitgeschichte VI), Hamburg 1970, zur Propaganda gegen Ostjuden S. 147–152.
486 9. 8. 1924 Kronprinz Wilhelm an KPR: GHA NL KPR 774.
487 Wilhelm Kronprinz [von Preußen], Ich suche die Wahrheit! Ein Buch zur Kriegsschuldfrage, Stuttgart–Berlin 1925 (Widmungsexemplar mit Anmerkungen von KPR: HVN Familienbibliothek).
488 HVN AA KPR M 14.
489 Kai Kauffmann, Rudolf Borchardts Rhetorik der ‚Politischen Geographie', in: Ders. (Hg.), Dichterische Politik. Studien zu Rudolf Borchardt (Publikationen zur Zeitschrift für Germanis-

tik NF 4), Bern u. a. 2002, S. 27–61, hier S. 46 f.; Kai Kauffmann, Rudolf Borchardt und der ‚Untergang der deutschen Nation'. Selbstinszenierung und Geschichtskonstruktion im essayistischen Werk (Studien zur deutschen Literatur 169), Tübingen 2003, S. 317–329. Vgl. auch Stefan Breuer, Rudolf Borchardt und die „Konservative Revolution", in: Ernst Osterkamp (Hg.), Rudolf Borchardt und seine Zeitgenossen (Quellen und Forschungen zur Literatur- und Kulturgeschichte), Berlin–New York 1997, S. 370–385.

490 Rudolf Borchardt, Der Fürst, in: Rudolf Borchardt. Gesammelte Werke, Prosa V, hg. v. Marie Luise Borchardt und Ulrich Ott unter Mitwirkung von Ernst Zinn, Stuttgart 1979, S. 490–502. – Vgl. Jens Malte Fischer, Rudolf Borchardt und der Nationalsozialismus, in: Osterkamp (Hg.), Rudolf Borchardt, S. 386–398, hier S. 390 f.; Kauffmann, Rudolf Borchardt. Selbstinszenierung, S. 329–345.

491 Gregor Streim, Evolution, Kosmogonie und Eschatologie in Rudolf Borchardts ‚Theorie des Konservatismus', mit besonderer Berücksichtigung von „Der Fürst", in: Kauffmann (Hg.), Dichterische Politik, S. 97–113; Markus Bernauer, Rudolf Borchardt und Esra Pound im faschistischen Italien, in: Kauffmann (Hg.), Dichterische Politik, S. 115–145, hier S. 141 f.; Kauffmann, Rudolf Borchardt. Selbstinszenierung, S. 324.

492 Rudolf Borchardt, Kronprinz Rupprecht. Zu seinem heutigen Geburtstag, in: Münchner Neueste Nachrichten, 85. Jg., Nr. 133, 18. 5. 1932, S. 1. – Rudolf Borchardt. Alfred Walter Heymel. Rudolf Alexander Schröder. Eine Ausstellung des Deutschen Literaturarchivs im Schiller-Nationalmuseum Marbach am Neckar 1978 (Sonderausstellungen des Schiller-Nationalmuseums Katalog 29), München 1978, S. 484, Nr. 382.

493 Etwa 17. 2. 1931 Borchardt an KPR: NL KPR 336. Weitere Briefe: Rudolf Bor-chardt, Briefe 1931–1935 Text. Bearb. von Gerhard Schuster (Gesammelte Briefe 6, hg. v. Gerhard Schuster und Hans Zimmermann), München–Wien 1996, Nr. 822, 841.

494 17. 2. 1931 Borchardt an KPR: NL KPR 336.

495 Rudolf Borchardt, Briefe 1931–1935, Nr. 680, 681, 800 (an Josef Nadler), 808, 859; Rudolf Borchardt. Alfred Walter Heymel. Rudolf Alexander Schröder. Ausstellung, S. 484, Nr. 382 (KPR 1932 in Saltocchio, Photographie).

496 Rudolf Borchardt, Dante deutsch, München 1930 (Widmungsexemplar: HVN Familienbibliothek).

497 16. 3. 1931 Borchardt an Martin Bodmer: Rudolf Borchardt, Briefe 1931–1935, Nr. 679.

498 Müller, Wandel, S. 155 f.

499 Zur Entwicklung in Bayern Schwend, Bayern, S. 303–314.

500 Ulrich von Hehl, Wilhelm Marx 1863–1946. Eine politische Biographie (Veröffentlichungen der Kommission für Zeitgeschichte B 47), Mainz 1987, zur Reichspräsidentenwahl S. 335–351.

501 Vgl. Hanns-Jochen Hauss, Die erste Volkswahl des deutschen Reichspräsidenten. Eine Untersuchung ihrer verfassungspolitischen Grundlagen, ihrer Vorgeschichte und ihres Verlaufs unter besonderer Berücksichtigung des Anteils Bayerns und der Bayerischen Volkspartei (Münchener Universitätsschriften, Philosophische Fakultät, Münchener Historische Studien, Abteilung Bayerische Landesgeschichte 2), Kallmünz 1965 (zur Haltung der BVP v. a. S. 114–124).

502 8. 4. 1925 Soden an KPR: GHA NL KPR 764.

503 Leonhard Lenk, Moritz Freiherr von und zu Franckenstein. Politiker und Gutsbesitzer (1869–1931), in: Lebensläufe aus Franken 6, hg. v. Sigmund Freiherr von Pölnitz (Veröffentlichungen der Gesellschaft für fränkische Geschichte VII/6), Würzburg 1960, S. 171–196.

504 Müller, Wandel, S. 292.

505 HVN AA KPR M 11.

506 BayHStA KA Bund Bayern und Reich Bd. 11/I, 8. – Schwend, Bayern, S. 312.

507 Erschlossen aus Schreiben Sodens an KPR vom 24. 8. 1925: GHA NL KPR 764.

508 3. 9. 1932 KPR an Krafft (Entwurf): GHA NL KPR 723. – Müller, Wandel, S. 292.
509 Kraus, Monarchistische Umtriebe, S. 652.
510 Aretin, Regierung, S. 207; Altendorfer, Schäffer 1, S. 295 f.
511 Barbara Pöhlmann, Heinrich Held als Bayerischer Ministerpräsident (1924–1933); eine Studie zu 9 Jahren Staatspolitik, Diss. phil. München 1995.
512 Kraus, Monarchistische Umtriebe, S. 637–639 (danach folgende Angaben).
513 Kraus, Monarchistische Umtriebe, S. 645.
514 Kraus, Monarchistische Umtriebe, S. 648 f.
515 Kraus, Monarchistische Umtriebe, S. 646 (mit Zitat).
516 BayHStA MA 99 517, Ministerratssitzung vom 7. 9. 1921, Nr. 73/1921. – Text des Antrags bei Fritz Schäffer, Ein Bayerischer Staatspräsident! Kritische Betrachtungen und Vorschläge zur Bayerischen Verfassung vom 14. August 1919, in: Politische Zeitfragen 4. Jg. Heft 1, 25. Januar 1922, S. 1–24, hier S. 22 f. – Altendorfer, Schäffer 1, S. 243–258; Fait, Erneuerung, S. 289–296; Schlemmer, Aufbruch, S. 128–130.
517 Schäffer, Staatspräsident, S. 19.
518 Schäffer, Staatspräsident.
519 Zur Debatte im bayerischen Landtag: Ursachen und Folgen 5, Nr. 1142, S. 369–374.
520 BayHStA Abt. V NL Gustav von Kahr 51, S. 1217–1219. – Thoß, Ludendorff-Kreis, S. 293.
521 BayHStA Abt. V NL Gustav von Kahr 51, S. 1220.
522 31. 12. 1923 Soden an KPR: GHA NL KPR 764. – Kraus, Monarchistische Umtriebe, S. 640.
523 Zorn, Bayerns Geschichte, S. 300 f.; Schlemmer, Aufbruch, S. 130.
524 Ursachen und Folgen. Vom deutschen Zusammenbruch 1918 und 1945 bis zur staatlichen Neuordnung Deutschlands in der Gegenwart. Bd. 7: Die Weimarer Republik. Die innenpolitische Entwicklung, hg. u. bearb. v. Herbert Michaelis und Ernst Schraepler, Berlin 1962, Nr. 1523, S. 88–96. – Schwend, Bayern, S. 315–337; Menges, Reichsreform, S. 28–36; Biewer, Reichsreformbestrebungen, S. 71–74; Kraus, Geschichte Bayerns, S. 709.
525 Zur Biografie Menges, Reichsreform, S. 299–306.
526 Ursachen und Folgen 7, Nr. 1527, S. 106–111; – Schwend, Bayern, S. 338–342; Menges, Reichsreform, S. 36–43; Biewer, Reichsreformbestrebungen, S. 74.
527 Altendorfer, Schäffer 1, S. 230–232. Zum Notbann: Wächter, Macht der Ohnmacht, S. 105–111.
528 Zitat nach Altendorfer, Schäffer 1, S. 230.
529 BayHStA KA Bund Bayern und Reich Bd. 14. – 6. 11. 1925: Benz (Hg.), Moser Berichte, Nr. 158, S. 179–181; Fenske, Konservativismus, S. 253–255; Altendorfer, Schäfer 1, S. 393.
530 Denkschrift: BayHStA KA Bund Bayern und Reich, Bd. 14.
531 [November] 1925: BayHStA Abt. V NL Held 708. – Sendtner, Rupprecht, S. 539–542; Kraus, Monarchistische Umtriebe, S. 640.
532 Von Kramer/von Waldenfels, Virtuti pro patria, S. 344 f.
533 13. 11. 1926 Holnstein an die Verbände der Bayerntreue: BayHStA KA Bund Bayern und Reich, Bd. 14.
534 Karl Otmar von Aretin, Lebensbild, in: Aretin, Krone, S. 7–18; Weiß, „In Treue fest", S. 20–25.
535 GHA NL KPR 17.
536 Aretin an KPR 26. 4. 1925, 16. 5. 1925, 17. 1. 1926, 1. 2. 1926: GHA NL KPR 17.
537 10. 9. 1926 Landesleitung Bayern und Reich: BayHStA KA Bund Bayern und Reich, Bd. 2; Stetten übte das Amt bis 1929 aus, 12. 4. 1929 KPR an Stetten: ebd. – Nußer, Wehrverbände, S. 266–270; Altendorfer, Schäfer 1, S. 394.
538 Nußer, Wehrverbände, S. 297–353; Altendorfer, Schäffer 1, S. 394 f.
539 Altendorfer, Schäffer 1, S. 392 f.; Altendorfer, Schäfer 2, S. 441.

540 24. 5. 1924 Soden an Bauer: BayHStA KA Bund Bayern und Reich, Bd. 2.
541 HVN AA KPR M 11.
542 Nußer, Wehrverbände, S. 289–293.
543 Stephan Malinowski, Vom König zum Führer. Sozialer Niedergang und politische Radikalisierung im deutschen Adel zwischen Kaiserreich und NS-Staat (Elitenwandel in der Moderne 4), Berlin 2003, S. 367–372.
544 Malinowski, König, S. 372–376.
545 Malinowski, König, S. 330.
546 Vgl. die autobiografischen Aufzeichnungen von dessen langjährigem Geschäftsführer Alfons Frhr. von Redwitz: GHA Kopien, Drucke, Tafeln 769. – Aretin, Der bayerische Adel, S. 519 f.
547 15. 7. 1923 Oettingen an KPR: GHA NL KPR 763. – Aretin, Der bayerische Adel, S. 520–522; Malinowski, König, S. 456–459.
548 HVN AA KPR M 11 (danach die folgenden Angaben).
549 HVN AA KPR M 11. Nicht erwähnt bei Hanfstaengl, Zwischen Weißem und Braunem Haus.
550 Bericht Sodens, Teildruck: Sendtner, Rupprecht, S. 544; Beckenbauer, Wie Adolf Hitler, S. 16.
551 Ziegler, Bayern im NS-Staat, S. 504 f.
552 30. 12. 1928 Oettingen an KPR: GHA NL KPR 763.
553 25. 7. 1928 Oettingen an KPR: GHA NL KPR 763.
554 Reichel wurde 1874 in Wels geboren und starb im November 1944 in Wien, nachdem er zeitweilig vor den Nationalsozialisten hatte in die Schweiz fliehen müssen. Allgemeines Lexikon der bildenden Künstler von der Antike bis zur Gegenwart, begründet von Ulrich Thieme und Felix Becker, Bd. 28, hg. v. Hans Vollmer, Leipzig 1934, S. 103; Allgemeines Lexikon der bildenden Künstler des XX. Jahrhunderts, hg. v. Hans Vollmer, Bd. 4, Leipzig 1958, S. 36; Sendtner, Rupprecht, S. 439; Aretin, Krone, S. 124 f.
555 Hanfstaengl, Zwischen Weißem und Braunem Haus, S. 177.
556 HVN AA KPR M 11.
557 18. 7. 1928 Einladungsschreiben Siegfried Wagners, 27. 8. 1928 Reichel an KPR: GHA NL KPR 820.
558 7. 2. 1929 Röhm an KPR: GHA NL KPR 822.
559 Oberfränkische Zeitung, Bayreuther Anzeiger, 61. Jg., Nr. 168 vom 19. 7. 1928, S. 5.
560 Oberfränkische Zeitung, Bayreuther Anzeiger, 61. Jg., Nr. 178 vom 31. 7. 1928, S. 4.
561 Erschlossen aus 28. 7./3. 8. 1928 Soden an KPR: GHA NL KPR 764.
562 29. 10. 1928 Stetten an KPR: GHA NL KPR 809.
563 Wächter, Macht der Ohnmacht, S. 125–127.
564 Menges, Reichsreform, S. 360 f.
565 8. 7. 1930 KPR an Krafft: „Den Young-Plan habe auch ich in öffentlicher Rede abgelehnt und als unerfüllbar bezeichnet, dagegen hielt ich es verfehlt, eine Volksabstimmung über seine Annahme oder Ablehnung in die Wege zu leiten.": BayHStA KA NL Konrad Krafft von Dellmensingen 195. Ähnlich die Aussage Graf Sodens vom 3. 11. 1929 gegenüber dem württembergischen Gesandten Moser: Benz (Hg.), Berichte Moser, S. 226.
566 Schwarz, Die Zeit von 1918 bis 1933. Zweiter Teil, HbG IV/1, S. 504.
567 Schilderung der Vorgänge nach den Memoiren Graf Sodens: Beckenbauer, Wie Adolf Hitler, S. 19–24. – Vgl. auch Aretin, Der bayerische Adel, S. 526–528; Werner Bräuninger, Hitlers Kontrahenten in der NSDAP 1921–1945, München 2004, S. 98–124.
568 Zur Vorgeschichte: Hitler Reden III/3, S. 17, Anm. 2. – Zur Biografie: Haunfelder, Reichstagsabgeordnete, S. 336.
569 HVN AA KPR M 11.
570 Münchner Telegramm-Zeitung, Nr. 211, 1./2. 11. 1929.

571 Völkischer Beobachter, Nr. 259, 8. 11. 1929. – Sendtner, Rupprecht, S. 543.
572 7. 11. 1929: Hitler Reden III/2, Dok. 94, S. 440–458.
573 Klage Hitlers und Prozeß vom 14.–24. 1. 1930: Hitler Reden, Bd. III/3, Dok. 5, S. 17–31.
574 13. 1. 1930: Hitler Reden, Bd. III/3, Dok. 5, S. 24, Anm. 37.
575 Als Ersatz für eine Biografie die Memoiren seiner Gattin Elisabeth zu Guttenberg, Beim Namen gerufen. Erinnerungen, Berlin–Frankfurt a. M. 1990.
576 7. 12. 1930 Rede Guttenbergs, in: „Der Bayerische Königsbote", 8. Jg., 1930, Nr. 12, S. 2 f. – Zum Verhältnis Guttenbergs zum Nationalsozialismus: Wiesemann, Vorgeschichte, S. 210–213; Aretin, Der bayerische Adel, S. 529 f.
577 1930: HVN AA KPR M 12.
578 HVN AA KPR M 12.
579 HVN AA KPR M 13.
580 1930: HVN AA KPR M 12.
581 HVN AA KPR M 13.
582 20. 10. 1930 Soden an KPR: GHA NL KPR 764.
583 12. 12. 1931 Rede Guttenbergs, in: „Der Bayerische Königsbote", 9. Jg., 1931, Nr. 12, S. 1–3. – Die Rede Guttenbergs vom 20. 2. 1932 im Löwenbräukeller wurde als eigenständige Broschüre „Bayerns Schicksal" gedruckt (ein Exemplar: BayHStA MA 100 430/1). – Aretin, Bayerische Regierung, S. 529 f.
584 Aretin, Krone, S. 62–73 passim; Aretin, Bayerische Regierung, S. 528.
585 Aretin, Krone, S. 62–73 passim; Aretin, Bayerische Regierung, S. 528 passim.
586 „Bayerischer Königsbote", 10. Jg., 1932, Nr. 10, S. 4–6; Nachdruck: Rudolf Endres, Der Bayerische Heimat- und Königsbund, in: Land und Reich, Stamm und Nation, Festgabe für Max Spindler zum 90. Geburtstag, hg. v. Andreas Kraus, Bd. III, München 1984, S. 415–436, hier S. 432–436.
587 Aretin, Bayerische Regierung, S. 212.
588 HVN AA KPR M 13.
589 14. 7. 1932 Guttenberg an KPR: GHA NL KPR 782.
590 HVN AA KPR M 14.
591 HVN AA KPR M 13.
592 Menges, Reichsreform, S. 390–393.
593 Menges, Reichsreform, S. 393–396.
594 Schwarz, Die Zeit von 1918 bis 1933. Zweiter Teil, HbG IV/1, S. 506.
595 Hürten, Revolution, HbG ²IV/1, S. 497.
596 Erschlossen aus 18. 9. 1930 Soden an KPR: GHA NL KPR 764 (hier auch folgendes Zitat). – Vgl. auch Nußer, Wehrverbände, S. 341 f.
597 18. 9. 1930 Soden an KPR: GHA NL KPR 764.
598 Schwend, Bayern, S. 486–489 (auf Reichsebene).
599 30. 9. 1931: HVN AA KPR M 13.
600 HVN AA KPR M 14.
601 Altendorfer, Schäffer 2, S. 502 f.
602 30. 9. 1931: HVN AA KPR M 13 (danach folgende Angabe).
603 Schwarz, Die Zeit von 1918 bis 1933. Zweiter Teil, HbG IV/1, S. 514.
604 HVN AA KPR M 13.
605 Zu seinem Taktieren in dieser Frage vgl. Kraus, Umtriebe, S. 639.
606 HVN AA KPR M 13 (danach folgende Angaben).
607 Vgl. dazu Schönhoven, Volkspartei, S. 262–265.
608 30. 9. 1931: HVN AA KPR M 13.

609 HVN AA KPR M 13.
610 Altendorfer, Schäffer 2, S. 736 f.
611 Aretin, Bayerische Regierung, S. 231; Wiesemann, Vorgeschichte, S. 219.
612 Aretin, Bayerische Regierung, S. 236.
613 21. 5. 1932: BayHStA MA 100 430/1.
614 Wiesemann, Vorgeschichte, S. 216 f.
615 HVN AA KPR M 13.
616 Kronprinz Rupprecht von Bayern und die Universität Würzburg, in: Mitteilungen der Arbeitsstelle für konservatives Schrifttum Würzburg, Nr. 20, 14. 5. 1932, S. 1 f.
617 HVN AA KPR M 12.
618 Von Kramer/von Waldenfels, Virtuti pro patria, S. 352.
619 HVN AA KPR M 12.
620 Erschlossen aus 30. 2. 1932 Oettingen an KPR: GHA NL KPR 763.
621 HVN AA KPR M 13.
622 Erschlossen aus 28. 8. 1932 Lenz an KPR: GHA NL KPR 817.
623 Reinhart Bindseil, Adolf Friedrich Herzog zu Mecklenburg (1873–1969). Ein biographisches Portrait, Bonn 1990 (ohne politische Aspekte). Erwähnt auch bei Herzogin Viktoria Luise [von Braunschweig], Die Kronprinzessin, Göttingen 1977, S. 79 f.
624 HVN AA KPR M 13 (danach folgende Angaben).
625 HVN AA KPR M 14.
626 Hindenburg schlug ihn im Februar 1932 gegenüber Brüning als Reichsinnenminister vor: Die Kabinette Brüning I. u. II, bearb. v. Tilman Koops, Bd. 3 (Akten der Reichskanzlei, Weimarer Republik), Boppard am Rhein 1990, Nr. 673, S. 2293 f.
627 HVN AA KPR M 13 (danach folgende Angaben).
628 Friedrich Freiherr Hiller von Gaertringen, Zur Beurteilung des „Monarchismus" in der Weimarer Republik, in: Tradition und Reform in der deutschen Politik. Gedenkschrift für Waldemar Besson, hg. v. Gotthard Jasper, o.O. 1976, S. 138–186; Arne Hofmann, „Wir sind das alte Deutschland, Das Deutschland, wie es war …". Der „Bund der Aufrechten" und der Monarchismus in der Weimarer Republik (Moderne Geschichte und Politik 11), Frankfurt a. M. u. a. 1998.
629 11. 6. 1932: HVN AA KPR M 14.
630 7. 4. 1933: HVN AA KPR M 15.
631 Schwend, Bayern, S. 470 (ohne Namensnennung von Dr. Georg Heim); Zorn, Bayerns Geschichte, S. 339 f.
632 Schwend, Bayern, S. 435–450.
633 Schwarz, Die Zeit von 1918 bis 1933. Zweiter Teil, HbG IV/1, S. 509 f. – Zu den unscharfen Verfassungsvorstellungen Papens vgl. Biewer, Reichsreformbestrebungen, S. 139–143.
634 21. 6. 1932: HVN AA KPR M 14. – Vgl. auch Aretin, Krone, S. 100 f.; Schwend, Bayern, S. 443.
635 HVN AA KPR M 14.
636 12. 6. 1932 Oettingen an KPR: GHA NL KPR 763.
637 1. 6. 1932 Guttenberg an KPR: GHA NL KPR 782. – Aretin, Krone, S. 90–109; Aretin, Bayerische Regierung, S. 216–225.
638 Von Kramer/von Waldenfels, Virtuti pro patria, S. 355.
639 Schwend, Bayern, S. 448; Altendorfer, Schäffer 2, S. 527.
640 Schwend, Bayern, S. 451–482; Menges, Reichsreform, S. 47–53.
641 Schwend, Bayern, S. 465–468; Schwarz, Die Zeit von 1918 bis 1933. Zweiter Teil, HbG IV/1, S. 512.

642 20. 7. 1932: HVN AA KPR M 14.
643 Solche Überlegungen erwähnt auch Schwend, Bayern, S. 458 f.
644 18. 8. 1932 Guttenberg an KPR: GHA NL KPR 782.
645 16. 9. 1932 Bericht Sodens über Gespräche mit Held und Schäffer an KPR: GHA NL KPR 764.
646 HVN AA KPR M 14 (danach auch folgende Angaben).
647 17. 9. 1932: HVN AA KPR M 14.
648 HVN AA KPR M 14 (danach auch folgende Angaben).
649 10. 8. 1932 Soden an KPR: GHA NL KPR 764 (danach auch die folgende Angabe).
650 Franz von Papen, Vom Scheitern einer Demokratie 1930–1933, Mainz 1968, S. 272–275.
651 28. 1. 1933: HVN AA KPR M 15.
652 13. 2. 1933: HVN AA KPR M 15.
653 29. 7. 1933: HVN AA KPR M 16.
654 7. 11. 1932: Tagebuch Dr. Georg Escherich, BA Koblenz, Erwerbungen 846 (Tagebuch Escherich) (freundlicher Hinweis Prof. Dr. Wolfram Pyta).
655 9. 3. 1934: HVN AA KPR M 17.
656 Schwend, Bayern, S. 464, 470; Aretin, Regierung, S. 221 f.
657 25. 6. 1932: HVN AA KPR M 14.
658 10. 8. 1932 Soden an KPR: GHA NL KPR 764; [Majewski,] 125. Geburtstag, S. 23.
659 12. 9. 1932: HVN AA KPR M 14.
660 26. 11. 1932: HVN AA KPR M 14.
661 Sendtner, Rupprecht, S. 549–553; Donohoe, Hitler's opponents, S. 105–113; Wiesemann, Vorgeschichte, S. 222–239; Weiß, „In Treue fest", S. 25–29. – Halbmonatsberichte des Regierungs-Präsidenten von Oberbayern: BayHStA MA 106670, 18. 1. 1933, S. 4, 6. 2. 1933, S. 4, 20. 2. 1933, S. 4.
662 Der Bayerische Königsbote, 10. Jg., 1932, Nr. 12, S. 1. – Schwend, Bayern, S. 519 f.
663 1. 10. 1932: HVN AA KPR M 14.
664 Aretin, Bayerische Regierung, S. 226; Altendorfer, Schäffer 2, S. 525 f.
665 Altendorfer, Schäffer 2, S. 524 f.
666 Altendorfer, Schäfer 2, S. 738 f.
667 Altendorfer, Schäfer 2, S. 739 (gestützt auf einen Bericht des britischen Generalkonsulats München vom 30. 1. 1933).
668 Altendorfer, Schäfer 2, S. 525.
669 12. 12. 1933: HVN AA KPR M 14.
670 4. 1. 1933: HVN AA KPR M 15 (danach folgende Angaben).
671 30. 11. 1932: HVN AA KPR M 14.
672 4. 1. 1933: HVN AA KPR M 15 (danach auch die folgenden Angaben).
673 26. 1. 1933: HVN AA KPR M 15.
674 Erwein von Aretin, in: König Rupprecht, S. 199–207, 231–241.
675 Fenske, Konservativismus, S. 265 f.
676 Aretin, Der bayerische Adel, S. 532.
677 Gesprächsprotokoll Johann-Erasmus Freiherr von Malsen-Ponickau vom 25. 2. 1933: IfZ F 52; Druck: Wiesemann, Vorgeschichte, Dok. 1a und 1b, S. 288–294. – Wiesemann, Vorgeschichte, S. 213–216; Aretin, Der bayerische Adel, S. 540 f.
678 14. 1. 1933: HVN AA KPR M 15.
679 Prinz Adalbert, Erinnerungen, S. 356.
680 31. 1. 1933: HVN AA KPR M 15.
681 Ziegler, Bayern im NS-Staat, HbG ²IV/1, S. 5. – Vgl. Karin Orth, Das System der nationalsozialistischen Konzentrationslager. Eine politische Organisationsgeschichte, Hamburg 1999.

682 6. 2. 1933: HVN AA KPR M 15.
683 6. 2. 1933: HVN AA KPR M 15.
684 2. 2. 1933: HVN AA KPR M 15.
685 Aufzeichnung Kardinal Faulhabers über Unterredung mit Graf Soden 20. 2. 1933: Akten Faulhaber 1, Nr. 267, S. 648–650.
686 Altendorfer, Schäffer, S. 739 f.
687 Aretin, Der bayerische Adel, S. 533–535; Altendorfer, Schäffer 2, S. 740. – Bericht Schäffers über seine vergeblichen Bemühungen in Berlin in der Ministerratssitzung vom 7. 2. 1933: BayHStA MA 99 525, Nr. 5/1933.
688 Aretin, Bayerische Regierung, S. 227 f.
689 9. 3. 1933: HVN AA KPR M 15. – Vgl. Ilsemann, Kaiser 2, S. 213.
690 14. 1. 1933: HVN AA KPR M 15. – Wenig befriedigend zur Rolle Kaiser Wilhelms II. bei den Restaurationsbemühungen ist die parteiisch gefärbte Darstellung: Willibald Gutsche, Monarchistische Restaurationsstrategie und Faschismus. Zur Rolle Wilhelms II. im Kampf der nationalistischen und revanchistischen Kräfte um die Beseitigung der Weimarer Republik, in: Der Ort Kaiser Wilhelms II. in der deutschen Geschichte, hg. v. John C. G. Röhl (Schriften des Historischen Kollegs, Kolloquien 17), München 1991, S. 287–296.
691 Aretin, Der bayerische Adel, S. 534 f.
692 10. 2. 1933: HVN AA KPR M 15.
693 Wilhelm Hoegner, Königreich Bayern?, in: Schwäbische Tagwacht 22 (ein Exemplar: BayHStA MA 106 563).
694 Aretin, Krone, S. 215 f.; Josef Held, Bayern und die Monarchie, Regensburg 1956, S. 14 f.; Wiesemann, Vorgeschichte, S. 226 f.; Aretin, Bayerische Regierung, S. 229; Altendorfer, Schäffer 2, S. 741 f. – Ebenso bei der Versammlung der SPD im Bezirksamt Altötting am 22. 2. Halbmonatsberichte des Regierungs-Präsidenten von Oberbayern: BayHStA MA 106 670, 4. 3. 1933, S. 3.
695 Wilhelm Hoegner, Flucht vor Hitler. Erinnerungen an die Kapitulation der ersten deutschen Republik 1933, München 1963, S. 72–82.
696 13. 2. 1933: HVN AA KPR M 15 (danach folgende Angaben).
697 Theaterzettel (ein Exemplar: StB 2 Bavar. 827–48, Theaterzettel Nationaltheater 1932 Dezember 1–1933 Dezember 31). – Der Bayerische Königsbote, 11. Jg., 1933, Nr. 3, S. 7; Aretin, Krone, S. 145 (datiert irrtümlich 10. 2.); Benz (Hg.), Berichte Moser, Nr. 250, S. 270 (18. 2. 1933); Sendtner, Rupprecht, S. 550.
698 17. 2. 1933: HVN AA KPR M 15.
699 Aretin, Bayerische Regierung, S. 229–232; Wiesemann. Vorgeschichte, S. 228 f.; Förster, Harnier-Kreis, S. 101–111.
700 20. 2. 1933: HVN AA KPR M 15.
701 Aretin, Bayerische Regierung, S. 230 f.: Gemeinsam mit Karl Schwend trug Fritz Schäffer dieses Vorhaben Baron Guttenberg vor, der diesen Weg jedoch ablehnte. Schwend, Bayern, S. 522, berichtet dagegen von einer Unterredung Schäffers mit dem Kronprinzen, der dabei seine grundsätzliche Bereitschaft erklärt habe.
702 20. 2. 1933: HVN AA KPR M 15.
703 Held, Bayern, S. 9 f.; Sendtner, Rupprecht, S. 551 f.; Altendorfer, Schäffer 2, S. 743 (danach war nach Mitteilung von Dr. Philipp Held auch Alois Hundhammer beteiligt).
704 Aretin, Bayerische Regierung, S. 230.
705 21. 2. 1933: HVN AA KPR M 15.
706 Zitiert nach Altendorfer, Schäffer 2, S. 743.
707 Aretin, Krone, S. 147 f.

708 Aretin, Bayerische Regierung, S. 231 f.
709 Aretin, Bayerische Regierung, S. 232.
710 BayHStA MA 99 525 (die Sitzung vom 20. 2. hat die laufende Nummer 7, die vom 28. 2. die Nummer 8).
711 Aretin, Bayerische Regierung, S. 230, Anm. 105.
712 21. 2. 1933: HVN AA KPR M 15.
713 21. 2. 1933: HVN AA KPR M 15.
714 Schwend, Bayern, S. 523.
715 Die Darstellung folgt den 1975 verfaßten Erinnerungen von Alfred von Redwitz: GHA Kopien, Drucke, Tafeln 769, S. 192 f. – Vgl. auch Aretin, Krone, S. 149 f.; Schwend, Bayern, S. 523; Sendtner, Rupprecht, S. 553; Josef Held, Heinrich Held, Ein Leben für Bayern, Regensburg 1958, S. 76 f.; Aretin, Bayerische Regierung, S. 232; Wiesemann, Vorgeschichte, S. 232–234 (mit Bericht Franz Sperrs); Rall, Wilhelm II., S. 379 f.
716 24. 6. 1949: Alfons von Redwitz an Franz von Redwitz: GHA NL Franz von Redwitz 22. Übereinstimmende Darstellung der Ereignisse aus der Sicht Eugen Fürst zu Oettingen-Wallersteins in einem Brief (Abschrift) an den Chefredakteur der Neuen Zeitung, München, vom 14. 3. 1947 im Fürstlichen Archiv Oettingen-Wallerstein auf der Harburg (freundlicher Hinweis Dr. Karina Urbach).
717 Aretin, Krone, S. 147.
718 24. 2. 1933 Sperr an Held (Abschrift Bericht der bayerischen Gesandtschaft Nr. 475): UAE G1/7, Nr. 1 (Nachlaß Ernst Meier).
719 Von Kramer/von Waldenfels, Virtuti pro patria, S. 349–351.
720 Aretin, Krone, S. 143; Held, Bayern, S. 10 f.; Sendtner, Rupprecht, S. 552; Wiesemann, Vorgeschichte, S. 234–236.
721 28. 5. 1933: HVN AA KPR M 16.
722 Aretin, Bayerische Regierung, S. 233 nach Ministerratsprotokoll vom 24. 2. 1933. – Im Bestand BayHStA, MA 99 525, Ministerratssitzungen 1933, ist dieses Protokoll nicht nachweisbar und auch keine Lücke in der laufenden Nummerierung (vgl. oben Anm. 710).
723 Hoegner, Flucht, S. 79.
724 Winfried Becker, Die nationalsozialistische Machtergreifung in Bayern. Ein Dokumentarbericht Heinrich Helds aus dem Jahr 1933, in: Historisches Jahrbuch 112, 1992, S. 412–435.
725 Niederschrift Karl Freiherr von Imhoff, stellvertretender Bevollmächtigter Bayerns zum Reichsrat: BayHStA MA 105 247; Druck: Wiesemann, Vorgeschichte, Dok. 2, S. 294–303. – Wiesemann, Vorgeschichte, S. 239.
726 21. 2. 1933: HVN AA KPR M 15.
727 4. 3. 1933: HVN AA KPR M 15.
728 7. 3. 1933: BayHStA MA 99 525.
729 7. 3. 1933: HVN AA KPR M 15.
730 9. 3. 1933: HVN AA KPR M 15. KPR im Gespräch mit Major Sell, dem Berliner Interessenvertreter Kaiser Wilhelms II.
731 Kraus, Umtriebe, S. 654.
732 Altendorfer, Schäffer 2, S. 745 f.
733 5. 4. 1946: HVN AA KPR M 25b.

Die Zeit der Diktatur S. 273–325

1 Grundlegend: Ziegler, Bayern im NS-Staat, zur Machtübernahme 1933 S. 514–521.
2 Wiesemann, Vorgeschichte, S. 254–283.
3 Wächter, Macht der Ohnmacht, S. 155–160.
4 12. 3. 1933: HVN AA KPR M 15.
5 Aretin, Krone, S. 157; Aretin, Bayerische Regierung, S. 234.
6 9. 10. 1933: HVN AA KPR M 15.
7 9. 3. 1934: HVN AA KPR M 17.
8 17. 3. 1933 Abschrift: GHA NL KPR 787; Druck: Sendtner, Rupprecht, S. 555f. – Rall, Wilhelm II., S. 380f.
9 27. 3. 1933: GHA NL KPR 787; Druck: Sendtner, Rupprecht, S. 556.
10 24. 3. 1933: HVN AA KPR M 15.
11 25. 3. 1933: HVN AA KPR M 15.
12 Ludwig Volk, Das Reichskonkordat vom 20. Juli 1933. Von den Anfängen in der Weimarer Republik bis zur Ratifikation am 10. September 1933 (Veröffentlichungen der Kommission für Zeitgeschichte B 5), Mainz 1972, S. 87f.
13 28. 3. 1933: Akten Faulhabers 1, Nr. 278, S. 671.
14 5. 5. 1933: Stasiewsky/Volk (Hg.), Akten 1 (wie unten Anm. 100), Nr. 35, S. 126–132.
15 3. 4. 1933: HVN AA KPR M 15.
16 7. 4. 1933: HVN AA KPR M 15.
17 Wächter, Macht der Ohnmacht, S. 161–173.
18 10. 4. 1933 Abschrift: GHA NL KPR 787 und Bundesarchiv Berlin-Lichterfelde R 43/II 1315; Druck: Sendtner, Rupprecht, S. 557. Weitere Abschrift im Fürstlichen Archiv Oettingen-Wallerstein auf der Harburg (frdl. Hinweis Dr. Karina Urbach).
19 10. 4. 1933: HVN AA KPR M 15.
20 26. 4. 1933: GHA NL KPR 787; Druck: Sendtner, Rupprecht, S. 557f. – 13. 4. 1933 Anfrage von Ministerialrat Wienstein, Büro des Reichspräsidenten, an den Staatssekretär in der Reichskanzlei: Bundesarchiv Berlin-Lichterfelde R 43/II 1315, hier ebenfalls Entwurf des Schreibens Hindenburgs an KPR (vgl. Wiesemann, Vorgeschichte, S. 242, Anm. 245).
21 HVN AA KPR M 16.
22 21. 4. 1933 Wilhelm II. an KPR: GHA NL KPR 787.
23 HVN AA KPR M 16.
24 14. 3. 1933: HVN AA KPR M 15 (danach auch die folgenden Angaben). – Vgl. Aretin, Der bayerische Adel, S. 542 (hier ist die Begegnung auf den 11. April datiert, ein zweites Treffen ist nicht auszuschließen, doch reiste KPR am 12. 4. nach Griechenland).
25 Seutter von Lötzen, Königstreue, S. 21.
26 Vgl. Klaus Schönhoven, Der politische Katholizismus in Bayern unter der NS-Herrschaft 1933–1945, in: Bayern in der NS-Zeit 5, hg. v. Martin Broszat und Hartmut Mehringer, München u. a. 1983, S. 541–646.
27 Aretin, Der bayerische Adel, S. 544f.; StA München AG 33 143.
28 9. 9. 1933: HVN AA KPR M 16.
29 HVN AA KPR M 17.
30 Schwend, Bayern, S. 546.
31 5. 2. 1934: HVN AA KPR M 17.
32 18. 2. 1934: HVN AA KPR M 17.
33 25. 12. 1934 Prof. Dr. Friedrich Wilhelm von Bissing an KPR: GHA NL KPR 213.
34 Grassinger, Münchner Feste, S. 138.

35 1. 4. 1933: HVN AA KPR M 15.
36 „Der Bayerische Königsbote", 11. Jg., 1933, Nr. 6, S. 2 f.
37 HVN AA KPR M 16 (danach auch die folgenden Angaben).
38 18. 5. 1934: HVN AA KPR M 18.
39 18. 2. 1934: HVN AA KPR M 18. – Aretin, Der bayerische Adel, S. 561.
40 18. 7. 1933: HVN AA KPR M 16.
41 HVN AA KPR M 17. – Sendtner, Rupprecht, S. 643.
42 10. 11. 1933: HVN AA KPR M 16.
43 Friedrich Wilhelm Prinz von Preußen, Das Haus Hohenzollern 1918–1945, München–Wien 1985, S. 163–175.
44 Friedrich Wilhelm von Preußen, Hohenzollern und Nationalsozialismus, S. 252–303; Lothar Machtan, Der Kaisersohn bei Hitler, Hamburg 2006.
45 Friedrich Wilhelm von Preußen, Hohenzollern und Nationalsozialismus, S. 176–243. – Zum Verhältnis Kaiser Wilhelms II. und der Hohenzollern zum Nationalsozialismus vgl. auch Gutsche, Kaiser im Exil, S. 111–171.
46 1. 11. 1933: HVN AA KPR M 16.
47 15. 1. 1934: HVN AA KPR M 17.
48 15. 1. 1934: HVN AA KPR M 17 (danach die folgenden Angaben).
49 28. 12. 1933: HVN AA KPR M 16.
50 GHA HRO vom Hl. Georg, Akten 248, 250.
51 16. 10. 1935: BayHStA KA Militär-Max-Joseph-Orden I K 1. Dazu auch: HVN AA KPR M 21 (KPR datiert die Denunziation durch einen Arzt in SA-Uniform hier ins Jahr 1938).
52 BayHStA KA Militär-Max-Joseph-Orden I K 1.
53 HVN AA KPR M 20 (danach Zitat). – Aretin, Der bayerische Adel, S. 561 f.
54 Briefe Müllers: GHA NL KPR 184.
55 22. 3. 1933: HVN AA KPR M 15.
56 Akten: BayHStA MA 107591 (Stellungnahme Heydrichs vom 26. 6. 1933). – Zur Verhaftung und anschließenden Inhaftierung im Münchner Polizeipräsidium an der Ettstraße, in Stadelheim und in Dachau: Aretin, Krone, S. 167–363; Aretin, Der bayerische Adel, S. 556–560.
57 14. 3. 1933: HVN AA KPR M 15 (danach auch die folgenden Angaben).
58 BayHStA StK 7591. Zum „Widerstand" Epps gegen Schutzhaft-Auswüchse: Wächter, Macht der Ohnmacht, S. 175–180.
59 7. 4. 1933: BayHStA, MA 99 525.
60 27. 5. 1933: HVN AA KPR M 16. – 20. 5. 1933 Albrecht an Siebert: BayHStA StK 7591.
61 1. 4. 1933: HVN AA KPR M 15.
62 19. 8. 1934 NSDAP Gau Oberbayern an Epp: BayHStA Reichsstatthalter 40. – Förster, Harnier-Kreis, S. 130.
63 30. 1. 1934: HVN AA KPR M 17. – Förster, Harnier-Kreis, S. 130 f.
64 HVN AA KPR M 16.
65 HVN AA KPR M 17.
66 4.–12. 6. 1933: HVN AA KPR M 16 (danach die folgenden Angaben).
67 Haunfelder, Reichstagsabgeordnete, S. 336.
68 29. 10. 1933: HVN AA KPR M 16 (danach die folgenden Angaben).
69 Erwein von Aretin berichtet in seinen autobiografischen Aufzeichnungen ausführlich über seine Haft: Aretin, Krone, S. 167–363.
70 5. 12. 1933 Redwitz an KPR: GHA NL KPR 169.
71 Erwein von Aretin schrieb seine Freilassung verschiedenen Interventionen bei Hitler und Himmler zu: Aretin, Krone, S. 355–357.

72 31. 10. 1933: HVN AA KPR M 16.
73 Information durch Karl Anton Reichel, 1. 12. 1933: HVN AA KPR M 16. – Erwähnt bei Förster, Harnier-Kreis, S. 130. – Vgl. auch Hans-Joachim Hecker, Die Kunststadt München im Nationalsozialismus, in: München – „Hauptstadt der Bewegung". Bayerns Metropole und der Nationalsozialismus, hg. v. Richard Bauer u. a. (Münchner Stadtmuseum), München 2002, S. 310–316.
74 1. 12. 1933 Innenminister Wagner an Siebert: BayHStA StK 6668.
75 6. 11. 1933, Information durch Trarbart von der Tann: HVN AA KPR M 16.
76 16. 11. 1933: HVN AA KPR M 16.
77 Friedrich Wilhelm von Preußen, Hohenzollern und Nationalsozialismus, S. 137, 176.
78 15. 12. 1933: HVN AA KPR M 16.
79 18. 2. 1934: HVN AA KPR M 17.
80 6. 11. 1933: HVN AA KPR M 16 (danach die folgenden Angaben).
81 Sendtner, Rupprecht, S. 642.
82 10. 11. 1933: HVN AA KPR M 16.
83 18. 3. 1934: HVN AA KPR M 18. Vgl. Erwein von Aretin, Wittelsbacher im Kz, München [1949], S. 20.
84 Edgar J. Jung, Sinndeutung der deutschen Revolution (Schriften an die Nation 55/56), Oldenburg 1933.
85 30. 12. 1933: HVN AA KPR M 16.
86 1. 5. 1934: HVN AA KPR M 17.
87 14. 7. 1934: HVN AA KPR M 18. – Vgl. Aretin, Wittelsbacher im Kz, S. 21 f.
88 19. 6. 1934 Staatssekretariat der Reichskanzlei an Epp mit Abschrift 14. 6. 1934 Himmler an Reichskanzlei: BayHStA Reichsstatthalter 788.
89 Alfons Frhr. von Redwitz, Erinnerungen: GHA Kopien, Drucke, Tafeln 769, S. 195–203.
90 BayHStA Abt. V NL Josef Maria Graf von Soden-Fraunhofen, maschinenschriftlicher Lebenslauf 1971.
91 Erinnerungen Franz von Redwitz: GHA NL Franz von Redwitz 22. – Vgl. Aretin, Wittelsbacher im Kz, S. 23–25.
92 9. 9. 1934 anonym (Schreibmaschinenblatt und Abschrift in schwarzem Wachstuchheft): GHA NL Otto Lanz 34.
93 GHA NL Otto Lanz 34.
94 1. 10. 1934 Kyzer-Lanz an KPR (Abschrift in schwarzem Wachstuchheft): GHA NL Otto Lanz 34.
95 GHA NL Franz von Redwitz 22. – Aretin, Kronprinz Rupprecht, S. 26; Aretin, Wittelsbacher im Kz, S. 26 f.; Schall-Riaucour, Aufstand, S. 325; Hartmann, Halder, S. 48.
96 HVN AA KPR M 19 (danach Zitat).
97 HVN AA KPR M 19 (danach Zitat).
98 Zur Biografie von Titus von Lanz: Von Kramer/von Waldenfels, Virtuti pro patria, S. 348.
99 Erschlossen aus den Briefen des Generals Konrad Krafft von Dellmensingen an KPR 1934, 1935: GHA NL KPR 723.
100 Bernhard Stasiewsky/Ludwig Volk (Hg.), Akten deutscher Bischöfe über die Lage der Kirche 1933–1945 (Veröffentlichungen der Kommission für Zeitgeschichte A/ab 5), 6 Bde., Mainz 1968/85; Ludwig Volk, Katholische Kirche und Nationalsozialismus. Ausgewählte Aufsätze, hg. v. Dieter Albrecht (Veröffentlichungen der Kommission für Zeitgeschichte B 46), Mainz 1987; Georg May, Kirchenkampf oder Katholikenverfolgung, Stein am Rhein 1995.
101 27. 3. 1934: HVN AA KPR M 18.
102 Bernhard Höpfl, Katholische Laien im nationalsozialistischen Bayern. Verweigerung und

Widerstand zwischen 1933 und 1945 (Veröffentlichungen der Kommission für Zeitgeschichte B 78), Paderborn u. a. 1997.
103 Mehrere Niederschriften von Franz von Redwitz 1949: GHA NL Franz von Redwitz 14, 22. – Sendtner, Rupprecht, S. 646 f.
104 Bretschneider, Widerstand, S. 154–178; Winfried Becker/Helmut Moll, Dr. Franz Sperr, in: Moll (Hg.), Zeugen, S. 425–428; Hermann Rumschöttel/Walter Ziegler (Hg.), Franz Sperr und der Widerstand gegen den Nationalsozialismus in Bayern (ZBLG, Beiheft 20), München 2001, hier besonders der Beitrag von Winfried Becker, Franz Sperr und sein Widerstandskreis, S. 83–173.
105 Wolfgang Altgeld, Zum 20. Juli 1944 – Eduard Hamm, in: Vierteljahreshefte für Politik und Kultur 4/84, 26. Jg., 1992, S. 125–128.
106 Franz von Redwitz, Franz Sperr und seine Beziehungen zu Seiner Königlichen Hoheit Kronprinz Rupprecht (Manuskript), in: UAE G1/7, Nr. 1 (Nachlaß Ernst Meier); ebenso in: GHA NL Franz von Redwitz 23.
107 Hauptquelle: Bericht des Regierungsrats Weintz für die Gestapo vom Oktober 1939 „Die Illegale Monarchistische Bewegung in Bayern": StA München Gestapo 56 (vgl. Förster, Harnier-Kreis, S. 457–467). – Donohoe, Hitler's opponents, S. 130–146; Bretschneider, Widerstand, S. 133–153; Weiß, „In Treue fest", S. 32–37; Förster, Harnier-Kreis, S. 138–182.
108 Förster, Harnier-Kreis, v. a. S. 183–420.
109 Förster, Harnier-Kreis, S. 387–389.
110 HVN AA KPR M 21.
111 Bericht von KPR über Exil und Gründe, Juli 1945: GHA NL KPR 1003 c.
112 Verzeichnis des persönlichen Umgangs des ehemaligen Kronprinz Rupprecht (Oktober 1939): StA München Gestapo 13.
113 HVN AA KPR M 21.
114 Hartmut Mehringer, Die KPD in Bayern 1919–1945. Vorgeschichte, Verfolgung und Widerstand, in: Bayern in der NS-Zeit 5, hg. v. Martin Broszat und Hartmut Mehringer, München u. a. 1983, S. 1–286, hier v. a. 131–136, 148–159; Förster, Harnier-Kreis, S. 421–438.
115 Seutter von Lötzen, Königstreue, S. 45–65, 76; Verzeichnis der Festgenommenen: Donohoe, Hitler's opponents, App. G, S. 268–279.
116 28. 6. 1944: Donohoe, Hitler's opponents, App. I, S. 309–311.
117 Manuskript: „25 Jahre Wittelsbacher Ausgleichsfonds" 9. 3. 1923–1948, ein Exemplar: GHA NL Prinz Franz A 178.
118 16. 6. 1933: HVN AA KPR M 16 (danach auch die folgenden Angaben).
119 HVN AA KPR M 15 und M 19.
120 HVN AA KPR M 19. – 18. 2. 1937 Prof. Dr. Leo von Zumbusch an KPR: GHA NL KPR 153.
121 Prinzessin Irmingard, Jugend-Erinnerungen, S. 173.
122 Prinzessin Irmingard, Jugend-Erinnerungen, S. 197–213.
123 HVN AA KPR M 21 (danach die folgenden Angaben).
124 HVN AA KPR M 15.
125 HVN AA KPR M 18 (danach die folgenden Angaben).
126 Vgl. Karl Fürst zu Schwarzenberg, Geschichte des reichsständischen Hauses Schwarzenberg (Veröffentlichungen der Gesellschaft für fränkische Geschichte IX/16), 2 Bde., Neustadt a. d. Aisch 1963, hier Bd. 2, S. 261–265.
127 HVN AA KPR M 19.
128 Reisebericht: HVN AA KPR M 20.
129 Sendtner, Rupprecht, S. 571–591.
130 Reisebeschreibung: HVN AA KPR M 21.

131 1952: HVN AA KPR M 30. – Sendtner, Rupprecht, S. 610–615.
132 HVN AA KPR M 21.
133 HVN AA KPR M 21. – Gutsche, Kaiser im Exil, S. 190; Rall, Wilhelm II., S. 390.
134 Friedrich Wilhelm von Preußen, Haus Hohenzollern, S. 225–227.
135 26. 2. 1939 Pannwitz an KPR: GHA NL KPR 247.
136 HVN AA KPR M 21.
137 Erinnerungen Franz von Redwitz: GHA NL Franz von Redwitz 23.
138 Franz von Redwitz, Otto Geßler, Franz Sperr: GHA NL Franz von Redwitz 14.
139 HVN AA KPR M 21. – Förster, Harnier-Kreis, S. 432–438.
140 Förster, Harnier-Kreis, S. 438–451.
141 Oktober 1940 Zu Rhein an Epp: IfZ F 52.
142 Sendtner, Rupprecht, S. 649 f.
143 „Familiäre Sorgen": HVN AA KPR, schwarze Mappe. – Sendtner, Rupprecht, S. 650–653.
144 Prinzessin Irmingard, Jugend-Erinnerungen, S. 215–221.
145 „Familiäre Sorgen": HVN AA KPR, schwarze Mappe.
146 Erwähnt in Schreiben des Reichsinnenministeriums 8. 10. 1940: IfZ F 52.
147 1. 2. 1940 Antonie an KPR: GHA NL KPR 93. – Schlim, Antonia von Luxemburg, S. 118 f.
148 „Familiäre Sorgen": HVN AA KPR, schwarze Mappe.
149 „Familiäre Sorgen": HVN AA KPR, schwarze Mappe.
150 Vgl. Prinzessin Irmingard, Jugend-Erinnerungen, S. 224–228.
151 22., 26. 8. 1940 Hofmarschallamt an Himmler; Oktober 1940 Hof- und Vermögensverwaltung an Epp: IfZ F 52.
152 HVN AA KPR M 22.
153 Friedrich Wilhelm von Preußen, Haus Hohenzollern, S. 407–410.
154 Friedrich Wilhelm von Preußen, Haus Hohenzollern, S. 410–412.
155 Max Domarus, Hitler, Reden und Proklamationen 1932–1945, Bd. 4, Wiesbaden 1973, S. 2127, Anm. 200.
156 Aktennotiz 14. 5. 1940: IfZ F 52 (Provenienz: Document Center, Berlin, Archiv Schumacher, Ordner 62).
157 24. 5. 1940 Aktennotiz: IfZ F 52.
158 GHA NL KPR 996.
159 26. 8. 1940 Redwitz an Himmler: IfZ F 52. Die Antwort des Adjutanten Himmlers vom 2. 9. 1940 lautete, an der getroffenen Entscheidung könne nichts geändert werden, doch wurde diese Entscheidung nicht bekanntgegeben.
160 30. 5. 1941 deutsches Generalkonsulat Genua an Fraunberg: GHA NL KPR 996.
161 12. 6. 1940 Handschreiben Pius XII. an KPR, 16. 12. 1947 Quittung des Staatssekretariates (Giovanni Battista Montini) über Rückzahlung: GHA NL KPR 996.
162 23. 4. 1941: IfZ F 52.
163 Erlaß 24. 4. 1941, 10. 5. 1941 Zu Rhein an Epp: IfZ F 52.
164 HVN AA KPR M 24.
165 HVN AA KPR M 22.
166 9. 5. 1941 Zu Rhein an Epp: IfZ F 52.
167 Prinzessin Irmingard, Jugend-Erinnerungen, S. 228–230, 252–260.
168 Vgl. Heiner Möllers, Reichswehrminister Otto Geßler. Eine Studie zu „unpolitischer" Militärpolitik in der Weimarer Republik (Europäische Hochschulschriften III 794), Frankfurt a. M. u. a. 1998, S. 382.
169 Kock, Bayerns Weg, S. 74.
170 Hettler, Josef Müller, S. 56–200.

171 Dr. Josef Müller im Gespräch zu Graf Soden, 15. 9. 1946: HVN AA KPR M 25 b.
172 Bericht Carossas, Abdruck: Sendtner, Rupprecht, S. 655 f.
173 StB Ana 372 (NL Ilse Schneider-Lengyel).
174 Reinhold Schneider, Macht und Gnade, Leipzig 1941 (Widmungsexemplar: HVN Familienbibliothek).
175 6. 8. 1941 KPR an Krafft: BayHStA KA NL Krafft von Dellmensingen 195.
176 22. 6. 1941 KPR an Holnstein: HVN.
177 HVN AA KPR M 22.
178 HVN AA KPR M 23.
179 „Familiäre Sorgen": HVN AA KPR, schwarze Mappe (danach die folgenden Angaben).
180 1. 11. 1942 KPR an Krafft: BayHStA KA NL Krafft von Dellmensingen 195.
181 Prinzessin Irmingard, Jugend-Erinnerungen, S. 273–282.
182 HVN AA KPR M 23.
183 8. 6. 1943 KPR an Holnstein: HVN, Korrespondenz KPR–Graf Holnstein.
184 Rudolf Borchardt. Eine Einführung in sein Werk und eine Auswahl, hg. v. Hans Hennecke (Akademie der Wissenschaften und der Literatur), Wiesbaden 1954.
185 Vgl. unten Verfassungskonzeptionen, S. 316–320.
186 Rudolf Lill, Das faschistische Italien (1919/22–1945), in: Kleine italienische Geschichte, hg. v. Wolfgang Altgeld, Stuttgart 2002, S. 371–429 (mit Literatur).
187 HVN AA KPR M 24.
188 9. 3. 1944 KPR an Holnstein: HVN.
189 30. 3. 1943: GHA HRO vom Hl. Georg, Akten 248.
190 Briefwechsel: HVN. – Vgl. Sendtner, Rupprecht, S. 656–660.
191 18. 2. 1943 Holnstein an KPR: HVN.
192 19. 6. 1940 Holnstein an KPR: HVN.
193 Förster, Harnier-Kreis, S. 445 f.
194 Oktober 1940 Zu Rhein an Epp: IfZ F 52.
195 30. 8. 1940 Abschrift Reichssicherheitshauptamt, gez. Heydrich, an Reichsinnenministerium: IfZ F 52; Druck: Donohoe, Hitler's opponents, App. J, S. 312–316. – Förster, Harnier-Kreis, S. 446–448.
196 8. 10. 1940 Abschrift Reichsinnenministerium an Siebert: IfZ F 52 (danach folgendes Zitat).
197 20. 10. 1940 Abschrift Gebhard Himmler an Heinrich Himmler, 14. 11. 1940 Abschrift Gebhard Himmler an Rauscher: IfZ F 52.
198 21. 10. 1040 Epp an Frick: IfZ F 52.
199 24. 10. 1940 Siebert an Frick: IfZ F 52.
200 24. 10. 1940, 31. 1. 1941 Hof- und Vermögensverwaltung an Frick: IfZ F 52.
201 16. 4. 1943 Holnstein an KPR: HVN.
202 11. 3. 1943 Holnstein an KPR: HVN. – Linnenkamp, Leo von Klenze, S. 246.
203 17. 6. 1943 Vollmacht für die Regelung der persönlichen und Vermögensangelegenheiten: HVN. – Sendtner, Rupprecht, S. 656.
204 24. 4. 1944 Holnstein an KPR: HVN.
205 11. 5. 1944 KPR an Holnstein: HVN.
206 15. 6. 1944 Holnstein an KPR, zurück 7. 10. 1944 in Leutstetten: HVN.
207 HVN AA KPR M 24.
208 Alle Angaben nach: 9. 3. 1944 KPR an Holnstein: HVN. Vgl. auch Schlim, Antonia von Luxemburg, S. 127 f.
209 HVN AA KPR M 24.
210 HVN AA KPR M 24.

211 HVN AA KPR M 24 (danach alle folgenden Angaben).
212 10. 7. 1947: HVN AA KPR M 26.
213 Biographische Daten: Gerd Wunder, Die Schenken von Stauffenberg. Eine Familiengeschichte (Schriften zur südwestdeutschen Landeskunde 11), Stuttgart 1972, S. 474.
214 HVN AA KPR M 24 (danach alle folgenden Angaben).
215 Geßler, Reichswehrpolitik, S. 88.
216 Alle Angaben nach HVN AA KPR M 24.
217 Abschrift: HVN AA M 25a; Druck: Sendtner, Rupprecht, S. 665–669; Schlim, Antonia von Luxemburg, S. 131–136. – Vgl. Aretin, Wittelsbacher im Kz, S. 41–46.
218 Heydecker, Kronprinz Rupprecht, S. 115.
219 Prinzessin Irmingard, Jugend-Erinnerungen, S. 287–301.
220 Freundliche Mitteilung Herzog Franz von Bayern.
221 Ihre Erlebnisse in den Konzentrationslagern: Prinzessin Irmingard, Jugend-Erinnerungen, S. 303–321.
222 Vgl. auch Prinzessin Irmingard, Jugend-Erinnerungen, S. 321–328.
223 Schlim, Antonia von Luxemburg, S. 137 f.
224 HVN AA KPR M 23. Die Seitenangaben nach dem Titel „Bemerkungen" in den folgenden Anmerkungen beziehen sich auf das Manuskript in dieser Mappe. Zwei fragmentarische Fassungen dieses Manuskriptes, ebenfalls mit handschriftlichen Korrekturen von KPR, befinden sich im GHA im Nachlass des Prinzen Heinrich von Bayern. Dabei handelt es sich um die Entwürfe für das Nymphenburger Exemplar. Auf Einzelnachweise wird im Folgenden verzichtet, nur wörtliche Zitate sind angegeben. – Vgl. dazu auch die Auswertung bei Weiß, Staatsauffassung, S. 547–560.
225 Bemerkungen, S. 72.
226 Bemerkungen, S. 124.
227 Bemerkungen, S. 162.
228 Bemerkungen, S. 163.
229 Bemerkungen, S. 164 (danach auch folgendes Zitat).
230 Bemerkungen, S. 171 f.
231 Bemerkungen, S. 207.
232 Bemerkungen, S. 234.
233 Bemerkungen, S. 241.
234 HVN AA KPR M 24, S. 28. – Das Exemplar für das Foreign Office, das dort im Mai und Juni 1943 geprüft wurde (Public Record Office London FO 371/34458), behandelt Kock, Bayerns Weg, S. 74 f. (danach folgende Zitate).
235 HVN AA KPR M 24, S. 28.
236 John S. Conway, Myron C. Taylor's Mission to the Vatican 1940–1950, in: Church history 44, 1975, S. 85–99.
237 Kopie mit Vermerk „Reproduced from holders at the Franklin D. Roosevelt Library": GHA NL KPR 1000c.
238 GHA NL KPR 1003, a) Memorandum 6. 3.1945, ein Doppelblatt, vierseitig mit Maschine beschrieben, handschriftlich datiert von KPR, Druck: Sendtner, Rupprecht, S. 673–675; b) englische Übersetzung vom 12. 3., ebenfalls in: National Archives, Washington, General Records 1945, 800, vol. 39 (1) (Angabe nach Färber, Bayern, S. 227, Anm. 19). – Erwähnt bei Rall, Kronprinz Rupprecht, S. 2–4; Gelberg, in: Protokolle Schäffer, bearb. v. Gelberg, S. 32.
239 Vierte Plenarsitzung in Teheran am 1. 12. 1943: Teheran Jalta Potsdam. Die sowjetischen Protokolle von den Kriegskonferenzen der „Großen Drei" (Dokumente zur Außenpolitik I), hg. v. Alexander Fischer, Köln 1968, S. 84 f.; Zweite Plenarsitzung in Jalta am 5. 2. 1945: Ebd.,

S. 110; Siegfried Kappe-Hardenberg (Hg.), Die Jalta-Dokumente. Roosevelt, Churchill und Stalin auf der Krimkonferenz im Februar 1945, Leoni am Starnberger See 1987, S. 311 f.
240 GHA NL KPR 1000: „Betrachtungen über eine Neugestaltung Deutschlands", Denkschrift in der Fassung vom Mai/Juli 1945.
241 Dieser Abschnitt folgt den Aufzeichnungen von KPR: HVN AA KPR M 24.
242 Briefe von General Hume an KPR: GHA NL KPR 1004.
243 Vgl. auch Kock, Bayerns Weg, S. 73 (Hinweis auf Schweizer Artikel).
244 HVN AA KPR M 24, S. 34.
245 HVN AA KPR M 24, Dezember 1944.
246 HVN AA KPR M 25.
247 23. 5. 1945 Holnstein an KPR: HVN.
248 HVN AA KPR M 25, S. 12, 17.
249 13. 4. 1945: Le Saint Siège et la Guerre Mondiale. Janvier 1944–Mai 1945 (Actes et Documents du Saint Siège relatifs à la Seconde Guerre Mondiale 11), hg. v. Pierre Blet u. a., Città del Vaticano 1981, Nr. 539, S. 732.
250 HVN AA KPR M 25a.
251 Kock, Bayerns Weg, S. 72.
252 23. 5. 1945: HVN; Abdruck: Sendtner, Rupprecht, S. 669–672; Schlim, Antonia von Luxemburg, S. 138–142.
253 Hettler, Josef Müller, S. 200–202.
254 Bretschneider, Widerstand, S. 218–239; Kock, Bayerns Weg, S. 96–98.
255 HVN AA KPR M 25a.
256 Peter Pfister, Rudolf Graf von Marogna-Redwitz, in: Moll (Hg.), Zeugen, S. 416–419.
257 Anton Ritthaler, Karl Ludwig Freiherr von und zu Guttenberg (Neujahrsblätter der Gesellschaft für fränkische Geschichte 34), Würzburg 1970; Maria Theodora Freifrau von dem Bottlenberg-Landsberg, in: Moll (Hg.), Zeugen, S. 596–599.
258 GHA NL KPR 998, 1006, 1008. – Gelberg, in: Protokolle Schäffer, bearb. v. Gelberg, S. 32 f.
259 HVN AA KPR M 25a.
260 22. 6. 1945 Holnstein an KPR: HVN.
261 HVN AA KPR M 25a.
262 Protokolle Schäffer, bearb. v. Gelberg, Nr. 14, S. 164 f.
263 24. 10. 1945: HVN AA KPR M 25a.

Die Zeit des Freistaats S. 326–355

1 Wolfgang Benz (Hg.), Neuanfang in Bayern 1945 bis 1949. Politik und Gesellschaft in der Nachkriegszeit, München 1988; Lanzinner, Sternenbanner; Karl-Ulrich Gelberg, Unter amerikanischer Besatzung, in: HbG ²IV /1, S. 646–802.
2 Conrad F. Latour/Thilo Vogelsang, Okkupation und Wiederaufbau. Die Tätigkeit der Militärregierung in der amerikanischen Besatzungszone Deutschlands 1944–1947 (Studien zur Zeitgeschichte), Stuttgart 1973, zu Bayern S. 86–92; Reinhard Heydenreuter, Office of Military Government for Bavaria, in: OMGUS-Handbuch. Die amerikanische Militärregierung in Deutschland 1945–1949, hg. v. Christoph Weisz (Quellen und Darstellungen zur Zeitgeschichte 35), München 1994, S. 143–315; Gelberg, Besatzung, S. 651–666.
3 Christoph Henzler, Fritz Schäffer 1945–1967. Eine biographische Studie zum ersten bayerischen Nachkriegs-Ministerpräsidenten und ersten Finanzminister des Bundes (Untersuchungen und Quellen zur Zeitgeschichte 3), München 1991. Vgl. auch die autobiografischen Aufzeichnungen

von Fritz Schäffer, Die Zeit der ersten Ministerpräsidentschaft in Bayern nach dem Zusammenbruch im Jahre 1945 (Historisch-politische Schriftenreihe des Neuen Presseclubs München 1), München 1963.
4 Protokolle Schäffer, bearb. v. Gelberg.
5 Gelberg, in: Protokolle Schäffer, bearb. v. Gelberg, S. 28.
6 GHA NL KPR 997, 998, 1006, 1008.
7 3. 10. 1945: HVN AA KPR M 25a.
8 Gelberg, Besatzung, S. 669–671.
9 Gelberg, Besatzung, S. 673 f.
10 Die Protokolle des Bayerischen Ministerrats 1945–1954. Das Kabinett Hoegner I: 28. September 1945 bis 21. Dezember 1946, bearb. v. Karl-Ulrich Gelberg, München 1997.
11 Gelberg, Besatzung, S. 656 f.
12 22. 10. 1945: Die Regierungen 1945–1962, bearb. v. Fritz Baer (Dokumente zur Geschichte von Staat und Gesellschaft in Bayern III/9), München 1977, Nr. 13, S. 41–45.
13 HVN AA KPR M 25a.
14 HVN AA KPR M 25a (danach auch die folgenden Angaben und Zitate). – Die Kontakte zu KPR nicht erwähnt bei: Wilhelm Hoegner, Der schwierige Außenseiter. Erinnerungen eines Abgeordneten, Emigranten und Ministerpräsidenten, München 1959.
15 27. 11. 1945: HVN AA KPR M 25b.
16 Heydenreuter, Office, S. 192; Gelberg, Besatzung, S. 654 f.
17 Solche Pläne waren zeitweilig bei den Alliierten vorhanden: Ernst Deuerlein (†)/Wolf D. Gruner, Die politische Entwicklung Bayerns 1945 bis 1972, in: HbG IV/1 (1. Auflage), S. 538–644, hier S. 546–549.
18 Zorn, Bayerns Geschichte, S. 556 f. Vgl. auch Schäffer, Zeit der ersten Ministerpräsidentschaft, S. 9 f.
19 Kock, Bayerns Weg, S. 33–37.
20 Kock, Bayerns Weg, S. 38–44, 149; Zorn, Bayerns Geschichte, S. 559.
21 11. 1. 1947: HVN AA KPR M 26.
22 Die CSU 1945–1948. Protokolle und Materialien zur Frühgeschichte der Christlich-Sozialen Union, 3 Bde., hg. im Auftrag des Instituts für Zeitgeschichte v. Barbara Fait und Alf Mintzel unter Mitarbeit von Thomas Schlemmer (Texte und Materialien zur Zeitgeschichte 4), München 1993. – Zur Gründungsgeschichte: Alf Mintzel, Die CSU. Anatomie einer konservativen Partei 1945–1972 (Schriften des Zentralinstituts für sozialwissenschaftliche Forschung der Freien Universität Berlin 26), Opladen 1976; Barbara Fait, Die Anfänge der CSU 1945–1948. Der holprige Weg zur Erfolgspartei, München/Landsberg 1995; Geschichte einer Volkspartei. 50 Jahre CSU 1945–1995 (Sonderausgabe der Politischen Studien), hg. v. der Hanns-Seidel-Stiftung, München 1995; Thomas Schlemmer, Aufbruch, Krise und Erneuerung. Die Christlich-Soziale Union 1945 bis 1955 (Quellen und Darstellungen zur Zeitgeschichte 41), München 1998.
23 HVN AA KPR M 25b.
24 Paul Hussarek, Hundhammer. Weg des Menschen und Staatsmannes, München [1950]; Bernhard Zittel, Alois Hundhammer (1900–1974), in: Jürgen Aretz u. a. (Hg.), Zeitgeschichte in Lebensbildern 5, Mainz 1982, S. 253–265.
25 Hettler, Josef Müller, S. 203–228.
26 3. 12. 1945: HVN AA KPR M 25b.
27 Färber, Bayern, S. 163–166.
28 1. 7. 1945 Soden an KPR: GHA NL KPR 1006.
29 26. 9. 1945 Redwitz an KPR: GHA NL KPR 1008. – Sendtner, Rupprecht, S. 683–685; Kock, Bayerns Weg, S. 158–164; Färber, Bayern, S. 166–171.

30 30. 10. 1945 Redwitz an KPR: GHA NL KPR 1008.
31 Fait, Erneuerung, S. 106–108.
32 HVN AA KPR M 25b. – Vgl. auch Kock, Bayerns Weg, S. 158 f., Anm. 285.
33 19. 11. 1945: HVN AA KPR M 25b.
34 Kock, Bayerns Weg, S. 157 f.
35 23. 1. 1946: HVN AA KPR M 25b.
36 Januar 1946: HVN AA KPR M 25b. – Robert E. Lembke, Kronprinz Rupprecht erklärt, in: Neue Zeitung, 2. Jg., Nr. 9, 1. 2. 1946, S. 3.
37 9. 2. 1946: HVN AA KPR M 25b.
38 10. 7. 1946: HVN AA KPR M 25b.
39 Kock, Bayerns Weg, S. 161 f.
40 29. 4. 1946: HVN AA KPR M 25b (danach auch das folgende Zitat).
41 HVN AA KPR M 25b. – Erwähnt bei Kock, Bayerns Weg, S. 161, Anm. 296.
42 11. 5. 1946: HVN AA KPR M 25b.
43 29. 4. 1946: HVN AA KPR M 25b.
44 Hettler, Josef Müller, S. 240–251.
45 Die CSU. Protokolle und Materialien 1, Nr. 15, S. 207, ebenfalls in der Sitzung am 16. 5., Nr. 17, S. 234. Zitiert auch bei Hettler, Josef Müller, S. 241.
46 1. 5. 1946: Die CSU Protokolle 1, hg. v. Fait / Mintzel, Nr. 15, hier S. 206–209.
47 16. 5. 1946: Die CSU Protokolle 1, Nr. 17, hier S. 234 f.; Hettler, Josef Müller, S. 242.
48 Walter L. Dorn, Inspektionsreisen in der US-Zone. Notizen, Denkschriften und Erinnerungen aus dem Nachlaß herausgegeben von Lutz Niethammer (Schriftenreihe der Vierteljahrshefte für Zeitgeschichte 26), Stuttgart 1973, S. 68–74 (Die monarchistische Bewegung in Bayern, Notizen, meist Februar 1946).
49 BayHStA StK 1392. – Kock, Bayerns Weg, S. 162–164; Färber, Bayern, S. 171–175.
50 17. 7. 1946: HVN AA KPR M 25b.
51 Kock, Bayerns Weg, S. 158, Anm. 284.
52 Dorn, Inspektionsreisen, S. 73.
53 5. 4. 1946: HVN AA KPR M 25b.
54 Hettner, Josef Müller, S. 280–290.
55 2. 3. 1946: HVN AA KPR M 25b.
56 Gespräch in Tegernsee 15. 9. 1946: HVN AA KPR M 25b.
57 Bestätigt durch Angabe in BayHStA Abt. V NL Josef Maria Graf von Soden-Fraunhofen, Wahlkreis Vilsbiburg.
58 Winfried Becker, Gründung und Wurzeln der Christlich-Sozialen Union, in: Geschichte einer Volkspartei, S. 69–107, hier S. 102–107 weist darauf hin, dass es bei diesem Flügelkampf auch um das strukturell-politische Problem der Bildung einer interkonfessionellen Volkspartei ging. – Schlemmer, Aufbruch, S. 90–118.
59 Rudolf Drasch, Der Weg der Bayernpartei 1946–1976, München 1977; Ilse Unger, Die Bayernpartei. Geschichte und Struktur 1945–1957, Stuttgart 1979; Konstanze Wolf, CSU und Bayernpartei. Ein besonderes Konkurrenzverhältnis 1948–1960, Köln ²1984; Fait, Erneuerung, S. 104–106.
60 3. 8. 1947: HVN AA KPR M 26.
61 Hoegner, Außenseiter, S. 227 f. Er war Hoegner allerdings von der Besatzung zugewiesen worden und hatte eine starke Abneigung gegen „die Preußen". Fait, Erneuerung, S. 104 f.
62 Vgl. Georg Lohmeier, Joseph Baumgartner. Ein bayerischer Patriot, München 1974, hier v. a. S. 116–120.
63 24. 2. 1948: HVN AA KPR M 26.

64 31. 3. 1948: HVN AA KPR M 26.
65 Fait, Erneuerung, S. 116–119; Gelberg, Besatzung, S. 702 f.
66 Gelberg, in: Protokolle Hoegner I, bearb. v. Gelberg, S. LXX–LXXV.
67 Wilhelm Hoegner, Vorentwurf zur Verfassung des Volksstaates Bayern (Februar 1946), in: Frank R. Pfetsch (Hg.), Verfassungsreden und Verfassungsentwürfe. Länderverfassungen 1946–1953 (Verfassungspolitik. Heidelberger Studien zur Entstehung von Verfassungen nach 1945, 1), Frankfurt a. M. 1986, S. 333–352. – Fait, Erneuerung, S. 122–134.
68 Hoegner, Vorentwurf, Artikel I (1), S. 333.
69 12. 4. 1946: HVN AA KPR M 25b.
70 Gelberg, Besatzung, S. 707.
71 17. 7. 1946: HVN AA KPR M 25b. Vgl. dazu Schlemmer, Aufbruch, S. 123–127.
72 Gelberg, Besatzung, S. 705 f.
73 Die parteipolitische Diskussion um den Staatspräsidenten. Eine Unterredung mit dem Ministerpräsidenten Dr. Högner: Süddeutsche Zeitung, 2. Jg., Nr. 82, 11. 10. 1946, S. 3.
74 Gelberg, Besatzung, S. 710.
75 Hettner, Josef Müller, S. 244 f.
76 Fait, Erneuerung, S. 288–375; Schlemmer, Aufbruch, S. 128–148.
77 25. 9. 1946: HVN AA KPR M 25b. – Vgl. Hoegner, Außenseiter, S. 253 f.
78 24. 10. 1946: Die Regierungen 1945–1962, bearb. v. Fritz Baer (Dokumente zur Geschichte von Staat und Gesellschaft in Bayern III/9), München 1977, Nr. 17, S. 81 f.
79 Eduard Schmidt, Staatsgründung und Verfassungsgebung in Bayern. Die Entstehung der Bayerischen Verfassung vom 8. Dezember 1946, Diss. jur. Regensburg 1993, S. 129–133.
80 Johannes Merz, „Freistaat Bayern". Metamorphosen eines Staatsnamens, in: Vierteljahrshefte für Zeitgeschichte 45, 1997, S. 121–142.
81 Wilhelm Volkert, Die Entstehung des Bayerischen Staatswappens (1945–1950), in: Auxilia Historica. Festschrift Peter Acht, hg. v. Walter Koch u. a. (Schriftenreihe zur bayerischen Landesgeschichte 132), München 2001, S. 449–460.
82 Gelberg, Besatzung, S. 725.
83 3. 12. 1946: HVN AA KPR M 25b.
84 Die Protokolle des Bayerischen Ministerrats 1945–1954. Das Kabinett Ehard I: 21. Dezember 1946 bis 20. September 1947, bearb. v. Karl-Ulrich Gelberg, München 2000.
85 Gelberg, Besatzung, S. 685–688.
86 23./31. 12. 1946: HVN AA KPR M 25b.
87 3. 9. 1947: HVN AA KPR M 26 (danach auch folgendes Zitat).
88 29. 11. 1947: HVN AA KPR M 26.
89 „Deutschlands Ohnmacht ist keine Friedensgrundlage." Dr. Ehard zu den Problemen der Londoner Konferenz – Bayerns Aufgabe im künftigen Bundesstaat, in: Süddeutsche Zeitung, 3. Jg., Nr. 101, 2. 12. 1947, S. 2.
90 Gelberg, Besatzung, S. 697–699.
91 29. 8. 1946: HVN AA KPR M 25b (danach auch die folgenden Angaben).
92 Protokoll: GHA NL Prinz Franz A 178.
93 9. 11. 1945: HVN AA KPR M 25b.
94 9. 10. 1946: HVN AA KPR M 25b.
95 10. 7. 1946 (und weitere Einträge): HVN AA KPR M 25b. – Vgl. auch Lanzinner, Sternenbanner, S. 59–61.
96 Akten Kardinal Michael von Faulhabers III 1945–1952, bearb. v. Heinz Hürten (Veröffentlichungen der Kommission für Zeitgeschichte A 48), Paderborn u. a. 2002, S. XXXIII, hier z. B. Nr. 38, S. 53–56, Nr. 83, S. 155–157 passim.

97 Gelberg, in: Protokolle Schäffer, bearb. v. Gelberg, S. 116–119.
98 26. 2. 1946: HVN AA KPR M 25b.
99 Gelberg, Besatzung, S. 744.
100 Zorn, Bayerns Geschichte, S. 541 f.
101 Vgl. Gelberg, Besatzung, S. 755–757.
102 10. 7. 1946: HVN AA KPR M 25b.
103 18. 5. 1948: HVN AA KPR M 27.
104 Vgl. dazu Gelberg, in: Protokolle Schäffer, bearb. v. Gelberg, S. 126 und Protokolle Hoegner I, bearb. v. Gelberg, Nr. 47 und 55.
105 10. 8. 1946: HVN AA KPR M 25b.
106 26. 2. 1946: HVN AA KPR M 25b.
107 15. 9. 1946: HVN AA KPR M 25b.
108 GHA NL Prinz Franz A 170.
109 Briefwechsel mit Konrad Krafft von Dellmensingen: GHA NL KPR 1037; mit Hermann von Kuhl: GHA NL KPR 1038.
110 10. 8. 1946: HVN AA KPR M 25b.
111 Zorn, Bayerns Geschichte, S. 639. – Erwähnt bei Hanfstaengl, Zwischen Weißem und Braunem Haus, S. 66.
112 1. 1. 1948: HVN AA KPR M 27.
113 Larry T. Maxim, Assignment in Bavaria, Landsberg 1953.
114 5. 5. 1947: HVN AA KPR M 26 (danach die folgenden Angaben).
115 Karl-Ulrich Gelberg, Die bayerische Pfalzpolitik 1945–1956 mit einem Quellenanhang, in: ZBLG 58, 1995, S. 637–672, hier S. 653.
116 9. 11. 1945: HVN AA KPR M 25b (danach auch die folgenden Angaben und das Zitat).
117 Prinzessin Irmingard, Jugend-Erinnerungen, S. 330 f.
118 26. 9. 1945 Redwitz an KPR: GHA NL KPR 1008.
119 Sendtner, Rupprecht, S. 677.
120 Prinz Adalbert, Erinnerungen, S. 525–532. – Zum weiteren Schicksal des Leuchtenberg-Palais, heute Finanzministerium, Heydenreuter, Palais Leuchtenberg, S. 75–77.
121 HVN AA KPR M 25b.
122 Protokoll: GHA NL Prinz Franz A 178.
123 6. 5. 1947: HVN AA KPR M 26.
124 Januar 1946 KPR an Vallade: BayHStA KA Handschriftensammlung 2728.
125 20.–22. 5. 1947: HVN AA KPR M 26.
126 8. 12. 1945: GHA HRO vom Hl. Georg, Akten 150.
127 Alle Angaben nach: GHA HRO vom Hl. Georg, Akten 149.
128 Grassinger, Münchner Feste, S. 144–147. Zur Person: Von Kramer/von Waldenfels, Virtuti pro patria, S. 343–345.
129 GHA Autographen 752.
130 24. 6. 1947: HVN AA KPR M 26.
131 Hermann Heimpel, Monumenta Germaniae – und Anderes, Anekdote 47, in: Ders., Aspekte. Alte und neue Texte, hg. v. Sabine Krüger, Göttingen 1995, S. 263 f.
132 „Familiäre Sorgen": HVN AA KPR, schwarze Mappe.
133 22. 11. 1945 Antonie an KPR: GHA NL KPR 93.
134 13. 8. 1948 Antonie an KPR: GHA NL KPR 93, Beschreibung der Krankheitsfolgen.
135 Prinz Adalbert, Erinnerungen, S. 514.
136 14. 12. 1945: HVN AA KPR M 25b.
137 „Familiäre Sorgen": HVN AA KPR, schwarze Mappe.

138 4. 10. 1947: HVN AA KPR M 26. – Vgl. auch Prinzessin Irmingard, Jugend-Erinnerungen, S. 333.
139 „Familiäre Sorgen": HVN AA KPR, schwarze Mappe. – Schlim, Antonia von Luxemburg, S. 145 f.
140 Durch Theodor Freiherrn von Fraunberg: GHA NL KPR 1019.
141 HVN AA KPR, schwarze Mappe.
142 17. 6. 1948: HVN AA KPR M 26 (danach auch die folgenden Zitate).
143 Gilbert Gornig, Der Untergang Preußens unter besonderer Berücksichtigung des Kontrollratsgesetzes Nr. 46 betreffend die Auflösung Preußens vom 25. Februar 1947 (Schriftenreihe des Preußeninstitutes 7), Remscheid 1997, S. 7–45.
144 20. 10. 1948: HVN AA KPR M 26.
145 Die Tat, 5. 5. 1949: GHA NL KPR 1121.
146 27. 9. 1950 KPR an Vallade: BayHStA KA Handschriftensammlung 2728.
147 GHA NL Prinz Franz A 18.
148 29. 11. 1948: GHA Hausurkunden 6040b.
149 Prinz Adalbert, Erinnerungen, S. 525.
150 GHA HRO vom Hl. Georg, Akten 149, 150, 204.
151 Heydecker, Kronprinz Rupprecht, S. 4; Sendtner, Rupprecht, S. 677–681.
152 GHA NL Franz von Redwitz 1. – Sendtner, Rupprecht, S. 484.
153 Sendtner, Rupprecht, S. 679.
154 Protokoll der Hausversammlung 10. 5. 1950 in Leutstetten: GHA NL Prinz Franz A 179.
155 Sendtner, Rupprecht, S. 690.
156 50 Jahre Kronprinz-Rupprecht-von-Bayern-Stiftung, hg. v. Kronprinz-Rupprecht-von-Bayern-Stiftung, Würzburg 1999 (mit Abb. der wichtigsten Dokumente).
157 Werner Dettelbacher, Würzburg – die Jahre nach 1945. Bilddokumente aus der Zeit nach 1945, Würzburg 1974, S. 71 (frdl. Hinweis Dr. Erwin Muth). – Vgl. Kronprinz-Rupprecht-von-Bayern-Stiftung, in: Wohnen. Zeitschrift für Wohnungswirtschaft in Bayern 93, 2003, S. 256 f.
158 Bayerische Kulturpflege. Beiträge zur Geschichte der schönen Künste in Bayern, hg. durch das Bayerische Staatsministerium für Unterricht und Kultus. Seiner Königlichen Hoheit Kronprinz Rupprecht von Bayern zum 80. Geburtstag gewidmet 18. Mai 1949, München 1949.
159 Druckbogen: GHA NL KPR 1229.
160 18. 5. 1949: [Majewski], 125. Geburtstag, S. 30.
161 BayHStA StK 2883. – Sendtner, Rupprecht, S. 690.
162 Stefan Andres, Ritter der Gerechtigkeit, München 1949 (Widmungsexemplar: HVN Familienbibliothek).
163 Festgabe für Seine Königliche Hoheit Kronprinz Rupprecht von Bayern, hg. v. Walter Goetz, München-Pasing 1953.
164 Max Lebsche, Kronprinz-Rupprecht-Geburtstagsfeier der königstreuen Verbände Münchens am 18. Mai 1951, [München 1951] (ein Exemplar: StB Bavar. 4581 d).
165 HVN AA KPR M 29.
166 Die Tat, 5. 5. 1949: GHA NL KPR 1121.
167 10. 8. 1951 Heuss an KPR: GHA NL KPR 1092.
168 2. 8. 1954 Heuss an KPR: GHA NL KPR 1092.
169 Prinz Adalbert, Erinnerungen, S. 535–538.
170 Heinz Friedrich, Das Jahr 47, in: Hans Werner Richter (Hg.), Almanach der Gruppe 47 1947–1962, Reinbek bei Hamburg 1962, S. 15–21, hier S. 19 f.
171 30. 4. 1949 Gesprächsprotokoll: StB Ana 372 (NL Ilse Schneider-Lengyel).
172 Süddeutsche Zeitung, 9. Jg., Nr. 14, 19. 1. 1953.

173 22. 2. 1954 Redwitz im Auftrag von KPR an den Innen-, Kultus- und Finanzminister sowie den Oberbürgermeister von München: Sendtner, Rupprecht, S. 691 f.
174 Rundfunkansprache von KPR, 17. 5. 1949: Sendtner, Rupprecht, S. 691.
175 Redemanuskript: BayHStA KA Handschriftensammlung 2728.
176 Kronprinz Rupprecht von Bayern. Festschrift zum 85. Geburtstag 18. Mai 1954, hg. v. d. Bayrischen Einigung e.V. (Unser Bayern 1/2), München 1954.
177 Gedrucktes Programm: GHA NL KPR 1209.
178 BayHStA StK 2883.
179 Georg Albrechtskirchinger, Hildebrands Brunnenschöpfungen für München, in: Kronprinz Rupprecht von Bayern, hg. v. d. Bayrischen Einigung, S. 61–63.
180 50 Jahre neue St. Matthäuskirche in München – Der bedeutendste Sakralbau Gustav Gsaengers 1955 2005, hg. v. Evang.-Luth. Pfarramt St. Matthäus, München, bearb. v. Inge Kuller, München 2005, S. 64 (mit Abb.).
181 Hans-Peter Stein, Symbole und Zeremoniell in deutschen Streitkräften vom 18. bis zum 20. Jahrhundert (Entwicklung deutscher militärischer Tradition 3), Herford– Bonn, ²1986, S. 269.
182 HVN AA KPR M 32.
183 15. 5. 1955: BayHStA StK 2883.
184 Karl-Ulrich Gelberg, Jahre der Konsolidierung, in: HbG ²IV/1, S. 802–857, hier S. 802–837.
185 Lanzinner, Sternenbanner, S. 160 f.
186 Satzung und Protokoll der ersten Sitzung am 2. 11. 1949: GHA Heimat- und Königspartei 107. – Färber, Bayern, S. 176 f.; Seutter von Lötzen, Königstreue, S. 107 f.; Unger, Bayernpartei, S. 172–174; Weiß, „In Treue fest", S. 39 f.
187 7. 1. 1950 Redwitz an Vallade: BayHStA KA Handschriftensammlung 2728.
188 Unger, Bayernpartei, S. 172.
189 GHA Heimat- und Königspartei 107.
190 GHA Heimat- und Königspartei 109; Bayernbund, Landesgeschäftsstelle, Auszug aus dem Vereinsregister des Amtsgerichts München Bd. 21/5a.
191 „Rupprecht an die Königstreuen", in: Süddeutsche Zeitung, 7. Jg., Nr. 212, 14. 9. 1951.
192 Satzung, beschlossen bei der Landesversammlung am 20. 1. 1952: GHA Heimat- und Königspartei 110. – Gustl Graf de La Rosée, Bayerns Staatsform ist die Monarchie, in: Süddeutsche Zeitung, 9. Jg., Nr. 78, Ostern [4.–6. 4.] 1953, S. 4; Weiß, „In Treue fest", S. 40–45.
193 Färber, Bayern, S. 177–182.
194 Unger, Bayernpartei, S. 65 f.
195 6. 2. 1955 Geßler an KPR, Druck: Geßler, Reichswehrpolitik, Nr. 43, S. 518.
196 Färber, Bayern, S. 180.
197 Prinzessin Irmingard, Jugend-Erinnerungen, S. 337; Schlim, Antonia von Luxemburg, S. 146 f.
198 Prinzessin Irmingard, Jugend-Erinnerungen, S. 342; Schlim, Antonia von Luxemburg, S. 147.
199 Schlim, Antonia von Luxemburg, S. 148 f.
200 Süddeutsche Zeitung, 11. Jg., Nr. 16, 20. 1. 1955, S. 6, Nr. 17, 21. 1. 1955, S. 7.
201 Schlim, Antonia von Luxemburg, S. 148.
202 Manuskript „Italienreise 1951": HVN AA KPR M 29.
203 Manuskript „Reise im Herbst 1952 durch Unteritalien und Sizilien": HVN AA KPR M 30. – Druck: Sendtner, Rupprecht, S. 694–713.
204 Schoos, Thron und Dynastie, S. 52; Schlim, Antonia von Luxemburg, S. 143 f.
205 Manuskript „Reise im Herbst 1953 in Frankreich": HVN AA KPR M 31.
206 1. 3. 1954 Antonie an KPR: GHA NL KPR 93.
207 Ludwig Curtius, Humanistisches und Humanes. Fünf Essays und Vorträge. Mit einem Vorwort von Robert Boehringer, Basel 1954, S. 12.

208 Max Lebsche, In memoriam Reginae nostrae Antoniae, in: Mersch, Luxemburg 2, S. 246 f. – Vgl. dazu Friedrich Schönau, Tragisches Herrschertum, in: Bayernspiegel. Monatsblatt der Bayrischen Einigung Juni 1966, Nr. 6, S. 41–45; Schlim, Antonia von Luxemburg, S. 150–154.
209 Prinz Adalbert, Erinnerungen, S. 612.
210 Armin Dietz, Ewige Herzen. Kleine Kulturgeschichte der Herzbestattung, München 1998, S. 135.
211 Süddeutsche Zeitung, 11. Jg., Nr. 181, 2. 8. 1955, S. 1.
212 Süddeutsche Zeitung, 11. Jg., Nr. 182, 3. 8. 1955, S. 1 f. Zum Verlauf der Beisetzungsfeierlichkeiten die weiteren Ausgaben Nr. 183, 4. 8. 1955, S. 4, Nr. 184, 5. 8. 1955, S. 4, Nr. 185, 6./7. 9. 1955, S. 9.
213 Bayerische Staatszeitung, Nr. 32, 6. 8. 1955, S. 3.
214 [Majewski,] 125. Geburtstag, S. 33.
215 Trauerrede auf Weiland seine Kgl. Hoheit Kronprinz Rupprecht von Bayern, in: Der Zwiebelturm 10. Jg., 8. Heft, August 1955, S. 169 f.
216 Zum Leichenwagen der Königin Marie Therese und des Kronprinzen Rupprecht: Staats- und Galawagen der Wittelsbacher. Kutschen, Schlitten und Sänften aus dem Marstallmuseum Schloß Nymphenburg, hg. u. bearb. v. Rudolf H. Wackernagel, 2 Bde., Stuttgart 2002, Bd. 1, Nr. 39, S. 228–230 und Bd. 2, Nr. 39, S. 235–239.
217 Hans Rall, Wittelsbacher Lebensbilder von Kaiser Ludwig bis zur Gegenwart. Führer durch die Münchner Fürstengrüfte, München o. J., S. 94–98.
218 Zusammenstellung: GHA NL KPR 1245, 1247, 1249–1255; BayHStA KA Personalakt 47 534.
219 Dietz, Herzen, S. 136 (mit Abb.).

Epilog S. 356–358

1 Goetz, Rupprecht (Nachruf für die Bayerische Akademie der Wissenschaften); Albert Wucher, Mit Rupprecht sinkt ein Stück Bayern ins Grab, in: Süddeutsche Zeitung, 11. Jg., Nr. 182, 3. 8. 1955, S. 3; Sexau, Rupprecht. – Gedenken zum zehnjährigen Todestag: Bayernspiegel. Monatsblatt der Bayrischen Einigung Oktober 1965, Nr. 10, S. 3 f.; Hans Rall, Kronprinz Rupprecht von Bayern zum 100. Geburtstag, in: Bayernspiegel. Monatsblatt der Bayrischen Einigung Juni 1969, Nr. 6, S. 48–50; Eduard Stemplinger, Erinnerungen an Kronprinz Rupprecht, in: ebd., S. 50 f.
2 Max Lebsche, „In memoriam regis nostri Ruperti" (ein Exemplar: BayHStA KA Personalakt 47 534).
3 Der Kronprinz-Rupprecht-Brunnen in München. Ansprachen anläßlich der feierlichen Eröffnung am 18. Mai 1961, [München 1961] (ein Exemplar: StB Bavar. 3282 r).
4 Ansprachen in: Kronprinz-Rupprecht-Brunnen, S. 6–9; vgl. auch Eröffnung des Kronprinz-Rupprecht-Brunnens, in: Bayernspiegel. Monatsblatt der Bayrischen Einigung Juni 1961, Nr. 6, S. 5.
5 Spindler, Ungekrönt, Zitat S. 361.
6 Süddeutsche Zeitung, 21. Jg., Nr. 119, 19. 5. 1965, S. 12.
7 HVN.
8 Zitiert nach Gerhard Pfeiffer, Bayern und Brandenburg-Preußen. Ein geschichtlicher Vergleich, München 1984, S. 178.
9 Golo Mann, Gedanken zum Ende der Monarchie in Bayern, in: Krone und Verfassung. König Max I. Joseph und der neue Staat (Wittelsbach und Bayern III/1), hg. v. Hubert Glaser, München 1980, S. 473–478, Zitate S. 473 f.
10 Spindler, Ungekrönt, S. 360.

Abkürzungsverzeichnis

AA	Autobiografische Aufzeichnungen
Abb.	Abbildung
BA	Bundesarchiv
BayHStA	Bayerisches Hauptstaatsarchiv München
– KA	Kriegsarchiv
– MA	Ministerium des Äußeren
– MF	Ministerium der Finanzen
– MInn	Ministerium des Innern
– MJu	Ministerium der Justiz
– StK	Staatskanzlei
BHKB	Bayerischer Heimat- und Königsbund
ebd.	ebenda
GHA	Geheimes Hausarchiv, München
HbG	Handbuch der bayerischen Geschichte, hg. v. Max Spindler, Bd. IV/1 und 2, München 1974/75, Bd. IV/1, 2. Auflage, hg. v. Alois Schmid, München 2003.
HVN	Herzogliche Verwaltung, Schloss Nymphenburg, München
IfZ	Institut für Zeitgeschichte, München
KPR	Prinz, Kronprinz Rupprecht
LIII	Prinz, Prinzregent, König Ludwig III.
M	Mappe
NL	Nachlass
OHL	Oberste Heeresleitung
StA	Staatsarchiv
StB	Bayerische Staatsbibliothek München
UAE	Universitätsarchiv Erlangen
WAF	Wittelsbacher Ausgleichsfonds
ZBLG	Zeitschrift für bayerische Landesgeschichte

Quellen- und Literaturverzeichnis

1. Archive und Sammlungen

Bayerisches Hauptstaatsarchiv München (BayHStA):
  Ministerium des Äußern:
    MA 944, 945, 955, 958, 964, 966, 973, 975, 976, 979, 2567/4, 3084, 3085, 99 517–99 519, 99 522, 99 525, 100 430, 100 446, 103 281, 103 476, 103 490, 105 247, 106 563, 106 670.
  Generalstaatskommissariat: 29, 55, 99–102.
  Gesandtschaft Berlin: 90, 909, 911, 921, 1514.
  Gesandtschaft beim Päpstlichen Stuhl: 110, 111, 137, 139, 148, 157, 159, 162, 166, 167.
  Reichsstatthalter: 40, 788.
  Staatskanzlei: StK 1392, 2883, 6668, 7591.
  Kultusministerium: MK 19 029.
  Ministerium der Finanzen:
    MF 55 966, 55 967, 55 967/1, 55 967/2, 55 973, 55 994.
  Ministerium des Innern: MInn 47 176, 71 534.
  Ministerium der Justiz: MJu 13 699, 13 705.
  Ordensakten: 1194, 1199, 1270.
  Staatsrat: 1143.
Geheimes Hausarchiv, München (GHA) (= BayHStA Abt. III):
  Autographen: 752, 756.
  Hausritterorden (HRO) vom Hl. Georg:
    Akten 3, 131, 133, 149, 150, 193, 195, 203, 204, 209, 243, 247, 248, 250, 291.
    Matrikel 423.
  Hausurkunden: 6010v, 6040b.
  Heimat- und Königspartei 107–117.
  Kopien, Drucke, Tafeln: 752, 755, 759, 763, 764, 767, 769.
  Nachlass König Ludwig III. von Bayern (NL LIII).
  Nachlass Königin Marie Therese von Bayern.
  Nachlass Kronprinz Rupprecht von Bayern (NL KPR).
  Nachlass Prinzessin Marie Gabriele von Bayern.
  Nachlass Prinz Franz von Bayern.
  Nachlass Prinz Heinrich von Bayern.
  Nachlass Otto Lanz.
  Nachlass Franz von Redwitz.
Kriegsarchiv München (KA) (= BayHStA Abt. IV):
  Akten des Kriegsministeriums: MKr 41, 774, 1830, 2250.
  Bund Bayern und Reich: 1/I, 1/II, 2, 11/I, 14, 24, 26, 35, 36.
  Offiziers-Personalakten:
    OP 14 102 (Otto von Stetten), 47 534 (Kronprinz Rupprecht).
  Handschriften: 2229, 2728.
  Militär-Max-Joseph-Orden: I K 1, I K 35, I K 45, V K 18.
  Nachlass Nikolaus von Endres.
  Nachlass Konrad Krafft von Dellmensingen.

Bayerisches Hauptstaatsarchiv, Abteilung V (BayHStA Abt. V):
  Einwohnerwehren: 20a.
  Nachlass Heinrich Held: 91, 701–710, 724, 1651, 1653.
  Nachlass Gustav von Kahr: 51.
  Nachlass Josef Maria Graf von Soden-Fraunhofen.
Staatsarchiv München (StA):
  AG 33 143 (vormals BayHStA, aus dem NSDAP-Hauptarchiv: Sonderabgabe I/1654).
  Gestapo: 13, 56, 57.
  Polizeidirektion: 5584, 10 013.
Staatsbibliothek München (StB):
  Handschriftenabteilung:
  Ana 372 Nachlass Ilse Schneider-Lengyel.
  Ana 550 Nachlass Adolf von Hildebrand.
Institut für Zeitgeschichte, München (IfZ):
  ED 154.
  F 52.
  MA 144/5, 144/6, 734, 735, 746, 804/1, 804/2.
Herzogliche Verwaltung, Schloss Nymphenburg, München (HVN):
  Familienbibliothek.
  Nachlass (Teil) Ludwig Graf von Holnstein.
  Autobiografische Aufzeichnungen Kronprinz Rupprechts von Bayern (AA KPR, zitiert mit Jahrgang oder Mappe; Benutzung über das Geheime Hausarchiv, München).
Universitätsarchiv Erlangen (UAE):
  Ehrenpromotionen.
  Nachlass Ernst Meier, G 1/7, Nr. 1–3.

Schriftliche Auskunft erteilten:
Bundesarchiv (BA) Koblenz:
  Nachlass Oberst Bauer/N 1022/77.
Bundesarchiv (BA), Dienststelle Berlin-Lichterfelde:
  Reichskanzlei R 43/II 1315.
  Oberreichsanwalt, Reichsgericht ORA/RG, R 3003/bJ 353/20.

2. Gedruckte Quellen

a) Quelleneditionen

Adolf von Hildebrand und seine Welt. Briefe und Erinnerungen, besorgt v. Bernhard Sattler, hg. v. der Bayerischen Akademie der Schönen Künste, München 1962.

Afflerbach, Holger (Hg.), Kaiser Wilhelm II. als Oberster Kriegsherr im Ersten Weltkrieg. Quellen aus der militärischen Umgebung des Kaisers 1914–1918 (Deutsche Geschichtsquellen des 19. und 20. Jahrhunderts 64), München 2005.

Akten Kardinal Michael von Faulhabers 1917–1952, 3 Bde., bearb. v. Ludwig Volk u. Hermann Hürten (Veröffentlichungen der Kommission für Zeitgeschichte A 17, 26, 48), Mainz 1975, 1978, 2002.

Benz, Wolfgang (Hg.), Politik in Bayern 1919–1933. Berichte des württembergischen Gesandten Carl Moser von Filseck (Schriftenreihe der Vierteljahrshefte für Zeitgeschichte 22/23), Stuttgart 1971.

Briefwechsel Hertling-Lerchenfeld 1912–1917, hg. u. eingeleitet v. Ernst Deuerlein † (Deutsche Geschichtsquellen des 19. und 20. Jahrhunderts 50/I,II), 2 Teile., Boppard am Rhein 1973.

Hitler. Reden Schriften Anordnungen. Februar 1925 bis Januar 1933, 5 Bde., hg. v. Institut für Zeitgeschichte, München u. a. 1992–1998.

Militär und Innenpolitik im Weltkrieg 1914–1918, 2. Teil, bearb. v. Wilhelm Deist (Quellen zur Geschichte des Parlamentarismus und der politischen Parteien II, Bd. 1/II), Düsseldorf 1970.

Die Regierung Eisner 1918/19. Ministerratsprotokolle und Dokumente, eingeleitet und bearbeitet v. Franz J. Bauer (Quellen zur Geschichte des Parlamentarismus und der Parteien I/10), Düsseldorf 1987.

Die Protokolle des Bayerischen Ministerrats 1945–1954. Das Kabinett Schäffer. 28. Mai bis 28. September 1945, bearb. v. Karl-Ulrich Gelberg, München 1995.

Weberstedt, Hans (Hg.), Kronprinz Rupprecht von Bayern gegen Ludendorff. Mit erstmaliger Veröffentlichung der Verhandlungsschriften (Der Völkische Sprechabend 17, 1. Februarheft 1925), Berlin 1925.

b) Memoiren

Adalbert Prinz von Bayern, Erinnerungen 1900–1956, München 1991.

Aretin, Erwein von, Krone und Ketten. Erinnerungen eines bayerischen Edelmannes, hg. v. Karl Buchheim und Karl Otmar von Aretin, München 1955.

Geßler, Otto, Reichswehrpolitik in der Weimarer Zeit, hg. v. Kurt Sendtner, mit einer Vorbemerkung v. Theodor Heuss, Stuttgart 1958.

Hanfstaengl, Ernst, Zwischen Weißem und Braunem Haus. Memoiren eines politischen Außenseiters, Stuttgart 1970.

Ilsemann, Sigurd von, Der Kaiser in Holland. Aufzeichnungen des letzten Flügeladjutanten Kaiser Wilhelms II., hg. v. Harald von Koenigswald, Bd. 1: Amerongen und Doorn 1918–1923, Bd. 2: Monarchie und Nationalismus, München 1967/68.

Irmingard Prinzessin von Bayern, Jugend-Erinnerungen 1923–1950. Mit einem Vorwort von Andreas Kraus, St. Ottilien 2000.

Kaiser Karl I. Persönliche Aufzeichnungen, Zeugnisse und Dokumente, hg. v. Erich Feigl, Wien/München ²1987.

Leopold Prinz von Bayern 1846–1930. Aus den Lebenserinnerungen, hg. v. Hans-Michael und Ingrid Körner, Regensburg 1983.

Prinz Max von Baden, Erinnerungen und Dokumente. Neu herausgegeben von Golo Mann und Andreas Burckhardt mit einer Einleitung von Golo Mann, Stuttgart 1968.

Müller, Karl Alexander von, Im Wandel einer Welt. Erinnerungen Bd. 3 1919–1932, hg. v. Otto Alexander von Müller, München 1966.

Naumann, Victor, Dokumente und Argumente, Berlin 1928.

Redwitz, Marie von, Hofchronik 1888–1921, München 1924.

Seutter von Lötzen, Wilhelm, Bayerns Königstreue im Widerstand. Erinnerungen 1933–1964, Feldafing/Obb. 1964.

c) Schriftenverzeichnis Kronprinz Rupprecht von Bayern

Rupprecht Prinz von Bayern, Die Ruinenstadt Gerasa in Adschlun (Syrien), in: Zeitschrift des Münchener Alterthums-Vereins, 9. Jg. 1897/98, Januar 1898, S. 1–9.

Rupprecht Prinz von Bayern, Reiseerinnerungen aus Ostasien, München 1906, München–Kempten ²1923.

Rupprecht Kronprinz von Bayern, Reiseerinnerungen aus Indien, Kempten 1922.

Rupprecht Kronprinz von Bayern, Einiges über Englands Stellung in Indien, in: Neue Preußische Zeitung (Kreuz-Zeitung), 74. Jg., Nr. 565, 16. 12. 1922, S. 2.

Rupprecht Kronprinz von Bayern, Reiseerinnerungen aus dem Südosten Europas und dem Orient, Kempten 1923.

Rupprecht Kronprinz von Bayern, Reiseerinnerungen aus Indien. Eine Treibjagd auf Tiger, in: Die Woche, 25. Jg., Nr. 15, 14. 4. 1923, S. 354–356.

Rupprecht Kronprinz von Bayern, Zu den westlichen Kaisergräbern. Eine Reise-Erinnerung aus China, in: Die Propyläen (Beilage zur „Bayerischen Zeitung"), 21. Jg., Nr. 13, 29. 12. 1923, S. 99 f.

Rupprecht Kronprinz von Bayern, Mein Kriegstagebuch, hg. v. Eugen von Frauenholz, 3 Bde., München 1928/29.

Rupprecht Kronprinz von Bayern, Bronzestatuette eines Poseidon, in: Corolla. Ludwig Curtius zum 60. Geburtstag dargebracht, Stuttgart 1937, S. 27–29.

Edgar Breitenbach [Kronprinz Rupprecht], A silver reliquary by Georg Seld, in: Gazette des Beaux Arts VI, 36, 1949, S. 291–296.

Festschriften:

Bayerische Kulturpflege. Beiträge zur Geschichte der schönen Künste in Bayern, hg. durch das Bayerische Staatsministerium für Unterricht und Kultus. Seiner Königlichen Hoheit Kronprinz Rupprecht von Bayern zum 80. Geburtstag gewidmet 18. Mai 1949, München 1949.

Festgabe für Seine Königliche Hoheit Kronprinz Rupprecht von Bayern, hg. v. Walter Goetz, München-Pasing 1953.

Kronprinz Rupprecht von Bayern. Festschrift zum 85. Geburtstag 18. Mai 1954, hg. v. d. Bayrischen Einigung (Unser Bayern 1/2), München 1954.

3. Sekundärliteratur

Albrecht, Willy, Landtag und Regierung in Bayern am Vorabend der Revolution von 1918. Studien zur gesellschaftlichen und staatlichen Entwicklung Deutschlands von 1912–1918, Berlin 1968.

Altendorfer, Otto, Fritz Schäffer als Politiker der Bayerischen Volkspartei 1888–1945 (Untersuchungen und Quellen zur Zeitgeschichte 2), 2 Bde., München 1993.

Aretin, Erwein Freiherr von, Kronprinz Rupprecht von Bayern. Sein Leben und Wirken (Blaue Hefte 4), München 1949.

Aretin, Karl Otmar von, Die bayerische Regierung und die Politik der bayerischen Monarchisten in der Krise der Weimarer Republik 1930–1933, in: Festschrift für Hermann Heimpel zum 70. Geburtstag 1 (Veröffentlichungen des Max-Planck-Instituts für Geschichte 36/1), Göttingen 1971, S. 205–237.

Aretin, Karl Otmar von, Der bayerische Adel. Von der Monarchie zum Dritten Reich, in: Bayern in der NS-Zeit III, hg. v. Martin Broszat u. a., München–Wien 1981, S. 513–567.

Ay, Karl-Ludwig, Die Entstehung einer Revolution. Die Volksstimmung in Bayern während des Ersten Weltkrieges (Beiträge zu einer historischen Strukturanalyse Bayerns im Industriezeitalter 1), Berlin 1968.

Beckenbauer, Alfons, Wie Adolf Hitler durch einen niederbayerischen Grafen zu einem Wutausbruch gebracht wurde. Aus den unveröffentlichten Memoiren des Joseph Maria Graf von Soden-Fraunhofen – zugleich ein Beitrag zur Geschichte des monarchischen Gedankens in Bayern während der Weimarer Zeit, in: Verhandlungen des historischen Vereins für Niederbayern 103, 1977, S. 5–29.

Beckenbauer, Alfons, Ludwig III. von Bayern 1845–1921. Ein König auf der Suche nach seinem Volke, Regensburg 1987.

Becker, Winfried, Georg von Hertling 1843–1919, Bd. 1: Jugend und Selbstfindung zwischen Romantik und Kulturkampf (Veröffentlichungen der Kommission für Zeitgeschichte B 31), Mainz 1981.

Beyerle, Konrad, Das Haus Wittelsbach und der Freistaat Bayern. Rechtsgrundlagen für die Auseinandersetzung zwischen Staat und Dynastie, Teil 1, München 1921.

Beyerle, Konrad, Die Rechtsansprüche des Hauses Wittelsbach, München 1922.

Borchardt, Rudolf, Kronprinz Rupprecht. Zu seinem heutigen Geburtstag, in: Münchner Neueste Nachrichten, 85 Jg., Nr. 133, 18. 5. 1932, S. 1.

Breg, Josef, Kronprinz Rupprecht von Bayern. Ein Lebensbild, München ²1918.

Bretschneider, Heike, Der Widerstand gegen den Nationalsozialismus in München 1933 bis 1945 (Miscellanea Bavarica Monacensia 4), München 1968.

Curtius, Ludwig, Die Kunstliebe des Kronprinzen Rupprecht von Bayern, in: Bayerland 56, 1954, S. 193–195; Abdruck in: ders., Torso. Verstreute und Nachgelassene Schriften, hg. v. Joachim Moras, Stuttgart 1958, S. 237–241.

Donohoe, James, Hitler's conservative opponents in Bavaria 1930–1945, a study of Catholic, monarchist, and separatist anti-Nazi activities, Leiden 1961.

Esche-Braunfels, Sigrid, Adolf von Hildebrand (1847–1921), Berlin 1993.

Färber, Konrad Maria, Bayern wieder ein Königreich? Die monarchistische Bewegung nach dem Zweiten Weltkrieg, in: Wolfgang Benz (Hg.), Neuanfang in Bayern 1945 bis 1949. Politik und Gesellschaft in der Nachkriegszeit, München 1988, S. 163–182.

Fait, Barbara, Demokratische Erneuerung unter dem Sternenbanner. Amerikanische Kontrolle und Verfassunggebung in Bayern 1946 (Beiträge zur Geschichte des Parlamentarismus und der politischen Parteien 114), Düsseldorf 1998.

Fenske, Hans, Konservativismus und Rechtsradikalismus in Bayern nach 1918, Diss. phil. Freiburg i. Br. 1964, Bad Homburg u. a. 1969.

Förster, Christina M., Der Harnier-Kreis. Widerstand gegen den Nationalsozialismus in Bayern (Veröffentlichungen der Kommission für Zeitgeschichte B 74), Paderborn u. a. 1996.

Foerster, Wolfgang, Ein fürstlicher Heerführer, in: Deutscher Offizier-Bund, 8. Jg., Nr. 14, 15. 5. 1929, S. 530–532, Nr. 15, 25. 5. 1929, S. 574–578.

Franz-Willing, Georg, Ursprung der Hitlerbewegung 1919–1922, Preußisch Oldendorf ²1974.

Franz-Willing, Georg, Krisenjahr der Hitlerbewegung 1923, Preußisch Oldendorf 1975.

Franz-Willing, Georg, Putsch und Verbotszeit der Hitlerbewegung November 1923–Februar 1925, Preußisch Oldendorf 1977.

Frauenholz, Eugen von, Kronprinz Rupprecht im Weltkrieg, in: ZBLG 1, 1928, S. 385–402.

Frauenholz, Eugen von, Geschichte des Königlich Bayerischen Heeres von 1867 bis 1914 (Geschichte des Bayerischen Heeres 8), München 1931.

Friedrich Wilhelm Prinz von Preußen, Die Hohenzollern und der Nationalsozialismus, Diss. phil. München 1983.

Gengler, Ludwig Franz, Die deutschen Monarchisten 1919 bis 1925. Ein Beitrag zur Geschichte der politischen Rechten von der Novemberrevolution 1918 bis zur ersten Uebernahme der Reichspräsidentschaft durch Generalfeldmarschall von Hindenburg 1925, Diss. phil. Erlangen 1932, Kulmbach 1932.

Grassinger, Peter, Münchner Feste und die Allotria, Dachau 1990.

Goetz, Walter, Rupprecht Kronprinz von Bayern 1869–1955. Ein Nachruf, München 1956.

Die von Gottes Gnaden Bd. I: Ludwig III. und Kronprinz Rupprecht von Bayern, München 1919.

Gutsche, Willibald, Ein Kaiser im Exil. Der letzte deutsche Kaiser Wilhelm II. in Holland. Eine kritische Biographie, Marburg 1991.

Hackl, Othmar, Die Bayerische Kriegsakademie (1867–1914) (Schriftenreihe zur bayerischen Landesgeschichte 89), München 1989.

Hackl, Othmar, Der Bayerische Generalstab (1792–1919) (Schriftenreihe zur bayerischen Landesgeschichte 122), München 1999.

Handbuch der bayerischen Geschichte, hg. v. Max Spindler, Bd. IV/1 und 2, München 1974/75, Bd. IV/1, 2. Auflage, hg. v. Alois Schmid, München 2003.

Hartmann, Christian, Halder. Generalstabschef Hitlers 1938–1942 (Sammlung Schöningh zur Geschichte und Gegenwart), Paderborn u. a. 1991.

Hartmann, Peter Claus, Bayerns Weg in die Gegenwart. Vom Stammesherzogtum zum Freistaat heute, Regensburg 1989.

Hartmannsgruber, Friedrich, Die Bayerische Patriotenpartei (Schriftenreihe zur bayerischen Landesgeschichte 82), München 1986.

Haunfelder, Bernd, Reichstagsabgeordnete der Deutschen Zentrumspartei 1871–1933. Biographisches Handbuch und historische Photographien (Photodokumente zur Geschichte des Parlamentarismus und der politischen Parteien 4), Düsseldorf 1999.

Heydecker, Joe J., Kronprinz Rupprecht von Bayern. Ein Lebensbild, München 1953.

Heydenreuter, Reinhard, Das Palais Leuchtenberg. Vom Adelssitz zum Finanzministerium, München u. a. 2003.

Janßen, Karl Heinz, Macht und Verblendung. Kriegszielpolitik der deutschen Bundesstaaten 1914/18, Göttingen 1963.

Kock, Peter Jakob, Bayerns Weg in die Bundesrepublik (Studien zur Zeitgeschichte 22), München ²1988.

König Rupprecht, Süddeutsche Monatshefte, 30. Jg., Heft 4, Januar 1933.

Kolshorn, Otto, Kronprinz Rupprecht von Bayern. Ein Lebens- und Charakterbild, München 1918.

Kovács, Elisabeth, Untergang oder Rettung der Donaumonarchie? Die österreichische Frage. Kaiser und König Karl I. (IV.) und die Neuordnung Mitteleuropas (1916–1922), 2 Bde., Wien u. a. 2004.

Kramer, Rudolf von, Otto Freiherr von Waldenfels, Virtuti pro patria. Der königlich bayerische Militär-Max-Joseph-Orden. Kriegstaten und Ehrenbuch 1914–1917, München 1966.

Kraus, Andreas, Geschichte Bayerns. Von den Anfängen bis zur Gegenwart, München 1983.

Kraus, Andreas, „Monarchistische Umtriebe" in Bayern 1925. Ein Beitrag zum Selbstverständnis der Bayerischen Volkspartei, in: Staat und Parteien. Festschrift für Rudolf Morsey zum 65. Geburtstag, hg. v. Karl Dietrich Bracher u. a., Berlin 1992, S. 635–655.

Lanzinner, Maximilian, Zwischen Sternenbanner und Bundesadler. Bayern im Wiederaufbau 1945–1958, Regensburg 1996.

Leisner, Walter, Monarchisches Hausrecht in demokratischer Gleichheitsordnung. Der Wittelsbacher Ausgleichsfonds in Bayern (Erlanger Forschungen A, 21), Erlangen 1968.

Linnenkamp, Iris, Leo von Klenze: Das Leuchtenberg-Palais in München (Miscellanea Bavarica Monacensia 159), München 1992.

Löffler, Bernhard, Die bayerische Kammer der Reichsräte 1848 bis 1918. Grundlagen, Zusammensetzung, Politik (Schriftenreihe zur bayerischen Landesgeschichte 108), München 1996.

Ludwig III. König von Bayern. Ausstellungskatalog zum 150. Geburtstag in Wildenwart, hg. v. Max Oppel, Prien am Chiemsee 1995.

[Majewski, Andreas von], 125. Geburtstag Kronprinz Rupprecht von Bayern. Exponatenliste von der Kronprinz Rupprecht-Ausstellung in Berchtesgaden, 19. Mai–31. Juli 1994, [München 1994].

Mersch, François, Luxemburg. Seine Dynastie, 2 Bde., Luxemburg 1981/82.

Möckl, Karl, Die Prinzregentenzeit. Gesellschaft und Politik während der Ära des Prinzregenten Luitpold in Bayern, München–Wien 1972.
Möckl, Karl, Der moderne bayerische Staat. Eine Verfassungsgeschichte vom aufgeklärten Absolutismus bis zum Ende der Reformepoche (Dokumente zur Geschichte von Staat und Gesellschaft in Bayern III/1), München 1979.
Moll, Helmut (Hg.), Zeugen für Christus. Das deutsche Martyrologium des 20. Jahrhunderts 1, Paderborn u. a. ²2000.
Naumann, Victor, Kronprinz Rupprecht, in: ders., Profile, München–Leipzig 1925, S. 144–157.
Nußer, Horst G. W., Konservative Wehrverbände in Bayern, Preußen und Österreich 1918–1933 mit einer Biographie von Forstrat Georg Escherich 1870–1941 (Moderne Geschichte 1), München 1973.
Die Prinzregentenzeit. Katalog der Ausstellung im Münchner Stadtmuseum, hg. v. Norbert Götz und Clementine Schack-Simitzis, München 1988.
Rall, Hans, Kronprinz Rupprecht von Bayern, München 1949.
Rall, Hans und Marga, Die Wittelsbacher in Lebensbildern, Graz u. a. 1986.
Rall, Hans, Wilhelm II. Eine Biographie, Graz u. a. 1995.
Rape, Ludger, Die österreichischen Heimwehren und die bayerische Rechte 1920 bis 1923 (Veröffentlichungen des Ludwig Boltzmann Instituts für die Geschichte der Arbeiterbewegung), Wien 1977.
Rattelmüller, Paul Ernst, Der Kronprinz, in: ders., In Treue fest, München 1973, S. 343–362.
Rattelmüller, Paul Ernst, Rupprecht Kronprinz von Bayern, München 1988.
Ritter, Gerhard, Staatskunst und Kriegshandwerk. Das Problem des „Militarismus" in Deutschland, 4 Bde., München 1959/68.
Rumschöttel, Hermann, Das bayerische Offizierskorps 1866–1914 (Beiträge zu einer historischen Strukturanalyse Bayerns im Industriezeitalter 9), Berlin 1973.
Schad, Martha, Bayerns Königinnen, Regensburg ⁴2006.
Schall-Riaucour, Heidemarie Gräfin von, Aufstand und Gehorsam. Offizierstum und Generalstab im Umbruch. Leben und Wirken von Generaloberst Franz Halder Generalstabschef 1938–1942, Wiesbaden 1972.
Schlemmer, Thomas, Aufbruch, Krise und Erneuerung. Die Christlich-Soziale Union 1945 bis 1955 (Quellen und Darstellungen zur Zeitgeschichte 41), München 1998.
Schlim, Jean Louis, Antonia von Luxemburg. Bayerns letzte Kronprinzessin, München 2006.
Schönhoven, Klaus, Die Bayerische Volkspartei 1924–1932 (Beiträge zur Geschichte des Parlamentarismus und der politischen Parteien 46), Düsseldorf 1972.
Schwend, Karl, Bayern zwischen Monarchie und Diktatur. Beiträge zur bayerischen Frage in der Zeit von 1918 bis 1933, München 1954.
Sendtner, Kurt, Rupprecht von Wittelsbach Kronprinz von Bayern. Auf Anregung und unter Förderung und Mitarbeit von Dr. Otto Kolshorn. Mit Auszügen aus persönlichen Aufzeichnungen und einem Schlußkapitel von Kronprinz Rupprecht von Bayern, München 1954.
Sexau, Richard, Rupprecht von Bayern. 18. Mai 1869–2. August 1955 / In memoriam, in: Der Zwiebelturm, 10 Jg., Heft 12, Dezember 1955, S. 266–273 (ebenso in: Genealogisches Handbuch des in Bayern immatrikulierten Adels V, hg. v. Franz-Josef Fürst zu Hohenlohe-Schillingsfürst, Neustadt/Aisch 1955, S. 25–30).
Seydel, Max, Bayerisches Staatsrecht, 7 Bde., München/Freiburg i. Br. 1884–1894.
Spindler, Max, Ungekrönt – und doch ein König. Kronprinz Rupprecht von Bayern, in: ders., Erbe und Verpflichtung. Aufsätze und Vorträge zur bayerischen Geschichte, hg. v. Andreas Kraus, München 1966, S. 352–361.
Thoss, Bruno, Der Ludendorff-Kreis 1919–1923. München als Zentrum der mitteleuropäischen

Gegenrevolution zwischen Revolution und Hitler-Putsch (Miscellanea Bavarica Monacensia 78), München 1978.

Wächter, Katja-Maria, Die Macht der Ohnmacht. Leben und Politik des Franz Xaver Ritter von Epp (1868–1946) (Europäische Hochschulschriften III/824), Frankfurt am Main u. a. 1999.

Weiß, Dieter J., „In Treue fest". Die Geschichte des Bayerischen Heimat- und Königsbundes und des Bayernbundes 1921 bis 1996, in: Gott mit dir du Land der Bayern, hg. v. Adolf Dinglreiter und Dieter J. Weiß, Regensburg 1996, S. 9–54.

Weiß, Dieter J., Zwischen Revolution und Restauration. Zum Tod und zu den Beisetzungsfeierlichkeiten für König Ludwig III. von Bayern, in: Vom Wiener Kongreß bis zur Wiedervereinigung Deutschlands. Betrachtungen zu Deutschland und Österreich im 19. und 20. Jahrhundert. Festschrift für Hubert Rumpel zum 75. Geburtstag, hg. v. Petronilla Gietl, München 1997, S. 183–206.

Weiß, Dieter J., Grundlinien des Konservativismus in Bayern, in: ZBLG 62, 1999, S. 523–541.

Weiß, Dieter J., Die Staatsauffassung Kronprinz Rupprechts von Bayern. Ein Verfassungsentwurf aus dem deutschen Widerstand, in: Bayern vom Stamm zum Staat. Festschrift für Andreas Kraus zum 80. Geburtstag, hg. v. Konrad Ackermann u. a. (Schriftenreihe zur bayerischen Landesgeschichte 140/I und II), München 2002, Bd. II, S. 547–560.

Weiß, Dieter J., Kronprinz Rupprecht von Bayern – Thronprätendent in einer Republik, in: Günther Schulz/Markus A. Denzel (Hg.), Deutscher Adel im 19. und 20. Jahrhundert. Büdinger Forschungen zur Sozialgeschichte 2002 und 2003 (Deutsche Führungsschichten in der Neuzeit 26), St. Katharinen 2004, S. 445–460.

Wiesemann, Falk, Die Vorgeschichte der nationalsozialistischen Machtübernahme in Bayern 1932/1933 (Beiträge zu einer historischen Strukturanalyse Bayerns im Industriezeitalter 12), Berlin 1975.

Witzleben, Hermann von/Vignau, Ilka von, Die Herzöge in Bayern. Von der Pfalz zum Tegernsee, München 1976.

Ziegler, Walter, Bayern im NS-Staat 1933 bis 1945, in: HbG ²IV/1, S. 499–634.

Zimmermann, Werner Gabriel, Bayern und das Reich 1918–1923. Der bayerische Föderalismus zwischen Revolution und Restauration, München 1953.

Zorn, Wolfgang, Bayerns Geschichte im 20. Jahrhundert. Von der Monarchie zum Bundesland, München 1986.

Register

Das Register erfasst Personen, Orte und wichtige Sachbegriffe. Angehörige regierender oder vormals regierender Häuser erscheinen unter ihren Vornamen, alle anderen Personen unter ihren Familiennamen. Nicht aufgenommen wurden Rupprecht, Prinz und Kronprinz v. Bayern, sowie Autoren und Korrespondenten in den Anmerkungen.
Folgende besondere Abkürzungen werden verwendet:

B.	Bund(es)	Inf(n).	Infant(in)	Obst.	Oberst
Bf.	Bischof	K(n).	Kaiser(in)	Ofr.	Oberfranken
Bgm.	Bürgermeister	Kanz.	Kanzler	Opf.	Oberpfalz
Dyn.	Dynastie	Kg(n).	König(in)	P.	Papst
E.	Erz	KPr(n)	Kronprinz(essin)	Präs.	Präsident
Frhr(n).	Freiherr(in)	Lt.	Leutnant	Pr(n).	Prinz(essin)
Fst(n)	Fürst(in)	MdL	Mitglied des Landtags	R.	Reich(s)
Gen.	General	MdR	Mitglied des Reichstags	Reg(n).	Regent(in)
Ges.	Gesandter	Mfr.	Mittelfranken	Schw.	Schwaben
Gf(n).	Graf, Gräfin	Min.	Minister	Sekr(n).	Sekretär(in)
GFM	Generalfeldmarschall	Nbay.	Niederbayern	Ufr.	Unterfranken
Gr.	Groß	NS	nationalsozialistisch	US	amerikanisch
Hzg(n).	Herzog(in)	Obay.	Oberbayern	Zt.	Zeitung/Zeitschrift

Ábano Terme (Venetien) 308, 353
Abbas Hilmi Pascha (1874–1944), VizeKg. v. Ägypten 78
Abbeville (Picardie) 109
Abd ul Hamid (1842–1918), K. d. Osmanen, GrSultan d. Türkei 76 f.
Achensee (Tirol) 171
Achental (Tirol) 178
Adalbert Pr. v. Bayern (1828–1875) 31
– Pr. v. Bayern (1886–1970), Historiker, dt. Botschafter 84, 184, 236, 266, 280, 343, 346, 348
Adam, Wilhelm (1877–1949), GenObst. 284
Adcock, Clarence D. (1895–1967), US-Gen. 332
Adel 21, 26, 46, 87, 170, 172 f., 195, 200, 233–236, 248, 257, 280, 282
Adelgunde Fstn. (Wilhelm) v. Hohenzollern (1870–1958), geb. Prn. v. Bayern 36
– Hzgn. (Franz V.) v. Modena (1823–1914), geb. Prn. v. Bayern 35, 59
Aden (Jemen) 80
Adenauer, Konrad (1876–1967), BKanz. 348
Adolph Hzg. v. Nassau (1817–1905), GrHzg. v. Luxemburg 179
– Friedrich Hzg. v. Mecklenburg-Schwerin (1873–1969) 176, 210, 258, 262
Aegidi, Ludwig Karl (1825–1901), Prof., Staatsrechtler 50
Afghanistan 78 f.
Ägypten 78, 80, 82

Aiblinger, Johann Kaspar (1779–1867), Komponist 350
Aichach (Schw.) 29
Aisne (Fluss) 109
Albanien 76
Albert I. Kg. d. Belgier (1875–1934) 58 f., 62, 68, 105, 130 f., 144, 229, 237, 278
– Fst. v. Monaco (1848–1922) 61
Albrecht IV. der Weise Hzg. v. Bayern (1447–1508) 29
– ErbPr., Hzg. v. Bayern (1905–1996) 16, 61–63, 65 f., 161, 168, 171, 178 f., 182–184, 193, 232, 234, 266, 274 f., 282 f., 297, 303, 309, 311, 315, 323 f., 340, 343, 345 f., 355
– EHzg. v. Österreich-Teschen (1897–1955) 207 f., 402
– Hzg. v. Württemberg (1865–1939), GFM 140, 176, 286
Alexandria (Ägypten) 82
Alfons Pr. v. Bayern (1862–1933) 53, 236, 266
– XII. Kg. v. Spanien (1857–1885) 31
– XIII. Kg. v. Spanien (1886–1941) 68, 165
– Carl Pr. v. Bourbon (1849–1936) 30
Alice Kn. (Nikolaus II.) v. Russland (1872–1918), geb. Prn. v. Hessen 56
Alpen 36, 75, 325
Alpenfront 113, 156
Altbayern 20 f., 129, 330, 335
Altötting (Obay.) 204, 354 f.
Amalfi (Kampanien) 322, 353

Amalie Prn. (Adalbert) v. Bayern (1834–1905), geb. Inf. v. Spanien 31
- Kgn. (Johann I.) v. Sachsen (1801–1877), geb. Prn. v. Bayern 30
- Marie Kgn. (Otto) v. Griechenland (1818–1875), geb. Hzgn. v. Oldenburg 59
Amerika, Vereinigte Staaten v. (USA), Amerikaner 28, 63, 81 f., 93, 114, 119, 123, 136–138, 155, 239 f., 303 f., 312, 314, 318, 320–322, 326, 328, 338 f., 343, 352
Amerongen (Niederlande) 162
Amiens (Picardie) 122
Ammerwald (Tirol) 315, 323
Amritsar (Indien) 79
Amsterdam (Niederlande) 74, 165 f., 171
Anatolien 77
Andalusien 48, 68
Andres, Stefan (1906–1970), Schriftsteller 347
Anheuser-Busch-Brauerei 339
Anif (Salzburg) 162, 167, 310
Ansbach (Mfr.) 257, 265
Antisemitismus 240, 253, 283, 285, 338
Antonie KPrn. (Rupprecht) v. Bayern (1899–1954), geb. Prn. v. Luxemburg 18, 179–182, 193, 238, 267, 299 f., 303–308, 312, 314–316, 342 f., 353–355
Antwerpen (Belgien) 128
Apanage 25, 85, 183, 225
Arbeiter- und Soldatenräte 161, 163, 165, 169
Arco auf Valley, Anton Gf. v. (1897–1945) 170, 282
Ardennen 278
Arenberg, Jean-Engelbert Pr. u. Hzg. v. (geb. 1921) 352
Aretin, Erwein Frhr. v. (1887–1952), Publizist 13, 163, 236, 247, 252 f., 260 f., 265, 268 f., 271, 282 f., 329, 351, 424
- Karl Otmar Frhr. v. (geb. 1923), Prof., Historiker 257, 267 f.
Aribert Pr. v. Anhalt (1864–1933) 178
Arnheim (Niederlande) 166
Arno (Fluss) 306
Arnulf Pr. v. Bayern (1852–1907) 31, 54
Arras (Nord – Pas-de-Calais) 110, 112–115, 118 f., 122
Artois 110
Asien 54, 76
Assuan (Ägypten) 82
Athen 76, 299
Äthiopien 301
Auer, Erhard (1874–1945), Min. 87, 159 f., 170, 196, 264
Augsburg (Schw.) 48, 159

August Wilhelm Pr. v. Preußen (1887–1949) 280, 284
Auguste Prn. (Adalbert) v. Bayern (1899–1978), geb. Gfn. v. Seefried-Buttenheim 184, 346
- EHzgn. (Joseph) v. Österreich (1875–1964), geb. Prn. v. Bayern 31, 55
- Ferdinande Prn. (Luitpold) v. Bayern (1825–1864), geb. EHzgn. v. Österreich-Toscana 31, 34–37
- Viktoria Deut. Kn. (Wilhelm II.), Kgn. v. Preußen (1858–1921), geb. Prn. v. Holstein-Augustenburg 94
- Wilhelmine Maria Hzgn. (Max IV. Joseph) v. Pfalz-Zweibrücken (1765–1796), geb. LandGfn. v. Hessen-Darmstadt 30
Avet, Gfn. 308
Ay, Karl Ludwig (geb. 1940), Historiker 157

Bad Aibling (Obay.) 221
Bad Brückenau (Ufr.) 234, 341
Bad Kissingen (Ufr.), Gefecht 19
Bad Reichenhall (Obay.) 178
Baden 22, 127, 131, 133, 181, 242, 321, 328, 344
Baden-Baden (Baden) 48
Badoglio, Pietro (1871–1956), ital. Marschall u. Premier 308
Baedecker-Reiseführer 76
Baethgen, Friedrich (1890–1972), Prof., Historiker 342
Bailleul (Nord – Pas-de-Calais) 111
Balkan 76, 143
Baltikum 121, 129
Bamberg (Ofr.) 54, 59–62, 171–173, 232
- Neue Residenz 59 f., 62
- Staatsbibliothek 72
- 1. Ulanen-Regiment 46
Bamberger Koalition 172
- Verfassung s. Bayern, Verfassung (1919)
Bannwaldsee (Schw.) 348
Bapaume (Nord – Pas-de-Calais) 175
Bar-le-Duc (Lothringen) 138
Barcelona (Katalanien) 48
Basler Nachrichten, Zt. 130
Basselet de La Rosée, Gustl (Franz Xaver Augustinus) Gf. (1906–1984) 351
Bauer, Hermann (1884–nach 1953), GymProf. 212
-, Max (1869–1929), Obst. 207, 212
Bauernräte 160, 169
Bauernstand 21, 93, 320
Baumgartner, Josef (1904–1964), Min. 333, 352
Bayerische Akademie der Wissenschaften 14, 80, 82, 342, 347, 356, 358

- Armee 19, 21 f., 40, 45, 54 f., 96, 105, 109, 111, 118, 139 f., 168, 173, 202, 212, 261, 279, 355
- Königspartei 201 f., 205, 328–333, 338, 350 f.
- Kriegsakademie 52, 105
- Mittelpartei 196, 198 f., 243 f., 255
- Patriotenpartei 21, 25 f., 34
- Volkspartei (BVP) 39, 170, 172 f., 195–199, 206, 211, 214, 227, 229, 243–245, 247 f., 253, 255–260, 262–264, 267, 271–273, 275 f., 328, 331, 334
- Zentrumspartei 26–28, 34, 39, 83 f., 86 f., 90 f., 170, 195

Bayerischer Bauernbund (BBB) 27 f., 86, 170, 198, 254 f., 333, 350
- Heimat- und Königsbund: In Treue fest (BHKB) 13, 202, 212, 243, 245–247, 253, 257 f., 261, 263, 267 f., 271 f., 276–278, 282, 297, 329 f., 351
- Heimatschutz, Wehrverband 247, 255, 258
- Kurier, Zt. 204

Bayerisches Armeemuseum 71 f., 279
- Rotes Kreuz 36

Bayern 11, 19, 27–30, 48, 64, 66 f., 75, 82 f., 85, 88 f., 91, 95, 119, 127–134, 136, 139–144, 148, 151, 153–155, 157 f., 161 f., 165–168, 170–174, 178 f., 183 f., 196, 198 f., 200, 202–205, 207 f., 210–212, 214–221, 223–227, 229 f., 237, 240, 244, 246–250, 253–259, 262–278, 280, 282, 288, 297, 302 f., 305, 309–311, 314, 320–326, 328–340, 343–349, 352–354, 356–358
- Dyn., Haus (s. a. Wittelsbacher) 29–33, 40, 43, 47, 51, 85, 88, 127, 164, 181, 183, 193, 201 f., 225–228, 230, 233 f., 236, 297, 303, 309 f., 341, 344, 346, 348, 350 f., 354, 357
- Freistaat 173, 198, 233, 262, 334 f., 357
- Königreich 19, 22, 30, 126, 163, 168, 202, 212, 247, 317, 329 f., 345
- Verfassung (1808) 85
- Verfassung (1818) 19, 25, 28, 47, 85, 87 f., 223, 225
- Verfassung (1919) 172 f., 201, 255, 261
- Verfassung (1946) 334 f.

Bayern und Reich, Wehrverband 199 f., 204, 207, 209, 212, 216 f., 232, 245–248
Bayernpartei (BP) 13, 331, 333 f., 336, 350–352
Bayerntreue, Wehrverband 246 f.
Bayernwacht, Wehrverband 247, 260, 310
Bayreuth (Ofr.) 161, 250
- Festspiele 60, 250
- Villa Wahnfried 60, 250

Bayrische Einigung 349
Beauharnais, Eugène de, Hzg. v. Leuchtenberg (1781–1824) 230

Beck, Willibald, Frhr. v. Peccoz (1874–1958) 167, 213
Behn, Fritz (1878–1970), Prof., Bildhauer 75
Beirut (Libanon) 77
Belfort (Franche Comté) 128
Belgien 56, 105 f., 109, 123, 127 f., 130–133, 136, 144 f., 149, 151 f., 282
Bellegarde, Paula Gfn. v. (geb. 1914) 312, 323, 353
Below, Fritz v. (1853–1918), Gen. 115
Benares (Indien) 79
Benedikt XIII. (1649–1730), P. 51
- XV. (1854–1922), P. 39, 148
Benediktiner 68
Berchtesgaden (Obay.) 60, 63 f., 161, 178, 181 f., 193 f., 199, 209, 219 f., 229 f., 251 f., 258, 298 f., 352
- Schloss 38, 86, 226, 230 f., 233, 298, 306, 309 f., 340
- Villa Brandholzlehen 178, 181
Berg (Obay.), Schloss 226, 340
Bergen op Zoom (Niederlande) 128
Bergstetten (Markt Laaber, Opf.), Gut 226
Berlin 22 f., 26, 46, 48, 50, 67, 71 f., 85, 88, 91, 93, 95, 105, 115, 121, 123, 128, 136, 148, 155, 157 f., 162, 171, 173, 176, 197, 199, 212 f., 215–219, 232, 253, 256, 260–270, 272–274, 279 f., 286, 298, 311, 323, 328
- Friedrich-Wilhelm-Universität 50
Berliner Tagblatt, Zt. 205
Bern (Schweiz) 22
Bernried (Obay.), Gut 339
Berr, Anton (1900–vor 1983), Prof., Zoologe 351
Bethmann Hollweg, Theobald v. (1856–1921), RKanz. 90, 114 f., 120, 128, 131, 133 f., 136 f., 144–148, 176
Beyerle, Konrad (1872–1933), Prof., MdR 225
Bircher, Eugen (1882–1956), schweiz. Obst., Chirurg 107, 307
Birma 80
Bismarck, Otto Fst. v. (1815–1898), RKanz. 19, 21, 27, 317
Bissing, Friedrich Wilhelm Frhr. v. (1873–1956), Prof., Ägyptologe 279
- Moritz Frhr. v. (1844–1917), GenObst. 115 f., 131
Blauer Reiter, Künstlervereinigung 28
Bleecker, Bernhard (1881–1968), Prof., Bildhauer 356
Blomberg, Werner v. (1878–1946), RMin., GFM 270
Blücher, Franz (1896–1959), BMin., VizeKanz. 355
- Kurt Gf. v. (1901–1975), Bankdir. 353

Bode, Wilhelm v. (1845–1929), Kunsthistoriker 74
Bohemia, Zt. 222
Böhmen 300, 304
Bolivien 250
Bologna (Emilia-Romagna) 304
Bolschewismus 197, 209 f., 240 f., 274 f., 323
Bombay (Indien) 78
Bona Margherita Prn. (Konrad) v. Bayern (1896–1971), geb. Prn. v. Savoyen-Genua 31, 184
Bonetti, Augustinus (1831–1904), Patriarchatsvikar v. Konstantinopel 77
Borchardt, Rudolf (1877–1945), Schriftsteller 241 f., 299, 308
Boris III. Kg. der Bulgaren (1894–1943), Hzg. v. Sachsen-Coburg 153
Bosnien-Herzegowina 76
Bosporus 77
Bothmer, Felix Gf. v. (1852–1937), GenObst. 171, 235
– Karl Gf. v. (1881–1947), Publizist 171, 175, 180, 205 f.
Bourbon, Dyn. 30 f.
Bozen (Südtirol) 195, 304, 342, 353
Bradley-Birt, [Francis (1874–1963)] 195
Bragança, Dyn. 30, 32, 59, 179, 181
Brandenburg 259
Brauchitsch, Walther v. (1881–1948), GFM 306
Braun, Otto (1872–1955), preuß. MinPräs. 260
Breg, Josef, Lehrer 13, 63
Brenner (Tirol) 156, 304
Brest-Litowsk (Weißrussland) 129, 150
Bretagne 353
Brettreich, Maximilian Ritter v. (1858–1938), Min. 160 f.
Briey (Lothringen) 144
Brixen (Südtirol) 306–308, 312
– Englische Fräulein 306
Brügmann, Walther, Regisseur 267
Brunetti, Tito (1905–1954), Ing. 343, 354
Brüning, Heinrich (1885–1970), RKanz. 254–256, 259, 262, 298
Brünn (Mähren) 35
Brüssel 15, 68, 109, 151, 156, 159, 163–165
Büchner, Fritz (1895–1940), Journalist 268, 282
Buchner, Ernst (1892–1962), Kunsthistoriker 348 f.
– Max (1881–1941), Prof., Historiker 281
Budapest 207
Bulgarien 77
Bülow, Bernhard Fst. v. (1849–1929), RKanz. 120
Bund Deutscher Mädel (BDM) 299
Bundesfürsten 34, 94, 133, 140, 142, 156, 162

Bundesrat 22, 92, 126, 131 f., 142, 260 f., 336
– Auswärtiger Ausschuss 22, 126, 137, 142, 149, 153
Buren 317
Burgenland 315
Burgund 353
BVP s. Bayerische Volkspartei

Cambrai (Nord – Pas-de-Calais) 118 f., 176 f.
Canaris, Wilhelm (1887–1945), Admiral 306
Cannes (Côte d'Azur) 325
Cap Gris – Nez (Nord – Pas-de-Calais) 128
Caro, Georg (geb. 1872), Prof., Archäologe 299
Carossa, Hans (1878–1956), Dichter 306
Cassel (Nord – Pas-de-Calais) 111
Castel Gandolfo (Latium) 348
Castell, Fst. v. 178
– -Castell, Friedrich Carl Fst. zu (1864–1923) 89
– Schloss 210
Castellani, Aldo (1874–1971), Prof., Mediziner 322
Cecilie KPrn. (Wilhelm) v. Preußen (1886–1954), geb. Hzgn. v. Mecklenburg 237, 280
Cermak, Leo, Präs. 220
Ceylon 78, 80
Cham (Opf.) 158
Champagne 112
Charlotte GrHzgn. v. Luxemburg (1896–1985) 15, 180, 315, 343
– Kn. (Franz I.) v. Österreich (1792–1873), geb. Prn. v. Bayern 30
Chauny (Picardie) 175
Chiemgau 161
China 63, 80 f.
Chrambach, Erich, Rittmeister 351
Christlich-Soziale Union s. CSU
Christlicher Bauernverein 245, 247, 259
Chrysanthemen-Orden 67
Churchill, Winston (1874–1965), brit. Premier 328
CIC (Counter Intelligence Corps) 338
Clausewitz, Claus v. (1780–1831), preuß. Gen. 121
Clay, Lucius D. (1897–1987), US-Gen., Militärgouverneur 334 f.
Clementine Prn. (Napoleon Viktor) Bonaparte (1872–1955), geb. Prn. v. Belgien 56
Coburg, Dyn. 131
Colmar-Berg (Luxemburg), Schloss 180, 237, 353
Colombo (Ceylon, Sri Lanka) 78
Comer See (Lombardei) 353
Compiègne (Picardie) 163

Cordoba (Andalusien) 68
Cossmann, Paul Nikolaus (1869–1942), Prof., Publizist 194, 248, 265, 282
Crailsheim, Friedrich Krafft Frhr. v. (1841–1926), Vors. im MinRat 25, 27, 34, 58
Cramer-Klett, Theodor Frhr. v. (1874–1938), Reichsrat 73, 403
Cramon, August v. (1861–1940), GenLt. 222
Cremona (Lombardei) 74
Croy, Hzg. Carl v. (geb. 1914) 352
CSU (Christlich-Soziale Union) 328–336, 352
Culloden (Schottland), Schlacht 32
Cumberland, Hzge. v. (Welfen) 179
Curtius, Ludwig (1874–1954), Prof., Archäologe 324, 348, 353
Cyrenaika 301
Czernin, Ottokar Gf. v. (1872–1932), öster. Min. 149

Dachau (Obay.), KZ 266, 283, 286, 315
Dalla Costa, Elia, Kard, EBf. v. Florenz (1872–1961) 322
Dalmatien 76
Damaskus (Syrien) 77
Dambach, Otto (1831–1899), Prof., Jurist 50
Dandl, Otto Ritter v. (1868–1942), Vors. im MinRat 38, 88, 92, 116, 121, 126, 129, 142, 150, 152, 156, 159 f., 161 f.
Danner, Christian, GenLt. 257
Dard, Émile (1871–1947), franz. Ges. 206
Darmstadt (Hessen) 199
Deggendorf (Nbay.) 351
Delbrück, Hans (1848–1929), Prof., Historiker 50
Delhi (Indien) 79
Demokratie, Demokratisierung 86, 90, 92, 142, 170, 314, 331 f., 334 f., 351 f.
Deutsche Adelsgenossenschaft (DAG) 248
– Demokratische Partei (DDP) 170, 172, 198 f.
– Volkspartei (DVP) 196
Deutscher Bund 19, 319
– Flottenverein 67, 88 f.
– Kampfbund 215–218, 220
– Orden 51
– Schulschiffsverein 67
– Zollverein 19 f.
Deutschland/Deutsches Reich 23, 71, 93, 117, 119, 126, 128–133, 136 f., 140, 143, 145, 148 f., 151, 153–155, 163, 170, 172–174, 198, 202, 205 f., 209 f., 212, 215, 217–220, 223 f., 230, 237, 239–242, 245, 247, 253, 256 f., 259–263, 265, 269–271, 274 f., 277 f., 280, 285, 288, 299 f., 302–305, 308, 311 f., 314, 316–318, 320–324, 328, 335 f.

– Bismarck-Reich/Verfassung 34, 142, 173 f., 196, 200, 205, 245, 261, 265, 274, 277, 297, 319, 344
– Bundesrepublik Deutschland 14, 335, 344, 348
– Drittes Reich 285, 341
– Grundgesetz (1949) 333, 336
– Heiliges Römisches/Altes Reich 132, 134, 317
– Kaiserreich 20–22, 88, 90, 279
– Verfassung (1919) 173 f., 218, 225, 244, 246, 260 f., 265
– Weimarer Republik 173 f., 211, 247, 253, 346, 352, 357 f.
Deutschnationale Volkspartei (DNVP) 196, 198, 210, 251, 258, 268, 275
Deutschösterreich 96, 155 f., 159, 170, 172, 403
Deutschtum 134, 142
Deuxville (Lothringen) 176 f.
Dietlinde Prn. v. Bayern (1888–1889) 36
Dietramszell (Obay.) 211
Dieuze (Lothringen) 107, 177
Displaced Persons (DP) 338
Dohrn, Anton (1840–1909), Zoologe 71
Dommes, Wilhelm v. (1867–1959), GenLt., Hausminister Wilhelms II. 276, 284
Dolomiten 308, 312 f., 342
Donauföderation/monarchie 205, 208, 211, 214 f., 221, 328
Donaumonarchie s. Österreich-Ungarn
Doorn (Niederlande), Haus 211, 237, 267, 280, 301
Dorn, Walter L. (1894–1961), Prof., Historiker 327, 332
Dörnhöffer, Friedrich (1865–1934), Kunsthistoriker 69, 71
Douai (Nord – Pas-de-Calais) 75, 109
Doullens (Picardie) 122
Drachen-Orden 67
Dresden (Sachsen) 305
Dschaipur (Indien) 79
Dschehlám (Fluss) 80
Dschodpur (Indien) 79
Dschokdschokarta (Java, Indonesien), Sultan v. 80
Düsseldorfer Galerie 226
Duquesnoy, François (1594–1643), Bildhauer 75
Durham, [James Andrew Cuninghame (1879–1954)], brit. Diplomat 302

Ebert, Friedrich (1871–1925), RPräs. 163, 173, 210, 217, 242
Edenkoben (Rheinpfalz) 226, 231, 340
Editha Brunetti (geb. 1924), geb. Prn. v. Bayern 182, 299 f., 309, 315, 343 f., 353 f.
Eduard VII. Kg. v. Großbritannien u. Irland (1841–1910) 68

Ege, Eduard (1893–1978), Heraldiker 335
Ehard, Hans (1887–1980), MinPräs. 14, 213, 336, 338, 347, 349 f., 354, 356
Ehrhardt, Hermann (1881–1971), Kapitän, Freikorpsführer 197
Eichhorn, Politiker 210
Einem, Karl v. (1853–1934), GenObst. 108
Einwohnerwehren 172, 197–199, 202, 206, 211, 246
Eisenhower, Dwight D. (1890–1979), Gen., US-Präs. 324 f., 327
Eisernes Kreuz 108
Eisner, Kurt (1868–1919), MinPräs. 85, 159–162, 168–171, 173, 217, 282
Eiwanowitz (Mähren), Schlossgut 35, 168 f., 230, 300, 311, 341
Elena Kgn. (Viktor Emanuel III.) v. Italien (1873–1952), geb. Prn. v. Montenegro 68, 303 f.
Elisabeth EHzgn. (I. Ferdinand Karl Viktor d'Este, II. Karl Ferdinand) v. Österreich (1831–1903), geb. EHzgn. v. Österreich 31, 33, 41 f., 56, 58
– (1883–1963) geb. EHzgn. v. Österreich 56
– Kn. (Franz Joseph I.) v. Österreich (1837–1898), geb. Hzgn. in Bayern 30, 59
– Kgn. (Friedrich Wilhelm IV.) v. Preußen (1801–1873), geb. Prn. v. Bayern 30
– Valerie Kgn. (Albert I.) d. Belgier (1876–1965), geb. Hzgn. in Bayern 57 f., 63 f., 82, 237
Elsass 106, 127, 129 f., 132–135, 144, 208
Elsass-Lothringen, Reichslande 55, 106 f., 121, 127 f., 131, 133 f., 144 f., 150, 317
Endres, Joseph, Drechslermeister 44
– Nikolaus Ritter v. (1862–1938), Gen. 124
England/Engländer 22, 32, 78, 80, 95, 105, 111, 115, 122, 131 f., 135–139, 143, 147, 149, 151, 176 f., 195, 208, 239, 299 f., 306, 314, 317, 320–322, 325, 330, 342
Entente 123, 163, 175, 208
Entnazifizierung 326 f., 337
Enzenberg, Sighard Gf. v. (1875–1966) 342
Epinal (Lothringen) 108
Epp, Franz Xaver Ritter v. (1868–1946), Gen., RStatthalter 172, 196, 212, 246, 250, 273–285, 309 f.
Erbmonarchie 91, 319
Erdödy, Peter Gf. v. (geb. 1902) 315
Erfttalkraftwerk 311
Erlangen (Mfr.) 161
– Friedrich-Alexander-Universität 130, 238
Ernst Pr. v. Sachsen-Meiningen (1859–1941) 176
– August KPr. v. Hannover (1845–1923), Hzg. v. Cumberland 56 f., 171, 179

– August Hzg. zu Braunschweig (1887–1953), Hzg. v. Cumberland 140, 280
– Heinrich Pr. v. Sachsen (1896–1971) 181, 220
– Ludwig GrHzg v. Hessen (1868–1937) 176
Erzberger, Matthias (1874–1921), RMin. 89, 148, 150, 199
Escherich, Dr. Georg (1870–1941), Forstrat 172, 197 f., 220, 232, 246 f., 255, 258, 262
– Karl, Geheimrat 281
Esser, Hermann (1900–1981), Min. 282
Este, Dyn. 31, 35
Estland 129
Ettal (Obay.), Benediktinerkloster 182, 299
Eugen EHzg. v. Österreich (1863–1954), Hoch- u. Deutschmeister 236
Europa 63, 71, 81 f., 119, 239
Evangelisch-Lutherische Kirche in Bayern 287
Eyrichshof (Ebern, Ufr.), Schloss 59

Fackler, Franz (1895–1963), Stadtrat 297
Faistauer, Anton (1887–1930), Prof., Maler 234
Falkenhausen, Ludwig v. (1844–1936), GenObst. 108
Falkenhayn, Erich v. (1861–1922), Gen. 95, 109, 111–118, 137 f., 140, 142 f.
Falkner, Dr. Ernst (1909–1950), MdB 331
Fasbender, Karl Ritter v. (1852–1933), Gen. 235
Faschismus 195, 301, 307, 313
Faulhaber, Michael v. (1869–1952), Kard., EBf. v. München-Freising 169, 181 f., 201, 222, 266, 279, 288, 326, 337, 340
Feldafing (Obay.) 227
– Lager 338
Ferchl, Georg, Lt., Erzieher 41 f.
Ferdinand Kg. d. Bulgaren (1861–1948), Hzg. v. Sachsen-Coburg 153
– Hzg. v. Calabrien (1869–1960), Pr. v. Bourbon-Sizilien 339
– Karl EHzg. v. Österreich (1754–1806) 31
– Karl Viktor EHzg. v. Österreich-Este (1821–1849) 31
– Maria KurFst. v. Bayern (1636–1679) 33
– Maria Pr. v. Bayern (1884–1958), Inf. v. Spanien 84
Fiesole (Toscana) 313, 320 f.
Fischburg (bei St. Christina, Südtirol) 300
Fischer, Aloys (1880–1937), Prof., Pädagoge 63
Flandern 109, 122 f., 149
Flandernschlacht 119, 123
Florenz (Toscana) 57, 70, 74, 194, 242, 299–301, 305–309, 311–314, 316, 321–325, 342 f., 353
– Bellosguardo, Villa 194, 303 f., 306, 308, 313

Register 443

- Sacré Cœur 306, 309
- San Francesco di Paola 70
Flossenbürg (Opf.), KZ 315
Flüchtlinge 338
Föderalismus 26, 34, 88, 94, 130, 134, 142, 195, 208, 217 f., 245, 255, 258, 260–262, 277, 322, 328, 335 f.
Forte dei Marmi (Toscana) 64, 305–308, 353
Fortschrittliche Volkspartei 148
Franchetti, Carlo, Baron (1896–1955) 300, 324
- Giorgio, Baron (1865–1922) 194
- Luigi(no), Baron, (geb. 1891) 307
- Marion, Baronin (Giorgio), geb. Frn. v. Hornstein (1870–1948) 194, 299, 303, 307, 313
Franckenstein, Moriz Frhr. v. (1869–1931), Reichsrat, MdR 243, 248
Franconia, Corps 51
Frank, Dr., Lehrer 171
- Hans (1900–1946), Min. 283
Franken 178, 183, 221, 236, 257, 330, 332, 335, 341
Frankfurt (Hessen) 324
Frankfurter Zeitung 134
Frankreich/Franzosen 21 f., 105–109, 122, 128, 130–134, 144 f., 147, 151, 168, 172, 176 f., 205 f., 208, 215, 218, 239, 306, 353
Franz Pr. v. Bayern (1875–1957) 36, 84, 145, 150, 169, 176, 184, 230, 299 f., 302, 311, 340 f., 384
- Pr., Hzg. v. Bayern (geb. 1933) 11 f., 193, 315, 349, 356, 429
- I. K. v. Österreich (1768–1835) 30, 183
- V. EHzg. v. Österreich-Modena (1819–1875) 168
- Ferdinand EHzg. (Thronfolger) v. Österreich-Este (1863–1914) 30, 35, 96
- Joseph Hzg. in Bayern (1888–1912) 64
- Joseph I. K. v. Österreich (1830–1916) 30 f., 58, 67, 74
- Karl EHzg. v. Österreich (1802–1878) 30
Frascati (Latium) 32
Frauenberg (Hluboká, Böhmen) 300
Frauenholz, Eugen v. (1882–1949), Major, Militärhistoriker 17
Fraunberg, Adriana Frfr. (Theodor) v., geb. Contessa Pecori Giraldi 306, 313
- Theodor Frhr. v. (1889–1949), Hptm. 306, 313, 436
Freiheitsaktion Bayern 324
Freikorps 172, 196
Freyschlag v. Freyenstein, Ignaz Frhr. (1827–1891), GenMajor 25
Frick, Wilhelm (1877–1946), RMin. 266, 273, 310
Friedrich I. Barbarossa K. (1122–1190) 29

- II. Kg. v. Preußen (1712–1786) 38, 215, 317
- August III. Kg. v. Sachsen (1865–1932) 366
- Christian MarkGf. v. Meißen (1893–1968), Pr. v. Sachsen 301, 350
- Ferdinand Hzg. zu Schleswig-Holstein (1855–1934) 208
- Franz IV. GrHzg. v. Mecklenburg-Schwerin (1882–1945) 156
- Karl LandGf. v. Hessen (1868–1940), Gen. 176
- Wilhelm IV. Kg. v. Preußen (1795–1861) 30
- Wilhelm KPr. v. Preußen (1831–1888), als Deut. K. Friedrich III. 23
Frühwirth, Andreas (1855–1933), Kard. 238
Fuchs, Dr. Georg (1868–1949), Theatertheoretiker 208 f., 403
Fuchsmühl (Opf.) 91
Fuldaer Bischofskonferenz 275
Funk, Walter (1890–1960), Min. 305
Fürstenberg, Fritz Frhr. v. (1876–1946) 220
Fürstenried (bei München, Obay.), Schloss 83 f., 227, 229
Fürth (Mfr.) 128, 158
Füssen (Schw.) 279

Gabriele Hzgn. (Carl) v. Croy (1927), geb. Prn. v. Bayern 182, 299, 309, 315, 342, 352
Galizien 149
Gamelangspiel 80 f.
Gandorfer, Ludwig (1880–1918), Politiker 159 f.
Ganghofer, Ludwig (1855–1920), Schriftsteller 95, 124
Gardasee 315
Gareis, Karl (1890–1921), MdL 198
Gärtner, Johann Friedrich v. (1791–1847), Architekt 35
Gasparri, Pietro (1852–1934), KardStaatssekr. 238
Gaulle, Charles de (1890–1970), Gen., franz. Präs. 351
Gebsattel, Franz Frhr. v. (1889–1945), Obst. 247 f., 253, 282
Generalstaatskommissar 216 f., 242, 267 f., 270, 272–274
Generalstab 22, 52
Genua (Ligurien) 78
Georg, Hl. 51 f., 234
- Pr. v. Bayern (1880–1943), Domherr v. St. Peter/Rom 31, 80, 82, 184, 234, 308
- II. Kg. v. Griechenland (1890–1947) 300
- III. Kg. v. Großbritannien u. Irland (1738–1820) 32
- V. Kg. v. Großbritannien u. Irland (1865–1936) 68, 195, 300
- V. Kg. v. Hannover (1819–1878) 57

Georgi-Ritterorden 24, 38, 51 f., 84, 123, 184, 233 f., 280 f., 309, 313, 341, 343, 346, 355
Georgii, Theodor (1884–1963), Prof., Bildhauer 236, 356
Georgs-Schlacht 123
Gerasa (Jordanien) 78, 82
Gerhard Hzg v. Jülich-Berg (1437–1475) 46
Gerlich, Fritz (Michael) (1883–1934), Publizist 242, 286
Gerngroß, Rupprecht (1915–1996), Hptm. 324
Geßler, Otto (1875–1955), RMin. 183, 217, 258, 288, 302, 306, 308, 314, 324, 348, 352
Gestapo (Geheime Staatspolizei) 286 f., 297 f., 302 f., 308 f., 311–314, 323
Gewerkschaften 87, 159, 214
Giovanna Kgn. (Boris III.) v. Bulgarien (1907–2000), geb. Prn. v. Savoyen 184
Giovanni da San Giovanni (Mannozzi) (1592–1636), Maler 75
Gisela Prn. (Leopold) v. Bayern (1856–1932), geb. EHzgn. v. Österreich 31
Gmunden (Oberösterreich) 57
Gneist, Rudolf v. (1816–1895), Prof., Jurist 50
Goebbels, Josef (1897–1945), RMin. 286
Goerdeler, Carl Friedrich (1884–1945), OberBgm. v. Leipzig 314
Goetz, Walter (1867–1958), Prof., Historiker 14, 342, 347
Goldenes Vlies, Ritterorden 58, 67
Gömbös v. Jáfka, Julius (Gyula) (1886–1936), ungar. MinPräs. 207
Göring, Hermann (1893–1946), RMin., GFM 254, 280, 298
Gottesgnadentum 22, 91, 201, 237
Graefe, Albrecht v. (1868–1933), MdR 407
Graf, Oskar (1874–1957), Prof., Maler 73
Grammacini, Fernando († 1944), ital. Obst. 195, 265, 284, 307, 311–314
Granada (Andalusien) 48, 68
Graubünden 354
Gregor VII. (1020/25–1085), P., Hl. 201
Greifenstein (bei Heiligenstadt, Ofr.), Schloss 59, 313
Griechenland 67, 76, 278, 282, 299 f.
Grödnertal (Südtirol) 300
Groener, Wilhelm (1867–1939), Gen., RMin. 121
Großbritannien s. England
Gruber, Max v. (1853–1927), Prof., Hygieniker 137
Grünau (bei Neuburg/Donau, Obay.), Jagdschloss 226
Gruppe 47, Schriftstellervereinigung 348
Gudden, Bernhard v. (1824–1886), Prof., Psychiater 24

Guiccardini, Ludovico Conte (geb. 1862), ital. Kammerherr 304
Gulbransson, Olaf (1873–1958), Künstler 342
Gundelinde Gfn. (Johann Georg) v. Preysing-Lichtenegg-Moos (1891–1983), geb. Prn. v. Bayern 36
Gürtner, Dr. Franz (1881–1941), RMin. 211, 214, 269
Gutleben, Fritz, Hofrat 346
Guttenberg, Enoch Frhr. v. u. zu (1893–1940) 236, 252–254, 257, 260, 265, 267 f., 273, 276, 282, 286, 299, 420
– Karl Ludwig Frhr. v. u. zu (1902–1945) 236, 324
– Karl Theodor Frhr. v. u. zu (1854–1904), Reichsrat 72

Haag (Obay.) 172
Haarlem (Niederlande) 302
Haber, Fritz (1868–1934), Prof., Chemiker 137, 386
Habsburger, Dyn. (s. a. Österreich) 206, 300
Hagen-Schlacht 123
Halder, Franz (1884–1972), GenObst. 125, 163, 287, 392
Hamburg 46, 56, 217
Hamm, Eduard (1879–1944), RMin. 288, 314
Hanauer, Rudolf (1908–1992), LandtagsPräs. 356
Hanfstaengl, Ernst (1887–1975) 249
Hannover 67, 210
– Dyn. 32
– Königreich 317
Hansestädte 344
Harnier, Adolf v., Frhr. v. Regendorf (1903–1945), Rechtsanwalt 297 f., 302 f., 310
Heckel, D. Theodor (1894–1967), Dekan 350
Hefner v. Alteneck, Jakob Heinrich (1811–1903), Kulturhistoriker 69, 73
Heiligenkreuz, Gut (bei Micheldorf, Oberösterreich) 171, 178
Heiliger Stuhl s. Vatikan
Heim, Georg (1865–1938), MdL 196 f., 206, 243, 255–257, 259
Heimwehr, öster. Wehrverband 207, 209 f.
Heinrich Pr. v. Bayern (1884–1916) 182, 306
– Pr. v. Bayern (1922–1958) 12, 182, 233, 278, 299, 304, 306, 309, 311 f., 314, 324, 343 f., 352 f.
– Hzg. v. Mecklenburg-Schwerin (1876–1934), Pr. der Niederlande 165
– Pr. v. Preußen (1862–1929), GrAdmiral 88 f.
– Stuart (1725–1807), Kard., Thronprätendent v. Großbritannien 32

Heiss, Adolf (1882–1945), Hptm. 217
Held, Heinrich (1868–1938), MinPräs. 173, 214 f., 227, 242–247, 249 f., 255 f., 260–270, 272–274, 276
- Josef (1902–1964) 268
- Philipp (1911–1993), Min. 420
Helena Wladimirowna Prn. (Nikolaus) v. Griechenland (1882–1957), geb. GrFstn. v. Russland 56
Helgoland 46
Hell, Joseph (1875–1950), Prof., Orientalist 238
Hellingrath, Philipp v. (1862–1939), Gen., Min. 121, 153, 161
Helmstadt (Ufr.), Gefecht 19, 33, 116
Helmtrudis Prn. v. Bayern (1886–1977) 36
Hengeler, Adolf (1863–1927), Prof., Maler 70, 194
Henriette Anne (Stuart) d'Angleterre (1644–1670) 31
Herkules III. Rainald v. Este (1727–1803), Hzg. v. Modena 31
Hermine Kn. (Wilhelm II.) (1887–1947), verw. Prn. (Johann Georg) zu Schönaich-Carolath, geb. Prn. v. Reuß 280, 302
Herrenchiemsee (Obay.), Altes Schloss 227, 311
Herterich, Ludwig v. (1856–1932), Prof., Maler 70
Hertling, Georg Gf. v. (1843–1919), Vors. i. MinRat, RKanz. 49, 83 f., 86 f., 89, 92, 95, 113, 116, 120, 126 f., 129, 131 f., 136–138, 142, 146, 148–154, 158, 200
Herwarth, Hans-Heinrich Frhr. v. Bittenfeld (1904–1999), Staatssekr. 348
Herzbestattung 204, 354 f.
Hess, Rudolf (1894–1987), RMin. 283
Hessen 321
Heuss, Theodor (1884–1963), BPräs. 348
Heydecker, Joe (1916–1997), Journalist 13
Heydrich, Reinhard (1904–1942), Gestapo-Chef 297, 309 f.
Hilda Lockett de Loayza (1926–2002), geb. Prn. v. Bayern 182, 299, 309, 315, 342, 352
- Fstn. (Adolph) v. Schwarzenberg (1897–1979), geb. Prn. v. Luxemburg 237, 300, 304
Hildebrand, Adolf v. (1847–1921), Prof., Bildhauer 39, 64 f., 68, 70 f., 73, 75, 82, 168, 180, 356
- Bruno (1812–1878), Prof., Nationalökonom 70
Hildegard Prn. v. Bayern (1881–1948) 36
Himalaya 79
Himmler, Gebhard 310
- Heinrich (1900–1945), Reichsführer SS 273, 276, 282, 286, 297, 305, 310, 312

Hindenburg, Paul v. (1847–1934), GFM, RPräs. 107, 116–118, 120–123, 144, 150, 154 f., 163, 166, 175, 177 f., 211, 215, 222, 243, 258 f., 261 f., 266–270, 272–276, 284, 286 f.
Hindus 79
Hintersee (Obay.), Jagdhaus 161
Hipp, Dr. Otto (1885–1952), Min. 329
Hirsch, Karl Frhr. v. (1871–1944) 283
Hirschberg, Anton Frhr. v., Gen. (1878–1960) 165, 167
Hitler, Adolf (1889–1949), RKanz. 209, 211, 213–221, 233, 249–254, 258, 262, 264, 266 f., 270, 272–275, 277–288, 301–303, 305, 313 f., 323 f.
Hitlerjugend (HJ) 276, 299
Hitler-Ludendorff-Putsch 211, 220 f., 239, 249
Hochland, Zt. 28
Höchstadt/Aisch (Mfr.) 257
Hoegner, Wilhelm (1887–1980), MinPräs. 196, 267, 270, 272, 327, 330, 332–336, 338, 350, 355, 406
Hoenig, Eugen (1873–1945), Architekt 278
Hoffmann, Johannes (1867–1930), MinPräs. 171 f., 197, 232
Hohenberg (bei Seeshaupt, Obay.), Schloss 167, 213
Hohenburg (bei Lenggries, Obay.), Schloss 179, 181 f., 215 f., 243
Hohenlohe-Bartenstein, Johannes Fst. zu (1863–1921) 57
- -Schillingsfürst, Chlodwig Fst. zu (1819–1901), RKanz. 20
Höhenried (Bernried, Obay.), Schloss 339
Hohenschwangau (Schw.), Schloss 227, 231, 233, 242, 254, 261, 283, 298, 311
Hohenzollern, Dyn. (s. a. Preußen) 43, 88, 95, 148, 158 f., 196, 214 f., 222, 229, 241, 259, 262, 280, 300, 304
- -Sigmaringen, Dyn. 133
- Yacht 34, 94
Holland s. Niederlande
Holnstein aus Bayern, Ludwig Gf. v. (1873–1950), ObstLt. 246, 298, 307, 309–311, 323 f., 327, 346
Holzkirchen (Obay.) 169
Hongkong 81
Hopfen, Eleonore, Sekrn. 15
Horlacher, Michael (1888–1957), MdL 257, 331, 334
Horn, Alfonsine Gfn. (Hans) v. (1881–1945), geb. Freiin v. Boutteville, Hofdame 65 f.
- Luitpold Frhr. v. (1854–1914), Adjutant, Gen. 48

Hornstein, Robert Frhr. v. (1833–1890), Komponist 194
Horthy, Nikolaus v. (1868–1957), Admiral, RVerweser v. Ungarn 203, 207, 402
Hubensteiner, Benno (1924–1985), Prof., Historiker 157
Hubertus-Ritterorden 46, 202, 233
Hume, Edgar Erskinse (1889–1952), US-Gen. 322, 324 f.
Hundhammer, Alois (1900–1974), Min. 257, 283, 328, 333–336, 347, 420

Ilsemann, Sigurd v. (1884–1952), Adjutant Wilhelms II. 165, 210
Indien 56f., 78–80, 199
Inflation 211, 225, 228 f.
Ingolstadt (Obay.) 279
Innitzer, Theodor (1875–1955), Kard., EBf. v. Wien 287
Innsbruck (Tirol) 181, 308, 315 f., 323
Irmingard Prn. v. Bayern (1902–1903) 62, 81
– Prn. (Ludwig) v. Bayern (geb. 1923), geb. Prn. v. Bayern 12, 15, 182, 299, 308, 315, 323 f., 343, 352
Isabella Prn. (Georg) v. Bayern (1888–1973), geb. EHzgn. v. Österreich 31
Ischia 353
Italien 22, 60, 63, 67 f., 70, 74 f., 117, 147, 156, 194, 237 f., 265, 299, 301, 303–309, 316, 324, 327, 340, 343 f., 353 f.

Jachenau (Obay.) 47
Jaeger, Richard (1913–1998), MdB 331
Jakobiten 32, 195
Jalta, Konferenz 321
Jangtsekiang (Fluss) 81
Japan 63, 80–82
– K. 82
Java 63, 80
Jena (Thüringen) 316
Jerusalem 77 f.
Johann I. Kg. v. Sachsen (1801–1873) 30
– -Georg Pr. v. Sachsen (1869–1938) 366
Johanniter-Orden 355
Jordantal 78
Joseph EHzg. v. Österreich (1872–1962) 55
– Ferdinand KurPr. v. Bayern (1692–1699) 231
Josephine Kn. (Napoleon) d. Franzosen (1763–1814), verw. Vicomtesse de Beauharnais 230
Juden 77, 240, 275, 282 f., 287, 300, 311, 313, 338
Jugend, Zt. 28

Jugoslawien 303, 324
Jung, Dr. Edgar Julius (1894–1934), Jurist 285 f.

Kahr, Gustav Ritter v. (1862–1934), MinPräs., GenStaatskommissar 161, 194, 197–200, 203 f., 209, 212 f., 215–222, 242, 245, 268 f., 286, 336, 404, 407
Kairo 78, 80, 82
Kaiser, Jakob (1888–1961), BMin. 306
Kalkutta (Indien) 78 f.
Kanalküste 109, 128, 132
Kanton (China) 81
Kanzler, Rudolf (1873–1950), MdL 172, 197, 202, 206, 221, 351
Kapp, Wolfgang (1858–1922), GenLandschaftsdir. 197
Kapp-Putsch 197, 211
Kardorff-Oheimb, Katharina v. (1879–1962), geb. v. Endert 210
Karl Pr. v. Bayern (1874–1927) 36
– I. (1600–1649), Kg. v. England, Schottland u. Irland 31 f., 195
– I. (IV.) (1887–1922), K. v. Österreich, Kg. v. Ungarn, Seliger 35, 39, 68, 152 f., 203, 207–210
– VII. Albrecht (1697–1745), K., KurFst. v. Bayern 51, 142
– Ferdinand EHzg. v. Österreich (1818–1874) 31
– Ludwig EHzg. v. Österreich (1833–1896) 30
– Stephan EHzg. v. Österreich (1860–1933) 145, 149
– Theodor (1724–1799), KurFst. d. Pfalz u. v. Bayern 30
– Theodor Hzg. in Bayern (1839–1909), Augenarzt 30, 57–59, 62, 64, 71, 183
Karlsbad (Böhmen) 63
Karlsruhe (Baden) 138
Karneid (bei Bozen, Südtirol), Burg 195, 300
Karoline Friederike Kgn. (Max I. Joseph) v. Bayern (1776–1841), geb. Prn. v. Baden 30, 350
Kaschmir 79 f.
Kassel (Hessen) 166
– Gymnasium 43
Katholizismus 26, 96, 195, 288
Kaulbach, Friedrich August v. (1850–1920), Prof., Maler 28
Keegan, Charles E., US-Obst. 326
Keim, August (1845–1926), GenMajor 89
Kelheim (Nbay.), Befreiungshalle 277
Keller, Eugene, US-Colonel 338
Kerschensteiner, Georg (1854–1932), Pädagoge 63
Khaiber-Pass (Pakistan) 79
Kiel 34, 67
Kiliani, Dr., Chirurg 63

Kinsky, Ernst Gf. v. (1862–1933) 80
Kirchdorf im Kremstal (Oberösterreich) 171
Kirche (s.a. Katholizismus, Klerus) 29, 39, 87, 196, 200, 275, 287, 327
Kleinasien 76
Klenze, Leo v. (1784–1864), Architekt 34
Klerus 20 f., 26, 85, 200 f., 288, 355
Knilling, Eugen Ritter v. (1865–1927), MinPräs. 211, 214, 216, 245
Koblenz (Rheinland-Pfalz) 127
Kögel, Joseph v. (1841–1919), Hofprediger 42, 44
Köln (Nordrhein-Westfalen) 300
– Universität 239
Kolshorn, Otto (1889–1963), Fabrikant, Schriftsteller 13, 165 f., 266, 356, 393
Kommunisten 169, 171, 217, 227, 229 f., 253, 255, 273, 333 f.
Königbauer, Heinrich (1876–1929), LandtagsPräs. 227
Königgrätz (Hradec Králové, Böhmen), Schlacht 19
Königssee (Obay.) 75
Konrad Pr. v. Bayern (1883–1969) 31, 184, 284, 309
Konservative 28, 259
Konstantinopel (Istanbul, Türkei) 76 f.
– Patriarch 77
Konzil (I. Vaticanum) 21
Kraepelin, Emil (1856–1926), Prof., Psychiater 137
Krafft v. Dellmensingen, Konrad (1862–1953), Gen., GenStabschef 17 f., 105, 107, 113, 125, 175, 177, 201, 221, 385
– Leopold (1874–1954), Legationsrat 129 f., 132, 136, 149
Kramer, Rudolf Ritter v. (1878–1967), Obst. 342
Krausneck, Dr. Wilhelm (1875–1927), Min. 225, 227
Krazeisen, Carl Johann v. (1871–1924), Staatsrat 50 f.
Kreis, Dr. Wilhelm (1873–1955), Prof., Architekt 311
Kremsmünster (Oberösterreich) 171
Kreß v. Kressenstein, Friedrich Frhr. (1870–1948), Gen. 247
– Friedrich Frhr. (1886–1958), Major, Hofmarschall 346
– Otto Frhr. (1850–1929), GenObst., Min. 54, 139
Kreta 299
Kreußer, Ralph Frhr. v. (geb. 1847), Offizier, Erzieher 41, 44, 46 f.
Kreuth s. Wildbad
Kriebel, Hermann (1865–1941), ObstLt. 217

Kroatien 183
Krummau (Krumlov, Böhmen) 300
Krupp v. Bohlen und Halbach, Gustav (1870–1950), Industrieller 93
Kuang-hsü K. v. China (1871–1908) 81
Kuhl, Hermann v. (1856–1958), Gen., GenStabschef 17, 107 f., 113, 118, 125, 175
Kühlmann, Richard v. (1873–1948), Staatssekr. 152
Kulmbach (Ofr.) 66
Kulturkampf 21, 25 f.
Kuppelmayr, Rudolf Michael (1843–1918), Maler 42
Kurland 121, 129, 145
Kyzer-Lanz, Gertrud 286

La Bassée (Nord – Pas-de-Calais) 110
La Spezia (Ligurien) 353
Lager Lechfeld (Schw.) 48
Lallinger, Ludwig Max (1908–1992), MdL 333
Lambsdorff, Gustav Gf. v. (1867–1937), GenLt., GenStabschef 113, 141
Landau (Rheinpfalz) 236
Landsberg am Lech (Obay.) 48, 250
Landshut (Nbay.) 45, 53
Landtag (Abgeordnetenkammer) 19–21, 23, 83–88, 90, 142, 158, 160 f., 170–173, 175, 196 f., 199, 203, 209, 220, 227, 229, 244 f., 254 f., 319, 329, 336, 354
Landwirtschaftlicher Verein 33, 84
Lang, Hugo (1892–1967), Abt v. St. Bonifaz 39, 349, 354 f.
Langemarck (Belgien) 109
Lanz, Otto (1865–1935), Prof., Chirurg 13, 74 f., 165, 171, 286, 300 f.
– Titus Ritter v. (1897–1967), Prof., Mediziner 287
Laßberg, Hans Frhr. v. (1854–1952), GenLt. 234
Lateranverträge 68, 238
Lauböck, Fritz, Sekr. Hitlers 214
Lausanne (Schweiz) 342
Lebsche, Max (1886–1957), Prof., Chirurg 281, 330, 340, 348, 351, 356
Leeb, Wilhelm Ritter v. (1856–1956), GFM 270
Legitimisten, öster. 205, 209
Lehár, Anton Frhr. v. (1867–1962), ungar. Gen. 207
Leibl, Wilhelm (1844–1900), Maler 28
Leicht, Johann (1868–1940), Prälat, MdR 256
Leipzig (Sachsen), Reichsgericht 177
– Staatsgerichtshof 260
Leipziger Tagblatt 222
Lenbach, Charlotte v. (1861–1941), geb. v. Hornstein 194

– Franz v. (1836–1904), Prof., Maler 16, 28, 69, 194
Lenggries (Obay.) 179
– Pfarrkirche 181
Lenin, Wladimir I. (1870–1924), Vors. d. Rates d. Volkskommissare 159
Lens (Nord – Pas-de-Calais) 123
Lenz, Hermann Ritter v. (1872–1959), GenMajor 251, 258
Lenzerheide (Schweiz) 354
Leo XIII. (1810–1903), P. 67
Leonrod, Wilhelm Frhr. v. (1865–1943), Obersthofmeister 225
Leopold Pr. v. Bayern (1846–1930), GFM 23, 31, 55, 80, 117, 140, 146, 184, 235
– II. Kg. d. Belgier (1835–1909) 56, 68
– II. GrHzg. v. Österreich-Toscana (1797–1870)
Lerchenfeld, Hugo Gf. v. (1841–1925), Ges. 22, 115, 126, 136, 146, 199
– Hugo Gf v. (1871–1944), MinPräs. 199, 211 f.
Lersner, Kurt Frhr. v. (1883–1954), Diplomat 176
Leuchtenberg, Dyn. 230
Leutstetten (Obay.), Schlossgut 24, 35 f., 42, 69, 168, 230, 233, 285–288, 297–299, 302, 309–311, 323–325, 327, 329, 331, 338–343, 346–349, 354, 357
Lévico (bei Trient, Trentino) 64
Lex, Hans Ritter v. (1893–1970), Obst. 260, 283
Leyden, Kasimir Gf. v. (1852–1938), Ges. 205, 208
Libanon 77
Liberale, Liberalismus 20 f., 25–28, 86 f., 90, 170, 320, 332
Libyen 301
Liechtenstein 170, 307
Lille (Nord – Pas-de-Calais) 109 f., 122, 175
Lima (Peru) 352
Lindau (Schw.) 42, 326, 339, 354
– Villa Amsee 35, 42
Linderhof (bei Oberammergau, Obay.) 227
Linsmayer († 1886), Rektor 43
Lissabon 323
Litauen 129
Livland 129
Lizius, Maximilian (1845–1896), Oberförster, Komponist 47
Lochow, Ewald v. (1855–1942), Gen. 112 f.
Lockett de Loayza, Juan (1912–1987), Konsul 352
Loeb, James (1867–1933), Mäzen 85
Loibl, Martin (1869–1932), MdR 251
Loire (Fluss) 353
London 32, 63, 68, 138, 148, 195, 299 f., 310
Loretto-Höhe (bei Lens, Nord – Pas-de-Calais) 112

Loritz, Alfred (1902–1979), MdL 334
Lossow, Otto v. (1868–1938), GenLt. 212, 217, 219–222
Lothringen 106, 108 f., 127, 129 f., 149, 151 f.
– Dyn. 30
– Schlacht 17, 106–108, 124, 143, 307
Löwenstein, Dyn. 181
– -Wertheim-Freudenberg, Hubertus Pr. zu (1906–1984) 306
– -Wertheim-Rosenberg, Alois Fst. zu (1871–1952) 248
Lucca (Toscana) 242
Ludendorff, Erich (1865–1937), Gen. 116–123, 125, 147, 149 f., 152, 154 f., 177 f., 197, 205, 207, 211 f., 214–217, 221, 249, 407
Ludovicianum, Fideikommiss 25, 85
Ludovika Hzgn. (Maximilian) in Bayern (1808–1892), geb. Prn. v. Bayern 30
Ludwig IV. der Bayer (1282–1347), K. 29
– I. Kg. v. Bayern (1768–1868) 20, 24 f., 30 f., 33, 69, 76, 108, 247, 277
– II. Kg. v. Bayern (1845–1886) 20 f., 23–25, 33–35, 45 f., 51, 83
– III. Kg. v. Bayern (1845–1921) 18, 24 f., 27, 31–42, 47, 54–58, 62, 65, 68 f., 72, 83–87, 90, 108, 111, 113 f., 116 f., 126–129, 131, 134, 137, 140–142, 144–147, 150–162, 164, 167–170, 179–181, 184, 200–204, 207, 213, 223, 225, 227 f., 232, 235, 256
– Pr. v. Bayern (geb. 1913) 12, 340, 352
– Pr. v. Bourbon-Parma (1899–1967) 301
– Pr. v. Sachsen-Coburg u. Gotha (1870–1942) 58
– Ferdinand Pr. v. Bayern (1859–1949), Arzt 236, 340
– Wilhelm Hzg. in Bayern (1884–1968) 84
Ludwigshöhe (Rheinpfalz), Schloss 226, 231, 300, 340
Luitpold (1821–1912), PrReg. v. Bayern 21, 23–25, 28, 31, 33 f., 41, 46, 48, 51–53, 56, 58 f., 61 f., 65–70, 77 f., 80, 82 f., 86, 227
– ErbPr. v. Bayern (1901–1914) 40, 62 f., 65, 85, 355
Luitpoldinger, Dyn. 29
Lunéville (Lothringen) 106 f.
Lüttich (Belgien) 133
Lustrac, Anne de (1927–1999), Gem. Pr. Heinrichs v. Bayern 352
Lutz, Johann Frhr. v. (1826–1890), Vors. i. MinRat 21, 23, 25
Luxemburg 15, 131–133, 180, 237, 299, 303, 305, 315 f., 323, 343, 353
– Dyn. 32, 179, 181
Luxor (Ägypten) 82

Luzern (Schweiz) 286
Lynker, Moriz Frhr. v. (1853–1932), GenObst. 112, 116, 382
Lyon (Rhône-Alpes) 130

Maas (Fluss) 128
Maastricht (Niederlande) 132
Machhaus, Hugo (1899–1923), Journalist 209
Madeira (Portugal) 207, 210
Madras (Indien) 80
Madrid 29, 348
Magdeburg (Sachsen-Anhalt) 23
Maglione, Luigi (1877–1944), KardStaatssekr. 320
Mähren 35, 168, 230, 300, 341
Mailand (Lombardei) 74, 343
Makao (China) 81
Malaga (Andalusien) 48
Malaisé, Eugen v. (1835–1915), Gen. 49
Malsen, Ludwig Frhr. v. (1871–1951), Adjutant, ObstLt. 60
Malta 235
Malteser Ritterorden 235, 322, 355
Mann, Golo (1909–1994), Prof., Historiker 358
Mannheimer Galerie 226
Marburg (Hessen) 70
Marées, Hans v. (1837–1887), Maler 70 f.
Maria, Gottesmutter, Patrona Bavariae 33, 51 f., 234, 340
Maria (Marie) Kgn. (Maximilian II.) v. Bayern (1825–1889), geb. Prn. v. Preußen 30, 34
– (Marita) Hzgn. (Albrecht) v. Bayern (1904–1969), geb. Gfn. Draskovich v. Trakostjan 183 f., 193
– Prn. (Ludwig) v. Bourbon-Parma (1914–2001), geb. Prn. v. Savoyen 301, 412
– Hzgn. (Ferdinand) v. Calabrien (1872–1954), geb. Prn. v. Bayern 36, 339
– (Mary) Kgn. (Georg V.) v. Großbritannien (1867–1953), geb. Fstn. v. Teck 325
– Stuart Kgn. v. Schottland (1542–1587) 322
– -Adelheid GrHzgn. v. Luxemburg (1894–1924) 179 f.
– Anne GrHzgn. (Wilhelm) u. Regn. v. Luxemburg (1861–1942), geb. Infn. v. Portugal 179, 181
– Antonia Hzgn. (Robert) v. Bourbon-Parma (1862–1959), geb. Infn. v. Portugal 57, 353
– Beatrix EHzgn. (Ferdinand) v. Österreich (1750–1829), geb. Prn. Este v. Modena 31
– Charlotte Fstn. (Paul) v. Quadt zu Wykradt u. Isny (geb. 1931), geb. Prn. v. Bayern 193, 315
– Christina Kgn. (Alfons XII.) u. Regn. v. Spanien (1858–1929), geb. EHzgn. v. Österreich 31

– Gabriele Prn. (Rupprecht) v. Bayern (1878–1912), geb. Hzgn. in Bayern 18, 38 f., 57–68, 71, 80–82, 85, 90 f., 94, 355
– Gabriele Fstn. (Georg) v. Waldburg zu Zeil u. Trauchburg (geb. 1931), geb. Prn. v. Bayern 193, 315
– Jenke Hzgn. (Albrecht) v. Bayern (1921–1983), geb. Gfn. Keglevich v. Buzin 398
– José Hzgn. (Karl Theodor) in Bayern (1857–1943), geb. Infn. v. Portugal 30, 64, 66, 168, 178 f., 181, 184
– José Kgn. (Umberto II.) v. Italien (1906–2001), geb. Prn. v. Belgien 238, 301
– Luise Kn. (Napoleon) der Franzosen (1791–1847), geb. EHzgn. v. Österreich 183
– Paulowna GrFstn (Wladimir) v. Russland (1854–1920), geb. Hzgn. v. Mecklenburg-Schwerin 56
– Sophie Kgn. (Franz II.) beider Sizilien (Neapel) (1841–1925), geb. Hzgn. in Bayern 58
– Therese Kgn. (Ludwig III.) v. Bayern (1849–1919), geb. EHzgn. v. Österreich-Este 31–37, 39, 41, 58, 62, 64, 68, 167–169, 203
Marken (ital. Region) 301
Marne (Fluss) 109
Marogna-Redwitz, Rudolf Gf. v. (1886–1944), Obst. 324
Marokko 93
Martel, Tancrède (geb. 1857), Schriftsteller 175
Martin, Hein, Bankier 329
Marwar (Indien) 79
Marx, Wilhelm (1863–1946), RKanz. 242 f.
Marziali, Giovanni Battista (geb. 1895), Präfekt v. Bozen 194
Mathilde Prn. (Ludwig) v. Sachsen-Coburg (1877–1906), geb. Prn. v. Bayern 36, 58
Maxburg (bei Hambach, Rheinpfalz) 227
Maximilian (Max) Pr. v. Baden (1867–1929), RKanz. 96, 152–156, 175
– I. KurFst. v. Bayern (1573–1651) 61
– (IV.) I. Joseph KurFst., Kg. v. Bayern (1756–1825) 30, 225
– II. Kg. v. Bayern (1811–1864) 19 f., 30, 35, 231
– Hzg. in Bayern (1808–1888) 30
– K. v. Mexiko (1832–1867), EHzg. v. Österreich 76
– Pr. v. Sachsen (1870–1951) 366
– II. Emanuel KurFst. v. Bayern (1662–1726) 231
– Emanuel Pr. v. Bayern (geb. 1937), Hzg. in Bayern 193, 315
Maxlrain (Obay.), Schloss 221
Mayer, Heinrich, Prof., Forstwissenschaftler 80 f.
Mayer-Koy, Josef 201

McNarney, Joseph T. (1893–1972), US-Gen., Militärgouverneur 332
Meinecke, Friedrich (1862–1954), Prof., Historiker 91
Meißner, Otto (1880–1953), Staatssekr. 284
Menzel, Frau 313
Meran (Südtirol) 312 f.
Mergel, Johann Leo v. (1847–1932), Bf. v. Eichstätt 224
Mertz v. Quirnheim, Hermann (1866–1946), GenMajor 17
Metz (Lothringen) 106, 109, 149
Metaxas, Ioannis (1871–1941), griech. Gen. 301
Meurthe-Linie 106, 108
Mézières (Ardenne) 111
Michael-Schlacht 122 f.
– Verdienstorden 123
Michaelis, Dr. Georg (1857–1936), RKanz. 121, 149 f.
Michelangelo Buonarotti (1475–1564), Künstler 75
Micheldorf (Oberösterreich) 171, 174
Mielich, Hans (1516–1573), Maler 73
Mikorey, Franz (1907–1986), Bildhauer 347
Militarismus 26, 141, 159
Militär-Max-Joseph-Orden 108, 233, 235, 279, 281, 287, 342, 355
Militärregierung, amerikanische 325–333, 337, 350
Miller, Ferdinand Frhr. v. (1842–1929), Erzgießer 70, 194
– Konrad Frhr. v. (1878–1959), Maler 194 f., 300
– Walther v. (1894–1978), Bgm. 349
– Wilhelm v. (1848–1899), Prof., Chemiker 49
Millerand, Alexandre (1859–1943), franz. Präs. 403
Miltner, Ferdinand v. (1856–1920), Min. 225
Miramar (bei Triest, Friaul-Julisch Venetien), Schloss 76
Mitteleuropa 204, 328
Mittelfranken 202, 230
Mittelstand 93, 158
Mittenwald (Obay.) 181
Möhl, Arnold Ritter v. (1867–1944), GenMajor 174, 197, 212, 246 f.
Moltke, Helmuth v. (1848–1916), GenObst. 105, 108, 110 f., 118
Monarchie (Staatsform) 19, 25, 28, 81, 83, 85–88, 131, 134, 154, 157, 163, 167, 196, 198, 200–204, 210, 216, 219, 223, 232–237, 240 f., 244, 247, 251 f., 255, 258, 260, 263–272, 274, 279, 281, 284, 297, 300, 305, 314, 317 f., 320, 325, 327–332, 334 f., 337, 341, 345, 350–352, 357

Monarchismus 197 f., 200–202, 205, 208, 213 f., 217, 221, 224, 244, 246–250, 253, 256 f., 259 f., 263–265, 268, 272 f., 278, 285, 297 f., 304, 310, 329–333, 340, 350–352
Mondsee (Oberösterreich) 310
Mons (Belgien) 153
Montenegro 76
Montgelas, Maximilian Gf. v. (1860–1938) Adjutant, Gen. 39, 47 f., 358
Monumenta Germaniae Historica 342
Moser von Filseck, Carl (1869–1949) württemberg. Ges. 216
Moskau 34
Mösl, Jagdhütte im Karwendel (Obay.) 181
Moy de Sons, Ernst Gf. v. (1860–1922), Reichsrat 162
MSPD (Mehrheitssozialdemokratische Partei Deutschlands) 159–161, 170, 172
Mühldorf (Obay.) 57
Mühltal (Obay.) 42
Müller, Adolf (1863–1943), MdL, Journalist 91
– Friedrich (1858–1941), Prof., Internist 281
– Josef (1898–1979), Min. 306, 324, 328–333, 335 f.
– Karl Alexander v. (1882–1964), Prof., Historiker 37, 194, 348
– Robert Ludwig (1870–1962), Prof., Mediziner 282
Muller, Walter J. (1895–1967), US-Gen. 328, 334, 338
München 20, 28 f., 33, 35 f., 42 f., 46, 50, 54, 57, 64, 66, 68–73, 82, 96, 105, 122 f., 129 f., 145, 147 f., 153, 158 f., 161–163, 165–167, 169–174, 182 f., 193–195, 198, 202 f., 205 f., 211, 214, 218–221, 226, 228, 231, 233, 237 f., 242, 249, 251, 261, 269 f., 273 f., 279, 285, 288, 297–299, 302–304, 307, 310 f., 331–333, 339–341, 349 f.
– Akademie der Tonkunst 181
– Allerheiligenhofkirche 58, 83
– Allotria, Künstlergesellschaft 69 f., 194, 278, 342
– Alte Pinakothek 71 f., 227 f.
– Augustinerkirche 73
– Bayerische Staatsbibliothek 72, 226, 228
– Bayerisches Nationalmuseum 28, 69–73, 226, 228, 349
– Braunes Haus 281, 284
– Deutsches Museum 28, 168
– Dreifaltigkeitskirche 234, 341
– 1. Feld-Artillerie-Regiment 46, 66, 116
– 3. Feld-Artillerie-Regiment Königin Mutter 48, 53
– Feldherrnhalle 219 f., 273, 285

- Frauenkirche 201, 203 f.
- Gärtnerplatztheater 227, 229
- Geheimes Hausarchiv 11 f., 15–18, 227
- Glaspalast 46, 73
- Glyptothek 72, 226 f., 347
- Haus der Deutschen Kunst 284
- Hofgartenkaserne 47, 71
- Hofkapelle 51 f.
- Hubertusbrunnen 70, 349
- Infanterie-Leib-Regiment 46, 53 f., 170, 202, 279, 281, 341, 349
- 2. Infanterie-Regiment Kronprinz 53, 66
- Katholikentag (1922) 201, 212
- König Max II-Kaserne 48
- Königsplatz 227
- Kronprinz-Rupprecht-Brunnen 356
- Kronprinz-Rupprecht-Kaserne 357
- Kunstwissenschaftliche Gesellschaft 69
- Künstlerhaus 194
- Lenbachhaus 342
- Leuchtenberg-Palais 33–35, 41 f., 47, 60 f., 86, 193 f., 214, 218, 230 f., 233–235, 242, 268, 278, 281 f., 285, 287, 298, 302, 304, 310 f., 340, 349
- Ludwig-Maximilians-Universität 33, 49, 51, 263, 287, 347
- Maria Theresia-Realschule 36
- Maria-Theresia-Klinik 340
- Marsfeldkaserne 160
- Maximilians-Gymnasium 43, 45
- Museum für Völkerkunde 72, 226, 228
- Nationaltheater 226, 267, 276, 349
- Neue Pinakothek 71
- Neuhausen 45, 278
- Preysing-Palais 73
- Prinz-Karl-Palais 347
- Prinzregententheater 28, 336, 349
- Residenz 51, 58, 60 f., 74, 86, 160, 169, 235, 355 f.
- Residenztheater 226
- Riem, Flughafen 325
- Rupprecht-Gymnasium 45
- Schloss Nymphenburg 12, 14 f., 60, 65, 70 f., 86, 226, 340 f., 347, 349 f., 352, 354
- 1. Schweres Reiter-Regiment 46, 53
- St. Bonifaz, Benediktinerkloster 39
- St. Ludwig 203, 354 f.
- St. Matthäus 350
- St. Michael, Hofkirche 202, 279, 350, 354
- Stadelheim 159, 283, 298
- Technische Universität 49 f.
- Theatinerhofkirche St. Kajetan 42, 65, 83, 279, 355
- Theresienwiese 73, 159–161

- Türkenkaserne 160
- Turnverein v. 1860 66
- Vater Rhein-Brunnen 168
- Wehrkreiskommando 196, 218
- Wilhelms-Gymnasium 182
- Wittelsbacher Brunnen 70
- Wittelsbacher Palais 35 f., 61, 86, 126, 302 f.

Münchener Post, Zt. 91
- Zeitung 200
Münchner Altertumsverein 42, 69, 78, 171
- Neueste Nachrichten, Zt. 124, 241 f., 247 f., 252, 265, 268 f.
- Telegramm-Zeitung, Zt. 251
Münchsmünster (Obay.), Forstamt 226
Münsterberg, Oskar (1865–1920), Kunsthistoriker 74
Murphy, Robert (1894–1978), US-Diplomat 332
Muslime 79
Mussolini, Benito (1883–1945), ital. Regierungschef 195, 238, 265, 275, 284, 301, 308, 311
Mzerîb (Syrien) 78

Nagel zu Aichberg, Karl Frhr. v. (1866–1919), Gen. 130, 139, 141, 381
Nägelsbach, Ludwig v., GenLt. 177
Namur (Belgien) 109
Nancy (Lothringen) 106–108, 110
Nanking (China) 81
Napoleon I. K. d. Franzosen (1769–1821) 230
Napoleon III. K. d. Franzosen (1808–1873) 205, 244
Narew (Fluss) 108
Nationalismus 68, 128, 168, 253, 317, 336, 343
Nationalsozialismus 13, 209, 211, 213 f., 218, 221, 232, 241, 249–258, 263 f., 266 f., 270–275, 279–285, 287 f., 297, 299, 302, 304, 307 f., 316, 318–323, 326, 329, 337 f., 346, 349, 357
Naumann, Victor (1860–1919), Publizist 91, 390
Nauplia (Griechenland) 299
Nawiasky, Hans (1880–1961), Prof., Staatsrechtler 334
Neapel (Kampanien) 64, 71, 308
- Zoologisches Institut 71
Nepal 79
Neuburg an der Donau (Obay.), Schloss 226, 229, 231
- Forstamt 226
Neue Zeitung 330
Neue Zürcher Zeitung 281
Neuhäusler, Johannes (1888–1973), WeihBf. 324
Neunzert, Max (1892–1982), Lt. 219 f., 406
Neurath, Constantin Frhr. v. (1873–1956), RMin. 269 f.

Neuschwanstein (Schw.), Schloss 227, 283
Neustadt an der Saale (Ufr.) 236
New York (USA) 63, 82
- Börsenkrach 254
Nied (Fluss) 106
Niederbayern 27, 29, 202, 257, 273, 297, 330, 350
Niederlande 80, 128, 130–133, 162, 164–166
Niederösterreich 143, 206 f.
Nikolaus Pr. v. Griechenland (1872–1938) 65
- II. K. v. Russland (1868–1918) 34, 56
Nizza (Côte d'Azur) 56, 325
Nordafrika 76
Norddeutscher Bund 19
Norddeutschland 206, 208, 210, 216, 247, 257, 333
Nordfrankreich 106, 109, 132, 175, 304
Noske, Gustav (1868–1946), RMin. 173
Notbann, Wehrverband 246
Notburga Pr. v. Bayern (1883–1883) 36
Notgemeinschaft für nationale Arbeit (Gäa) 248
Noyon (Picardie) 109
NSDAP (Nationalsozialistische Deutsche Arbeiterpartei) s. Nationalsozialismus
Nürnberg (Mfr.) 59, 89, 96, 130, 158 f., 161, 183, 202, 217, 257, 263, 286, 341, 348, 352
- Deutscher Tag 215
- Germanisches Nationalmuseum 228
- Kaiserburg 59, 140
Nürnberger Gesetze 287

OHL (Oberste Heeresleitung) 95, 105–108, 110–126, 128, 130, 135–139, 141, 146–148, 150–155, 163, 175, 177 f., 319
Oberammergau (Obay.) 287
Oberbayern 29, 61, 65, 129, 202, 234, 297, 311, 330, 346
Oberelsass 121, 129
Oberfranken 159
Oberitalien 312 f., 353
Oberland, Freikorps 204 f., 214, 217
Oberneuching (Obay.) 352
Oberösterreich 143, 171, 178, 205, 250
Oberpfalz 52, 202, 257, 273, 315
Obersalzberg (bei Berchtesgaden, Obay.) 233, 298, 310
Odo, Benediktinerpater (Carl Alexander Hzg. v. Württemberg) (1896–1964) 286
Ödenburg (Sopron, Ungarn) 207
Oettingen-Wallerstein, Dyn.
- Eugen Fst. zu (1885–1969) 14, 193, 224, 228, 232, 234 f., 243, 246, 248–252, 260, 268 f., 284, 341, 410
- Karl Fst. zu (1877–1930) 183

- Julie Fstn. (Karl) zu (1880–1961), geb. Prn. v. Montenuovo, verw. Gfn. (Dionys) Draskovich v. Trakostjan 183 f., 193
Österreich 19, 22, 148, 162, 171, 197, 203, 205–209, 237, 239, 242, 282, 297, 321, 328, 333
- Dyn., Erzhaus (s.a. Habsburger) 29–32, 237
- -Ungarn 96, 117, 123, 142 f., 155
Office of Military Government for Bavaria (OMGBY) (s. a. Militärregierung) 328
Office of Military Government of the United States for Germany (OMGUS) 328, 334
Oktoberrevolution 159
Oldenburg, GrHzg. v. 111
Olga Prn. v. Cumberland (1884–1958) 179
Oranien, Dyn. 179
Oranienburg-Sachsenhausen (Brandenburg), KZ 315
Orgesch (Organisation Escherich) 197
Orka (Organisation Kanzler) 197, 206
Orléans, Dyn. 31
Osel, Heinrich (1863–1919), MdL 158
Oskar II. Kg. v. Schweden (1829–1907) 66
Ostende (Belgien) 63
Osten-Warnitz, Oskar v. der (1862–1942), MdL/Preußen 258
Ostfront 107, 110, 112 f., 116
Ostgalizien 146
Ott, Amalie, Kinderfrau 41
Otto I. Bf. v. Freising (um 1112–1158) 29
- Kg. v. Bayern (1848–1916) 21, 24 f., 33 f., 83 f., 227
- Kg. v. Griechenland (1815–1867) 30, 59, 76, 299
- KPr. v. Österreich (geb. 1912), Chef des Erzhauses (Otto v. Habsburg MdEP) 209, 237, 323
- Gf. v. Scheyern (belegt um 1037/47–1078) 29
- Gf. v. Wittelsbach (um 1117–1183), Hzg. v. Bayern
Oxford (England) 195
- Christ Church College 299

Pacelli, Eugenio s. P. Pius XII.
Padua (Venetien) 308, 312
Paestum (Kampanien) 353
Palmquist, Ri 308, 343
Pannwitz, Catalina v. (1876–1959), geb. Roth, Kunstsammlerin 301
Papen, Franz v. (1879–1969), RKanz. 259–263, 265 f., 269 f., 273 f., 285
Pappenheim, Friedrich Gf. v. (1863–1926), Hofmarschall 13, 37 f., 53, 60 f., 63, 65, 73, 85, 96, 124, 147, 169, 179–181, 231

Pappus und Trazberg, Eckart Frhr. v. (1873–1934) 233
Paris 22, 48, 109, 139, 176, 208, 301, 353
- Bibliotheque Nationale 130
- Louvre 130, 301
Parlamentarisierung 26, 86–90, 92, 95, 153
Passau (Nbay.) 236, 257, 332
- B. v. 204
Patton, George S. (1885–1945), US-Gen. 326 f.
Paul PrReg. v. Jugoslawien (1893–1976) 303
Pavia (Lombardei) 74
- Hausvertrag (1329) 29
Pazifik 82
Pecori Giraldi, Adriana Contessa s. Fraunberg
Peking 81
Pera di Fassa (Trentino) 308, 342
Perlacher Forst (bei München, Obay.) 70
Péronne (Picardie) 175
Peschawar (Indien) 79
Pettenkofer, Max v. (1818–1901), Prof., Chemiker 77
Pfaff, Hermann v. (1846–1933), Min. 50
Pfalz s. Rheinpfalz
Pfalzgrafschaft bei Rhein 29 f., 33
Pfeiffer, Anton (1888–1957), MdL 283
Pflüger, Heinrich (1908–1968), MdL 297
Pflügl, Egon Edler v. (1869–1960), Unterstaatssekr. 209 f.
Pfordten, Ludwig v. d. (1811–1880), Vors. i. MinRat 19 f.
Picardie 122, 150
Piombino (Toscana) 313
Pisa (Toscana) 353
Pittinger, Otto (1878–1926), Sanitätsrat 199, 204, 206 f., 212 f., 215, 218, 232, 246 f.
Pius X. (1835–1914), P., Hl. 65, 353
- XI. (1857–1939), P. 194, 288, 301, 238
- XII. (1876–1958), P. 173, 181 f., 184, 204, 275, 288, 301, 303–305, 308, 322–324, 348, 354
Plan di Gralba (Südtirol) 315
Plessen, Hans Georg v. (1841–1929), GenObst., GenAdjutant Wilhelms II. 379
Podewils-Dürniz, Klemens Frhr. v. (1850–1922), Vors. i. MinRat 27, 86, 89, 150
Pöhner, Ernst (1870–1925), Polizeipräs. 197, 211 f., 216, 249
Polen 145 f., 149, 175, 240, 301 f.
Pommern 259, 262
Poperinghe (Belgien) 111
Poplanoy (Pultusk, Polen), Schlacht 108
Posen 149
Possenhofen (Obay.) 57, 169
Potsdam (Brandenburg) 139, 304

Potsdamer Konferenz 328
pour le mérite, Orden 108
Preußen 19–23, 27, 88, 92, 95 f., 121, 127–129, 131–134, 140–143, 145 f., 151, 153, 155–158, 162, 179, 206, 208, 210 f., 215, 229, 259 f., 262, 266, 270, 280, 285, 317
- Dyn., Haus (s. a. Hohenzollern) 30, 230, 237
Preußenschlag 260 f.
Proebst, Georg, Kommerzienrat 194
Pfronten (Schw.) 50

Rabe, Karl (geb. 1900), Journalist 252
Racconigi (bei Turin, Piemont), Schloss 68
Radschputen 79
Raffaello Santi (1483–1520), Maler 74
Rall, Hans (1912–1998), Prof., Historiker 15 f.
Rampolla, Mariano (1843–1913), KardStaatssekr. 68
Rangún (Birma) 80
Ranke, Johannes (1836–1916), Prof., Anthropologe 42, 49
Rappoltsweiler (Ribeauvillé, Elsass) 128
Räterepublik 170–173, 204
Rathmayer, Jakob, Stadtpfarrer v. St. Ludwig (1884–1901) 42
Ratibor, Gabriele, Prn. (Hans) v. (1898–1992), Prn. zu Hohenlohe-Schillingsfürst, geb. Prn. zu Windisch-Grätz 315
Rattenhuber, Ernst (1897–1951), Min. 329, 341
Rauscher, Hans v. (1889–1957), GenDirektor WAF 228, 310
Ravello (Kampanien) 322
Redwitz, Alfons Frhr. v. (1890–1982) 268 f., 283, 286
- Franz Frhr. v. (1888–1950), Hofmarschall 14 f., 66, 183, 231 f., 246, 279, 283–288, 300, 302–305, 309, 324 f., 327, 329 f., 332, 346, 348, 351, 353, 392
- Marie Freiin v. (geb. 1856), Hofdame 36, 57, 65
Regensburg (Opf.) 196, 202, 298, 329
Regional Military Government (RMG) 326
Reichel, Karl Anton (1874–1944), Maler 171, 249–252, 415
Reichsflagge, Wehrverband 214, 217, 246, 248
Reichskonkordat 288
Reichsrat 19, 34, 47, 72 f., 84, 86–88, 91 f., 129, 170, 173, 248
Reichsreform 245 f., 259–262, 277, 284 f.
Reichstag 27, 86, 89 f., 92, 131 f., 142, 145, 148, 152, 162, 229, 237, 254, 256, 261 f., 275, 277
Reichswehr 172 f., 183, 196–198, 212, 214, 218, 220, 236, 270, 272 f., 287
Reiff, Frau 307

Reims (Champagne) 152
Reinhardt, Max (1873–1943), Regisseur 73
Republik (Staatsform) 11, 161–163, 196, 205, 235, 334 f., 345 f., 348, 352, 357
Restauration 196, 200 f., 203 f., 207 f., 210, 212 f., 215, 221, 223 f., 241, 243 f., 246 f., 252, 257, 259 f., 262 f., 265–269, 271 f., 280, 300, 324, 330–332, 337, 341, 344 f., 350, 352, 357
Reutte (Tirol) 315
Revolution 86, 95, 131, 149, 154, 156–165, 167–169, 172, 180 f., 194 f., 200 f., 204, 206, 211, 220, 225, 256, 274, 285, 300, 317, 344, 357
Rhaetia, Kath. Bayer. Studentenverb. 330
Rhein (Fluss) 128
Rheinbundvorstellungen 206, 351
Rheinland 46, 206, 251
Rheinland-Pfalz 339
Rheinpfalz 19, 72, 106, 127 f., 130, 132, 172, 202, 206, 214, 218, 230, 236, 246, 267, 300, 302, 321, 326 f., 335, 339 f., 348
Rhelde (bei Stadtlohn, Nordrhein-Westfalen) 166
Rhodos (Griechenland) 300
Richert, Augustin Xavier (1879–1975), franz. Obst. 209, 403
Riedel, Emil v. (1832–1906), Min. 71
Riedmayr, Martin, PolizeiObstLt. 329
Riehl, Wilhelm Heinrich v. (1823–1897), Prof., Kulturhistoriker 49
Ritter, Gerhard (1888–1967), Prof., Historiker 114
– zu Groenesteyn, Otto Frhr. v. (1864–1940), Ges. 238
Robert Hzg. v. Bourbon-Parma (1848–1907) 30
Roehampton (England), Sacré Cœur 299
Röhm, Ernst (1887–1934), Hptm., NS-Funktionär 196, 213 f., 217, 249 f., 253, 273, 279 f., 283–286
Röhmputsch 286, 300
Rogge, Heinrich (1886–1966), Prof., Jurist 345 f.
Rohrenfeld (bei Neuburg/Donau, Obay.), Gut 226
Rom 22, 29, 67 f., 70, 74, 77, 194, 215, 235, 238, 275, 300 f., 303–305, 307 f., 312, 314, 320–322, 324, 343, 353 f.
– Palazzo Borghese 68
– Palazzo Lancelotti 312
– S. Maria in Domnica (La Navicella) 354
– Salvatorianerinnen 307, 312
– Quirinal 68, 320, 323
Römer 141
Roosendaal (Niederlande) 165
Roosevelt, Franklin D. (1882–1945), US-Präs. 320 f.
Rosenheim (Obay.) 202

Roseninsel (Starnberger See, Obay.) 227
Roßhaupter, Albert (1878–1949), Min. 165 f., 196, 330
Rotenhan, Frhren. v. 59
Roubaix (Nord – Pas-de-Calais) 175
Rubens-Sammlung 227
Rudolf Pr. v. Bayern (1909–1912) 64, 71
– KPr. v. Österreich (1858–1889) 56, 58
Ruhrgebiet 214 f.
Rumänien 117 f.
Rupprecht III. (1352–1410), KurFst. v. d. Pfalz, Kg. 33
Russland/Russen 22, 79, 132, 143, 145–147, 315, 324

SA (Sturmabteilung) 214, 217, 260, 266, 270, 273, 276, 279, 282 f.
Saar (Fluss), -becken 106, 130
Saarbrücken (Saarland) 105
Saarburg (Sarrebourg, Lothringen) 106
Saarpfalz 172
Sachsen 22, 129, 133, 181, 216 f., 350
– Kg. 67
Salm-Horstmar, Otto Fst. zu (1867–1941) 89
Saltocchio (bei Lucca, Toscana), Villa 242, 299
Salzburg (Salzburg) 162, 178, 203, 205 f.
– Burg (bei Neustadt/Saale, Ufr.) 236
Salzkammergut 143
San Carlos de Bariloche (Argentinien) 352
San Martino di Castrozza (Trentino) 312, 315
San Rossore (bei Pisa, Toscana) 238, 306
Sárvár (Ungarn), Schlossgut 35, 168 f., 203, 299 f., 302, 340 f.
Sattler, Carl (1877–1966), Architekt 410
Savanarola, Girolamo (1452–1498), Dominikaner 75
Savoyen, Dyn. 31
– -Ancona, -Genua Nebenlinien 323
Schacht, Dr. Hjalmar (1877–1970), RMin. 258, 261, 284
Schädler, Franz Xaver (1852–1913), MdR, Domdechant 90
Schäffer, Fritz (1888–1967), Staatsrat, MinPräs., BMin. 243 f., 246 f., 255–257, 259, 261, 264, 266–268, 272, 283, 325–330, 333 f., 336–338, 349, 404
Scharnagl, Karl (1881–1963), OberBgm. 331, 340
Scheidemann, Philipp (1865–1939), MdR 162
Schelde (Fluss) 128
Scherr, Gregor v. (1804–1877), EBf. v. München-Freising 33
Scheubner-Richter, Max-Erwin v. (1884–1923) 216

Scheyern (Obay.), Benediktinerkloster 29
Schleicher, Kurt v. (1882–1934), Gen., RKanz. 259–261, 265, 286
Schleißheim (Obay.), Schloss 297
Schlesien 55
– Kaisermanöver 50, 67
Schleswig, Kaisermanöver 50
Schlichting, Sigismund W. v. (1829–1909), Gen. 53
Schlieffen-Plan 105, 108–110
Schmelzle, Hans (1874–1955), Min. 245, 264
Schmid-Lindner, August (1870–1959), Prof., Pianist 181
Schmidt v. Knobelsdorf, Constantin (1860–1936), Gen. 96, 105
Schmitt, Franz (1862–1932), Landtagspräs. 160, 171, 174 f., 223, 254
– Kurt P. (1886–1950), GenDir., RMin. 241, 284
Schneider, Joseph (1906–1998), EBf. v. Bamberg 355
– Reinhold (1903–1958), Schriftsteller 307
Schneider-Lengyel, Ilse (1903–1972), Künstlerin 13, 306, 348
Schoen ‚Wilhelm Frhr. v. (1851–1933), preuß. Ges. 127
Schönborn, Gfen. v. 178
– Ernestine Gfn. (Erwein) v. (1880–1965), geb. Donna Ruffo della Scaletta 238
Schönburg-Hartenstein, Aloys Fst v. (1858–1944), GenObst. 171
Schork, Joseph v. (1829–1905), EBf. v. Bamberg 62
Schottland 32, 322
Schröder, Ludwig v. (1854–1933), Admiral 136
Schumacher, Kurt (1895–1952), MdR, MdB 332
Schuschnigg, Kurt v. (1897–1977), öster. BKanz. 324
Schwaben 202, 297, 330, 335
Schwaighofer, Coelestin (1863–1934), Kapuzinerpater 39
Schwarzau (Niederösterreich), Schloss 68
Schwarzenberg, Adolph Fst. v. (1890–1950) 237, 300, 304
Schwarzer Adlerorden 50
Schwarzes Meer 77
Schweden, Kg. v. 148
Schweinfurt (Ufr.) 158, 161
Schweiz 59, 74, 128, 165, 170, 225, 240, 286, 300 f., 307 f., 312, 314, 318 f., 321, 327, 334 f., 339
Schwend, Karl (1890–1968), Politiker 420
Schwerin, Gfn. v. 308
Schwerin v. Krosigk, Lutz Gf. (1887–1977), RMin. 269

Schwerindustrie 92, 95, 183
Schweyer, Franz (1868–1935), Min. 209, 232, 245
Sedan (Ardenne) 21
Seeckt, Hans v. (1866–1836), GenObst. 217 f.
Seefeld (Oberalting, Obay.) 277
Seeshaupt (Obay.) 167
Seidl, Emanuel v. (1856–1919), Architekt 70
– Gabriel v. (1848–1913), Architekt 70
Seipel, Ignaz (1876–1932), öster. BKanz. 205, 239
Seiseralm (Südtirol) 315
Seisser, Hans Ritter v. (1874–1973), Obst. 212, 218–222, 247
Seldte, Franz (1882–1947), Führer d. Stahlhelm 248
Sell, Frhr. Ulrich v. (1884–1945), Major, Vermögensverwalter Wilhelms II. 421
Sendtner, Kurt, Biograf 11, 13 f., 239, 285
Separatismus 27, 205–208, 211, 214, 257, 259, 324, 351
Serbien 77, 96
Seutter v. Lötzen, Wilhelm (1901–1982) 297
Sevilla (Andalusien) 48, 68
Seydel, Max v. (1846–1901), Prof., Staatsrechtler 22, 50
Sezession, Künstlervereinigung 28
Sicherer, Hermann v. (1839–1901), Prof., Jurist 50
Siebert, Ludwig (1874–1942), MinPräs. 276, 278, 282, 309 f.
Siegfried August Hzg. in Bayern (1876–1952) 84
Siegfrieden 134, 143, 151
Siegfried-Stellung 118 f., 175, 177
Simplizissimus, Zt. 28
Singapur 81
Sixt v. Arnim, Friedrich Bertram (1851–1936), Gen. 120, 163
Sizilien 30, 194, 238, 308, 353
Soden-Fraunhofen, Josef Maria Gf. v. (1883–1972), Kabinettschef 14, 200, 204, 207, 209, 213, 215 f., 219–221, 232, 243, 245–247, 249, 251–253, 255, 259, 261, 263, 266, 268, 278, 284–286, 324, 327, 333, 346, 403, 407
Sohnke, Leonhard (1842–1897), Prof., Physiker 49
Soissons (Picardie) 118, 123, 152
Soldatenrat 166
Solms-Baruth, Friedrich II. Fst. zu (1886–1951) 258
Somlóvár (Ungarn) 315
Somme (Fluss) 114, 117, 123
Sommeschlacht 114 f., 118
Sophie Hzgn. (Jean-Engelbert) v. Arenberg (geb. 1935), geb. Prn. v. Bayern 182, 309, 315, 342, 352 f.

- EHzgn. (Franz Karl) v. Österreich (1805–1872), geb. Prn. v. Bayern 30
- Prn. (Ernst Heinrich) v. Sachsen (1902–1941), geb. Prn. v. Luxemburg 181, 305
- Adelheid Gfn. (Hans Veit) zu Toerring-Jettenbach (1875–1957), geb. Hzgn. in Bayern 64

Sorrent (Campanien) 64 f.
Souchez (Nord – Pas-de-Calais) 112
Souveränität 19, 21–23, 29, 32, 40, 88, 93 f., 148, 173 f., 204, 244, 259, 261
Sowjetrussland/union 129, 150, 240, 343
Sozialismus 92, 206, 208, 213, 337
Sozialkönigtum 91
Soziallehre 90
Spa (Belgien) 129
Spangenberger, Heinrich (1870–1942), Staatsrat 268
Spanien 30, 68
- Kg. v. 148
Spann, Othmar (1878–1950), Nationalökonom 90
Speidel, Maximilian v. (1856–1943), Gen., Staatsrat 162
Spengler, Oswald (1880–1936), Geschichtsphilosoph 285
Sperr, Franz (1878–1945), Ges. 269, 288, 314, 324, 329
Speyer (Rheinpfalz) 236, 340
- Pfälzer Historisches Museum 72
SPD (Sozialdemokratische Partei Deutschlands) 26–28, 84–88, 90 f., 148, 158, 196, 198, 227, 229 f., 243, 255 f., 264, 267, 272 f., 330, 334–336
Spindler, Max (1894–1986), Prof., Historiker 14, 348, 356, 358
Spreti, Heinrich Gf. v. (1868–1944), Kabinettschef 150
Spruner v. Mertz, Carl (1873–1929), Major 202
Srinagar (Indien) 80
SS (Sturmstaffel) 273, 282 f., 285 f., 309, 312 f., 323
St. Avold (Lothringen) 106
St. Germain (Ile de France), Friedensvertrag 172
St. Jean de Luz (Aquitaine) 352
St. Petersburg (Russland) 22
St. Quentin (Picardie) 118, 122
Staatspräsident (bayer.) 173, 205, 208, 214, 244 f., 255, 264 f., 270 f., 332–335
Staatsrat 85, 129
Stadler, Toni (1850–1917), Prof., Maler 70
Ständestaat 90
Stahlhelm, Wehrverband 247 f., 251, 258
Stalin, Josef (1879–1953), Führer der Sowjetunion 302, 328
Stalingrad (Wolgograd, Russland) 315
Stammham (Obay.), Forstamt 226
Starnberg (Obay.) 287
- NS-Kreisleitung 302
Starnberger See (Obay.) 24, 35, 57, 167, 226 f., 339 f.
Staufer, Dyn. 29, 241
Stauffenberg, Gfen. Schenk v. 59
- Berthold Schenk Gf. v. (1859–1944), Reichsrat 184, 193, 231, 235, 313, 341
- Claus Schenk Gf. v. (1907–1944), Obst. 313–315
Steenockerzeel (Belgien) 237
Stegemann, Hermann (1870–1945), Schriftsteller 269
Stegerwald, Adam (1874–1945), RMin. 328 f.
Steiermark 143, 206
Stein, Franz Joseph v. (1832–1908), EBf. v. München-Freising 58
Steinach (Opf.) 298
Steinamanger (Szombathely, Ungarn) 35
Stengel, Hermann Frhr. v. (1867–1931), Rechtsanwalt 225, 228, 268
- Margarete v. (1898–1981), Bildhauerin 297
- Paul v. (1877–1943), Ministerialrat
Stephanskrone 207
Stetten, Otto v. (1862–1937), Adjutant, Gen. 53 f., 60, 77–80, 200, 247, 250, 401, 415
Stimmer, Hans (geb. 1892), MdR 283
Stockholm 205
Strachwitz, Gfn. v. 353
Straßburg (Elsass) 49, 130, 168
Straubing (Nbay.), Zuchthaus 298
Strauß, Franz Josef (1915–1988), BMin., MinPräs. 355
Stresemann, Gustav (1878–1929), RKanz. 89, 152, 215, 217
Stuart, Dyn. 32
- -Erbfolge 32, 68, 195, 322
Stuart Wheatley Crowe, [Harry], Captain
Stuck, Franz v. (1863–1928), Prof., Maler 28, 194
Suezkanal 80
Stuttgart 56, 59, 68, 216
Subsidiaritätsprinzip 240, 319
Südamerika 355
Süddeutsche Monatshefte, Zt. 194, 248, 265
Süddeutschland 208, 321
Südtirol 194 f., 287, 299, 306
Surakarta (Java, Indonesien), Sultan v. 81

Tadsch-Mahal (Indien) 79
Tannenberg (Ostpreußen), Schlacht 117, 120

Tassilo III. Hzg. v. Bayern (741–nach 794) 171, 352
Taylor, Myron C. (1874–1959), US-Ges. 320 f., 324
Tegernsee (Obay.) 57, 59, 169 f., 342
– Kloster 71, 338
Tehemann, Konferenz 321
Thelemann, Heinrich v. (1851–1923), Min. 50 f., 83
Therese Kgn. (Ludwig I.) v. Bayern (1792–1854), geb. Prn. v. Sachsen-Hildburghausen 30
– Prn. v. Bayern (1850–1925) 35 f., 41
– Prn. (Arnulf) v. Bayern (1850–1938), geb. Prn. v. Liechtenstein 31
Theresien-Orden 34
Thoma, Annette (1886–1974), Schriftstellerin 349
– Ludwig (1867–1921), Schriftsteller 45
Thule-Gesellschaft 172
Thüringen 172, 216–218
Thurn und Taxis, Albert Maria Fst. v. (1867–1952) 61, 200
Tirol 113, 143, 155 f., 170 f., 205 f., 287, 315, 403
Tirpitz, Alfred v. (1849–1930), Großadmiral 137
Tizian Vecellio (1477–1576), Maler 69
Toerring-Jettenbach, Hans Veit Gf. zu (1862–1929), Reichsrat 59, 91, 144, 149 f., 166
– Carl Theodor Gf. zu (1900–1967) 277
Tokio 60
Toscana 74, 241, 279, 306, 322
Toul (Lothringen) 108
Tourcoing (Nord – Pas-de-Calais) 175
Tournai (Belgien) 123
Treutler, Karl Georg v. (1858–1933), preuß. Ges. 138, 386
Triest (Friaul-Julisch Venetien) 76 f.
Trins (Tirol) 308
Troll, Max, Spitzel 297
Truman, Harry S. (1884–1972), US-Präs. 321, 328
Tschechoslowakei 230, 300, 302
Tschudi, Hugo v. (1851–1911), Kunsthistoriker 71
Tsingtau (China) 81
Tszè-hsi (1834–1908), Kn.-Regn. v. China 81
Tucher v. Simmelsdorf, Hans Christoph Frhr. (1904–1968) 349
– Heinrich Frhr. (1853–1925), Ges. 68
Tutikorin (Indien) 80

U-Boot-Krieg 135–138, 146
Ukraine 206
Ulsamer, Anton v. (1842–1917), Rechnungshofpräs. 51
Umberto II. KPr., Kg. v. Italien (1904–1983) 238, 322–324

Umbrien 74
Ungarn 35, 168, 197, 203, 206–209, 237, 302 f., 315, 323, 328, 341
Unitarismus 34, 88 f., 94, 142, 174, 244, 261, 334
UNRRA (United Nations Relief an Rehabilitation Administration) 338
Unterelsass 129, 145
Unterfranken 273, 329
Urach, Wilhelm Hzg. v. (1864–1928) 59
USA s. Amerika, Vereinigte Staaten v.
USPD (Unabhängige Sozialdemokratische Partei Deutschlands) 159 f., 170

Vaduz (Liechtenstein), Schloss 307
Valepp (Obay.) 178
Vallade, Ludwig v. (1868–1957), GenMajor 284, 341
Vaterländische Verbände 199, 212, 214–219
Vatikan (Heiliger Stuhl) 22, 68, 173, 238, 305 f., 312, 320, 324
– Campo Santo Teutonico 308
Venedig (Venetien) 56, 300 f., 353
Verdun (Lothringen) 114 f., 117, 137, 141, 145
Verein für den gebundenen Grundbesitz 248
Vereinigte Vaterländische Verbände Bayerns (VVVB) 212, 215, 250
Vereinsalpe (Karwendel, Obay.) 254
Verfassunggebende Landesversammlung 331, 334 f.
Verona (Venetien) 57
Versailles (Ile de France) 21, 172, 174
– Friedensvertrag 172, 174, 183, 196 f., 248, 317 f., 320
Viaréggio (Toscana) 353
Vienne (Rhône-Alpes) 353
Viktor Emanuel III. Kg. v. Italien (1869–1947) 68, 238, 301, 303, 308 f., 322
Viktoria Kgn v. Großbritannien u. Irland (1819–1901) 32, 66
– Eugenia Kgn. (Alfons XIII.) v. Spanien (1887–1969), geb. Prn. v. Battenberg 68
– Luise Hzgn. (Ernst August) zu Braunschweig (1892–1980), geb. Prn. v. Preußen 280
Viktoria-Orden 67
Villalobar, Rodrígo Ramírez de Saavedra y Vinent Marqués de (1864–1926), span. Ges. 165
Villars (Schweiz, bei Lausanne) 343
Vivien, Joseph (1657–1734), Maler 231
Vogesen 106, 108
Völkischer Beobachter, Zt. 217, 252
Vollmar, Georg v. (1850–1922), MdR 27, 159
Vorarlberg 206

Wagner, Adolf (1835–1917), Prof., National-
    ökonom 50
- Adolf (1890–1944), Gauleiter, Min. 273, 276,
    281 f., 309 f.
- Cosima (1837–1930), geb. Gfn. d'Agoult/Liszt
    60
- Richard (1813–1883), Komponist 227, 283
- Siegfried (1869–1930), Komponist 250
- Winifred (1897–1980), geb. Williams
    Klindworth 250
Warmuth, Dr. Joseph, Rechtsanwalt 175
Walchenseekraftwerk (Obay.) 311
Walhalla (bei Regensburg, Opf.) 277
Walkershofen (Mfr.) 167
Wallonien 132
Walther v. Walderstötten, Wilhelm (1858–1943),
    GenAdjutant, GenLt. 116
Warschau 146
Washington 332
Wasserburg am Inn (Obay.) 172
Wasserrab, Karl (1851–1917), Prof., National-
    ökonom 50
WAV (Wirtschaftliche Aufbau-Vereinigung) 336
Weber, Christian (1883–1945), NS-Funktionär 309
- Max (1864–1920), Prof., Sozialwissenschaftler
    176
Wedderburn Castle (Schottland) 322
Wedel, Botho Gf. v. (1862–1942), deut.
    Botschafter 383
Wehrmacht 125, 301, 304 f., 308, 311–314
Wehrwolf, Offiziersbund 209
Weiller, Jean Lazare (1859–1928), franz. Senator
    208, 402
Weimar (Thüringen) 315
- Verfassung s. Deutschland, Verfassung (1919)
Weingarten (Württemberg), Benediktinerkloster
    231
Weintz, Regierungsrat 303
Weiss, Heinrich (geb. 1887) 297
Weißenburg (Elsass) 21
Welfen (s.a. Cumberland), Dyn. 57
Wendel, Joseph (1901–1960), Kard., EBf. v.
    München-Freising 350, 354
Werthern, Georg v. (1816–1915), preuß. Ges. 20
Westarp, Kuno Gf. v. (1864–1945), MdR 215
Westdeutschland 206, 210
Westfälische Friedensschlüsse 132
- Zeitung 183
Westfront 106, 109–112, 114, 118, 122, 125, 145,
    150
Wettiner, Dyn. 133
Wetzel, Franz (1888–1956), Verleger 200, 202,
    400

Wickham, US-Major 332
Wied, Wilhelm Fst. v. (1845–1907) 88
Wiedenmann, Peter Frhr. v. (1847–1917), Gen.
    25
Wiegand, Karl, Journalist 125
Wien 22, 43, 58, 68, 74, 203, 206 f., 209, 321,
    403
- Universität 287
Wiener Kongress 128
Wieringen (Niederlande) 162, 237
Wiesenfelden (Opf.), Gut 298
Wiking, Wehrverband 214
Wildbad Kreuth (Obay.) 57, 59, 62, 64, 80, 168 f.,
    171, 178 f., 193, 283
Wildenwart (Obay.), Schloss 161 f., 167–170, 179,
    203
Wilhelm I. (1797–1888) Kg. v. Preußen, Deut. K.
    21, 46, 48
- II. (1859–1941) Kg. v. Preußen, Deut. K. 16 f.,
    27, 34 f., 43, 50, 56, 66 f., 81, 88 f., 93–96, 105,
    108, 110–119, 121 f., 124 f., 129 f., 133 f., 136,
    138, 140, 142, 146 f., 150 f., 153–156, 158–160,
    162, 164 f., 174, 176, 200, 210 f., 222, 237, 259,
    266 f., 276, 280, 301 f.
- III. von Oranien (1650–1702), Kg. v. Groß-
    britannien 32
- GrHzg. v. Luxemburg (1852–1912) 30, 179
- KPr. v. Preußen (1882–1951) 57, 118, 122,
    145–147, 154, 160, 162, 176, 237, 239, 241,
    259, 261, 264 f.
- Pr. v. Preußen (1906–1940) 259, 304
- v. Zweibrücken-Birkenfeld-Gelnhausen
    (1752–1837), Hzg. in Bayern 30
Wilhelmshaven (Niedersachsen) 67
Wilson, Woodrow (1856–1924), US-Präs. 147,
    153–155
Wiltrud Hzgn. (Wilhelm) v. Urach (1884–1975),
    geb. Prn. v. Bayern 36
Windisch-Grätz, Hugo Fst. zu (1854–1920) 171
Windsor (England) 195
Winterthur (Schweiz) 339
Wirth, Joseph (1879–1956), RKanz. 199
Wirz, Prof., Mediziner 281
Wittelsbach (Schw.), Burg 29
- Linienschiff 67
Wittelsbacher, Dyn. (s. a. Bayern) 29, 31 f., 46, 50,
    56, 73, 137, 150, 161, 170, 179, 202, 206,
    214 f., 223, 225, 227–229, 241 f., 248, 302, 310,
    314 f., 346 f.
- Adalbertinische Linie 53, 60, 184
- Luitpoldinische Linie 25, 31, 33 f.
Wittelsbacher Ausgleichsfonds (WAF) 184, 193,
    225–229, 231–233, 298, 309, 311, 341, 346

– Hausgesetz 183 f., 345 f.
– Landesstiftung 226, 228
Wohlmuth, Dr. Georg (1865–1952), Prälat, MdL 244
Wöhrmüller, Bonifaz (1885–1951), Abt v. St. Bonifaz 39, 193
Wolfgang Pr. v. Bayern (1879–1895) 36
Wolfratshausen (Obay.), Lager 338
Woods, Sam E. († 1953), US-GenKonsul 339
– -Busch, Wilhelmina (1884–1952) 339
Wörth (Elsass) 21
Wrede, Carl Friedrich Fst. v. (1828–1892), Reichsrat 43
– Carl Fst v. (1899–1945) 283
– Oskar Fst. v. (1867–1953) 43
Württemberg 22, 126 f., 133, 242, 302, 321, 328, 344
– Kg.v. 67
Würtzburg, Ludwig Frhr. v. (1845–1922), Reichsrat 89, 167
Würzburg (Ufr.) 59 f., 72, 96, 161, 183, 202, 341, 347
– Kronprinz Rupprecht v. Bayern-Stiftung 347
– Residenz 59, 226, 341, 346
– Rosenbach-Palais 346
– Universität 257
Wytschaete (Wijtschate, Belgien) 109

Xylander, Oskar Ritter v. (1856–1940), Gen. 222, 235
– Robert v. (1868–1960), Obst. 248

Young-Plan 250, 284
Ypern (Belgien) 111, 123
Ypernschlacht 109, 111, 115

Zangberg (Obay.), Salesianerinnen 57, 59, 64
Zech, Julius Gf. v. (1885–1945), deut. Ges. 198
Zeller, Carl (1842–1898), Komponist 267
Zentralisierung/Zentralismus 92, 126, 142, 147, 157 f., 218, 244, 247, 261, 319, 329, 331, 333
Zentrum (Partei) 26, 89, 147 f., 254, 259, 275
Zerreiß, Maximilian, Adjutant, Major 50 f., 53
Zita Kn. (Karl I.) v. Österreich (1892–1989), Kgn. v. Ungarn, geb. Prn. v. Bourbon-Parma 30, 57, 68, 207, 237
Zivilliste 25, 86, 168, 225
Zoller, Friedrich Frhr. v. (1843–1900) 25
Zollparlament 20
Zott, Joseph (1901–1945) 297 f.
Zu Rhein, Ludwig Frhr. v. (1878–1952) 193, 232 f., 285, 309 f.
Zürich (Schweiz) 307, 339
Zweibrückener Galerie 226
Zypern 300

DIE FAMILIE KRONPRINZ RUPPRECHTS

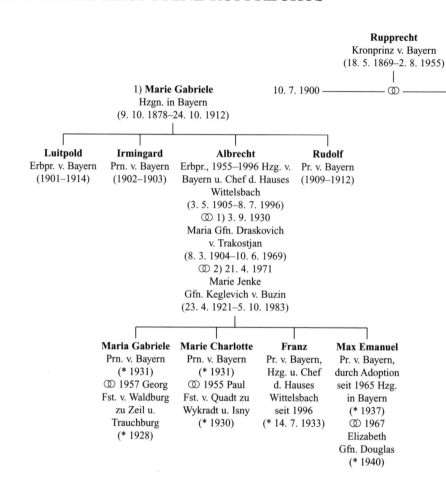

7. 4. 1921   2) **Antonie**
Prn. v. Luxemburg u. v. Nassau
(7. 10. 1899–31. 7. 1954)

Heinrich	**Irmingard**	**Editha**	**Hilda**	**Gabriele**	**Sophie**
Pr. v. Bayern	Prn. v. Bayern	Prn. v. Bayern	Prn. v. Bayern	Prn. v. Bayern	Prn. v. Bayern
(1922–1958)	(* 1923)	(* 1924)	(1926–2002)	(* 1927)	(* 1935)
⚭ 1951 Anne de Lustrac (1927–1999)	⚭ 1950 Ludwig Pr. v. Bayern (* 1913)	⚭ 1) 1946 Tito Brunetti (1905–1954) ⚭ 2) 1959 Gustav Schimert (1910–1990)	⚭ 1949 Juan Lockett de Loayza (1912–1987)	⚭ 1953 Carl Hzg. v. Croy (* 1914)	⚭ 1955 Jean Engelbert Pr. u. Hzg. v. Arenberg (* 1921)

	Luitpold	**Serena**	**Carlotta**	**Christof**	**Michael**	**Maria Theresia**
	Pr. v. Bayern (* 14. 4. 1951) ⚭ Beatrix Wiegand (* 1951) ↓	(* 1947)	(* 1950)	(* 1950)	(* 1953)	(* 1954)

Leopold	**Charles**	**Henri**	**Etienne**
(* 1956)	(* 1957)	(* 1961)	(* 1967)

Bildnachweis

Bayerisches Hauptstaatsarchiv München, Abteilung Geheimes Hausarchiv – Wittelsbacher Bildersammlung:
Kronprinz Rupprecht: S. 98 unten (Foto: Josef Albert †, München), 99 oben (Foto: Franz Hanfstaengl †, München), 103, 186 (Foto: Franz Grainer, München), 190, 191 (Foto: Franz Grainer, München), 289, 292 unten (Foto: Richard Wörsching, Starnberg), 293 oben (Foto: Meta Köhler †, München), 294 (Foto: Meta Köhler †, München), 296 (Foto: Meta Köhler †, München)
König Ludwig III.: S. 98 oben (Foto: Josef Albert †, München), 102 oben, 104 unten
Erbprinz Albrecht: S. 104 oben, 291 (Foto: Franz Grainer, München)
Prinzessin Marie Gabriele: S. 100 (Foto: Franz Grainer, München)
Kronprinzessin Antonia: S. 290, 292 oben, 295 (Foto: Meta Köhler †, München)

Nach: Kurt Sendtner, Rupprecht von Wittelsbach. Kronprinz von Bayern, München,1954: S. 187, 293 unten

Wittelsbacher Ausgleichsfonds München: S. 97, 101, 102 unten, 185, 188, 189, 192

Verlagsarchiv: S. 99 unten (Foto: Franz Grainer, München)

Bayerns Königinnen

Martha Schad
Bayerns Königinnen
4., aktualisierte Auflage
376 Seiten, 13 Farb- und 62 s/w-Abb.
Gebunden mit Schutzumschlag
ISBN: 978-3-7917-2001-2

Bayerns Königinnen stammten aus Europas führenden Herrscherhäusern. Die Zeitgenossen schwärmten von ihrer Schönheit, Klugheit und Güte, und alle vier Königsgattinnen prägten ihre neue Heimat durch ihre Vorlieben und selbst auferlegten Pflichten mit:
Caroline von Baden – Therese von Sachsen-Hildburghausen – Marie von Preußen – Marie Therese von Österreich-Este

„*Schad legt mit ihrem Werk ein lesenswertes Buch vor, das der interessierte Laie wie der Wissenschaftler mit großen Gewinn zur Kenntnis nehmen werden. Es ist ein unverwechselbarer, neuer Baustein zur Erforschung und Darstellung der Geschichte Bayerns, ein wichtiger Beitrag zur Dynastien-, Residenzen- und Kulturgeschichte Deutschlands und Europas.*"
(Zeitschrift für Geschichtswissenschaft)

Verlag Friedrich Pustet **www.pustet.de**